五大资源环境类税种税收业务习题集

国家税务总局黑龙江省税务局　编

中国税务出版社

图书在版编目（CIP）数据

五大资源环境类税种税收业务习题集／国家税务总
局黑龙江省税务局编. —— 北京：中国税务出版社，
2024.3
　ISBN 978 - 7 - 5678 - 1482 - 0

　Ⅰ.①五… Ⅱ.①国… Ⅲ.①资源税 - 税收政策 - 中
国 - 干部培训 - 习题集②环境税 - 税收政策 - 中国 - 干部
培训 - 习题集 Ⅳ.①F812.422 - 44

　中国国家版本馆 CIP 数据核字（2024）第 053229 号

书　　名：**五大资源环境类税种税收业务习题集**
　　　　　WUDA ZIYUANHUANJINGLEI SHUIZHONG SHUISHOU
　　　　　YEWU XITIJI
作　　者：国家税务总局黑龙江省税务局　编
责任编辑：唐　卿
责任校对：姚浩晴
技术设计：林立志
出版发行：中国税务出版社
　　　　　北京市丰台区广安路 9 号国投财富广场 1 号楼 11 层
　　　　　邮政编码：100055
　　　　　网址：https://www.taxation.cn
　　　　　投稿：https://www.taxation.cn/qt/zztg
　　　　　发行中心电话：(010)83362083/85/86
　　　　　传真：(010)83362047/49
经　　销：各地新华书店
印　　刷：天津嘉恒印务有限公司
规　　格：787 毫米×1092 毫米　1/16
印　　张：37.25
字　　数：744000 字
版　　次：2024 年 3 月第 1 版　2024 年 3 月第 1 次印刷
书　　号：ISBN 978 - 7 - 5678 - 1482 - 0
定　　价：79.00 元

本书编委会

主　任：魏　哲

成　员：王宪昶　王振平　刘晋伯

　　　　王瑞华　樊海琼　权茹薇

前　言

　　习近平总书记在党的二十大报告中指出，要推进美丽中国建设，坚持山水林田湖草沙一体化保护和系统治理，统筹产业结构调整、污染治理、生态保护、应对气候变化，协同推进降碳、减污、扩绿、增长，推进生态优先、节约集约、绿色低碳发展。2019 年 8 月 26 日，《中华人民共和国资源税法》公布，至此，车船税、环境保护税、烟叶税、耕地占用税、资源税等五大资源环境类税种已全部完成立法。

　　为满足广大税务干部学习培训需要，帮助资源和环境税岗的税务干部全面掌握税收政策基础知识，快速提升业务能力水平，国家税务总局黑龙江省税务局组织编写本书。本书收录了资源税、耕地占用税、环境保护税、车船税、烟叶税等五大资源环境类税种的知识点及习题，并采用"习题＋答案＋解析"的模式，将习题与实操业务相结合，力求精准实用，帮助广大税务干部真正学透练透。

　　本书具有以下特点：一是内容全，既包括资源和环境税岗税务干部应知应会的相关税收基础知识，也包括五大资源环境类税种的相关法律基础知识；二是政策新，内容收录的政策截至 2023 年 12 月；三是方便学，本书将五大资源环境类税种的税收政策梳理整合为知识点，便于学习掌握，并设置单项选择题、多项选择题、判断题和案例分析等多种题型，帮助税务干部进一步巩固所学知识。

由于水平所限，书中难免有疏漏之处，恳请读者批评指正。

本书编写组

2024 年 2 月

C ONTENTS 目 录

第一章　资源税

第一节　知识点梳理

一、纳税义务人

基本规定[①]

在中华人民共和国领域和中华人民共和国管辖的其他海域开发应税资源的单位和个人，为资源税的纳税人，应当依照《中华人民共和国资源税法》（以下简称《资源税法》）规定缴纳资源税。

◆ 政策解析

按照有关法律法规规定，中华人民共和国领域和中华人民共和国管辖的其他海域是指我国行使国家主权的空间，包括领陆、领水、领空。进口资源产品不在上述范围内，不需要缴纳资源税。

基本规定

中外合作开采陆上、海上石油资源的企业依法缴纳资源税。

◆ 政策解析

开采海洋或陆上油气资源的中外合作油气田，在 2011 年 11 月 1 日前已签订的合同，在已约定的合同有效期内，继续依照当时国家有关规定缴纳矿区使用费，不缴纳

[①] 本章"基本规定"均源自《中华人民共和国资源税法》（2019 年 8 月 26 日第十三届全国人民代表大会常务委员会第十二次会议通过）。

资源税；合同期满后，依法缴纳资源税。在2011年11月1日后签订的合同，依法缴纳资源税。[《国务院关于修改〈中华人民共和国对外合作开采陆上石油资源条例〉的决定》（中华人民共和国国务院令第606号）、《国务院关于修改〈中华人民共和国对外合作开采海洋石油资源条例〉的决定》（中华人民共和国国务院令第607号）]

二、征税范围

📖 **基本规定**

应税资源的具体范围，由《资源税法》所附《资源税税目税率表》（以下称《税目税率表》）确定。

❖ **政策解析**

根据《资源税税目税率表》，资源税税目包括能源矿产、金属矿产、非金属矿产、水汽矿产以及盐五大类。在5个税目下面又设有若干个子目。《资源税法》所列的税目有164个，涵盖了目前所有已经发现的矿种和盐。

📖 **基本规定**

应税产品为矿产品的，包括原矿和选矿产品。

❖ **政策解析**

上述各税目征税时有的对原矿征税，有的对选矿征税，具体适用的征税对象按照《资源税税目税率表》的规定执行，主要包括以下四类：

（1）按选矿征税。具体包括：钨、钼、轻稀土、中重稀土、钠盐、钾岩、镁盐、锂盐。

（2）按原矿征税。具体包括原油、天然气、页岩气、天然气水合物、煤成（层）气、铀、钍、地热、二氧化碳气、硫化氢气、氦气、氡气、矿泉水、天然卤水。

（3）不分原矿或选矿征税。具体包括海盐。

（4）按原矿或者选矿征税。具体包括除上述资源品目以外的应税资源。

纳税人以自采原矿（经过采矿过程采出后未进行选矿或者加工的矿石）直接销售，或者自用于应当缴纳资源税情形的，按照原矿计征资源税。[《财政部　税务总局关于资源税有关问题执行口径的公告》（财政部　税务总局公告2020年第34号）第七条]

纳税人以自采原矿洗选加工为选矿产品（通过破碎、切割、洗选、筛分、磨矿、分级、提纯、脱水、干燥等过程形成的产品，包括富集的精矿和研磨成粉、粒级成型、切割成型的原矿加工品）销售，或者将选矿产品自用于应当缴纳资源税情形的，按照选矿产品计征资源税，在原矿移送环节不缴纳资源税。对于无法区分原生岩石矿种的粒级成型砂石颗粒，按照砂石税目征收资源税。[《财政部 税务总局关于资源税有关问题执行口径的公告》（财政部 税务总局公告 2020 年第 34 号）第七条]

🔖 **基本规定**

纳税人开采或者生产应税产品自用的，应当依照《资源税法》规定缴纳资源税；但是，自用于连续生产应税产品的，不缴纳资源税。

❖ **政策解析**

纳税人自用应税产品，如果属于应当缴纳资源税的情形，应按规定缴纳资源税。纳税人自用应税产品应当缴纳资源税的情形，包括纳税人以应税产品用于非货币性资产交换、捐赠、偿债、赞助、集资、投资、广告、样品、职工福利、利润分配或者连续生产非应税产品等。[《财政部 税务总局关于资源税有关问题执行口径的公告》（财政部 税务总局公告 2020 年第 34 号）第二条]

纳税人开采或者生产应税产品自用于连续生产应税产品的，不缴纳资源税。如铁原矿用于继续生产铁精粉的，在移送铁原矿时不缴纳资源税；但对于生产非应税产品的，如将铁精粉继续用于炼钢的，应当在铁精粉移送环节缴纳资源税。

三、税率

🔖 **基本规定**

资源税的税目、税率，依照《税目税率表》执行。

《税目税率表》中规定实行幅度税率的，其具体适用税率由省、自治区、直辖市人民政府统筹考虑该应税资源的品位、开采条件以及对生态环境的影响等情况，在《税目税率表》规定的税率幅度内提出，报同级人民代表大会常务委员会决定，并报全国人民代表大会常务委员会和国务院备案。《税目税率表》中规定征税对象为原矿或者选矿的，应当分别确定具体适用税率。

❖ **政策解析**

资源税法按原矿、选矿分别设定税率。对原油、天然气、页岩气、天然气水合物、铀、钍、钨、钼、中重稀土等战略资源实行固定税率，由税法直接确定。其他应税资源实行幅度税率，其具体适用税率由省、自治区、直辖市人民政府统筹考虑该应税资源的品位、开采条件以及对生态环境的影响等情况，在规定的税率幅度内提出，报同级人民代表大会常务委员会决定，并报全国人民代表大会常务委员会和国务院备案。《资源税税目税率表》见表 1 - 1。

表 1 - 1 资源税税目税率表

税 目		征收对象	税 率
能源矿产	原油	原矿	6%
	天然气、页岩气①、天然气水合物	原矿	6%
	煤	原矿或者选矿	2%～10%
	煤成（层）气	原矿	1%～2%
	铀、钍	原矿	4%
	油页岩、油砂、天然沥青、石煤	原矿或者选矿	1%～4%
	地热	原矿	1%～20% 或者每立方米 1～30 元
金属矿产	黑色金属 铁、锰、铬、钒、钛	原矿或者选矿	1%～9%
	有色金属 铜、铅、锌、锡、镍、锑、镁、钴、铋、汞	原矿或者选矿	2%～10%
	铝土矿	原矿或者选矿	2%～9%
	钨	选矿	6.5%
	钼	选矿	8%
	金、银	原矿或者选矿	2%～6%
	铂、钯、钌、锇、铱、铑	原矿或者选矿	5%～10%
	轻稀土	选矿	7%～12%
	中重稀土	选矿	20%
	铍、锂、锆、锶、铷、铯、铌、钽、锗、镓、铟、铊、铪、铼、镉、硒、碲	原矿或者选矿	2%～10%
非金属矿产	矿物类 高岭土	原矿或者选矿	1%～6%
	石灰岩	原矿或者选矿	1%～6% 或者每吨（或者每立方米）1～10 元
	磷	原矿或者选矿	3%～8%
	石墨	原矿或者选矿	3%～12%
	萤石、硫铁矿、自然硫	原矿或者选矿	1%～8%
	天然石英砂、脉石英、粉石英、水晶、工业用金刚石、冰洲石、蓝晶石、硅线石（矽线石）、长石、滑石、刚玉、菱镁矿、颜料矿物、天然碱、芒硝、钠硝石、明矾石、砷、硼、碘、溴、膨润土、硅藻土、陶瓷土、耐火粘土、铁矾土、凹凸棒石粘土、海泡石粘土、伊利石粘土、累托石粘土	原矿或者选矿	1%～12%
	叶蜡石、硅灰石、透辉石、珍珠岩、云母、沸石、重晶石、毒重石、方解石、蛭石、透闪石、工业用电气石、白垩、石棉、蓝石棉、红柱石、石榴子石、石膏	原矿或者选矿	2%～12%

---

① 自 2024 年至 2027 年，页岩气可按规定减税。

续表

税 目			征收对象	税 率
非金属矿产	矿物类	其他粘土（铸型用粘土、砖瓦用粘土、陶粒用粘土、水泥配料用粘土、水泥配料用红土、水泥配料用黄土、水泥配料用泥岩、保温材料用粘土）	原矿或者选矿	1%~5%或者每吨（或者每立方米）0.1~5元
	岩石类	大理岩、花岗岩、白云岩、石英岩、砂岩、辉绿岩、安山岩、闪长岩、板岩、玄武岩、片麻岩、角闪岩、页岩、浮石、凝灰岩、黑曜岩、霞石正长岩、蛇纹岩、麦饭石、泥灰岩、含钾岩石、含钾砂页岩、天然油石、橄榄岩、松脂岩、粗面岩、辉长岩、辉石岩、正长岩、火山灰、火山渣、泥炭	原矿或者选矿	1%~10%
		砂石	原矿或者选矿	1%~5%或者每吨（或者每立方米）0.1~5元
	宝玉石类	宝石、玉石、宝石级金刚石、玛瑙、黄玉、碧玺	原矿或者选矿	4%~20%
水气矿产	二氧化碳气、硫化氢气、氦气、氡气		原矿	2%~5%
	矿泉水		原矿	1%~20%或者每立方米1~30元
盐	钠盐、钾盐、镁盐、锂盐		选矿	3%~15%
	天然卤水		原矿	3%~15%或者每吨（或者每立方米）1~10元
	海盐			2%~5%

黑龙江省规定：

为了促进资源节约集约利用、加强生态环境保护，根据《资源税法》有关授权规定，统筹考虑本省应税资源品位、开采条件以及对生态环境和经济发展影响等情况，现就本省相关资源税的具体适用税率、计征方式以及免征或者减征的具体办法作如下决定：一、《资源税法》规定实行幅度税率的税目，具体适用税率依照本决定所附《黑龙江省资源税税目税率表》执行。［《黑龙江省人民代表大会常务委员会关于实施资源税法授权事项的决定》（2020年8月21日黑龙江省第十三届人民代表大会常务委员会第二十次会议通过）第一条］。

《黑龙江省资源税税目税率表》见表1-2。

表1-2 黑龙江省资源税税目税率表

序号	税目		征税对象	税率
1	能源矿产	煤	原矿	4%
			选矿	2%
2		煤成（层）气	原矿	1%
			选矿	—

续表

序号	税目		征税对象	税率
3	能源矿产	油页岩	原矿	4%
			选矿	1%
4		油砂	原矿	4%
			选矿	1%
5		天然沥青	原矿	4%
			选矿	1%
6		石煤	原矿	4%
			选矿	1%
7		地热	原矿	每立方米2元
			选矿	—
8	金属矿产	黑色金属 铁	原矿	8%
			选矿	4%
9		锰	原矿	9%
			选矿	3%
10		铬	原矿	9%
			选矿	3%
11		钒	原矿	9%
			选矿	3%
12		钛	原矿	9%
			选矿	3%
13		有色金属 铜	原矿	6.5%
			选矿	5%
14		铅	原矿	10%
			选矿	3.5%
15		锌	原矿	10%
			选矿	3.5%
16		锡	原矿	10%
			选矿	3%
17		镍	原矿	10%
			选矿	3%
18		锑	原矿	10%
			选矿	3%

续表

序号	税目			征税对象	税率
19	金属矿产	有色金属	镁	原矿	10%
				选矿	3%
20			钴	原矿	10%
				选矿	3%
21			铋	原矿	10%
				选矿	3%
22			汞	原矿	10%
				选矿	3%
23			铝土矿	原矿	9%
				选矿	3%
24			金	原矿	6%
				选矿	4%
25			银	原矿	6%
				选矿	3%
26			铂	原矿	10%
				选矿	5%
27			钯	原矿	10%
				选矿	5%
28			钌	原矿	10%
				选矿	5%
29			锇	原矿	10%
				选矿	5%
30			铱	原矿	10%
				选矿	5%
31			铑	原矿	10%
				选矿	5%
32			轻稀土	原矿	—
				选矿	7%
33			铍	原矿	10%
				选矿	3%
34			锂	原矿	10%
				选矿	3%

序号	税目			征税对象	税率
35	金属矿产	有色金属	锆	原矿	10%
				选矿	3%
36			锶	原矿	10%
				选矿	3%
37			铷	原矿	10%
				选矿	3%
38			铯	原矿	10%
				选矿	3%
39			铌	原矿	10%
				选矿	3%
40			钽	原矿	10%
				选矿	3%
41			锗	原矿	10%
				选矿	3%
42			镓	原矿	10%
				选矿	3%
43			铟	原矿	10%
				选矿	3%
44			铊	原矿	10%
				选矿	3%
45			铪	原矿	10%
				选矿	3%
46			铼	原矿	10%
				选矿	3%
47			镉	原矿	10%
				选矿	3%
48			硒	原矿	10%
				选矿	3%
49			碲	原矿	10%
				选矿	3%

续表

序号	税目			征税对象	税率
50	非金属矿产	矿物类	高岭土	原矿	3.5%
				选矿	3.5%
51			石灰岩	原矿	6%
				选矿	6%
52			磷	原矿	4%
				选矿	4%
53			石墨	原矿	12%
				选矿	3%
54			萤石	原矿	3%
				选矿	3%
55			硫铁矿	原矿	3%
				选矿	3%
56			自然硫	原矿	3%
				选矿	3%
57			天然石英砂	原矿	4%
				选矿	4%
58			脉石英	原矿	3%
				选矿	3%
59			粉石英	原矿	3%
				选矿	3%
60			水晶	原矿	3%
				选矿	3%
61			工业用金刚石	原矿	3%
				选矿	3%
62			冰洲石	原矿	3%
				选矿	3%
63			蓝晶石	原矿	3%
				选矿	3%
64			硅线石（矽线石）	原矿	3%
				选矿	3%
65			长石	原矿	3%
				选矿	3%

续表

序号	税目			征税对象	税率
66	非金属矿产	矿物类	滑石	原矿	3%
				选矿	3%
67			刚玉	原矿	3%
				选矿	3%
68			菱镁矿	原矿	4%
				选矿	4%
69			颜料矿物	原矿	3%
				选矿	3%
70			天然碱	原矿	3%
				选矿	3%
71			芒硝	原矿	3%
				选矿	3%
72			钠硝石	原矿	3%
				选矿	3%
73			明矾石	原矿	3%
				选矿	3%
74			砷	原矿	3%
				选矿	3%
75			硼	原矿	3%
				选矿	3%
76			碘	原矿	3%
				选矿	3%
77			溴	原矿	3%
				选矿	3%
78			膨润土	原矿	4%
				选矿	4%
79			硅藻土	原矿	3%
				选矿	3%
80			陶瓷土	原矿	3%
				选矿	3%
81			耐火粘土	原矿	3%
				选矿	3%

续表

序号	税目		征税对象	税率
82	非金属矿产	矿物类	铁矾土	原矿	3%
				选矿	3%
83			凹凸棒石粘土	原矿	3%
				选矿	3%
84			海泡石粘土	原矿	3%
				选矿	3%
85			伊利石粘土	原矿	3%
				选矿	3%
86			累托石粘土	原矿	3%
				选矿	3%
87			叶蜡石	原矿	3%
				选矿	3%
88			硅灰石	原矿	4%
				选矿	4%
89			透辉石	原矿	3%
				选矿	3%
90			珍珠岩	原矿	5%
				选矿	5%
91			云母	原矿	3%
				选矿	3%
92			沸石	原矿	3%
				选矿	3%
93			重晶石	原矿	3%
				选矿	3%
94			毒重石	原矿	3%
				选矿	3%
95			方解石	原矿	9%
				选矿	4%
96			蛭石	原矿	3%
				选矿	3%
97			透闪石	原矿	3%
				选矿	3%

续表

序号	税目		征税对象	税率
98	非金属矿产	矿物类	工业用电气石 原矿	3%
			选矿	3%
99			白垩 原矿	3%
			选矿	3%
100			石棉 原矿	3%
			选矿	3%
101			蓝石棉 原矿	3%
			选矿	3%
102			红柱石 原矿	3%
			选矿	3%
103			石榴子石 原矿	3%
			选矿	3%
104			石膏 原矿	3%
			选矿	3%
105			其他粘土 原矿	每立方米 1.5 元
			选矿	每立方米 1.5 元
106		岩石类	大理岩 原矿	6%
			选矿	6%
107			花岗岩 原矿	6%
			选矿	6%
108			白云岩 原矿	4%
			选矿	4%
109			石英岩 原矿	3%
			选矿	3%
110			砂岩 原矿	3%
			选矿	3%
111			辉绿岩 原矿	3%
			选矿	3%
112			安山岩 原矿	4%
			选矿	4%
113			闪长岩 原矿	3%
			选矿	3%

续表

序号	税目			征税对象	税率
114	非金属矿产	岩石类	板岩	原矿	3%
				选矿	3%
115			玄武岩	原矿	4%
				选矿	4%
116			片麻岩	原矿	3%
				选矿	3%
117			角闪岩	原矿	3%
				选矿	3%
118			页岩	原矿	4%
				选矿	4%
119			浮石	原矿	4%
				选矿	4%
120			凝灰岩	原矿	4%
				选矿	4%
121			黑曜岩	原矿	3%
				选矿	3%
122			霞石正长岩	原矿	3%
				选矿	3%
123			蛇纹岩	原矿	3%
				选矿	3%
124			麦饭石	原矿	3%
				选矿	3%
125			泥灰岩	原矿	3%
				选矿	3%
126			含钾岩石	原矿	3%
				选矿	3%
127			含钾砂页岩	原矿	3%
				选矿	3%
128			天然油石	原矿	3%
				选矿	3%
129			橄榄岩	原矿	3%
				选矿	3%

序号	税目			征税对象	税率
130	非金属矿产	岩石类	松脂岩	原矿	3%
				选矿	3%
131			粗面岩	原矿	3%
				选矿	3%
132			辉长岩	原矿	3%
				选矿	3%
133			辉石岩	原矿	3%
				选矿	3%
134			正长岩	原矿	3%
				选矿	3%
135			火山灰	原矿	3%
				选矿	3%
136			火山渣	原矿	3%
				选矿	3%
137			泥炭	原矿	3%
				选矿	3%
138			砂石	原矿	每立方米1元
				选矿	每立方米1元
139		宝石类	宝石	原矿	4%
				选矿	4%
140			玉石	原矿	4%
				选矿	4%
141			宝石级金刚石	原矿	4%
				选矿	4%
142			玛瑙	原矿	4%
				选矿	4%
143			黄玉	原矿	4%
				选矿	4%
144			碧玺	原矿	4%
				选矿	4%

续表

序号	税目		征税对象	税率
145	水气矿产	二氧化碳气	原矿	3%
			选矿	—
146		硫化氢气	原矿	3%
			选矿	—
147		氦气	原矿	3%
			选矿	—
148		氡气	原矿	3%
			选矿	—
149		矿泉水	原矿	4%
			选矿	—
150	盐	钠盐	原矿	—
			选矿	3%
151		钾盐	原矿	—
			选矿	3%
152		镁盐	原矿	—
			选矿	3%
153		锂盐	原矿	—
			选矿	3%
154		天然卤水	原矿	3%
			选矿	—
155		海盐	—	3%

四、计税依据

基本规定

资源税按照《税目税率表》实行从价计征或者从量计征。

《税目税率表》中规定可以选择实行从价计征或者从量计征的，具体计征方式由省、自治区、直辖市人民政府提出，报同级人民代表大会常务委员会决定，并报全国人民代表大会常务委员会和国务院备案。

❖ **政策解析**

资源税适用从价计征为主、从量计征为辅的征税方式。根据《资源税税目税率表》的规定，地热、石灰岩、矿泉水、天然卤水、其他粘土、砂石 6 个税目可采用从价计征或从量计征的方式，其他应税产品统一适用从价定率征收的方式。

1. 从价定率征收的计税依据

（1）销售额的基本规定

资源税应税产品（以下简称应税产品）的销售额，按照纳税人销售应税产品向购买方收取的全部价款（无价外费用）确定，不包括增值税税款。[《财政部　税务总局关于资源税有关问题执行口径的公告》（财政部　税务总局公告2020年第34号）第一条]

计入销售额中的相关运杂费用，凡取得增值税发票或者其他合法有效凭证的，准予从销售额中扣除。相关运杂费用是指应税产品从坑口或者洗选（加工）地到车站、码头或者购买方指定地点的运输费用、建设基金以及随运销产生的装卸、仓储、港杂费用。[《财政部　税务总局关于资源税有关问题执行口径的公告》（财政部　税务总局公告2020年第34号）第一条]

（2）特殊情形下销售额的确定

纳税人申报的应税产品销售额明显偏低且无正当理由的，或者有自用应税产品行为而无销售额的，主管税务机关可以按下列方法和顺序确定其应税产品销售额：

①按纳税人最近时期同类产品的平均销售价格确定。

②按其他纳税人最近时期同类产品的平均销售价格确定。

③按后续加工非应税产品销售价格，减去后续加工环节的成本利润后确定。

④按应税产品组成计税价格确定。

$$组成计税价格 = 成本 \times （1 + 成本利润率） \div （1 - 资源税税率）$$

上述公式中的成本利润率由省、自治区、直辖市税务机关确定。

⑤按其他合理方法确定。

[《财政部　税务总局关于资源税有关问题执行口径的公告》（财政部　税务总局公告2020年第34号）第三条]

（3）外购应税产品购进金额、购进数量的扣减

纳税人外购应税产品与自采应税产品混合销售或者混合加工为应税产品销售的，在计算应税产品销售额或者销售数量时，准予扣减外购应税产品的购进金额或者购进数量；当期不足扣减的，可结转下期扣减。纳税人应当准确核算外购应税产品的购进金额或者购进数量，未准确核算的，一并计算缴纳资源税。

纳税人核算并扣减当期外购应税产品购进金额、购进数量，应当依据外购应税产品的增值税发票、海关进口增值税专用缴款书或者其他合法有效凭证。[《财政部　税务总局关于资源税有关问题执行口径的公告》（财政部　税务总局公告2020年第34号）第五条]

纳税人以外购原矿与自采原矿混合为原矿销售，或者以外购选矿产品与自产选矿

产品混合为选矿产品销售的，在计算应税产品销售额或者销售数量时，直接扣减外购原矿或者外购选矿产品的购进金额或者购进数量。[《国家税务总局关于资源税征收管理若干问题的公告》（国家税务总局公告2020年第14号）第一条]

纳税人以外购原矿与自采原矿混合洗选加工为选矿产品销售的，在计算应税产品销售额或者销售数量时，按照下列方法进行扣减：

准予扣减的外购应税产品购进金额（数量）＝外购原矿购进金额（数量）×（本地区原矿适用税率÷本地区选矿产品适用税率）

不能按照上述方法计算扣减的，按照主管税务机关确定的其他合理方法进行扣减。[《国家税务总局关于资源税征收管理若干问题的公告》（国家税务总局公告2020年第14号）第一条]

例如，某煤炭企业将外购100万元原煤与自采200万元原煤混合洗选加工为选煤销售，选煤销售额为450万元。当地原煤税率为3%，选煤税率为2%，在计算应税产品销售额时，准予扣减的外购应税产品购进金额＝外购原煤购进金额×（本地区原煤适用税率÷本地区选煤适用税率）＝100×（3%÷2%）＝150（万元）。

2. 从量定额征收的计税依据

实行从量定额征收的，以应税产品的销售数量为计税依据。应税产品的销售数量，包括纳税人开采或者生产应税产品的实际销售数量和自用于应当缴纳资源税情形的应税产品数量。[《财政部 税务总局关于资源税有关问题执行口径的公告》（财政部 税务总局公告2020年第34号）第四条]

黑龙江省规定：

《资源税法》规定可以选择实行从价计征或者从量计征的税目中，石灰岩、矿泉水、天然卤水资源税实行从价计征，地热、其他粘土、砂石资源税实行从量计征。[《黑龙江省人民代表大会常务委员会关于实施资源税法授权事项的决定》（2020年8月21日黑龙江省第十三届人民代表大会常务委员会第二十次会议通过）第二条]

黑龙江省资源税纳税人申报的应税产品销售额明显偏低且无正当理由，或者有自用应税产品行为而无销售额，需按应税产品组成计税价格确定销售额的，组成计税价格中的成本利润率为10%。本公告自2020年9月1日起施行。《黑龙江省地方税务局关于确定资源税组成计税价格成本利润率的公告》（黑龙江省地方税务局公告2016年第9号）同时废止。[《国家税务总局黑龙江省税务局关于确定资源税组成计税价格成本利润率的公告》（国家税务总局黑龙江省税务局公告2020年第8号）]

五、应纳税额计算

🔲 基本规定

实行从价计征的，应纳税额按照应税资源产品（以下称应税产品）的销售额乘以具体适用税率计算。实行从量计征的，应纳税额按照应税产品的销售数量乘以具体适用税率计算。

❖ **政策解析**

1. 从价定率方式应纳税额的计算

实行从价定率方式征收资源税的，根据应税产品的销售额和规定的适用税率计算应纳税额，具体计算公式为：

$$应纳税额 = 销售额 \times 适用税率$$

2. 从量定额方式应纳税额的计算

实行从量定额征收资源税的，根据应税产品的课税数量和规定的单位税额计算应纳税额，具体计算公式为：

$$应纳税额 = 课税数量 \times 单位税额$$

🔲 基本规定

纳税人开采或者生产不同税目应税产品的，应当分别核算不同税目应税产品的销售额或者销售数量；未分别核算或者不能准确提供不同税目应税产品的销售额或者销售数量的，从高适用税率。

❖ **政策解析**

纳税人开采或者生产同一税目下适用不同税率应税产品的，应当分别核算不同税率应税产品的销售额或者销售数量；未分别核算或者不能准确提供不同税率应税产品的销售额或者销售数量的，从高适用税率。[《财政部　税务总局关于资源税有关问题执行口径的公告》（财政部　税务总局公告 2020 年第 34 号）第六条]

六、税收优惠

🔲 基本规定

有下列情形之一的，免征资源税：

（1）开采原油以及在油田范围内运输原油过程中用于加热的原油、天然气；

（2）煤炭开采企业因安全生产需要抽采的煤成（层）气。

有下列情形之一的，减征资源税：

（1）从低丰度油气田开采的原油、天然气，减征20%资源税；

（2）高含硫天然气、三次采油和从深水油气田开采的原油、天然气，减征30%资源税；

（3）稠油、高凝油减征40%资源税；

（4）从衰竭期矿山开采的矿产品，减征30%资源税。

根据国民经济和社会发展需要，国务院对有利于促进资源节约集约利用、保护环境等情形可以规定免征或者减征资源税，报全国人民代表大会常务委员会备案。

❖ 政策解析

《资源税法》下列用语的含义是：

（1）低丰度油气田，包括陆上低丰度油田、陆上低丰度气田、海上低丰度油田、海上低丰度气田。陆上低丰度油田是指每平方公里原油可开采储量丰度低于25万立方米的油田；陆上低丰度气田是指每平方公里天然气可开采储量丰度低于2.5亿立方米的气田；海上低丰度油田是指每平方公里原油可开采储量丰度低于60万立方米的油田；海上低丰度气田是指每平方公里天然气可开采储量丰度低于6亿立方米的气田。

（2）高含硫天然气，是指硫化氢含量在每立方米30克以上的天然气。

（3）三次采油，是指二次采油后继续以聚合物驱、复合驱、泡沫驱、气水交替驱、二氧化碳驱、微生物驱等方式进行采油。

（4）深水油气田，是指水深超过300米的油气田。

（5）稠油，是指地层原油粘度大于或等于每秒50毫帕或原油密度大于或等于每立方厘米0.92克的原油。

（6）高凝油，是指凝固点高于40摄氏度的原油。

（7）衰竭期矿山，是指设计开采年限超过15年，且剩余可开采储量下降到原设计可开采储量的20%以下或者剩余开采年限不超过5年的矿山。衰竭期矿山以开采企业下属的单个矿山为单位确定。［《资源税法》第十六条］

其他减免税优惠政策规定：

（1）对青藏铁路公司及其所属单位自采自用的砂、石等材料免征资源税；对青藏铁路公司及其所属单位自采外销及其他单位和个人开采销售给青藏铁路公司及其所属单位的砂、石等材料照章征收资源税。［《财政部　国家税务总局关于青藏铁路公司运营期间有关税收等政策问题的通知》（财税〔2007〕11号）第三条］

（2）自2018年4月1日至2021年3月31日，对页岩气资源税（按6%的规定税率）减征30%。［《财政部　税务总局关于对页岩气减征资源税的通知》（财税〔2018〕26号）］

税收优惠政策到期后，执行期限延长至 2023 年 12 月 31 日。[《财政部　税务总局关于延长部分税收优惠政策执行期限的公告》（财政部　税务总局公告 2021 年第 6 号）]

（3）自 2019 年 1 月 1 日至 2021 年 12 月 31 日，对增值税小规模纳税人可以在 50% 的税额幅度内减征资源税。[《财政部　税务总局关于实施小微企业普惠性税收减免政策的通知》（财税〔2019〕13 号）第三条]

黑龙江省规定：

按照国家上限制定了黑龙江省增值税小规模纳税人减征 50% "六税两费" 政策。[《黑龙江省财政厅　黑龙江省税务局转发〈财政部　税务总局关于实施小微企业普惠性税收减免政策的通知〉的通知》（黑财规审〔2019〕1 号）第一条]

（4）自 2022 年 1 月 1 日至 2024 年 12 月 31 日，由省、自治区、直辖市人民政府根据本地区实际情况，以及宏观调控需要确定，对增值税小规模纳税人、小型微利企业和个体工商户可以在 50% 的税额幅度内减征资源税。[《财政部　税务总局关于进一步实施小微企业 "六税两费" 减免政策的公告》（财政部　税务总局公告 2022 年第 10 号）第一条]

2022 年 1 月 1 日至 2024 年 12 月 31 日，对全省增值税小规模纳税人、小型微利企业和个体工商户实行减征 50% 资源税。[《黑龙江省财政厅　国家税务总局黑龙江省税务局关于实施小微企业 "六税两费" 减免政策的公告》（黑龙江省财政厅　国家税务总局黑龙江省税务局公告 2022 年第 2 号）第一条]

（5）自 2023 年 1 月 1 日至 2027 年 12 月 31 日，对增值税小规模纳税人、小型微利企业和个体工商户减半征收资源税（不含水资源税）、城市维护建设税、房产税、城镇土地使用税、印花税（不含证券交易印花税）、耕地占用税和教育费附加、地方教育附加。[《财政部　税务总局关于进一步支持小微企业和个体工商户发展有关税费政策的公告》（财政部　税务总局公告 2023 年第 12 号）第二条]

（6）增值税小规模纳税人、小型微利企业和个体工商户已依法享受资源税、城市维护建设税、房产税、城镇土地使用税、印花税、耕地占用税、教育费附加、地方教育附加等其他优惠政策的，可叠加享受 "六税两费" 优惠政策。[《财政部　税务总局关于进一步支持小微企业和个体工商户发展有关税费政策的公告》（财政部　税务总局公告 2023 年第 12 号）第四条]

（7）自 2014 年 12 月 1 日至 2023 年 8 月 31 日，对充填开采置换出来的煤炭，资源税减征 50%。[《财政部　税务总局关于继续执行的资源税优惠政策的公告》（财政部　税务总局公告 2020 年第 32 号）第四条]

（8）为了鼓励煤炭资源集约开采利用，自 2023 年 9 月 1 日至 2027 年 12 月 31 日，对充填开采置换出来的煤炭，资源税减征 50%。[《财政部　税务总局关于延续对充填

开采置换出来的煤炭减征资源税优惠政策的公告》（财政部 税务总局公告 2023 年第 36 号）]

基本规定

有下列情形之一的，省、自治区、直辖市可以决定免征或者减征资源税：

（1）纳税人开采或者生产应税产品过程中，因意外事故或者自然灾害等原因遭受重大损失；

（2）纳税人开采共伴生矿、低品位矿、尾矿。

前款规定的免征或者减征资源税的具体办法，由省、自治区、直辖市人民政府提出，报同级人民代表大会常务委员会决定，并报全国人民代表大会常务委员会和国务院备案。

❖ **政策解析**

黑龙江省规定：

符合《资源税法》第七条规定情形的，按照以下办法免征或者减征资源税：

（1）纳税人开采或者生产应税产品过程中，因意外事故或者自然灾害等原因遭受重大损失，直接经济损失 5000 万元以上或者达到上年度资产总额 50% 以上的，自恢复生产之日起 5 年内，减按 50% 征收资源税，最高累计减征资源税额度不超过直接经济损失的 50%，并且不超过 5000 万元。

（2）纳税人开采共伴生矿、低品位矿减按百分之五十征收资源税，开采尾矿免征资源税。

（3）纳税人开采销售的应税矿产品（同一笔销售业务）同时符合共伴生矿、低品位矿减税政策的，纳税人可以选择享受其中一项优惠政策，不得叠加适用，国家另有规定的除外。

（4）共伴生矿、低品位矿、尾矿的减免税政策不适用于原油、天然气、煤炭，上述资源有关优惠政策按照国家相关规定执行。

纳税人符合上述规定的，可申报享受税收优惠政策，并将相关材料留存备查。

[《黑龙江省人民代表大会常务委员会关于实施资源税法授权事项的决定》（2020 年 8 月 21 日黑龙江省第十三届人民代表大会常务委员会第二十次会议通过）第三条）]

基本规定

纳税人的免税、减税项目，应当单独核算销售额或者销售数量；未单独核算或者不能准确提供销售额或者销售数量的，不予免税或者减税。

❖ **政策解析**

纳税人开采或者生产同一应税产品，其中既有享受减免税政策的，又有不享受减免税政策的，按照免税、减税项目的产量占比等方法分别核算确定免税、减税项目的销售额或者销售数量。[《财政部　税务总局关于资源税有关问题执行口径的公告》（财政部　税务总局公告 2020 年第 34 号）第八条]

纳税人开采或者生产同一应税产品同时符合两项或者两项以上减征资源税优惠政策的，除另有规定外，只能选择其中一项执行。[《财政部　税务总局关于资源税有关问题执行口径的公告》（财政部　税务总局公告 2020 年第 34 号）第九条]

纳税人享受资源税优惠政策，实行"自行判别、申报享受、有关资料留存备查"的办理方式，另有规定的除外。纳税人对资源税优惠事项留存材料的真实性和合法性承担法律责任。[《国家税务总局关于资源税征收管理若干问题的公告》（国家税务总局公告 2020 年第 14 号）第三条]

七、征收管理

🔲 **基本规定**

资源税由税务机关依照《资源税法》和《中华人民共和国税收征收管理法》（以下简称《税收征收管理法》）的规定征收管理。

税务机关与自然资源等相关部门应当建立工作配合机制，加强资源税征收管理。

❖ **政策解析**

黑龙江省规定：

税务机关与自然资源、应急管理等相关部门应当建立工作配合机制，共同加强资源税征收管理。根据工作需要，税务机关可以要求自然资源、应急管理等相关部门提供与减免税相关的信息，相关部门应当在税务机关送达书面函件的 15 个工作日内给予回复。[《黑龙江省人民代表大会常务委员会关于实施资源税法授权事项的决定》（2020年 8 月 21 日黑龙江省第十三届人民代表大会常务委员会第二十次会议通过）第四条）]

🔲 **基本规定**

纳税人销售应税产品，纳税义务发生时间为收讫销售款或者取得索取销售款凭据的当日；自用应税产品的，纳税义务发生时间为移送应税产品的当日。

❖ **政策解析**

在实践中，对于纳税人采用不同结算方式的，如直接收款、分期收款、预收货款、托收承付等，税法未作明确规定，可参照增值税纳税义务发生时间把握。

📖 **基本规定**

纳税人应当向应税产品开采地或者生产地的税务机关申报缴纳资源税。

❖ **政策解析**

纳税人应当在矿产品的开采地或海盐的生产地缴纳资源税。[《财政部　税务总局关于资源税有关问题执行口径的公告》（财政部　税务总局公告 2020 年第 34 号）第十条]

海上开采的原油和天然气资源税由海洋石油税务管理机构征收管理。[《财政部　税务总局关于资源税有关问题执行口径的公告》（财政部　税务总局公告 2020 年第 34 号）第十一条]

📖 **基本规定**

资源税按月或者按季申报缴纳；不能按固定期限计算缴纳的，可以按次申报缴纳。

❖ **政策解析**

纳税人按月或者按季申报缴纳的，应当自月度或者季度终了之日起 15 日内，向税务机关办理纳税申报并缴纳税款；按次申报缴纳的，应当自纳税义务发生之日起 15 日内，向税务机关办理纳税申报并缴纳税款。

八、水资源税改革试点实施办法

📖 **基本规定**

国务院根据国民经济和社会发展需要，依照《资源税法》的原则，对取用地表水或者地下水的单位和个人试点征收水资源税。征收水资源税的，停止征收水资源费。

水资源税根据当地水资源状况、取用水类型和经济发展等情况实行差别税率。

水资源税试点实施办法由国务院规定，报全国人民代表大会常务委员会备案。

国务院自《资源税法》施行之日起 5 年内，就征收水资源税试点情况向全国人民代表大会常务委员会报告，并及时提出修改法律的建议。

❖ **政策解析**

为促进水资源节约、保护和合理利用，根据党中央、国务院决策部署，自 2016 年 7 月 1 日起在河北省实施水资源税改革试点。[《财政部　国家税务总局　水利部关于印发〈水资源税改革试点暂行办法〉的通知》（财税〔2016〕55 号）]

自 2017 年 12 月 1 日起在北京、天津、山西、内蒙古、山东、河南、四川、陕西、宁夏等9个省（自治区、直辖市）扩大水资源税改革试点。[《财政部 税务总局 水利部关于印发〈扩大水资源税改革试点实施办法〉的通知》（财税〔2017〕80号）]

1. 水资源税纳税义务人

除规定情形外，水资源税的纳税人为直接取用地表水、地下水的单位和个人，包括直接从江、河、湖泊（含水库）和地下取用水资源的单位和个人。

相关纳税人应当按照《中华人民共和国水法》《取水许可和水资源费征收管理条例》等规定申领取水许可证。

[《财政部 税务总局 水利部关于印发〈扩大水资源税改革试点实施办法〉的通知》（财税〔2017〕80号）第三条]

下列情形，不缴纳水资源税：

（1）农村集体经济组织及其成员从本集体经济组织的水塘、水库中取用水的；

（2）家庭生活和零星散养、圈养畜禽饮用等少量取用水的；

（3）水利工程管理单位为配置或者调度水资源取水；

（4）为保障矿井等地下工程施工安全和生产安全必须进行临时应急取用（排）水的；

（5）为消除对公共安全或者公共利益的危害临时应急取水的；

（6）为农业抗旱和维护生态与环境必须临时应急取水的。

[《财政部 税务总局 水利部关于印发〈扩大水资源税改革试点实施办法〉的通知》（财税〔2017〕80号）第四条]

2. 水资源税征税对象

水资源税的征税对象为地表水和地下水。

地表水是陆地表面上动态水和静态水的总称，包括江、河、湖泊（含水库）等水资源；地下水是埋藏在地表以下各种形式的水资源。[《财政部 税务总局 水利部关于印发〈扩大水资源税改革试点实施办法〉的通知》（财税〔2017〕80号）第五条]

3. 税率

除中央直属和跨省（区、市）水力发电取用水外，由试点省（区、市）人民政府统筹考虑本地区水资源状况、经济社会发展水平和水资源节约保护要求，在《扩大水资源税改革试点实施办法》所附《试点省份水资源税最低平均税额表》（见表1-3）规定的最低平均税额基础上，分类确定具体适用税额。[《财政部 税务总局 水利部关于印发〈扩大水资源税改革试点实施办法〉的通知》（财税〔2017〕80号）第九条）]

省（区、市）	地表水最低平均税额	地下水最低平均税额
北京	1.6	4
天津	0.8	4
山西	0.5	2
内蒙古	0.5	2
山东	0.4	1.5
河南	0.4	1.5
四川	0.1	0.2
陕西	0.3	0.7
宁夏	0.3	0.7

表 1-3　　　　　　　　　　试点省份水资源税最低平均税额表　　　　　　单位：元/立方米

河北省对水力发电和火力发电贯流式以外的取用水设置最低税额标准，地表水平均不低于每立方米 0.4 元，地下水平均不低于每立方米 1.5 元。[《财政部　国家税务总局　水利部关于印发〈水资源税改革试点暂行办法〉的通知》（财税〔2016〕55 号）第七条]

为发挥水资源税调控作用，按不同取用水性质实行差别税额，地下水税额要高于地表水，超采地区的地下水税额要高于非超采地区，严重超采地区的地下水税额要大幅高于非超采地区。在超采地区和严重超采地区取用地下水的具体适用税额，由试点省份省级人民政府按照非超采地区税额的 2~5 倍确定。[《财政部　税务总局　水利部关于印发〈扩大水资源税改革试点实施办法〉的通知》（财税〔2017〕80 号）第十条]

在城镇公共供水管网覆盖地区取用地下水的，其税额要高于城镇公共供水管网未覆盖地区，原则上要高于当地同类用途的城镇公共供水价格。[《财政部　税务总局　水利部关于印发〈扩大水资源税改革试点实施办法〉的通知》（财税〔2017〕80 号）第十条]

对超计划（定额）取用水，从高确定税额。纳税人超过水行政主管部门规定的计划（定额）取用水量，在原税额基础上加征 1~3 倍，具体办法由试点省份省级人民政府确定。[《财政部　税务总局　水利部关于印发〈扩大水资源税改革试点实施办法〉的通知》（财税〔2017〕80 号）第十二条]

除中央直属和跨省（区、市）水力发电取用水外，由试点省份省级人民政府统筹考虑本地区水资源状况、经济社会发展水平和水资源节约保护要求，在《扩大水资源税改革试点实施办法》所附《试点省份水资源税最低平均税额表》规定的最低平均税额基础上，分类确定具体适用税额。试点省份的中央直属和跨省（区、市）水力发电取用水税额为每千瓦时 0.005 元。跨省（区、市）界河水电站水力发电取用水水资源税税额，与涉及的非试点省份水资源费征收标准不一致的，按较高一方标准执行。［《财政部　税务总局　水利部关于印发〈扩大水资源税改革试点实施办法〉的通知》（财税〔2017〕80号）第九条］

对特种行业取用水，从高确定税额。特种行业取用水，是指洗车、洗浴、高尔夫球场、滑雪场等取用水。［《财政部　税务总局　水利部关于印发〈扩大水资源税改革试点实施办法〉的通知》（财税〔2017〕80号）第十一条］

对超过规定限额的农业生产取用水，以及主要供农村人口生活用水的集中式饮水工程取用水，从低确定税额。［《财政部　税务总局　水利部关于印发〈扩大水资源税改革试点实施办法〉的通知》（财税〔2017〕80号）第十三条］

农业生产取用水，是指种植业、畜牧业、水产养殖业、林业等取用水。［《财政部　税务总局　水利部关于印发〈扩大水资源税改革试点实施办法〉的通知》（财税〔2017〕80号）第十三条］

供农村人口生活用水的集中式饮水工程，是指供水规模在1000立方米/天或者供水对象1万人以上，并由企事业单位运营的农村人口生活用水供水工程。［《财政部　税务总局　水利部关于印发〈扩大水资源税改革试点实施办法〉的通知》（财税〔2017〕80号）第十三条］

对回收利用的疏干排水和地源热泵取用水，从低确定税额。［《财政部　税务总局　水利部关于印发〈扩大水资源税改革试点实施办法〉的通知》（财税〔2017〕80号）第十四条］

4. 应纳税额的计算

水资源税实行从量计征。对一般取用水按照实际取用水量征税，对采矿和工程建设疏干排水按照排水量征税；对水力发电和火力发电贯流式（不含循环式）冷却取用水按照实际发电量征税。计算公式为：

一般取用水应纳税额＝实际取用水量×适用税额

疏干排水应纳税额＝实际取用水量×适用税额

疏干排水的实际取用水量按照排水量确定。疏干排水，是指在采矿和工程建设过程中破坏地下水层、发生地下涌水的活动。［《财政部　税务总局　水利部关于印发〈扩大水资源税改革试点实施办法〉的通知》（财税〔2017〕80号）第六条］

水力发电和火力发电贯流式（不合循环式）冷却取用水应纳税额

＝实际发电量×适用税额

火力发电贯流式冷却取用水，是指火力发电企业从江河、湖泊（含水库）等水源取水，并对机组冷却后将水直接排入水源的取用水方式。火力发电循式冷却取用水，是指火力发电企业从江河、湖泊（含水库）、地下等水源取水并引入自建冷却水塔，对机组冷却后返回冷却水塔循环利用的取用水方式。［《财政部　税务总局　水利部关于

印发〈扩大水资源税改革试点实施办法〉的通知》（财税〔2017〕80号）第七条]

5. 税收优惠

下列情形，予以免征或者减征水资源税：

（1）规定限额内的农业生产取用水，免征水资源税；

（2）取用污水处理再生水，免征水资源税；

（3）除接入城镇公共供水管网以外，军队、武警部队通过其他方式取用水的，免征水资源税；

（4）抽水蓄能发电取用水，免征水资源税；

（5）采油排水经分离净化后在封闭管道回注的，免征水资源税；

（6）财政部、国家税务总局规定的其他免征或者减征水资源税情形。[《财政部　税务总局　水利部关于印发〈扩大水资源税改革试点实施办法〉的通知》（财税〔2017〕80号）第十五条]

在北京2022年冬奥会场馆（场地）建设、试运营、测试赛及冬奥会及冬残奥会期间，对用于北京2022年冬奥会场馆（场地）建设、运维的水资源，免征应缴纳的水资源税。[《财政部　税务总局　海关总署关于北京2022年冬奥会和冬残奥会税收政策的通知》（财税〔2017〕60号）第三条]

6. 征收管理

为加强税收征管、提高征管效率，《扩大水资源税改革试点实施办法》确定了"税务征管、水利核量、自主申报、信息共享"的征管模式，即税务机关依法征收管理；水行政主管部门负责核定取用水量；纳税人依法办理纳税申报；税务机关与水行政主管部门建立涉税信息共享平台和工作配合机制，定期交换征税和取用水信息资料。[《财政部　税务总局　水利部关于印发〈扩大水资源税改革试点实施办法〉的通知》（财税〔2017〕80号）第二十二条]

水资源税的纳税义务发生时间为纳税人取用水资源的当日。除农业生产取用水外，水资源税按季或者按月征收，由主管税务机关根据实际情况确定。对超过规定限额的农业生产取用水水资源税可按年征收。[《财政部　税务总局　水利部关于印发〈扩大水资源税改革试点实施办法〉的通知》（财税〔2017〕80号）第十八条]

不能按固定期限计算纳税的，可以按次申报纳税。纳税人应当自纳税期满或者纳税义务发生之日起15日内申报纳税。[《财政部　税务总局　水利部关于印发〈扩大水资源税改革试点实施办法〉的通知》（财税〔2017〕80号）第十八条]

水资源税由生产经营所在地的主管税务机关征收管理，在试点省份内取用水，其纳税地点需要调整的，由省级财政、税务部门决定。[《财政部　税务总局　水利部关于印发〈扩大水资源税改革试点实施办法〉的通知》（财税〔2017〕80号）第十九条]

跨省（区、市）调度的水资源，由调入区域所在地的税务机关征收水资源税。

[《财政部　税务总局　水利部关于印发〈扩大水资源税改革试点实施办法〉的通知》（财税〔2017〕80号）第二十条］

纳税人应当安装取用水计量设施。纳税人未按规定安装取用水计量设施或者计量设施不能准确计量取用水量的，按照最大取水（排水）能力或者省级财政、税务、水行政主管部门确定的其他方法核定取用水量。[《财政部　税务总局　水利部关于印发〈扩大水资源税改革试点实施办法〉的通知》（财税〔2017〕80号）第二十三条］

水资源税改革试点期间，可按税费平移原则对城镇公共供水征收水资源税，不增加居民生活用水和城镇公共供水企业负担。[《财政部　税务总局　水利部关于印发〈扩大水资源税改革试点实施办法〉的通知》（财税〔2017〕80号）第二十六条］

水资源税改革试点期间，水资源税收入全部归属试点省份。[《财政部　税务总局　水利部关于印发〈扩大水资源税改革试点实施办法〉的通知》（财税〔2017〕80号）第二十七条］

第二节 习题演练

一、单选题

1. 纳税人以自采原矿洗选加工为选矿产品用于连续生产非资源税产品销售的，（ ）。

    A. 按照选矿产品计征资源税，在选矿移送环节缴纳

    B. 按照选矿产品计征资源税，在原矿移送环节缴纳

    C. 按照原矿产品计征资源税，在原矿移送环节缴纳

    D. 按照选矿产品计征资源税，在非资源税产品销售环节缴纳

【参考答案】A

【答案解析】根据《财政部 税务总局关于资源税有关问题执行口径的公告》（财政部 税务总局公告 2020 年第 34 号）规定，纳税人以自采原矿洗选加工为选矿产品（通过破碎、切割、洗选、筛分、磨矿、分级、提纯、脱水、干燥等过程形成的产品，包括富集的精矿和研磨成粉、粒级成型、切割成型的原矿加工品）销售，或者将选矿产品自用于应当缴纳资源税情形的，按照选矿产品计征资源税，在原矿移送环节不缴纳资源税。选项 A 当选。

2. 某油气集团为增值税一般纳税人，小型微利企业。2022 年 10 月，该集团企业开采天然气 800 万立方米，开采成本为 500 万元，全部销售给关联企业，价格明显偏低并无正当理由。该集团企业和当地均无同类天然气售价，该省税务机关确定的成本利润率为 10%，则该集团企业当月应缴纳的资源税税额为（ ）万元。

    A. 17.56   B. 35.11

    C. 35.46   D. 48

【参考答案】B

【答案解析】根据《资源税法》第三条规定，实行从价计征的，应纳税额按照应税资源产品的销售额乘以具体适用税率计算。根据《资源税税目税率表》可知，天然气资源税税率为 6%。根据《财政部 税务总局关于资源税有关问题执行口径的公告》（财政部 税务总局公告 2020 年第 34 号）第三条规定，纳税人申报的应税产品销售额明显偏低且无正当理由的，或者有自用应税产品行为而无销售额的，主管税务机关可以按下列方法和顺序确定其应税产品销售额：①按纳税人最近时期同类产品的平均销售价格确定。②按其他纳税人最近时期同类产品的平均销售价格确定。③按后续加工非应税产品销售价格，减去后续加工环节的成本利润后确定。④按应税产品组成计税

价格确定。组成计税价格＝成本×（1＋成本利润率）÷（1－资源税税率）。上述公式中的成本利润率由省、自治区、直辖市税务机关确定。⑤按其他合理方法确定。组成计税价格＝500×（1＋10%）÷（1－6%）＝585.11（万元）；应缴纳的资源税税额＝585.11×6%＝35.11（万元）。选项B当选。

3. A油田为增值税一般纳税人，2021年完成2020年企业所得税汇缴属于小微企业，2022年5月完成2021年企业所得税汇缴不属于小微企业，当地符合小微企业"六税两费"减半优惠条件。2022年6月，A油田共计开采原油800吨，当月销售原油600吨，含增值税每吨销售价格3000元，销售收入中含从开采地到购买方指定运输地点运杂费用20000元（取得一般纳税人货运公司增值税专用发票，含税金额，有合法凭证）。已知销售原油的资源税税率为6%，则A油田6月应缴纳资源税（　　）元。

A. 95465.13　　　　　　　　B. 47237.15

C. 106800　　　　　　　　　D. 47787.61

【参考答案】B

【答案解析】根据《国家税务总局关于进一步实施小微企业"六税两费"减免政策有关征管问题的公告》（国家税务总局公告2022年第3号）规定，登记为增值税一般纳税人的企业，按规定办理汇算清缴后确定是小型微利企业的，可自办理汇算清缴当年的7月1日至次年6月30日申报享受"六税两费"减免优惠；2022年1月1日至6月30日期间，纳税人依据2021年办理2020年度汇算清缴的结果确定是否按照小型微利企业申报享受"六税两费"减免优惠。因此，2022年6月该油田适用"六税两费"减免优惠。应纳资源税＝［600×3000÷（1＋13%）－20000÷（1＋9%）］×6%×50%＝47237.15（元）。选项B当选。

4. B煤矿企业是增值税小规模纳税人，2023年8月生产优质原煤400吨，向某电厂销售优质原煤300吨，开具3%征收率增值税专用发票注明不含税价款总计36万元，价款包括从坑口到车站的不含增值税运输费用2万元（已取得合法有效凭证）；向某煤场销售选煤，开具增值税普通发票不含税总销售额7.6万元。当地符合条件小微企业"六税两费"减半优惠，确定该煤矿原煤资源税税率为5%，选煤资源税税率为4%。当月应纳资源税（　　）元。

A. 9970　　　　　　　　　　B. 10020

C. 10030　　　　　　　　　　D. 20040

【参考答案】B

【答案解析】根据《财政部　税务总局关于资源税有关问题执行口径的公告》（财政部　税务总局公告2020年第34号）规定，纳税人以自采原矿（经过采矿过程采出后未进行选矿或者加工的矿石）直接销售，或者自用于应当缴纳资源税情形的，按照原矿计征资源税。纳税人以自采原矿洗选加工为选矿产品销售，或者将选矿产品自用于应当缴纳资源税情形的，按照选矿产品计征资源税，在原矿移送环节不缴纳资源税。

根据《财政部　税务总局关于进一步支持小微企业和个体工商户发展有关税费政策的公告》（财政部　税务总局公告 2023 年第 12 号）规定，自 2023 年 1 月 1 日至 2027 年 12 月 31 日，对增值税小规模纳税人、小型微利企业和个体工商户减半征收资源税（不含水资源税）、城市维护建设税、房产税、城镇土地使用税、印花税（不含证券交易印花税）、耕地占用税和教育费附加、地方教育附加。

因此，当月应纳资源税 = ［（360000 – 20000）× 5% + 76000 × 4%］× 50% = 10020（元）。选项 B 当选。

5. 某煤矿为增值税一般纳税人，历年企业所得税汇缴均不是小微企业，将当月外购原煤和自采原煤按照 2∶1 的比例混合在一起销售，2022 年 6 月销售混合原煤 900 吨，取得不含增值税销售额 200 万元，经增值税发票确认，外购原煤单价 2000 元/吨（不含增值税），该煤矿原煤资源税税率为 6%。则当月该煤矿应纳的资源税为（　　）万元。

A. 0　　　　　　　　　　　　B. 4.8

C. 6.4　　　　　　　　　　　D. 16

【参考答案】B

【答案解析】根据《国家税务总局关于资源税征收管理若干问题的公告》（国家税务总局公告 2020 年第 14 号）第一条规定，纳税人以外购原矿与自采原矿混合为原矿销售，或者以外购选矿产品与自产选矿产品混合为选矿产品销售的，在计算应税产品销售额或者销售数量时，直接扣减外购原矿或者外购选矿产品的购进金额或者购进数量。外购原煤的购进金额 = 900 ×（2/3）× 2000 = 120（万元）；应税原煤计税依据为 200 – 120 = 80（万元），应纳资源税 = 80 × 6% = 4.8（万元）。选项 B 当选。

6. 下列属于资源税纳税义务人的是（　　）。

A. 甲企业在我国境内外购原油加工为成品油后销售

B. 乙企业在俄罗斯开采原煤后在中国境内销售

C. 丙企业从沙特进口原油用于境内企业车间生产

D. 丁企业在我国沿海开采海盐并捐赠给某公立学校

【参考答案】D

【答案解析】根据《资源税法》第一条规定，在中华人民共和国领域和中华人民共和国管辖的其他海域开发应税资源的单位和个人，为资源税的纳税人，应当依照规定缴纳资源税。选项 A 不涉及开发，不当选。选项 B 属于境外开发，不当选。选项 C 进口不征资源税，不当选。该法第五条规定，纳税人开采或者生产应税产品自用的，应当依照规定缴纳资源税。自用情形包括捐赠，选项 D 当选。

7. 根据《扩大水资源税改革试点实施办法》及资源税相关政策规定，下列资源税纳税地点错误的是（   ）。

A. 海盐企业生产海盐，纳税地点为海盐的生产地

B. 煤炭企业开采原煤，纳税地点为原煤的开采地

C. 不考虑试点省份纳税地点调整问题，水资源税试点地区内取用地表水的滑雪场纳税地点为取水口所在地

D. 不考虑试点省份纳税地点调整问题，水资源税试点地区内取用地表水的高尔夫球场纳税地点为生产经营所在地

【参考答案】C

【答案解析】根据《财政部　税务总局关于资源税有关问题执行口径的公告》（财政部　税务总局公告 2020 年第 34 号）第十条规定，纳税人应当在矿产品的开采地或者海盐的生产地缴纳资源税。选项 A、B 不当选。

根据《财政部　税务总局　水利部关于印发〈扩大水资源税改革试点实施办法〉的通知》（财税〔2017〕80 号）第十九条规定，除该办法第二十一条规定的情形外，纳税人应当向生产经营所在地的税务机关申报缴纳水资源税。在试点省份内取用水，其纳税地点需要调整的，由省级财政、税务部门决定。第二十一条规定，跨省（区、市）水力发电取用水的水资源税在相关省份之间的分配比例，比照《财政部关于跨省区水电项目税收分配的指导意见》（财预〔2008〕84 号）明确的增值税、企业所得税等税收分配办法确定。试点省份主管税务机关应当按照规定比例分配的水力发电量和税额，分别向跨省（区、市）水电站征收水资源税。跨省（区、市）水力发电取用水涉及非试点省份水资源费征收和分配的，比照试点省份水资源税管理办法执行。选项 C、D 不属于第二十一条规定的情形，应当向生产经营所在地的税务机关申报缴纳水资源税，选项 C 当选、选项 D 不当选。

8. 关于资源税税源明细表，下列表述正确的是（   ）。

A. 从价计征税目的资源税纳税人申报时，申报计算明细部分的销售数量、销售额、准予扣除的运杂费、准予扣减的外购应税产品购进金额四个栏次均需填写，无发生数额的，应填写 0

B. 申报计算明细部分"准予扣减的外购应税产品购进数量"栏次：填写按规定准予扣减的外购应税产品购进数量。扣减限额以纳税人的实际销售数量减至 0 为限，当期不足扣减或未扣减的，可结转下期扣减

C. 减免税计算明细部分"适用税率"栏次：仅适用从价计征税目的纳税人填写，适用税率为比例税率

D. 减免税计算明细部分，适用于有减免资源税项目（增值税小规模纳税人减征政策除外）的纳税人填写。如不涉及减免税事项，纳税人应在"本期减免税额"栏次填写 0

【参考答案】A

【答案解析】根据《资源税税源明细表》规定，申报计算明细部分：申报从量计征税目的资源税纳税人需填写1—6栏。申报从价计征税目的资源税纳税人需填写1—4、7—10栏。无发生数额的，应填写0。不涉及外购应税产品购进数量扣减的，第5栏填0；不涉及运杂费扣除的，第8栏填写0；不涉及外购应税产品购进金额扣减的，第9栏填写0。选项A当选。

第5栏"准予扣减的外购应税产品购进数量"：填写按规定准予扣减的外购应税产品购进数量。扣减限额以第6栏"计税销售数量"减至0为限，当期不足扣减或未扣减的，可结转下期扣减。选项B不当选。

第7栏"适用税率"：填写《资源税法》所附《资源税税目税率表》规定的应税产品具体适用税率或各省、自治区、直辖市公布的应税产品具体适用税率。从价计征税目的适用税率为比例税率，如原油资源税率为6%，即填6%；从量计征税目的适用税率为定额税率，如某税目每立方米3元，即填3。选项C不当选。

减免税计算明细部分：适用于有减免资源税项目（增值税小规模纳税人减征政策除外）的纳税人填写。如不涉及减免税事项，纳税人不需填写，系统会将"本期减免税额"默认为0。选项D不当选。

9. A企业为煤炭生产企业，位于甲地，2022年6月从位于乙地的B煤炭生产企业购进原煤，取得增值税专用发票，注明金额200万元。A企业将其与部分自采原煤混合为原煤并在本月全部销售，取得不含税销售额500万元，该批自采原煤同类产品不含税销售价格为400万元。已知甲地和乙地原煤资源税税率为3%。则A企业2022年6月上述业务应纳资源税（　　）万元。

A. 9 　　　　　　　　　　B. 6

C. 15 　　　　　　　　　D. 12

【参考答案】A

【答案解析】根据《国家税务总局关于资源税征收管理若干问题的公告》（国家税务总局公告2020年第14号）第一条规定，纳税人以外购原矿与自采原矿混合为原矿销售，或者以外购选矿产品与自产选矿产品混合为选矿产品销售的，在计算应税产品销售额或者销售数量时，直接扣减外购原矿或者外购选矿产品的购进金额或者购进数量。已知，外购原矿的购进金额为200万元，所以A企业应纳资源税=（500-200）×3%=9（万元）。

10. 关于资源税的税收优惠政策，下列说法不正确的是（　　）。

A. 2023年1月1日至2027年12月31日，对增值税一般纳税人可以在50%的税额幅度内减征资源税（不含水资源税）

B. 开采原油过程中用于加热的原油，免征资源税

C. 煤炭开采企业因安全生产需要抽采的煤成（层）气免征资源税

D. 纳税人开采或者生产应税产品过程中，因自然灾害等原因遭受重大损失的，省、自治区、直辖市可以决定减税或者免税

【参考答案】A

【答案解析】根据《财政部　税务总局关于进一步支持小微企业和个体工商户发展有关税费政策的公告》（财政部　税务总局公告2023年第12号）规定，自2023年1月1日至2027年12月31日，对增值税小规模纳税人、小型微利企业和个体工商户减半征收资源税（不含水资源税）、城市维护建设税、房产税、城镇土地使用税、印花税（不含证券交易印花税）、耕地占用税和教育费附加、地方教育附加。选项A表述不正确。

11. 下列关于现行资源税的规定，表述错误的是（　　）。

A. 我国《资源税税目税率表》规定实行幅度税率的，其具体适用税率由省、自治区、直辖市人民政府统筹考虑应税资源的品位、开采条件以及对生态环境的影响等情况，在规定的税率幅度内提出，报同级人民代表大会常务委员会决定，并全国人民代表大会常务委员会和国务院备案

B. 纳税人开采或生产不同税目应税产品的，应当分别核算不同税目应税产品的销售额或者销售数量

C. 水资源税根据当地水资源状况、取用水类型和经济发展等情况实行差别税率

D. 资源税实行从价定率计征办法

【参考答案】D

【答案解析】根据《资源税法》第三条规定，资源税按照《资源税税目税率表》实行从价计征或者从量计征。选项D当选。

12. 下列关于资源税的说法，不正确的是（　　）。

A. 目前我国开征的资源税是以部分自然资源为课税对象的

B. 资源税按照《资源税税目税率表》实行从价计征或者从量计征

C. 地热实行从量计征资源税

D. 实行幅度比例税率的，其具体适用税率由省、自治区、直辖市人民政府统筹考虑应税资源的品位、开采条件以及对生态环境的影响等情况，在《资源税税目税率表》规定的税率幅度内提出

【参考答案】C

【答案解析】根据《资源税税目税率表》规定，地热、石灰岩、矿泉水、天然卤水、其他粘土和砂石可采用从价计征或从量计征的方式计征资源税，其他应税产品统一适用从价定率征收的方式。选项C当选。

13. 下列应征收资源税的是（　　）。

　　A. 开采原油以及在油田范围内运输原油过程中用于加热的原油

　　B. 进口的矿泉水

　　C. 开采销售的高岭土

　　D. 煤炭开采企业因安全生产需要抽采的煤层气

【参考答案】C

【答案解析】根据《资源税法》第六条规定，有下列情形之一的，免征资源税：①开采原油以及在油田范围内运输原油过程中用于加热的原油、天然气；②煤炭开采企业因安全生产需要抽采的煤成（层）气。因此选项A、D不当选。进口矿泉水不征收资源税，选项B不当选。选项C当选。

14. 某铜矿开采企业为增值税一般纳税人，2022年3月开采铜矿原矿400吨，其中当月销售铜矿原矿300吨，取得不含税销售额2100万元，当月领用铜矿原矿100吨用于连续生产金属矿，铜矿原矿资源税税率为4%，该企业当月应缴纳资源税（　　）万元。

　　A. 99.12　　　　　　　　　　B. 94

　　C. 112　　　　　　　　　　　D. 84

【参考答案】D

【答案解析】根据《资源税法》第五条规定，纳税人开采或者生产应税产品自用的，应当依照规定缴纳资源税；但是，自用于连续生产应税产品的，不缴纳资源税。该企业当月应纳资源税税额=2100×4%=84（万元）。选项D当选。

15. 某煤焦化一体化企业生产原煤后直接移送洗煤厂洗选成精煤，再将精煤移送用于加工焦炭及化工产品。则该企业应缴纳资源税的环节是（　　）。

　　A. 原煤生产

　　B. 移送洗煤厂

　　C. 移送用于加工焦炭及化工产品

　　D. 焦炭及化工产品销售

【参考答案】C

【答案解析】根据资源税法规定，连续生产精煤，在移送洗煤厂环节不缴纳资源税；在将精煤移送用于加工焦炭及化工产品等非应税产品时，应按规定的方法和顺序，确定其应税产品销售额并计算缴纳资源税，选项C当选。

16. 某煤矿将外购原煤和自采原煤按照1:1的比例混合在一起销售，2022年3月销售混合原煤1000吨，不含税销售额50万元，其外购原煤不含税单价为450元/吨，该省原煤资源税税率为8%。则当月应纳资源税税额为（　　）元。

　　A. 40000　　　　　　　　　　B. 22000

C. 18000　　　　　　　　　D. 20000

【参考答案】B

【答案解析】根据《国家税务总局关于资源税征收管理若干问题的公告》（国家税务总局公告2020年第14号）第一条规定，纳税人以外购原矿与自采原矿混合为原矿销售，或者以外购选矿产品与自产选矿产品混合为选矿产品销售的，在计算应税产品销售额或者销售数量时，直接扣减外购原矿或者外购选矿产品的购进金额或者购进数量。外购原煤的购进金额 $= 1000 \times \dfrac{1}{2} \times 450 = 225000$（元），应纳资源税 $=（500000 - 225000）\times 8\% = 22000$（元）。选项B当选。

17. 某低丰度油田2022年4月生产原油6400吨，其中2吨在采油过程中用于加热、3吨用于修井；当月销售6100吨，单价2000元/吨，其他生产生活自用5吨。原油税率为6%，该油田当月应纳资源税税额为（　　　）元。

　　A. 732000　　　　　　　　　B. 586080

　　C. 586368　　　　　　　　　D. 732960

【参考答案】C

【答案解析】根据《资源税法》第六条规定，开采原油以及在油田范围内运输原油过程中用于加热的原油免征资源税，修井不属于免税范围，应与生产生活自用应税产品一并计算缴纳资源税。同时，从低丰度油气田开采的原油减征20%资源税，当月应纳资源税 $=（6100 + 5 + 3）\times 2000 \times 6\% \times（1 - 20\%）= 586368$（元），选项C当选。

18. 某石油企业2022年4月从低丰度油气田通过三次采油技术采出原油销售，销售额为20万元，原油税率为6%。纳税人选择适用对自己最有利的优惠政策，当月纳税人应申报缴纳资源税税额为（　　　）元。

　　A. 6720　　　　　　　　　　B. 9600

　　C. 12000　　　　　　　　　D. 8400

【参考答案】D

【答案解析】根据《资源税法》第六条规定，从低丰度油气田开采的原油、天然气，减征20%资源税；通过三次采油技术开采的原油减征30%资源税；根据《财政部　税务总局关于资源税有关问题执行口径的公告》（财政部　税务总局公告2020年第34号）第九条规定，纳税人开采或者生产同一应税产品同时符合两项或者两项以上减征资源税优惠政策的，除另有规定外，只能选择其中一项执行。方案一，减征20%资源税，则当月应纳资源税 $= 200000 \times 6\% \times（1 - 20\%）= 9600$（元），方案二，减征30%资源税，则当月应纳资源税 $= 200000 \times 6\% \times（1 - 30\%）= 8400$（元），纳税人选择最有利的优惠，应缴税款为8400元，选项D当选。

19. 纳税人核算并扣减当期外购资源税应税产品购进金额、购进数量时，下列不能作为凭据的是（　　）。

　　A. 外购应税产品的增值税发票

　　B. 海关进口增值税专用缴款书

　　C. 运杂费增值税发票

　　D. 其他合法有效凭据

【参考答案】C

【答案解析】根据《财政部　税务总局关于资源税有关问题执行口径的公告》（财政部　税务总局公告2020年第34号）第五条规定，纳税人核算并扣减当期外购应税产品购进金额、购进数量，应当依据外购应税产品的增值税发票、海关进口增值税专用缴款书或者其他合法有效凭据。选项C当选。

20. 某煤炭企业2020年10月将自采原煤与外购原煤混合洗选加工为选煤出售。选煤销售量1000吨，销售收入50万元（不含增值税），销售额中含运杂费5万元（另取得运输发票）。当期使用的外购原煤250吨，购进金额8万元（不含增值税），已知当地煤炭原矿资源税税率为5%、选矿资源税税率为4%，则该企业2021年10月应缴纳资源税税额为（　　）元。

　　A. 20000　　　　　　　　B. 17500

　　C. 16000　　　　　　　　D. 14000

【参考答案】D

【答案解析】根据《国家税务总局关于资源税征收管理若干问题的公告》（国家税务总局公告2020年第14号）规定，纳税人以外购原矿与自采原矿混合洗选加工为选矿产品销售的，在计算应税产品销售额或者销售数量时，按照下列方法进行扣减：准予扣减的外购应税产品购进金额（数量）＝外购原矿购进金额（数量）×（本地区原矿适用税率÷本地区选矿产品适用税率）。因此，允许扣减的外购原煤购进金额＝80000×（5%÷4%）＝100000（元）；计税销售额＝销售额－准予扣除的运杂费－准予扣减的外购应税产品购进金额＝500000－50000－100000＝350000（元）；本期应纳税额＝计税销售额×煤炭选矿税率＝350000×4%＝14000（元）。选项D当选。

21. 甲公司为增值税一般纳税人，小型微利企业，2022年5月将一批从水深320米的油气田开采出来的原油出售给乙公司，取得不含税收入1800万元，其中包括从坑口到车站的运输费用2.5万元，装卸费1.5万元，保险费1万元，均已取得增值税专用发票。甲公司所在省"六税两费"减征幅度按照国家规定的上限执行，则甲公司销售原油应缴纳的资源税为（　　）万元。

　　A. 37.91　　　　　　　　B. 37.72

　　C. 54.15　　　　　　　　D. 75.81

【参考答案】B

【答案解析】根据《财政部　税务总局关于资源税有关问题执行口径的公告》（财政部　税务总局公告2020年第34号）第一条规定，资源税应税产品（以下简称应税产品）的销售额，按照纳税人销售应税产品向购买方收取的全部价款确定，不包括增值税税款。计入销售额中的相关运杂费用，凡取得增值税发票或者其他合法有效凭据的，准予从销售额中扣除。相关运杂费用是指应税产品从坑口或者洗选（加工）地到车站、码头或者购买方指定地点的运输费用、建设基金以及随运销产生的装卸、仓储、港杂费用。因此，运输费用和装卸费可以扣除，保险费不能扣除。

根据《资源税法》第六条规定，高含硫天然气、三次采油和从深水油气田开采的原油、天然气，减征30%资源税；第十六条规定，深水油气田，是指水深超过300米的油气田。

根据《财政部　税务总局关于进一步实施小微企业"六税两费"减免政策的公告》（财政部　税务总局公告2022年第10号）的规定，小型微利企业可以在50%的税额幅度内减征资源税。因此，该公司应缴纳资源税 = （1800 - 2.5 - 1.5）×6% ×（1 - 30%）×50% = 37.72（万元）。选项B当选。

22. 甲公司于2021年5月登记注册，从事国家非限制和禁止行业，成立以来资产总额和从业人数一直为4500万元和180人，2021年11月1日登记为增值税一般纳税人。2022年8月，甲公司办理首次汇算清缴申报，确定不属于小型微利企业。2022年4月，甲公司当月开采铜原矿120吨；移送70吨加工为铜选矿后当月全部销售，取得不含税收入550万元，并于5月征期进行申报；2022年6月，将剩余50吨铜原矿全部销售，取得不含税收入400万元，并于7月征期进行申报；两次申报均按小型微利企业享受了"六税两费"减免政策，已知当地铜原矿资源税税率为4%，铜选矿资源税税率为3%。甲公司所在省"六税两费"减征幅度按照国家规定的上限执行，则甲公司实际共应缴纳的资源税为（　　）万元。

　　A. 16. 25　　　　　　　　　　B. 24. 25

　　C. 32. 5　　　　　　　　　　D. 48. 5

【参考答案】B

【答案解析】根据企业所得税法有关规定，甲公司应当于2022年5月底前办理首次汇算清缴，且根据《国家税务总局关于进一步实施小微企业"六税两费"减免政策有关征管问题的公告》（国家税务总局公告2022年第3号）第一条规定，登记为增值税一般纳税人的新设立企业，从事国家非限制和禁止行业，且同时符合申报期上月末从业人数不超过300人、资产总额不超过5000万元两项条件的，按规定办理首次汇算清缴申报前，可按照小型微利企业申报享受"六税两费"减免优惠。因此甲公司5月征期的申报可享受"六税两费"减免优惠。

按规定办理首次汇算清缴后确定不属于小型微利企业的一般纳税人，自办理汇算清缴的次月1日至次年6月30日，不得再申报享受"六税两费"减免优惠。登记为增值税一般纳税人的小型微利企业、新设立企业，逾期办理或更正汇算清缴申报的，应当依据逾期办理或更正申报的结果，对6月属期以后的"六税两费"申报进行相应更正。甲公司逾期办理首次汇算清缴后，确定甲公司不属于小型微利企业。因此，甲公司7月征期申报的6月的资源税不能享受减免优惠。

综上，甲公司实际共缴纳资源税 = 550×3%×50% +400×4% = 24.25（万元）。选项B当选。

23. 甲公司是天然气开采企业，增值税一般纳税人，2021年3月办理了2020年度企业所得税汇算清缴申报，确定为非小型微利企业。甲公司2022年5月从每平方公里天然气可开采储量丰度为2亿万立方米的气田开采天然气900万立方米，经检测硫化氢含量为每立方米25克，该公司将开采的天然气于当月全部销售，取得不含税收入2000万元，于6月申报期进行申报；2022年5月办理了2021年度企业所得税汇算清缴申报，确定为小型微利企业。甲公司所在省"六税两费"减征幅度按照国家规定的上限执行，则甲公司应缴纳的资源税为（　　　）万元。

　　A. 42　　　　　　　　　　B. 48
　　C. 84　　　　　　　　　　D. 96

【参考答案】D

【答案解析】根据《资源税法》第六条规定，①从低丰度油气田开采的原油、天然气，减征20%资源税；②高含硫天然气、三次采油和从深水油气田开采的原油、天然气，减征30%资源税。

第十六条规定，①陆上低丰度气田是指每平方公里天然气可开采储量丰度低于2.5亿立方米的气田；②高含硫天然气，是指硫化氢含量在每立方米30克以上的天然气。因此，甲公司只能享受从低丰度油气田开采的原油、天然气，减征20%资源税的政策。

根据《国家税务总局关于进一步实施小微企业"六税两费"减免政策有关征管问题的公告》（国家税务总局公告2022年第3号）第一条规定，2022年1月1日至6月30日期间，纳税人依据2021年办理2020年度汇算清缴的结果确定是否按照小型微利企业申报享受"六税两费"减免优惠。由于甲公司2020年度企业所得税汇算清缴确定为非小型微利企业，故甲公司不能享受"六税两费"减免政策。因此，甲公司应缴纳的资源税 = 2000×6%×（1-20%）=96（万元）。选项D当选。

24. 甲公司是增值税一般纳税人，非小型微利企业；2022年1月，甲公司外购1000吨锌原矿，并取得增值税专用发票，标明不含税金额1200万元。当月自采3000吨锌原矿；2月将自采的2400吨锌原矿与外购全部锌原矿混合提纯后全部售出，取得不含税销售收入5700万元，剩余自采锌原矿作为福利分配给股东；已知该公司锌原矿最近时期平均销售价格为1.2万元/吨，市场上锌原矿最近时期平均销售价格为1.3万元/吨，当地锌原矿资源税税率为9%，锌选矿资源税税率为3%。甲公司合计应缴纳的资源税为（　　）万元。

  A. 63   B. 95.02

  C. 108.36   D. 127.8

【参考答案】D

【答案解析】根据《财政部　税务总局关于资源税有关问题执行口径的公告》（财政部　税务总局公告2020年第34号）第二条规定，纳税人自用应税产品应当缴纳资源税的情形，包括纳税人以应税产品用于非货币性资产交换、捐赠、偿债、赞助、集资、投资、广告、样品、职工福利、利润分配或者连续生产非应税产品等。第三条规定，纳税人申报的应税产品销售额明显偏低且无正当理由的，或者有自用应税产品行为而无销售额的，主管税务机关可以按下列方法和顺序确定其应税产品销售额：①按纳税人最近时期同类产品的平均销售价格确定；②按其他纳税人最近时期同类产品的平均销售价格确定；③按后续加工非应税产品销售价格，减去后续加工环节的成本利润后确定；④按应税产品组成计税价格确定，组成计税价格＝成本×（1＋成本利润率）÷（1－资源税税率），上述公式中的成本利润率由省、自治区、直辖市税务机关确定；⑤按其他合理方法确定。第七条规定，纳税人以自采原矿洗选加工为选矿产品（通过破碎、切割、洗选、筛分、磨矿、分级、提纯、脱水、干燥等过程形成的产品，包括富集的精矿和研磨成粉、粒级成型、切割成型的原矿加工品）销售，或者将选矿产品自用于应当缴纳资源税情形的，按照选矿产品计征资源税，在原矿移送环节不缴纳资源税。

根据《国家税务总局关于资源税征收管理若干问题的公告》（国家税务总局公告2020年第14号）第一条规定，纳税人以外购原矿与自采原矿混合洗选加工为选矿产品销售的，在计算应税产品销售额或者销售数量时，按照下列方法进行扣减：

准予扣减的外购应税产品购进金额（数量）＝外购原矿购进金额（数量）×（本地区原矿适用税率÷本地区选矿产品适用税率）

综上，甲公司应缴纳的资源税＝［5700－1200×（9%÷3%）］×3%＋（3000－2400）×1.2×9%＝127.8（万元）。选项D当选。

25. 下列需要缴纳资源税的是（　　）。

  A. 甲公司销售从境外开采的锡原矿

  B. 乙公司在境内外购原油赞助给某创投企业

  C. 丙公司销售从境内自采铁原矿加工的铁矿粉

  D. 丁公司销售在境内开采煤炭时因安全生产需要抽采的煤层气

【参考答案】C

【答案解析】根据《资源税法》第一条规定，在中华人民共和国领域和中华人民共和国管辖的其他海域开发应税资源的单位和个人，为资源税的纳税人，应当依照规定缴纳资源税。选项 A 是从境外开发，不当选；选项 B 是外购，不涉及开发应税资源，不当选。根据《资源税法》第六条规定，有下列情形之一的，免征资源税：①开采原油以及在油田范围内运输原油过程中用于加热的原油、天然气；②煤炭开采企业因安全生产需要抽采的煤成（层）气，选项 D 不当选。根据《财政部 税务总局关于资源税有关问题执行口径的公告》（财政部 税务总局公告 2020 年第 34 号）第七条规定，纳税人以自采原矿洗选加工为选矿产品（通过破碎、切割、洗选、筛分、磨矿、分级、提纯、脱水、干燥等过程形成的产品，包括富集的精矿和研磨成粉、粒级成型、切割成型的原矿加工品）销售，或者将选矿产品自用于应当缴纳资源税情形的，按照选矿产品计征资源税，在原矿移送环节不缴纳资源税。选项 C 应按铁选矿计征资源税。

26. 根据《资源税税目税率表》规定，下列矿产中不属于能源矿产的是（ ）。

    A. 天然气水合物

    B. 钍

    C. 油页岩

    D. 页岩

【参考答案】D

【答案解析】根据《资源税税目税率表》规定，选项 A、B、C 属于能源矿产，选项 D 属于非金属矿产。选项 D 当选。

27. 按照党中央、国务院决策部署，我国参与水资源税改革试点的省（自治区、直辖市）个数为（ ）个。

    A. 8   B. 9

    C. 10   D. 11

【参考答案】C

【答案解析】根据《财政部 国家税务总局 水利部关于印发〈水资源税改革试点暂行办法〉的通知》（财税〔2016〕55 号）规定，2016 年 7 月 1 日起，河北省开始试点；根据《财政部 税务总局 水利部关于印发〈扩大水资源税改革试点实施办法〉的通知》（财税〔2017〕80 号）规定，为全面贯彻落实党的十九大精神，推进资源全面节约和循环利用，推动形成绿色发展方式和生活方式，按照党中央、国务院决策部署，自 2017 年 12 月 1 日起在北京、天津、山西、内蒙古、山东、河南、四川、陕西、宁夏等 9 个省（自治区、直辖市）扩大水资源税改革试点。因此共计 10 个省（自治区、直辖市）试点水资源税，选项 C 当选。

28. 某煤炭生产企业为甲市增值税一般纳税人，2021 年 10 月从乙市另一煤炭生产企业购进一批原煤，并取得增值税专用发票，标明不含税金额 200 万元；同月，该企业将外购原煤与自采的价值 400 万元的原煤混合洗选加工为选煤并在本月全部销售，选煤不含税销售额为 900 万元。已知甲市原煤税率为 3%，选煤税率为 2%，乙市原煤税率为 5%，选煤税率为 4%。该企业 2021 年 10 月应缴纳的资源税为（　　）万元。

    A. 28　　　　　　　　　　B. 26

    C. 24　　　　　　　　　　D. 12

【参考答案】D

【答案解析】根据《国家税务总局关于资源税征收管理若干问题的公告》（国家税务总局公告 2020 年第 14 号）的规定，准予扣减的外购应税产品购进金额（数量）＝外购原煤购进金额（数量）×（本地区原煤适用税率÷本地区选煤适用税率）＝200×（3%÷2%）＝300（万元），应缴纳的资源税＝（900－300）×2%＝12（万元）。选项 D 当选。

29. 按照资源税的规定，下列不属于资源税征税对象的是（　　）。

    A. 天然卤水原矿

    B. 地热原矿

    C. 矿泉水原矿

    D. 钨矿原矿

【参考答案】D

【答案解析】根据《资源税税目税率表》规定，钨矿资源税征税对象为钨矿选矿。选项 D 当选。

30. 下列关于资源税的征收管理规定，说法正确的是（　　）。

    A. 纳税人开采或者生产应税产品，自用于生产其他非应税产品的，不缴纳资源税

    B. 煤炭开采企业因安全生产需要抽采煤成（层）气的，减征 30% 资源税

    C. 开采原油以及在运输原油过程中用于加热的原油、天然气，免征资源税

    D. 稠油、高凝油减征 40% 资源税

【参考答案】D

【答案解析】根据《资源税法》第五条规定，纳税人开采或者生产应税产品，自用于连续生产应税产品的，不缴纳资源税。

第六条规定，煤炭开采企业因安全生产需要抽采的煤成（层）气免征资源税，开采原油以及在油田范围内运输原油过程中用于加热的原油、天然气免征资源税；稠油、高凝油减征 40% 资源税，选项 D 当选。

31. 下列属于《资源税法》规定的免税项目的是（　　）。

    A. 开采原油以及在油田范围内运输原油过程中用于加热的原油、天然气

    B. 从低丰度油气田开采的天然气

C. 从衰竭期矿山开采的矿产品

D. 纳税人开采尾矿

【参考答案】A

【答案解析】根据《资源税法》第六条规定，从低丰度油气田开采的原油、天然气，减征20%资源税；从衰竭期矿山开采的矿产品，减征30%资源税；选项B、C属于减税项目。根据《资源税法》第七条规定，有下列情形之一的，省、自治区、直辖市可以决定免征或者减征资源税：①纳税人开采或生产应税产品过程中，因意外事故或者自然灾害等原因遭受重大损失；②纳税人开采共伴生矿、低品位矿、尾矿。选项D是省、自治区、直辖市确定的优惠项目。选项A当选。

32. 某锡矿开采企业是增值税一般纳税人，2020年8月开采锡矿原矿600吨，本月销售锡矿原矿400吨，取得不含税销售额1000万元；剩余锡矿原矿中100吨移送加工选矿80吨，所加工选矿本月全部销售，取得不含税收入240万元，另外100吨作为利润分配给公司股东，锡原矿的税率为5%，锡选矿的税率为4.5%。则该企业8月应缴纳的资源税为（　　）万元。

A. 50　　　　　　　　　　B. 10.8

C. 73.3　　　　　　　　　D. 60.8

【参考答案】C

【答案解析】根据《财政部　税务总局关于资源税有关问题执行口径的公告》（财政部　税务总局公告2020年第34号）第二条规定，纳税人自用应税产品应当缴纳资源税的情形，包括纳税人以应税产品用于非货币性资产交换、捐赠、偿债、赞助、集资、投资、广告、样品、职工福利、利润分配或者连续生产非应税产品等。因此，作为利润分配给公司股东的100吨原矿应当缴纳资源税。自用原矿的销售额，可根据纳税人最近时期同类产品的平均销售额价格确定。综上，该企业2020年8月应缴纳资源税应纳税额 = （1000÷400）×（400+100）×5% +240×4.5% =73.3（万元）。选项C当选。

33. 某铝土矿开采企业为一般纳税人，2022年1月开采并销售铝土矿原矿，取得不含增值税收入1000万元；销售铝土矿选矿取得含增值税销售额2260万元，当地省人民政府规定，铝土矿原矿资源税税率为6%，铝土矿选矿资源税税率为3%。该企业2022年1月应缴纳的资源税税额为（　　）万元。

A. 135.6　　　　　　　　B. 30

C. 165.6　　　　　　　　D. 120

【参考答案】D

【答案解析】根据《资源税法》规定，实行从价计征的，应纳税额按照应税资源产品的不含增值税销售额乘以具体适用税率计算。该企业2022年1月资源税应纳税额

$=1000 \times 6\% +2260 \div (1+13\%) \times 3\% =120$（万元）。选项 D 当选。

34. 下列关于资源税税率的说法，错误的是（　　）。

   A. 有色金属选矿中，除钨、钼、中重稀土采用固定比例税率外，其他的选矿均适用幅度比例税率

   B. 水资源税实行差别税率

   C. 地热、砂石、矿泉水、天然卤水、原油、其他黏土可采用从价计征或从量计征的方式，其他应税产品统一适用从价定率征收的方式

   D. 纳税人开采或者生产不同税目应税产品，未分别核算或者不能准确提供不同税目应税产品的销售额或者销售数量的，从高适用税率

【参考答案】C

【答案解析】根据《资源税法》规定，地热、石灰岩、矿泉水、天然卤水、砂石、其他黏土可采用从价计征或从量计征的方式，其他应税产品统一适用从价定率征收的方式；原油属于能源矿产税目，适用从价计征的固定比例税率。选项 C 表述不正确，符合题意。

35. 某天然气生产企业自成立以来一直为小型微利企业，2022 年 1 月在境内开采天然气 100 万立方米；同月，销售给甲企业 50 万立方米，移送 10 万立方米用于职工食堂，剩余 40 万立方米直接用于出口，已知该企业在境内销售天然气的价格为 3 元/立方米（不含增值税），出口离岸价格为 4 元/立方米（不含增值税），该省"六税两费"减征幅度按照国家规定的上限执行。则该企业 2022 年 1 月应缴纳的资源税为（　　）万元。

   A. 9   B. 10.8

   C. 20.4   D. 10.2

【参考答案】D

【答案解析】根据《资源税法》第五条规定，纳税人开采或者生产应税产品自用的，应当依照规定缴纳资源税。因此，移送职工食堂的 10 万立方米需要缴纳资源税；纳税人将其开采的应税产品直接出口的，按其离岸价格（不含增值税）计算销售额。根据《财政部 税务总局关于进一步实施小微企业"六税两费"减免政策的公告》（财政部 税务总局公告 2022 年第 10 号）的规定，对增值税小规模纳税人、小型微利企业和个体工商户可以在 50% 的税额幅度内减征资源税。因此，该企业 2022 年 1 月应缴纳的资源税 $=[(50+10) \times 3 \times 6\% +40 \times 4 \times 6\%] \times 50\% =10.2$（万元）。选项 D 当选。

36. 《资源税法》自（　　）施行。

   A. 2020 年 9 月 1 日

   B. 2019 年 9 月 1 日

C. 2020 年 1 月 1 日

D. 2020 年 10 月 1 日

【参考答案】A

【答案解析】《资源税法》已由中华人民共和国第十三届全国人民代表大会常务委员会第十二次会议于 2019 年 8 月 26 日通过，现予公布，自 2020 年 9 月 1 日起施行。选项 A 当选。

37. 纳税人销售应税产品的，其资源税的纳税义务发生时间为（   ）。

A. 收讫销售款或者取得索取销售款凭据的当日

B. 收到首笔货款的日期的当天

C. 收到最后一笔货款的日期的当天

D. 发出应税产品的当天

【参考答案】A

【答案解析】根据《资源税法》第十条规定，纳税人销售应税产品，纳税义务发生时间为收讫销售款或者取得索取销售款凭据的当日；自用应税产品的，纳税义务发生时间为移送应税产品的当日。选项 A 当选。

38. 下列属于资源税征收范围的是（   ）。

A. 人造石油

B. 洗煤、选煤

C. 进口的天然气

D. 自来水

【参考答案】B

【答案解析】根据《资源税法》第一条规定，在中华人民共和国领域和中华人民共和国管辖的其他海域开发应税资源的单位和个人，为资源税的纳税人，应当依照该法规定缴纳资源税。人造石油、进口天然气、自来水不属于资源税征税范围。选项 B 当选。

39. 某大型砂石开采企业，增值税一般纳税人，2021 年 10 月开采砂石 10 吨，将其中的 1 吨砂石用于建造厂房，将其中的 8 吨销售给某建筑公司。已知砂石的资源税税率为每吨 4 元，则该企业当月应缴纳资源税（   ）元。

A. 32   B. 36

C. 40   D. 50

【参考答案】B

【答案解析】根据《资源税法》第三条规定，实行从量计征的，应纳税额按照应税产品的销售数量乘以具体适用税率计算。第五条规定，纳税人开采或者生产应税产品自用的，应当依照该法规定缴纳资源税；但是，自用于连续生产应税产品的，不缴纳资源税。该企业当月应缴纳资源税 = （1 + 8）×4 = 36（元）。选项 B 当选。

40. 下列不符合水资源税相关规定的是（　　）。

    A. 自 2016 年 7 月 1 日起，水资源税在河北省试点，2017 年 12 月 1 日，水资源税改革试点进一步扩大到 9 个省（自治区、直辖市）

    B. 水资源税的征税对象为地表水和地下水

    C. 水利工程管理单位为配置或者调度水资源取水的，要缴纳水资源税

    D. 为保障矿井等地下工程施工安全和生产安全必须进行临时应急取用（排）水的，不缴纳水资源税

【参考答案】C

【答案解析】根据《财政部　税务总局　水利部关于印发〈扩大水资源税改革试点实施办法〉的通知》（财税〔2017〕80 号）第四条规定，水利工程管理单位为配置或者调度水资源取水的不缴纳水资源税。选项 C 当选。

41. 关于资源税的税收优惠政策，下列说法不正确的是（　　）。

    A. 2022 年 1 月 1 日至 2024 年 12 月 31 日，各省、自治区、直辖市人民政府可根据本地区实际情况，对增值税小规模纳税人、小型微利企业和个体工商户可以在 50% 的税额幅度内减征资源税

    B. 开采原油过程中用于加热的原油，免征资源税

    C. 对规定限额内的农业生产取用水，免征水资源税

    D. 纳税人开采或者生产应税产品过程中，因自然灾害等原因遭受重大损失的，由省、自治区、直辖市税务局酌情决定减税或者免税

【参考答案】D

【答案解析】根据《资源税法》第七条规定，纳税人开采或者生产应税产品过程中，因意外事故或者自然灾害等原因遭受重大损失，省、自治区、直辖市可以决定免征或者减征资源税。选项 D 当选。

42. 下列物品属于资源税征税范围的是（　　）。

    A. 石脑油　　　　　　　　B. 大理岩

    C. 固体烧碱　　　　　　　D. 煤焦油

【参考答案】B

【答案解析】根据《资源税税目税率表》规定，非金属矿产中岩石类大理岩属于资源税征收范围。选项 B 当选。

43. 某煤矿本月共开采原煤 8500 吨，对外销售 2000 吨，取得不含增值税销售额 140 万元；4500 吨全部移送生产选煤，本月销售洗选煤 1500 吨，取得不含增值税销售额 120 万元。已知，煤原矿税率为 8%，选矿为 6.5%，则该煤矿本月应缴纳资源税（　　）万元。

A. 680   B. 19

C. 97. 5   D. 20. 8

【参考答案】B

【答案解析】根据《资源税法》第五条规定，纳税人开采或者生产应税产品，自用于连续生产应税产品的，不缴纳资源税。该煤矿本月应缴纳资源税 = 140 × 8% + 120 × 6.5% = 19（万元）。选项 B 当选。

44. 下列关于资源税减征的表述，不正确的是（   ）。

  A. 从低丰度油气田开采的原油、天然气，减征 20% 资源税

  B. 高含硫天然气、三次采油和从深水油气田开采的原油、天然气，减征 30% 资源税

  C. 稠油、高凝油减征 40% 资源税

  D. 从衰竭期矿山开采的矿产品减征 40% 资源税

【参考答案】D

【答案解析】根据《资源税法》第六条规定，从衰竭期矿山开采的矿产品，减征 30% 资源税。选项 D 当选。

45. 下列关于资源税征收期限规定的说法，不正确的是（   ）。

  A. 资源税按月或者按季申报缴纳；不能按固定期限计算缴纳的，可以按次申报缴纳

  B. 纳税人按月或者按季申报缴纳的，应当自月度或者季度终了之日起 10 日内，向税务机关办理纳税申报并缴纳税款；按次申报缴纳的，应当自纳税义务发生之日起 10 日内，向税务机关办理纳税申报并缴纳税款

  C. 资源税纳税人按次申报缴纳的，应当自纳税义务发生之日起 15 日内，向税务机关办理纳税申报并缴纳税款

  D. 资源税纳税人按月或者按季申报缴纳的，应当自月度或者季度终了之日起 15 日内，向税务机关办理纳税申报并缴纳税款

【参考答案】B

【答案解析】根据《资源税法》第十二条规定，资源税按月或者按季申报缴纳；不能按固定期限计算缴纳的，可以按次申报缴纳。纳税人按月或者按季申报缴纳的，应当自月度或者季度终了之日起 15 日内，向税务机关办理纳税申报并缴纳税款；按次申报缴纳的，应当自纳税义务发生之日起 15 日内，向税务机关办理纳税申报并缴纳税款。选项 B 当选。

46. 下列关于资源税计税依据的说法，不正确的是（   ）。

  A. 纳税人自产天然气用于福利，以自用数量为计税依据

  B. 纳税人对外销售原煤，以销售数量为计税依据

C. 纳税人以自产原盐加工精盐后销售，以销售数量为计税依据

D. 纳税人自产自用铁矿石加工精矿石后销售，以实际移送使用数量为计税依据

【参考答案】C

【答案解析】根据《资源税税目税率表》规定，精盐不属于资源税的计征范围。根据《财政部　税务总局关于资源税有关问题执行口径的公告》（财政部　税务总局公告 2020 年第 34 号）规定，纳税人以应税产品用于非货币性资产交换、捐赠、偿债、赞助、集资、投资、广告、样品、职工福利、利润分配或者连续生产非应税产品的，属于纳税人自用应税产品应当缴纳资源税的情形。选项 C 当选。

47. 下列关于资源税的表述，不正确的是（　　）。

A. 资源税税目包括 5 大类

B. 原油包括人造石油

C. 天然气，是指专门开采或者与原油同时开采的天然气

D. 煤炭，包括原煤和以未税原煤加工的洗选煤

【参考答案】B

【答案解析】根据《资源税法》第一条规定，在中华人民共和国领域和中华人民共和国管辖的其他海域开发应税资源的单位和个人，为资源税的纳税人，应当依照规定缴纳资源税。人造石油不属于资源税征税范围。选项 B 当选。

48. 某企业为增值税一般纳税人，2021 年 12 月开采原煤 1000 吨，取得不含增值税销售额 45000 元，另收取坑口至购买方指定地点的运输费用 5000 元，煤炭资源税税率为 4%。则该煤矿企业当月应纳资源税（　　）元。

A. 4000　　　　　　　　　　B. 2000

C. 1800　　　　　　　　　　D. 1600

【参考答案】C

【答案解析】根据《财政部　税务总局关于资源税有关问题执行口径的公告》（财政部　税务总局公告 2020 年第 34 号）规定，资源税应税产品的销售额按照纳税人销售应税产品向购买方收取的全部价款确定，不包括增值税税款。计入销售额中的相关运杂费用，凡取得增值税发票或者其他合法有效凭据的，准予从销售额中扣除。相关运杂费用是指应税产品从坑口或洗选（加工）地到车站、码头或购买方指定地点的运输费用、建设基金以及随运销产生的装卸、仓储、港杂费用。本题中运输费用为另收取，因此无需扣除。该企业当月应纳资源税 $= 45000 \times 4\% = 1800$（元）。选项 C 当选。

49. 下列关于资源税征收管理的表述，正确的是（　　）。

A. 应按月申报缴纳

B. 应当在企业机构所在地税务机关申报缴纳

C. 享受优惠政策一律实行"自行判别、申报享受、有关资料留存备查"的办理方式

D. 免税、减税项目未单独核算或者不能准确提供销售额或者销售数量的，不予免税或者减税

【参考答案】D

【答案解析】根据《国家税务总局关于资源税征收管理若干问题的公告》（国家税务总局公告2020年第14号）第三条规定，纳税人享受资源税优惠政策，实行"自行判别、申报享受、有关资料留存备查"的办理方式，另有规定的除外。

根据《资源税法》第十二条规定，资源税按月或者按季申报缴纳；不能按固定期限计算缴纳的，可以按次申报缴纳。第十一条规定，纳税人应当向应税产品开采地或者生产地的税务机关申报缴纳资源税。第八条规定，纳税人的免税、减税项目，应当单独核算销售额或者销售数量，未单独核算或者不能准确提供销售额或者销售数量的，不予免税或者减税。选项D当选。

50. 下列关于资源税税收优惠的说法，正确的是（　　）。

A. 稠油、高凝油减征40%资源税

B. 对深水油气田开采的原油减征20%资源税

C. 开采原油过程同时开采的天然气免征资源税

D. 对低丰度油气田开采的天然气减征30%资源税

【参考答案】A

【答案解析】资源税中的天然气，是指专门开采或与原油同时开采的天然气。根据《资源税法》第六条规定，对深水油气田开采的原油资源税减征30%；稠油、高凝油减征40%资源税；对低丰度油气田开采的天然气减征20%资源税。选项A当选。

51. 2022年3月，甲公司将自采花岗岩3000立方米、玄武岩1000立方米和白云岩1000立方米移送粉碎车间加工成混合砂石颗粒，并于当月销售1500立方米（无法区分原生矿种）。已知甲公司所在省花岗岩、玄武岩和白云岩的税率分别为5%、3%和2%。针对该销售业务，甲公司缴纳资源税应适用的税目为（　　）。

A. 玄武岩　　　　　　　　B. 白云岩

C. 花岗岩　　　　　　　　D. 砂石

【参考答案】D

【答案解析】根据《财政部 税务总局关于资源税有关问题执行口径的公告》（财政部 税务总局公告2020年第34号）第七条规定，对于无法区分原生岩石矿种的粒级成型砂石颗粒，按照砂石税目征收资源税。选项D当选。

52. 根据探测结果显示，某陆上油田每平方公里原油可开采储量丰度为25万立方米。若无其他减免情形，关于该油田资源税的征免政策，下列说法正确的是（　　）。

A. 减征 20%

B. 减征 30%

C. 减按 20% 征收

D. 不符合减征条件

【参考答案】D

【答案解析】根据《资源税法》第六条第二款规定，从低丰度油气田开采的原油、天然气，减征 20% 资源税。第十六条第（一）款规定，陆上低丰度油田是指每平方公里原油可开采储量丰度低于 25 万立方米的油田。该油田丰度为 25 万立方米，不符合低丰度油田条件，不享受减征优惠。选项 D 当选。

53. 下列企业既是增值税纳税人又是资源税纳税人的是（　　）。

A. 进口原煤并销售的甲外贸企业

B. 在境内销售非金属矿的乙企业

C. 在境内开采原油并销售的丙企业

D. 在境外开采金属原矿并销售到国内的丁企业

【参考答案】C

【答案解析】根据《资源税法》第一条规定，在中华人民共和国领域和中华人民共和国管辖的其他海域开发应税资源的单位和个人，为资源税的纳税人，应当依照规定缴纳资源税。选项 C 当选。

54. 某煤炭矿山企业的设计开采年限 25 年，截至 2021 年末，剩余开采年限为 5 年。2022 年 1 月，该企业将外购 400 万元原煤与自采 800 万元原煤混合洗选加工为选煤销售，销售额 2000 万元。已知当地原煤税率为 4%，选煤税率为 2%，该企业不符合"六税两费"减免条件。该企业当月应缴纳的煤炭资源税税额为（　　）万元。

A. 16.8　　　　　　　　B. 24

C. 40　　　　　　　　D. 80

【参考答案】A

【答案解析】根据《国家税务总局关于资源税征收管理若干问题的公告》（国家税务总局公告 2020 年第 14 号）第一条第二款规定，纳税人以外购原矿与自采原矿混合洗选加工为选矿产品销售的，在计算应税产品销售额或者销售数量时，按照下列方法进行扣减：准予扣减的外购应税产品购进金额（数量）= 外购原矿购进金额（数量）×（本地区原矿适用税率÷本地区选矿产品适用税率）。该矿山准予扣减的购进金额 = 400 ×（4%÷2%）= 800（万元）。根据《资源税法》第六条第二款第（四）项规定，从衰竭期矿山开采的矿产品，减征 30% 资源税。第十六条规定，衰竭期矿山，是指设计开采年限超过 15 年，且剩余可开采储量下降到原设计可开采储量的 20% 以下或者剩余开采年限不超过 5 年的矿山。因此，本题矿山为衰竭期矿山，资源税应减征 30%。应缴资源税＝（2000－800）×2%×（1－30%）＝16.8（万元）。选项 A 当选。

55. 甲煤炭公司 2022 年 3 月销售选煤 5 万吨，收取价款 5000 万元，其中包括从选煤车间到车站的运输费 100 万元。当月，将原煤从坑口运输到选煤车间发生运费 50 万元。以上均为不含增值税价格，且能提供合法票据。甲公司当月煤炭资源税的计税依据应为（　　）万元。

    A. 4850　　　　　　　　　　B. 4950

    C. 4900　　　　　　　　　　D. 5000

【参考答案】C

【答案解析】根据《财政部　税务总局关于资源税有关问题执行口径的公告》（财政部　税务总局公告 2020 年第 34 号）第一条规定，资源税应税产品（以下简称应税产品）的销售额，按照纳税人销售应税产品向购买方收取的全部价款确定，不包括增值税税款。计入销售额中的相关运杂费用，凡取得增值税发票或者其他合法有效凭据的，准予从销售额中扣除。相关运杂费用是指应税产品从坑口或者洗选（加工）地到车站、码头或者购买方指定地点的运输费用、建设基金以及随运销产生的装卸、仓储、港杂费用。因此，对销售环节发生的运输费，可以从资源税计税依据中扣除。但是，从坑口到选煤车间仍属于生产加工环节，并非发生在销售环节，因此这部分费用不能扣减。实际计税依据＝5000－100＝4900（万元）。选项 C 当选。

56. A 企业（增值税一般纳税人）2022 年 7 月将甲型选煤 200 吨用于连续生产焦炭，甲型选煤无市场同类可比售价，其成本为 600 元/吨。该企业应缴纳资源税（　　）元。（成本利润率为 10%，选煤的资源税税率为 6%）

    A. 7920　　　　　　　　　　B. 8000

    C. 8425.53　　　　　　　　D. 8510.64

【参考答案】C

【答案解析】根据《财政部　税务总局关于资源税有关问题执行口径的公告》（财政部　税务总局公告 2020 年第 34 号）规定，纳税人申报的应税产品销售额明显偏低且无正当理由的，或者有自用应税产品行为而无销售额的，主管税务机关可以按下列方法和顺序确定其应税产品销售额：①按纳税人最近时期同类产品的平均销售价格确定；②按其他纳税人最近时期同类产品的平均销售价格确定；③按后续加工非应税产品销售价格，减去后续加工环节的成本利润后确定；④按应税产品组成计税价格确定，组成计税价格＝成本×（1＋成本利润率）÷（1－资源税税率）。

应缴纳资源税＝200×600×（1＋10%）÷（1－6%）×6%＝8425.53（元）。选项 C 当选。

57. 某油田（增值税一般纳税人）2022 年 6 月开采原油 20 万吨，当月销售 18 万吨，取得不含税收入 1980 万元，开采过程中用于加热耗用原油 0.5 万吨；开采天然气

1000 万立方米，当月销售 800 万立方米，取得含税销售额 174.4 万元。该油田本月应缴纳资源税（　　）万元。（原油、天然气资源税税率均为 6%）

    A. 118.21   B. 128.40

    C. 130.80   D. 131.70

【参考答案】B

【答案解析】根据《资源税法》第六条规定，开采原油以及在油田范围内运输原油过程中用于加热的原油、天然气免征资源税。根据增值税相关政策，自 2019 年 4 月 1 日起，天然气适用 9% 的增值税税率。

该油田本月应纳的资源税 = 1980 × 6% + 174.4 ÷（1 + 9%）× 6% = 128.40（万元）。选项 B 当选。

58. A 砂石厂为个体工商户，2023 年 12 月开采砂石 8000 立方米，对外销售 3000 立方米，另将 1000 立方米砂石捐赠给红十字会。已知当地砂石资源税税率为 2 元/立方米，砂石厂所在省顶格减征"六税两费"。A 砂石厂当月应缴纳的资源税税额为（　　）元。

    A. 3500   B. 4000

    C. 7000   D. 8000

【参考答案】B

【答案解析】根据《财政部　税务总局关于资源税有关问题执行口径的公告》（财政部　税务总局公告 2020 年第 34 号）第二条规定，纳税人自用应税产品应当缴纳资源税的情形，包括纳税人以应税产品用于非货币性资产交换、捐赠、偿债、赞助、集资、投资、广告、样品、职工福利、利润分配或者连续生产非应税产品等。

根据《财政部　税务总局关于进一步支持小微企业和个体工商户发展有关税费政策的公告》（财政部　税务总局公告 2023 年第 12 号）第一条规定，自 2023 年 1 月 1 日至 2027 年 12 月 31 日，对增值税小规模纳税人、小型微利企业和个体工商户减半征收资源税（不含水资源税）、城市维护建设税、房产税、城镇土地使用税、印花税（不含证券交易印花税）、耕地占用税和教育费附加、地方教育附加。纳税人以自采砂石用于厂房建造，视同销售缴纳资源税。

A 砂石厂当月应缴纳的资源税 =（3000 + 1000）× 2 × 50% = 4000（元）。选项 B 当选。

59. 甲开采公司为增值税小规模纳税人，2022 年 3 月购进珍珠岩 3000 吨，不含税单价为 1000 元/吨，将外购珍珠岩和自采珍珠岩按照 2:1 的比例混合销售，当月销售混合原矿 2000 吨，取得不含增值税销售额 300 万元。已知珍珠岩资源税税率为 6%，该公司所在省顶格减征"六税两费"。甲公司当月应缴纳的资源税税额为（　　）万元。

    A. 9   B. 4.5

　　　　C. 3　　　　　　　　　　　　　D. 0

【参考答案】C

【答案解析】根据《国家税务总局关于资源税征收管理若干问题的公告》（国家税务总局公告2020年第14号）第一条规定，纳税人以外购原矿与自采原矿混合为原矿销售，或者以外购选矿产品与自产选矿产品混合为选矿产品销售的，在计算应税产品销售额或者销售数量时，直接扣减外购原矿或者外购选矿产品的购进金额或者购进数量。纳税人将自采原矿与外购原矿进行混合后销售的，计税依据＝当期混合原矿销售额－当期外购原矿的购进金额；外购原矿的购进金额＝外购原矿的购进数量×单价。

甲公司当月应缴纳的资源税税额 = $\left(300 - 3000 \times 1000 \div 10000 \times \frac{2}{3}\right) \times 6\% \times 50\% = 3$（万元）。选项 C 当选。

60. 某深水油气田企业为增值税一般纳税人，2020年度汇算清缴结果为非小型微利企业。2022年3月，该企业开采35万吨原油，当月销售15万吨，每吨不含增值税售价6500元。另外，在开采原油过程中加热使用原油3万吨。已知原油的资源税税率为6%，该企业当月应缴纳的资源税税额为（　　）万元。

　　　　A. 5850　　　　　　　　　　　　B. 4914

　　　　C. 4680　　　　　　　　　　　　D. 4095

【参考答案】D

【答案解析】根据《资源税法》第六条规定，开采原油以及在油田范围内运输原油过程中用于加热的原油免征资源税，高含硫天然气、三次采油和从深水油气田开采的原油、天然气，减征30%资源税。根据本题条件，该企业不符合"六税两费"减免政策条件，当月应缴纳的资源税＝15×6500×6%×（1－30%）＝4095（万元）。选项 D 当选。

61. 根据现行资源税相关优惠政策，下列表述不正确的是（　　）。

　　　　A. 符合条件的甲煤矿可以叠加享受衰竭矿山和充填开采的税收优惠

　　　　B. 符合条件的乙煤矿可以同时享受充填开采和抽采煤层气的资源税优惠政策

　　　　C. 符合条件的丙煤矿可以叠加享受充填开采和"六税两费"阶段性减征的税收优惠

　　　　D. 符合条件的丁煤矿可以叠加享受衰竭矿山和"六税两费"阶段性减征的税收优惠

【参考答案】A

【答案解析】根据《资源税法》第六条第一款第（二）项规定，煤炭开采企业因安全生产需要抽采的煤成（层）气免征资源税。根据第六条第二款第（四）项规定，从衰竭期矿山开采的矿产品，减征30%资源税。

根据《财政部 税务总局关于资源税有关问题执行口径的公告》（财政部 税务总局公告2020年第34号）第九条规定，纳税人开采或者生产同一应税产品同时符合两项或者两项以上减征资源税优惠政策的，除另有规定外，只能选择其中一项执行。

根据《财政部 税务总局关于进一步实施小微企业"六税两费"减免政策的公告》（财政部 税务总局公告2022年第10号）第二条规定，增值税小规模纳税人、小型微利企业和个体工商户已依法享受资源税、城市维护建设税、房产税、城镇土地使用税、印花税、耕地占用税、教育费附加、地方教育附加其他优惠政策的，可叠加享受本公告第一条规定的优惠政策。选项A当选。

62. 2022年6月1日，甲煤矿与乙公司洽谈购买原煤20万吨，每吨不含税市场价为390元。因煤炭市场竞争激烈、客户乙公司采购量较大，为促使尽快实现交易，甲煤矿同意在市场价基础上给予2%的商业折扣，当月甲煤矿收到银行承兑汇票，并将煤炭运到乙公司指定地点。甲煤矿代收运费2.18万元，并将第三方运输公司的运费发票交给乙公司，已知当地规定煤炭原矿资源税税率为5%。甲煤矿应缴纳的资源税税额为（　　）万元。

    A. 382.20   B. 390.00

    C. 382.30   D. 390.10

【参考答案】A

【答案解析】根据《财政部 税务总局关于资源税有关问题执行口径的公告》（财政部 税务总局公告2020年第34号）规定，资源税应税产品的销售额，按照纳税人销售应税产品向购买方收取的全部价款确定，不包括增值税税款。因此，商业折扣以实际成交价格作为收入确认金额。

应纳资源税 = 20 × 390 × (1 - 2%) × 5% = 382.20（万元）。选项A当选。

63. 根据现行资源税法相关规定，关于资源税计征方式，下列说法符合规定的是（　　）。

    A. 纳税人根据核算便利性自行选择计征方式

    B. 主管税务机关根据征管便利度选择计征方式

    C. 具体计征方式由省、自治区、直辖市人民政府提出

    D. 选择从价计征或者从量计征需要报省级税务机关备案

【参考答案】C

【答案解析】根据《资源税法》第三条第二款规定，《资源税税目税率表》规定可以选择实行从价计征或者从量计征的，具体计征方式由省、自治区、直辖市人民政府提出，报同级人民代表大会常务委员会决定，并报全国人民代表大会常务委员会和国务院备案。选项C当选。

64. 甲省B油田位于海上，在水深350米的海底开采天然气，2022年2月取得不含

税销售收入 200 万元,天然气税率为 6%。B 油田 2022 年 2 月销售该天然气应缴纳的资源税为（ ）万元。

A. 4. 2   B. 8. 4

C. 9. 6   D. 12

【参考答案】B

【答案解析】根据《资源税法》第六条第二款第（二）项的规定,高含硫天然气、三次采油和从深水油气田开采的原油、天然气,减征 30% 资源税；根据第十六条第四款规定,深水油气田,是指水深超过 300 米的油气田。该油田符合深水油气田标准,B 油田 2022 年 2 月销售该天然气应缴纳的资源税 = 200 × 6% × （1 − 30%） = 8. 4（万元）。选项 B 当选。

65. 某从事石油开采、冶炼的大型国有企业,2022 年 5 月开采原油 300000 吨,当月销售 300000 吨,取得含增值税销售额 152550 万元。其将月初库存自行开采的原油 80000 吨移送加工成品油,产出成品油 65000 吨全部销售,取得含增值税销售额 58760 万元。原油资源税税率为 6%。该企业以上业务应缴纳的资源税税额为（ ）万元。

A. 8100   B. 10260

C. 11220   D. 11594

【参考答案】B

【答案解析】根据《资源税法》第一条规定,在中华人民共和国领域和中华人民共和国管辖的其他海域开发应税资源的单位和个人,为资源税的纳税人,应当依照规定缴纳资源税。根据《财政部 税务总局关于资源税有关问题执行口径的公告》（财政部 税务总局公告 2020 年第 34 号）第二条规定,纳税人自用应税产品应当缴纳资源税的情形,包括纳税人以应税产品用于非货币性资产交换、捐赠、偿债、赞助、集资、投资、广告、样品、职工福利、利润分配或者连续生产非应税产品等。

应缴纳的资源税税额 = ［152550 ÷ （1 + 13%）］ ÷ 300000 × （300000 + 80000） × 6% = 10260（万元）。选项 B 当选。

66. 主管税务机关在大数据比对中发现,A 公司将洗选自采石墨精粉 100 吨作价 1 万元对外投资,该价格明显低于石墨精粉的公允价值。下列税务机关的做法符合资源税法规定的是（ ）。

A. 以 A 公司当月领用原矿数量与原矿平均价格计算资源税的计税依据

B. 以 A 公司当月选矿平均价格与投资矿石数量计算资源税的计税依据

C. 以 A 公司当月选矿最高售价与投资矿石数量计算资源税的计税依据

D. 以当地当月市场均价与投资矿石数量计算资源税的计税依据

【参考答案】B

【答案解析】根据《财政部 税务总局关于资源税有关问题执行口径的公告》（财

政部　税务总局公告2020年第34号）第二条规定，纳税人自用应税产品应当缴纳资源税的情形，包括纳税人以应税产品用于非货币性资产交换、捐赠、偿债、赞助、集资、投资、广告、样品、职工福利、利润分配或者连续生产非应税产品等。第三条规定，纳税人申报的应税产品销售额明显偏低且无正当理由的，或者有自用应税产品行为而无销售额的，主管税务机关可以按下列方法和顺序确定其应税产品销售额：①按纳税人最近时期同类产品的平均销售价格确定。②按其他纳税人最近时期同类产品的平均销售价格确定。③按后续加工非应税产品销售价格，减去后续加工环节的成本利润后确定。④按应税产品组成计税价格确定。选项B当选。

67. 下列属于资源税纳税人的是（　　）。

    A. 开采珊瑚礁的合伙制企业

    B. 经销洗选精煤的贸易公司

    C. 勘探石油资源的地质公司

    D. 抽取地热井水的供暖公司

【参考答案】D

【答案解析】根据《资源税法》第一条规定，在中华人民共和国领域和中华人民共和国管辖的其他海域开发应税资源的单位和个人，为资源税的纳税人，应当依照规定缴纳资源税。根据《资源税税目税率表》，地热属于应税资源。选项D当选。

68. 纳税人开采应税矿产品销售的，其资源税的征税数量为（　　）。

    A. 实际开采数量

    B. 开具增值税发票数量

    C. 发出产品数量

    D. 实际销售数量

【参考答案】D

【答案解析】根据《财政部　税务总局关于资源税有关问题执行口径的公告》（财政部　税务总局公告2020年第34号）第四条规定，应税产品的销售数量，包括纳税人开采或者生产应税产品的实际销售数量。选项D当选。

二、多选题

1. 资源税纳税人应当在（　　）缴纳资源税。

    A. 矿产品的销售地

    B. 海盐的生产地

    C. 矿产品的开采地

    D. 海盐的开采地

    E. 机构所在地

【参考答案】BC

【答案解析】根据《财政部 税务总局关于资源税有关问题执行口径的公告》（财政部 税务总局公告 2020 年第 34 号）第十条规定，纳税人应当在矿产品的开采地或者海盐的生产地缴纳资源税。

2. 资源税应税产品的销售数量，包括纳税人（ ）。

    A. 自用于应当缴纳资源税情形的最终产品销售数量

    B. 自用于应当缴纳资源税情形的应税产品数量

    C. 生产应税产品的实际销售数量

    D. 开采应税产品的实际销售数量

    E. 开采或者生产应税产品的实际投产数量

【参考答案】BCD

【答案解析】根据《财政部 税务总局关于资源税有关问题执行口径的公告》（财政部 税务总局公告 2020 年第 34 号）规定，应税产品的销售数量，包括纳税人开采或者生产应税产品的实际销售数量和自用于应当缴纳资源税情形的应税产品数量。

3. 下列纳税人自用应税资源产品应当缴纳资源税的情形有（ ）。

    A. 非货币性资产交换

    B. 集资、投资、利润分配

    C. 广告、样品、职工福利

    D. 连续生产应税产品

    E. 捐赠、偿债、赞助

【参考答案】ABCE

【答案解析】根据《财政部 税务总局关于资源税有关问题执行口径的公告》（财政部 税务总局公告 2020 年第 34 号）规定，纳税人自用应税产品应当缴纳资源税的情形，包括纳税人以应税产品用于非货币性资产交换、捐赠、偿债、赞助、集资、投资、广告、样品、职工福利、利润分配或者连续生产非应税产品等。连续生产应税产品不缴纳资源税，选项 D 错误。

4. 下列关于减征资源税政策的说法，正确的有（ ）。

    A. 从低丰度油气田开采的原油、天然气，减征 30% 资源税

    B. 高含硫天然气、三次采油和从深水油气田开采的原油、天然气，减征 30% 资源税

    C. 稠油、高凝油减征 40% 资源税

    D. 煤炭开采企业因安全生产需要抽采的煤成（层）气减征 50% 资源税

    E. 从衰竭期矿山开采的矿产品，减征 30% 资源税

【参考答案】BCE

【答案解析】根据《资源税法》第六条规定，从低丰度油气田开采的原油、天然气，减征20%资源税，选项 A 错误；煤炭开采企业因安全生产需要抽采的煤成（层）气免征资源税，选项 D 错误，其他选项正确。

5. 下列属于资源税纳税人的有（   ）。

    A. 开采原煤的国有控股企业

    B. 进口铁矿石的私营企业

    C. 开采煤层气的国有企业

    D. 开采天然原油的外商投资企业

    E. 收购石灰岩的个体经营者

【参考答案】ACD

【答案解析】根据《资源税法》第一条规定，在中华人民共和国领域和中华人民共和国管辖的其他海域开发应税资源的单位和个人，为资源税的纳税人。进口应税产品不属于境内开采，选项 B 错误；收购应税产品未发生纳税义务，选项 E 错误；其他选项正确。

6. 下列资源税应税产品征税对象为原矿或选矿的有（   ）。

    A. 煤

    B. 铜、铁

    C. 石灰岩、砂石

    D. 金、银

    E. 钨、钼

【参考答案】ABCD

【答案解析】根据《资源税法》所附《资源税税目税率表》规定，钨、钼的征税对象为选矿，选项 E 错误，其他选项正确。

7. 纳税人申报的应税产品销售额明显偏低且无正当理由的，确定其应税产品销售额的方法包括（   ）。

    A. 按关联企业销售额确定

    B. 按纳税人最近时期同类产品的平均销售价格确定

    C. 按其他纳税人最近时期同类产品的平均销售价格确定

    D. 按后续加工非应税产品销售价格，减去后续加工环节的成本利润后确定

    E. 按应税产品组成计税价格确定

【参考答案】BCE

【答案解析】根据《财政部 税务总局关于资源税有关问题执行口径的公告》（财政部 税务总局公告2020 年第34 号）第三条规定，纳税人申报的应税产品销售额明显偏低且无正当理由的，或者有自用应税产品行为而无销售额的，主管税务机关可以

按下列方法和顺序确定其应税产品销售额：①按纳税人最近时期同类产品的平均销售价格确定；②按其他纳税人最近时期同类产品的平均销售价格确定；③按后续加工非应税产品销售价格，减去后续加工环节的成本利润后确定；④按应税产品组成计税价格确定。选项 A 不属于规定方法、错误；选项 D 不适用于应税产品销售额明显偏低且无正当理由的情形、错误；其他选项正确。

8. 可从资源税销售额中扣除的相关运杂费用包括（　　）。

A. 运输费用

B. 建设基金

C. 随运销产生的装卸、仓储、港杂费用

D. 保险费用

E. 燃油费用

【参考答案】ABC

【答案解析】根据《财政部　税务总局关于资源税有关问题执行口径的公告》（财政部　税务总局公告 2020 年第 34 号）第一条规定，相关运杂费用是指应税产品从坑口或者洗选（加工）地到车站、码头或者购买方指定地点的运输费用、建设基金以及随运销产生的装卸、仓储、港杂费用。

9. 下列应缴纳资源税的产品有（　　）。

A. 在建煤矿井巷掘进生产的工程煤

B. 露天煤矿剥采生产的腐殖质

C. 温泉水

D. 沥青

E. 页岩油

【参考答案】AC

【答案解析】根据《资源税法》所附《资源税税目税率表》及实际情况，在建煤矿井巷掘进生产的工程煤虽冲减在建工程成本不计收入，但应缴纳资源税，选项 A 正确；露天煤矿剥采生产的腐殖质不属于原煤，选项 B 错误；温泉水属于应税产品地热，选项 C 正确；只有沥青中的天然沥青属于应税产品，选项 D 错误；页岩油不属于原油，选项 E 错误。

10. 根据《资源税法》所附《资源税税目税率表》规定，下列选项只对原矿征税的有（　　）。

A. 原油　　　　　　　　B. 天然气

C. 钨　　　　　　　　　D. 金

E. 矿泉水

【参考答案】ABE

【答案解析】根据《资源税法》所附《资源税税目税率表》规定，原油只对原矿征税，天然气只对原矿征税，矿泉水只对原矿征税，选项 A、B、E 当选；钨只对选矿征税，金对原矿或者选矿征税，选项 C、D 不当选。

11. 根据《资源税法》及相关政策规定，下列说法错误的有（　　　）。

    A. 根据国民经济和社会发展需要，对有利于促进资源节约集约利用、保护环境等情形可以规定免征或者减征资源税，具体由省、自治区、直辖市人民政府提出，报同级人民代表大会常务委员会决定，报全国人民代表大会常务委员会和国务院备案

    B. 纳税人将自采原矿切割成型后作为原矿加工品销售，应按选矿产品计征资源税

    C. 纳税人核算并扣减当期外购应税产品购进金额、购进数量，应当依据外购应税产品的增值税发票、海关进口增值税专用缴款书或者其他合法有效凭据

    D. 纳税人申报的应税产品销售额明显偏低且无正当理由的，其销售额可由主管税务机关可以直接按应税产品组成计税价格确定

    E. 纳税人可以向应税产品生产地的税务机关申报缴纳资源税

【参考答案】ADE

【答案解析】根据《资源税法》第六条规定，根据国民经济和社会发展需要，国务院对有利于促进资源节约集约利用、保护环境等情形可以规定免征或者减征资源税，报全国人民代表大会常务委员会备案。选项 A 错误。第十一条规定，纳税人应当向应税产品开采地或者生产地的税务机关申报缴纳资源税。选项 E 错误。根据《财政部 税务总局关于资源税有关问题执行口径的公告》（财政部 税务总局公告 2020 年第 34 号）第七条规定，纳税人以自采原矿洗选加工为选矿产品（通过破碎、切割、洗选、筛分、磨矿、分级、提纯、脱水、干燥等过程形成的产品，包括富集的精矿和研磨成粉、粒级成型、切割成型的原矿加工品）销售，或者将选矿产品自用于应当缴纳资源税情形的，按照选矿产品计征资源税，在原矿移送环节不缴纳资源税。选项 B 正确。第五条规定，纳税人核算并扣减当期外购应税产品购进金额、购进数量，应当依据外购应税产品的增值税发票、海关进口增值税专用缴款书或者其他合法有效凭据。选项 C 正确。第三条规定，纳税人申报的应税产品销售额明显偏低且无正当理由的，或者有自用应税产品行为而无销售额的，主管税务机关可以按下列方法和顺序确定其应税产品销售额：①按纳税人最近时期同类产品的平均销售价格确定；②按其他纳税人最近时期同类产品的平均销售价格确定；③按后续加工非应税产品销售价格，减去后续加工环节的成本利润后确定；④按应税产品组成计税价格确定，组成计税价格＝成本×（1＋成本利润率）÷（1－资源税税率），上述公式中的成本利润率由省、自治区、直

辖市税务机关确定；⑤按其他合理方法确定。选项 D 错误。因此，选项 A、D、E
当选。

12. 根据《扩大水资源税改革试点实施办法》规定，下列免征水资源税的有
（   ）。

    A. 家庭生活和零星散养、圈养畜禽饮用等少量取用水

    B. 规定限额内的农业生产取用水

    C. 水利工程管理单位为配置或者调度水资源取水

    D. 回收利用的疏干排水和地源热泵取用水

    E. 抽水蓄能发电取用水

【参考答案】BE

【答案解析】根据《财政部 税务总局 水利部关于印发〈扩大水资源税改革试
点实施办法〉的通知》（财税〔2017〕80号）第四条规定，下列情形，不缴纳水资源
税：①农村集体经济组织及其成员从本集体经济组织的水塘、水库中取用水的；②家
庭生活和零星散养、圈养畜禽饮用等少量取用水的；③水利工程管理单位为配置或者
调度水资源取水的；④为保障矿井等地下工程施工安全和生产安全必须进行临时应急
取用（排）水的；⑤为消除对公共安全或者公共利益的危害临时应急取水的；⑥为农
业抗旱和维护生态与环境必须临时应急取水的。因此，选项 A、C 不当选。第十四条规
定，对回收利用的疏干排水和地源热泵取用水，从低确定税额。选项 D 不当选。第十
五条规定，下列情形，予以免征或者减征水资源税：①规定限额内的农业生产取用水，
免征水资源税；②取用污水处理再生水，免征水资源税；③除接入城镇公共供水管网
以外，军队、武警部队通过其他方式取用水的，免征水资源税；④抽水蓄能发电取用
水，免征水资源税；⑤采油排水经分离净化后在封闭管道回注的，免征水资源税；
⑥财政部、税务总局规定的其他免征或者减征水资源税情形。

因此，选项 B、E 当选。

13. 下列各类企业属于资源税纳税人的有（   ）。

    A. 进口金属矿产的贸易公司

    B. 在我国境内开采陆上石油的中外合作企业

    C. 销售成品油的加油站

    D. 在我国境内生产海盐的盐场

    E. 试点地区取用地表水的滑雪场

【参考答案】BDE

【答案解析】根据《资源税法》规定，在中华人民共和国领域和中华人民共和国
管辖的其他海域开发应税资源的单位和个人，为资源税的纳税人，应当依照规定缴纳
资源税。资源税进口不征，出口不免不退，选项 A 错误；成品油不属于应税资源，选

项 C 错误。

14. 下列关于资源税税率的说法，错误的有（　　　）。

    A. 资源税实行从价计征或者从量计征，具体计征方式由省、自治区、直辖市人民政府在规定的税率幅度内决定

    B. 《资源税税目税率表》规定征税对象为原矿或者选矿的，应当分别确定具体适用税率

    C. 《资源税税目税率表》规定实行幅度税率的，其具体适用税率由省、自治区、直辖市人民政府统筹考虑该应税资源的品位、开采条件以及对生态环境的影响等情况确定，经济发达地区可以在《资源税税目税率表》规定的税率幅度外进行上浮，但浮动不超过10%

    D. 纳税人开采或者生产不同税目应税产品的，应当分别核算应税产品的销售额或者销售数量；未分别核算或者不能准确提供税目应税产品的销售额或者销售数量的，从低适用税率

    E. 实行从价计征的，应纳税额按照应税资源产品的销售数量乘以具体适用税率计算

【参考答案】ACDE

【答案解析】根据《资源税法》规定，资源税的税目、税率，依照《资源税税目税率表》执行。《资源税税目税率表》规定可以选择实行从价计征或者从量计征的，具体计征方式由省、自治区、直辖市人民政府提出，报同级人民代表大会常务委员会决定，并报全国人民代表大会常务委员会和国务院备案；《资源税税目税率表》规定征税对象为原矿或者选矿的，应当分别确定具体适用税率；《资源税税目税率表》规定实行幅度税率的，其具体适用税率由省、自治区、直辖市人民政府统筹考虑该应税资源的品位、开采条件以及对生态环境的影响等情况，在《资源税税目税率表》规定的税率幅度内提出，报同级人民代表大会常务委员会决定，并报全国人民代表大会常务委员会和国务院备案；纳税人开采或者生产不同税目应税产品的，应当分别核算应税产品的销售额或者销售数量；未分别核算或者不能准确提供税目应税产品的销售额或者销售数量的，从高适用税率；实行从价计征的，应纳税额按照应税资源产品的销售额乘以具体适用税率计算。

15. 下列情形中，可减征资源税的有（　　　）。

    A. 从低丰度油气田开采的原油、天然气

    B. 高含硫天然气

    C. 开采原油过程中用于加热的原油

    D. 从衰竭期矿山开采的矿产品

    E. 煤炭开采企业因安全生产需要抽采的煤成（层）气

【参考答案】ABD

【答案解析】根据《资源税法》第六条规定，有下列情形之一的，免征资源税：①开采原油以及在油田范围内运输原油过程中用于加热的原油、天然气；②煤炭开采企业因安全生产需要抽采的煤成（层）气。选项C和选项E属于免征资源税的情形。有下列情形之一的，减征资源税：①从低丰度油气田开采的原油、天然气，减征20%资源税；②高含硫天然气、三次采油和从深水油气田开采的原油、天然气，减征30%资源税；③稠油、高凝油减征40%资源税；④从衰竭期矿山开采的矿产品，减征30%资源税。

16. 根据现行《资源税法》的规定，下列不属于资源税征税对象的有（ ）。

  A. 钠盐原矿

  B. 中重稀土选矿

  C. 铀原矿

  D. 轻稀土原矿

  E. 地热原矿

【参考答案】AD

【答案解析】根据《资源税法》规定，钠盐的资源税征税对象为钠盐选矿；轻稀土的资源税征税对象为轻稀土选矿。

17. 纳税人申报的资源税应税产品销售额明显偏低且无正当理由的，或者有自用应税产品行为而无销售额的，主管税务机关确定其应税产品销售额时可能采用方法包括（ ）。

  A. 按其他纳税人最近时期同类产品的平均销售价格确定

  B. 按纳税人最近时期同类产品的平均销售价格确定

  C. 按后续加工非应税产品销售价格，减去后续加工环节的成本利润后确定

  D. 按应税产品组成计税价格确定，其中，组成计税价格 = 成本 × （1 + 成本利润率）÷ （1 + 资源税税率）

  E. 按文件未列举的其他合理方法进行确定

【参考答案】ABCE

【答案解析】根据《财政部　税务总局关于资源税有关问题执行口径的公告》（财政部　税务总局公告2020年第34号）规定，纳税人申报的应税产品销售额明显偏低且无正当理由的，或者有自用应税产品行为而无销售额的，主管税务机关可以按下列方法和顺序确定其应税产品销售额：①按纳税人最近时期同类产品的平均销售价格确定。②按其他纳税人最近时期同类产品的平均销售价格确定。③按后续加工非应税产品销售价格，减去后续加工环节的成本利润后确定。④按应税产品组成计税价格确定。组成计税价格 = 成本 × （1 + 成本利润率）÷ （1 - 资源税税率）。上述公式中的成本利

润率由省、自治区、直辖市税务机关确定。⑤按其他合理方法确定。

18. 下列某开采原煤企业的资源税业务处理，正确的有（   ）。

A. 自采原煤连续生产洗选煤，原煤不计征资源税

B. 自采原煤连续生产其他煤炭制品，原煤不计征资源税

C. 自采原煤用于交换，原煤不计征资源税

D. 自采原煤用于投资，原煤视同销售计征资源税

E. 自采原煤用于利润分配，原煤视同销售计征资源税

【参考答案】ADE

【答案解析】根据《资源税法》第五条规定，纳税人开采或者生产应税产品，自用于连续生产应税产品的，不缴纳资源税；其他煤炭制品不属于资源税的应税产品；根据《财政部　税务总局关于资源税有关问题执行口径的公告》（财政部　税务总局公告2020年第34号）第二条规定，纳税人自用应税产品应当缴纳资源税的情形，包括纳税人以应税产品用于非货币性资产交换、捐赠、偿债、赞助、集资、投资、广告、样品、职工福利、利润分配或者连续生产非应税产品等。

19. 下列关于资源税的纳税义务发生时间的说法，正确的有（   ）。

A. 纳税人采取分期收款结算方式销售应税产品的，其纳税义务发生时间为实际收到销售款的当天

B. 纳税人采取预收货款结算方式销售应税产品的，其纳税义务发生时间为发出应税产品的当天

C. 纳税人自产自用应税产品的，其纳税义务发生时间为移送使用应税产品的当天

D. 扣缴义务人代扣代缴资源税的纳税义务发生时间为支付首笔货款或首次开具支付货款凭据的当天

【参考答案】BCD

【答案解析】根据《中华人民共和国资源税暂行条例实施细则》规定，纳税人采取分期收款结算方式销售应税产品的，其纳税义务发生时间为销售合同规定的收款日期的当天。选项A错误。其他选项正确。

20. 下列适用资源税减征30%政策的有（   ）。

A. 三次采油

B. 深水油气田开采的原油、天然气

C. 低丰度油气田开采的原油、天然气

D. 充填开采置换出来的煤炭

【参考答案】AB

【答案解析】对低丰度油气田开采的原油、天然气减征20%，选项C错误；对充

填开采置换出来的煤炭，资源税减征 50%，选项 D 错误。

21. 下列属于资源税和消费税共同的特点的有（   ）。

    A. 列举税目

    B. 同时征收增值税

    C. 多环节征收

    D. 既有从价计征也有从量计征

【参考答案】ABD

【答案解析】资源税和消费税都是单环节征收，选项 C 错误。

22. 《资源税法》统一了税目，下列关于资源税征税范围的说法，正确的有（   ）。

    A. 资源税的税目，依照《资源税税目税率表》执行

    B. 金属矿产包括黑色金属和有色金属

    C. 盐是指卤水盐和海盐

    D. 应税资源应当位于我国境内

【参考答案】AB

【答案解析】根据《资源税税目税率表》规定，盐包括钠盐、钾盐、镁盐、锂盐、天然卤水、海盐等，选项 C 错误；应税资源包括中华人民共和国领域和中华人民共和国管辖的其他海域的列明资源，范围不限于境内，选项 D 错误。

23. 纳税人自用应税产品应当缴纳资源税的情形有（   ）。

    A. 非货币性资产交换

    B. 偿债

    C. 广告

    D. 连续生产非应税产品

【参考答案】ABCD

【答案解析】根据《财政部 税务总局关于资源税有关问题执行口径的公告》（财政部 税务总局公告 2020 年第 34 号）规定，纳税人自用应税产品应当缴纳资源税的情形，包括纳税人以应税产品用于非货币性资产交换、捐赠、偿债、赞助、集资、投资、广告、样品、职工福利、利润分配或者连续生产非应税产品等。

24. 下列有关资源税的表述，正确的有（   ）。

    A. 资源税应税产品的销售额，按照纳税人销售应税产品向购买方收取的全部价款确定，不包括增值税税款

    B. 资源税应税产品的销售额，按照纳税人销售应税产品向购买方收取的全部价款确定，包括增值税税款

    C. 计入销售额中的相关运杂费用，凡取得增值税发票或者其他合法有效凭据

的，不得从销售额中扣除

D. 计入销售额中的相关运杂费用，凡取得增值税发票或者其他合法有效凭据的，准予从销售额中扣除

【参考答案】AD

【答案解析】根据《财政部　税务总局关于资源税有关问题执行口径的公告》（财政部　税务总局公告2020年第34号）规定，资源税应税产品（以下简称应税产品）的销售额，按照纳税人销售应税产品向购买方收取的全部价款确定，不包括增值税税款。计入销售额中的相关运杂费用，凡取得增值税发票或者其他合法有效凭据的，准予从销售额中扣除。

25. 资源税应税产品计入销售额中的相关运杂费用，凡取得增值税发票或者其他合法有效凭据的，准予从销售额中扣除。相关运杂费用有（　　）。

A. 应税产品从坑口或者洗选（加工）地到车站、码头或者购买方指定地点的运输费用

B. 建设基金

C. 随运销产生的装卸、仓储费用

D. 随运销产生的港杂费用

【参考答案】ABCD

【答案解析】根据《财政部　税务总局关于资源税有关问题执行口径的公告》（财政部　税务总局公告2020年第34号）规定，相关运杂费用是指应税产品从坑口或者洗选（加工）地到车站、码头或者购买方指定地点的运输费用、建设基金以及随运销产生的装卸、仓储、港杂费用。

26. 《资源税法》中的衰竭期矿山是指（　　）。

A. 设计开采年限超过15年，且剩余可开采储量下降到原设计可开采储量的20%以下

B. 设计开采年限超过10年，且剩余可开采储量下降到原设计可开采储量的20%以下

C. 设计开采年限超过15年，且剩余可开采储量下降到原设计可开采储量的20%以上

D. 设计开采年限超过15年，且剩余可开采储量下降到原设计可开采储量的30%以下

E. 剩余开采年限不超过5年的矿山

【参考答案】AE

【答案解析】根据《资源税法》第十六条规定，衰竭期矿山，是指设计开采年限超过15年，且剩余可开采储量下降到原设计可开采储量的20%以下或者剩余开采年限

不超过 5 年的矿山。衰竭期矿山以开采企业下属的单个矿山为单位确定。

27. 下列属于能源矿产类矿产品且税率由税法直接确定的有（　　）。

    A. 铀　　　　　　　　　　B. 钼

    C. 页岩气　　　　　　　　D. 油页岩

    E. 中重稀土

【参考答案】AC

【答案解析】根据《资源税税目税率表》规定，选项 A、C、D，属于能源矿产，但选项 D 为幅度税率；选项 B、E，税率由税法直接确定，但属于金属矿产。

28. 下列可以选择实行从量计征资源税的有（　　）。

    A. 地热　　　　　　　　　B. 矿泉水

    C. 高岭土　　　　　　　　D. 石灰岩

    E. 天然卤水

【参考答案】ABDE

【答案解析】根据《资源税税目税率表》规定，地热、石灰岩、其他黏土、砂石、矿泉水和天然卤水可以采用从价计征或者从量计征的方式，其他应税产品统一适用从价定率征收方式。

29. 下列属于资源税征税对象的有（　　）。

    A. 石煤选矿　　　　　　　B. 钼矿原矿

    C. 钯矿原矿　　　　　　　D. 钠盐原矿

    E. 天然沥青选矿

【参考答案】ACE

【答案解析】根据《资源税税目税率表》规定，选项 A，石煤资源税征税对象为原矿或选矿；选项 B，钼矿资源税征税对象为钼矿选矿；选项 C，钯矿资源税征税对象为原矿或选矿；选项 D，钠盐资源税征税对象为钠盐选矿；选项 E，天然沥青资源税征税对象为原矿或选矿。

30. 下列关于资源税用语的含义，表述正确的有（　　）。

    A. 深水油气田是指水深超过 300 米的油气田

    B. 高凝油是指凝固点高于 50 摄氏度的原油

    C. 高含硫天然气是指硫化氢含量在每立方米 30 克以上的天然气

    D. 稠油是指地层原油黏度大于或等于每秒 50 毫帕或原油密度大于或等于每立方厘米 0.95 克的原油

    E. 衰竭期矿山指设计开采年限超过 15 年，且剩余可开采储量下降到原设计可开采储量的 20% 以下或者剩余开采年限不超过 5 年的矿山

【参考答案】ACE

【答案解析】根据《资源税法》第十六条规定，选项 B，高凝油，是指凝固点高于40 摄氏度的原油。选项 D，稠油，是指地层原油黏度大于或等于每秒 50 毫帕或原油密度大于或等于每立方厘米 0.92 克的原油。

31. 下列某煤炭采选企业发生的经济行为，应当缴纳资源税的有（　　）。

    A. 将原煤用于置换采矿设备

    B. 将原煤用于办公楼取暖

    C. 将原煤用于职工浴池

    D. 将原煤移送加工洗煤

    E. 将原煤用于销售样品

【参考答案】ABCE

【答案解析】根据《资源税法》第五条规定，纳税人开采或者生产应税产品自用的，应当依照规定缴纳资源税；但是，自用于连续生产应税产品的，不缴纳资源税。根据《财政部　税务总局关于资源税有关问题执行口径的公告》（财政部　税务总局公告 2020 年第 34 号）第二条规定，纳税人自用应税产品应当缴纳资源税的情形，包括纳税人以应税产品用于非货币性资产交换、捐赠、偿债、赞助、集资、投资、广告、样品、职工福利、利润分配或者连续生产非应税产品等。纳税人将开采的原煤自用于连续生产洗煤的，在原煤移送使用环节不缴纳资源税。

32. 根据资源税规定，下列说法正确的有（　　）。

    A. 纳税人以自采原矿用于利润分配的，不缴纳资源税

    B. 纳税人以自采原矿直接加工为非应税产品的，不缴纳资源税

    C. 以应税矿产品投资、抵债的，视同应税矿产品销售，缴纳资源税

    D. 纳税人以自采原矿直接加工为非应税产品的，视同原矿销售，缴纳资源税

    E. 纳税人以自采原矿加工后的选矿连续生产非应税产品的，应于移送时缴纳资源税

【参考答案】CDE

【答案解析】根据《财政部　税务总局关于资源税有关问题执行口径的公告》（财政部　税务总局公告 2020 年第 34 号）第二条规定，纳税人自用应税产品应当缴纳资源税的情形，包括纳税人以应税产品用于非货币性资产交换、捐赠、偿债、赞助、集资、投资、广告、样品、职工福利、利润分配或者连续生产非应税产品等。根据《中华人民共和国资源税暂行条例实施细则》第十一条第（二）项规定，纳税人自产自用应税产品的纳税义务发生时间，为移送使用应税产品的当天。选项 C、D、E 当选。

33. 某公司总部注册地址在甲省 A 市。该公司在甲省 C 市开采铝土矿，同时在乙省 D 市生产海盐。所有矿产品都通过丙省 Z 市的集散中心销往丁省。关于该公司资源税的纳税地点，下列说法正确的有（　　）。

A. 在甲省 C 市申报铝土矿资源税

B. 在乙省 D 市申报海盐资源税

C. 在销售目的地丁省申报

D. 在甲省 A 市申报

E. 在丙省 Z 市申报

【参考答案】AB

【答案解析】根据《资源税法》第十一条规定，纳税人应当向应税产品开采地或者生产地的税务机关申报缴纳资源税。选项 A、B 当选。

34. 下列情形可以由本省决定免征或者减征资源税的有（   ）。

A. 甲企业开采应税产品过程中，因意外事故遭受重大损失

B. 乙煤炭开采企业因安全生产需要抽采的煤层气

C. 丙油田在开采原油过程中用于加热的原油

D. 丁矿山企业开采共伴生矿

E. 戊煤矿开采的低品位矿

【参考答案】ADE

【答案解析】根据《资源税法》第七条规定，有下列情形之一的，省、自治区、直辖市可以决定免征或者减征资源税：①纳税人开采或者生产应税产品过程中，因意外事故或者自然灾害等原因遭受重大损失。选项 A 当选。②纳税人开采共伴生矿、低品位矿、尾矿。选项 D、E 当选。

35. 关于资源税应税产品的销售额，下列表述符合相关法律规定的有（   ）。

A. 应税产品的销售额包括收取的增值税额

B. 应税产品的销售额不得扣除现金折扣的金额

C. 应税产品的销售额包括销售前的仓储费用

D. 应税产品的销售额应为扣除商业折扣后的金额

E. 应税产品的销售额不包括代收代付的运费

【参考答案】BDE

【答案解析】根据《财政部　税务总局关于资源税有关问题执行口径的公告》（财政部　税务总局公告 2020 年第 34 号）第一条规定，资源税应税产品（以下简称应税产品）的销售额，按照纳税人销售应税产品向购买方收取的全部价款确定，不包括增值税税款。计入销售额中的相关运杂费用，凡取得增值税发票或者其他合法有效凭证的，准予从销售额中扣除。相关运杂费用是指应税产品从坑口或者洗选（加工）地到车站、码头或者购买方指定地点的运输费用、建设基金以及随运销产生的装卸、仓储、港杂费用。现金折扣是企业销售费用，不得扣减销售额，商业折扣也称销售折扣，是为了扩大销量而给予的价格折扣。

36. 下列资源税纳税人发生的行为，应当缴纳资源税的有（　　　　）。

    A. 用应税产品进行利润分配

    B. 用应税产品进行股权投资

    C. 用应税产品连续生产应税产品

    D. 用应税产品连续生产非应税产品

    E. 用应税产品进行非货币性资产交换

【参考答案】ABDE

【答案解析】根据《财政部　税务总局关于资源税有关问题执行口径的公告》（财政部　税务总局公告2020年第34号）第二条规定，纳税人自用应税产品应当缴纳资源税的情形，包括纳税人以应税产品用于非货币性资产交换、捐赠、偿债、赞助、集资、投资、广告、样品、职工福利、利润分配或者连续生产非应税产品等。

37. 资源税法采取分级分类的方式确定税率，下列金属矿产由资源税法规定固定税率的资源有（　　　　）。

    A. 钨、钼   B. 金、银

    C. 铝土矿   D. 轻稀土

    E. 中重稀土

【参考答案】AE

【答案解析】根据《资源税政策和征管服务措施解读》，资源税法明确了分级分类确定税率的权限划分方式。对原油、天然气、中重稀土、钨、钼等战略资源实行固定税率，由税法直接确定。

38. 下列纳税人的行为，无需缴纳资源税的有（　　　　）。

    A. 以开采的天然气生产丙烷销售

    B. 以购买的卤水制工业盐销售

    C. 从南非进口金矿沙生产金锭

    D. 从俄罗斯进口原煤洗选后销售给蒙古国

    E. 从加拿大进口矿泉水过滤除锰后灌装桶装水销售

【参考答案】BCDE

【答案解析】根据《资源税法》第一条规定，在中华人民共和国领域和中华人民共和国管辖的其他海域开发应税资源的单位和个人，为资源税的纳税人，应当依照规定缴纳资源税。

39. 下列属于资源税法重要作用的有（　　　　）。

    A. 组织收入

    B. 调控经济

    C. 保护国家权益

D. 生态环境保护

E. 促进资源节约集约利用

【参考答案】ABDE

【答案解析】根据《资源税政策和征管服务措施解读》，通过制定税法，将资源税从价计征改革成果上升为法律，确立了规范公平、调控合理、征管高效的制度，有利于发挥资源税组织收入、调控经济、促进资源节约集约利用和生态环境保护的重要作用。

40. 根据资源税的有关规定，下列属于应征资源税的能源矿产的有（　　　）。

　　A. 地热　　　　　　　　　B. 天然沥青

　　C. 轻稀土　　　　　　　　D. 硫铁矿

　　E. 油砂

【参考答案】ABE

【答案解析】根据《资源税税目税率表》规定，轻稀土属于金属矿产；硫铁矿属于非金属矿产。

41. 下列资源税应税产品征税对象为原矿或选矿的有（　　　）。

　　A. 煤

　　B. 铜、铁

　　C. 石灰岩、砂石

　　D. 金、银

　　E. 钨、钼

【参考答案】ABCD

【答案解析】根据《资源税税目税率表》规定，钨、钼的征税对象为选矿，选项E错误。

三、判断题

1. 纳税人开采或者生产同一应税产品同时符合两项或者两项以上减征资源税优惠政策的，只能选择其中一项执行。（　　　）

【参考答案】错误

【答案解析】根据《财政部　税务总局关于资源税有关问题执行口径的公告》（财政部　税务总局公告2020年第34号）第九条规定，纳税人开采或者生产同一应税产品同时符合两项或者两项以上减征资源税优惠政策的，除另有规定外，只能选择其中一项执行。

2. 资源税纳税人外购应税产品与自采应税产品混合销售或者混合加工为应税产品销售的，在计算应税产品销售额或者销售数量时，准予扣减外购应税产品的购进金额

或者购进数量；当期不足扣减的，不予结转下期扣减。（　　　）

【参考答案】错误

【答案解析】根据《财政部　税务总局关于资源税有关问题执行口径的公告》（财政部　税务总局公告2020年第34号）第五条规定，纳税人外购应税产品与自采应税产品混合销售或者混合加工为应税产品销售的，在计算应税产品销售额或者销售数量时，准予扣减外购应税产品的购进金额或者购进数量；当期不足扣减的，可结转下期扣减。

3. 对充填开采置换出来的煤炭，资源税减征30%。（　　　）

【参考答案】错误

【答案解析】根据《财政部　税务总局关于继续执行的资源税优惠政策的公告》（财政部　税务总局公告2020年第32号）第四条和《财政部　税务总局关于延续对充填开采置换出来的煤炭减征资源税优惠政策的公告》（财政部　税务总局公告2023年第36号）规定，自2014年12月1日至2027年12月31日，对充填开采置换出来的煤炭，资源税减征50%。

4. 中外合作开采陆上、海上石油资源的企业，在2011年11月11日前已依法订立中外合作开采陆上、海上石油资源合同的，在该合同有效期内，继续依照国家有关规定缴纳矿区使用费，不缴纳资源税。（　　　）

【参考答案】错误

【答案解析】根据《资源税法》第十五条规定，2011年11月1日前已依法订立中外合作开采陆上、海上石油资源合同的，在该合同有效期内，继续依照国家有关规定缴纳矿区使用费，不缴纳资源税；合同期满后，依法缴纳资源税。

5. 根据《扩大水资源税改革试点实施办法》规定，在超采地区和严重超采地区取用地下水的具体适用税额，由试点省份省级人民政府按照非超采地区税额的2～5倍确定。（　　　）

【参考答案】正确

【答案解析】根据《扩大水资源税改革试点实施办法》（财税〔2017〕80号）第十条规定，超采地区的地下水税额要高于非超采地区，严重超采地区的地下水税额要大幅高于非超采地区。在超采地区和严重超采地区取用地下水的具体适用税额，由试点省份省级人民政府按照非超采地区税额的2～5倍确定。

6. 根据《资源税法》规定，衰竭期矿山，是指设计开采年限超过15年，且剩余可开采储量下降到原设计可开采储量的25%以下或者剩余开采年限不超过5年的矿山。（　　　）

【参考答案】错误

【答案解析】根据《资源税法》第十六条规定，衰竭期矿山，是指设计开采年限超过 15 年，且剩余可开采储量下降到原设计可开采储量的 20% 以下或者剩余开采年限不超过 5 年的矿山。衰竭期矿山以开采企业下属的单个矿山为单位确定。

7. 资源税纳税人按月或者按季申报缴纳的，应当自月度或者季度终了之日起 15 日内，向税务机关办理纳税申报并缴纳税款；按次申报缴纳的，应当自纳税义务发生之日起 30 日内，向税务机关办理纳税申报并缴纳税款。（　　）

【参考答案】错误

【答案解析】根据《资源税法》第十二条规定，纳税人按月或者按季申报缴纳的，应当自月度或者季度终了之日起 15 日内，向税务机关办理纳税申报并缴纳税款；按次申报缴纳的，应当自纳税义务发生之日起 15 日内，向税务机关办理纳税申报并缴纳税款。

8. 纳税人开采或者生产同一应税产品同时符合两项或者两项以上减征资源税优惠政策的，只能选择其中一项执行。（　　）

【参考答案】错误

【答案解析】根据《财政部　税务总局关于资源税有关问题执行口径的公告》（财政部　税务总局公告 2020 年第 34 号）的规定，纳税人开采或者生产同一应税产品同时符合两项或者两项以上减征资源税优惠政策的，除另有规定外，只能选择其中一项执行。

9. 资源税纳税人销售应税产品，纳税义务发生时间为移送应税产品的当日。（　　）

【参考答案】错误

【答案解析】根据《资源税法》第十条规定，纳税人销售应税产品，纳税义务发生时间为收讫销售款或者取得索取销售款凭据的当日；自用应税产品的，纳税义务发生时间为移送应税产品的当日。

10. 纳税人以外购原矿与自采原矿混合为原矿销售，在计算应税产品销售额或者销售数量时，不得扣减外购原矿产品的购进金额或者购进数量。（　　）

【参考答案】错误

【答案解析】根据《国家税务总局关于资源税征收管理若干问题的公告》（国家税务总局公告 2020 年第 14 号）规定，纳税人以外购原矿与自采原矿混合为原矿销售，或者以外购选矿产品与自产选矿产品混合为选矿产品销售的，在计算应税产品销售额或者销售数量时，直接扣减外购原矿或者外购选矿产品的购进金额或者购进数量。

11. 按照现行资源税减免政策的规定，纳税人开采的高含硫天然气，减征 20% 资源税。（　　）

【参考答案】错误

【答案解析】根据《资源税法》第六条规定，高含硫天然气、三次采油和从深水油气田开采的原油、天然气，减征30%资源税。

12. 纳税人开采或者生产同一税目下适用不同税率应税产品的，未分别核算或者不能准确提供不同税率应税产品的销售额或者销售数量的，从高适用税率。（　　）

【参考答案】正确

【答案解析】根据《财政部　税务总局关于资源税有关问题执行口径的公告》（财政部　税务总局公告2020年第34号）第六条规定，纳税人开采或者生产同一税目下适用不同税率应税产品的，应当分别核算不同税率应税产品的销售额或者销售数量；未分别核算或者不能准确提供不同税率应税产品的销售额或者销售数量的，从高适用税率。

13. 纳税人开采尾矿免征资源税。（　　）

【参考答案】错误

【答案解析】根据《资源税法》第七条规定，纳税人开采共伴生矿、低品位矿、尾矿的，省、自治区、直辖市可以决定免征或者减征资源税。

14. 纳税人销售应税产品，纳税义务发生时间为收讫销售款或者取得索取销售款凭据的当日；自用应税产品的，纳税义务发生时间为移送使用应税产品的当日。（　　）

【参考答案】错误

【答案解析】根据《资源税法》第十条规定，纳税人销售应税产品，纳税义务发生时间为收讫销售款或者取得索取销售款凭据的当日；自用应税产品的，纳税义务发生时间为移送应税产品的当日。移送使用应税产品时间与移送应税产品时间概念不同。

15. 实行从量计征资源税的，应纳税额按照应税产品的生产数量乘以具体适用税率计算。（　　）

【参考答案】错误

【答案解析】根据《资源税法》第三条规定，实行从量计征的，应纳税额按照应税产品的销售数量乘以具体适用税率计算。

16. 根据国民经济和社会发展需要，省级人民政府对有利于促进资源节约集约利用、保护环境等情形可以在本行政区域内规定免征或者减征资源税。（　　）

【参考答案】错误

【答案解析】根据《资源税法》第六条规定，根据国民经济和社会发展需要，国务院对有利于促进资源节约集约利用、保护环境等情形可以规定免征或者减征资源税，报全国人民代表大会常务委员会备案。

17. 矿产品分为原矿和选矿，纳税人可以根据需要选择按照原矿或选矿缴纳资源税。（　　）

【参考答案】错误

【答案解析】根据《资源税法》规定，按照原矿还是选矿缴纳资源税是税法规定的，纳税人不能自行选择。

18. 原煤、洗选煤及其他煤制品均属于资源税征税范围。（　　）

【参考答案】错误

【答案解析】根据《资源税法》第三条第四款规定，应税产品为矿产品的，包括原矿和选矿产品。因此其他煤制品不属于资源税征税范围。

19. 纳税人以自采原煤和外购原煤混合加工洗选煤的，应当准确核算外购原煤的数量、单价及运费，在确认计税依据时可以扣减外购相应原煤的购进金额。（　　）

【参考答案】正确

【答案解析】根据《财政部　税务总局关于资源税有关问题执行口径的公告》（财政部　税务总局公告2020年第34号）规定，纳税人以自采原煤和外购原煤混合加工洗选煤的，应当准确核算外购原煤的数量、单价及运费，在确认计税依据时可以扣减外购相应原煤的购进金额。

20. 对稠油、高凝油资源税减征60%。（　　）

【参考答案】错误

【答案解析】对稠油、高凝油资源税减征40%。

21. 某公司开采的矿产品销售额中包含运杂费用，未取得增值税发票，但取得了其他合法有效凭证。该公司在申报资源税时，运杂费用不得从销售额中扣除。（　　）

【参考答案】错误

【答案解析】根据《财政部　税务总局关于资源税有关问题执行口径公告》（财政部　税务总局公告2020年第34号）第一条规定，计入销售额中的相关运杂费用，凡取得增值税发票或者其他合法有效凭证的，准予从销售额中扣除。

22. 纳税人开采或者生产同一应税产品，其中既有享受减免税政策的，又有不享受减免税政策的，按照免税、减税项目的产量占比等方法分别核算确定免税、减税项目的销售额或者销售数量。（　　）

【参考答案】正确

【答案解析】根据《财政部　税务总局关于资源税有关问题执行口径的公告》（财政部　国家税务总局公告2020年第34号）第八条规定，纳税人开采或者生产同一应税产品，其中既有享受减免税政策的，又有不享受减免税政策的，按照免税、减税项目的产量占比等方法分别核算确定免税、减税项目的销售额或者销售数量。

23. 自2023年9月1日至2027年12月31日，对充填开采置换出来的煤炭，资源税减征50%。（　　）

【参考答案】正确

【答案解析】根据《财政部　税务总局关于延续对充填开采置换出来的煤炭减征资源税优惠政策的公告》（财政部　税务总局公告2023年第36号）规定，自2023年9月

1 日至 2027 年 12 月 31 日，对充填开采置换出来的煤炭，资源税减征 50%。

24. 为保持税法的统一性和权威性，促进税制统一和税负公平，自 2020 年 9 月 1 日起，中外合作开采原油、天然气的单位，依照资源税法缴纳资源税，不再缴纳矿区使用费。（   ）

【参考答案】错误

【答案解析】根据《资源税法》第十五条第二款，2011 年 11 月 1 日前已依法订立中外合作开采陆上、海上石油资源合同的，在该合同有效期内，继续依照国家有关规定缴纳矿区使用费，不缴纳资源税；合同期满后，依法缴纳资源税。

25. 资源税法对长期实行的减免税政策作出了明确规定，对阶段性优惠政策授权财政部根据国民经济和社会发展需要可临时制定。（   ）

【参考答案】错误

【答案解析】根据《资源税政策和征管服务措施解读》，资源税法规范了减免税管理。现行减免政策既有长期性政策，也有阶段性政策。对长期实行且实践证明行之有效的减免税政策，资源税法作出了明确规定。对阶段性优惠政策，则授权国务院根据国民经济和社会发展需要确定是否继续执行。

26. 资源税法对大部分应税资源实行幅度税率，授权省级人民政府在资源税法规定的幅度内提出本地区的具体适用税率，报同级人大常委会决定，有利于调动地方加强管理的积极性，体现了健全地方税体系的改革思路。（   ）

【参考答案】正确

【答案解析】根据《资源税政策和征管服务措施解读》，明确了分级分类确定税率的权限划分方式。对原油、天然气、中重稀土、钨、钼等战略资源实行固定税率，由税法直接确定。其他应税资源实行幅度税率，由税法确定幅度，并授权省级人民政府提出本地区的具体适用税率，报同级人大常委会决定。这种方式既可以保障国家对战略资源的宏观调控需要，又对地方充分授权，有利于调动地方加强管理的积极性，体现了健全地方税体系的改革思路。

27.《资源税税目税率表》中规定征税对象为原矿或者选矿的，应当分别确定具体适用税率。（   ）

【参考答案】正确

【答案解析】根据《资源税法》第二条第二款规定，《资源税税目税率表》中规定实行幅度税率的，其具体适用税率由省、自治区、直辖市人民政府统筹考虑该应税资源的品位、开采条件以及对生态环境的影响等情况，在《资源税税目税率表》规定的税率幅度内提出，报同级人民代表大会常务委员会决定，并报全国人民代表大会常务委员会和国务院备案。《资源税税目税率表》中规定征税对象为原矿或者选矿的，应当分别确定具体适用税率。

28. 根据资源税相关规定，对未列举名称的其他非金属矿产品，按照从价计征为主、从量计征为辅的原则，由省级税务机关确定计征方式。（ ）

【参考答案】错误

【答案解析】根据《资源税政策和征管服务措施解读》，资源税立法，将全部164个应税资源品目在资源税法所附《资源税税目税率表》中逐一列明，覆盖了目前已发现的所有矿种。

29. 资源税实行幅度税率的，其具体适用税率由省级人民政府在规定的税率幅度内提出，报同级人民代表大会常务委员会决定，并报全国人民代表大会常务委员会和国务院备案。（ ）

【参考答案】正确

【答案解析】根据《资源税法》第二条第二款规定，《资源税税目税率表》中规定实行幅度税率的，其具体适用税率由省、自治区、直辖市人民政府统筹考虑该应税资源的品位、开采条件以及对生态环境的影响等情况，在《资源税税目税率表》规定的税率幅度内提出，报同级人民代表大会常务委员会决定，并报全国人民代表大会常务委员会和国务院备案。《资源税税目税率表》中规定征税对象为原矿或者选矿的，应当分别确定具体适用税率。

30. 资源税法对原油、天然气、中重稀土、钨、钼等战略资源，由资源税法直接确定固定税率，保障国家对战略资源的宏观调控需要。（ ）

【参考答案】正确

【答案解析】根据《资源税政策和征管服务措施解读》，资源税法明确了分级分类确定税率的权限划分方式。对原油、天然气、中重稀土、钨、钼等战略资源实行固定税率，由税法直接确定。其他应税资源实行幅度税率，由税法确定幅度，并授权省级人民政府提出本地区的具体适用税率，报同级人大常委会决定。这种方式既可以保障国家对战略资源的宏观调控需要，又对地方充分授权，有利于调动地方加强管理的积极性，体现了健全地方税体系的改革思路。

31. 纳税人享受资源税优惠政策，主要采取"自行判别、申报享受、有关资料留存备查"的方式，另有规定的除外。纳税人对资源税优惠事项留存材料的真实性和合法性承担法律责任。（ ）

【参考答案】正确

【答案解析】根据《国家税务总局关于资源税征收管理若干问题的公告》（国家税务总局公告2020年第14号）第三条规定，纳税人享受资源税优惠政策，实行"自行判别、申报享受、有关资料留存备查"的办理方式，另有规定的除外。纳税人对资源税优惠事项留存材料的真实性和合法性承担法律责任。

四、案例分析题

1. 位于县城的甲石油企业为增值税一般纳税人，2021 年 4 月发生如下业务：

（1）开采原油 10000 吨，当月对外销售 8000 吨，取得不含税销售额 4000 万元；开采稠油 3000 吨，当月全部销售，取得不含税销售额 1800 万元。

（2）与原油同时开采的天然气为 850 万立方米，对外销售 600 万立方米，取得不含税销售额 1200 万元，待售 250 万立方米。

（3）将开采的原油自用 300 吨，其中，200 吨用于本企业在建工程，50 吨用于加热使用，50 吨赠送给关联单位。

（4）进口原油 6000 吨，支付买价折合人民币 3000 万元、运抵我国境内输入地点起卸前的运输费用 80 万元，保险费 30 万元。

其他相关资料：原油、天然气资源税税率均为 6%，进口原油关税税率为 30%。

要求：根据上述资料，回答下列问题。

（1）业务一应缴纳资源税（　　）万元。

  A. 283. 45   B. 304. 8

  C. 305. 05   D. 348

【参考答案】B

【答案解析】根据《资源税法》，稠油资源税减征 40%。

业务一应缴纳资源税 = 4000 × 6% + 1800 × 6% × （1 − 40%）= 304. 80（万元）

（2）业务二应缴纳资源税（　　）万元。

  A. 30   B. 72

  C. 96   D. 102

【参考答案】B

【答案解析】待售部分不缴纳资源税。

业务二应缴纳资源税 = 1200 × 6% = 72（万元）

（3）业务三应缴纳资源税（　　）万元。

  A. 7. 5   B. 7. 51

  C. 9   D. 9. 01

【参考答案】A

【答案解析】开采原油过程中用于加热的原油，免征资源税。用于本企业在建工程和赠送给关联单位，属于视同销售，均按同类产品售价计算资源税。

业务三应缴纳资源税 = （4000 ÷ 8000）× （200 + 50）× 6% = 7. 5（万元）

（4）业务四应缴纳资源税（　　）万元。

  A. 0   B. 55. 98

  C. 242. 58   D. 258. 06

【参考答案】A

【答案解析】资源税进口不征，出口不退。业务四应缴纳资源税0万元。

（5）4月应缴纳资源税合计（　　）万元。

    A. 626. 88　　　　　　　　B. 586. 38

    C. 440. 28　　　　　　　　D. 384. 3

【参考答案】D

【答案解析】4月应缴纳资源税合计 = 304.8 + 72 + 7.5 + 0 = 384.3（万元）

2. 甲公司成立于2022年1月，资产总额8000万元；5月11日办理增值税一般纳税人登记，并于当月1日生效。该公司主要从事矿产品的开采和销售，有两座矿山和一座油田，矿山分别为煤矿和铜矿。

（1）2022年2月，甲公司自采原煤3000吨，其中，1000吨用于加工洗选煤800吨，洗选煤于当月全部销售，合同约定含税销售额为0.098万元/吨，另支付从坑口到洗选地运输费3万元，仓储费1万元，相关费用均取得增值税发票。

（2）2022年5月，甲公司在二次采油后，继续通过泡沫驱的方式进行采油，共开采原油5000吨，在油田范围外运输原油加热使用2吨，开采原油加热使用3吨，经检测原油密度为每立方厘米0.9克；剩余原油于当月全部销售，当地原油不含税价格为0.3万元/吨。

（3）2022年6月，甲公司将外购1000吨原煤与2月剩余的原煤混合提纯后于当月全部销售，取得不含税收入260万元；外购原煤不含税价格为0.065万元/吨。

（4）2022年7月，甲公司自采铜原矿2000吨，销售其中1000吨，取得不含税收入1800万元，200吨赞助给当地一家环保企业，300吨用于交换货车一辆，剩余铜原矿移送加工为铜精矿后于当月全部销售，取得不含税收入1200万元。

已知该公司小规模纳税人期间未开具增值税专用发票。当地煤原矿资源税税率为3%，煤选矿资源税税率为2%，铜原矿资源税税率为4%，铜选矿资源税税率为3%，该公司所在省"六税两费"减征幅度按照国家规定的上限执行。

要求：根据上述资料，回答下列问题。

（1）甲公司业务一应缴纳的资源税为（　　）万元。

    A. 0. 736　　　　　　　　B. 0. 776

    C. 0. 786　　　　　　　　D. 0. 826

【参考答案】B

【答案解析】根据《财政部　税务总局关于资源税有关问题执行口径的公告》（财政部　税务总局公告2020年第34号）第一条规定，资源税应税产品（以下简称应税产品）的销售额，按照纳税人销售应税产品向购买方收取的全部价款确定，不包括增值税税款。计入销售额中的相关运杂费用，凡取得增值税发票或者其他合法有效凭据的，准予从销售额中扣除。相关运杂费用是指应税产品从坑口或者洗选（加工）地到车站、码头或者购买方指定地点的运输费用、建设基金以及随运销产生的装卸、仓储、港杂费用。

第七条规定，纳税人以自采原矿（经过采矿过程采出后未进行选矿或者加工的矿石）直接销售，或者自用于应当缴纳资源税情形的，按照原矿计征资源税。

纳税人以自采原矿洗选加工为选矿产品（通过破碎、切割、洗选、筛分、磨矿、分级、提纯、脱水、干燥等过程形成的产品，包括富集的精矿和研磨成粉、粒级成型、切割成型的原矿加工品）销售，或者将选矿产品自用于应当缴纳资源税情形的，按照选矿产品计征资源税，在原矿移送环节不缴纳资源税。对于无法区分原生岩石矿种的粒级成型砂石颗粒，按照砂石税目征收资源税。

根据《财政部　税务总局关于进一步实施小微企业"六税两费"减免政策的公告》（财政部　税务总局公告2022年第10号）第一条规定，由省、自治区、直辖市人民政府根据本地区实际情况，以及宏观调控需要确定，对增值税小规模纳税人、小型微利企业和个体工商户可以在50%的税额幅度内减征资源税、城市维护建设税、房产税、城镇土地使用税、印花税（不含证券交易印花税）、耕地占用税和教育费附加、地方教育附加。

根据相关政策规定，2022年2月小规模纳税人增值税税率为1%。因此，甲公司业务一应缴纳的资源税＝800×0.098÷（1＋1%）×2%×50%＝0.776（万元），选项B当选。

（2）甲公司业务二应缴纳的资源税为（　　）万元。

A. 53.98　　　　　　　　B. 62.96

C. 78.67　　　　　　　　D. 89.91

【参考答案】B

【答案解析】根据《中华人民共和国资源税法》第六条规定，有下列情形之一的，免征资源税：①开采原油以及在油田范围内运输原油过程中用于加热的原油、天然气；②煤炭开采企业因安全生产需要抽采的煤成（层）气。有下列情形之一的，减征资源税：①从低丰度油气田开采的原油、天然气，减征20%资源税；②高含硫天然气、三次采油和从深水油气田开采的原油、天然气，减征30%资源税；③稠油、高凝油减征40%资源税；④从衰竭期矿山开采的矿产品，减征30%资源税。

第十六条规定，三次采油，是指二次采油后继续以聚合物驱、复合驱、泡沫驱、气水交替驱、二氧化碳驱、微生物驱等方式进行采油。稠油，是指地层原油粘度大于或等于每秒50毫帕或原油密度大于或等于每立方厘米0.92克的原油。

因此，该公司可以享受三次采油减征30%资源税，在油田范围外运输原油加热使用不能免征资源税，开采原油加热使用 3 吨可以免征资源税。

甲公司业务二应缴纳资源税 = （5000 - 3）×0.3×6%×（1 - 30%）= 62.96（万元），选项 B 当选。

（3）甲公司业务三应缴纳资源税（　　）万元。

    A. 3.25　　　　　　　　B. 3.67

    C. 3.90　　　　　　　　D. 4.88

【参考答案】A

【答案解析】根据《财政部　税务总局关于资源税有关问题执行口径的公告》（财政部　税务总局公告 2020 年第 34 号）第七条规定，纳税人以自采原矿洗选加工为选矿产品（通过破碎、切割、洗选、筛分、磨矿、分级、提纯、脱水、干燥等过程形成的产品，包括富集的精矿和研磨成粉、粒级成型、切割成型的原矿加工品）销售，或者将选矿产品自用于应当缴纳资源税情形的，按照选矿产品计征资源税，在原矿移送环节不缴纳资源税。

根据《国家税务总局关于资源税征收管理若干问题的公告》（国家税务总局公告 2020 年第 14 号）第一条规定，纳税人以外购原矿与自采原矿混合洗选加工为选矿产品销售的，在计算应税产品销售额或者销售数量时，按照下列方法进行扣减：

准予扣减的外购应税产品购进金额（数量）= 外购原矿购进金额（数量）×（本地区原矿适用税率÷本地区选矿产品适用税率）

甲公司业务三应缴纳资源税 = ［260 - 1000×0.065×（3%÷2%）］×2% = 3.25（万元）。选项 A 当选。

（4）甲公司业务四应缴纳资源税（　　）万元。

    A. 108　　　　　　　　B. 122.4

    C. 129.6　　　　　　　D. 144

【参考答案】D

【答案解析】根据《财政部　税务总局关于资源税有关问题执行口径的公告》（财政部　税务总局公告 2020 年第 34 号）第二条规定，纳税人自用应税产品应当缴纳资源税的情形，包括纳税人以应税产品用于非货币性资产交换、捐赠、偿债、赞助、集资、投资、广告、样品、职工福利、利润分配或者连续生产非应税产品等。

甲公司业务四应缴纳资源税 = （1000 + 200 + 300）×（1800÷1000）×4% + 1200×3% = 144（万元）

3. 甲企业于 2021 年 10 月成立，主营煤炭、石油、天然气、铁、钒以及矿泉水等矿产的开采销售。2022 年 4 月，该企业办理增值税一般纳税人登记，于次月 1 日生效。

资料一：2022 年 4 月，甲企业销售自采铁矿原矿 100 吨，含税单价为 1.2 万元/吨；

销售自采铁矿原矿加工的铁矿选矿 25 吨，取得不含税销售额 45 万元；销售自采钒矿原矿 20 吨，不含税单价为 2 万元/吨。两种矿产均开采自 A 矿山，钒矿为铁矿的伴生矿，两者分别核算。应客户需求，该企业销售铁矿原矿和钒矿原矿均开具了增值税专用发票，销售铁矿选矿开具了增值税普通发票。

资料二：2022 年 5 月，从 B 矿山采用充填置换方式开采原煤 2 万吨，对外销售原煤 0.8 万吨，取得不含税销售额 600 万元，结转成本 500 万元。以自产原煤和自 B 省外购的 90 万元原煤加工洗选煤 0.2 万吨，全部对外销售，取得不含税销售额 250 万元。采煤过程中开采煤层气 280 万立方米，销售煤层气 100 万立方米，取得不含税销售额 68 万元。B 矿山设计开采年限 20 年，已开采 18 年。

资料三：2022 年 6 月，为扩大企业经营范围，甲企业购置炼油机器设备一台，取得一般纳税人开具的增值税专用发票，注明价款 160 万元；当月开采原油 600 吨，该企业近期销售原油平均含税销售价格为 2 万元/吨，对外销售 240 吨（其中包括从低丰度油田开采的原油 80 吨），取得含税销售额 480 万元，其中包括从坑口到码头的运费 5 万元、装卸费 5 万元、建设基金 3 万元、保险费 2 万元（均取得增值税专用发票）。另外，在油田范围内运输原油过程中加热消耗原油 10 吨；将剩余 300 吨原油（无从低丰度油田开采原油）继续加工为柴油 200 吨，当月将生产出的柴油销售给 A 加油站 100 吨，每吨不含税售价 1.2 万元；销售给 B 加油站 50 吨，每吨不含税售价 1.4 万元。将本月生产出来的柴油 20 吨用于换取生产资料、15 吨用于投资某油田企业、15 吨赠送给关联企业乙公司，已签订协议，预计于下月交付。开采天然气 500 万立方米，当月销售 240 万立方米，取得含税销售额 124 万元。

资料四：2022 年 7 月，甲企业聘请会计师事务所对其 4—6 月销售情况进行税务审核，经会计师事务所审核发现，甲企业于 2022 年 5 月将自采原煤 0.2 万吨直接捐赠给目标脱贫地区，未申报资源税。同月，申报的煤层气销售收入中包含因安全生产需要抽采的煤层气 20 千立方米。

2022 年 6 月，将本企业自采加工的矿泉水 1000 立方米作为职工福利分发给各部门员工，未进行账务处理，甲企业尚未对外销售此类矿泉水，产品成本为 0.006 万元/立方米，同行业企业同类产品不含税销售单价为 0.01 万元/立方米。甲企业对上述错误进行了更正申报，补缴了资源税税款。

已知：甲企业按月申报资源税，假设除上述业务外，甲企业无其他销售收入。甲企业所在省石油、天然气资源税税率均为 6%，原煤资源税税率为 3%，洗选煤资源税税率为 2%，煤层气资源税税率为 1%，铁矿原矿资源税税率为 8%，铁矿选矿资源税税率为 5%，钒矿原矿资源税税率为 1%，矿泉水原矿资源税税率为 12 元/立方米，甲企业所在省规定开采伴生矿，伴生矿与主矿产品销售额分开核算的，对伴生矿按其应纳税额的 20% 减征资源税，B 省原煤资源税税率为 4%，洗选煤资源税税率为 2%。甲企业于 2022 年 4 月进行了企业所得税汇算清缴，确认为小型微利企业，2022 年上半年从业人数维持在 276 人，资产总额维持在 4000 万元，未发生变化。甲企业所在省"六税两费"减征幅度按照国家规定的上限执行。

要求：根据上述资料，回答下列问题（计算结果保留两位小数）。

（1）根据资料一，2022 年 4 月属期甲企业应申报缴纳的资源税为（　　）万元。

A. 5. 99　　　　　　　　　　B. 5. 95

C. 5. 41　　　　　　　　　　D. 5. 91

【参考答案】B

【答案解析】根据《财政部　税务总局关于对增值税小规模纳税人免征增值税的公告》（财政部　税务总局公告 2022 年第 15 号）规定，自 2022 年 4 月 1 日至 2022 年 12 月 31 日，增值税小规模纳税人适用 3% 征收率的应税销售收入，免征增值税；适用 3% 预征率的预缴增值税项目，暂停预缴增值税。甲企业 2022 年 4 月为小规模纳税人，开具增值税专用发票，需按 3% 缴纳增值税，开具增值税普通发票，免征增值税。

根据《财政部　税务总局关于进一步实施小微企业"六税两费"减免政策的公告》（财政部　税务总局公告 2022 年第 10 号）第二条规定，增值税小规模纳税人、小型微利企业和个体工商户已依法享受资源税、城市维护建设税、房产税、城镇土地使用税、印花税、耕地占用税、教育费附加、地方教育附加其他优惠政策的，可叠加享受本公告第一条规定的优惠政策。则销售铁矿原矿的不含税销售额 = 1.2 × 100 ÷（1 + 3%）= 116.50（万元），销售铁矿选矿的不含税销售额为 45 万元，当月应申报缴纳的资源税税额 = ［116.50 × 8% + 45 × 5% + 20 × 2 × 1% ×（1 - 20%）］× 50% = 5.95（万元）。选项 B 当选。

（2）根据资料二及资料四，2022 年 5 月属期甲企业实际应缴纳的资源税为（　　）万元。

A. 6. 4　　　　　　　　　　B. 12. 7

C. 8. 89　　　　　　　　　　D. 6. 35

【参考答案】A

【答案解析】根据《资源税法》第六条规定，有下列情形之一的，免征资源税：①开采原油以及在油田范围内运输原油过程中用于加热的原油、天然气；②煤炭开采企业因安全生产需要抽采的煤成（层）气。有下列情形之一的，减征资源税：①从低丰度油气田开采的原油、天然气，减征 20% 资源税；②高含硫天然气、三次采油和从深水油气田开采的原油、天然气，减征 30% 资源税；③稠油、高凝油减征 40% 资源税；④从衰竭期矿山开采的矿产品，减征 30% 资源税。

根据《财政部　税务总局关于资源税有关问题执行口径的公告》（财政部　税务总局公告 2020 年第 34 号）第二条规定，纳税人自用应税产品应当缴纳资源税的情形，包括纳税人以应税产品用于非货币性资产交换、捐赠、偿债、赞助、集资、投资、广告、样品、职工福利、利润分配或者连续生产非应税产品等。第五条规定，纳税人外购应税产品与自采应税产品混合销售或者混合加工为应税产品销售的，在计算应税产品销售额或者销售数量时，准予扣减外购应税产品的购进金额或者购进数量；当期不足扣减的，可结转下期扣减。纳税人应当准确核算外购应税产品的购进金额或者购进数量，未准确核算的，一并计算缴纳资源税。第九条规定，纳税人开采或者生产同一应税产品同时符合两项或者两项以上减征资源税优惠政策的，除另有规定外，只能选择其中一项执行。则甲企业选择享受充填置换出来的煤炭减征50%资源税政策，当月销售及捐赠原煤应纳资源税税额 $=600÷0.8×（0.8+0.2）×3\%×50\%×50\%=5.63$（万元），准予扣减的外购应税产品购进金额 $=90×（3\%÷2\%）=135$（万元），销售洗选煤应纳资源税税额 $=（250-135）×2\%×50\%×50\%=0.58$（万元）；煤层气属于从衰竭期矿山开采的矿产品，可以减征30%资源税。当月销售煤层气应纳资源税税额 $=68÷100×（100-20）×1\%×（1-30\%）×50\%=0.19$（万元），合计应纳资源税税额 $=5.63+0.58+0.19=6.4$（万元）。选项A当选。

（3）根据资料三及资料四，2022年6月属期甲企业实际应缴纳的资源税为（　　）万元。

A. 33.02　　　　　　B. 32.29

C. 31.35　　　　　　D. 31.47

【参考答案】D

【答案解析】根据《财政部　税务总局关于资源税有关问题执行口径的公告》（财政部　税务总局公告2020年第34号）第一条规定，资源税应税产品（以下简称应税产品）的销售额，按照纳税人销售应税产品向购买方收取的全部价款确定，不包括增值税税款。计入销售额中的相关运杂费用，凡取得增值税发票或者其他合法有效凭据的，准予从销售额中扣除。相关运杂费用是指应税产品从坑口或者洗选（加工）地到车站、码头或者购买方指定地点的运输费用、建设基金以及随运销产生的装卸、仓储、港杂费用。第二条规定，纳税人自用应税产品应当缴纳资源税的情形，包括纳税人以应税产品用于非货币性资产交换、捐赠、偿债、赞助、集资、投资、广告、样品、职工福利、利润分配或者连续生产非应税产品等。

第三条规定，纳税人申报的应税产品销售额明显偏低且无正当理由的，或者有自用应税产品行为而无销售额的，主管税务机关可以按下列方法和顺序确定其应税产品销售额：①按纳税人最近时期同类产品的平均销售价格确定；②按其他纳税人最近时期同类产品的平均销售价格确定；③按后续加工非应税产品销售价格，减去后续加工环节的成本利润后确定；④按应税产品组成计税价格确定，组成计税价格 $=$ 成本 $×（1+$ 成本利润率 $）÷（1-$ 资源税税率），上述公式中的成本利润率由省、自治区、直辖市税务机关确定；⑤按其他合理方法确定。

根据《财政部 税务总局关于资源税有关问题执行口径的公告》（财政部 税务总局公告 2020 年第 34 号）第八条规定，纳税人开采或者生产同一应税产品，其中既有享受减免税政策的，又有不享受减免税政策的，按照免税、减税项目的产量占比等方法分别核算确定免税、减税项目的销售额或者销售数量。

根据《资源税法》第六条规定，从低丰度油气田开采的原油、天然气，减征 20% 资源税。

甲企业销售石油应缴纳的资源税税额 $=80÷240×[480÷（1+13\%）-（5+5+3）]×6\%×（1-20\%）×50\%+160÷240×[480÷（1+13\%）-（5+5+3）]×6\%×50\%+2×300÷（1+13\%）×6\%×50\%=27.46$（万元）

甲企业销售天然气应缴纳的资源税税额 $=124÷（1+9\%）×6\%×50\%=3.41$（万元）

甲企业将自采加工矿泉水发放给职工应缴纳资源税额 $=1000×12÷10000×50\%=0.6$（万元）

2022 年 6 月属期甲企业实际应缴纳的资源税税额合计 $=27.46+3.41+0.6=31.47$（万元）。选项 D 当选。

（4）【多选题】根据资料四，该企业应编制的会计分录有（   ）。

　　A. 借：营业外支出 1261250
　　　　贷：库存商品 1250000
　　　　　　应交税费——应交资源税 11250

　　B. 借：营业外支出 1445000
　　　　贷：库存商品 1250000
　　　　　　应交税费——应交增值税（销项税额） 195000

　　C. 借：应付职工薪酬 73000
　　　　贷：库存商品 60000
　　　　　　应交税费——应交增值税（销项税额） 13000

　　D. 借：应付职工薪酬 119000
　　　　贷：主营业务收入 100000
　　　　　　应交税费——应交增值税（销项税额） 13000
　　　　　　应交税费——应交资源税 6000

　　E. 借：应付职工薪酬 113000
　　　　贷：主营业务收入 100000
　　　　　　应交税费——应交增值税（销项税额） 13000

【参考答案】AD

【答案解析】根据《财政部　税务总局　国务院扶贫办关于扶贫货物捐赠免征增值税政策的公告》（财政部　税务总局　国务院扶贫办公告2019年第55号）第一条规定，自2019年1月1日至2022年12月31日，对单位或者个体工商户将自产、委托加工或购买的货物通过公益性社会组织、县级及以上人民政府及其组成部门和直属机构，或直接无偿捐赠给目标脱贫地区的单位和个人，免征增值税。在政策执行期限内，目标脱贫地区实现脱贫的，可继续适用上述政策。故捐赠原煤免征增值税。

根据《财政部　国家税务总局关于资源税有关问题执行口径的公告》（财政部　税务总局公告2020年第34号）第二条规定，纳税人自用应税产品应当缴纳资源税的情形，包括纳税人以应税产品用于非货币性资产交换、捐赠、偿债、赞助、集资、投资、广告、样品、职工福利、利润分配或者连续生产非应税产品等。

根据《一般企业财务报表格式》填报说明，"营业外支出"行项目，反映企业发生的除营业利润以外的支出，主要包括债务重组损失、公益性捐赠支出、非常损失、盘亏损失、非流动资产毁损报废损失等。该项目应根据"营业外支出"科目的发生额分析填列。企业公益性捐赠支出除结转库存商品成本125（500÷0.8×0.2）万元外，同时应结转对应资源税＝600÷0.8×0.2×3%×50%×50%＝1.125（万元）。故选项A正确，当选；选项B错误，不当选。

根据《企业会计准则第9号——职工薪酬》第六条规定，企业发生的职工福利费，应当在实际发生时根据实际发生额计入当期损益或相关资产成本。职工福利费为非货币性福利的，应当按照公允价值计量。因此，发放职工福利应确认营业收入＝1000×0.01＝10（万元），同时将增值税1.3（10×13%）万元及资源税0.6（12×1000÷10000×50%）万元一同计入"应付职工薪酬"科目。故选项D正确，当选；选项C、E错误，不当选。

4. 甲企业为增值税一般纳税人，资产总额8000万元，主要从事原油、天然气和煤的开采、销售。截至2022年5月，甲企业拥有A、B两块油气田，其中A油气田为深水油气田；拥有C、D、E三座矿山，其中D矿山2015年设计的开采年限为20年，设计可开采储量60000万吨，截至目前剩余可开采储量仅为18500万吨。甲企业2021年发生以下业务：

（1）2021年7月，从国外某石油公司进口原油50万吨，支付不含税价款折合人民币9000万元，其中包含包装费及保险费折合人民币10万元。

（2）2021年8月，A油田开采原油50万吨，并将开采的原油对外销售30万吨，取得含税销售额2340万元，另支付运输费用6.78万元；开采天然气500万立方米，销售452万立方米，每立方米含税销售价2.5元。

（3）2021年9月，B油气田开采原油25万吨，当月销售20万吨，油气田范围内运输原油过程中加热使用0.2万吨，将3万吨原油赠送给协作单位。开采天然气700万立方米，当月销售 600 万立方米。B 油气田原油每吨不含税销售价格 0.6 万元，天然气不含税销售价格为每立方米 2 元。

（4）2021 年 10 月，C 矿山销售原煤收取不含税价款 500 万元，其中，从坑口到购买方指定地点的运输费用 40 万元（取得合法凭证）、装卸费 10 万元（尚未取得合法凭据）；另外，将该矿山自采原煤与本省内外购不含税价款 150 万元的原煤混合进行洗选加工，当月销售洗选煤不含税价款 520 万元。

（5）2021 年 11 月，D 矿山开采原煤 50 万吨，当月销售 20 万吨，移送 10 万吨用于连续加工其他煤炭制品，移送 10 万吨用于连续加工洗选煤；另外，将该矿山自采原煤与外购不含税价款 100 万元的原煤混合销售，当月混合销售原煤不含税价款 420 万元。D 矿山原煤每吨不含税售价 1 万元，洗选煤每吨不含税售价 2 万元。

（6）2021 年 12 月，E 矿山采用充填开采置换出来的原煤 20 万吨，全部于当月销售完毕，不含税销售额 200 万元；抽采煤层气 2 万立方米定向销售给合作单位，不含税销售价款 20 万元。

已知：甲企业所在省份原煤适用税率均为 4%，选矿煤适用税率均为 2%，煤层气适用税率均为 1%，计算结果保留至小数点后两位。

要求：根据上述资料，回答下列问题。

（1）甲企业业务二需要缴纳的资源税为（　　）万元。

    A. 188. 75   B. 186. 45

    C. 132. 75   D. 130. 51

【参考答案】D

【答案解析】根据《中华人民共和国资源税法》规定，深水油气田开采的原油和天然气可减征 30% 资源税；根据《资源税税目税率表》，原油资源税税率为 6%，天然气资源税税率为 6%。根据《财政部　税务总局关于资源税有关问题执行口径的公告》（财政部　税务总局公告 2020 年第 34 号）规定，资源税计税依据为向购买方收取的全部价款，但不包括符合条件的运杂费用和增值税税额。因此，业务二应缴纳资源税 = [2340 ÷ （1 + 13%）× 6% + 452 × 2.5 ÷ （1 + 9%）× 6%] × （1 - 30%）= 130. 51（万元）。

（2）甲企业业务三需要缴纳的资源税为（　　）万元。

    A. 72. 83   B. 73. 22

    C. 73. 38   D. 73. 79

【参考答案】A

【答案解析】将 3 万吨原油赠送给协作单位视同销售，需要缴纳资源税；开采原油及在油气田范围内运输原油过程中加热使用原油免征资源税。因此，业务三应缴纳资源税 = （20 + 3）× 0.6 × 6% + 600 × 2 × 6% = 72. 83（万元）。

（3）甲企业业务四应缴纳的资源税为（　　）万元。

    A. 18. 78　　　　　　　　B. 20. 72

    C. 22. 8　　　　　　　　D. 24. 72

【参考答案】C

【答案解析】根据《财政部　税务总局关于资源税有关问题执行口径的公告》（财政部　税务总局公告2020年第34号）规定，计入销售额中的相关运杂费用，凡取得增值税发票或者其他合法有效凭证的，准予从销售额中扣除。相关运杂费用是指应税产品从坑口或者洗选（加工）地到车站、码头或者购买方指定地点的运输费用、建设基金以及随运销产生的装卸、仓储、港杂费用。由于10万元装卸费未取得合法有效凭据，因此不能从销售额中减除。C矿山销售原煤应缴资源税＝（500－40）×4%＝18.4（万元）。

根据《国家税务总局关于资源税征收管理若干问题的公告》（国家税务总局公告2020年第14号）规定，准予扣减的外购应税产品购进金额（数量）＝外购原矿购进金额（数量）×（本地区原矿适用税率÷本地区选矿产品适用税率）。业务四准予扣减的外购原煤购进金额＝150×4%/2%＝300（万元），销售混合加工后的洗选煤应纳资源税＝（520－300）×2%＝4.4（万元），业务四共计应缴纳资源税＝18.4＋4.4＝22.80（万元）。

（4）甲企业业务五应缴纳的资源税为（　　）万元。

    A. 18　　　　　　　　　B. 9.8

    C. 12. 8　　　　　　　　D. 14

【参考答案】D

【答案解析】根据《国家税务总局关于资源税征收管理若干问题的公告》（国家税务总局公告2020年第14号）规定，纳税人以外购原矿与自采原矿混合为原矿销售，或者以外购选矿产品与自产选矿产品混合为选矿产品销售的，在计算应税产品销售额或者销售数量时，直接扣减外购原矿或者外购选矿产品的购进金额或者购进数量。

根据《资源税法》规定，自采或自产应税产品连续加工应税产品的，不缴纳资源税；自采或自产应税产品连续加工非应税产品的，缴纳资源税；制造其他煤炭产品属于用于非应税产品，需要缴纳资源税；用于加工洗选煤，属于用于应税产品连续加工，不缴纳资源税。综上，业务五应缴纳资源税＝[（20＋10）×1＋（420－100）]×4%＝14（万元）。

根据《资源税法》规定，衰竭期矿山，是指设计开采年限超过15年，且剩余可开采储量下降到原设计可开采储量的20%以下或者剩余开采年限不超过5年的矿山。衰竭期矿山以开采企业下属的单个矿山为单位确定。D矿山不符合上述条件，不能够享受减征30%资源税的优惠政策。

（5）甲企业2021年度共应缴纳的资源税为（　　）万元。

A. 238. 35   B. 244. 35

C. 248. 35   D. 252. 35

【参考答案】B

【答案解析】根据《财政部 税务总局关于继续执行的资源税优惠政策的公告》（财政部 税务总局公告 2020 年第 32 号）和《财政部 税务总局关于延续对充填开采置换出来的煤炭减征资源税优惠政策的公告》（财政部 税务总局公告 2023 年第 36 号）规定，自 2014 年 12 月 1 日至 2027 年 12 月 31 日，对充填开采置换出来的煤炭，资源税减征 50%。

根据《资源税法》第六条第一款第（二）项规定，煤炭开采企业因安全生产需要抽采的煤成（层）气，免征资源税。但本题中并未标明该煤成（层）气的抽采属于"因安全生产需要抽采的"条件，因此，根据《资源税税目税率表》，应属于征税的煤成（层）气，按照该省的规定适用 1% 的资源税税率。

业务六应缴纳资源税 = $200 \times 4\% \times 50\% + 20 \times 1\% = 4.2$（万元）

资源税进口不征、出口不退，甲企业自国外进口原油不需要缴纳资源税。综上，甲企业 2021 年度共计应缴纳资源税 = $130.52 + 72.83 + 22.8 + 14 + 4.2 = 244.35$（万元）。

5. 某锡矿开采企业为增值税一般纳税人，2021 年 4 月业务如下：

（1）销售自采锡矿原矿 30 吨，取得不含税销售额 75 万元，另收取从坑口到车站的运输、装卸费用合计 1 万元（已取得增值税发票）。

（2）将自采锡矿原矿 20 吨移送加工锡矿选矿 16 吨，当月全部销售，取得不含税销售额 48 万元。

（3）购进锡矿原矿，取得增值税专用发票注明的金额 10 万元，将购进锡矿原矿与自采锡矿原矿混合成原矿，当月全部销售，取得不含税销售额 50 万元，该批自采锡矿原矿同类产品不含税销售额 35 万元。

（4）将自采锡矿原矿 5 吨用于抵偿债务，同类锡矿原矿最高售价 2.55 万元/吨（不含税），平均售价 2.5 万元/吨（不含税）。

已知：锡矿原矿和锡矿选矿的资源税税率分别为 5% 和 4.5%。

要求：根据上述资料，回答下列问题。

（1）业务一应纳的资源税为（   ）万元。

A. 3. 36   B. 3. 75

C. 3. 8   D. 3. 79

【参考答案】B

【答案解析】根据《资源税法》规定，从价计征资源税的计税依据为应税资源产品（以下简称应税产品）的销售额。根据《财政部 税务总局关于资源税有关问题执行口径的公告》（财政部　税务总局公告 2020 年第 34 号）规定，资源税应税产品的销售额，按照纳税人销售应税产品向购买方收取的全部价款确定，不包括增值税税款。计入销售额中的相关运杂费用，凡取得增值税发票或者其他合法有效凭据的，准予从销售额中扣除。相关运杂费用，是指应税产品从坑口或者洗选（加工）地到车站、码头或者购买方指定地点的运输费用、建设基金以及随运销产生的装卸、仓储、港杂费用。

业务一应纳的资源税 = 75 × 5% = 3.75（万元）

（2）业务二应纳的资源税为（　　）万元。

    A. 2.16　　　　　　　　　　B. 0

    C. 2.5　　　　　　　　　　　D. 4.66

【参考答案】A

【答案解析】将锡矿原矿移送加工选矿，不征收资源税，生产销售的锡矿选矿属于资源税应税产品，应计算缴纳资源税。业务二应纳的资源税 = 48 × 4.5% = 2.16（万元）。

（3）下列关于准予扣减外购应税资源产品已纳从价定率征收的资源税的说法，正确的是（　　）。

    A. 纳税人以外购原矿与自采原矿混合为原矿销售的，未准确核算外购应税产品购进金额的，由主管税务机关根据具体情况核定扣减

    B. 纳税人以外购原矿与自采原矿混合为原矿销售的，以扣减外购原矿购进金额后的余额确定计税依据，当期不足扣减的，可以结转下期扣减

    C. 纳税人以外购原矿与自采原矿混合加工为选矿产品销售的，以扣减外购原矿购进金额后的余额确定计税依据，当期不足扣减的，可结转下期扣减

    D. 纳税人以外购原矿与自采原矿混合加工为选矿产品销售的，以扣减外购原矿购进金额后的余额确定计税依据，当期不足扣减的，不得结转下期扣减

【参考答案】B

【答案解析】选项 A，纳税人应当准确核算外购应税产品的购进金额或者购进数量，未准确核算的，一并计算缴纳资源税。选项 C、D，纳税人以外购原矿与自采原矿混合洗选加工为选矿产品销售的，在计算应税产品销售额时，按照下列方法进行扣减：准予扣减的外购应税产品购进金额（数量）= 外购原矿购进金额（数量）×（本地区原矿适用税率 ÷ 本地区选矿产品适用税率）。

（4）业务三应纳的资源税为（　　）万元。

    A. 0.75　　　　　　　　　　B. 2.5

    C. 0.25　　　　　　　　　　D. 2

【参考答案】D

【答案解析】纳税人以外购原矿与自采原矿混合为原矿销售，在计算应税产品销售

额或者销售数量时，直接扣减外购原矿产品的购进金额或者购进数量。

业务三应纳的资源税 = （50 - 10）×5% = 2.00（万元）

（5）业务四应纳的资源税为（　　）万元。

    A. 0　　　　　　　　　　　B. 0.64

    C. 0.56　　　　　　　　　　D. 0.63

【参考答案】D

【答案解析】根据《财政部　税务总局关于资源税有关问题执行口径的公告》（财政部　税务总局公告 2020 年第 34 号）规定，纳税人自用应税产品应当缴纳资源税的情形，包括纳税人以应税产品用于非货币性资产交换、捐赠、偿债、赞助、集资、投资、广告、样品、职工福利、利润分配或者连续生产非应税产品等。

业务四应纳的资源税 = 5 × 2.5 × 5% = 0.63（万元）

6. 某石化企业为增值税一般纳税人，其 2021 年 2 月发生以下业务：

（1）开采原油 18000 吨，10 吨用于开采过程中加热。本月销售原油 12000 吨，取得不含税销售额 4250 万元。

（2）将开采的原油 2000 吨移送加工成汽油 1600 吨。本月将汽油全部销售，取得不含税销售额 420 万元。

其他资料：原油生产成本为 2500 元/吨，成本利润率为 10%，资源税税率为 6%。

要求：根据上述资料，请回答下列问题。

（1）业务一应缴纳的资源税为（　　）万元。

    A. 255　　　　　　　　　　B. 255.21

    C. 255.34　　　　　　　　　D. 255.51

【参考答案】A

【答案解析】开采原油以及在油田范围内运输原油过程中用于加热的原油、天然气，免征资源税。

业务一应缴纳的资源税 = 4250 × 6% = 255（万元）

（2）业务二应缴纳的资源税为（　　）万元。

    A. 30　　　　　　　　　　　B. 33

    C. 34　　　　　　　　　　　D. 42.5

【参考答案】D

【答案解析】纳税人自用应税产品应当缴纳资源税的情形，包括纳税人以应税产品用于非货币性资产交换、捐赠、偿债、赞助、集资、投资、广告、样品、职工福利、利润分配或者连续生产非应税产品等。

业务二应缴纳的资源税 = （4250 ÷ 12000）× 2000 × 6% = 42.5（万元）

7. 资料一：甲公司为增值税一般纳税人，下设 A 分公司负责原煤开采、B 分公司负责原煤精选。2021 年末资产总额 4806 万元，年平均正式职工 255 人、劳务派遣工人 55 人，全年企业所得税应纳税所得额 280 万元。

资料二：因土法采矿会对环境造成严重的污染、引发地表下陷和地面沉降。故甲公司采用充填法开采原煤，该煤矿剩余服务年限 4 年。由于安全生产需要，A 分公司采煤同时抽取煤层气，煤层气全部交付市政供热公司，2021 年共抵顶供热费 69 万元。

资料三：2022 年 2 月，甲公司销售 A 分公司生产的原煤 100 吨，取得不含税收入 5 万元；B 分公司领用 A 分公司生产的原煤 120 吨，洗选出精煤 68 吨；甲公司销售 B 分公司洗煤后副产品煤矸石 80 吨，取得煤矸石销售收入 8000 元；为了打开精煤销售渠道，1 吨精煤作为样品送给当地某煤炭化工企业。

已知：甲公司近期未有对外销售自产精煤情况，当地精煤市场平均不含税价为 800 元/吨；同时期其他企业销售的煤层气最高售价为 0.7 元/立方米，平均售价为 0.5 元/立方米。甲公司所在省份规定的资源税税率为：原煤 5%、选煤 4%、煤层气 2%。该省对符合条件的纳税人减征资源税 40%，甲公司选择对本公司最有利的优惠政策。

要求：根据上述资料，请依次回答下列问题。

（1）关于甲公司 A 分公司生产原煤可享受的资源税优惠，下列说法正确的是（　　）。

    A. 若属于衰竭期矿山，可享受减征 70% 资源税的优惠

    B. 若采用充填法采矿，可享受减征 50% 资源税的优惠

    C. 可以叠加享受衰竭期矿山和小型微利企业减征 40% 税收优惠

    D. 可以叠加享受充填法采矿和小型微利企业减征 60% 税收优惠

【参考答案】B

【答案解析】根据《资源税法》第六条规定，从衰竭期矿山开采的矿产品，减征 30% 资源税。

根据《国家税务总局关于资源税征收管理若干问题的公告》（国家税务总局公告 2020 年第 14 号）规定，纳税人享受资源税优惠政策，实行"自行判别、申报享受、有关资料留存备查"的办理方式，另有规定的除外。纳税人对资源税优惠事项留存材料的真实性和合法性承担法律责任。

根据《财政部　税务总局关于进一步实施小微企业"六税两费"减免政策的公告》（财政部·税务总局公告 2022 年第 10 号）规定，由省、自治区、直辖市人民政府根据本地区实际情况，以及宏观调控需要确定，对增值税小规模纳税人、小型微利企业和个体工商户可以在 50% 的税额幅度内减征资源税、城市维护建设税、房产税、城镇土地使用税、印花税（不含证券交易印花税）、耕地占用税和教育费附加、地方教育

附加。本公告所称小型微利企业，是指从事国家非限制和禁止行业，且同时符合年度应纳税所得额不超过300万元、从业人数不超过300人、资产总额不超过5000万元等三个条件的企业。从业人数，包括与企业建立劳动关系的职工人数和企业接受的劳务派遣用工人数。

根据《财政部 税务总局关于继续执行的资源税优惠政策的公告》（财政部 税务总局公告2020年第32号）和《财政部 税务总局关于延续对充填开采置换出来的煤炭减征资源税优惠政策的公告》（财政部 税务总局公告2023年第36号）规定，自2014年12月1日至2027年12月31日，对充填开采置换出来的煤炭，资源税减征50%。选项B当选。

（2）若甲公司的其他部门领用原煤，主管税务机关确定其应税产品销售额的顺序是（　　）。

①按纳税人最近时期同类产品的平均销售价格确定

②按其他纳税人最近时期同类产品的平均销售价格确定

③按应税产品组成计税价格确定

④按后续加工非应税产品销售价格，减去后续加工环节的成本利润后确定

⑤按其他合理方法确定

    A. ①②③④⑤

    B. ①②④③⑤

    C. ③④①②⑤

    D. ③④②①⑤

【参考答案】B

【答案解析】根据《财政部 税务总局关于资源税有关问题执行口径的公告》（财政部 税务总局公告2020年第34号）规定，纳税人申报的应税产品销售额明显偏低且无正当理由的，或者有自用应税产品行为而无销售额的，主管税务机关可以按下列方法和顺序确定其应税产品销售额：①按纳税人最近时期同类产品的平均销售价格确定。②按其他纳税人最近时期同类产品的平均销售价格确定。③按后续加工非应税产品销售价格，减去后续加工环节的成本利润后确定。④按应税产品组成计税价格确定。⑤按其他合理方法确定。选项B当选。

（3）甲公司将1吨精煤作为样品送给当地某煤炭化工企业，下列关于计算精煤销售额的说法，正确的是（　　）。

    A. 按应税产品组成计税价格确定

    B. 按纳税人最近时期同类产品的平均销售价格确定

    C. 按其他纳税人最近时期同类产品的平均销售价格确定

    D. 按后续加工非应税产品销售价格，减去后续加工环节的成本利润后确定

【参考答案】C

【答案解析】根据《财政部 税务总局关于资源税有关问题执行口径的公告》（财政部 税务总局公告 2020 年第 34 号）规定，纳税人以自采原矿（经过采矿过程采出后未进行选矿或者加工的矿石）直接销售，或者自用于应当缴纳资源税情形的，按照原矿计征资源税。选项 C 当选。

（4）2021 年，甲公司以煤层气抵顶供热费的行为，应缴纳的资源税税额为（　　）元。

    A. 67600   B. 34500

    C. 13800   D. 0

【参考答案】D

【答案解析】根据《资源税法》第六条规定，有下列情形之一的，免征资源税：①开采原油以及在油田范围内运输原油过程中用于加热的原油、天然气；②煤炭开采企业因安全生产需要抽采的煤成（层）气。选项 D 当选。

（5）2022 年 2 月，甲公司应缴纳的资源税税额为（　　）元。

    A. 1266   B. 1250

    C. 759.6   D. 750

【参考答案】A

【答案解析】根据《资源税法》第六条规定，从衰竭期矿山开采的矿产品，减征 30% 资源税。该煤矿剩余服务年限 4 年，符合衰竭期矿山标准。不符合其他优惠条件。

根据《财政部 税务总局关于继续执行的资源税优惠政策的公告》（财政部 税务总局公告 2023 年第 36 号）和《财政部 税务总局关于延续对充填开采置换出来的煤炭减征资源税优惠政策的公告》（财政部 税务总局公告 2023 年第 36 号）规定，自 2014 年 12 月 1 日至 2027 年 12 月 31 日，对充填开采置换出来的煤炭，资源税减征 50%。企业按最有利的优惠政策，会选择充填置换减征 50% 的政策。但甲公司不满足小型微利企业条件，所以不享受"六税两费"的政策。因此，甲公司 2022 年 2 月应缴纳的资源税税额 = 50000 × 5% × （1 - 50%）+ 1 × 800 × 4% × （1 - 50%）= 1266（元）。选项 A 当选。

8. 某油气开采企业（增值税一般纳税人），拥有一个油田和一个气田，均位于内陆省份，其中，该油田每平方公里原油可开采储量丰度为 35 万立方米，原油黏度为每秒 50 毫帕，气田每平方公里天然气可开采储量丰度为 2.3 亿立方米，开采的天然气硫化氢含量为每立方米 32 克。开采的原油每吨含增值税售价 4520 元，天然气每立方米含增值税售价 2.18 元。主管税务机关对该企业进行检查，发现 2021 年 4 月几笔业务处理异常：

（1）用原油 50 吨等价换柴油互开普票，账务处理为：

借：原材料——燃料（柴油）   150000
　　贷：库存商品——原油   150000（成本价）

（2）有一笔库存商品天然气减少 300000 立方米的账务处理：

借：应付账款   450000
　　贷：库存商品   450000

减少的 300000 立方米库存属于抵债，按成本结转。

（3）发现生产成本明细账有一笔业务异常：

借：应付职工薪酬   6000
　　贷：生产成本   6000

经核实，该企业将宿舍区锅炉用天然气直接冲减了生产成本，一共 4000 立方米，以实际成本做上述账务处理。

（4）2021 年 5 月，该企业以开采的原油 2034 万元（含税售价）对外投资。将该批产品按其生产成本 1060 万元全部结转到"长期股权投资"科目，相关账务处理为：

借：长期股权投资   10600000
　　贷：库存商品   10600000

要求：根据上述资料，回答下列问题（不考虑增值税和资源税外的其他税费）。

（1）【多选题】下列关于第 1 笔业务的调账分录，正确的有（　　　）。

　A. 借：原材料——燃料（柴油）   76000
　　　　主营业务成本   150000
　　　　贷：主营业务收入   200000
　　　　　　应交税费——应交增值税（销项税额）   26000

　B. 借：原材料——燃料（柴油）   150000
　　　　主营业务成本   76000
　　　　贷：主营业务收入   200000
　　　　　　应交税费——应交增值税（销项税额）   26000

　C. 借：税金及附加   12000
　　　　贷：应交税费——应交资源税   12000

　D. 借：税金及附加   7200
　　　　贷：应交税费——应交资源税   7200

【参考答案】AD

【答案解析】非货币资产交换，增值税资源税均应视同销售。

少记销售收入 = 4520 ÷（1 + 13%）× 50 = 200000（元）

少记增值税 = 200000 × 13% = 26000（元）

该油田属于稠油，可减征 40% 资源税，因此少缴资源税 = 200000 × 6% ×（1 -

40%）＝7200（元）。

调账分录：

借：原材料	76000
主营业务成本	150000
贷：主营业务收入	200000
应交税费——应交增值税（销项税额）	26000
借：税金及附加	7200
贷：应交税费——应交资源税	7200

（2）【多选题】下列关于第2笔业务的调账分录，正确的有（　　　　）。

A. 借：应付账款　　　　204000
　　　主营业务成本　　　450000
　　　　贷：主营业务收入　　　578761.06
　　　　　　应交税费——应交增值税（销项税额）　　75238.94
B. 借：应付账款　　　　204000
　　　主营业务成本　　　450000
　　　　贷：主营业务收入　　　600000
　　　　　　应交税费——应交增值税（销项税额）　　54000
C. 借：税金及附加　　　25200
　　　　贷：应交税费——应交资源税　　25200
D. 借：税金及附加　　　24307.96
　　　　贷：应交税费——应交资源税　　24307.96

【参考答案】BC

【答案解析】少记销售收入＝300000×2.18÷（1＋9%）＝600000（元）

少记增值税＝600000×9%＝54000（元）

该气田属于低丰度气田，减征20%资源税，同时属于高含硫天然气可减征30%资源税，选择最优政策享受。

少缴资源税＝600000×6%×（1－30%）＝25200（元）

调账分录：

借：应付账款	204000
主营业务成本	450000
贷：主营业务收入	600000
应交税费——应交增值税（销项税额）	54000
借：税金及附加	25200
贷：应交税费——应交资源税	25200

（3）【多选题】下列关于第 3 笔业务的调账分录，正确的有（　　）。

A. 借：应付职工薪酬 　　　　　　　　　　　　　　　　2720

　　　主营业务成本 　　　　　　　　　　　　　　　　6000

　　　　贷：主营业务收入 　　　　　　　　　　　　　　8000

　　　　　　应交税费——应交增值税（销项税额）　　　720

B. 借：应付职工薪酬 　　　　　　　　　　　　　　　　2720

　　　主营业务成本 　　　　　　　　　　　　　　　　6000

　　　　贷：主营业务收入 　　　　　　　　　　　　　7716.81

　　　　　　应交税费——应交增值税（销项税额）　　1003.19

C. 借：税金及附加 　　　　　　　　　　　　　　　　　336

　　　　贷：应交税费——应交资源税 　　　　　　　　　336

D. 借：税金及附加 　　　　　　　　　　　　　　　　324.11

　　　　贷：应交税费——应交资源税 　　　　　　　　324.11

【参考答案】AC

【答案解析】自用天然气用于职工集体福利，应视同销售在移送使用环节计算增值税销项和缴纳资源税。

确认销售额 $=4000×2.18÷（1+9\%）=8000$（元）

销项税额 $=8000×9\%=720$（元）

资源税 $=8000×6\%×（1-30\%）=336$（元）

调账分录：

借：应付职工薪酬 　　　　　　　　　　　　　　　　　2720

　　主营业务成本 　　　　　　　　　　　　　　　　　6000

　　　贷：主营业务收入 　　　　　　　　　　　　　　8000

　　　　　应交税费——应交增值税（销项税额）　　　　720

借：税金及附加 　　　　　　　　　　　　　　　　　　336

　　　贷：应交税费——应交资源税 　　　　　　　　　336

（4）【多选题】下列关于第 4 笔业务的调账分录，正确的有（　　）。

A. 借：长期股权投资 　　　　　　　　　　　　　　2988000

　　　应交税费——应交增值税（销项税额）　　　2340000

　　　　贷：应交税费——应交资源税 　　　　　　　648000

B. 借：长期股权投资 　　　　　　　　　　　　　　9740000

　　　主营业务成本 　　　　　　　　　　　　　10600000

　　　　贷：主营业务收入 　　　　　　　　　　　18000000

　　　　　　应交税费——应交增值税（销项税额）　2340000

  C. 借：税金及附加   648000

    贷：应交税费——应交资源税   648000

  D. 借：长期股权投资   648000

    贷：应交税费——应交资源税   648000

【参考答案】BC

【答案解析】以原油对外投资应视同销售。

投资收入 = 2034 ÷ （1 + 13%） = 1800 （万元）

销项税额 = 1800 × 13% = 234 （万元）

应缴资源税 = 1800 × 6% × （1 - 40%） = 64.8 （万元）

调账分录：

借：长期股权投资   9740000

  主营业务成本   10600000

  贷：主营业务收入   18000000

    应交税费——应交增值税（销项税额） 2340000

借：税金及附加   648000

  贷：应交税费——应交资源税   648000

（5）该企业一共应补纳的资源税为（   ）元。

  A. 680736   B. 679832.07

  C. 680724.11   D. 679843.96

【参考答案】A

【答案解析】合计应补缴资源税 = 7200 + 25200 + 336 + 648000 = 680736 （元）

  9. 乙煤矿是 2019 年成立的增值税一般纳税人，2020 年度按全年季度平均值确定的职工人数 500 人。2022 年发生业务如下：

  （1）1 月开采中热值原煤 35 万吨，对外销售原煤 2.8 万吨，取得不含税销售额 1260 万元。以自产原煤和外购 900 万元原煤加工洗选煤 1.2 万吨，全部对外销售，取得不含税销售额 2170 万元。赞助受灾地区高热值原煤 1900 吨，该型号原煤近期市场不含税售价 690 元/吨。销售天然气 100 千立方米（因安全生产需要抽采的煤层气），取得不含税销售额 68 万元。

  （2）2 月出口原煤，取得不含增值税销售额 1200 万元。

  （3）2 月销售给丙焦化企业原煤和洗选煤总计 10 万吨，原煤和洗选煤未分别核算，全部销售额为不含税价 6450 万元（其中包括从坑口到车站的运输费 60 万元，已取得增值税发票）。

（4）3月从衰竭期的煤矿开采原煤，采用分期付款方式向丁公司销售该批原煤，合同约定10月的销售原煤不含税销售额为400万元，10月丁公司由于资金问题实际支付价款280万元。

已知：当地资源税法规定，原煤税率为5%，洗选煤选矿税率为2.5%。天然气、原油的资源税税率均为6%，关税税率为3%。本月取得的增值税发票均符合税法规定并在本月认证抵扣。

要求：根据上述资料，请计算回答下列问题。

（1）1月乙煤矿应缴纳的资源税税额为（ ）万元。

  A. 101. 31   B. 94. 75

  C. 78. 81   D. 72. 25

【参考答案】C

【答案解析】根据《资源税法》第六条第一款第（二）项规定，煤炭开采企业因安全生产需要抽采的煤成（层）气免征资源税。

1月乙煤矿销售原煤应纳资源税 = 1260 × 5% = 63（万元）

准予扣减的外购应税产品购进金额 = 900 × （5% ÷ 2.5%） = 1800（万元）

销售洗选煤应纳资源税税额 = （洗选煤销售金额 – 准予扣减的外购应税产品购进金额） × 税率 = （2170 – 1800） × 2.5% = 9. 25（万元）

煤矿赞助用原煤应纳资源税 = 1900 × 690 × 5% ÷ 10000 = 6. 56（万元）

1月乙煤矿应缴纳资源税合计 = 63 + 9. 25 + 6. 56 = 78. 81（万元）。选项C当选。

（2）2月乙煤矿应缴纳的资源税税额为（ ）万元。

  A. 383. 4   B. 379. 5

  C. 191. 25   D. 159. 75

【参考答案】B

【答案解析】2月出口原煤应纳资源税 = 1200 × 5% = 60（万元）

2月乙煤矿销售原煤和洗选煤应纳资源税 = （6450 – 60） × 5% = 319. 50（万元）

2月合计缴纳资源税 = 60 + 319. 50 = 379. 50（万元）。选项B当选。

（3）3月乙煤矿应缴纳的资源税税额为（ ）万元。

  A. 14   B. 9. 8

  C. 6   D. 4. 2

【参考答案】A

【答案解析】根据《资源税法》第六条规定，从衰竭期矿山开采的矿产品，减征30%资源税。

3月乙煤矿应纳资源税 = 400 × 5% × （1 – 30%） = 14（万元）。选项A当选。

（4）2022 年第一季度乙煤矿应缴纳的资源税税额为（　　）万元。

A. 494.51　　　　　　　B. 472.31

C. 279.86　　　　　　　D. 236.2

【参考答案】B

【答案解析】2022 年第一季度乙煤矿应缴纳资源税 = 78.81 + 379.50 + 14 = 472.31（万元）。选项 B 当选。

10. 甲大型石化企业拥有多座油井，遍布数个省份，企业核算规范。甲企业相关情况如下：

资料一：甲企业共有三个油田。A 油田开采原油（其中有部分符合高凝油标准），为安全生产，同时抽采天然气（伴生气），原油、高凝油、天然气交由甲公司销售部销售；B 油田开采天然沥青，交由甲公司销售部销售；C 油田开采油页岩，将油页岩干馏制取人造石油（页岩油）及相关产品，并进一步生产 1 号燃料油、2 号石油液化气、3 号沥青等产品，交由甲公司销售部销售。

资料二：甲公司 2021 年 6 月的部分销售情况及会计处理。

借：应收票据　　　　　　　　　　　　　　　　34800000

　　贷：销售收入——原油　　　　　　　　　　　10000000

　　　　　　——人造石油　　　　　　　　　　　4000000

　　　　　　——1 号燃料油　　　　　　　　　　8000000

　　　　　　——天然气（伴生气）　　　　　　　2000000

　　　　　　——2 号石油液化气　　　　　　　　3000000

　　　　　　——天然沥青　　　　　　　　　　　6000000

　　　　　　——3 号沥青　　　　　　　　　　　1800000

资料三：甲公司 2021 年 7 月的部分成本费用情况及会计处理。

借：生产成本（用于采油过程修井）　　　　　　12000

　　销售费用（推广销售赠送）　　　　　　　　7000

　　管理费用（非正常损失）　　　　　　　　　3000

　　贷：库存商品（原油）　　　　　　　　　　22000

已知：原油资源税税率为 6%，天然气资源税税率为 6%，天然沥青资源税税率为 3%。

要求：请根据上述资料，依次回答下列问题。

（1）关于甲企业适用的资源税政策处理，下列说法不正确的是（　　）。

A. 油田干馏生产的"人造石油"不是应纳资源税资源

B. 天然沥青属于稀缺的战略资源，资源税法规定税率为 3%

C. 油田开采油页岩，干馏生产"人造石油"应缴纳资源税

D. 原油、天然气属于重要的战略资源，资源税法规定税率为6%

【参考答案】B

【答案解析】根据《资源税政策和征管服务措施解读》，对原油、天然气、中重稀土、钨、钼等战略资源实行固定税率，由税法直接确定。选项B当选，选项D不当选；根据《资源税税目税率表》规定，人造石油不属于应税范围，选项A不当选；根据《财政部 税务总局关于资源税有关问题执行口径的公告》（财政部 税务总局公告2020年第34号）第二条规定，纳税人自用应税产品应当缴纳资源税的情形，包括纳税人以应税产品用于非货币性资产交换、捐赠、偿债、赞助、集资、投资、广告、样品、职工福利、利润分配或者连续生产非应税产品等。

（2）下列甲企业的产品中，属于资源税应税资源的是（ ）。

A. 3号沥青

B. 人造石油

C. 天然沥青

D. 2号石油液化气

【参考答案】C

【答案解析】根据《资源税税目税率表》规定，原油，是指开采的天然原油，不包括人造石油。3号沥青和2号石油液化气属于油页岩深加工产物，不属于资源税应税资源。

（3）甲企业2021年6月应缴纳的资源税税额为（ ）万元。

A. 90   B. 108

C. 114   D. 137.4

【参考答案】A

【答案解析】根据《资源税税目税率表》规定，2021年6月的凭证中，原油、天然气、天然沥青征资源税，其他不是资源税应税项目。甲企业2021年6月应缴纳的资源税 $=1000 \times 6\% + 200 \times 6\% + 600 \times 3\% = 90$（万元）。

（4）甲企业2021年7月应缴纳的资源税税额为（ ）万元。

A. 0.06   B. 0.072

C. 0.126   D. 0.132

【参考答案】A

【答案解析】根据《资源税法》第六条规定，开采原油以及在油田范围内运输原油过程中用于加热的原油免税。根据《财政部 税务总局关于资源税有关问题执行口径的公告》（财政部 税务总局公告2020年第34号）第二条规定，纳税人自用应税产品应当缴纳资源税的情形，包括纳税人以应税产品用于非货币性资产交换、捐赠、偿

债、赞助、集资、投资、广告、样品、职工福利、利润分配或者连续生产非应税产品等。推广赠送和非正常损失应计算缴纳资源税 = (0.7 + 0.3) ×6% = 0.06 (万元)。

（5）甲企业在 2021 年 8 月内部审计时发现，2021 年 6 月销售的是高凝油，在账务处理时误记成原油。关于其发现错误后的处理，下列表述不正确的是（　　）。

    A. 稠油、高凝油减征 40% 资源税

    B. 减征的高凝油是指凝固点高于 40 摄氏度的原油

    C. 企业可申请退还多缴资源税 24 万元

    D. 企业可申请退还多缴资源税 18 万元

【参考答案】D

【答案解析】根据《资源税法》第十六条第六款，高凝油，是指凝固点高于 40 摄氏度的原油。可申请退还多缴资源税 = 1000 ×6% ×40% = 24 (万元)。

（6）关于甲企业多缴资源税的处理，下列表述不正确的是（　　）。

    A. 该企业可自结算缴纳税款之日起 3 年内要求退还

    B. 纳税人发现多缴税款的，应当自发现之日起 30 日内向税务机关办理退还手续

    C. 税务机关应当自接到纳税人退还申请之日起 30 日内查实并办理退还手续

    D. 若该企业有欠缴款的，税务机关可先抵扣欠税，有余额的再办理退还

【参考答案】B

【答案解析】根据《税收征收管理法》第五十一条规定，纳税人超过应纳税额缴纳的税款，税务机关发现后应当立即退还；纳税人自结算缴纳税款之日起 3 年内发现的，可以向税务机关要求退还多缴的税款并加算银行同期存款利息，税务机关及时查实后应当立即退还；涉及从国库中退库的，依照法律、行政法规有关国库管理的规定退还。根据《中华人民共和国税收征收管理法实施细则》第七十八条第一款规定，税务机关发现纳税人多缴税款的，应当自发现之日起 10 日内办理退还手续；纳税人发现多缴税款，要求退还的，税务机关应当自接到纳税人退还申请之日起 30 日内查实并办理退还手续。第七十九条规定，当纳税人既有应退税款又有欠缴税款时，税务机关可以将应退税款和利息先抵扣欠缴税款；抵扣后有余额的，退还纳税人。

11. 甲企业为增值税一般纳税人，主要从事原油、天然气和煤的开采、销售。截至 2022 年 5 月，拥有 A、B、C 三块油气田，其中，B 油气田为海上低丰度油气田、C 油气田为深水油气田；拥有 D、E 两座矿山。甲企业 2021 年发生以下业务：

（1）2021 年 6 月，A 油气田开采原油 2000 吨，当月销售 1380 吨，取得不含增值税销售款项 750 万元，其中，从坑口到购买方指定地点的运输费用 10 万元、保险费用 20 万元、装卸费用 30 万元及建设基金 20 万元，除装卸费用外均取得合法凭证。

（2）2021 年 8 月，B 油气田开采原油 300 吨，当月销售 200 吨，将 0.1 吨原油发给广告公司用于样品宣传，将 3 吨原油捐赠给某公益组织。开采天然气 500 万立方米，当月销售 300 万立方米，B 油气田原油每吨不含税销售价格 0.5 万元，天然气含税销售价格为每立方米 2 元。

（3）2021 年 9 月，C 油气田开采原油 200 吨，甲企业将其开采的原油对外销售 100 万吨。销售合同约定款项分三笔收付，2021 年 9 月 20 日收款 50%、2022 年 1 月 2 日收款 30%、2022 年 2 月 5 日收款 20%。C 油气田原油每吨含税销售价格 0.6 万元。

甲企业 2022 年发生以下业务：

（1）2022 年 1 月，D 矿山销售原煤收取不含税价款 300 万元，其中，从坑口到购买方指定地点的运输费用 20 万元（取得合法凭据）。当月，D 矿山发现页岩层，从页岩层中开采出天然气 100 万立方米，当月全部销售取得不含税销售款 200 万元。

（2）2022 年 2 月，E 矿山采用充填开采置换出来的原煤 300 万吨，全部于当月销售完毕，取得不含税销售价款 90 万元。另外将该矿山以正常方式自采的原煤 100 万吨与本省内外购不含税价款 100 万元的原煤混合进行洗选加工，当月销售洗选煤不含税价款 300 万元。

已知：受 2020 年新冠疫情影响，甲企业 2020 年销售情况低迷，2020 年企业所得税汇算清缴结果为小型微利企业，2021 年经济状况转好，2021 年企业所得税汇算清缴结果不符合小型微利企业。甲企业所在省份原煤适用税率均为 4%，选矿煤适用税率均为 2%，该省"六税两费"减征幅度为 50%（计算结果保留至小数点后两位）。

要求：根据上述资料，回答下列问题。

（1）甲企业 2021 年 6 月需缴纳资源税（　　）万元。

    A. 44.4　　　　　　　　　　B. 43.2

    C. 42　　　　　　　　　　　D. 40.2

【参考答案】B

【答案解析】根据《财政部　税务总局关于资源税有关问题执行口径的公告》（财政部　税务总局公告 2020 年第 34 号）规定，资源税应税产品的销售额，按照纳税人销售应税产品向购买方收取的全部价款确定，不包括增值税税款。计入销售额中的相关运杂费用，凡取得增值税发票或者其他合法有效凭据的，准予从销售额中扣除。相关运杂费用是指应税产品从坑口或者洗选（加工）地到车站、码头或者购买方指定地点的运输费用、建设基金以及随运销产生的装卸、仓储、港杂费用。因此，销售额中支付的运输费用、建设基金可以扣除，保险费用及装卸费用不得扣除。原油资源税税率为 6%。

2021 年 6 月应纳资源税 =（750 - 10 - 20）× 6% = 43.2（万元）

（2）甲企业 2021 年 8 月需缴纳资源税（　　）万元。

A. 30. 29　　　　　　　　B. 31. 22

C. 31. 29　　　　　　　　D. 37. 95

【参考答案】C

【答案解析】根据《财政部　税务总局关于资源税有关问题执行口径的公告》（财政部　税务总局公告 2020 年第 34 号）第二条规定，纳税人自用应税产品应当缴纳资源税的情形，包括纳税人以应税产品用于非货币性资产交换、捐赠、偿债、赞助、集资、投资、广告、样品、职工福利、利润分配或者连续生产非应税产品等。因此，捐赠和作为广告样品的原油均需视同销售。

根据《资源税法》规定，低丰度油气田，包括陆上低丰度油田、陆上低丰度气田、海上低丰度油田、海上低丰度气田。同时，低丰度油气田开采的原油和天然气可以减征 20% 资源税。原油资源税税率为 6%，天然气资源税税率为 6%。因此 2021 年 8 月原油应缴纳资源税 =（200 + 0.1 + 3）×0.5×6%×（1 - 20%）= 4.87（万元）；天然气应缴纳资源税 =（300 ×2）÷（1 + 9%）×6%×（1 - 20%）= 26.42（万元），共需缴纳资源税 = 4.87 + 26.42 = 31.29（万元）。

（3）甲企业 2021 年 9 月需缴纳资源税（　　）万元。

A. 1. 12　　　　　　　　B. 1. 27

C. 1. 44　　　　　　　　D. 1. 59

【参考答案】A

【答案解析】根据《资源税法》第十条规定，纳税人销售应税产品，纳税义务发生时间为收讫销售款或者取得索取销售款凭据的当日。纳税人应分别于 2021 年 9 月 20 日、2022 年 1 月 2 日、2022 年 2 月 5 日确认相应收入。2021 年 9 月确认收入 = 100 ×0.6÷（1 + 13%）×50% = 26.55（万元）。深水油气田开采的原油减征 30% 资源税，应纳资源税 = 26.55 ×6%×（1 - 30%）= 1.12（万元）。

（4）甲企业 2022 年 1 月需缴纳资源税（　　）万元。

A. 9. 80　　　　　　　　B. 10. 13

C. 19. 60　　　　　　　　D. 20. 36

【参考答案】B

【答案解析】根据《财政部　税务总局关于进一步实施小微企业"六税两费"减免政策的公告》（财政部　税务总局公告 2022 年第 10 号）和《国家税务总局关于进一步实施小微企业"六税两费"减免政策有关征管问题的公告》（国家税务总局公告 2022 年第 3 号）规定，2022 年 1 月 1 日至 2024 年 12 月 31 日，对增值税小规模纳税人、小型微利企业和个体工商户可以在 50% 的税额幅度内减征资源税、城市维护建设税、房产税、城镇土地使用税、印花税（不含证券交易印花税）、耕地占用税和教育费附加、地方教育附加。2022 年 1 月 1 日至 6 月 30 日期间，纳税人依据 2021 年办理

2020年度汇算清缴的结果确定是否按照小型微利企业申报享受"六税两费"减免优惠。题干已知本省减征幅度50%。甲企业2022年上半年符合"六税两费"优惠政策。

根据相关规定，运输费用20万元准予扣除。

销售原煤应纳资源税 = （300 – 20）×4%×50% = 5.6（万元）

根据《财政部 税务总局关于对页岩气减征资源税的通知》（财税〔2018〕26号）、《财政部 税务总局关于延长部分税收优惠政策执行期限的公告》（财政部 税务总局公告2021年第6号）和《财政部 税务总局关于继续实施页岩气减征资源税优惠政策的公告》（财政部 税务总局公告2023年第46号）规定，促进页岩气开发利用，有效增加天然气供给，经国务院同意，自2018年4月1日至2027年12月31日，对页岩气资源税（按6%的规定税率）减征30%。增值税小规模纳税人、小型微利企业、个体工商户已依法享受其他优惠政策的，可叠加享受"六税两费"减免优惠。在享受优惠的顺序上，"六税两费"减免优惠是在享受其他优惠基础上的再享受。因此，页岩气应缴资源税 = 200×6%×（1 – 30%）×50% = 4.2（万元）。

同时，需确认业务（3）销售额的30%，该项业务本月应纳资源税税额 = 100×0.6÷（1 + 13%）×30%×6%×（1 – 30%）×50% = 0.33（万元）。

2022年1月共需缴纳资源税 = 5.60 + 4.20 + 0.33 = 10.13（万元）

（5）甲企业2022年2月需缴纳资源税（   ）万元。

    A. 1.90　　　　　　　　B. 2.12

    C. 3.80　　　　　　　　D. 4.31

【参考答案】B

【答案解析】2022年1月1日至6月30日期间，纳税人依据2021年办理2020年度汇算清缴的结果确定是否按照小型微利企业申报享受"六税两费"减免优惠。本省减征幅度50%。甲企业2022年上半年符合"六税两费"优惠政策。增值税小规模纳税人、小型微利企业、个体工商户已依法享受其他优惠政策的，可叠加享受"六税两费"减免优惠。在享受优惠的顺序上，"六税两费"减免优惠是在享受其他优惠基础上的再享受。

根据《财政部 税务总局关于继续执行的资源税优惠政策的公告》（财政部 税务总局公告2020年第32号）和《财政部 税务总局关于延续对充填开采置换出来的煤炭减征资源税优惠政策的公告》（财政部 税务总局公告2023年第36号）规定，自2014年12月1日至2027年12月31日，对充填开采置换出来的煤炭，资源税减征50%。因此，充填开采置换销售原煤应缴纳资源税 = 90×4%×50%×50% = 0.9（万元）。

根据《国家税务总局关于资源税征收管理若干问题的公告》（国家税务总局公告2020年第14号）规定，纳税人以外购原矿与自采原矿混合洗选加工为选矿产品销售时，准予扣减的外购应税产品购进金额（数量）＝外购原矿购进金额（数量）×（本地区原矿适用税率÷本地区选矿产品适用税率）。准予扣减的外购原煤购进金额＝100×4%÷2%＝200（万元），销售混合加工后的洗选煤应纳资源税＝（300－200）×2%×50%＝1（万元）。

同时，需确认业务（3）销售额的20%，应纳资源税税额＝100×0.6÷（1＋13%）×20%×6%×（1－30%）×50%＝0.22（万元）。

2022年2月共需缴纳资源税＝0.9＋1＋0.22＝2.12（万元）。

第三节　相关法律法规文件

中华人民共和国资源税法

2019 年 8 月 26 日第十三届全国人民代表大会常务委员会第十二次会议通过

第一条　在中华人民共和国领域和中华人民共和国管辖的其他海域开发应税资源的单位和个人，为资源税的纳税人，应当依照本法规定缴纳资源税。

应税资源的具体范围，由本法所附《资源税税目税率表》（以下称《税目税率表》）确定。

第二条　资源税的税目、税率，依照《税目税率表》执行。

《税目税率表》中规定实行幅度税率的，其具体适用税率由省、自治区、直辖市人民政府统筹考虑该应税资源的品位、开采条件以及对生态环境的影响等情况，在《税目税率表》规定的税率幅度内提出，报同级人民代表大会常务委员会决定，并报全国人民代表大会常务委员会和国务院备案。《税目税率表》中规定征税对象为原矿或者选矿的，应当分别确定具体适用税率。

第三条　资源税按照《税目税率表》实行从价计征或者从量计征。

《税目税率表》中规定可以选择实行从价计征或者从量计征的，具体计征方式由省、自治区、直辖市人民政府提出，报同级人民代表大会常务委员会决定，并报全国人民代表大会常务委员会和国务院备案。

实行从价计征的，应纳税额按照应税资源产品（以下称应税产品）的销售额乘以具体适用税率计算。实行从量计征的，应纳税额按照应税产品的销售数量乘以具体适用税率计算。

应税产品为矿产品的，包括原矿和选矿产品。

第四条　纳税人开采或者生产不同税目应税产品的，应当分别核算不同税目应税产品的销售额或者销售数量；未分别核算或者不能准确提供不同税目应税产品的销售额或者销售数量的，从高适用税率。

第五条　纳税人开采或者生产应税产品自用的，应当依照本法规定缴纳资源税；但是，自用于连续生产应税产品的，不缴纳资源税。

第六条 有下列情形之一的，免征资源税：

（一）开采原油以及在油田范围内运输原油过程中用于加热的原油、天然气；

（二）煤炭开采企业因安全生产需要抽采的煤成（层）气。

有下列情形之一的，减征资源税：

（一）从低丰度油气田开采的原油、天然气，减征百分之二十资源税；

（二）高含硫天然气、三次采油和从深水油气田开采的原油、天然气，减征百分之三十资源税；

（三）稠油、高凝油减征百分之四十资源税；

（四）从衰竭期矿山开采的矿产品，减征百分之三十资源税。

根据国民经济和社会发展需要，国务院对有利于促进资源节约集约利用、保护环境等情形可以规定免征或者减征资源税，报全国人民代表大会常务委员会备案。

第七条 有下列情形之一的，省、自治区、直辖市可以决定免征或者减征资源税：

（一）纳税人开采或者生产应税产品过程中，因意外事故或者自然灾害等原因遭受重大损失；

（二）纳税人开采共伴生矿、低品位矿、尾矿。

前款规定的免征或者减征资源税的具体办法，由省、自治区、直辖市人民政府提出，报同级人民代表大会常务委员会决定，并报全国人民代表大会常务委员会和国务院备案。

第八条 纳税人的免税、减税项目，应当单独核算销售额或者销售数量；未单独核算或者不能准确提供销售额或者销售数量的，不予免税或者减税。

第九条 资源税由税务机关依照本法和《中华人民共和国税收征收管理法》的规定征收管理。

税务机关与自然资源等相关部门应当建立工作配合机制，加强资源税征收管理。

第十条 纳税人销售应税产品，纳税义务发生时间为收讫销售款或者取得索取销售款凭据的当日；自用应税产品的，纳税义务发生时间为移送应税产品的当日。

第十一条 纳税人应当向应税产品开采地或者生产地的税务机关申报缴纳资源税。

第十二条 资源税按月或者按季申报缴纳；不能按固定期限计算缴纳的，可以按次申报缴纳。

纳税人按月或者按季申报缴纳的，应当自月度或者季度终了之日起十五日内，向税务机关办理纳税申报并缴纳税款；按次申报缴纳的，应当自纳税义务发生之日起十五日内，向税务机关办理纳税申报并缴纳税款。

第十三条 纳税人、税务机关及其工作人员违反本法规定的，依照《中华人民共和国税收征收管理法》和有关法律法规的规定追究法律责任。

第十四条 国务院根据国民经济和社会发展需要，依照本法的原则，对取用地表水或者地下水的单位和个人试点征收水资源税。征收水资源税的，停止征收水资源费。

水资源税根据当地水资源状况、取用水类型和经济发展等情况实行差别税率。

水资源税试点实施办法由国务院规定，报全国人民代表大会常务委员会备案。

国务院自本法施行之日起五年内，就征收水资源税试点情况向全国人民代表大会常务委员会报告，并及时提出修改法律的建议。

第十五条 中外合作开采陆上、海上石油资源的企业依法缴纳资源税。

2011 年 11 月 1 日前已依法订立中外合作开采陆上、海上石油资源合同的，在该合同有效期内，继续依照国家有关规定缴纳矿区使用费，不缴纳资源税；合同期满后，依法缴纳资源税。

第十六条 本法下列用语的含义是：

（一）低丰度油气田，包括陆上低丰度油田、陆上低丰度气田、海上低丰度油田、海上低丰度气田。陆上低丰度油田是指每平方公里原油可开采储量丰度低于二十五万立方米的油田；陆上低丰度气田是指每平方公里天然气可开采储量丰度低于二亿五千万立方米的气田；海上低丰度油田是指每平方公里原油可开采储量丰度低于六十万立方米的油田；海上低丰度气田是指每平方公里天然气可开采储量丰度低于六亿立方米的气田。

（二）高含硫天然气，是指硫化氢含量在每立方米三十克以上的天然气。

（三）三次采油，是指二次采油后继续以聚合物驱、复合驱、泡沫驱、气水交替驱、二氧化碳驱、微生物驱等方式进行采油。

（四）深水油气田，是指水深超过三百米的油气田。

（五）稠油，是指地层原油粘度大于或等于每秒五十毫帕或原油密度大于或等于每立方厘米零点九二克的原油。

（六）高凝油，是指凝固点高于四十摄氏度的原油。

（七）衰竭期矿山，是指设计开采年限超过十五年，且剩余可开采储量下降到原设计可开采储量的百分之二十以下或者剩余开采年限不超过五年的矿山。衰竭期矿山以开采企业下属的单个矿山为单位确定。

第十七条 本法自 2020 年 9 月 1 日起施行。1993 年 12 月 25 日国务院发布的《中华人民共和国资源税暂行条例》同时废止。

附件：资源税税目税率表

附件

资源税税目税率表

税　目		征收对象	税　率
能源矿产	原油	原矿	6%
	天然气、页岩气、天然气水合物	原矿	6%
	煤	原矿或者选矿	2%～10%
	煤成（层）气	原矿	1%～2%
	铀、钍	原矿	4%
	油页岩、油砂、天然沥青、石煤	原矿或者选矿	1%～4%
	地热	原矿	1%～20%或者每立方米1～30元
金属矿产	黑色金属　铁、锰、铬、钒、钛	原矿或者选矿	1%～9%
	有色金属　铜、铅、锌、锡、镍、锑、镁、钴、铋、汞	原矿或者选矿	2%～10%
	铝土矿	原矿或者选矿	2%～9%
	钨	选矿	6.5%
	钼	选矿	8%
	金、银	原矿或者选矿	2%～6%
	铂、钯、钌、锇、铱、铑	原矿或者选矿	5%～10%
	轻稀土	选矿	7%～12%
	中重稀土	选矿	20%
	铍、锂、锆、锶、铷、铯、铌、钽、锗、镓、铟、铊、铪、铼、镉、硒、碲	原矿或者选矿	2%～10%
非金属矿产	矿物类　高岭土	原矿或者选矿	1%～6%
	石灰岩	原矿或者选矿	1%～6%或者每吨（或者每立方米）1～10元
	磷	原矿或者选矿	3%～8%
	石墨	原矿或者选矿	3%～12%
	萤石、硫铁矿、自然硫	原矿或者选矿	1%～8%
	天然石英砂、脉石英、粉石英、水晶、工业用金刚石、冰洲石、蓝晶石、硅线石（矽线石）、长石、滑石、刚玉、菱镁矿、颜料矿物、天然碱、芒硝、钠硝石、明矾石、砷、硼、碘、溴、膨润土、硅藻土、陶瓷土、耐火粘土、铁矾土、凹凸棒石粘土、海泡石粘土、伊利石粘土、累托石粘土	原矿或者选矿	1%～12%
	叶蜡石、硅灰石、透辉石、珍珠岩、云母、沸石、重晶石、毒重石、方解石、蛭石、透闪石、工业用电气石、白垩、石棉、蓝石棉、红柱石、石榴子石、石膏	原矿或者选矿	2%～12%

续表

税 目			征收对象	税 率
非金属矿产	矿物类	其他粘土（铸型用粘土、砖瓦用粘土、陶粒用粘土、水泥配料用粘土、水泥配料用红土、水泥配料用黄土、水泥配料用泥岩、保温材料用粘土）	原矿或者选矿	1%～5%或者每吨（或者每立方米）0.1～5元
	岩石类	大理岩、花岗岩、白云岩、石英岩、砂岩、辉绿岩、安山岩、闪长岩、板岩、玄武岩、片麻岩、角闪岩、页岩、浮石、凝灰岩、黑曜岩、霞石正长岩、蛇纹岩、麦饭石、泥灰岩、含钾岩石、含钾砂页岩、天然油石、橄榄岩、松脂岩、粗面岩、辉长岩、辉石岩、正长岩、火山灰、火山渣、泥炭	原矿或者选矿	1%～10%
		砂石	原矿或者选矿	1%～5%或者每吨（或者每立方米）0.1～5元
	宝玉石类	宝石、玉石、宝石级金刚石、玛瑙、黄玉、碧玺	原矿或者选矿	4%～20%
水气矿产	二氧化碳气、硫化氢气、氦气、氡气		原矿	2%～5%
	矿泉水		原矿	1%～20%或者每立方米1～30元
盐	钠盐、钾盐、镁盐、锂盐		选矿	3%～15%
	天然卤水		原矿	3%～15%或者每吨（或者每立方米）1～10元
	海盐			2%～5%

黑龙江省人民代表大会常务委员会关于实施资源税法授权事项的决定

2020 年 8 月 21 日 黑龙江省第十三届人民代表大会
常务委员会第二十次会议通过

为了促进资源节约集约利用、加强生态环境保护，根据《中华人民共和国资源税法》（以下简称《资源税法》）有关授权规定，统筹考虑本省应税资源品位、开采条件以及对生态环境和经济发展影响等情况，现就本省相关资源税的具体适用税率、计征方式以及免征或者减征的具体办法作如下决定：

一、《资源税法》规定实行幅度税率的税目，具体适用税率依照本决定所附《黑龙江省资源税税目税率表》执行。

二、《资源税法》规定可以选择实行从价计征或者从量计征的税目中，石灰岩、矿泉水、天然卤水资源税实行从价计征，地热、其他粘土、砂石资源税实行从量计征。

三、符合《资源税法》第七条规定情形的，按照以下办法免征或者减征资源税：

（一）纳税人开采或者生产应税产品过程中，因意外事故或者自然灾害等原因遭受重大损失，直接经济损失五千万元以上或者达到上年度资产总额百分之五十以上的，自恢复生产之日起五年内，减按百分之五十征收资源税，最高累计减征资源税额度不超过直接经济损失的百分之五十，并且不超过五千万元。

（二）纳税人开采共伴生矿、低品位矿减按百分之五十征收资源税，开采尾矿免征资源税。

（三）纳税人开采销售的应税矿产品（同一笔销售业务）同时符合共伴生矿、低品位矿减税政策的，纳税人可以选择享受其中一项优惠政策，不得叠加适用，国家另有规定的除外。

（四）共伴生矿、低品位矿、尾矿的减免税政策不适用于原油、天然气、煤炭，上述资源有关优惠政策按照国家相关规定执行。

纳税人符合上述规定的，可申报享受税收优惠政策，并将相关材料留存备查。

四、税务机关与自然资源、应急管理等相关部门应当建立工作配合机制，共同加强资源税征收管理。根据工作需要，税务机关可以要求自然资源、应急管理等相关部门提供与减免税相关的信息，相关部门应当在税务机关送达书面函件的十五个工作日内给予回复。

五、本决定自 2020 年 9 月 1 日起施行。

附件：黑龙江省资源税税目税率表

附件

黑龙江省资源税税目税率表

序号	税目		征税对象	税率
1	能源矿产	煤	原矿	4%
			选矿	2%
2		煤成（层）气	原矿	1%
			选矿	—

续表

序号	税目			征税对象	税率
3	能源矿产		油页岩	原矿	4%
				选矿	1%
4			油砂	原矿	4%
				选矿	1%
5			天然沥青	原矿	4%
				选矿	1%
6			石煤	原矿	4%
				选矿	1%
7			地热	原矿	每立方米2元
				选矿	—
8	金属矿产	黑色金属	铁	原矿	8%
				选矿	4%
9			锰	原矿	9%
				选矿	3%
10			铬	原矿	9%
				选矿	3%
11			钒	原矿	9%
				选矿	3%
12			钛	原矿	9%
				选矿	3%
13		有色金属	铜	原矿	6.5%
				选矿	5%
14			铅	原矿	10%
				选矿	3.5%
15			锌	原矿	10%
				选矿	3.5%
16			锡	原矿	10%
				选矿	3%
17			镍	原矿	10%
				选矿	3%
18			锑	原矿	10%
				选矿	3%

续表

序号	税目			征税对象	税率
19	金属矿产	有色金属	镁	原矿	10%
				选矿	3%
20			钴	原矿	10%
				选矿	3%
21			铋	原矿	10%
				选矿	3%
22			汞	原矿	10%
				选矿	3%
23			铝土矿	原矿	9%
				选矿	3%
24			金	原矿	6%
				选矿	4%
25			银	原矿	6%
				选矿	3%
26			铂	原矿	10%
				选矿	5%
27			钯	原矿	10%
				选矿	5%
28			钌	原矿	10%
				选矿	5%
29			锇	原矿	10%
				选矿	5%
30			铱	原矿	10%
				选矿	5%
31			铑	原矿	10%
				选矿	5%
32			轻稀土	原矿	—
				选矿	7%
33			铍	原矿	10%
				选矿	3%
34			锂	原矿	10%
				选矿	3%

序号	税目			征税对象	税率
35	金属矿产	有色金属	锆	原矿	10%
				选矿	3%
36			锶	原矿	10%
				选矿	3%
37			铷	原矿	10%
				选矿	3%
38			铯	原矿	10%
				选矿	3%
39			铌	原矿	10%
				选矿	3%
40			钽	原矿	10%
				选矿	3%
41			锗	原矿	10%
				选矿	3%
42			镓	原矿	10%
				选矿	3%
43			铟	原矿	10%
				选矿	3%
44			铊	原矿	10%
				选矿	3%
45			铪	原矿	10%
				选矿	3%
46			铼	原矿	10%
				选矿	3%
47			镉	原矿	10%
				选矿	3%
48			硒	原矿	10%
				选矿	3%
49			碲	原矿	10%
				选矿	3%

续表

序号	税目			征税对象	税率
50	非金属矿产	矿物类	高岭土	原矿	3.5%
				选矿	3.5%
51			石灰岩	原矿	6%
				选矿	6%
52			磷	原矿	4%
				选矿	4%
53			石墨	原矿	12%
				选矿	3%
54			萤石	原矿	3%
				选矿	3%
55			硫铁矿	原矿	3%
				选矿	3%
56			自然硫	原矿	3%
				选矿	3%
57			天然石英砂	原矿	4%
				选矿	4%
58			脉石英	原矿	3%
				选矿	3%
59			粉石英	原矿	3%
				选矿	3%
60			水晶	原矿	3%
				选矿	3%
61			工业用金刚石	原矿	3%
				选矿	3%
62			冰洲石	原矿	3%
				选矿	3%
63			蓝晶石	原矿	3%
				选矿	3%
64			硅线石（矽线石）	原矿	3%
				选矿	3%
65			长石	原矿	3%
				选矿	3%

续表

序号	税目			征税对象	税率
66	非金属矿产	矿物类	滑石	原矿	3%
				选矿	3%
67			刚玉	原矿	3%
				选矿	3%
68			菱镁矿	原矿	4%
				选矿	4%
69			颜料矿物	原矿	3%
				选矿	3%
70			天然碱	原矿	3%
				选矿	3%
71			芒硝	原矿	3%
				选矿	3%
72			钠硝石	原矿	3%
				选矿	3%
73			明矾石	原矿	3%
				选矿	3%
74			砷	原矿	3%
				选矿	3%
75			硼	原矿	3%
				选矿	3%
76			碘	原矿	3%
				选矿	3%
77			溴	原矿	3%
				选矿	3%
78			膨润土	原矿	4%
				选矿	4%
79			硅藻土	原矿	3%
				选矿	3%
80			陶瓷土	原矿	3%
				选矿	3%
81			耐火粘土	原矿	3%
				选矿	3%

续表

序号	税目			征税对象	税率
82	非金属矿产	矿物类	铁矾土	原矿	3%
				选矿	3%
83			凹凸棒石粘土	原矿	3%
				选矿	3%
84			海泡石粘土	原矿	3%
				选矿	3%
85			伊利石粘土	原矿	3%
				选矿	3%
86			累托石粘土	原矿	3%
				选矿	3%
87			叶蜡石	原矿	3%
				选矿	3%
88			硅灰石	原矿	4%
				选矿	4%
89			透辉石	原矿	3%
				选矿	3%
90			珍珠岩	原矿	5%
				选矿	5%
91			云母	原矿	3%
				选矿	3%
92			沸石	原矿	3%
				选矿	3%
93			重晶石	原矿	3%
				选矿	3%
94			毒重石	原矿	3%
				选矿	3%
95			方解石	原矿	9%
				选矿	4%
96			蛭石	原矿	3%
				选矿	3%
97			透闪石	原矿	3%
				选矿	3%

序号	税目			征税对象	税率
98	非金属矿产	矿物类	工业用电气石	原矿	3%
				选矿	3%
99			白垩	原矿	3%
				选矿	3%
100			石棉	原矿	3%
				选矿	3%
101			蓝石棉	原矿	3%
				选矿	3%
102			红柱石	原矿	3%
				选矿	3%
103			石榴子石	原矿	3%
				选矿	3%
104			石膏	原矿	3%
				选矿	3%
105			其他粘土	原矿	每立方米1.5元
				选矿	每立方米1.5元
106		岩石类	大理岩	原矿	6%
				选矿	6%
107			花岗岩	原矿	6%
				选矿	6%
108			白云岩	原矿	4%
				选矿	4%
109			石英岩	原矿	3%
				选矿	3%
110			砂岩	原矿	3%
				选矿	3%
111			辉绿岩	原矿	3%
				选矿	3%
112			安山岩	原矿	4%
				选矿	4%
113			闪长岩	原矿	3%
				选矿	3%

续表

序号	税目			征税对象	税率
114	非金属矿产	岩石类	板岩	原矿	3%
				选矿	3%
115			玄武岩	原矿	4%
				选矿	4%
116			片麻岩	原矿	3%
				选矿	3%
117			角闪岩	原矿	3%
				选矿	3%
118			页岩	原矿	4%
				选矿	4%
119			浮石	原矿	4%
				选矿	4%
120			凝灰岩	原矿	4%
				选矿	4%
121			黑曜岩	原矿	3%
				选矿	3%
122			霞石正长岩	原矿	3%
				选矿	3%
123			蛇纹岩	原矿	3%
				选矿	3%
124			麦饭石	原矿	3%
				选矿	3%
125			泥灰岩	原矿	3%
				选矿	3%
126			含钾岩石	原矿	3%
				选矿	3%
127			含钾砂页岩	原矿	3%
				选矿	3%
128			天然油石	原矿	3%
				选矿	3%
129			橄榄岩	原矿	3%
				选矿	3%

序号	税目			征税对象	税率
130	非金属矿产	岩石类	松脂岩	原矿	3%
				选矿	3%
131			粗面岩	原矿	3%
				选矿	3%
132			辉长岩	原矿	3%
				选矿	3%
133			辉石岩	原矿	3%
				选矿	3%
134			正长岩	原矿	3%
				选矿	3%
135			火山灰	原矿	3%
				选矿	3%
136			火山渣	原矿	3%
				选矿	3%
137			泥炭	原矿	3%
				选矿	3%
138			砂石	原矿	每立方米1元
				选矿	每立方米1元
139		宝石类	宝石	原矿	4%
				选矿	4%
140			玉石	原矿	4%
				选矿	4%
141			宝石级金刚石	原矿	4%
				选矿	4%
142			玛瑙	原矿	4%
				选矿	4%
143			黄玉	原矿	4%
				选矿	4%
144			碧玺	原矿	4%
				选矿	4%

续表

序号	税目		征税对象	税率
145	水气矿产	二氧化碳气	原矿	3%
			选矿	—
146		硫化氢气	原矿	3%
			选矿	—
147		氦气	原矿	3%
			选矿	—
148		氡气	原矿	3%
			选矿	—
149		矿泉水	原矿	4%
			选矿	—
150	盐	钠盐	原矿	—
			选矿	3%
151		钾盐	原矿	—
			选矿	3%
152		镁盐	原矿	—
			选矿	3%
153		锂盐	原矿	—
			选矿	3%
154		天然卤水	原矿	3%
			选矿	—
155		海盐		3%

财政部　国家税务总局关于青藏铁路公司
运营期间有关税收等政策问题的通知

2007 年 1 月 11 日　财税〔2007〕11 号

各省、自治区、直辖市、计划单列市财政厅（局）、国家税务局、地方税务局：

为支持青藏铁路运营，减轻青藏铁路公司的经营压力，根据 2001 年第 105 次国务院总理办公会议纪要及《国务院关于组建青藏铁路公司有关问题的批复》（国函

〔2002〕66 号）的精神，现就青藏铁路公司运营期间有关税收等政策问题通知如下：

一、对青藏铁路公司取得的运输收入、其他业务收入免征营业税、城市维护建设税、教育费附加，对青藏铁路公司取得的付费收入不征收营业税。

本条所称的"运输收入"是指《国家税务总局关于中央铁路征收营业税问题的通知》（国税发〔2004〕44 号）第一条明确的各项运营业务收入。

本条所称的"其他业务收入"是指为了减少运输主业亏损，青藏铁路公司运营单位承办的与运营业务相关的其他业务，主要包括路内装卸作业、代办工作、专用线和自备车维检费等纳入运输业报表体系与运输业统一核算收支的其他收入项目。

本条所称的"付费收入"是指铁路财务体制改革过程中，青藏铁路公司因财务模拟核算产生的内部及其与其他铁路局之间虚增清算收入，具体包括《国家税务总局关于中央铁路征收营业税问题的通知》（国税发〔2004〕44 号）第二条明确的不征收营业税的各项费用。

二、对青藏铁路公司及其所属单位营业账簿免征印花税；对青藏铁路公司签订的货物运输合同免征印花税，对合同其他各方当事人应缴纳的印花税照章征收。

三、对青藏铁路公司及其所属单位自采自用的砂、石等材料免征资源税；对青藏铁路公司及其所属单位自采外销及其他单位和个人开采销售给青藏铁路公司及其所属单位的砂、石等材料照章征收资源税。

四、对青藏铁路公司及其所属单位承受土地、房屋权属用于办公及运输主业的，免征契税；对于因其他用途承受的土地、房屋权属，应照章征收契税。

五、对青藏铁路公司及其所属单位自用的房产、土地免征房产税、城镇土地使用税；对非自用的房产、土地照章征收房产税、城镇土地使用税。

六、财政部、国家税务总局《关于青藏铁路建设期间有关税收政策问题的通知》（财税〔2003〕128 号）停止执行。

青藏铁路公司所属单位名单见附件。

本通知自 2006 年 7 月 1 日起执行，此前已征税款不予退还，未征税款不再补征。

附件：青藏铁路公司所属单位名单（略）

财政部　国家税务总局　水利部关于印发
《水资源税改革试点暂行办法》的通知

2016 年 5 月 9 日　财税〔2016〕55 号

河北省人民政府：

　　根据党中央、国务院决策部署，自 2016 年 7 月 1 日起在你省实施水资源税改革试点。现将《水资源税改革试点暂行办法》印发给你省，请遵照执行。

　　请你省按照本通知要求，切实做好水资源税改革试点工作，建立健全工作机制，及时制定实施方案和配套政策，精心组织、周密安排，确保改革试点顺利进行。对试点中出现的新情况新问题，要研究采取适当措施妥善加以解决。重大政策问题及时向财政部、国家税务总局、水利部报告。

　　附件：水资源税改革试点暂行办法

附件

水资源税改革试点暂行办法

　　第一条　为促进水资源节约、保护和合理利用，根据党中央、国务院决策部署，制定本办法。

　　第二条　本办法适用于河北省。

　　第三条　利用取水工程或者设施直接从江河、湖泊（含水库）和地下取用地表水、地下水的单位和个人，为水资源税纳税人。

　　纳税人应按《中华人民共和国水法》《取水许可和水资源费征收管理条例》等规定申领取水许可证。

　　第四条　水资源税的征税对象为地表水和地下水。

　　地表水是陆地表面上动态水和静态水的总称，包括江、河、湖泊（含水库）、雪山融水等水资源。

　　地下水是埋藏在地表以下各种形式的水资源。

　　第五条　水资源税实行从量计征。应纳税额计算公式：

　　应纳税额＝取水口所在地税额标准×实际取用水量

水力发电和火力发电贯流式取用水量按照实际发电量确定。

第六条 按地表水和地下水分类确定水资源税适用税额标准。

地表水分为农业、工商业、城镇公共供水、水力发电、火力发电贯流式、特种行业及其他取用地表水。地下水分为农业、工商业、城镇公共供水、特种行业及其他取用地下水。

特种行业取用水包括洗车、洗浴、高尔夫球场、滑雪场等取用水。

河北省可以在上述分类基础上，结合本地区水资源状况、产业结构和调整方向等进行细化分类。

第七条 对水力发电和火力发电贯流式以外的取用水设置最低税额标准，地表水平均不低于每立方米 0.4 元，地下水平均不低于每立方米 1.5 元。

水力发电和火力发电贯流式取用水的税额标准为每千瓦小时 0.005 元。

具体取用水分类及适用税额标准由河北省人民政府提出建议，报财政部会同有关部门确定核准。

第八条 对取用地下水从高制定税额标准。

对同一类型取用水，地下水水资源税税额标准要高于地表水，水资源紧缺地区地下水水资源税税额标准要大幅高于地表水。

超采地区的地下水水资源税税额标准要高于非超采地区，严重超采地区的地下水水资源税税额标准要大幅高于非超采地区。在超采地区和严重超采地区取用地下水（不含农业生产取用水和城镇公共供水取水）的具体适用税额标准，由河北省人民政府在非超采地区税额标准 2—5 倍幅度内提出建议，报财政部会同有关部门确定核准；超过 5 倍的，报国务院备案。

城镇公共供水管网覆盖范围内取用地下水的，水资源税税额标准要高于公共供水管网未覆盖地区，原则上要高于当地同类用途的城市供水价格。

第九条 对特种行业取用水，从高制定税额标准。

第十条 对超计划或者超定额取用水，从高制定税额标准。除水力发电、城镇公共供水取用水外，取用水单位和个人超过水行政主管部门批准的计划（定额）取用水量，在原税额标准基础上加征 1—3 倍，具体办法由河北省人民政府提出建议，报财政部会同有关部门确定核准；加征超过 3 倍的，报国务院备案。

第十一条 对超过规定限额的农业生产取用水，以及主要供农村人口生活用水的集中式饮水工程取用水，从低制定税额标准。

农业生产取用水包括种植业、畜牧业、水产养殖业、林业取用水。

第十二条 对企业回收利用的采矿排水（疏干排水）和地温空调回用水，从低制定税额标准。

第十三条 对下列取用水减免征收水资源税：

（一）对规定限额内的农业生产取用水，免征水资源税。

（二）对取用污水处理回用水、再生水等非常规水源，免征水资源税。

（三）财政部、国家税务总局规定的其他减税和免税情形。

第十四条 水资源税由地方税务机关依照《中华人民共和国税收征收管理法》和本办法有关规定征收管理。

第十五条 水资源税的纳税义务发生时间为纳税人取用水资源的当日。

第十六条 水资源税按季或者按月征收，由主管税务机关根据实际情况确定。不能按固定期限计算纳税的，可以按次申报纳税。

第十七条 在河北省区域内取用水的，水资源税由取水审批部门所在地的地方税务机关征收。其中，由流域管理机构审批取用水的，水资源税由取水口所在地的地方税务机关征收。

在河北省内纳税地点需要调整的，由省级地方税务机关决定。

第十八条 按照国务院或其授权部门批准的跨省、自治区、直辖市水量分配方案调度的水资源，水资源税由调入区域取水审批部门所在地的地方税务机关征收。

第十九条 建立地方税务机关与水行政主管部门协作征税机制。

水行政主管部门应当定期向地方税务机关提供取水许可情况和超计划（定额）取用水量，并协助地方税务机关审核纳税人实际取用水的申报信息。

纳税人根据水行政主管部门核准的实际取用水量向地方税务机关申报纳税，地方税务机关将纳税人相关申报信息与水行政主管部门核准的信息进行比对，并根据核实后的信息征税。

水资源税征管过程中发现问题的，地方税务机关和水行政主管部门联合进行核查。

第二十条 河北省开征水资源税后，将水资源费征收标准降为零。

第二十一条 水资源税改革试点期间，水行政主管部门相关经费支出由同级财政预算统筹安排和保障。对原有水资源费征管人员，由地方政府统筹做好安排。

第二十二条 河北省人民政府根据本办法制定具体实施办法，报国务院备案。

第二十三条 水资源税改革试点期间涉及的有关政策，由财政部、国家税务总局研究确定。

第二十四条 本办法自 2016 年 7 月 1 日起实施。

财政部　税务总局　海关总署关于
北京 2022 年冬奥会和冬残奥会税收政策的通知

2017 年 7 月 12 日　财税〔2017〕60 号

各省、自治区、直辖市、计划单列市财政厅（局）、国家税务局、地方税务局、广东分署、各直属海关，新疆生产建设兵团财务局：

为支持发展奥林匹克运动，确保北京 2022 年冬奥会和冬残奥会顺利举办，现就有关税收政策通知如下：

一、对北京 2022 年冬奥会和冬残奥会组织委员会（以下简称"北京冬奥组委"）实行以下税收政策

（一）对北京冬奥组委取得的电视转播权销售分成收入、国际奥委会全球合作伙伴计划分成收入（实物和资金），免征应缴纳的增值税。

（二）对北京冬奥组委市场开发计划取得的国内外赞助收入、转让无形资产（如标志）特许权收入和销售门票收入，免征应缴纳的增值税。

（三）对北京冬奥组委取得的与中国集邮总公司合作发行纪念邮票收入、与中国人民银行合作发行纪念币收入，免征应缴纳的增值税。

（四）对北京冬奥组委取得的来源于广播、互联网、电视等媒体收入，免征应缴纳的增值税。

（五）对外国政府和国际组织无偿捐赠用于北京 2022 年冬奥会的进口物资，免征进口关税和进口环节增值税。

（六）对以一般贸易方式进口，用于北京 2022 年冬奥会的体育场馆建设所需设备中与体育场馆设施固定不可分离的设备以及直接用于北京 2022 年冬奥会比赛用的消耗品，免征关税和进口环节增值税。享受免税政策的奥运会体育场馆建设进口设备及比赛用消耗品的范围、数量清单由北京冬奥组委汇总后报财政部商有关部门审核确定。

（七）对北京冬奥组委进口的其他特需物资，包括：国际奥委会或国际单项体育组织指定的，国内不能生产或性能不能满足需要的体育器材、医疗检测设备、安全保障设备、交通通信设备、技术设备，在运动会期间按暂准进口货物规定办理，运动会结束后留用或做变卖处理的，按有关规定办理正式进口手续，并照章缴纳进口税收，其中进口汽车以不低于新车 90% 的价格估价征税。上述暂准进口的商品范围、数量清单由北京冬奥组委汇总后报财政部商有关部门审核确定。

（八）对北京冬奥组委再销售所获捐赠物品和赛后出让资产取得收入，免征应缴纳的增值税、消费税和土地增值税。免征北京冬奥组委向分支机构划拨所获赞助物资应缴纳的增值税，北京冬奥组委向主管税务机关提供"分支机构"范围的证明文件，办理减免税备案。

（九）对北京冬奥组委使用的营业账簿和签订的各类合同等应税凭证，免征北京冬奥组委应缴纳的印花税。

（十）对北京冬奥组委免征应缴纳的车船税和新购车辆应缴纳的车辆购置税。

（十一）对北京冬奥组委免征应缴纳的企业所得税。

（十二）对北京冬奥组委委托加工生产的高档化妆品免征应缴纳的消费税。

具体管理办法由税务总局另行规定。

（十三）对国际奥委会、国际单项体育组织和其他社会团体等从国外邮寄进口且不流入国内市场的、与北京2022年冬奥会有关的文件、书籍、音像、光盘，在合理数量范围内免征关税和进口环节增值税。合理数量的具体标准由海关总署确定。对奥运会场馆建设所需进口的模型、图纸、图板、电子文件光盘、设计说明及缩印本等规划设计方案，免征关税和进口环节增值税。

（十四）对北京冬奥组委取得的餐饮服务、住宿、租赁、介绍服务和收费卡收入，免征应缴纳的增值税。

（十五）对北京2022年冬奥会场馆及其配套设施建设占用耕地，免征耕地占用税。

（十六）根据中国奥委会、主办城市、国际奥委会签订的《北京2022年冬季奥林匹克运动会主办城市合同》（以下简称《主办城市合同》）规定，北京冬奥组委全面负责和组织举办北京2022年冬残奥会，其取得的北京2022年冬残奥会收入及其发生的涉税支出比照执行北京2022年冬奥会的税收政策。

二、对国际奥委会、中国奥委会、国际残疾人奥林匹克委员会、中国残奥委员会、北京冬奥会测试赛赛事组委会实行以下税收政策

（一）对国际奥委会取得的与北京2022年冬奥会有关的收入免征增值税、消费税、企业所得税。

（二）对国际奥委会、中国奥委会签订的与北京2022年冬奥会有关的各类合同，免征国际奥委会和中国奥委会应缴纳的印花税。

（三）对国际奥委会取得的国际性广播电视组织转来的中国境内电视台购买北京2022年冬奥会转播权款项，免征应缴纳的增值税。

（四）对按中国奥委会、主办城市签订的《联合市场开发计划协议》和中国奥委会、主办城市、国际奥委会签订的《主办城市合同》规定，中国奥委会取得的由北京冬奥组委分期支付的收入、按比例支付的盈余分成收入免征增值税、消费税和企业所得税。

（五）对国际残奥委会取得的与北京 2022 年冬残奥会有关的收入免征增值税、消费税、企业所得税和印花税。

（六）对中国残奥委会根据《联合市场开发计划协议》取得的由北京冬奥组委分期支付的收入免征增值税、消费税、企业所得税和印花税。

（七）北京冬奥会测试赛赛事组委会取得的收入及发生的涉税支出比照执行北京冬奥组委的税收政策。

三、对北京 2022 年冬奥会、冬残奥会、测试赛参与者实行以下税收政策

（一）对企业、社会组织和团体赞助、捐赠北京 2022 年冬奥会、冬残奥会、测试赛的资金、物资、服务支出，在计算企业应纳税所得额时予以全额扣除。

（二）企业根据赞助协议向北京冬奥组委免费提供的与北京 2022 年冬奥会、冬残奥会、测试赛有关的服务，免征增值税。免税清单由北京冬奥组委报财政部、税务总局确定。

（三）个人捐赠北京 2022 年冬奥会、冬残奥会、测试赛的资金和物资支出可在计算个人应纳税所得额时予以全额扣除。

（四）对财产所有人将财产（物品）捐赠给北京冬奥组委所书立的产权转移书据免征应缴纳的印花税。

（五）对受北京冬奥组委邀请的，在北京 2022 年冬奥会、冬残奥会、测试赛期间临时来华，从事奥运相关工作的外籍顾问以及裁判员等外籍技术官员取得的由北京冬奥组委、测试赛赛事组委会支付的劳务报酬免征增值税和个人所得税。

（六）对在北京 2022 年冬奥会、冬残奥会、测试赛期间裁判员等中方技术官员取得的由北京冬奥组委、测试赛赛事组委会支付的劳务报酬，免征应缴纳的增值税。

（七）对于参赛运动员因北京 2022 年冬奥会、冬残奥会、测试赛比赛获得的奖金和其他奖赏收入，按现行税收法律法规的有关规定征免应缴纳的个人所得税。

（八）在北京 2022 年冬奥会场馆（场地）建设、试运营、测试赛及冬奥会及冬残奥会期间，对用于北京 2022 年冬奥会场馆（场地）建设、运维的水资源，免征应缴纳的水资源税。

（九）免征北京 2022 年冬奥会、冬残奥会、测试赛参与者向北京冬奥组委无偿提供服务和无偿转让无形资产的增值税。

四、本通知自发布之日起执行。

财政部 税务总局 水利部关于印发
《扩大水资源税改革试点实施办法》的通知

2017 年 11 月 24 日 财税〔2017〕80 号

北京市、天津市、山西省、内蒙古自治区、山东省、河南省、四川省、陕西省、宁夏回族自治区人民政府：

为全面贯彻落实党的十九大精神，推进资源全面节约和循环利用，推动形成绿色发展方式和生活方式，按照党中央、国务院决策部署，自 2017 年 12 月 1 日起在北京、天津、山西、内蒙古、山东、河南、四川、陕西、宁夏等 9 个省（自治区、直辖市）扩大水资源税改革试点。现将《扩大水资源税改革试点实施办法》印发给你们，请遵照执行。

请你们加强对水资源税改革试点工作的领导，结合实际及时制定具体实施方案，落实工作任务和责任，精心组织、周密安排，确保试点工作顺利进行。要积极探索创新，研究重大政策问题，及时向财政部、税务总局、水利部报告试点工作进展情况。

附件：扩大水资源税改革试点实施办法

附件

扩大水资源税改革试点实施办法

第一条 为全面贯彻落实党的十九大精神，按照党中央、国务院决策部署，加强水资源管理和保护，促进水资源节约与合理开发利用，制定本办法。

第二条 本办法适用于北京市、天津市、山西省、内蒙古自治区、河南省、山东省、四川省、陕西省、宁夏回族自治区（以下简称试点省份）的水资源税征收管理。

第三条 除本办法第四条规定的情形外，其他直接取用地表水、地下水的单位和个人，为水资源税纳税人，应当按照本办法规定缴纳水资源税。

相关纳税人应当按照《中华人民共和国水法》《取水许可和水资源费征收管理条例》等规定申领取水许可证。

第四条 下列情形，不缴纳水资源税：

（一）农村集体经济组织及其成员从本集体经济组织的水塘、水库中取用水的；

（二）家庭生活和零星散养、圈养畜禽饮用等少量取用水的；

（三）水利工程管理单位为配置或者调度水资源取水的；

（四）为保障矿井等地下工程施工安全和生产安全必须进行临时应急取用（排）水的；

（五）为消除对公共安全或者公共利益的危害临时应急取水的；

（六）为农业抗旱和维护生态与环境必须临时应急取水的。

第五条 水资源税的征税对象为地表水和地下水。

地表水是陆地表面上动态水和静态水的总称，包括江、河、湖泊（含水库）等水资源。

地下水是埋藏在地表以下各种形式的水资源。

第六条 水资源税实行从量计征，除本办法第七条规定的情形外，应纳税额的计算公式为：

应纳税额 = 实际取用水量 × 适用税额

城镇公共供水企业实际取用水量应当考虑合理损耗因素。

疏干排水的实际取用水量按照排水量确定。疏干排水是指在采矿和工程建设过程中破坏地下水层、发生地下涌水的活动。

第七条 水力发电和火力发电贯流式（不含循环式）冷却取用水应纳税额的计算公式为：

应纳税额 = 实际发电量 × 适用税额

火力发电贯流式冷却取用水，是指火力发电企业从江河、湖泊（含水库）等水源取水，并对机组冷却后将水直接排入水源的取用水方式。火力发电循环式冷却取用水，是指火力发电企业从江河、湖泊（含水库）、地下等水源取水并引入自建冷却水塔，对机组冷却后返回冷却水塔循环利用的取用水方式。

第八条 本办法第六条、第七条所称适用税额，是指取水口所在地的适用税额。

第九条 除中央直属和跨省（区、市）水力发电取用水外，由试点省份省级人民政府统筹考虑本地区水资源状况、经济社会发展水平和水资源节约保护要求，在本办法所附《试点省份水资源税最低平均税额表》规定的最低平均税额基础上，分类确定具体适用税额。

试点省份的中央直属和跨省（区、市）水力发电取用水税额为每千瓦时0.005元。跨省（区、市）界河水电站水力发电取用水水资源税税额，与涉及的非试点省份水资源费征收标准不一致的，按较高一方标准执行。

第十条 严格控制地下水过量开采。对取用地下水从高确定税额，同一类型取用水，地下水税额要高于地表水，水资源紧缺地区地下水税额要大幅高于地表水。

超采地区的地下水税额要高于非超采地区，严重超采地区的地下水税额要大幅高于非超采地区。在超采地区和严重超采地区取用地下水的具体适用税额，由试点省份省级人民政府按照非超采地区税额的2—5倍确定。

在城镇公共供水管网覆盖地区取用地下水的，其税额要高于城镇公共供水管网未覆盖地区，原则上要高于当地同类用途的城镇公共供水价格。

除特种行业和农业生产取用水外，对其他取用地下水的纳税人，原则上应当统一税额。试点省份可根据实际情况分步实施到位。

第十一条 对特种行业取用水，从高确定税额。特种行业取用水，是指洗车、洗浴、高尔夫球场、滑雪场等取用水。

第十二条 对超计划（定额）取用水，从高确定税额。

纳税人超过水行政主管部门规定的计划（定额）取用水量，在原税额基础上加征1—3倍，具体办法由试点省份省级人民政府确定。

第十三条 对超过规定限额的农业生产取用水，以及主要供农村人口生活用水的集中式饮水工程取用水，从低确定税额。

农业生产取用水，是指种植业、畜牧业、水产养殖业、林业等取用水。

供农村人口生活用水的集中式饮水工程，是指供水规模在1000立方米/天或者供水对象1万人以上，并由企事业单位运营的农村人口生活用水供水工程。

第十四条 对回收利用的疏干排水和地源热泵取用水，从低确定税额。

第十五条 下列情形，予以免征或者减征水资源税：

（一）规定限额内的农业生产取用水，免征水资源税；

（二）取用污水处理再生水，免征水资源税；

（三）除接入城镇公共供水管网以外，军队、武警部队通过其他方式取用水的，免征水资源税；

（四）抽水蓄能发电取用水，免征水资源税；

（五）采油排水经分离净化后在封闭管道回注的，免征水资源税；

（六）财政部、税务总局规定的其他免征或者减征水资源税情形。

第十六条 水资源税由税务机关依照《中华人民共和国税收征收管理法》和本办法有关规定征收管理。

第十七条 水资源税的纳税义务发生时间为纳税人取用水资源的当日。

第十八条 除农业生产取用水外，水资源税按季或者按月征收，由主管税务机关根据实际情况确定。对超过规定限额的农业生产取用水水资源税可按年征收。不能按固定期限计算纳税的，可以按次申报纳税。

纳税人应当自纳税期满或者纳税义务发生之日起15日内申报纳税。

第十九条 除本办法第二十一条规定的情形外，纳税人应当向生产经营所在地的税务机关申报缴纳水资源税。

在试点省份内取用水，其纳税地点需要调整的，由省级财政、税务部门决定。

第二十条 跨省（区、市）调度的水资源，由调入区域所在地的税务机关征收水资源税。

第二十一条 跨省（区、市）水力发电取用水的水资源税在相关省份之间的分配比例，比照《财政部关于跨省区水电项目税收分配的指导意见》（财预〔2008〕84号）明确的增值税、企业所得税等税收分配办法确定。

试点省份主管税务机关应当按照前款规定比例分配的水力发电量和税额，分别向跨省（区、市）水电站征收水资源税。

跨省（区、市）水力发电取用水涉及非试点省份水资源费征收和分配的，比照试点省份水资源税管理办法执行。

第二十二条 建立税务机关与水行政主管部门协作征税机制。

水行政主管部门应当将取用水单位和个人的取水许可、实际取用水量、超计划（定额）取用水量、违法取水处罚等水资源管理相关信息，定期送交税务机关。

纳税人根据水行政主管部门核定的实际取用水量向税务机关申报纳税。税务机关应当按照核定的实际取用水量征收水资源税，并将纳税人的申报纳税等信息定期送交水行政主管部门。

税务机关定期将纳税人申报信息与水行政主管部门送交的信息进行分析比对。征管过程中发现问题的，由税务机关与水行政主管部门联合进行核查。

第二十三条 纳税人应当安装取用水计量设施。纳税人未按规定安装取用水计量设施或者计量设施不能准确计量取用水量的，按照最大取水（排水）能力或者省级财政、税务、水行政主管部门确定的其他方法核定取用水量。

第二十四条 纳税人和税务机关、水行政主管部门及其工作人员违反本办法规定的，依照《中华人民共和国税收征收管理法》《中华人民共和国水法》等有关法律法规规定追究法律责任。

第二十五条 试点省份开征水资源税后，应当将水资源费征收标准降为零。

第二十六条 水资源税改革试点期间，可按税费平移原则对城镇公共供水征收水资源税，不增加居民生活用水和城镇公共供水企业负担。

第二十七条 水资源税改革试点期间，水资源税收入全部归属试点省份。

第二十八条 水资源税改革试点期间，水行政主管部门相关经费支出由同级财政预算统筹安排和保障。对原有水资源费征管人员，由地方人民政府统筹做好安排。

第二十九条 试点省份省级人民政府根据本办法制定具体实施办法，报财政部、税务总局和水利部备案。

第三十条 水资源税改革试点期间涉及的有关政策，由财政部会同税务总局、水利部等部门研究确定。

第三十一条 本办法自 2017 年 12 月 1 日起实施。

附：试点省份水资源税最低平均税额表

附

试点省份水资源税最低平均税额表

单位：元/立方米

省（区、市）	地表水最低平均税额	地下水最低平均税额
北京	1.6	4
天津	0.8	4
山西	0.5	2
内蒙古	0.5	2
山东	0.4	1.5
河南	0.4	1.5
四川	0.1	0.2
陕西	0.3	0.7
宁夏	0.3	0.7

国家税务总局关于水资源费改税后城镇公共供水企业
增值税发票开具问题的公告

2017 年 12 月 25 日　国家税务总局公告 2017 年第 47 号

根据《财政部　税务总局　水利部关于印发〈扩大水资源税改革试点实施办法〉的通知》（财税〔2017〕80 号）有关规定，现对城镇公共供水企业开具增值税普通发票问题，公告如下：

原对城镇公共供水用水户在基本水价（自来水价格）外征收水资源费的试点省份，在水资源费改税试点期间，按照不增加城镇公共供水企业负担的原则，城镇公共供水企业缴纳的水资源税所对应的水费收入，不计征增值税，按"不征税自来水"项目开具增值税普通发票。

本公告自 2017 年 12 月 1 日起施行。

特此公告。

财政部　税务总局关于
对页岩气减征资源税的通知

2018 年 3 月 29 日　财税〔2018〕26 号

各省、自治区、直辖市、计划单列市财政厅（局）、国家税务局、地方税务局，新疆生产建设兵团财政局：

为促进页岩气开发利用，有效增加天然气供给，经国务院同意，自 2018 年 4 月 1 日至 2021 年 3 月 31 日①，对页岩气资源税（按 6% 的规定税率）减征 30%。

请遵照执行。

财政部　税务总局关于实施小微企业
普惠性税收减免政策的通知

2019 年 1 月 17 日　财税〔2019〕13 号

各省、自治区、直辖市、计划单列市财政厅（局），新疆生产建设兵团财政局，国家税务总局各省、自治区、直辖市和计划单列市税务局：

为贯彻落实党中央、国务院决策部署，进一步支持小微企业发展，现就实施小微企业普惠性税收减免政策有关事项通知如下：

一、对月销售额 10 万元以下（含本数）的增值税小规模纳税人，免征增值税。

二、对小型微利企业年应纳税所得额不超过 100 万元的部分，减按 25% 计入应纳税所得额，按 20% 的税率缴纳企业所得税；对年应纳税所得额超过 100 万元但不超过 300 万元的部分，减按 50% 计入应纳税所得额，按 20% 的税率缴纳企业所得税。

上述小型微利企业是指从事国家非限制和禁止行业，且同时符合年度应纳税所得额不超过 300 万元、从业人数不超过 300 人、资产总额不超过 5000 万元等三个条件的企业。

---

① 税收优惠政策到期后，执行期限延长至 2023 年 12 月 31 日。参见：《财政部　税务总局关于延长部分税收优惠政策执行期限的公告》（财政部　税务总局公告 2021 年第 6 号）。

从业人数，包括与企业建立劳动关系的职工人数和企业接受的劳务派遣用工人数。所称从业人数和资产总额指标，应按企业全年的季度平均值确定。具体计算公式如下：

季度平均值 =（季初值 + 季末值）÷2

全年季度平均值 = 全年各季度平均值之和 ÷4

年度中间开业或者终止经营活动的，以其实际经营期作为一个纳税年度确定上述相关指标。

三、由省、自治区、直辖市人民政府根据本地区实际情况，以及宏观调控需要确定，对增值税小规模纳税人可以在 50% 的税额幅度内减征资源税、城市维护建设税、房产税、城镇土地使用税、印花税（不含证券交易印花税）、耕地占用税和教育费附加、地方教育附加。

四、增值税小规模纳税人已依法享受资源税、城市维护建设税、房产税、城镇土地使用税、印花税、耕地占用税、教育费附加、地方教育附加其他优惠政策的，可叠加享受本通知第三条规定的优惠政策。

五、《财政部　税务总局关于创业投资企业和天使投资个人有关税收政策的通知》（财税〔2018〕55 号）第二条第（一）项关于初创科技型企业条件中的"从业人数不超过 200 人"调整为"从业人数不超过 300 人"，"资产总额和年销售收入均不超过 3000 万元"调整为"资产总额和年销售收入均不超过 5000 万元"。

2019 年 1 月 1 日至 2021 年 12 月 31 日期间发生的投资，投资满 2 年且符合本通知规定和财税〔2018〕55 号文件规定的其他条件的，可以适用财税〔2018〕55 号文件规定的税收政策。

2019 年 1 月 1 日前 2 年内发生的投资，自 2019 年 1 月 1 日起投资满 2 年且符合本通知规定和财税〔2018〕55 号文件规定的其他条件的，可以适用财税〔2018〕55 号文件规定的税收政策。

六、本通知执行期限为 2019 年 1 月 1 日至 2021 年 12 月 31 日。《财政部　税务总局关于延续小微企业增值税政策的通知》（财税〔2017〕76 号）、《财政部　税务总局关于进一步扩大小型微利企业所得税优惠政策范围的通知》（财税〔2018〕77 号）同时废止。

七、各级财税部门要切实提高政治站位，深入贯彻落实党中央、国务院减税降费的决策部署，充分认识小微企业普惠性税收减免的重要意义，切实承担起抓落实的主体责任，将其作为一项重大任务，加强组织领导，精心筹划部署，不折不扣落实到位。要加大力度、创新方式、强化宣传辅导，优化纳税服务，增进办税便利，确保纳税人和缴费人实打实享受到减税降费的政策红利。要密切跟踪政策执行情况，加强调查研究，对政策执行中各方反映的突出问题和意见建议，要及时向财政部和税务总局反馈。

财政部 税务总局关于继续执行的
资源税优惠政策的公告

2020 年 6 月 24 日 财政部 税务总局公告 2020 年第 32 号

《中华人民共和国资源税法》已由第十三届全国人民代表大会常务委员会第十二次会议于 2019 年 8 月 26 日通过，自 2020 年 9 月 1 日起施行。为贯彻落实资源税法，现将税法施行后继续执行的资源税优惠政策公告如下：

1. 对青藏铁路公司及其所属单位运营期间自采自用的砂、石等材料免征资源税。具体操作按《财政部 国家税务总局关于青藏铁路公司运营期间有关税收等政策问题的通知》（财税〔2007〕11 号）第三条规定执行。

2. 自 2018 年 4 月 1 日至 2021 年 3 月 31 日，对页岩气资源税减征 30%。具体操作按《财政部 国家税务总局关于对页岩气减征资源税的通知》（财税〔2018〕26 号）规定执行。

3. 自 2019 年 1 月 1 日至 2021 年 12 月 31 日，对增值税小规模纳税人可以在 50% 的税额幅度内减征资源税。具体操作按《财政部 税务总局关于实施小微企业普惠性税收减免政策的通知》（财税〔2019〕13 号）有关规定执行。

4. 自 2014 年 12 月 1 日至 2023 年 8 月 31 日，对充填开采置换出来的煤炭，资源税减征 50%。

特此公告。

财政部 税务总局关于资源税
有关问题执行口径的公告

2020 年 6 月 28 日 财政部 税务总局公告 2020 年第 34 号

为贯彻落实《中华人民共和国资源税法》，现将资源税有关问题执行口径公告如下：

一、资源税应税产品（以下简称应税产品）的销售额，按照纳税人销售应税产品向购买方收取的全部价款确定，不包括增值税税款。

计入销售额中的相关运杂费用，凡取得增值税发票或者其他合法有效凭据的，准予从销售额中扣除。相关运杂费用是指应税产品从坑口或者洗选（加工）地到车站、码头或者购买方指定地点的运输费用、建设基金以及随运销产生的装卸、仓储、港杂费用。

二、纳税人自用应税产品应当缴纳资源税的情形，包括纳税人以应税产品用于非货币性资产交换、捐赠、偿债、赞助、集资、投资、广告、样品、职工福利、利润分配或者连续生产非应税产品等。

三、纳税人申报的应税产品销售额明显偏低且无正当理由的，或者有自用应税产品行为而无销售额的，主管税务机关可以按下列方法和顺序确定其应税产品销售额：

（一）按纳税人最近时期同类产品的平均销售价格确定。

（二）按其他纳税人最近时期同类产品的平均销售价格确定。

（三）按后续加工非应税产品销售价格，减去后续加工环节的成本利润后确定。

（四）按应税产品组成计税价格确定。

组成计税价格 = 成本 ×（1 + 成本利润率）÷（1 - 资源税税率）

上述公式中的成本利润率由省、自治区、直辖市税务机关确定。

（五）按其他合理方法确定。

四、应税产品的销售数量，包括纳税人开采或者生产应税产品的实际销售数量和自用于应当缴纳资源税情形的应税产品数量。

五、纳税人外购应税产品与自采应税产品混合销售或者混合加工为应税产品销售的，在计算应税产品销售额或者销售数量时，准予扣减外购应税产品的购进金额或者购进数量；当期不足扣减的，可结转下期扣减。纳税人应当准确核算外购应税产品的购进金额或者购进数量，未准确核算的，一并计算缴纳资源税。

纳税人核算并扣减当期外购应税产品购进金额、购进数量，应当依据外购应税产品的增值税发票、海关进口增值税专用缴款书或者其他合法有效凭据。

六、纳税人开采或者生产同一税目下适用不同税率应税产品的，应当分别核算不同税率应税产品的销售额或者销售数量；未分别核算或者不能准确提供不同税率应税产品的销售额或者销售数量的，从高适用税率。

七、纳税人以自采原矿（经过采矿过程采出后未进行选矿或者加工的矿石）直接销售，或者自用于应当缴纳资源税情形的，按照原矿计征资源税。

纳税人以自采原矿洗选加工为选矿产品（通过破碎、切割、洗选、筛分、磨矿、分级、提纯、脱水、干燥等过程形成的产品，包括富集的精矿和研磨成粉、粒级成型、切割成型的原矿加工品）销售，或者将选矿产品自用于应当缴纳资源税情形的，按照选矿产品计征资源税，在原矿移送环节不缴纳资源税。对于无法区分原生岩石矿种的粒级成型砂石颗粒，按照砂石税目征收资源税。

八、纳税人开采或者生产同一应税产品，其中既有享受减免税政策的，又有不享受减免税政策的，按照免税、减税项目的产量占比等方法分别核算确定免税、减税项目的销售额或者销售数量。

九、纳税人开采或者生产同一应税产品同时符合两项或者两项以上减征资源税优惠政策的，除另有规定外，只能选择其中一项执行。

十、纳税人应当在矿产品的开采地或者海盐的生产地缴纳资源税。

十一、海上开采的原油和天然气资源税由海洋石油税务管理机构征收管理。

十二、本公告自 2020 年 9 月 1 日起施行。《财政部　国家税务总局关于实施煤炭资源税改革的通知》（财税〔2014〕72 号）、《财政部　国家税务总局关于调整原油天然气资源税有关政策的通知》（财税〔2014〕73 号）、《财政部　国家税务总局关于实施稀土钨钼资源税从价计征改革的通知》（财税〔2015〕52 号）、《财政部　国家税务总局关于全面推进资源税改革的通知》（财税〔2016〕53 号）、《财政部　国家税务总局关于资源税改革具体政策问题的通知》（财税〔2016〕54 号）同时废止。

国家税务总局黑龙江省税务局关于确定
资源税组成计税价格成本利润率的公告

2020 年 8 月 12 日　国家税务总局黑龙江省税务局公告 2020 年第 8 号

为了进一步贯彻落实《中华人民共和国资源税法》，规范资源税征管工作，根据《财政部　税务总局关于资源税有关问题执行口径的公告》（2020 年第 34 号）有关规定，现将我省确定的资源税组成计税价格成本利润率公告如下：

黑龙江省资源税纳税人申报的应税产品销售额明显偏低且无正当理由，或者有自用应税产品行为而无销售额，需按应税产品组成计税价格确定销售额的，组成计税价格中的成本利润率为 10%。

本公告自 2020 年 9 月 1 日起施行。《黑龙江省地方税务局关于确定资源税组成计税价格成本利润率的公告》（2016 年第 9 号）同时废止。

特此公告。

关于《国家税务总局黑龙江省税务局关于确定资源税组成计税价格成本利润率的公告》的政策解读

一、公告出台背景

为贯彻落实《中华人民共和国资源税法》，解决特殊情形应税产品销售额确定问题，《财政部 税务总局关于资源税有关问题执行口径的公告》（2020 年第 34 号）对纳税人申报的应税产品销售额明显偏低且无正当理由，或者有自用应税产品行为而无销售额情形下应税产品销售额的确定方法和顺序进行了明确，并规定组成计税价格成本利润率由各省级税务机关确定。为此，国家税务总局黑龙江省税务局发布了《关于确定资源税组成计税价格成本利润率的公告》（以下简称《公告》）。

二、公告的主要内容

我省资源税纳税人申报的应税产品销售额明显偏低且无正当理由，或者有自用应税产品行为而无销售额，需按应税产品组成计税价格确定销售额的，组成计税价格中的成本利润率为 10%。

三、公告施行时间

《公告》自 2020 年 9 月 1 日起施行。《黑龙江省地方税务局关于确定资源税组成计税价格成本利润率的公告》（2016 年第 9 号）同时废止。

国家税务总局关于资源税征收管理若干问题的公告

2020 年 8 月 28 日　国家税务总局公告 2020 年第 14 号

为规范资源税征收管理，根据《中华人民共和国资源税法》《中华人民共和国税收征收管理法》及其实施细则、《财政部 税务总局关于资源税有关问题执行口径的公告》（2020 年第 34 号）等相关规定，现就有关事项公告如下：

一、纳税人以外购原矿与自采原矿混合为原矿销售，或者以外购选矿产品与自产选矿产品混合为选矿产品销售的，在计算应税产品销售额或者销售数量时，直接扣减外购原矿或者外购选矿产品的购进金额或者购进数量。

纳税人以外购原矿与自采原矿混合洗选加工为选矿产品销售的，在计算应税产品销售额或者销售数量时，按照下列方法进行扣减：

准予扣减的外购应税产品购进金额（数量）＝外购原矿购进金额（数量）×（本地区原矿适用税率÷本地区选矿产品适用税率）

不能按照上述方法计算扣减的，按照主管税务机关确定的其他合理方法进行扣减。

二、纳税人申报资源税时，应当填报《资源税纳税申报表》（见附件）。

三、纳税人享受资源税优惠政策，实行"自行判别、申报享受、有关资料留存备查"的办理方式，另有规定的除外。纳税人对资源税优惠事项留存材料的真实性和合法性承担法律责任。

四、本公告自 2020 年 9 月 1 日起施行。《国家税务总局关于发布修订后的〈资源税若干问题的规定〉的公告》（2011 年第 63 号），《国家税务总局关于发布〈中外合作及海上自营油气田资源税纳税申报表〉的公告》（2012 年第 3 号），《国家税务总局 国家能源局关于落实煤炭资源税优惠政策若干事项的公告》（2015 年第 21 号，国家税务总局公告 2018 年第 31 号修改），《国家税务总局关于发布修订后的〈资源税纳税申报表〉的公告》（2016 年第 38 号）附件 2、附件 3、附件 4，《国家税务总局 自然资源部关于落实资源税改革优惠政策若干事项的公告》（2017 年第 2 号，国家税务总局公告 2018 年第 31 号修改），《国家税务总局关于发布〈资源税征收管理规程〉的公告》（2018 年第 13 号），《国家税务总局关于增值税小规模纳税人地方税种和相关附加减征政策有关征管问题的公告》（2019 年第 5 号）发布的资源税纳税申报表同时废止。

特此公告。

附件：资源税纳税申报表① （略）

关于《国家税务总局关于资源税征收管理
若干问题的公告》的解读

一、《公告》的制定背景

为落实《中华人民共和国资源税法》（以下简称"资源税法"），规范资源税征收管理，优化纳税服务，根据《中华人民共和国税收征收管理法》及其实施细则、《财政部 税务总局关于资源税有关问题执行口径的公告》（2020 年第 34 号）等相关政策规定，税务总局起草了《关于资源税征收管理若干问题的公告》（以下简称《公告》）。

《公告》明确了资源税征管有关规定，修订了资源税纳税申报表，为纳税人和基层税务人员提供了更加明确的政策依据与操作指引。

---

① 《资源税纳税申报表》自 2021 年 6 月 1 日起废止。参见：《国家税务总局关于简并税费申报有关事项的公告》（国家税务总局公告 2021 年第 9 号）。

二、《公告》的主要内容

《公告》共4条，规定了外购应税产品扣减的计算方法，公告了资源税纳税申报表，明确了优惠政策办理方式，废止了相关规范性文件。

（一）规定了不同情形下外购应税产品扣减的计算方法，便利纳税人申报计税。对于纳税人以外购原矿与自采原矿混合为原矿销售，或者以外购选矿产品与自产选矿产品混合为选矿产品销售的两种情形，在计算应税产品销售额或者销售数量时，直接扣减外购原矿或者外购选矿产品的购进金额或者购进数量。

当纳税人以外购原矿与自采原矿混合洗选加工为选矿产品销售时，由于在洗选加工过程中产生了增值或数量消耗，为确保税负公平，在计算应税产品销售额或者销售数量时，需要按照《公告》规定的公式计算准予扣减的外购应税产品的购进金额或者购进数量。

例如，某煤炭企业将外购100万元原煤与自采200万元原煤混合洗选加工为选煤销售，选煤销售额为450万元。当地原煤税率为3%，选煤税率为2%，在计算应税产品销售额时，准予扣减的外购应税产品购进金额＝外购原煤购进金额×（本地区原煤适用税率÷本地区选煤适用税率）＝100×（3%÷2%）＝150（万元）。

（二）修订了纳税申报表，减轻纳税人办税负担。资源税法统一规范了应税产品的税目、征税对象等税制要素。根据资源税法的新要求和新规定，我们对资源税纳税申报表进行了全面修订，在基本保持原有表单逻辑结构的基础上，对表内数据项进行了精简。修订后的资源税申报表分为1张主表、1张附表，较原申报表减少了2张附表、24项数据项。纳税人在申报缴税时，先填写附表数据项计算资源税计税销售数量、计税销售额和减免税税额，再将结果代入主表，计算应纳税额。进行网上申报的纳税人，在填写附表数据项后，系统自动将结果导入主表，计算应纳税额。各地已在电子税务局中更新了申报模块，能够满足纳税人线上"非接触式"办税需求。

（三）简化办理优惠事项，优化办税流程。明确纳税人享受资源税优惠政策，实行"自行判别、申报享受、有关资料留存备查"的办理方式，另有规定的除外。纳税人享受优惠事项前无需再履行备案手续、报送备案资料，只需要将相关资料留存备查。纳税人对资源税优惠事项留存材料的真实性和合法性承担法律责任。

"另有规定的除外"的主要考虑是，根据资源税法授权，部分资源税优惠政策由各省制定具体管理办法，《公告》不宜对其做出统一规定。

（四）废止了部分规范性文件。为配合资源税法的实施，对不再适用的规范性文件进行了清理。

三、施行时间

《公告》自2020年9月1日起施行。

财政部 税务总局关于延长
部分税收优惠政策执行期限的公告

2021 年 3 月 15 日 财政部 税务总局公告 2021 年第 6 号

为进一步支持小微企业、科技创新和相关社会事业发展，现将有关税收政策公告如下：

一、《财政部 税务总局关于设备 器具扣除有关企业所得税政策的通知》（财税〔2018〕54 号）等 16 个文件规定的税收优惠政策凡已经到期的，执行期限延长至 2023 年 12 月 31 日，详见附件 1。

二、《财政部 税务总局关于延续供热企业增值税 房产税 城镇土地使用税优惠政策的通知》（财税〔2019〕38 号）规定的税收优惠政策，执行期限延长至 2023 年供暖期结束。

三、《财政部 税务总局关于易地扶贫搬迁税收优惠政策的通知》（财税〔2018〕135 号）、《财政部 税务总局关于福建平潭综合实验区个人所得税优惠政策的通知》（财税〔2014〕24 号）规定的税收优惠政策，执行期限延长至 2025 年 12 月 31 日。

四、《财政部 国家税务总局关于保险公司准备金支出企业所得税税前扣除有关政策问题的通知》（财税〔2016〕114 号）等 6 个文件规定的准备金企业所得税税前扣除政策到期后继续执行，详见附件 2。

五、本公告发布之日前，已征的相关税款，可抵减纳税人以后月份应缴纳税款或予以退还。

特此公告。

附件 1：财税〔2018〕54 号等 16 个文件（略）

附件 2：财税〔2016〕114 号等 6 个文件（略）

财政部　税务总局关于进一步实施
小微企业"六税两费"减免政策的公告

2022 年 3 月 1 日　财政部　税务总局公告 2022 年第 10 号

为进一步支持小微企业发展，现将有关税费政策公告如下：

一、由省、自治区、直辖市人民政府根据本地区实际情况，以及宏观调控需要确定，对增值税小规模纳税人、小型微利企业和个体工商户可以在 50% 的税额幅度内减征资源税、城市维护建设税、房产税、城镇土地使用税、印花税（不含证券交易印花税）、耕地占用税和教育费附加、地方教育附加。

二、增值税小规模纳税人、小型微利企业和个体工商户已依法享受资源税、城市维护建设税、房产税、城镇土地使用税、印花税、耕地占用税、教育费附加、地方教育附加其他优惠政策的，可叠加享受本公告第一条规定的优惠政策。

三、本公告所称小型微利企业，是指从事国家非限制和禁止行业，且同时符合年度应纳税所得额不超过 300 万元、从业人数不超过 300 人、资产总额不超过 5000 万元等三个条件的企业。

从业人数，包括与企业建立劳动关系的职工人数和企业接受的劳务派遣用工人数。所称从业人数和资产总额指标，应按企业全年的季度平均值确定。具体计算公式如下：

季度平均值 ＝（季初值＋季末值）÷2

全年季度平均值 ＝ 全年各季度平均值之和 ÷4

年度中间开业或者终止经营活动的，以其实际经营期作为一个纳税年度确定上述相关指标。

小型微利企业的判定以企业所得税年度汇算清缴结果为准。登记为增值税一般纳税人的新设立的企业，从事国家非限制和禁止行业，且同时符合申报期上月末从业人数不超过 300 人、资产总额不超过 5000 万元等两个条件的，可在首次办理汇算清缴前按照小型微利企业申报享受第一条规定的优惠政策。

四、本公告执行期限为 2022 年 1 月 1 日至 2024 年 12 月 31 日。

特此公告。

黑龙江省财政厅　国家税务总局黑龙江省税务局
关于实施小微企业"六税两费"减免政策的公告

2022 年 3 月 21 日　黑龙江省财政厅
国家税务总局黑龙江省税务局公告 2022 年第 2 号

为进一步支持小微企业发展，经省政府同意，现就全省实施减免小微企业"六税两费"政策公告如下：

一、2022 年 1 月 1 日至 2024 年 12 月 31 日，对全省增值税小规模纳税人、小型微利企业和个体工商户实行减征 50% 资源税、城市维护建设税、房产税、城镇土地使用税、印花税（不含证券交易印花税）、耕地占用税和教育费附加、地方教育附加政策。

二、全省减免"六税两费"其他事项，按照财政部、税务总局《关于进一步实施小微企业"六税两费"减免政策的公告》（2022 年第 10 号）规定执行。

特此公告。

财政部　自然资源部　税务总局关于印发
《矿业权出让收益征收办法》的通知

2023 年 3 月 24 日　财综〔2023〕10 号

各省、自治区、直辖市、计划单列市财政厅（局）、自然资源厅（局），新疆生产建设兵团财政局、自然资源局，国家税务总局各省、自治区、直辖市、计划单列市税务局：

根据《国务院关于印发矿产资源权益金制度改革方案的通知》（国发〔2017〕29号），为进一步健全矿产资源有偿使用制度，规范矿业权出让收益征收管理，维护矿产资源国家所有者权益，促进矿产资源保护与合理利用，推动相关行业健康有序发展，财政部、自然资源部、税务总局制定了《矿业权出让收益征收办法》，请遵照执行。

该办法自 2023 年 5 月 1 日起施行，《矿业权出让收益征收管理暂行办法》（财综〔2017〕35 号）、《财政部　自然资源部关于进一步明确矿业权出让收益征收管理有关问题的通知》（财综〔2019〕11 号）同时废止。

附件：矿业权出让收益征收办法

附件

矿业权出让收益征收办法

第一章 总 则

第一条 为健全矿产资源有偿使用制度，规范矿业权出让收益征收管理，维护矿产资源国家所有者权益，促进矿产资源保护与合理利用，根据《中华人民共和国矿产资源法》、《国务院关于印发矿产资源权益金制度改革方案的通知》（国发〔2017〕29号）等有关规定，制定本办法。

第二条 矿业权出让收益是国家基于自然资源所有权，依法向矿业权人收取的国有资源有偿使用收入。矿业权出让收益包括探矿权出让收益和采矿权出让收益。

第三条 在中华人民共和国领域及管辖海域勘查、开采矿产资源的矿业权人，应依照本办法缴纳矿业权出让收益。

第四条 矿业权出让收益为中央和地方共享收入，由中央和地方按照4:6的比例分成，纳入一般公共预算管理。

地方管理海域的矿业权出让收益，由中央和地方按照4:6的比例分成；其他我国管辖海域的矿业权出让收益，全部缴入中央国库。

地方分成的矿业权出让收益在省（自治区、直辖市）、市、县级之间的分配比例，由省级人民政府确定。

第五条 财政部门、自然资源主管部门、税务部门按职责分工负责矿业权出让收益的征收管理，监缴由财政部各地监管局负责。

第六条 矿业权出让收益原则上按照矿业权属地征收。矿业权范围跨市、县级行政区域的，具体征收机关由有关省（自治区、直辖市、计划单列市）税务部门会同同级财政、自然资源主管部门确定；跨省级行政区域，以及同时跨省级行政区域与其他我国管辖海域的，具体征收机关由税务总局会同财政部、自然资源部确定。

陆域油气矿业权、海域油气矿业权范围跨省级行政区域的，由各省（自治区、直辖市、计划单列市）税务部门按照财政部门、自然资源主管部门确定的钻井所在地、钻井平台所在海域确定具体征收机关。海域油气矿业权范围同时跨省级行政区域与其他我国管辖海域的，其中按成交价征收的部分，按照海域管辖权确定具体征收机关，并按所占的海域面积比例分别计征；按出让收益率形式征收的部分，依据钻井平台所在海域确定具体征收机关。

第二章　出让收益征收方式

第七条　矿业权出让方式包括竞争出让和协议出让。

矿业权出让收益征收方式包括按矿业权出让收益率形式征收或按出让金额形式征收。

第八条　按矿业权出让收益率形式征收矿业权出让收益的具体规定：

（一）适用范围。按矿业权出让收益率形式征收矿业权出让收益的矿种，具体范围为本办法所附《按矿业权出让收益率形式征收矿业权出让收益的矿种目录（试行）》（以下简称《矿种目录》）。《矿种目录》的调整，由自然资源部商财政部确定后公布。

（二）征收方式。按竞争方式出让探矿权、采矿权的，在出让时征收竞争确定的成交价；在矿山开采时，按合同约定的矿业权出让收益率逐年征收采矿权出让收益。矿业权出让收益率依据矿业权出让时《矿种目录》规定的标准确定。

按协议方式出让探矿权、采矿权的，成交价按起始价确定，在出让时征收；在矿山开采时，按矿产品销售时的矿业权出让收益率逐年征收采矿权出让收益。

矿业权出让收益＝探矿权（采矿权）成交价＋逐年征收的采矿权出让收益。其中，逐年征收的采矿权出让收益＝年度矿产品销售收入×矿业权出让收益率。

第九条　矿产品销售收入，按照矿业权人销售矿产品向购买方收取的全部收入确定，不包括增值税税款。销售收入的具体规定，由自然资源部商财政部、税务总局另行明确。

第十条　起始价主要依据矿业权面积，综合考虑成矿条件、勘查程度、矿业权市场变化等因素确定。起始价指导意见由自然资源部商财政部制定。起始价征收标准由省级自然资源主管部门、财政部门参照国家的指导意见制定，报省级人民政府同意后公布执行。

矿业权出让收益率征收标准综合考虑经济社会发展水平、矿产品价格变化等因素确定。具体标准由自然资源部商财政部制定，纳入《矿种目录》。

第十一条　按出让金额形式征收矿业权出让收益的具体规定：

（一）适用范围。除本办法《矿种目录》所列矿种外，其余矿种按出让金额形式征收矿业权出让收益。

（二）征收方式。按竞争方式出让探矿权、采矿权的，矿业权出让收益按竞争结果确定。按协议方式出让探矿权、采矿权的，矿业权出让收益按照评估值、矿业权出让收益市场基准价测算值就高确定。

（三）探矿权转为采矿权的，继续缴纳原探矿权出让收益，并在采矿权出让合同中约定剩余探矿权出让收益的缴纳时间和期限，不再另行缴纳采矿权出让收益。探矿权未转为采矿权的，剩余探矿权出让收益不再缴纳。

第十二条 按出让金额形式征收的矿业权出让收益，可按照以下原则分期缴纳：

出让探矿权的，探矿权出让收益首次征收比例不得低于探矿权出让收益的10%且不高于20%，探矿权人自愿一次性缴清的除外；剩余部分转采后在采矿许可证有效期内按年度分期缴清。其中，矿山生产规模为中型及以上的，均摊征收年限不少于采矿许可证有效期的一半。

出让采矿权的，采矿权出让收益首次征收比例不得低于采矿权出让收益的10%且不高于20%，采矿权人自愿一次性缴清的除外；剩余部分在采矿许可证有效期内按年度分期缴清。其中，矿山生产规模为中型及以上的，均摊征收年限不少于采矿许可证有效期的一半。

具体首次征收比例和分期征收年限，由省级财政部门商自然资源主管部门按照上述原则制定。

第十三条 矿业权出让收益市场基准价既要注重维护矿产资源国家所有者权益，又要体现市场配置资源的决定性作用。省级自然资源主管部门应在梳理以往基准价制定情况的基础上，根据本地区矿业权出让实际选择矿种，以矿业权出让成交价格等有关统计数据为基础，以现行技术经济水平下的预期收益为调整依据，以其他矿业权市场交易资料为参考补充，按照矿业权出让收益评估指南要求，选择恰当的评估方法进行模拟评估，考虑地质勘查工作程度、区域成矿地质条件以及资源品级、矿产品价格、开采技术条件、交通运输条件、地区差异等影响因素，科学设计调整系数，综合形成矿业权出让收益市场基准价，经省级人民政府同意后公布执行，并将结果报自然资源部备案。矿业权出让收益市场基准价应结合矿业市场发展形势适时调整，原则上每三年更新一次。

自然资源部应加强对省（自治区、直辖市）矿业权出让收益市场基准价制定情况的检查指导。

第十四条 调整矿业权出让收益评估参数，评估期限要与采矿权登记发证年限、矿山开发利用实际有效衔接且最长不超过三十年。采矿权人拟动用评估范围外的资源储量时，应按规定进行处置。

第十五条 已设且进行过有偿处置的采矿权，涉及动用采矿权范围内未有偿处置的资源储量时，比照协议出让方式，按以下原则征收采矿权出让收益：

《矿种目录》所列矿种，按矿产品销售时的矿业权出让收益率逐年征收采矿权出让收益。

《矿种目录》外的矿种，按出让金额形式征收采矿权出让收益。

第十六条 探矿权变更勘查主矿种时，原登记矿种均不存在的，原合同约定的矿业权出让收益不需继续缴纳，按采矿权新立时确定的矿种征收采矿权出让收益。其他情形，应按合同约定继续缴纳矿业权出让收益，涉及增加的矿种，在采矿权新立时征收采矿权出让收益。

采矿权变更开采主矿种时，应按合同约定继续缴纳矿业权出让收益，并对新增矿种直接征收采矿权出让收益。

其中，变更后的矿种在《矿种目录》中的，比照第八条中规定的协议出让方式，按矿产品销售时的矿业权出让收益率逐年征收采矿权出让收益；变更后的矿种在《矿种目录》外的，比照第十一条中规定的协议出让方式，按出让金额形式征收采矿权出让收益。

第十七条　石油、天然气、页岩气和煤层气若有相互增列矿种的情形，销售收入合并计算并按主矿种的矿业权出让收益率征收。

第十八条　矿业权转让时，未缴纳的矿业权出让收益及涉及的相关费用，缴纳义务由受让人承担。

第十九条　对发现油气资源并开始开采、产生收入的油气探矿权人，应按本办法第八条规定逐年征收矿业权出让收益。

第二十条　对国家鼓励实行综合开发利用的矿产资源，可结合矿产资源综合利用情况减缴矿业权出让收益。

第二十一条　采矿权人开采完毕注销采矿许可证前，应当缴清采矿权出让收益。因国家政策调整、重大自然灾害等原因注销采矿许可证的，按出让金额形式征收的矿业权出让收益根据采矿权实际动用的资源储量进行核定，实行多退少补。

第二十二条　对于法律法规或国务院规定明确要求支持的承担特殊职能的非营利性矿山企业，缴纳矿业权出让收益确有困难的，经财政部、自然资源部批准，可在一定期限内缓缴应缴矿业权出让收益。

第三章　缴款及退库

第二十三条　自然资源主管部门与矿业权人签订合同后，以及发生合同、权证内容变更等影响矿业权出让收益征收的情形时，及时向税务部门推送合同等费源信息。税务部门征收矿业权出让收益后，及时向自然资源主管部门回传征收信息。费源信息、征收信息推送内容和要求，按照《财政部　自然资源部　税务总局　人民银行关于将国有土地使用权出让收入、矿产资源专项收入、海域使用金、无居民海岛使用金四项政府非税收入划转税务部门征收有关问题的通知》（财综〔2021〕19 号）的规定执行。

第二十四条　按出让金额形式征收的矿业权出让收益，税务部门依据自然资源部门推送的合同等费源信息开具缴款通知书，通知矿业权人及时缴款。矿业权人在收到缴款通知书之日起 30 日内，按缴款通知及时缴纳矿业权出让收益。分期缴纳矿业权出让收益的矿业权人，首期出让收益按缴款通知书缴纳，剩余部分按矿业权合同约定的时间缴纳。

按矿业权出让收益率形式征收的矿业权出让收益，成交价部分以合同约定及时通知矿业权人缴款，矿业权人在收到缴款通知书之日起30日内，按缴款通知及时缴纳矿业权出让收益（成交价部分）。按矿业权出让收益率逐年缴纳的部分，由矿业权人向税务部门据实申报缴纳上一年度采矿权出让收益，缴款时间最迟不晚于次年2月底。

第二十五条 矿业权出让收益缴入"矿业权出让收益"（103071404目）科目。

第二十六条 已上缴中央和地方财政的矿业权出让收益、矿业权价款，因误缴、误收、政策性关闭、重大自然灾害以及非矿业权人自身原因需要办理退库的，从"矿业权出让收益"（103071404目）科目下，按入库时中央与地方分成比例进行退库。

因缴费人误缴、税务部门误收需要退库的，由缴费人向税务部门申请办理，税务部门经严格审核并商有关财政部门、自然资源主管部门复核同意后，按规定办理退付手续；其他情形需要退库的，由缴费人向财政部门和自然资源主管部门申请办理。有关财政部门、自然资源主管部门应按照预算管理级次和权限逐级报批。涉及中央分成部分退库的，应由省级财政部门、自然资源主管部门向财政部当地监管局提出申请。

中央分成的矿业权出让收益、矿业权价款退还工作由财政部各地监管局负责。监管局应当在收到省级财政部门、自然资源主管部门矿业权出让收益（价款）退还申请及相关材料之日起30个工作日内，完成审核工作，向省级财政部门、自然资源主管部门出具审核意见，按《财政部驻各地财政监察专员办事处开展财政国库业务监管工作规程》（财库〔2016〕47号）等有关规定程序办理就地退库手续，并报财政部、自然资源部备案。地方分成部分退还工作由省级财政部门、自然资源主管部门负责，具体办法由省级财政部门、自然资源主管部门确定。

第二十七条 财政部门、自然资源主管部门、税务部门要按照《财政部　自然资源部　税务总局　人民银行关于将国有土地使用权出让收入、矿产资源专项收入、海域使用金、无居民海岛使用金四项政府非税收入划转税务部门征收有关问题的通知》（财综〔2021〕19号）和《财政部　税务总局关于印发〈省级财税部门系统互联互通和信息共享方案（非税收入）〉的通知》（财库〔2021〕11号）等规定及时共享缴款信息。

第四章　新旧政策衔接

第二十八条 本办法实施前已签订的合同或分期缴款批复不再调整，矿业权人继续缴纳剩余部分，有关资金缴入矿业权出让收益科目，并统一按规定分成比例分成。

《矿业权出让收益征收管理暂行办法》（财综〔2017〕35号）印发前分期缴纳矿业权价款需承担资金占用费的，应当继续按规定缴纳。资金占用费利率可参考人民银行发布的上一期新发放贷款加权平均利率计算。资金占用费缴入矿业权出让收益科目，并统一按规定分成比例分成。

第二十九条 以申请在先方式取得，未进行有偿处置且不涉及国家出资探明矿产地的探矿权、采矿权，比照协议出让方式，按照以下原则征收采矿权出让收益：

（一）《矿种目录》所列矿种，探矿权尚未转为采矿权的，应在转为采矿权后，按矿产品销售时的矿业权出让收益率逐年征收采矿权出让收益。

（二）《矿种目录》所列矿种，已转为采矿权的，按矿产品销售时的矿业权出让收益率逐年征收采矿权出让收益。

自 2017 年 7 月 1 日至 2023 年 4 月 30 日未缴纳的矿业权出让收益，按本办法规定的矿业权出让收益率征收标准及未缴纳期间的销售收入计算应缴矿业权出让收益，可一次性或平均分六年征收。相关自然资源主管部门应清理确认矿业权人欠缴矿业权出让收益情况，一次性推送同级财政部门、税务部门。相关税务部门据此及时通知矿业权人缴纳欠缴款项直至全部缴清，并及时向相关财政部门、自然资源主管部门反馈收缴信息。

自 2023 年 5 月 1 日后应缴的矿业权出让收益，按矿产品销售时的矿业权出让收益率逐年征收。

（三）《矿种目录》所列矿种外，探矿权尚未转为采矿权的，应在采矿权新立时，按出让金额形式征收采矿权出让收益。

（四）《矿种目录》所列矿种外，已转为采矿权的，以 2017 年 7 月 1 日为剩余资源储量估算基准日，按出让金额形式征收采矿权出让收益。

第三十条 对于无偿占有属于国家出资探明矿产地的探矿权和无偿取得的采矿权，自 2006 年 9 月 30 日以来欠缴的矿业权出让收益（价款），比照协议出让方式，按以下原则征收采矿权出让收益：

（一）《矿种目录》所列矿种，探矿权尚未转为采矿权的，在转采时按矿产品销售时的出让收益率征收采矿权出让收益。

（二）《矿种目录》所列矿种，已转为采矿权的，通过评估后，按出让金额形式征收自 2006 年 9 月 30 日（地方已有规定的从其规定）至本办法实施之日已动用资源储量的采矿权出让收益，并可参照第十二条的规定在采矿许可证剩余有效期内进行分期缴纳；之后的剩余资源储量，按矿产品销售时的出让收益率征收采矿权出让收益。

（三）《矿种目录》所列矿种外，探矿权尚未转为采矿权的，应在采矿权新立时，按出让金额形式征收采矿权出让收益。

（四）《矿种目录》所列矿种外，已转为采矿权的，以 2006 年 9 月 30 日为剩余资源储量估算基准日（地方已有规定的从其规定），按出让金额形式征收采矿权出让收益。

第三十一条 经财政部门和原国土资源主管部门批准，已将探矿权、采矿权价款转增国家资本金（国家基金），或以折股形式缴纳的，不再补缴探矿权、采矿权出让收益。

第五章 监 管

第三十二条 各级财政部门、自然资源主管部门和税务部门应当切实加强矿业权出让收益征收监督管理,按照职能分工,将相关信息纳入矿业权人勘查开采信息公示系统,适时检查矿业权出让收益征收情况。

第三十三条 矿业权人未按时足额缴纳矿业权出让收益的,从滞纳之日起每日加收千分之二的滞纳金,加收的滞纳金不超过欠缴金额本金。矿业权出让收益滞纳金缴入矿业权出让收益科目,并统一按规定分成比例分成。

第三十四条 各级财政部门、自然资源主管部门、税务部门及其工作人员,在矿业权出让收益征收工作中,存在滥用职权、玩忽职守、徇私舞弊等违法违规行为的,依法追究相应责任。

第三十五条 相关中介、服务机构和企业未如实提供相关信息,造成矿业权人少缴矿业权出让收益的,由县级以上自然资源主管部门会同有关部门将其行为记入企业不良信息;构成犯罪的,依法追究刑事责任。

第六章 附 则

第三十六条 省(自治区、直辖市)财政部门、自然资源主管部门、税务部门应当根据本办法细化本地区矿业权出让收益征收管理制度。

第三十七条 本办法自 2023 年 5 月 1 日起施行。《矿业权出让收益征收管理暂行办法》(财综〔2017〕35 号)、《财政部 自然资源部关于进一步明确矿业权出让收益征收管理有关问题的通知》(财综〔2019〕11 号)同时废止。

附:按矿业权出让收益率形式征收矿业权出让收益的矿种目录(试行)

附

按矿业权出让收益率形式征收矿业权出让收益的矿种目录(试行)

序号	矿种	计征对象	矿业权出让收益率(%)
1	石油、天然气、页岩气、天然气水合物		陆域矿业权出让收益率为 0.8,海域矿业权出让收益率为 0.6
2	煤层气		0.3
3	煤炭、石煤	原矿产品	2.4

续表

序号	矿种	计征对象	矿业权出让收益率（%）
4	铀、钍	选矿产品	1
5	油页岩、油砂		0.8
6	天然沥青	原矿产品	2.3
7	地热	T＜60℃	3.6
		60℃≤T＜90℃	4.2
		T≥90℃	4.7
8	铁、锰、铬、钒、钛	选矿产品	1.8
9	铜、铝土矿、镍、钴	选矿产品	1.2
10	钨、锡、锑、钼、铅、锌、汞	选矿产品	2.3
11	镁、铋	选矿产品	1.8
12	金、银、铂族（铂、钯、钌、锇、铱、铑）	选矿产品	2.3
13	稀有金属（铌、钽、铍、锂、锆、锶、铷、铯）、稀散金属（锗、镓、铟、铊、铪、铼、镉、硒、碲）	选矿产品	1.4
14	轻稀土（镧、铈、镨、钕）	选矿产品	2.3
15	中重稀土（钐、铕、钇、钆、铽、镝、钬、铒、铥、镱、镥、钪）	选矿产品	4
16	磷	原矿产品	2.1
17	石墨	选矿产品	1.7
18	萤石（普通萤石、光学萤石）	选矿产品	2.4
19	硼	选矿产品	2.3
20	金刚石、自然硫、硫铁矿、水晶（压电水晶、熔炼水晶、光学水晶）、刚玉、红柱石、蓝晶石、硅线石、硅灰石、钠硝石、滑石、石棉、蓝石棉、云母、长石、石榴子石、叶蜡石、透闪石、透辉石、蛭石、沸石、明矾石、石膏（含硬石膏）、重晶石、毒重石、芒硝（无水芒硝、钙芒硝、白钠镁矾）、天然碱、冰洲石、方解石、菱镁矿、电气石、颜料矿物（赭石、颜料黄土）、含钾岩石、碘、溴、砷	原矿产品	2.9
21	泥灰岩、白垩、脉石英（冶金用、玻璃用）、粉石英、天然油石、含钾砂页岩、硅藻土、高岭土、陶瓷土、膨润土、铁矾土、麦饭石、珍珠岩、松脂岩、火山灰、火山渣、浮石、粗面岩（水泥用、铸石用）、泥炭	原矿产品	3.1
22	宝石、黄玉、玉石、玛瑙、工艺水晶	原矿产品	8
23	地下水、矿泉水	原矿产品	3
24	二氧化碳气、硫化氢气、氦气、氡气	原矿产品	0.8
25	钾盐、矿盐（岩盐、湖盐、天然卤水）、镁盐	选矿产品	2.8

财政部　税务总局关于进一步支持小微企业和个体工商户发展有关税费政策的公告

2023 年 8 月 2 日　财政部　税务总局公告 2023 年第 12 号

为进一步支持小微企业和个体工商户发展，现将有关税费政策公告如下：

一、自 2023 年 1 月 1 日至 2027 年 12 月 31 日，对个体工商户年应纳税所得额不超过 200 万元的部分，减半征收个人所得税。个体工商户在享受现行其他个人所得税优惠政策的基础上，可叠加享受本条优惠政策。

二、自 2023 年 1 月 1 日至 2027 年 12 月 31 日，对增值税小规模纳税人、小型微利企业和个体工商户减半征收资源税（不含水资源税）、城市维护建设税、房产税、城镇土地使用税、印花税（不含证券交易印花税）、耕地占用税和教育费附加、地方教育附加。

三、对小型微利企业减按 25% 计算应纳税所得额，按 20% 的税率缴纳企业所得税政策，延续执行至 2027 年 12 月 31 日。

四、增值税小规模纳税人、小型微利企业和个体工商户已依法享受资源税、城市维护建设税、房产税、城镇土地使用税、印花税、耕地占用税、教育费附加、地方教育附加等其他优惠政策的，可叠加享受本公告第二条规定的优惠政策。

五、本公告所称小型微利企业，是指从事国家非限制和禁止行业，且同时符合年度应纳税所得额不超过 300 万元、从业人数不超过 300 人、资产总额不超过 5000 万元等三个条件的企业。

从业人数，包括与企业建立劳动关系的职工人数和企业接受的劳务派遣用工人数。所称从业人数和资产总额指标，应按企业全年的季度平均值确定。具体计算公式如下：

季度平均值 ＝（季初值＋季末值）÷2

全年季度平均值 ＝ 全年各季度平均值之和 ÷4

年度中间开业或者终止经营活动的，以其实际经营期作为一个纳税年度确定上述相关指标。

小型微利企业的判定以企业所得税年度汇算清缴结果为准。登记为增值税一般纳税人的新设立的企业，从事国家非限制和禁止行业，且同时符合申报期上月末从业人数不超过 300 人、资产总额不超过 5000 万元等两个条件的，可在首次办理汇算清缴前按照小型微利企业申报享受第二条规定的优惠政策。

六、本公告发布之日前，已征的相关税款，可抵减纳税人以后月份应缴纳税款或予以退还。发布之日前已办理注销的，不再追溯享受。

《财政部　税务总局关于进一步实施小微企业"六税两费"减免政策的公告》（财政部　税务总局公告 2022 年第 10 号）及《财政部　税务总局关于小微企业和个体工商户所得税优惠政策的公告》（财政部　税务总局公告 2023 年第 6 号）中个体工商户所得税优惠政策自 2023 年 1 月 1 日起相应停止执行。

特此公告。

财政部　税务总局关于延续对充填开采置换出来的煤炭减征资源税优惠政策的公告

2023 年 8 月 21 日　财政部　税务总局公告 2023 年第 36 号

为了鼓励煤炭资源集约开采利用，自 2023 年 9 月 1 日至 2027 年 12 月 31 日，对充填开采置换出来的煤炭，资源税减征 50%。

特此公告。

中华人民共和国矿产资源法

1986 年 3 月 19 日第六届全国人民代表大会常务委员会第十五次会议通过　根据 1996 年 8 月 29 日第八届全国人民代表大会常务委员会第二十一次会议《关于修改〈中华人民共和国矿产资源法〉的决定》第一次修正　根据 2009 年 8 月 27 日第十一届全国人民代表大会常务委员会第十次会议《全国人民代表大会常务委员会关于修改部分法律的决定》第二次修正

目　　录

第一章　总　则

第一条　为了发展矿业，加强矿产资源的勘查、开发利用和保护工作，保障社会主义现代化建设的当前和长远的需要，根据中华人民共和国宪法，特制定本法。

第二条　在中华人民共和国领域及管辖海域勘查、开采矿产资源，必须遵守本法。

第三条　矿产资源属于国家所有，由国务院行使国家对矿产资源的所有权。地表或者地下的矿产资源的国家所有权，不因其所依附的土地的所有权或者使用权的不同而改变。

国家保障矿产资源的合理开发利用。禁止任何组织或者个人用任何手段侵占或者破坏矿产资源。各级人民政府必须加强矿产资源的保护工作。

勘查、开采矿产资源，必须依法分别申请、经批准取得探矿权、采矿权，并办理登记；但是，已经依法申请取得采矿权的矿山企业在划定的矿区范围内为本企业的生产而进行的勘查除外。国家保护探矿权和采矿权不受侵犯，保障矿区和勘查作业区的生产秩序、工作秩序不受影响和破坏。

从事矿产资源勘查和开采的，必须符合规定的资质条件。

第四条　国家保障依法设立的矿山企业开采矿产资源的合法权益。

国有矿山企业是开采矿产资源的主体。国家保障国有矿业经济的巩固和发展。

第五条　国家实行探矿权、采矿权有偿取得的制度；但是，国家对探矿权、采矿权有偿取得的费用，可以根据不同情况规定予以减缴、免缴。具体办法和实施步骤由国务院规定。

开采矿产资源，必须按照国家有关规定缴纳资源税和资源补偿费。

第六条　除按下列规定可以转让外，探矿权、采矿权不得转让：

（一）探矿权人有权在划定的勘查作业区内进行规定的勘查作业，有权优先取得勘查作业区内矿产资源的采矿权。探矿权人在完成规定的最低勘查投入后，经依法批准，可以将探矿权转让他人。

（二）已取得采矿权的矿山企业，因企业合并、分立，与他人合资、合作经营，或者因企业资产出售以及有其他变更企业资产产权的情形而需要变更采矿权主体的，经依法批准可以将采矿权转让他人采矿。

前款规定的具体办法和实施步骤由国务院规定。

禁止将探矿权、采矿权倒卖牟利。

第七条　国家对矿产资源的勘查、开发实行统一规划、合理布局、综合勘查、合理开采和综合利用的方针。

第八条 国家鼓励矿产资源勘查、开发的科学技术研究，推广先进技术，提高矿产资源勘查、开发的科学技术水平。

第九条 在勘查、开发、保护矿产资源和进行科学技术研究等方面成绩显著的单位和个人，由各级人民政府给予奖励。

第十条 国家在民族自治地方开采矿产资源，应当照顾民族自治地方的利益，作出有利于民族自治地方经济建设的安排，照顾当地少数民族群众的生产和生活。

民族自治地方的自治机关根据法律规定和国家的统一规划，对可以由本地方开发的矿产资源，优先合理开发利用。

第十一条 国务院地质矿产主管部门主管全国矿产资源勘查、开采的监督管理工作。国务院有关主管部门协助国务院地质矿产主管部门进行矿产资源勘查、开采的监督管理工作。

省、自治区、直辖市人民政府地质矿产主管部门主管本行政区域内矿产资源勘查、开采的监督管理工作。省、自治区、直辖市人民政府有关主管部门协助同级地质矿产主管部门进行矿产资源勘查、开采的监督管理工作。

第二章 矿产资源勘查的登记和开采的审批

第十二条 国家对矿产资源勘查实行统一的区块登记管理制度。矿产资源勘查登记工作，由国务院地质矿产主管部门负责；特定矿种的矿产资源勘查登记工作，可以由国务院授权有关主管部门负责。矿产资源勘查区块登记管理办法由国务院制定。

第十三条 国务院矿产储量审批机构或者省、自治区、直辖市矿产储量审批机构负责审查批准供矿山建设设计使用的勘探报告，并在规定的期限内批复报送单位。勘探报告未经批准，不得作为矿山建设设计的依据。

第十四条 矿产资源勘查成果档案资料和各类矿产储量的统计资料，实行统一的管理制度，按照国务院规定汇交或者填报。

第十五条 设立矿山企业，必须符合国家规定的资质条件，并依照法律和国家有关规定，由审批机关对其矿区范围、矿山设计或者开采方案、生产技术条件、安全措施和环境保护措施等进行审查；审查合格的，方予批准。

第十六条 开采下列矿产资源的，由国务院地质矿产主管部门审批，并颁发采矿许可证：

（一）国家规划矿区和对国民经济具有重要价值的矿区内的矿产资源；

（二）前项规定区域以外可供开采的矿产储量规模在大型以上的矿产资源；

（三）国家规定实行保护性开采的特定矿种；

（四）领海及中国管辖的其他海域的矿产资源；

（五）国务院规定的其他矿产资源。

开采石油、天然气、放射性矿产等特定矿种的，可以由国务院授权的有关主管部门审批，并颁发采矿许可证。

开采第一款、第二款规定以外的矿产资源，其可供开采的矿产的储量规模为中型的，由省、自治区、直辖市人民政府地质矿产主管部门审批和颁发采矿许可证。

开采第一款、第二款和第三款规定以外的矿产资源的管理办法，由省、自治区、直辖市人民代表大会常务委员会依法制定。

依照第三款、第四款的规定审批和颁发采矿许可证的，由省、自治区、直辖市人民政府地质矿产主管部门汇总向国务院地质矿产主管部门备案。

矿产储量规模的大型、中型的划分标准，由国务院矿产储量审批机构规定。

第十七条 国家对国家规划矿区、对国民经济具有重要价值的矿区和国家规定实行保护性开采的特定矿种，实行有计划的开采；未经国务院有关主管部门批准，任何单位和个人不得开采。

第十八条 国家规划矿区的范围、对国民经济具有重要价值的矿区的范围、矿山企业矿区的范围依法划定后，由划定矿区范围的主管机关通知有关县级人民政府予以公告。

矿山企业变更矿区范围，必须报请原审批机关批准，并报请原颁发采矿许可证的机关重新核发采矿许可证。

第十九条 地方各级人民政府应当采取措施，维护本行政区域内的国有矿山企业和其他矿山企业矿区范围内的正常秩序。

禁止任何单位和个人进入他人依法设立的国有矿山企业和其他矿山企业矿区范围内采矿。

第二十条 非经国务院授权的有关主管部门同意，不得在下列地区开采矿产资源：

（一）港口、机场、国防工程设施圈定地区以内；

（二）重要工业区、大型水利工程设施、城镇市政工程设施附近一定距离以内；

（三）铁路、重要公路两侧一定距离以内；

（四）重要河流、堤坝两侧一定距离以内；

（五）国家划定的自然保护区、重要风景区，国家重点保护的不能移动的历史文物和名胜古迹所在地；

（六）国家规定不得开采矿产资源的其他地区。

第二十一条 关闭矿山，必须提出矿山闭坑报告及有关采掘工程、不安全隐患、土地复垦利用、环境保护的资料，并按照国家规定报请审查批准。

第二十二条 勘查、开采矿产资源时，发现具有重大科学文化价值的罕见地质现象以及文化古迹，应当加以保护并及时报告有关部门。

第三章　矿产资源的勘查

第二十三条　区域地质调查按照国家统一规划进行。区域地质调查的报告和图件按照国家规定验收，提供有关部门使用。

第二十四条　矿产资源普查在完成主要矿种普查任务的同时，应当对工作区内包括共生或者伴生矿产的成矿地质条件和矿床工业远景作出初步综合评价。

第二十五条　矿床勘探必须对矿区内具有工业价值的共生和伴生矿产进行综合评价，并计算其储量。未作综合评价的勘探报告不予批准。但是，国务院计划部门另有规定的矿床勘探项目除外。

第二十六条　普查、勘探易损坏的特种非金属矿产、流体矿产、易燃易爆易溶矿产和含有放射性元素的矿产，必须采用省级以上人民政府有关主管部门规定的普查、勘探方法，并有必要的技术装备和安全措施。

第二十七条　矿产资源勘查的原始地质编录和图件，岩矿心、测试样品和其他实物标本资料，各种勘查标志，应当按照有关规定保护和保存。

第二十八条　矿床勘探报告及其他有价值的勘查资料，按照国务院规定实行有偿使用。

第四章　矿产资源的开采

第二十九条　开采矿产资源，必须采取合理的开采顺序、开采方法和选矿工艺。矿山企业的开采回采率、采矿贫化率和选矿回收率应当达到设计要求。

第三十条　在开采主要矿产的同时，对具有工业价值的共生和伴生矿产应当统一规划，综合开采，综合利用，防止浪费；对暂时不能综合开采或者必须同时采出而暂时还不能综合利用的矿产以及含有有用组分的尾矿，应当采取有效的保护措施，防止损失破坏。

第三十一条　开采矿产资源，必须遵守国家劳动安全卫生规定，具备保障安全生产的必要条件。

第三十二条　开采矿产资源，必须遵守有关环境保护的法律规定，防止污染环境。

开采矿产资源，应当节约用地。耕地、草原、林地因采矿受到破坏的，矿山企业应当因地制宜地采取复垦利用、植树种草或者其他利用措施。

开采矿产资源给他人生产、生活造成损失的，应当负责赔偿，并采取必要的补救措施。

第三十三条　在建设铁路、工厂、水库、输油管道、输电线路和各种大型建筑物或者建筑群之前，建设单位必须向所在省、自治区、直辖市地质矿产主管部门了解拟建工程所在地区的矿产资源分布和开采情况。非经国务院授权的部门批准，不得压覆重要矿床。

第三十四条 国务院规定由指定的单位统一收购的矿产品，任何其他单位或者个人不得收购；开采者不得向非指定单位销售。

第五章　集体矿山企业和个体采矿

第三十五条 国家对集体矿山企业和个体采矿实行积极扶持、合理规划、正确引导、加强管理的方针，鼓励集体矿山企业开采国家指定范围内的矿产资源，允许个人采挖零星分散资源和只能用作普通建筑材料的砂、石、粘土以及为生活自用采挖少量矿产。

矿产储量规模适宜由矿山企业开采的矿产资源、国家规定实行保护性开采的特定矿种和国家规定禁止个人开采的其他矿产资源，个人不得开采。

国家指导、帮助集体矿山企业和个体采矿不断提高技术水平、资源利用率和经济效益。

地质矿产主管部门、地质工作单位和国有矿山企业应当按照积极支持、有偿互惠的原则向集体矿山企业和个体采矿提供地质资料和技术服务。

第三十六条 国务院和国务院有关主管部门批准开办的矿山企业矿区范围内已有的集体矿山企业，应当关闭或者到指定的其他地点开采，由矿山建设单位给予合理的补偿，并妥善安置群众生活；也可以按照该矿山企业的统筹安排，实行联合经营。

第三十七条 集体矿山企业和个体采矿应当提高技术水平，提高矿产资源回收率。禁止乱挖滥采，破坏矿产资源。

集体矿山企业必须测绘井上、井下工程对照图。

第三十八条 县级以上人民政府应当指导、帮助集体矿山企业和个体采矿进行技术改造，改善经营管理，加强安全生产。

第六章　法律责任

第三十九条 违反本法规定，未取得采矿许可证擅自采矿的，擅自进入国家规划矿区、对国民经济具有重要价值的矿区范围采矿的，擅自开采国家规定实行保护性开采的特定矿种的，责令停止开采、赔偿损失，没收采出的矿产品和违法所得，可以并处罚款；拒不停止开采，造成矿产资源破坏的，依照刑法有关规定对直接责任人员追究刑事责任。

单位和个人进入他人依法设立的国有矿山企业和其他矿山企业矿区范围内采矿的，依照前款规定处罚。

第四十条 超越批准的矿区范围采矿的，责令退回本矿区范围内开采、赔偿损失，没收越界开采的矿产品和违法所得，可以并处罚款；拒不退回本矿区范围内开采，造成矿产资源破坏的，吊销采矿许可证，依照刑法有关规定对直接责任人员追究刑事责任。

第四十一条 盗窃、抢夺矿山企业和勘查单位的矿产品和其他财物的，破坏采矿、勘查设施的，扰乱矿区和勘查作业区的生产秩序、工作秩序的，分别依照刑法有关规定追究刑事责任；情节显著轻微的，依照治安管理处罚法有关规定予以处罚。

第四十二条 买卖、出租或者以其他形式转让矿产资源的，没收违法所得，处以罚款。

违反本法第六条的规定将探矿权、采矿权倒卖牟利的，吊销勘查许可证、采矿许可证，没收违法所得，处以罚款。

第四十三条 违反本法规定收购和销售国家统一收购的矿产品的，没收矿产品和违法所得，可以并处罚款；情节严重的，依照刑法有关规定，追究刑事责任。

第四十四条 违反本法规定，采取破坏性的开采方法开采矿产资源的，处以罚款，可以吊销采矿许可证；造成矿产资源严重破坏的，依照刑法有关规定对直接责任人员追究刑事责任。

第四十五条 本法第三十九条、第四十条、第四十二条规定的行政处罚，由县级以上人民政府负责地质矿产管理工作的部门按照国务院地质矿产主管部门规定的权限决定。第四十三条规定的行政处罚，由县级以上人民政府工商行政管理部门决定。第四十四条规定的行政处罚，由省、自治区、直辖市人民政府地质矿产主管部门决定。给予吊销勘查许可证或者采矿许可证处罚的，须由原发证机关决定。

依照第三十九条、第四十条、第四十二条、第四十四条规定应当给予行政处罚而不给予行政处罚的，上级人民政府地质矿产主管部门有权责令改正或者直接给予行政处罚。

第四十六条 当事人对行政处罚决定不服地，可以依法申请复议，也可以依法直接向人民法院起诉。

当事人逾期不申请复议也不向人民法院起诉，又不履行处罚决定的，由作出处罚决定的机关申请人民法院强制执行。

第四十七条 负责矿产资源勘查、开采监督管理工作的国家工作人员和其他有关国家工作人员徇私舞弊、滥用职权或者玩忽职守，违反本法规定批准勘查、开采矿产资源和颁发勘查许可证、采矿许可证，或者对违法采矿行为不依法予以制止、处罚，构成犯罪的，依法追究刑事责任；不构成犯罪的，给予行政处分。违法颁发的勘查许可证、采矿许可证，上级人民政府地质矿产主管部门有权予以撤销。

第四十八条 以暴力、威胁方法阻碍从事矿产资源勘查、开采监督管理工作的国家工作人员依法执行职务的，依照刑法有关规定追究刑事责任；拒绝、阻碍从事矿产资源勘查、开采监督管理工作的国家工作人员依法执行职务未使用暴力、威胁方法的，由公安机关依照治安管理处罚法的规定处罚。

第四十九条 矿山企业之间的矿区范围的争议，由当事人协商解决，协商不成的，由有关县级以上地方人民政府根据依法核定的矿区范围处理；跨省、自治区、直辖市的矿区范围的争议，由有关省、自治区、直辖市人民政府协商解决，协商不成的，由国务院处理。

第七章 附　　则

第五十条 外商投资勘查、开采矿产资源，法律、行政法规另有规定的，从其规定。

第五十一条 本法施行以前，未办理批准手续、未划定矿区范围、未取得采矿许可证开采矿产资源的，应当依照本法有关规定申请补办手续。

第五十二条 本法实施细则由国务院制定。

第五十三条 本法自 1986 年 10 月 1 日施行。

国务院关于修改《中华人民共和国对外合作
开采陆上石油资源条例》的决定

2011 年 9 月 30 日　　中华人民共和国国务院令第 606 号

《国务院关于修改〈中华人民共和国对外合作开采陆上石油资源条例〉的决定》已经 2011 年 9 月 21 日国务院第 173 次常务会议通过，现予公布，自 2011 年 11 月 1 日起施行。

国务院关于修改《中华人民共和国对外合作
开采陆上石油资源条例》的决定

国务院决定对《中华人民共和国对外合作开采陆上石油资源条例》作如下修改：

第十一条修改为："对外合作开采陆上石油资源，应当依法纳税。"

本决定自 2011 年 11 月 1 日起施行。1990 年 1 月 15 日经国务院批准财政部发布，1995 年 7 月 28 日财政部、税务总局修订的《中外合作开采陆上石油资源缴纳矿区使用费暂行规定》同时废止。

自本决定施行之日起，中外合作开采陆上石油资源的企业依法缴纳资源税，不再缴纳矿区使用费。但是，本决定施行前已依法订立的中外合作开采陆上石油资源的合同，在已约定的合同有效期内，继续依照当时国家有关规定缴纳矿区使用费，不缴纳资源税；合同期满后，依法缴纳资源税。

《中华人民共和国对外合作开采陆上石油资源条例》根据本决定作相应的修改，重新公布。

中华人民共和国对外合作开采陆上石油资源条例

1993 年 10 月 7 日中华人民共和国国务院令第 131 号发布　根据 2001 年 9 月 23 日《国务院关于修改〈中华人民共和国对外合作开采陆上石油资源条例〉的决定》第一次修订　根据 2007 年 9 月 18 日《国务院关于修改〈中华人民共和国对外合作开采陆上石油资源条例〉的决定》第二次修订　根据 2011 年 9 月 30 日《国务院关于修改〈中华人民共和国对外合作开采陆上石油资源条例〉的决定》第三次修订　根据 2013 年 7 月 18 日《国务院关于废止和修改部分行政法规的决定》第四次修订

第一章 总 则

第一条 为保障石油工业的发展，促进国际经济合作和技术交流，制定本条例。

第二条 在中华人民共和国境内从事中外合作开采陆上石油资源活动，必须遵守本条例。

第三条 中华人民共和国境内的石油资源属于中华人民共和国国家所有。

第四条 中国政府依法保护参加合作开采陆上石油资源的外国企业的合作开采活动及其投资、利润和其他合法权益。

在中华人民共和国境内从事中外合作开采陆上石油资源活动，必须遵守中华人民共和国的有关法律、法规和规章，并接受中国政府有关机关的监督管理。

第五条 国家对参加合作开采陆上石油资源的外国企业的投资和收益不实行征收。在特殊情况下，根据社会公共利益的需要，可以对外国企业在合作开采中应得石油的一部分或者全部，依照法律程序实行征收，并给予相应的补偿。

第六条 国务院指定的部门负责在国务院批准的合作区域内，划分合作区块，确定合作方式，组织制定有关规划和政策，审批对外合作油（气）田总体开发方案。

第七条　中国石油天然气集团公司、中国石油化工集团公司（以下简称中方石油公司）负责对外合作开采陆上石油资源的经营业务；负责与外国企业谈判、签订、执行合作开采陆上石油资源的合同；在国务院批准的对外合作开采陆上石油资源的区域内享有与外国企业合作进行石油勘探、开发、生产的专营权。

第八条　中方石油公司在国务院批准的对外合作开采陆上石油资源的区域内，按划分的合作区块，通过招标或者谈判，确定合作开采陆上石油资源的外国企业，签订合作开采石油合同或者其他合作合同，并向中华人民共和国商务部报送合同有关情况。

第九条　对外合作区块公布后，除中方石油公司与外国企业进行合作开采陆上石油资源活动外，其他企业不得进入该区块内进行石油勘查活动，也不得与外国企业签订在该区块内进行石油开采的经济技术合作协议。

对外合作区块公布前，已进入该区块进行石油勘查（尚处于区域评价勘查阶段）的企业，在中方石油公司与外国企业签订合同后，应当撤出。该企业所取得的勘查资料，由中方石油公司负责销售，以适当补偿其投资。该区块发现有商业开采价值的油（气）田后，从该区块撤出的企业可以通过投资方式参与开发。

国务院指定的部门应当根据合同的签订和执行情况，定期对所确定的对外合作区块进行调整。

第十条　对外合作开采陆上石油资源，应当遵循兼顾中央与地方利益的原则，通过吸收油（气）田所在地的资金对有商业开采价值的油（气）田的开发进行投资等方式，适当照顾地方利益。

有关地方人民政府应当依法保护合作区域内正常的生产经营活动，并在土地使用、道路通行、生活服务等方面给予有效协助。

第十一条　对外合作开采陆上石油资源，应当依法纳税。

第十二条　为执行合同所进口的设备和材料，按照国家有关规定给予减税、免税或者给予税收方面的其他优惠。具体办法由财政部会同海关总署制定。

第二章　外国合同者的权利和义务

第十三条　中方石油公司与外国企业合作开采陆上石油资源必须订立合同，除法律、法规另有规定或者合同另有约定外，应当由签订合同的外国企业（以下简称外国合同者）单独投资进行勘探，负责勘探作业，并承担勘探风险；发现有商业开采价值的油（气）田后，由外国合同者与中方石油公司共同投资合作开发；外国合同者并应承担开发作业和生产作业，直至中方石油公司按照合同约定接替生产作业为止。

第十四条　外国合同者可以按照合同约定，从生产的石油中回收其投资和费用，并取得报酬。

第十五条 外国合同者根据国家有关规定和合同约定，可以将其应得的石油和购买的石油运往国外，也可以依法将其回收的投资、利润和其他合法收益汇往国外。

外国合同者在中华人民共和国境内销售其应得的石油，一般由中方石油公司收购，也可以采取合同双方约定的其他方式销售，但是不得违反国家有关在中华人民共和国境内销售石油产品的规定。

第十六条 外国合同者开立外汇账户和办理其他外汇事宜，应当遵守《中华人民共和国外汇管理条例》和国家有关外汇管理的其他规定。

外国合同者的投资，应当采用美元或者其他可自由兑换货币。

第十七条 外国合同者应当依法在中华人民共和国境内设立分公司、子公司或者代表机构。

前款机构的设立地点由外国合同者与中方石油公司协商确定。

第十八条 外国合同者在执行合同的过程中，应当及时地、准确地向中方石油公司报告石油作业情况，完整地、准确地取得各项石油作业的数据、记录、样品、凭证和其他原始资料，并按规定向中方石油公司提交资料和样品以及技术、经济、财会、行政方面的各种报告。

第十九条 外国合同者执行合同，除租用第三方的设备外，按照计划和预算所购置和建造的全部资产，在其投资按照合同约定得到补偿或者该油（气）田生产期期满后，所有权属于中方石油公司。在合同期内，外国合同者可以按照合同约定使用这些资产。

第三章 石油作业

第二十条 作业者必须根据国家有关开采石油资源的规定，制订油（气）田总体开发方案，并经国务院指定的部门批准后，实施开发作业和生产作业。

第二十一条 石油合同可以约定石油作业所需的人员，作业者可以优先录用中国公民。

第二十二条 作业者和承包者在实施石油作业中，应当遵守国家有关环境保护和安全作业方面的法律、法规和标准，并按照国际惯例进行作业，保护农田、水产、森林资源和其他自然资源，防止对大气、海洋、河流、湖泊、地下水和陆地其他环境的污染和损害。

第二十三条 在实施石油作业中使用土地的，应当依照《中华人民共和国土地管理法》和国家其他有关规定办理。

第二十四条 本条例第十八条规定的各项石油作业的数据、记录、样品、凭证和其他原始资料，所有权属于中方石油公司。

前款所列数据、记录、样品、凭证和其他原始资料的使用、转让、赠与、交换、出售、发表以及运出、传送到中华人民共和国境外，必须按照国家有关规定执行。

第四章 争议的解决

第二十五条 合作开采陆上石油资源合同的当事人因执行合同发生争议时，应当通过协商或者调解解决；不愿协商、调解，或者协商、调解不成的，可以根据合同中的仲裁条款或者事后达成的书面仲裁协议，提交中国仲裁机构或者其他仲裁机构仲裁。

当事人未在合同中订立仲裁条款，事后又没有达成书面仲裁协议的，可以向中国人民法院起诉。

第五章 法律责任

第二十六条 违反本条例规定，有下列行为之一的，由国务院指定的部门依据职权责令限期改正，给予警告；在限期内不改正的，可以责令其停止实施石油作业；构成犯罪的，依法追究刑事责任：

（一）违反本条例第九条第一款规定，擅自进入对外合作区块进行石油勘查活动或者与外国企业签订在对外合作区块内进行石油开采合作协议的；

（二）违反本条例第十八条规定，在执行合同的过程中，未向中方石油公司及时、准确地报告石油作业情况的，未按规定向中方石油公司提交资料和样品以及技术、经济、财会、行政方面的各种报告的；

（三）违反本条例第二十条规定，油（气）田总体开发方案未经批准，擅自实施开发作业和生产作业的；

（四）违反本条例第二十四条第二款规定，擅自使用石油作业的数据、记录、样品、凭证和其他原始资料或者将其转让、赠与、交换、出售、发表以及运出、传送到中华人民共和国境外的。

第二十七条 违反本条例第十一条、第十六条、第二十二条、第二十三条规定的，由国家有关主管部门依照有关法律、法规的规定予以处罚；构成犯罪的，依法追究刑事责任。

第六章 附　　则

第二十八条 本条例下列用语的含义：

（一）"石油"，是指蕴藏在地下的、正在采出的和已经采出的原油和天然气。

（二）"陆上石油资源"，是指蕴藏在陆地全境（包括海滩、岛屿及向外延伸至5米水深处的海域）的范围内的地下石油资源。

（三）"开采"，是指石油的勘探、开发、生产和销售及其有关的活动。

（四）"石油作业"，是指为执行合同而进行的勘探、开发和生产作业及其有关的活动。

（五）"勘探作业"，是指用地质、地球物理、地球化学和包括钻探井等各种方法寻找储藏石油圈闭所做的全部工作，以及在已发现石油的圈闭上为确定它有无商业价值所做的钻评价井、可行性研究和编制油（气）田的总体开发方案等全部工作。

（六）"开发作业"，是指自油（气）田总体开发方案被批准之日起，为实现石油生产所进行的设计、建造、安装、钻井工程等及其相应的研究工作，包括商业性生产开始之前的生产活动。

（七）"生产作业"，是指一个油（气）田从开始商业性生产之日起，为生产石油所进行的全部作业以及与其有关的活动。

第二十九条 本条例第四条、第十一条、第十二条、第十五条、第十六条、第十七条、第二十一条的规定，适用于外国承包者。

第三十条 对外合作开采煤层气资源由中联煤层气有限责任公司、国务院指定的其他公司实施专营，并参照本条例执行。

第三十一条 本条例自公布之日起施行。

第二章　耕地占用税

第一节　知识点梳理

一、纳税义务人

🏛 **基本规定**①

在中华人民共和国境内占用耕地建设建筑物、构筑物或者从事非农业建设的单位和个人，为耕地占用税的纳税人，应当依照《中华人民共和国耕地占用税法》（以下简称《耕地占用税法》）规定缴纳耕地占用税。

❖ **政策解析**

经批准占用耕地的，纳税人为农用地转用审批文件中标明的建设用地人；农用地转用审批文件中未标明建设用地人的，纳税人为用地申请人，其中用地申请人为各级人民政府的，由同级土地储备中心、自然资源主管部门或政府委托的其他部门、单位履行耕地占用税申报纳税义务。[《中华人民共和国耕地占用税法实施办法》（以下简称《耕地占用税法实施办法》）第二条]

未经批准占用耕地的，纳税人为实际用地人。（《耕地占用税法实施办法》第二条）

---

① 本章"基本规定"均源自《中华人民共和国耕地占用税法》（2018年12月29日第十三届全国人民代表大会常务委员会第七次会议通过，同日中华人民共和国主席令第十八号公布）。

二、征税范围

基本规定

占用耕地建设农田水利设施的，不缴纳耕地占用税。

《耕地占用税法》本法所称耕地，是指用于种植农作物的土地。

❖ **政策解析**

耕地占用税的征税范围包括纳税人占用耕地建设建筑物、构筑物或者从事非农业建设的国家所有和集体所有的耕地。所称耕地，是指用于种植农作物的土地，包括菜地、园地。其中，园地包括花圃、苗圃、茶园、果园、桑园和其他种植经济林木的土地。

农田水利用地，包括农田排灌沟渠及相应附属设施用地。（《耕地占用税法实施办法》第二十三条）

基本规定

占用园地、林地、草地、农田水利用地、养殖水面、渔业水域滩涂以及其他农用地建设建筑物、构筑物或者从事非农业建设的，依照《耕地占用税法》的规定缴纳耕地占用税。

……

占用《耕地占用税法》第十二条第一款规定的农用地建设直接为农业生产服务的生产设施的，不缴纳耕地占用税。

❖ **政策解析**

占用鱼塘及其他农用土地建房或从事其他非农业建设，也视同占用耕地，必须依法征收耕地占用税。占用已开发从事种植、养殖的滩涂、草场、水面和林地等从事非农业建设，由省、自治区、直辖市本着有利于保护土地资源和生态平衡的原则，结合具体情况确定是否征收耕地占用税。

园地，包括果园、茶园、橡胶园、其他园地。

上述其他园地包括种植桑树、可可、咖啡、油棕、胡椒、药材等其他多年生作物的园地。（《耕地占用税法实施办法》第二十条）

林地，包括乔木林地、竹林地、红树林地、森林沼泽、灌木林地、灌丛沼泽、其他林地，不包括城镇村庄范围内的绿化林木用地，铁路、公路征地范围内的林木用地，以及河流、沟渠的护堤林用地。

上述其他林地包括疏林地、未成林地、迹地、苗圃等林地。（《耕地占用税法实施

办法》第二十一条）

草地，包括天然牧草地、沼泽草地、人工牧草地，以及用于农业生产并已由相关行政主管部门发放使用权证的草地。（《耕地占用税法实施办法》第二十二条）

养殖水面，包括人工开挖或者天然形成的用于水产养殖的河流水面、湖泊水面、水库水面、坑塘水面及相应附属设施用地。（《耕地占用税法实施办法》第二十四条）

渔业水域滩涂，包括专门用于种植或者养殖水生动植物的海水潮浸地带和滩地，以及用于种植芦苇并定期进行人工养护管理的苇田。（《耕地占用税法实施办法》第二十五条）

直接为农业生产服务的生产设施，是指直接为农业生产服务而建设的建筑物和构筑物。具体包括：储存农用机具和种子、苗木、木材等农业产品的仓储设施；培育、生产种子、种苗的设施；畜禽养殖设施；木材集材道、运材道；农业科研、试验、示范基地；野生动植物保护、护林、森林病虫害防治、森林防火、木材检疫的设施；专为农业生产服务的灌溉排水、供水、供电、供热、供气、通信基础设施；农业生产者从事农业生产必需的食宿和管理设施；其他直接为农业生产服务的生产设施。（《耕地占用税法实施办法》第二十六条）

三、税率

📖 基本规定

耕地占用税的税额如下：

（1）人均耕地不超过 1 亩的地区（以县、自治县、不设区的市、市辖区为单位，下同），每平方米为 10 元至 50 元；

（2）人均耕地超过 1 亩但不超过 2 亩的地区，每平方米为 8 元至 40 元；

（3）人均耕地超过 2 亩但不超过 3 亩的地区，每平方米为 6 元至 30 元；

（4）人均耕地超过 3 亩的地区，每平方米为 5 元至 25 元。

各地区耕地占用税的适用税额，由省、自治区、直辖市人民政府根据人均耕地面积和经济发展等情况，在上述规定的税额幅度内提出，报同级人民代表大会常务委员会决定，并报全国人民代表大会常务委员会和国务院备案。各省、自治区、直辖市耕地占用税适用税额的平均水平，不得低于《耕地占用税法》所附《各省、自治区、直辖市耕地占用税平均税额表》规定的平均税额。（见表 2 – 1）

表2-1　　　　　　　各省、自治区、直辖市耕地占用税平均税额表　　　单位：元/平方米

省、自治区、直辖市	平均税额
上海	45
北京	40
天津	35
江苏、浙江、福建、广东	30
辽宁、湖北、湖南	25
河北、安徽、江西、山东、河南、重庆、四川	22.5
广西、海南、贵州、云南、陕西	20
山西、吉林、黑龙江	17.5
内蒙古、西藏、甘肃、青海、宁夏、新疆	12.5

❖ **政策解析**

黑龙江省规定：

为了合理利用土地资源，加强土地管理，保护耕地，根据《耕地占用税法》规定，统筹考虑黑龙江省人均耕地面积和经济发展情况，确定了黑龙江省耕地占用税适用税额，现就具体征收标准和相关事宜作如下决定：

1. 黑龙江省各地区耕地占用税适用税额

按30元/平方米执行地区：哈尔滨市道里区、南岗区、道外区、平房区、松北区、香坊区。

按25元/平方米执行地区：齐齐哈尔市龙沙区、建华区、铁锋区、富拉尔基区，牡丹江市东安区、爱民区、西安区，佳木斯市向阳区、前进区、东风区，大庆市萨尔图区、龙凤区、让胡路区、红岗区，鸡西市鸡冠区、恒山区、滴道区、梨树区、城子河区，双鸭山市尖山区、岭东区，七台河市桃山区，鹤岗市向阳区、工农区、南山区、兴安区、兴山区。

按20元/平方米执行地区：哈尔滨市阿城区、尚志市、五常市、方正县，齐齐哈尔市昂昂溪区、梅里斯达斡尔族区，牡丹江市阳明区、海林市，佳木斯市郊区，大庆市大同区，鸡西市麻山区，双鸭山市四方台区、宝山区，伊春市铁力市，七台河市新兴区、茄子河区，鹤岗市东山区。

按17元/平方米执行地区：哈尔滨市双城区、呼兰区、依兰县、宾县、巴彦县、木兰县、通河县、延寿县，齐齐哈尔市碾子山区、龙江县、依安县、泰来县、甘南县、富裕县、克山县、克东县、拜泉县、讷河市，牡丹江市林口县、宁安市，佳木斯市桦川县、汤原县、富锦市，大庆市肇源县、肇州县、林甸县、杜尔伯特蒙古族自治县，双鸭山市集贤县，伊春市原所辖区，七台河市勃利县，黑河市嫩江市、北安市、五大

连池市，绥化市北林区、望奎县、兰西县、青冈县、庆安县、明水县、绥棱县、安达市、肇东市、海伦市。

按 15 元/平方米执行地区：牡丹江市东宁市、绥芬河市、穆棱市，佳木斯市抚远市、同江市、桦南县，鸡西市鸡东县、虎林市、密山市，双鸭山市友谊县、饶河县、宝清县，伊春市嘉荫县，鹤岗市萝北县、绥滨县，黑河市爱辉区、逊克县、孙吴县，大兴安岭地区加格达奇区、松岭区、新林区、呼中区、呼玛县、塔河县、漠河市。

2. 伊春市按照国务院批复全面完成行政区划调整后，伊美区、乌翠区、友好区、金林区、汤旺县、丰林县、大箐山县、南岔县耕地占用税适用税额按 17 元/平方米执行。

上述决定自 2019 年 9 月 1 日起施行。2008 年 11 月 3 日省政府发布的《黑龙江省耕地占用税实施办法》（黑政发〔2008〕88 号）同时废止。（《黑龙江省人民代表大会常务委员会关于黑龙江省耕地占用税适用税额的决定》）

基本规定

占用园地、林地、草地、农田水利用地、养殖水面、渔业水域滩涂以及其他农用地建设建筑物、构筑物或者从事非农业建设的，依照《耕地占用税法》的规定缴纳耕地占用税。

占用上述规定的农用地的，适用税额可以适当低于本地区按照《耕地占用税法》第四条第二款确定的适用税额，但降低的部分不得超过 50%。具体适用税额由省、自治区、直辖市人民政府提出，报同级人民代表大会常务委员会决定，并报全国人民代表大会常务委员会和国务院备案。

❖ **政策解析**

黑龙江省规定：

占用园地、林地、草地、农田水利用地、养殖水面、渔业水域滩涂以及其他农用地建设建筑物、构筑物或者从事非农业建设的，适用税额按占用耕地适用税额的 80% 执行。（《黑龙江省人民代表大会常务委员会关于黑龙江省耕地占用税适用税额的决定》第三条）

基本规定

在人均耕地低于 0.5 亩的地区，省、自治区、直辖市可以根据当地经济发展情况，适当提高耕地占用税的适用税额，但提高的部分不得超过《耕地占用税法》第四条第二款确定的适用税额的 50%。具体适用税额按照《耕地占用税法》第四条第二款规定的程序确定。

❖ **政策解析**

黑龙江省规定：

不提高人均耕地面积低于0.5亩的地区耕地占用税适用税额。（《黑龙江省人民代表大会常务委员会关于黑龙江省耕地占用税适用税额的决定》第二条）

🔲 **基本规定**

占用基本农田的，应当按照《耕地占用税法》第四条第二款或者第五条确定的当地适用税额，加按150%征收。

❖ **政策解析**

基本农田，是指依据《基本农田保护条例》划定的基本农田保护区范围的耕地。（《耕地占用税法实施办法》第四条）

下列耕地应当划入基本农田保护区，严格管理：

（1）经国务院有关主管部门或者县级以上地方人民政府批准确定的粮、棉、油生产基地内的耕地；

（2）有良好的水利与水土保持设施的耕地，正在实施改造计划以及可以改造的中、低产田；

（3）蔬菜生产基地；

（4）农业科研、教学试验田。

根据土地利用总体规划，铁路、公路等交通沿线，城市和村庄、集镇建设用地区周边的耕地，应当优先划入基本农田保护区；需要退耕还林、还牧、还湖的耕地，不应当划入基本农田保护区。[《基本农田保护条例》（国务院令第257号）第十条]

四、计税依据

🔲 **基本规定**

耕地占用税以纳税人实际占用的耕地面积为计税依据，按照规定的适用税额一次性征收。

❖ **政策解析**

实际占用的耕地面积，包括经批准占用的耕地面积和未经批准占用的耕地面积。（《耕地占用税法实施办法》第三条）

五、应纳税额计算

📖 基本规定

……应纳税额为纳税人实际占用的耕地面积（平方米）乘以适用税额。

❖ **政策解析**

耕地占用税以纳税人实际占用的应税土地面积为计税依据，以每平方米土地为计税单位，按适用的定额税率计税。应纳税额为纳税人实际占用的应税土地面积（平方米）乘以适用税额。其计算公式为：

$$应纳税额 = 应税土地面积 \times 适用税额$$

应税土地面积包括经批准占用面积和未经批准占用面积，以平方米为单位。适用税额是指省、自治区、直辖市人民代表大会常务委员会决定的应税土地所在地县级行政区的现行适用税额。[《国家税务总局关于耕地占用税征收管理有关事项的公告》（国家税务总局公告 2019 年第 30 号）第一条]

加按 150% 征收耕地占用税的计算公式为：

$$应纳税额 = 应税土地面积 \times 适用税额 \times 150\%$$

[《国家税务总局关于耕地占用税征收管理有关事项的公告》（国家税务总局公告 2019 年第 30 号）第二条]

六、税收优惠

📖 基本规定

军事设施、学校、幼儿园、社会福利机构、医疗机构占用耕地，免征耕地占用税。

铁路线路、公路线路、飞机场跑道、停机坪、港口、航道、水利工程占用耕地，减按每平方米 2 元的税额征收耕地占用税。

农村居民在规定用地标准以内占用耕地新建自用住宅，按照当地适用税额减半征收耕地占用税；其中农村居民经批准搬迁，新建自用住宅占用耕地不超过原宅基地面积的部分，免征耕地占用税。

农村烈士遗属、因公牺牲军人遗属、残疾军人以及符合农村最低生活保障条件的农村居民，在规定用地标准以内新建自用住宅，免征耕地占用税。

根据国民经济和社会发展的需要，国务院可以规定免征或者减征耕地占用税的其他情形，报全国人民代表大会常务委员会备案。

❖ **政策解析**

免税的军事设施，是指《中华人民共和国军事设施保护法》第二条所列建筑物、场地和设备。具体包括：指挥机关，地面和地下的指挥工程、作战工程；军用机场、港口、码头；营区、训练场、试验场；军用洞库、仓库；军用通信、侦察、导航、观测台站，测量、导航、助航标志；军用公路、铁路专用线，军用通信、输电线路，军用输油、输水管道；边防、海防管控设施；国务院和中央军事委员会规定的其他军事设施。[《国家税务总局关于耕地占用税征收管理有关事项的公告》（国家税务总局公告2019年第30号）第三条第（一）项]

免税的学校，具体范围包括县级以上人民政府教育行政部门批准成立的大学、中学、小学、学历性职业教育学校和特殊教育学校，以及经省级人民政府或其人力资源社会保障行政部门批准成立的技工院校。学校内经营性场所和教职工住房占用耕地的，按照当地适用税额缴纳耕地占用税。（《耕地占用税法实施办法》第六条）

免税的幼儿园，具体范围限于县级以上人民政府教育行政部门批准成立的幼儿园内专门用于幼儿保育、教育的场所。（《耕地占用税法实施办法》第七条）

免税的社会福利机构，是指依法登记的养老服务机构、残疾人服务机构、儿童福利机构及救助管理机构、未成年人救助保护机构内专门为老年人、残疾人、未成年人及生活无着落的流浪乞讨人员提供养护、康复、托管等服务的场所。[《国家税务总局关于耕地占用税征收管理有关事项的公告》（国家税务总局公告2019年第30号）第三条第（二）项第一款]

养老服务机构，是指为老年人提供养护、康复、托管等服务的老年人社会福利机构。具体包括老年社会福利院、养老院（或老人院）、老年公寓、护老院、护养院、敬老院、托老所、老年人服务中心等。[《国家税务总局关于耕地占用税征收管理有关事项的公告》（国家税务总局公告2019年第30号）第三条第（二）项第二款]

残疾人服务机构，是指为残疾人提供养护、康复、托管等服务的社会福利机构。具体包括为肢体、智力、视力、听力、语言、精神方面有残疾的人员提供康复和功能补偿的辅助器具，进行康复治疗、康复训练，承担教育、养护和托管服务的社会福利机构。[《国家税务总局关于耕地占用税征收管理有关事项的公告》（国家税务总局公告2019年第30号）第三条第（二）项第三款]

儿童福利机构，是指为孤、弃、残儿童提供养护、康复、医疗、教育、托管等服务的儿童社会福利服务机构。具体包括儿童福利院、社会福利院、SOS儿童村、孤儿学校、残疾儿童康复中心、社区特教班等。[《国家税务总局关于耕地占用税征收管理有关事项的公告》（国家税务总局公告2019年第30号）第三条第（二）项第四款]

社会救助机构，是指为生活无着的流浪乞讨人员提供寻亲、医疗、未成年人教育、离站等服务的救助管理机构。具体包括县级以上人民政府设立的救助管理站、未成年人救助保护中心等专门机构。[《国家税务总局关于耕地占用税征收管理有关事项的公告》（国家税务总局公告2019年第30号）第三条第（二）项第五款]

免税的医疗机构，具体范围限于县级以上人民政府卫生健康行政部门批准设立的医疗机构内专门从事疾病诊断、治疗活动的场所及其配套设施。（《耕地占用税法实施办法》第九条）

减税的铁路线路，具体范围限于铁路路基、桥梁、涵洞、隧道及其按照规定两侧留地、防火隔离带。专用铁路和铁路专用线占用耕地的，按照当地适用税额缴纳耕地占用税。（《耕地占用税法实施办法》第十条）

减税的公路线路，是指经批准建设的国道、省道、县道、乡道和属于农村公路的村道的主体工程以及两侧边沟或者截水沟。具体包括高速公路、一级公路、二级公路、三级公路、四级公路和等外公路的主体工程及两侧边沟或者截水沟。[《国家税务总局关于耕地占用税征收管理有关事项的公告》（国家税务总局公告 2019 年第 30 号）第三条第（四）项]

专用公路和城区内机动车道占用耕地的，按照当地适用税额缴纳耕地占用税。（《耕地占用税法实施办法》第十一条）

减税的飞机场跑道、停机坪，具体范围限于经批准建设的民用机场专门用于民用航空器起降、滑行、停放的场所。（《耕地占用税法实施办法》第十二条）

减税的港口，具体范围限于经批准建设的港口内供船舶进出、停靠以及旅客上下、货物装卸的场所。（《耕地占用税法实施办法》第十三条）

减税的航道，具体范围限于在江、河、湖泊、港湾等水域内供船舶安全航行的通道。（《耕地占用税法实施办法》第十四条）

减税的水利工程，具体范围限于经县级以上人民政府水利行政主管部门批准建设的防洪、排涝、灌溉、引（供）水、滩涂治理、水土保持、水资源保护等各类工程及其配套和附属工程的建筑物、构筑物占压地和经批准的管理范围用地。（《耕地占用税法实施办法》第十五条）

其他减免税政策规定：

1. 自 2019 年 1 月 1 日至 2021 年 12 月 31 日，对增值税小规模纳税人可以在 50% 的税额幅度内减征耕地占用税。[《财政部　税务总局关于实施小微企业普惠性税收减免政策的通知》（财税〔2019〕13 号）第三条]

黑龙江省规定：

按照国家上限制定了我省增值税小规模纳税人减征 50% "六税两费"政策。[《黑龙江省财政厅　黑龙江省税务局转发〈财政部　税务总局关于实施小微企业普惠性税收减免政策的通知〉的通知》（黑财规审〔2019〕1 号）第一条]

2. 自 2022 年 1 月 1 日至 2024 年 12 月 31 日，由省、自治区、直辖市人民政府根据本地区实际情况，以及宏观调控需要确定，对增值税小规模纳税人、小型微利企业和个体工商户可以在 50% 的税额幅度内减征耕地占用税。[《财政部　税务总局关于进一

步实施小微企业"六税两费"减免政策的公告》（财政部　税务总局公告 2022 年第 10 号）第一条]

黑龙江省规定：

2022 年 1 月 1 日至 2024 年 12 月 31 日，对全省增值税小规模纳税人、小型微利企业和个体工商户实行减征 50% 耕地占用税。[《黑龙江省财政厅　国家税务总局黑龙江省税务局关于实施小微企业"六税两费"减免政策的公告》（黑龙江省财政厅　国家税务总局黑龙江省税务局公告 2022 年第 2 号）第一条]

3. 增值税小规模纳税人、小型微利企业和个体工商户已依法享受资源税、城市维护建设税、房产税、城镇土地使用税、印花税、耕地占用税、教育费附加、地方教育附加其他优惠政策的，可叠加享受"六税两费"优惠政策。[《财政部　税务总局关于进一步实施小微企业"六税两费"减免政策的公告》（财政部　税务总局公告 2022 年第 10 号）第二条]

4. 对北京 2022 年冬奥会场馆及其配套设施建设占用耕地，免征耕地占用税。[《财政部　税务总局　海关总署关于北京 2022 年冬奥会和冬残奥会税收政策的通知》（财税〔2017〕60 号）第一条]

耕地占用税减免优惠实行"自行判别、申报享受、有关资料留存备查"办理方式。纳税人根据政策规定自行判断是否符合优惠条件，符合条件的，纳税人申报享受税收优惠，并将有关资料留存备查。纳税人对留存材料的真实性和合法性承担法律责任。

符合耕地占用税减免条件的纳税人，应留存下列材料：

（1）军事设施占用应税土地的证明材料；

（2）学校、幼儿园、社会福利机构、医疗机构占用应税土地的证明材料；

（3）铁路线路、公路线路、飞机场跑道、停机坪、港口、航道、水利工程占用应税土地的证明材料；

（4）农村居民建房占用土地及其他相关证明材料；

（5）其他减免耕地占用税情形的证明材料。

[《国家税务总局关于耕地占用税征收管理有关事项的公告》（国家税务总局公告 2019 年第 30 号）第九条]

基本规定

依照《耕地占用税法》第七条第一款、第二款规定免征或者减征耕地占用税后，纳税人改变原占地用途，不再属于免征或者减征耕地占用税情形的，应当按照当地适用税额补缴耕地占用税。

❖ **政策解析**

纳税人改变原占地用途，不再属于免征或减征情形的，应自改变用途之日起 30 日

内申报补缴税款，补缴税款按改变用途的实际占用耕地面积和改变用途时当地适用税额计算。(《耕地占用税法实施办法》第十七条)

七、征收管理

基本规定

耕地占用税由税务机关负责征收。

耕地占用税的纳税义务发生时间为纳税人收到自然资源主管部门办理占用耕地手续的书面通知的当日。纳税人应当自纳税义务发生之日起30日内申报缴纳耕地占用税。

自然资源主管部门凭耕地占用税完税凭证或者免税凭证和其他有关文件发放建设用地批准书。

❖ **政策解析**

纳税人占用耕地，应当在耕地所在地申报纳税。(《耕地占用税法实施办法》第二十八条)

纳税人改变原占地用途，需要补缴耕地占用税的，其纳税义务发生时间为改变用途当日，具体为：经批准改变用途的，纳税义务发生时间为纳税人收到批准文件的当日；未经批准改变用途的，纳税义务发生时间为自然资源主管部门认定纳税人改变原占地用途的当日。[《国家税务总局关于耕地占用税征收管理有关事项的公告》(国家税务总局公告2019年第30号)第四条]

未经批准占用耕地的，耕地占用税纳税义务发生时间为自然资源主管部门认定的纳税人实际占用耕地的当日。(《耕地占用税法实施办法》第二十七条)

因挖损、采矿塌陷、压占、污染等损毁耕地的纳税义务发生时间为自然资源、农业农村等相关部门认定损毁耕地的当日。(《耕地占用税法实施办法》第二十七条)

因挖损、采矿塌陷、压占、污染等损毁耕地属于税法所称的非农业建设，应依照税法规定缴纳耕地占用税；自自然资源、农业农村等相关部门认定损毁耕地之日起3年内依法复垦或修复，恢复种植条件的，比照《耕地占用税法》第十一条规定办理退税。(《耕地占用税法实施办法》第十九条)

耕地占用税纳税人依法纳税申报时，应填报《耕地占用税纳税申报表》，同时依占用应税土地的不同情形分别提交下列材料：

(1) 农用地转用审批文件复印件；

(2) 临时占用耕地批准文件复印件；

(3) 未经批准占用应税土地的，应提供实际占地的相关证明材料复印件。

其中第（1）项和第（2）项，纳税人提交的批准文书信息能够通过政府信息共享获取的，纳税人只需要提供上述材料的名称、文号、编码等信息供查询验证，不再提交材料复印件。[《国家税务总局关于耕地占用税征收管理有关事项的公告》（国家税务总局公告2019年第30号）第七条]

主管税务机关接收纳税人申报资料后，应审核资料是否齐全、是否符合法定形式、填写内容是否完整、项目间逻辑关系是否相符。审核无误的即时受理；审核发现问题的当场一次性告知应补正资料或不予受理原因。[《国家税务总局关于耕地占用税征收管理有关事项的公告》（国家税务总局公告2019年第30号）第八条]

基本规定

纳税人因建设项目施工或者地质勘查临时占用耕地，应当依照《耕地占用税法》的规定缴纳耕地占用税。纳税人在批准临时占用耕地期满之日起1年内依法复垦，恢复种植条件的，全额退还已经缴纳的耕地占用税。

❖ **政策解析**

纳税人临时占用耕地，是指经自然资源主管部门批准，在一般不超过2年内临时使用耕地并且没有修建永久性建筑物的行为。依法复垦应由自然资源主管部门会同有关行业管理部门认定并出具验收合格确认书。（《耕地占用税法实施办法》第十八条）

纳税人符合《耕地占用税法》第十一条、《耕地占用税法实施办法》第十九条的规定申请退税的，纳税人应提供身份证明查验，并提交以下材料复印件：

（1）税收缴款书、税收完税证明；

（2）复垦验收合格确认书。

[《国家税务总局关于耕地占用税征收管理有关事项的公告》（国家税务总局公告2019年第30号）第十条]

基本规定

税务机关应当与相关部门建立耕地占用税涉税信息共享机制和工作配合机制。县级以上地方人民政府自然资源、农业农村、水利等相关部门应当定期向税务机关提供农用地转用、临时占地等信息，协助税务机关加强耕地占用税征收管理。

税务机关发现纳税人的纳税申报数据资料异常或者纳税人未按照规定期限申报纳税的，可以提请相关部门进行复核，相关部门应当自收到税务机关复核申请之日起30日内向税务机关出具复核意见。

耕地占用税的征收管理，依照《耕地占用税法》和《税收征收管理法》的规定执行。

❖ **政策解析**

县级以上地方人民政府自然资源、农业农村、水利、生态环境等相关部门向税务机关提供的农用地转用、临时占地等信息，包括农用地转用信息、城市和村庄集镇按批次建设用地转而未供信息、经批准临时占地信息、改变原占地用途信息、未批先占农用地查处信息、土地损毁信息、土壤污染信息、土地复垦信息、草场使用和渔业养殖权证发放信息等。

各省、自治区、直辖市人民政府应当建立健全本地区跨部门耕地占用税部门协作和信息交换工作机制。（《耕地占用税法实施办法》第三十条）

纳税人占地类型、占地面积和占地时间等纳税申报数据材料以自然资源等相关部门提供的相关材料为准；未提供相关材料或者材料信息不完整的，经主管税务机关提出申请，由自然资源等相关部门自收到申请之日起 30 日内出具认定意见。（《耕地占用税法实施办法》第三十一条）

纳税人的纳税申报数据资料异常或者纳税人未按照规定期限申报纳税的，包括下列情形：

（1）纳税人改变原占地用途，不再属于免征或者减征耕地占用税情形，未按照规定进行申报的。

（2）纳税人已申请用地但尚未获得批准先行占地开工，未按照规定进行申报的。

（3）纳税人实际占用耕地面积大于批准占用耕地面积，未按照规定进行申报的。

（4）纳税人未履行报批程序擅自占用耕地，未按照规定进行申报的。

（5）其他应提请相关部门复核的情形。

（《耕地占用税法实施办法》第三十二条）

📖 基本规定

在农用地转用环节，用地申请人能证明建设用地人符合税法第七条第一款规定的免税情形的，免征用地申请人的耕地占用税；在供地环节，建设用地人使用耕地用途符合税法第七条第一款规定的免税情形的，由用地申请人和建设用地人共同申请，按退税管理的规定退还用地申请人已经缴纳的耕地占用税。（《耕地占用税法实施办法》第二十九条）

❖ 政策解析

纳税人、建设用地人符合《耕地占用税法实施办法》第二十九条规定共同申请退税的，纳税人、建设用地人应提供身份证明查验，并提交以下材料复印件：

（1）纳税人应提交税收缴款书、税收完税证明；

（2）建设用地人应提交使用耕地用途符合免税规定的证明材料。［《国家税务总局关于耕地占用税征收管理有关事项的公告》（国家税务总局公告 2019 年第 30 号）第十一条］

第二节　习题演练

一、单选题

1. 下列占用耕地的行为，不征收耕地占用税的是（　　）。

    A. 农田水利设施占用耕地

    B. 医院内职工住房占用耕地

    C. 公路线路占用耕地

    D. 城区内机动车道占用耕地

【参考答案】A

【答案解析】根据《耕地占用税法》第二条和第七条第二款规定，占用耕地建设农田水利设施的，不缴纳耕地占用税，选项A当选。铁路线路、公路线路、飞机场跑道、停机坪、港口、航道、水利工程占用耕地，减按每平方米2元的税额征收耕地占用税。根据《耕地占用税法实施办法》第九条规定，医疗机构内职工住房占用耕地的，按照当地适用税额缴纳耕地占用税。

2. 耕地占用税法所称"草地"，不包括（　　）。

    A. 天然牧草地

    B. 沼泽草地

    C. 人工牧草地

    D. 公园内草地

【参考答案】D

【答案解析】根据《耕地占用税法实施办法》第二十二条规定，草地，包括天然牧草地、沼泽草地、人工牧草地，以及用于农业生产并已由相关行政主管部门发放使用权证的草地。选项D当选。

3. 耕地占用税征管工作中，县级以上地方人民政府自然资源、农业农村、水利、生态环境等相关部门向税务机关提供的农用地转用、临时占地等信息，不包括（　　）。

    A. 经批准临时占地信息

    B. 用地权证发放信息

    C. 土壤污染信息

    D. 改变原占地用途信息

【参考答案】B

【答案解析】根据《耕地占用税法实施办法》第三十条规定，县级以上地方人民政府自然资源、农业农村、水利、生态环境等相关部门向税务机关提供的农用地转用、临时占地等信息，包括农用地转用信息、城市和村庄集镇按批次建设用地转而未供信息、经批准临时占地信息、改变原占地用途信息、未批先占农用地查处信息、土地损毁信息、土壤污染信息、土地复垦信息、草场使用和渔业养殖权证发放信息等。选项 B 当选。

4. 纳税人占地类型、占地面积和占地时间等纳税申报数据材料以自然资源等相关部门提供的相关材料为准；未提供相关材料或者材料信息不完整的，经主管税务机关提出申请，由自然资源等相关部门自收到申请之日起（　　）日内出具认定意见。

    A. 10

    B. 15

    C. 30

    D. 60

【参考答案】C

【答案解析】根据《耕地占用税法实施办法》第三十一条规定，纳税人占地类型、占地面积和占地时间等纳税申报数据材料以自然资源等相关部门提供的相关材料为准；未提供相关材料或者材料信息不完整的，经主管税务机关提出申请，由自然资源等相关部门自收到申请之日起 30 日内出具认定意见。选项 C 当选。

5. 下列农村人员在规定用地标准以内新建自用住宅不能免征耕地占用税的是（　　）。

    A. 退伍军人

    B. 农村烈士遗属

    C. 因公牺牲军人遗属

    D. 符合农村最低生活保障条件的农村居民

【参考答案】A

【答案解析】根据《耕地占用税法》第七条规定，农村烈士遗属、因公牺牲军人遗属、残疾军人以及符合农村最低生活保障条件的农村居民，在规定用地标准以内新建自用住宅，免征耕地占用税。选项 A 当选。

6. 下列关于耕地占用税的说法，正确的是（　　）。

    A. 占用菜地开发花圃属于耕地占用税征收范围

    B. 集体土地不属于耕地占用税征税范围

    C. 占用市区加工厂厂区用地造宿舍属于耕地占用税征税范围

    D. 占用渔业水域滩涂建体育设施属于耕地占用税征税范围

【参考答案】D

【答案解析】根据《耕地占用税法》第二条规定，在中华人民共和国境内占用耕地建设建筑物、构筑物或者从事非农业建设的单位和个人，为耕地占用税的纳税人，应当依照规定缴纳耕地占用税。开发花圃属于从事农业建设，选项 A 不当选。根据《耕地占用税法》第二条规定，在中华人民共和国境内占用耕地建设建筑物、构筑物或者从事非农业建设的单位和个人，为耕地占用税纳税人。该法所称耕地，是指用于种植的土地。土地与耕地不等同，选项 B 不正确。第十二条规定，占用园地、林地、草地、农田水利用地、养殖水面、渔业水域滩涂以及其他农用地建设建筑物、构筑物或者从事非农业建设的，依照规定缴纳耕地占用税。选项 D 当选。

7. 某铁路公司为增值税一般纳税人，历年企业所得税汇缴均不是小微企业。经批准新建办公楼占用耕地 2 万平方米，建职工住宅占用耕地 1 万平方米，建铁路专用线占用耕地 500 万平方米，建地方铁路线占用耕地 2300 万平方米，当地适用耕地占用税税额 25 元/平方米，该铁路公司应该缴纳耕地占用税（   ）万元。

  A. 4675   B. 12575

  C. 17175   D. 57575

【参考答案】C

【答案解析】根据《耕地占用税法》第七条规定，铁路线路、公路线路、飞机场跑道、停机坪、港口、航道、水利工程占用耕地，减按每平方米 2 元的税额征收耕地占用税。根据《耕地占用税法实施办法》第十条规定，减税的铁路线路，具体范围限于铁路路基、桥梁、涵洞、隧道及其按照规定两侧留地、防火隔离带。专用铁路和铁路专用线占用耕地的，按照当地适用税额缴纳耕地占用税。因此，新建办公楼占用耕地、建职工住宅占用耕地、建铁路专用线占用耕地应按照当地适用税额缴纳耕地占用税，建地方铁路线占用耕地减按每平方米 2 元的税额征收耕地占用税。该铁路公司应该缴纳耕地占用税 =（2 + 1 + 500）×25 + 2300×2 = 17175（万元），选项 C 当选。

8. 某企业为一般纳税人，经自然资源部门批准临时占用基本农田 6000 平方米，临时占用期为 2019 年 2 月 15 日至 2021 年 2 月 15 日，已按照规定申报缴纳了耕地占用税，当地耕地占用税适用税额 30 元/平方米。2022 年 3 月 15 日，该企业取得复垦验收单位出具的验收证明"完成 5500 平方米耕地复垦"。该企业可以申请退还的耕地占用税额为（   ）万元。

  A. 0   B. 30

  C. 8   D. 16.5

【参考答案】A

【答案解析】根据《耕地占用税法》第十一条规定，纳税人因建设项目施工或者地质勘查临时占用耕地，应当依照该法的规定缴纳耕地占用税。纳税人在批准临时占用耕地期满之日起一年内依法复垦，恢复种植条件的，全额退还已经缴纳的耕地占用税。根据《耕地占用税法实施办法》第十八条规定，临时占用耕地，是指经自然资源主管部门批准，在一般不超过 2 年内临时使用耕地并且没有修建永久性建筑物的行为。依法复垦应由自然资源主管部门会同有关行业管理部门认定并出具验收合格确认书。该企业超出了复垦时间期限，不予退还。选项 A 当选。

9. 2021 年 8 月，某地铁路公司（增值税一般纳税人）在 A 地进行铁路建设项目，经批准占用基本农田 6 万平方米，非基本农田 10 万平方米，其中，火车站占用基本农田 3 万平方米，堆货场占用基本农田 3 万平方米、非基本农田 2 万平方米，职工宿舍占用非基本农田 0.5 万平方米，铁路专用线占用非基本农田 1 万平方米，铁路路基占用非基本农田 5 万平方米，桥梁占用非基本农田 0.5 万平方米，两侧留地及防火隔离带占用非基本农田 1 万平方米，该市耕地占用税适用税额为 40 元/平方米。则该铁路建设公司应缴纳的耕地占用税为（　　）万元。

A. 32   B. 513

C. 480   D. 780

【参考答案】B

【答案解析】根据《耕地占用税法》第六条规定，占用基本农田的，应当按照该法第四条第二款或者第五条确定的当地适用税额，加按 150% 征收。第七条规定，铁路线路、公路线路、飞机场跑道、停机坪、港口、航道、水利工程占用耕地，减按每平方米 2 元的税额征收耕地占用税。根据《耕地占用税法实施办法》第十条规定，减税的铁路线路，具体范围限于铁路路基、桥梁、涵洞、隧道及其按照规定两侧留地、防火隔离带。专用铁路和铁路专用线占用耕地的，按照当地适用税额缴纳耕地占用税。因此，该铁路公司应纳耕地占用税 = 6×40×150% +（2 + 0.5 + 1）×40 +（5 + 0.5 + 1）×2 = 513（万元）。选项 B 当选。

10. 下列耕地占用行为，减按每平方米 2 元的税额征收耕地占用税的是（　　）。

    A. 铁路线路、港口、航道占用耕地

    B. 农村居民新建住宅占用耕地

    C. 军事设施占用耕地

    D. 学校占用耕地

【参考答案】A

【答案解析】根据《耕地占用税法》第七条规定：军事设施、学校、幼儿园、社会福利机构、医疗机构占用耕地，免征耕地占用税；铁路线路、公路线路、飞机场跑道、停机坪、港口、航道、水利工程占用耕地，减按每平方米 2 元的税额征收耕地占用税；农村居民在规定用地标准以内占用耕地新建自用住宅，按照当地适用税额减半征收耕地占用税。选项 A 当选。

11. 下列属于耕地占用税的征税范围的是（　　）。

A. 占用菜地开发花圃

B. 占用林地从事非农建设

C. 占用耕地开发经济林

D. 占用耕地开发茶园

【参考答案】B

【答案解析】根据《耕地占用税法》第十二条规定，占用园地、林地、草地、农田水利用地、养殖水面、渔业水域滩涂以及其他农用地建设建筑物、构筑物或者从事非农业建设的，依照规定缴纳耕地占用税。选项A、C、D都属于从事农业建设不当选。选项B当选。

12. 下列关于耕地占用税征收管理的表述，不正确的是（   ）。

A. 耕地占用税以批准占用的耕地面积为计税依据

B. 耕地占用税的纳税义务发生时间为纳税人收到自然资源主管部门办理占用耕地手续的书面通知的当日

C. 纳税人应当自纳税义务发生之日起30日内申报缴纳耕地占用税

D. 纳税人因建设项目施工临时占用耕地，应当依照规定缴纳耕地占用税

【参考答案】A

【答案解析】根据《耕地占用税法》第三条规定，耕地占用税以纳税人实际占用的耕地面积为计税依据，按照规定的适用税额一次性征收，应纳税额为纳税人实际占用的耕地面积（平方米）乘以适用税额。根据《耕地占用税法实施办法》规定，实际占用的耕地面积，包括经批准占用的耕地面积和未经批准占用的耕地面积。选项A当选。

13. 下列不能享受耕地占用税免税政策的是（   ）。

A. 学校

B. 医疗机构

C. 航道

D. 社会福利机构

【参考答案】C

【答案解析】根据《耕地占用税法》第七条规定，军事设施、学校、幼儿园、社会福利机构、医疗机构占用耕地，免征耕地占用税。铁路线路、公路线路、飞机场跑道、停机坪、港口、航道、水利工程占用耕地，减按每平方米2元的税额征收耕地占用税。选项C当选。

14. 根据《耕地占用税法》，税务机关发现纳税人的纳税申报数据资料异常或者纳税人未按照规定期限申报纳税的，可以提请相关部门进行复核，相关部门应当自收到税务机关复核申请之日起一定期限内向税务机关出具复核意见。上述"一定期限"是

（　　）日。

  A. 10   B. 15

  C. 30   D. 60

【参考答案】C

【答案解析】根据《耕地占用税法》第十三条规定，税务机关发现纳税人的纳税申报数据资料异常或者纳税人未按照规定期限申报纳税的，可以提请相关部门进行复核，相关部门应当自收到税务机关复核申请之日起30日内向税务机关出具复核意见。选项C当选。

15. 2018年7月，军人赵某因公致残。2023年12月，赵某占用耕地（基本农田）自建住宅180平方米，已知当地自用住宅规定标准面积为145平方米，占用耕地适用税额为35元/平方米，"六税两费"政策按照最高优惠标准执行。赵某需要缴纳的耕地占用税税额为（　　）元。

  A. 612.5   B. 918.75

  C. 1837.5   D. 4725

【参考答案】B

【答案解析】根据《耕地占用税法》第六条规定，占用基本农田的，应当按照该法第四条第二款或者第五条确定的当地适用税额，加按150%征收。第七条规定，农村烈士遗属、因公牺牲军人遗属、残疾军人以及符合农村最低生活保障条件的农村居民，在规定用地标准以内新建自用住宅，免征耕地占用税。根据《财政部　税务总局关于进一步支持小微企业和个体工商户发展有关税费政策的公告》（财政部　税务总局公告2023年第12号）规定，自2023年1月1日至2027年12月31日，对增值税小规模纳税人、小型微利企业和个体工商户减半征收资源税（不含水资源税）、城市维护建设税、房产税、城镇土地使用税、印花税（不含证券交易印花税）、耕地占用税和教育费附加、地方教育附加。赵某属于小规模纳税人可以享受减半征收耕地占用税。因此，赵某需要缴纳的耕地占用税 =（180 - 145）×35×150%×50% =918.75（元）。选项B当选。

16. 结合《耕地占用税法》所附《各省、自治区、直辖市耕地占用税平均税额表》分析，下列说法错误的是（　　）。

  A. 各地耕地占用税平均税额共被划分为9档

  B. 每档耕地占用税平均税额之间相差5元

  C. 上海的耕地占用税平均税额最高

  D. 北京的耕地占用税平均税额为40元/平方米

【参考答案】B

【答案解析】根据《耕地占用税法》所附《各省、自治区、直辖市耕地占用税平均税额表》规定，各地平均税额共被划分为9档；每档税额之间相差并不都为5元，第五档和第六档之间相差2.5元；上海的耕地占用税平均税额最高，为45元/平方米；北京的耕地占用税平均税额为40元/平方米。选项B当选。

17. 某县甲小学（增值税小规模纳税人）2019年8月经县教育局批准成立，当月经批准占用1500平方米耕地建设教学楼，占用200平方米耕地建设校园超市，以上占地情况均已按规定申报缴纳耕地占用税。2022年6月，由于地理位置原因，甲小学生源不足，甲小学师生按政府及主管部门规定归并至其他学校。甲小学随即转为校外培训机构（增值税小规模纳税人），仍使用原教学楼从事教学活动，校园超市未发生变动。已知2019年8月当地占用耕地适用税额为30元/平方米，2022年6月当地占用耕地适用税额为35元/平方米，当地"六税两费"政策按照最高优惠标准执行。2022年6月，甲小学需要补缴的耕地占用税额为（　　）元。

  A. 0   B. 22500

  C. 26250   D. 29750

【参考答案】C

【答案解析】根据《耕地占用税法实施办法》第六条规定，免征耕地占用税的学校，具体范围包括县级以上人民政府教育行政部门批准成立的大学、中学、小学，学历性职业教育学校和特殊教育学校，以及经省级人民政府或其人力资源社会保障行政部门批准成立的技工院校。学校内经营性场所和教职工住房占用耕地的，按照当地适用税额缴纳耕地占用税。第十七条规定，根据《耕地占用税法》第八条的规定，纳税人改变原占地用途，不再属于免征或减征情形的，应自改变用途之日起30日内申报补缴税款，补缴税款按改变用途的实际占用耕地面积和改变用途时当地适用税额计算。因此，2022年6月甲小学需要补缴的耕地占用税税额=1500×35×50%=26250（元）。选项C当选。

18. 2023年12月，农村居民钱某经批准占用林地1000平方米。其中，600平方米用于建造肉鸡养殖设施，280平方米用于自建农副产品加工厂房，120平方米用于自建住房。已知当地自用住宅规定标准面积为150平方米，占用林地适用税额为35元/平方米，"六税两费"政策按照最高优惠标准执行。钱某需要缴纳的耕地占用税税额为（　　）元。

  A. 3500   B. 5950

  C. 7000   D. 11900

【参考答案】B

【答案解析】根据《耕地占用税法》第十二条规定，占用园地、林地、草地、农田水利用地、养殖水面、渔业水域滩涂以及其他农用地建设建筑物、构筑物或者从事非农业建设的，依照该法的规定缴纳耕地占用税。占用上述规定的农用地建设直接为农业生产服务的生产设施的，不缴纳耕地占用税。根据《耕地占用税法实施办法》第二十六条规定，直接为农业生产服务的生产设施，是指直接为农业生产服务而建设的建筑物和构筑物。具体包括：储存农用机具和种子、苗木、木材等农业产品的仓储设施；培育、生产种子、种苗的设施；畜禽养殖设施；木材集材道、运材道；农业科研、试验、示范基地；野生动植物保护、护林、森林病虫害防治、森林防火、木材检疫的设施；专为农业生产服务的灌溉排水、供水、供电、供热、供气、通信基础设施；农业生产者从事农业生产必需的食宿和管理设施；其他直接为农业生产服务的生产设施。因此，占用林地建造肉鸡养殖设施不缴纳耕地占用税。根据《耕地占用税法》第七条规定，农村居民在规定用地标准以内占用耕地新建自用住宅，按照当地适用税额减半征收耕地占用税。根据《财政部 税务总局关于进一步支持小微企业和个体工商户发展有关税费政策的公告》（财政部 税务总局公告2023年第12号）规定，自2023年1月1日至2027年12月31日，对增值税小规模纳税人、小型微利企业和个体工商户减半征收资源税（不含水资源税）、城市维护建设税、房产税、城镇土地使用税、印花税（不含证券交易印花税）、耕地占用税和教育费附加、地方教育附加。钱某属于小规模纳税人，可以享受减半征收耕地占用税。因此，钱某需要缴纳的耕地占用税 = 280×35 ×50% + 120×35×50%×50% = 5950（元）。选项B当选。

19. 下列占用耕地的情形中，可减征耕地占用税的是（　　）。

    A. 飞机场占用耕地修建候机楼

    B. 农田水利设施占用耕地

    C. 专用铁路和铁路专用线占用耕地

    D. 水利工程占用耕地

【参考答案】D

【答案解析】根据《耕地占用税法》规定，铁路线路、公路线路、飞机场跑道、停机坪、港口、航道、水利工程占用耕地，减按每平方米2元的税额征收耕地占用税。选项D当选。

20. 甲市某企业为增值税小规模纳税人，2021年3月占用耕地500平方米建设厂房，同年7月占用耕地200平方米建设农田水利设施，已知占用的耕地适用的单位税额为30元/平方米，该省"六税两费"减征幅度按照国家规定的上限执行。则该企业2021年应缴纳的耕地占用税为（　　）元。

    A. 15000　　　　　　　　　　B. 21000

    C. 7500　　　　　　　　　　　D. 10500

【参考答案】C

【答案解析】根据《耕地占用税法》规定，占用耕地建设农田水利设施的，不缴纳耕地占用税。根据《财政部 税务总局关于实施小微企业普惠性税收减免政策的通知》（财税〔2019〕13 号）的规定，对增值税小规模纳税人可以在 50% 的税额幅度内减征耕地占用税。因此该企业 2021 年应缴纳的耕地占用税 = 500 × 30 × 50% = 7500（元）。选项 C 当选。

21. 下列关于耕地占用税纳税义务人的表述，错误的是（   ）。

    A. 在中华人民共和国境内占用耕地建设建筑物、构筑物或者从事非农业建设的单位和个人，为耕地占用税的纳税人

    B. 经批准占用耕地的，纳税人为农用地转用审批文件中标明的建设用地人

    C. 农用地转用审批文件中未标明建设用地人的，纳税人为用地申请人，其中用地申请人为各级人民政府的，由上级土地储备中心、自然资源主管部门或政府委托的其他部门、单位履行耕地占用税申报纳税义务

    D. 未经批准占用耕地的，纳税人为实际用地人

【参考答案】C

【答案解析】根据《耕地占用税法实施办法》第二条规定，农用地转用审批文件中未标明建设用地人的，纳税人为用地申请人，其中用地申请人为各级人民政府的，由同级土地储备中心、自然资源主管部门或政府委托的其他部门、单位履行耕地占用税申报纳税义务。选项 C 当选。

22. 甲市某企业是增值税一般纳税人，2021 年 3 月占用耕地 2 万平方米，建设一所中学（经县以上人民政府教育行政部门批准成立），所占耕地适用的单位税额为 20 元/平方米，其中，教职工住房占地 1000 平方米，校内附设的超市占地 500 平方米，该企业 2021 年需缴纳的耕地占用税为（   ）万元。

    A. 0   B. 1

    C. 2   D. 3

【参考答案】D

【答案解析】根据《耕地占用税法实施办法》第六条规定，免征耕地占用税的学校，具体范围包括县级以上人民政府教育行政部门批准成立的大学、中学、小学，学历性职业教育学校和特殊教育学校，以及经省级人民政府或其人力资源社会保障行政部门批准成立的技工院校。学校内经营性场所和教职工住房占用耕地的，按照当地适用税额缴纳耕地占用税。因此，该企业 2021 年应缴纳耕地占用税 = （1000 + 500） × 20 = 3（万元）。选项 D 当选。

23. 某企业 2021 年占用耕地 500 平方米，用于办公楼建设，所占耕地的耕地占用税适用的定额税率为 20 元/平方米，另外占用园地 100 平方米无偿为农民修建农业水利工程，该企业应缴纳耕地占用税（   ）元。

    A. 10000   B. 12000

    C. 5000   D. 6000

【参考答案】A

【答案解析】根据《耕地占用税法》第十二条规定，占用园地、林地、草地、农田水利用地、养殖水面、渔业水域滩涂以及其他农用地建设建筑物、构筑物或者从事非农业建设的，依照该法的规定缴纳耕地占用税。占用上述规定的农用地建设直接为农业生产服务的生产设施的，不缴纳耕地占用税。根据《耕地占用税法实施办法》第二十六条规定，直接为农业生产服务的生产设施，是指直接为农业生产服务而建设的建筑物和构筑物。具体包括：储存农用机具和种子、苗木、木材等农业产品的仓储设施；培育、生产种子、种苗的设施；畜禽养殖设施；木材集材道、运材道；农业科研、试验、示范基地；野生动植物保护、护林、森林病虫害防治、森林防火、木材检疫的设施；专为农业生产服务的灌溉排水、供水、供电、供热、供气、通信基础设施；农业生产者从事农业生产必需的食宿和管理设施；其他直接为农业生产服务的生产设施。因此，占用园地100平方米无偿为农民修建农业水利工程不需要缴纳耕地占用税，占用耕地建造办公楼需要缴纳耕地占用税。该企业应缴纳耕地占用税 = 500 × 20 = 10000（元）。选项 A 当选。

24. 关于耕地占用税纳税义务发生时间的规定，下列表述不正确的是（   ）。

    A. 农业农村等相关部门认定损毁耕地的当日

    B. 收到自然资源主管部门发放建设用地批准书的当日

    C. 自然资源主管部门认定的纳税人实际占用耕地的当日

    D. 收到自然资源主管部门办理占用耕地手续的书面通知的当日

【参考答案】B

【答案解析】根据《耕地占用税法》第十条规定，耕地占用税的纳税义务发生时间为纳税人收到自然资源主管部门办理占用耕地手续的书面通知的当日。根据《耕地占用税法实施办法》第二十七条规定，未经批准占用耕地的，耕地占用税纳税义务发生时间为自然资源主管部门认定的纳税人实际占用耕地的当日。因挖损、采矿塌陷、压占、污染等损毁耕地的纳税义务发生时间为自然资源、农业农村等相关部门认定损毁耕地的当日。选项 B 当选。

25. 耕地占用税实行四级地区差别幅度定额税率，以县级行政区为单位，按人均耕地面积确定适用税额，每级税额中最高单位税额是最低单位税额的一定倍数。这里的一定倍数是（   ）倍。

    A. 2   B. 3

    C. 5   D. 10

【参考答案】C

【答案解析】根据《耕地占用税法》第四条规定，耕地占用税的税额如下：①人均耕地不超过1亩的地区（以县、自治县、不设区的市、市辖区为单位，下同），每平方米为 10 元至 50 元；②人均耕地超过 1 亩但不超过 2 亩的地区，每平方米为 8 元至 40 元；③人均耕地超过 2 亩但不超过 3 亩的地区，每平方米为 6 元至 30 元；④人均耕地超过 3 亩的地区，每平方米为 5 元至 25 元。选项 C 当选。

26. 耕地占用税属于对特定土地资源占用课税。下列应缴纳耕地占用税的是（　　）。

    A. 占用养殖滩涂养殖林蛙

    B. 占用基本农田修建公路

    C. 占用茶园种植果树

    D. 占用菜地改建苗圃

【参考答案】B

【答案解析】根据《耕地占用税法》第十二条规定，占用园地、林地、草地、农田水利用地、养殖水面、渔业水域滩涂以及其他农用地建设建筑物、构筑物或者从事非农业建设的，依照规定缴纳耕地占用税。选项 B 当选。

27. 根据《耕地占用税法》规定，下列占用耕地的单位和个人，不需要缴纳耕地占用税的是（　　）。

    A. 占用耕地建设水土保持工程的甲村委会

    B. 占用养殖水面开办垂钓园的乙村农民张先生

    C. 取得农用地转用审批文件的某市土地储备中心

    D. 占用防护林与农田之间树影地种植经济作物的村民

【参考答案】D

【答案解析】根据《耕地占用税法》第二条规定，在中华人民共和国境内占用耕地建设建筑物、构筑物或者从事非农业建设的单位和个人，为耕地占用税的纳税人，应当依照规定缴纳耕地占用税。第七条规定，铁路线路、公路线路、飞机场跑道、停机坪、港口、航道、水利工程占用耕地，减按每平方米 2 元的税额征收耕地占用税。第十二条规定，占用园地、林地、草地、农田水利用地、养殖水面、渔业水域滩涂以及其他农用地建设建筑物、构筑物或者从事非农业建设的，依照规定缴纳耕地占用税。选项 B 不当选。选项 D 当选。

28. 根据耕地占用税的相关规定，在人均耕地低于 0.5 亩的地区，省、自治区、直辖市可以根据当地经济发展情况，适当提高耕地占用税的适用税额，但提高的部分不得超过确定适用税额的（　　）。

    A. 20%　　　　　　　　B. 30%

    C. 50%　　　　　　　　D. 100%

【参考答案】C

【答案解析】根据《耕地占用税法》第五条规定，在人均耕地低于 0.5 亩的地区，省、自治区、直辖市可以根据当地经济发展情况，适当提高耕地占用税的适用税额，但提高的部分不得超过《耕地占用税法》第四条第二款确定的适用税额的50%。具体适用税额按照《耕地占用税法》第四条第二款规定的程序确定。选项C当选。

29. 某企业占用林地40万平方米建造生态高尔夫球场，还占用林地100万平方米开发经济林木，所占耕地适用的定额税率为20元/平方米。该企业应缴纳耕地占用税（　　）万元。

    A. 800　　　　　　　　　B. 1400

    C. 2000　　　　　　　　 D. 2800

【参考答案】A

【答案解析】根据《耕地占用税法》第十二条规定，占用园地、林地、草地、农田水利用地、养殖水面、渔业水域滩涂以及其他农用地建设建筑物、构筑物或者从事非农业建设的，依照该法的规定缴纳耕地占用税。该企业开发经济林木占地属于农业建设用地，不属于耕地占用税的征税范围，不缴纳耕地占用税；建造生态高尔夫球场占地属于从事非农业建设，应缴纳耕地占用税＝40×20＝800（万元）。选项A当选。

30. 下列可以按照当地适用税额减半征收耕地占用税的是（　　）。

    A. 供电部门占用耕地新建变电站

    B. 农村居民在规定用地标准以内占用耕地新建自用住宅

    C. 市政部门占用耕地新建自来水厂

    D. 国家机关占用耕地新建办公楼

【参考答案】B

【答案解析】根据《耕地占用税法》第七条规定，农村居民在规定用地标准以内占用耕地新建自用住宅，按照当地适用税额减半征收耕地占用税；其中农村居民经批准搬迁，新建自用住宅占用耕地不超过原宅基地面积的部分，免征耕地占用税。选项B当选。

31. 下列公路线路不能享受耕地占用税减按2元征税优惠的是（　　）。

    A. 四级公路

    B. 等外公路

    C. 乡道两侧边沟

    D. 城区内机动车道

【参考答案】D

【答案解析】根据《耕地占用税法实施办法》第十一条规定，减税的公路线路，具体范围限于经批准建设的国道、省道、县道、乡道和属于农村公路的村道的主体工程以及两侧边沟或者截水沟，具体包括高速公路、一级公路、二级公路、三级公路、四级公路和等外公路的主体工程及两侧边沟或者截水沟。专用公路和城区内机动车道占用耕地的，按照当地适用税额缴纳耕地占用税。选项 D 当选。

32. 2022 年 4 月，某特殊教育学校（经市政府批准成立，不符合"六税两费"减免条件）占用耕地 70000 平方米，其中，校办工厂占地 19000 平方米，图书馆占地 760 平方米，教学用地 7720 平方米，教职工宿舍占地 4670 平方米，体育场占地 37850 平方米，已知该地区耕地占用税为 32 元/平方米。该学校应缴纳的耕地占用税税额为（   ）元。

    A. 58720   B. 117440

    C. 378720   D. 757440

【参考答案】D

【答案解析】根据《耕地占用税法实施办法》第六条规定，免征耕地占用税的学校，具体范围包括县级以上人民政府教育行政部门批准成立的大学、中学、小学，学历性职业教育学校和特殊教育学校，以及经省级人民政府或其人力资源社会保障行政部门批准成立的技工院校。学校内经营性场所和教职工住房占用耕地的，按照当地适用税额缴纳耕地占用税。该学校应当缴纳的耕地占用税税额 =（19000 + 4670）×32 = 757440（元）。选项 D 当选。

33. 2021 年 8 月，某高铁线路建设公司（增值税一般纳税人）占用耕地 3 万平方米用于建设办公楼，占用耕地 4 万平方米用于建设高铁线路。该公司 2021 年 8 月应缴纳耕地占用税（   ）万元。（耕地占用税税额为每平方米 15 元）

    A. 36   B. 44

    C. 53   D. 105

【参考答案】C

【答案解析】根据《耕地占用税法》第七条规定，铁路线路、公路线路、飞机场跑道、停机坪、港口、航道、水利工程占用耕地，减按每平方米 2 元的税额征收耕地占用税。该公司应缴纳耕地占用税 = 3×15 + 4×2 = 53（万元）。选项 C 当选。

34. 农村居民张某 2023 年 12 月经批准占用耕地 2500 平方米，其中，2300 平方米改成茶园，200 平方米用于新建自用住宅（在规定用地标准以内）。张某应缴纳耕地占用税（   ）元。（当地耕地占用税税额为每平方米 20 元，"六税两费"减免政策按最高比例执行）

    A. 1000   B. 2000

    C. 4000   D. 6000

【参考答案】A

【答案解析】根据《耕地占用税法》第七条规定，农村居民在规定用地标准以内占用耕地新建自用住宅，按照当地适用税额减半征收耕地占用税；其中农村居民经批准搬迁，新建自用住宅占用耕地不超过原宅基地面积的部分，免征耕地占用税。根据

《财政部　税务总局关于进一步支持小微企业和个体工商户发展有关税费政策的公告》（财政部　税务总局公告 2023 年第 12 号）规定，自 2023 年 1 月 1 日至 2027 年 12 月 31 日，对增值税小规模纳税人、小型微利企业和个体工商户减半征收资源税（不含水资源税）、城市维护建设税、房产税、城镇土地使用税、印花税（不含证券交易印花税）、耕地占用税和教育费附加、地方教育附加。因此，张某应缴纳耕地占用税 = 200 × 20 × 50% × 50% = 1000（元）。选项 A 当选。

35. 某烘干厂是个体工商户，2022 年 5 月经批准占用基本农田 478 平方米建造烘干塔。已知该厂所在地区适用的耕地占用税税额标准为 26 元/平方米，顶格减征"六税两费"。该烘干厂当月应缴纳的耕地占用税税额为（　　）元。

    A. 0　　　　　　　　　　　　B. 6214

    C. 9321　　　　　　　　　　　D. 12428

【参考答案】C

【答案解析】根据《耕地占用税法》第六条规定，占用基本农田的，应当按照该法第四条第二款或者第五条确定的当地适用税额，加按 150% 征收。该烘干厂应缴纳的耕地占用税税额 = 478 × 26 × 150% × 50% = 9321（元）。选项 C 当选。

36. 《耕地占用税法》规定了免征或减征耕地占用税的情形，除此之外，根据国民经济和社会发展需要，可以规定免征或减征耕地占用税的其他情形的是（　　）。

    A. 国务院

    B. 省级人民政府

    C. 地级人民政府

    D. 县级人民政府

【参考答案】A

【答案解析】根据《耕地占用税法》第七条第五款规定，根据国民经济和社会发展需要，国务院可以规定免征或减征耕地占用税的其他情形，报全国人民代表大会常务委员会备案。选项 A 当选。

37. 根据现行规定，纳税人享受耕地占用税税收优惠，相关资料的管理方式为（　　）。

    A. 事前核准　　　　　　　　　B. 事后备案

    C. 以报代备　　　　　　　　　D. 留存备查

【参考答案】D

【答案解析】根据《耕地占用税法实施办法》第十六条规定，纳税人符合《耕地占用税法》第七条规定情形，享受免征或者减征耕地占用税的，应当留存相关证明资料备查。根据《国家税务总局关于城镇土地使用税等"六税一费"优惠事项资料留存备查的公告》（国家税务总局公告 2019 年第 21 号）前言表述，对城镇土地使用税、房产税、耕地占用税、车船税、印花税、城市维护建设税、教育费附加享受优惠有关资料实行留存备查管理方式。选项 D 当选。

38. A 市某农业合作社为增值税小规模纳税人，2022 年 4 月，经批准占用 1300 平方米的园地（其中：1000 平方米用于培育灌木茶树，300 平方米为职工宿舍）。已知 A市适用的耕地占用税的税额标准为 25 元/平方米，自 2019 年起，当地按照国家最高幅度实施"六税两费"减免的优惠政策。该农业合作社应缴纳的耕地占用税税额为（   ）元。

    A. 0   B. 1875

    C. 3750   D. 7500

【参考答案】C

【答案解析】根据《耕地占用税法》第十二条规定，占用园地、林地、草地、农田水利用地、养殖水面、渔业水域滩涂以及其他农用地建设建筑物、构筑物或者从事非农业建设的，依照规定缴纳耕地占用税。同时国家规定减免"六税两费"的最高幅度是 50%，则该农业合作社应缴纳耕地占用税 = 300 × 25 × 50% = 3750（元）。选项 C当选。

39. A 村低保户李某经批准占用 1300 平方米的渔业水域滩涂，其中，1200 平方米用于养殖河蟹，100 平方米为李某一家 4 口新建住房。已知当地耕地占用税的税额标准为 28 元/平方米，村民宅基地标准为每人 20 平方米，当地按照国家最高幅度实施"六税两费"减免的优惠政策。李某应缴纳的耕地占用税税额为（   ）元。

    A. 280   B. 560

    C. 1400   D. 2800

【参考答案】A

【答案解析】根据《耕地占用税法》第七条规定，农村烈士遗属、因公牺牲军人遗属、残疾军人以及符合农村最低生活保障条件的农村居民，在规定用地标准以内新建自用住宅，免征耕地占用税。李先生为低保户，在规定标准内［即 80 平方米（20 × 4）］新建住宅，免征耕地占用税，超出标准部分的 20 平方米（100 - 80）正常征收，国家规定减免"六税两费"的最高幅度是 50%，则李先生应缴纳的耕地占用税税额 =20 × 28 × 50% = 280（元）。选项 A 当选。

40. 根据《耕地占用税法》规定，下列占地行为，不属于耕地占用税征税范围的是（   ）。

    A. 甲公司占用耕地种植"万寿菊"

    B. 乙公司占用耕地修建企业围墙

    C. 丙村农民占用耕地修建烤烟房

    D. 丁村委会占用耕地修建村委会办公楼

【参考答案】A

【答案解析】根据《耕地占用税法》第二条规定，在中华人民共和国境内占用耕地建设建筑物、构筑物或者从事非农业建设的单位和个人，为耕地占用税的纳税人，应当依照规定缴纳耕地占用税。种植"万寿菊"属于从事农业建设。选项 A 当选。

41. 下列占地行为中，需缴纳耕地占用税的是（   ）。

    A. 占用林地修建工业仓库

    B. 占用园地开发草莓种植园区

    C. 占用渔业水域滩涂进行规模化养殖肉鸭

    D. 占用种植玉米的农田种植经济作物"月见草"

【参考答案】A

【答案解析】根据《耕地占用税法》第二条规定，在中华人民共和国境内占用耕地建设建筑物、构筑物或者从事非农业建设的单位和个人，为耕地占用税的纳税人，应当依照规定缴纳耕地占用税。第十二条规定，占用园地、林地、草地、农田水利用地、养殖水面、渔业水域滩涂以及其他农用地建设建筑物、构筑物或者从事非农业建设的，依照规定缴纳耕地占用税。选项 B、C、D 属于从事农业生产建设。选项 A 当选。

42. 中华人民共和国第十三届全国人民代表大会常务委员会第七次会议通过《耕地占用税法》的时间是（   ）。

    A. 2018 年 12 月 28 日

    B. 2018 年 12 月 29 日

    C. 2018 年 12 月 30 日

    D. 2018 年 12 月 31 日

【参考答案】B

【答案解析】根据《耕地占用税法》前言部分表述，《耕地占用税法》由中华人民共和国第十三届全国人民代表大会常务委员会第七次会议于 2018 年 12 月 29 日通过。选项 B 当选。

43. 在耕地占用税管理中，自然资源主管部门发放建设用地批准书，凭借的资料是（   ）。

    A. 农用地转用审批文件

    B. 实际占用耕地的相关证明材料

    C. 耕地占用税申报报表及相关材料

    D. 耕地占用税完税凭证或者免税凭证和其他有关文件

【参考答案】D

【答案解析】根据《耕地占用税法》第十条规定，自然资源主管部门凭耕地占用税完税凭证或者免税凭证和其他有关文件发放建设用地批准书。选项 D 当选。

44. 纳税人因建设项目施工临时占用耕地，按照规定已缴纳耕地占用税，在批准临时占用耕地期满之日起一定期限内依法复垦，恢复种植条件的，全额退还已经缴纳的耕地占用税，上述期限指（　　）。

　　A. 纳税人在批准临时占用耕地期满之日起半年内

　　B. 纳税人在批准临时占用耕地期满之日起 1 年内

　　C. 纳税人在批准临时占用耕地期满之日起 2 年内

　　D. 纳税人在正式使用临时占用耕地期满之日起 1 年内

【参考答案】B

【答案解析】根据《耕地占用税法》第十一条规定，纳税人因建设项目施工或者地质勘查临时占用耕地，应当依照该法的规定缴纳耕地占用税。纳税人在批准临时占用耕地期满之日起 1 年内依法复垦，恢复种植条件的，全额退还已经缴纳的耕地占用税。选项 B 当选。

45. 占用渔业水域滩涂，适用税额可以适当降低，但降低的部分不得超过（　　）。

　　A. 30%　　　　　　　　B. 40%

　　C. 50%　　　　　　　　D. 60%

【参考答案】C

【答案解析】根据《耕地占用税法》第十二条规定，占用园地、林地、草地、农田水利用地、养殖水面、渔业水域滩涂以及其他农用地建设建筑物、构筑物或者从事非农业建设的，依照规定缴纳耕地占用税。占用上述规定的农用地的，适用税额可以适当低于本地区按照该法第四条第二款确定的适用税额，但降低的部分不得超过 50%。具体适用税额由省、自治区、直辖市人民政府提出，报同级人民代表大会常务委员会决定，并报全国人民代表大会常务委员会和国务院备案。选项 C 当选。

46. 依法享受减征免征耕地占用税优惠后，纳税人改变原有用途的，不再属于免征或减征情形，下列处理正确的是（　　）。

　　A. 超过 5 年的，无须补税

　　B. 改变用途之日起 60 日内申报补税

　　C. 改变用途之日起 45 日内申报补税，补缴税款按原占用时当地适用税额计算

　　D. 改变用途之日起 30 日内申报补税，补缴税款按改变用途时当地适用税额计算

【参考答案】D

【答案解析】根据《耕地占用税法实施办法》第十七条规定，根据《耕地占用税法》第八条规定，纳税人改变原占地用途，不再属于免征或减征情形的，应自改变用途之日起 30 日内申报补缴税款，补缴税款按改变用途的实际占用耕地面积和改变用途

时当地适用税额计算。选项 D 当选。

47. 学校、幼儿园占用耕地，免征耕地占用税。免税的学校、幼儿园需经人民政府教育行政部门批准成立，上述人民政府指（　　）。

    A. 乡级以上

    B. 县级以上

    C. 省级以上

    D. 国家级以上

【参考答案】B

【答案解析】根据《耕地占用税法实施办法》第六条第一款规定，免征耕地占用税的学校，具体范围包括县级以上人民政府教育行政部门批准成立的大学、中学、小学，学历性职业教育学校和特殊教育学校，以及经省级人民政府或其人力资源社会保障行政部门批准成立的技工院校。第七条规定，免税的幼儿园，具体范围限于县级以上人民政府教育行政部门批准成立的幼儿园内专门用于幼儿保育、教育的场所。选项 B 当选。

二、多选题

1. 符合耕地占用税减免条件的纳税人，应留存的材料有（　　）。

    A. 军事设施占用应税土地的证明材料

    B. 学校、幼儿园、社会福利机构、医疗机构占用应税土地的证明材料

    C. 复垦验收合格确认书

    D. 临时占用耕地批准文件

    E. 农村居民建房占用土地及其他相关证明材料

【参考答案】ABE

【答案解析】根据《国家税务总局关于耕地占用税征收管理有关事项的公告》（国家税务总局公告 2019 年第 30 号）第九条规定，符合耕地占用税减免条件的纳税人，应留存下列材料：①军事设施占用应税土地的证明材料；②学校、幼儿园、社会福利机构、医疗机构占用应税土地的证明材料；③铁路线路、公路线路、飞机场跑道、停机坪、港口、航道、水利工程占用应税土地的证明材料；④农村居民建房占用土地及其他相关证明材料；⑤其他减免耕地占用税情形的证明材料。

2. 下列关于耕地占用税税额的说法，正确的有（　　）。

    A. 考虑到我国各地区差异较大实情，耕地占用税法将具体适用税额制定权赋予了地方，各省、自治区、直辖市耕地占用税适用税额的平均水平，不得低于《耕地占用税法》所附《各省、自治区、直辖市耕地占用税平均税额表》规定的平均税额

B. 考虑到不同地区经济发展水平不同，资源稀缺程度不同，耕地占用税每档税额均有较大变化幅度

C. 各省、自治区、直辖市人民政府可以在税法提出的税率幅度内决定本区域范围内各县市的具体适用税额

D. 人均耕地低于0.5亩地区的适用税额确定程序可以与各地确定本地区具体适用税额的程序不同

E. 平均税额是各省、自治区、直辖市制定本辖区各地区耕地占用税适用税额的约束性标准

【参考答案】ABE

【答案解析】根据《耕地占用税法》第四条和第五条规定，各地区耕地占用税的适用税额，由省、自治区、直辖市人民政府根据人均耕地面积和经济发展等情况，在《耕地占用税法》第四条规定的税额幅度内提出，报同级人民代表大会常务委员会决定，并报全国人民代表大会常务委员会和国务院备案，选项C错误；人均耕地低于0.5亩地区的适用税额确定程序与各地确定本地区具体适用税额的程序相同，选项D错误。

3. 关于耕地占用税纳税义务发生时间，下列说法正确的有（   ）。

A. 损毁耕地的纳税义务发生时间为自然资源主管部门认定损毁耕地的当日

B. 未经批准占用耕地的，耕地占用税纳税义务发生时间为自然资源主管部门认定的纳税人实际占用耕地的当日

C. 经批准改变用途的，纳税义务发生时间为批准文件生效的当日

D. 未经批准改变用途的，纳税义务发生时间为自然资源主管部门认定纳税人改变原占地用途的当日

E. 经批准占用耕地的纳税人，纳税义务发生时间为纳税人收到自然资源主管部门办理占用耕地手续的书面通知的当日

【参考答案】BDE

【答案解析】根据《耕地占用税法实施办法》第二十七条规定，未经批准占用耕地的，耕地占用税纳税义务发生时间为自然资源主管部门认定的纳税人实际占用耕地的当日。因挖损、采矿塌陷、压占、污染等损毁耕地的纳税义务发生时间为自然资源、农业农村等相关部门认定损毁耕地的当日；选项A错误，选项B正确。根据《国家税务总局关于耕地占用税征收管理有关事项的公告》（国家税务总局公告2019年第30号）第四条规定，根据《耕地占用税法》第八条规定，纳税人改变原占地用途，需要补缴耕地占用税的，其纳税义务发生时间为改变用途当日，具体为：经批准改变用途的，纳税义务发生时间为纳税人收到批准文件的当日；未经批准改变用途的，纳税义务发生时间为自然资源主管部门认定纳税人改变原占地用途的当日；选项C错误，选项D正确。根据《耕地占用税法》第十条规定，耕地占用税的纳税义务发生时间为纳

税人收到自然资源主管部门办理占用耕地手续的书面通知的当日；选项 E 正确。

4. 耕地占用税纳税人依法纳税申报时，应依占用应税土地的不同情形提供材料，下列属于纳税人需要提交的材料的有（　　）。

　　A. 农用地转用审批文件复印件

　　B. 临时占用耕地批准文件复印件

　　C. 损毁耕地认定文件复印件

　　D. 未经批准占用应税土地的，应提供实际占地的相关证明材料复印件

　　E. 实际占用耕地认定文件复印件

【参考答案】ABD

【答案解析】根据《国家税务总局关于耕地占用税征收管理有关事项的公告》（国家税务总局公告 2019 年第 30 号）第七条规定，耕地占用税纳税人依法纳税申报时，应填报《耕地占用税纳税申报表》，同时依占用应税土地的不同情形分别提交下列材料：①农用地转用审批文件复印件；②临时占用耕地批准文件复印件；③未经批准占用应税土地的，应提供实际占地的相关证明材料复印件。

其中第①项和第②项，纳税人提交的批准文书信息能够通过政府信息共享获取的，纳税人只需要提供上述材料的名称、文号、编码等信息供查询验证，不再提交材料复印件。选项 A、B、D 当选。

5. 下列用地行为，应征收耕地占用税的有（　　）。

　　A. 修建铁路线路占用耕地

　　B. 学校内的教职工住房占用耕地

　　C. 地面和地下的指挥工程、作战工程

　　D. 修建军用港口占用耕地

　　E. 修建飞机场停机坪占用耕地

【参考答案】ABE

【答案解析】根据《耕地占用税法》第七条规定，军事设施、学校、幼儿园、社会福利机构、医疗机构占用耕地，免征耕地占用税；选项 C、D 不当选，属于免征耕地占用税的行为。铁路线路、公路线路、飞机场跑道、停机坪、港口、航道、水利工程占用耕地，减按每平方米 2 元的税额征收耕地占用税。根据《耕地占用税法实施办法》第六条规定，学校内经营性场所和教职工住房占用耕地的，按照当地适用税额缴纳耕地占用税；选项 A、B、E 当选。

6. 下列为耕地占用税纳税人的有（　　）。

　　A. 占用耕地建设办公楼的甲县财政局

　　B. 占用耕地建设厂房的乙公司

　　C. 占用耕地从事非农业建设的丙某

D. 占用耕地建设农田水利设施的丁县水利局

E. 未经批准占用耕地的 A 企业

【参考答案】ABCE

【答案解析】根据《耕地占用税法》第二条规定，在中华人民共和国境内占用耕地建设建筑物、构筑物或者从事非农业建设的单位和个人，为耕地占用税的纳税人，应当依照规定缴纳耕地占用税。占用耕地建设农田水利设施的，不缴纳耕地占用税，选项 D 情形不缴纳耕地占用税。根据《耕地占用税法实施办法》第二条规定，未经批准占用耕地的，纳税人为实际用地人。选项 E 当选。

7. 下列关于耕地占用税纳税人说法，正确的有（   ）。

A. 经批准占用耕地的，纳税人为农用地转用审批文件中标明的建设用地人

B. 农用地转用审批文件中未标明建设用地人的，纳税人为用地申请人

C. 用地申请人为各级人民政府的，由自然资源主管部门委托实际用地人履行耕地占用税申报纳税义务

D. 用地申请人为各级人民政府的，由同级土地储备中心、自然资源主管部门或政府委托的其他部门、单位履行耕地占用税申报纳税义务

E. 经批准临时占用耕地的，纳税人为实际用地人

【参考答案】ABDE

【答案解析】根据《耕地占用税法实施办法》第二条规定，经批准占用耕地的，纳税人为农用地转用审批文件中标明的建设用地人；农用地转用审批文件中未标明建设用地人的，纳税人为用地申请人，其中用地申请人为各级人民政府的，由同级土地储备中心、自然资源主管部门或政府委托的其他部门、单位履行耕地占用税申报纳税义务。根据《耕地占用税法》第十一条规定，纳税人因建设项目施工或者地质勘查临时占用耕地，应当依照规定缴纳耕地占用税。

8. 根据耕地占用税相关政策规定，下列属于儿童福利机构的有（   ）。

A. 社会福利院

B. SOS 儿童村

C. 残疾儿童康复中心

D. 社区特教班

E. 未成年人救助保护中心

【参考答案】ABCD

【答案解析】根据《国家税务总局关于耕地占用税征收管理有关事项的公告》（国家税务总局公告 2019 年第 30 号）第三条规定，儿童福利机构，是指为孤、弃、残儿童提供养护、康复、医疗、教育、托管等服务的儿童社会福利服务机构。具体包括儿童福利院、社会福利院、SOS 儿童村、孤儿学校、残疾儿童康复中心、社区特教班等。

9. 根据《耕地占用税法》及相关政策规定，下列表述正确的有（　　）。

　　A. 甲企业占用耕地建设农田桥涵，甲企业是耕地占用税的纳税人

　　B. 乙企业经批准占用耕地，农用地转用审批文件中标明的建设用地人乙企业是耕地占用税的纳税人

　　C. 丙市人民政府经批准占用耕地，农用地转用审批文件中标明建设用地人，可以由丙市人民政府委托某房地产开发企业履行纳税义务

　　D. 丁县人民政府经批准占用耕地，农用地转用审批文件中未标明建设用地人，可以由上级自然资源管理局履行纳税义务

　　E. 戊企业未经批准实际占用耕地，戊企业是耕地占用税的纳税人

【参考答案】BCE

【答案解析】根据《耕地占用税法》第二条规定，占用耕地建设农田水利设施的，不缴纳耕地占用税。农田桥涵属于农田水利基础设施，选项 A 不当选。根据《耕地占用税法实施办法》第二条规定，经批准占用耕地的，纳税人为农用地转用审批文件中标明的建设用地人；选项 B 当选。农用地转用审批文件中未标明建设用地人的，纳税人为用地申请人，其中用地申请人为各级人民政府的，由同级土地储备中心、自然资源主管部门或政府委托的其他部门、单位履行耕地占用税申报纳税义务；选项 C 当选，选项 D 不当选。未经批准占用耕地的，纳税人为实际用地人；选项 E 当选。

10. 下列属于耕地占用税征税范围的有（　　）。

　　A. 占用耕地开发果园

　　B. 占用园地建设厂房

　　C. 占用菜地开发茶园

　　D. 占用林地建游乐场

　　E. 在草地上饲养牛羊

【参考答案】BD

【答案解析】根据《耕地占用税法》第十二条规定，占用园地、林地、草地、农田水利用地、养殖水面、渔业水域滩涂以及其他农用地建设建筑物、构筑物或者从事非农业建设的，依照规定缴纳耕地占用税。

11. 下列关于耕地占用税征收管理的表述，错误的有（　　）。

　　A. 纳税人占用耕地，应当在耕地所在地申报纳税

　　B. 纳税人应当自纳税义务发生之日起 15 日内申报缴纳耕地占用税

　　C. 耕地占用税的纳税义务发生时间为纳税人收到自然资源主管部门办理占用耕地手续的书面通知的次日

　　D. 纳税人在批准临时占用耕地期满之日起 2 年内依法复垦，恢复种植条件的，全额退还已经缴纳的耕地占用税

E. 耕地占用税的征收管理，依照《耕地占用税法》和《税收征收管理法》的规定执行

【参考答案】BCD

【答案解析】根据《耕地占用税法实施办法》第二十八条规定，纳税人占用耕地，应当在耕地所在地申报纳税。根据《耕地占用税法》规定，纳税人应当自纳税义务发生之日起 30 日内申报缴纳耕地占用税；耕地占用税的纳税义务发生时间为纳税人收到自然资源主管部门办理占用耕地手续的书面通知的当日。纳税人在批准临时占用耕地期满之日起 1 年内依法复垦，恢复种植条件的，全额退还已经缴纳的耕地占用税。耕地占用税的征收管理，依照该法和《税收征收管理法》的规定执行。

12. 下列关于耕地占用税纳税义务发生时间的说法，错误的有（   ）。

A. 未经批准占用耕地的，耕地占用税纳税义务发生时间为自然资源主管部门认定的纳税人实际占用耕地的当日

B. 因挖损、采矿塌陷、压占、污染等损毁耕地的纳税义务发生时间为自然资源、农业农村等相关部门认定损毁耕地的当日

C. 纳税人改变原占地用途，需要补缴耕地占用税，其纳税义务发生时间为改变用途的当日

D. 经批准占用耕地，为收到相关部门建设用地批准书之日

E. 经批准改变用途的，为自然资源主管部门认定纳税人改变用途的当日

【参考答案】DE

【答案解析】根据《耕地占用税法实施办法》第二十七条规定，未经批准占用耕地的，耕地占用税纳税义务发生时间为自然资源主管部门认定的纳税人实际占用耕地的当日。因挖损、采矿塌陷、压占、污染等损毁耕地的纳税义务发生时间为自然资源、农业农村等相关部门认定损毁耕地的当日。根据《国家税务总局关于耕地占用税征收管理有关事项的公告》（国家税务总局公告 2019 年第 30 号）第四条规定，纳税人改变原占地用途，需要补缴耕地占用税的，其纳税义务发生时间为改变用途当日。具体为：经批准改变用途的，纳税义务发生时间为纳税人收到批准文件的当日。根据《耕地占用税法》第十条规定，经批准占用耕地，耕地占用税的纳税义务发生时间为纳税人收到自然资源主管部门办理占用耕地手续的书面通知的当日。

13. 根据耕地占用税现行规定，下列占用耕地的行为，可免征耕地占用税的有（   ）。

A. 修建军事设施占用耕地

B. 扩建医疗机构占用耕地

C. 建设农田水利设施占用耕地

D. 创办社会福利机构占用耕地

E. 新建特殊教育学校占用耕地

【参考答案】ABDE

【答案解析】根据《耕地占用税法》第二条第二款规定，占用耕地建设农田水利设施的，不缴纳耕地占用税。第七条规定，军事设施、学校、幼儿园、社会福利机构、医疗机构占用耕地，免征耕地占用税。

14. 下列行为减按每平方米 2 元的税额征收耕地占用税的有（　　）。

  A. 农民建房占用耕地

  B. 港口工程占用耕地

  C. 铁路专用线路占用耕地

  D. 飞机场停机坪占用耕地

  E. 市区内机动车道占用耕地

【参考答案】BD

【答案解析】根据《耕地占用税法》第七条规定，铁路线路、公路线路、飞机场跑道、停机坪、港口、航道、水利工程占用耕地，减按每平方米 2 元的税额征收耕地占用税。根据《耕地占用税法实施办法》第十条规定，减税的铁路线路，具体范围限于铁路路基、桥梁、涵洞、隧道及其按照规定两侧留地、防火隔离带。专用铁路和铁路专用线占用耕地的，按照当地适用税额缴纳耕地占用税。根据《耕地占用税法实施办法》第十一条规定，专用公路和城区内机动车道占用耕地的，按照当地适用税额缴纳耕地占用税。

15. 经某市人民政府教育行政部门批准，A 特殊教育学校占用耕地 20 亩正式动工兴建。下列关于该学校占用耕地的建设行为，需要缴纳耕地占用税的有（　　）。

  A. 学校图书馆占用的耕地

  B. 学校教学楼占用的耕地

  C. 学校体育场占用的耕地

  D. 教职员工住房占用的耕地

  E. 学校内小型超市占用的耕地

【参考答案】DE

【答案解析】根据《耕地占用税法实施办法》第六条规定，免征耕地占用税的学校，具体范围包括县级以上人民政府教育行政部门批准成立的大学、中学、小学，学历性职业教育学校和特殊教育学校，以及经省级人民政府或其人力资源社会保障行政部门批准成立的技工院校。学校内经营性场所和教职工住房占用耕地的，按照当地适用税额缴纳耕地占用税。

16. 下列关于耕地占用税政策的说法，正确的有（　　）。

  A. 耕地占用税的计税依据是纳税人实际占用的耕地面积

B. 铁路线路工程占用耕地，免征耕地占用税

C. 省级人民政府提出、省级人民代表大会常务委员会决定各地耕地占用税的适用税额

D. 耕地占用税的纳税义务发生时间为纳税人收到自然资源主管部门办理占用耕地手续的书面通知的当日

【参考答案】ACD

【答案解析】根据《耕地占用税法》第七条规定，铁路线路、公路线路、飞机场跑道、停机坪、港口、航道、水利工程占用耕地，减按每平方米2元的税额征收耕地占用税。

17. 下列关于耕地占用税的说法，正确的有（   ）。

A. 耕地占用税由税务机关负责征收

B. 纳税人临时占用林地建设厂房，应当缴纳耕地占用税

C. 建设直接为农业生产服务的生产设施占用牧草地的，征收耕地占用税

D. 耕地占用税以纳税人实际占用的耕地面积为计税依据，按照规定的适用税额一次性征收

E. 纳税人在批准临时占用耕地期满之日起1年内依法复垦，恢复种植条件的，全额退还已经缴纳的耕地占用税

【参考答案】ABDE

【答案解析】根据《耕地占用税法》第十二条规定，占用园地、林地、草地、农田水利用地、养殖水面、渔业水域滩涂以及其他农用地建设建筑物、构筑物或者从事非农业建设的依照该法的规定缴纳耕地占用税；占用上述农用地建设直接为农业生产服务的生产设施的，不缴纳耕地占用税。根据《耕地占用税法》第十一条规定，纳税人在批准临时占用耕地期满之日起1年内依法复垦，恢复种植条件的，全额退还已经缴纳的耕地占用税。

18. 根据耕地占用税法规定，下列占地行为属于耕地占用税征税范围的有（   ）。

A. 甲公司占用耕地种植茉莉花

B. 乙公司占用耕地修建铁路专用线

C. 丙村农民占用耕地建造粮食烘干塔

D. 丁村委会占用耕地修建农用机具库

E. 戊煤矿采掘煤炭致天然牧草地沉陷

【参考答案】BCDE

【答案解析】根据《耕地占用税法》第二条规定，在中华人民共和国境内占用耕地建设建筑物、构筑物或者从事非农业建设的单位和个人，为耕地占用税的纳税人，

应当依照规定缴纳耕地占用税。种植茉莉花不属于用于非农业生产，选项 A 不当选。选项 B、C、D 均为建设建筑物、构筑物，当选。根据《耕地占用税法实施办法》第十九条规定，因挖损、采矿塌陷、压占、污染等损毁耕地属于税法所称的非农业建设，应依照税法规定缴纳耕地占用税；选项 E 当选。

19. 关于耕地占用税的减免税优惠，下列表述不正确的有（　　）。

　　A. 港口航道占用的耕地，免征耕地占用税

　　B. 铁路线路占用的耕地，减半征收耕地占用税

　　C. 低保户占用耕地新建住宅，免征耕地占用税

　　D. 占用林地建设商品房的，减半征收耕地占用税

　　E. 建设特殊教育学校占用耕地的，免征耕地占用税

【参考答案】ABCD

【答案解析】根据《耕地占用税法》第七条规定，军事设施、学校、幼儿园、社会福利机构、医疗机构占用耕地，免征耕地占用税。铁路线路、公路线路、飞机场跑道、停机坪、港口、航道、水利工程占用耕地，减按每平方米 2 元的税额征收耕地占用税。农村烈士遗属、因公牺牲军人遗属、残疾军人以及符合农村最低生活保障条件的农村居民，在规定用地标准以内新建自用住宅，免征耕地占用税。第十二条规定，占用园地、林地、草地、农田水利用地、养殖水面、渔业水域滩涂以及其他农用地建设建筑物、构筑物或者从事非农业建设的，依照规定缴纳耕地占用税。

20. 根据耕地占用税法相关规定，人均耕地超过 2 亩但不超过 3 亩的，耕地占用税的税额可能有（　　）。

　　A. 每平方米为 10 元

　　B. 每平方米为 20 元

　　C. 每平方米为 30 元

　　D. 每平方米为 40 元

　　E. 每平方米为 50 元

【参考答案】ABC

【答案解析】根据《耕地占用税法》第四条规定，耕地占用税的税额如下：①人均耕地不超过 1 亩的地区（以县、自治县、不设区的市、市辖区为单位，下同），每平方米为 10 元至 50 元；②人均耕地超过 1 亩但不超过 2 亩的地区，每平方米为 8 元至 40 元；③人均耕地超过 2 亩但不超过 3 亩的地区，每平方米为 6 元至 30 元；④人均耕地超过 3 亩的地区，每平方米为 5 元至 25 元。

21. 根据现行耕地占用税相关规定，下列土地不属于耕地占用税征税范围的有（　　）。

　　A. 种植火龙果的园地

  B. 城市内的绿化林地

  C. 乔木林地和灌木林地

  D. 公路征地范围内的林木用地

  E. 城镇村庄范围内的绿化林木用地

【参考答案】BDE

【答案解析】根据《耕地占用税法》第十二条规定，占用园地、林地、草地、农田水利用地、养殖水面、渔业水域滩涂以及其他农用地建设建筑物、构筑物或者从事非农业建设的，依照规定缴纳耕地占用税。根据《耕地占用税法实施办法》第二十条规定，园地，包括果园、茶园、橡胶园、其他园地。第二十一条规定，林地，包括乔木林地、竹林地、红树林地、森林沼泽、灌木林地、灌丛沼泽、其他林地，不包括城镇村庄范围内的绿化林木用地，铁路、公路征地范围内的林木用地，以及河流、沟渠的护堤林用地。

22. 根据现行耕地占用税的相关规定，下列表述不正确的有（ ）。

  A. 耕地占用税按年计算，一次性征收

  B. 纳税人占用耕地，应当在耕地所在地申报纳税

  C. 耕地占用税法所称耕地，是指用于种植农作物的土地

  D. 由税务机关负责征收，也可以委托自然资源部门代征

  E. 纳税人应当自纳税义务发生之日次月 15 日内申报缴纳耕地占用税

【参考答案】ADE

【答案解析】根据《耕地占用税法》第二条规定，耕地，是指用于种植农作物的土地。第三条规定，耕地占用税以纳税人实际占用的耕地面积为计税依据，按照规定的适用税额一次性征收，应纳税额为纳税人实际占用的耕地面积（平方米）乘以适用税额。第九条规定，耕地占用税由税务机关负责征收。第十条规定，耕地占用税的纳税义务发生时间为纳税人收到自然资源主管部门办理占用耕地手续的书面通知的当日。纳税人应当自纳税义务发生之日起 30 日内申报缴纳耕地占用税。根据《耕地占用税法实施办法》第二十八条规定，纳税人占用耕地，应当在耕地所在地申报纳税。

23. 根据现行耕地占用税的相关规定，纳税人的申报数据资料异常或未按照规定期限申报纳税的情形包括（ ）。

  A. 纳税人未履行报批程序擅自占用耕地，但主动进行申报的

  B. 纳税人未履行报批程序擅自占用耕地，未按照规定进行申报的

  C. 纳税人已申请用地但尚未获得批准先行占地开工，未按照规定进行申报的

  D. 纳税人实际占用耕地面积大于批准占用耕地面积，未按照规定进行申报的

  E. 纳税人改变原占地用途，不再属于免征或者减征耕地占用税情形，未按照规定进行申报的

【参考答案】BCDE

【答案解析】根据《耕地占用税法实施办法》第三十二条规定，纳税人的纳税申报数据资料异常或者纳税人未按照规定期限申报纳税的，包括下列情形：①纳税人改变原占地用途，不再属于免征或者减征耕地占用税情形，未按照规定进行申报的；②纳税人已申请用地但尚未获得批准先行占地开工，未按照规定进行申报的；③纳税人实际占用耕地面积大于批准占用耕地面积，未按照规定进行申报的；④纳税人未履行报批程序擅自占用耕地，未按照规定进行申报的；⑤其他应提请相关部门复核的情形。

24. 耕地占用税纳税人依法纳税申报时，应填报纳税申报表，同时依占用应税土地的不同情形分别提交的材料有（   ）。

    A. 农用地转用申请文件复印件

    B. 农用地转用审批文件复印件

    C. 临时占用耕地申请文件复印件

    D. 临时占用耕地批准文件复印件

    E. 未经批准占用应税土地的，实际占地的相关证明材料复印件

【参考答案】BDE

【答案解析】根据《国家税务总局关于耕地占用税征收管理有关事项的公告》（国家税务总局公告2019年第30号）第七条规定，耕地占用税纳税人依法纳税申报时，应填报《耕地占用税纳税申报表》，同时依占用应税土地的不同情形分别提交下列材料：①农用地转用审批文件复印件；②临时占用耕地批准文件复印件；③未经批准占用应税土地的，应提供实际占地的相关证明材料复印件。其中第①项和第②项，纳税人提交的批准文书信息能够通过政府信息共享获取的，纳税人只需要提供上述材料的名称、文号、编码等信息供查询验证，不再提交材料复印件。

25. 根据现行耕地占用税相关规定，下列各项土地不属于耕地占用税征税范围的有（   ）。

    A. 乔木林地

    B. 灌丛沼泽

    C. 河流沟渠的护堤林用地

    D. 公路征地范围内的林木用地

    E. 城镇村庄范围内的绿化林木用地

【参考答案】CDE

【答案解析】根据《耕地占用税法实施办法》第二十一条规定，林地，包括乔木林地、竹林地、红树林地、森林沼泽、灌木林地、灌丛沼泽、其他林地，不包括城镇村庄范围内的绿化林木用地，铁路、公路征地范围内的林木用地，以及河流、沟渠的护堤林用地。

26. 关于耕地占用税的税收优惠政策，下列表述不正确的有（　　）。

　　A. 医疗机构占用耕地，免征耕地占用税

　　B. 水利工程占用耕地，免征耕地占用税

　　C. 农村低保户新建自用住宅，免征耕地占用税

　　D. 农村居民占用耕地新建自用住宅，减半征收耕地占用税

　　E. 省级人民政府可以规定免征或者减征耕地占用税的其他情形

【参考答案】BCDE

【答案解析】根据《耕地占用税法》第七条规定，军事设施、学校、幼儿园、社会福利机构、医疗机构占用耕地，免征耕地占用税。铁路线路、公路线路、飞机场跑道、停机坪、港口、航道、水利工程占用耕地，减按每平方米 2 元的税额征收耕地占用税。农村居民在规定用地标准以内占用耕地新建自用住宅，按照当地适用税额减半征收耕地占用税；其中农村居民经批准搬迁，新建自用住宅占用耕地不超过原宅基地面积的部分，免征耕地占用税。农村烈士遗属、因公牺牲军人遗属、残疾军人以及符合农村最低生活保障条件的农村居民，在规定用地标准以内新建自用住宅，免征耕地占用税。根据国民经济和社会发展的需要，国务院可以规定免征或者减征耕地占用税的其他情形，报全国人民代表大会常务委员会备案。

27. 下列关于耕地占用税的税额，表达正确的有（　　）。

　　A. 人均耕地不超过 1 亩的地区，每平方米为 10 元至 60 元

　　B. 人均耕地超过 3 亩的地区，每平方米为 5 元至 25 元

　　C. 人均耕地超过 2 亩但不超过 3 亩的地区，每平方米为 6 元至 30 元

　　D. 人均耕地超过 1 亩但不超过 2 亩的地区，每平方米为 8 元至 40 元

　　E. 人均耕地超过 3 亩但不超过 4 亩的地区，每平方米为 5 元至 25 元

【参考答案】BCD

【答案解析】根据《耕地占用税法》第四条规定，耕地占用税的税额如下：①人均耕地不超过 1 亩的地区（以县、自治县、不设区的市、市辖区为单位，下同），每平方米为 10 元至 50 元；②人均耕地超过 1 亩但不超过 2 亩的地区，每平方米为 8 元至 40 元；③人均耕地超过 2 亩但不超过 3 亩的地区，每平方米为 6 元至 30 元；④人均耕地超过 3 亩的地区，每平方米为 5 元至 25 元。选项 B、C、D 当选。

28. 占用园地、林地、草地、农田水利用地、养殖水面，渔业水域滩涂以及其他农用地建设建筑物、构筑物或者从事非农业建设的，则耕地占用税（　　）。

　　A. 适用税额可适当降低，但降低的部分不得超过 30%

　　B. 适用税额可适当降低，但降低的部分不得超过 50%

　　C. 具体适用税额由省、自治区、直辖市人民政府提出

　　D. 具体适用税额由全国人民代表大会常务委员会决定

E. 具体适用税额由省级人大常委会决定，并报全国人大常委会和国务院备案

【参考答案】BCE

【答案解析】根据《耕地占用税法》第十二条规定，占用园地、林地、草地、农田水利用地、养殖水面、渔业水域滩涂以及其他农用地建设建筑物、构筑物或者从事非农业建设的，依照规定缴纳耕地占用税。占用第十二条第一款规定的农用地的，适用税额可以适当低于本地区按照该法第四条第二款确定的适用税额，但降低的部分不得超过50%。具体适用税额由省、自治区，直辖市人民政府提出，报同级人民代表大会常务委员会决定，并报全国人民代表大会常务委员会和国务院备案。选项B、C、E当选。

29. 下列关于耕地占用税有关规定的表述，正确的有（ ）。

A. 耕地占用税的纳税义务发生时间为占用耕地的当日

B. 建设直接为农业生产服务的生产设施而占用农用地的，应征收耕地占用税

C. 纳税人在批准临时占用耕地期满之日起3年内依法复垦，恢复种植条件的，全额退还已经缴纳的耕地占用税

D. 因挖损、采矿塌陷、压占、污染等损毁耕地的纳税义务发生时间为自然资源、农业农村等相关部门认定损毁耕地的当日

E. 纳税人因挖损、污染等损毁耕地，依法缴纳耕地占用税后，自相关部门认定损毁耕地之日起3年内依法复垦或修复，恢复种植条件的，可申请退税

【参考答案】DE

【答案解析】根据《耕地占用税法》第十条规定，耕地占用税的纳税义务发生时间为纳税人收到自然资源主管部门办理占用耕地手续的书面通知的当日。第十二条第一款、第三款规定，占用园地、林地、草地、农田水利用地、养殖水面、渔业水域滩涂以及其他农用地建设建筑物、构筑物或者从事非农业建设的，依照规定缴纳耕地占用税。占用上述规定的农用地建设直接为农业生产服务的生产设施的，不缴纳耕地占用税。第十一条规定，纳税人在批准临时占用耕地期满之日起1年内依法复垦，恢复种植条件的，全额退还已经缴纳的耕地占用税。根据《耕地占用税法实施办法》第十九条规定，因挖损、采矿塌陷、压占、污染等损毁耕地属于《耕地占用税法》所称的非农业建设，应依照《耕地占用税法》规定缴纳耕地占用税；自自然资源、农业农村等相关部门认定损毁耕地之日起3年内依法复垦或修复，恢复种植条件的，比照《耕地占用税法》第十一条规定办理退税。第二十七条规定，未经批准占用耕地的，耕地占用税纳税义务发生时间为自然资源主管部门认定的纳税人实际占用耕地的当日。因挖损、采矿塌陷、压占、污染等损毁耕地的纳税义务发生时间为自然资源、农业农村等相关部门认定损毁耕地的当日。选项D、E当选。

30. 省级人民政府提出各省市的耕地占用税适用税额，需要考虑的因素包括

（   ）。

    A. 农业人口数

    B. 人均纯收入

    C. 人均耕地面积

    D. 税收发展情况

    E. 经济发展情况

【参考答案】CE

【答案解析】根据《耕地占用税法》第四条第二款规定，各地区耕地占用税的适用税额，由省、自治区、直辖市人民政府根据人均耕地面积和经济发展等情况，在第四条第一款规定的税额幅度内提出，报同级人民代表大会常务委员会决定，并报全国人民代表大会常务委员会和国务院备案。各省、自治区、直辖市耕地占用税适用税额的平均水平，不得低于该法所附《各省、自治区、直辖市耕地占用税平均税额表》规定的平均税额。选项C、E当选。

三、判断题

1. 在供地环节，建设用地人使用耕地用途符合税法规定的免税情形的，由用地申请人和建设用地人共同申请，按退税管理的规定退还建设用地人已经缴纳的耕地占用税。（   ）

【参考答案】错误

【答案解析】根据《耕地占用税法实施办法》第二十九条规定，在供地环节，建设用地人使用耕地用途符合《耕地占用税法》第七条第一款规定的免税情形的，由用地申请人和建设用地人共同申请，按退税管理的规定退还用地申请人已经缴纳的耕地占用税。

2. 因挖损、采矿塌陷、压占、污染等损毁耕地的耕地占用税纳税义务发生时间为纳税人实际占用耕地的当日。（   ）

【参考答案】错误

【答案解析】根据《耕地占用税法实施办法》第二十七条规定，因挖损、采矿塌陷、压占、污染等损毁耕地的纳税义务发生时间为自然资源、农业农村等相关部门认定损毁耕地的当日。

3. 耕地占用税法规定的免税的社会福利机构，具体包括依法登记的养老院、老干部疗养院、儿童福利院、残疾人服务机构等。（   ）

【参考答案】错误

【答案解析】根据《耕地占用税法实施办法》第八条规定，免税的社会福利机构，具体范围限于依法登记的养老服务机构、残疾人服务机构、儿童福利机构、救助管理机构、未成年人救助保护机构内，专门为老年人、残疾人、未成年人、生活无着的流浪乞讨人员提供养护、康复、托管等服务的场所。

4. 城区内机动车道占用耕地的，减按每平方米 2 元的税额征收耕地占用税。（   ）

【参考答案】错误

【答案解析】根据《耕地占用税法实施办法》第十一条规定，减税的公路线路，具体范围限于经批准建设的国道、省道、县道、乡道和属于农村公路的村道的主体工程以及两侧边沟或者截水沟。专用公路和城区内机动车道占用耕地的，按照当地适用税额缴纳耕地占用税。

5. 占用园地建设直接为农业生产服务的生产设施的，免征纳耕地占用税。（   ）

【参考答案】错误

【答案解析】根据《耕地占用税法》第十二条规定，占用园地、林地、草地、农田水利用地、养殖水面、渔业水域滩涂以及其他农用地建设建筑物、构筑物或者从事非农业建设的，依照规定缴纳耕地占用税。占用上述规定的农用地建设直接为农业生产服务的生产设施的，不缴纳耕地占用税。

6. 耕地占用税法中提及的林地包括疏林地、未成林地、迹地、苗圃等林地。（   ）

【参考答案】正确

【答案解析】根据《耕地占用税法实施办法》第二十一条规定，林地，包括乔木林地、竹林地、红树林地、森林沼泽、灌木林地、灌丛沼泽、其他林地，不包括城镇村庄范围内的绿化林木用地，铁路、公路征地范围内的林木用地，以及河流、沟渠的护堤林用地。前款的其他林地包括疏林地、未成林地、迹地、苗圃等林地。

7. 纳税人改变原占地用途，不再属于耕地占用税免征或减征情形的，应自改变用途之日起 30 日内申报补缴税款，补缴税款按改变用途的实际占用耕地面积和占用耕地时当地适用税额计算。（   ）

【参考答案】错误

【答案解析】根据《耕地占用税法实施办法》第十七条规定，根据《耕地占用税法》第八条的规定，纳税人改变原占地用途，不再属于免征或减征情形的，应自改变用途之日起 30 日内申报补缴税款，补缴税款按改变用途的实际占用耕地面积和改变用途时当地适用税额计算。

8. 税务机关发现纳税人未按照规定期限申报缴纳耕地占用税，应责令纳税人限期改正，并督促其于 30 日内申报纳税。（   ）

【参考答案】错误

【答案解析】根据《耕地占用税法》第十三条规定，税务机关发现纳税人的纳税申报数据资料异常或者纳税人未按照规定期限申报纳税的，可以提请相关部门进行复核，相关部门应当自收到税务机关复核申请之日起30日内向税务机关出具复核意见。

9. 2021年4月，某企业经自然资源主管部门批准临时使用甲地块（耕地）。该企业2022年6月结束占用甲地块，并且未修建永久性建筑物，上述行为属于临时占用耕地行为。（   ）

【参考答案】正确

【答案解析】根据《耕地占用税法实施办法》第十八条规定，临时占用耕地，是指经自然资源主管部门批准，在一般不超过2年内临时使用耕地并且没有修建永久性建筑物的行为。

10. 耕地占用税以纳税人实际占用的耕地面积为计税依据，实际占用的耕地面积，是指经批准占用的耕地面积。（   ）

【参考答案】错误

【答案解析】根据《耕地占用税法实施办法》第三条规定，实际占用的耕地面积，包括经批准占用的耕地面积和未经批准占用的耕地面积。

11. 根据国民经济和社会发展需要，各省对有利于促进资源节约集约利用、保护环境等情形可以规定免征或者减征资源税，具体办法由省、自治区、直辖市人民政府提出，报同级人民代表大会常务委员会备案。（   ）

【参考答案】错误

【答案解析】根据《资源税法》第六条规定，根据国民经济和社会发展需要，国务院对有利于促进资源节约集约利用、保护环境等情形可以规定免征或者减征资源税，报全国人民代表大会常务委员会备案。

12. 适用耕地占用税减税的公路线路，是指经批准建设的国道、省道、县道、乡道和属于农村公路的村道的主体工程，不包括两侧边沟。（   ）

【参考答案】错误

【答案解析】根据《国家税务总局关于耕地占用税征收管理有关事项的公告》（国家税务总局公告2019年第30号）第三条规定，减税的公路线路，是指经批准建设的国道、省道、县道、乡道和属于农村公路的村道的主体工程以及两侧边沟或者截水沟。具体包括高速公路、一级公路、二级公路、三级公路、四级公路和等外公路的主体工程及两侧边沟或者截水沟。

13. 耕地占用税征税范围所包含的养殖水面，是指天然形成的用于水产养殖的河流水面、湖泊水面、水库水面、坑塘水面及相应附属设施用地，不包括人工开挖形成的养殖水面。（   ）

【参考答案】错误

【答案解析】根据《耕地占用税法实施办法》第二十四条规定，养殖水面，包括人工开挖或者天然形成的用于水产养殖的河流水面、湖泊水面、水库水面、坑塘水面及相应附属设施用地。

14. 纳税人改变耕地的用途，不再属于免征或减征情形的，应自改变用途之日起15日内申报补缴税款。（   ）

【参考答案】错误

【答案解析】根据《耕地占用税法实施办法》第十七条规定，纳税人改变原占地用途，不再属于免征或减征情形的，应自改变用途之日起30日内申报补缴税款，补缴税款按改变用途的实际占用耕地面积和改变用途时当地适用税额计算。

15. 税务机关发现纳税人的耕地占用税纳税申报数据资料异常，可以提请相关部门进行复核，相关部门应当自收到税务机关复核申请之日起30日内向税务机关出具复核意见。（   ）

【参考答案】正确

【答案解析】根据《耕地占用税法》第十三条规定，税务机关发现纳税人的纳税申报数据资料异常或者纳税人未按照规定期限申报纳税的，可以提请相关部门进行复核，相关部门应当自收到税务机关复核申请之日起30日内向税务机关出具复核意见。

16. 符合农村最低生活保障条件的农村居民，占用耕地新建自用住宅，免征耕地占用税。（   ）

【参考答案】错误

【答案解析】根据《耕地占用税法》第七条规定，农村烈士遗属、因公牺牲军人遗属、残疾军人以及符合农村最低生活保障条件的农村居民，在规定用地标准以内新建自用住宅，免征耕地占用税。

17. 《耕地占用税法》于2018年12月31日通过，自2019年9月1日起实施。（   ）

【参考答案】错误

【答案解析】根据《耕地占用税法》前言的相关表述，《耕地占用税法》由中华人民共和国第十三届全国人民代表大会常务委员会第七次会议于2018年12月29日通过，自2019年9月1日起施行。

18. 某企业占用耕地20000平方米，其中，基本农田10000平方米、其他耕地8000平方米、林地2000平方米，当地适用税额为30元/平方米，企业应纳耕地占用税75万元。（   ）

【参考答案】正确

【答案解析】根据《耕地占用税法》第六条规定，占用基本农田的，应当按照当地适用税额，加按150%征收。企业应纳耕地占用税 = 1 × 30 × 150% + 1 × 30 = 75（万元）。

19. 耕地占用税从量定额征收。（   ）

【参考答案】正确

【答案解析】根据《国家税务总局关于耕地占用税征收管理有关事项的公告》（国家税务总局公告2019年第30号）规定，耕地占用税以纳税人实际占用的耕地面积为计税依据，按照规定的适用税额一次性征收。

20. 纳税人在批准临时占用耕地期满之日起2年内依法复垦，恢复种植条件的，全额退还已经缴纳的耕地占用税。（   ）

【参考答案】错误

【答案解析】根据《耕地占用税法》第十一条规定，纳税人因建设项目施工或者地质勘查临时占用耕地，应当依照规定缴纳耕地占用税。纳税人在批准临时占用耕地期满之日起1年内依法复垦，恢复种植条件的，全额退还已经缴纳的耕地占用税。

21. 在中华人民共和国境内占用耕地从事非农业建设的个人，不能成为耕地占用税纳税人，不需要缴纳耕地占用税。（   ）

【参考答案】错误

【答案解析】根据《耕地占用税法》第二条规定，在中华人民共和国境内占用耕地建设建筑物、构筑物或者从事非农业建设的单位和个人，为耕地占用税的纳税人，应当依照规定缴纳耕地占用税。

22. 某省耕地占用税的适用税额，由省人民政府根据当地总耕地面积和税收、经济发展等情况，在规定的税额幅度内提出。（   ）

【参考答案】错误

【答案解析】根据《耕地占用税法》第四条第二款规定，各地区耕地占用税的适用税额，由省、自治区、直辖市人民政府根据人均耕地面积和经济发展等情况，在第四条第一款规定的税额幅度内提出，报同级人民代表大会常务委员会决定，并报全国人民代表大会常务委员会和国务院备案。

23. 某高铁线路建设公司（增值税一般纳税人）占用林地4万平方米建设高铁线路，该地区耕地适用的耕地占用税定额22元/平方米，该公司应缴耕地占用税88万元。（   ）

【参考答案】错误

【答案解析】根据《耕地占用税法》第七条规定，铁路线路、公路线路、飞机场跑道、停机坪、港口、航道、水利工程占用耕地，减按每平方米2元的税额征收耕地占用税。

24. 占用耕地建设农田水利设施的，免征耕地占用税。（   ）

【参考答案】错误

【答案解析】根据《耕地占用税法》第二条规定，占用耕地建设农田水利设施的，不缴纳耕地占用税。

25. 采矿塌陷损毁耕地并缴纳耕地占用税的，自自然资源、农业农村等相关部门认定损毁耕地之日起3年内依法复垦或修复的，全额退还已经缴纳的耕地占用税。（　　）

【参考答案】正确

【答案解析】根据《耕地占用税法实施办法》第十九条规定，因挖损、采矿塌陷、压占、污染等损毁耕地属于《耕地占用税法》所称的非农业建设，应依照税法规定缴纳耕地占用税；自自然资源、农业农村等相关部门认定损毁耕地之日起3年内依法复垦或修复，恢复种植条件的，比照《耕地占用税法》第十一条规定办理退税。根据《耕地占用税法》第十一条规定，纳税人因建设项目施工或者地质勘查临时占用耕地，应当依照规定缴纳耕地占用税。纳税人在批准临时占用耕地期满之日起1年内依法复垦，恢复种植条件的，全额退还已经缴纳的耕地占用税。

26. 甲省某县耕地占用税征收标准为30元/平方米。该省人民政府向其省人大常委会提出建议，对该县占用园地、林地、草地、农田水利用地、养殖水面、渔业水域滩涂以及其他农用地建设建筑物、构筑物或者从事非农业建设的，按照20元/平方米的标准征收耕地占用税，该建议的调整幅度符合法律规定的范围要求。（　　）

【参考答案】正确

【答案解析】根据《耕地占用税法》第十二条规定，占用园地、林地、草地、农田水利用地、养殖水面、渔业水域滩涂以及其他农用地建设建筑物、构筑物或者从事非农业建设的，依照规定缴纳耕地占用税。占用第十二条第一款规定的农用地的，适用税额可以适当低于本地区按照《耕地占用税法》第四条第二款确定的适用税额，但降低的部分不得超过50%。具体适用税额由省、自治区、直辖市人民政府提出，报同级人民代表大会常务委员会决定，并报全国人民代表大会常务委员会和国务院备案。题中降低部分未超过50%，正确。

27. 纳税人改变原占地用途，需要补缴耕地占用税的，其纳税义务发生时间为改变用途当日，未经批准改变用途的，纳税义务发生时间为主管税务机关认定纳税人改变原占地用途的当日。（　　）

【参考答案】错误

【答案解析】根据《国家税务总局关于耕地占用税征收管理有关事项的公告》（国家税务总局公告2019年第30号）第四条规定，根据《耕地占用税法》第八条规定，纳税人改变原占地用途，需要补缴耕地占用税的，其纳税义务发生时间为改变用途当日，具体为：经批准改变用途的，纳税义务发生时间为纳税人收到批准文件的当日；未经批准改变用途的，纳税义务发生时间为自然资源主管部门认定纳税人改变原占地用途的当日。

28. 某县人均耕地超过 1 亩但不超过 2 亩，耕地占用税的税额为每平方米 6 元至 30 元。（　　）

【参考答案】错误

【答案解析】根据《耕地占用税法》第四条第一款第（二）项规定，人均耕地超过 1 亩但不超过 2 亩的地区，耕地占用税的税额为每平方米 8 元至 40 元。

29. 烈士遗属、因公牺牲军人遗属、残疾军人，以及符合农村最低生活保障条件的农村居民，在规定用地标准以内新建自用住宅占用耕地，免征耕地占用税。（　　）

【参考答案】错误

【答案解析】根据《耕地占用税法》第七条规定，农村烈士遗属、因公牺牲军人遗属、残疾军人，以及符合农村最低生活保障条件的农村居民，在规定用地标准以内新建自用住宅占用耕地，免征耕地占用税。

30. 幼儿园占用耕地不区分所用场所，均免征耕地占用税。（　　）

【参考答案】错误

【答案解析】根据《耕地占用税法》第七条规定，军事设施、学校、幼儿园、社会福利机构、医疗机构占用耕地，免征耕地占用税。根据《耕地占用税法实施办法》第七条规定，免税的幼儿园，具体范围限于县级以上人民政府教育行政部门批准成立的幼儿园内专门用于幼儿保育、教育的场所。

31. 未经批准占用耕地的，耕地占用税纳税义务发生时间为当地农业农村部门认定的纳税人实际占用耕地的当日。（　　）

【参考答案】错误

【答案解析】根据《耕地占用税法实施办法》第二十七条规定，未经批准占用耕地的，耕地占用税纳税义务发生时间为自然资源主管部门认定的纳税人实际占用耕地的当日。

32. 占用渔业水域滩涂建设直接为农业生产服务的生产设施的，不缴纳耕地占用税。（　　）

【参考答案】正确

【答案解析】根据《耕地占用税法》第十二条第一款、第三款规定，占用园地、林地、草地、农田水利用地、养殖水面、渔业水域滩涂以及其他农用地建设建筑物、构筑物或者从事非农业建设的，依照规定缴纳耕地占用税。占用上述规定的农用地建设直接为农业生产服务的生产设施的，不缴纳耕地占用税。

33. 专用铁路和铁路专用线占用耕地的，减按每平方米 2 元的税额征收耕地占用税。（　　）

【参考答案】错误

【答案解析】根据《耕地占用税法实施办法》第十条规定，减税的铁路线路，具体范围限于铁路路基、桥梁、涵洞、隧道及其按照规定两侧留地、防火隔离带。专用铁路和铁路专用线占用耕地的，按照当地适用税额缴纳耕地占用税。

34. 耕地占用税由税务机关负责征收，也可以由财政部门委托自然资源部门代征。（　　）

【参考答案】错误

【答案解析】根据《耕地占用税法》第九条规定，耕地占用税由税务机关负责征收。

35. 临时占用耕地，是指经自然资源主管部门批准，在一般不超过 1 年内临时使用耕地并且没有修建永久性建筑物的行为。（　　）

【参考答案】错误

【答案解析】根据《耕地占用税法实施办法》第十八条规定，临时占用耕地，是指经自然资源主管部门批准，在一般不超过 2 年内临时使用耕地并且没有修建永久性建筑物的行为。

四、案例分析题

1. 某地修建高速公路，线路占用耕地 800 亩，收费站生活区占地 40 亩，均为基本农田，请计算应缴纳的耕地占用税。（该地税额标准为 23 元/平方米，1 亩约等于 666.67 平方米）

【参考答案】应缴纳耕地占用税 1986676.6 元。

【答案解析】根据《耕地占用税法》第七条规定，铁路线路、公路线路、飞机场跑道、停机坪、港口、航道、水利工程占用耕地，减按每平方米 2 元的税额征收耕地占用税。因此，线路占用耕地 800 亩应缴耕地占用税 = 800 × 666.67 × 2 = 1066672（元）。根据《耕地占用税法》第六条规定，占用基本农田的，应当按照该法第四条第二款或者第五条确定的当地适用税额，加按 150% 征收。因此，收费站生活区占地 40 亩应缴耕地占用税 = 40 × 666.67 × 23 × 150% = 920004.6（元）。

共计应缴耕地占用税 = 1066672 + 920004.6 = 1986676.6（元）

2. 甲县乙村的村委会为适应新时期发展要求，在抓好农业生产的同时，利用自有资源多措并举发展生态产业，为农民解决急难愁盼问题，促进乡村全面振兴。通过兴建生态产业园、修路、建堤等措施，进一步提升村民的幸福感。经当地政府及自然资源主管部门批准，2021 年该村委会开展如下建设发展项目：

2021 年 3 月，占用耕地 20000 平方米建设集养殖、加工、销售为一体的生态农家产业园，其中，15000 平方米用于种植农作物，2000 平方米用于建造屠宰车间，1000 平方米用于建造销售门市部，1200 平方米用于建设小型农家乐，800 平方米用于为其他村打工的农民建造宿舍。

2021 年 5 月，为了农家产业园的后续发展，该村委会对 2 条"村村通"公路进行了加宽加固，在修建两侧边沟时共占用耕地 2500 平方米。

2021 年 5 月，乙村丁屯村民代表向村委会反映，丁屯共有 1000 亩耕地处于低洼地段，排水困难，作物连年歉收。经请示有关部门批准，占用 500 平方米基本农田建设排涝工程。

2021 年 9 月，从部队退役的本村村民赵某，家中人口 3 人，因原有住房拥挤，拟自建住宅。村委会为扶持退役士兵积极协调宅基地审批，赵某获批占用耕地 100 平方米新建住宅。

已知：乙村所在县规定，辖区内农民宅基地标准为每人 30 平方米，乙村适用的耕地占用税定额税率为每平方米 18 元。不考虑"六税两费"政策。

要求：请根据上述资料，依次回答下列问题。

（1）乙村村委会建设生态农家产业园应缴纳的耕地占用税税额为（　　）元。

A. 72000　　　　　　　　B. 75600

C. 90000　　　　　　　　D. 360000

【参考答案】C

【答案解析】根据《耕地占用税法》第二条规定，在中华人民共和国境内占用耕地建设建筑物、构筑物或者从事非农业建设的单位和个人，为耕地占用税的纳税人，应当依照该法规定缴纳耕地占用税。种植农作物属于农业生产建设，不缴纳耕地占用税；建造屠宰车间、销售门市部、农家乐、务工农民宿舍属于从事非农业建设，应缴纳耕地占用税。因此，乙村村委会建设生态农家产业园应缴纳的耕地占用税税额 = （2000 + 1000 + 1200 + 800）× 18 = 90000（元）。选项 C 当选。

（2）乙村村委会扩建"村村通"公路时修建两侧边沟应缴纳的耕地占用税税额为（　　）元。

A. 5000　　　　　　　　B. 7500

C. 15000　　　　　　　　D. 67500

【参考答案】A

【答案解析】根据《耕地占用税法》第七条规定，铁路线路、公路线路、飞机场跑道、停机坪、港口、航道、水利工程占用耕地，减按每平方米 2 元的税额征收耕地占用税。根据《耕地占用税法实施办法》第十一条规定，减税的公路线路，具体范围限于经批准建设的国道、省道、县道、乡道和属于农村公路的村道的主体工程以及两侧边沟或者截水沟。建"村村通"时修建两侧边沟属于耕地占用税按 2 元征收范围，因此，乙村村委会扩建"村村通"时修建两侧边沟应缴纳的耕地占用税税额 = 2500 × 2 = 5000（元）。选项 A 当选。

（3）乙村村委会修建排涝工程应缴纳的耕地占用税税额为（　　）元。

A. 0　　　　　　　　　　　　B. 1000

C. 9000　　　　　　　　　　　D. 13500

【参考答案】B

【答案解析】根据《耕地占用税法实施办法》第十五条规定，减税的水利工程，具体范围限于经县级以上人民政府水行政主管部门批准建设的防洪、排涝、灌溉、引（供）水、滩涂治理、水土保持、水资源保护等各类工程及其配套和附属工程的建筑物、构筑物占压地和经批准的管理范围用地。因此，乙村村委会修建的排涝工程属于耕地占用税按2元征收范围，应缴纳的耕地占用税 = 500 × 2 = 1000（元）。选项B当选。

（4）赵某新建住宅应缴纳的耕地占用税税额为（　　）元。

A. 0　　　　　　　　　　　　B. 900

C. 990　　　　　　　　　　　D. 1800

【参考答案】C

【答案解析】根据《耕地占用税法》第七条第三款规定，农村居民在规定用地标准以内占用耕地新建自用住宅，按照当地适用税额减半征收耕地占用税；其中农村居民经批准搬迁，新建自用住宅占用耕地不超过原宅基地面积的部分，免征耕地占用税。赵某新建住宅应缴纳的耕地占用税 = 90 × 18 × 50% + 10 × 18 = 990（元）。选项C当选。

（5）2021年乙村村委会合计应缴纳的耕地占用税税额为（　　）元。

A. 93000　　　　　　　　　　B. 96000

C. 96600　　　　　　　　　　D. 114000

【参考答案】B

【答案解析】综上，2021年乙村村委会合计应缴纳的耕地占用税税额 = 90000 + 5000 + 1000 = 96000（元）。选项B当选。

3. 2019年11月，经国务院批准建设的某市某水利工程，用于防洪、排涝、灌溉，工程及其配套和附属工程建筑物占压地中，占用耕地（基本农田）6万平方米，占用耕地（非基本农田）12万平方米。请计算该占地应缴纳多少耕地占用税？减征多少耕地占用税？（已知该市耕地占用税适用税额为30元/平方米，不考虑小微普惠性优惠）

【参考答案】该占地应缴纳耕地占用税360000元；减征税额5940000元。

【答案解析】根据《耕地占用税法》第七条第二款规定，铁路线路、公路线路、飞机场跑道、停机坪、港口、航道、水利工程占用耕地，减按每平方米2元的税额征收耕地占用税。根据《耕地占用税法实施办法》第十五条规定，减税的水利工程，具体范围限于经县级以上人民政府水行政主管部门批准建设的防洪、排涝、灌溉、引

（供）水、滩涂治理、水土保持、水资源保护等各类工程及其配套和附属工程的建筑物、构筑物占压地和经批准的管理范围用地。根据《耕地占用税法》第六条规定，占用基本农田的，应当按照该法第四条第二款或者第五条确定的当地适用税额，加按150%征收。因此，该水利工程占用耕地适用耕地占用税减按每平方米2元的税额征收的规定。

该占地应缴纳耕地占用税 =（60000 + 120000）×2 = 360000（元）

占用耕地（非基本农田）减征税额 = 120000 ×（30 − 2）= 3360000（元）

占用耕地（基本农田）减征税额 = 60000 ×（30 × 150% − 2）= 2580000（元）

合计减征税额 = 3360000 + 2580000 = 5940000（元）

4. 2021年，某村庄为了落实乡村振兴战略，本着坚持合理布局、节约用地，因地制宜实现经济效益、社会效益和环境效益相统一的原则，制定一系列规划方案，并通过市政府及其相关部门审批。具体如下：

项目一：实施畅通工程。拓宽乡村道路，占用耕地18756平方米，占用草地17932平方米。另占用草地360平方米修建上述道路两侧的截水沟，占用草地230平方米修建超限检查站。

项目二：规范农业养殖。发展规模化养殖，占用其他农用地修建养殖基地，其中，猪舍占地3800平方米，牛舍占地2600平方米，鸡舍占地4900平方米，养殖人员必需的管理办公室占地120平方米。

项目三：发展绿色能源。占用沼泽地新建沼气池发电，电能专供用于农业生产，为输电新建塔基85个，每个占地4平方米，其中，20个占用耕地，30个占用林地，35个占用沼泽地。

项目四：实施学有所教。经所属市级政府批准新建技工学校，专门培养农业科技人员，占用耕地3800平方米，其中2000平方米用于科技试验田，1000平方米用于教学，500平方米用于学生宿舍，300平方米用于教师宿舍。

已知：当地省政府规定该村庄所在县的耕地占用税标准为14元/平方米，不考虑"六税两费"阶段性减征政策。

要求：请根据上述资料，依次回答下列问题。

（1）项目一的"实施畅通工程"应缴纳的耕地占用税税额为（ ）元。

A. 3220 　　　　　　　　　 B. 74096

C. 77316 　　　　　　　　　 D. 82356

【参考答案】C

【答案解析】根据《耕地占用税法》第七条第二款规定，铁路线路、公路线路、飞机场跑道、停机坪、港口、航道、水利工程占用耕地，减按每平方米2元的税额征收耕地占用税。根据《耕地占用税法实施办法》第十一条规定，减税的公路线路，具体范围限于经批准建设的国道、省道、县道、乡道和属于农村公路的村道的主体工程以及两侧边沟或者截水沟。建"村村通"时修建两侧边沟属于耕地占用税按 2 元征收范围，乙村村委会扩建"村村通"时修建两侧边沟应缴纳的耕地占用税税额 = （18756 + 17932 + 360） ×2 + 230×14 = 77316（元）。选项 C 当选。

（2）项目二的"规范农业养殖"应缴纳的耕地占用税税额为（   ）元。

A. 0

B. 1680

C. 3780

D. 45780

【参考答案】A

【答案解析】根据《耕地占用税法》第十二条规定，占用园地、林地、草地、农田水利用地、养殖水面、渔业水域滩涂以及其他农用地建设建筑物、构筑物或者从事非农业建设的，依照《耕地占用税法》的规定缴纳耕地占用税。占用上述规定的农用地建设直接为农业生产服务的生产设施的，不缴纳耕地占用税。根据《耕地占用税法实施办法》第二十六条规定，直接为农业生产服务的生产设施，是指直接为农业生产服务而建设的建筑物和构筑物。具体包括：储存农用机具和种子、苗木、木材等农业产品的仓储设施；培育、生产种子、种苗的设施；畜禽养殖设施；木材集材道、运材道；农业科研、试验、示范基地；野生动植物保护、护林、森林病虫害防治、森林防火、木材检疫的设施；专为农业生产服务的灌溉排水、供水、供电、供热、供气、通讯基础设施；农业生产者从事农业生产必需的食宿和管理设施；其他直接为农业生产服务的生产设施。因此，占用其他农用地修建养殖基地不缴纳耕地占用税。选项 A 当选。

（3）项目三的"发展绿色能源"应缴纳的耕地占用税额是（   ）元。

A. 0

B. 1120

C. 2800

D. 4200

【参考答案】B

【答案解析】根据《耕地占用税法》规定，占用园地、林地、草地、农田水利用地、养殖水面、渔业水域滩涂以及其他农用地建设直接为农业生产服务的生产设施的，不缴纳耕地占用税。输电塔基属于专为农业生产服务的灌溉排水、供水、供电、供热、供气、通信基础设施。因此，塔基占用林地、沼泽地不缴纳耕地占用税。占用耕地应缴耕地占用税 = 20×4×14 = 1120（元）。选项 B 当选。

（4）项目四的"实施学有所教"应缴纳的耕地占用税税额为（   ）元。

A. 0

B. 4200

C. 11200

D. 25200

【参考答案】D

【答案解析】根据《耕地占用税法实施办法》第六条规定，免征耕地占用税的学校，具体范围包括县级以上人民政府教育行政部门批准成立的大学、中学、小学，学历性职业教育学校和特殊教育学校，以及经省级人民政府或其人力资源社会保障行政部门批准成立的技工院校。该技校为市政府审批，不符合免税条件，但该校试验田不属于应征耕地占用税范围。因此，该技校应纳耕地占用税 =（3800 - 2000）× 14 = 25200（元）。选项 D 当选。

5. 资料一：甲省 M 机场集团有限责任公司为 2004 年 4 月成立的增值税一般纳税人，M 公司对甲省内民用机场实施统一的经营、管理和监督，经营范围包括：民用机场的投资控股参股、建设和经营管理；国内外航空运输企业、旅客、货物的地面保障业务、代理业务和其他服务业务；经营与机场相关的辅助业务，M 集团下属 6 个机场。2021 年，多个国家在 A 机场投放运力，拟于 2024 年前开通 8 条国际航线，甲省机场集团有限公司拟扩建飞行区和航站区，规划修编于 2021 年 4 月正式获中国民用航空局批复。2021 年 5 月，A 机场的改扩建工程建设用地业经国务院批准，自然资源部下达批复，共计批准建设项目用地 54.32 公顷，其中耕地 6.32 公顷（含基本农田 0.32 公顷）。

资料二：A 机场具体占用耕地情况如下：建设四跑道、五跑道及滑行道系统占用耕地 2.15 公顷；T3 航站楼占用耕地 1.32 公顷（含基本农田 0.32 公顷）；停机坪占用耕地 1.09 公顷；供油工程占用耕地 1.47 公顷；空管工程占用耕地 0.29 公顷。

已知：A 机场所在地耕地适用税额为每平方米 17 元。

要求：请根据上述资料，依次回答下列问题。

（1）A 机场跑道及滑行道系统占用耕地应缴纳的耕地占用税税额为（　　）元。

    A. 43000   B. 86000
    C. 182750   D. 365500

【参考答案】A

【答案解析】根据《耕地占用税法》第七条规定，铁路线路、公路线路、飞机场跑道、停机坪、港口、航道、水利工程占用耕地，减按每平方米 2 元的税额征收耕地占用税。根据《耕地占用税法实施办法》第十二条规定，减税的飞机场跑道、停机坪，具体范围限于经批准建设的民用机场专门用于民用航空器起降、滑行、停放的场所。因此，A 机场跑道及滑行道系统占用耕地应缴纳的耕地占用税 = 2.15 × 10000 × 2 = 43000（元）。选项 A 当选。

（2）A 机场 T3 航站楼占用耕地应缴纳的耕地占用税税额为（　　）元。

    A. 112200   B. 125800
    C. 224400   D. 251600

【参考答案】D

【答案解析】根据《耕地占用税法》第六条规定，占用基本农田的，应当按照该法第四条第二款或者第五条确定的当地适用税额，加按150%征收。A机场T3航站楼占用耕地应缴纳的耕地占用税 = （1.32 - 0.32）×10000×17 + 0.32×10000×17×150% = 251600（元）。选项D当选。

（3）A机场停机坪和供油工程应缴纳的耕地占用税税额为（　　）元。

A. 51200
B. 214700

C. 271700
D. 435200

【参考答案】C

【答案解析】根据《耕地占用税法实施办法》第十二条规定，减税的飞机场跑道、停机坪，具体范围限于经批准建设的民用机场专门用于民用航空器起降、滑行、停放的场所。因此，停机坪减按2元/平方米计算耕地占用税，供油工程不属于减税范围。占用耕地应缴纳的耕地占用税 = 1.09×10000×2 + 1.47×10000×17 = 271700（元）。选项C当选。

（4）A机场空管工程应缴纳的耕地占用税税额为（　　）元。

A. 5800
B. 49300

C. 58000
D. 98600

【参考答案】B

【答案解析】根据《耕地占用税法实施办法》第十二条规定，减税的飞机场跑道、停机坪，具体范围限于经批准建设的民用机场专门用于民用航空器起降、滑行、停放的场所。因此，空管工程不属于减税范围。空管工程占用耕地应缴纳的耕地占用税 = 0.29×10000×17 = 49300（元）。选项B当选。

6. 2020年，某市城投公司投资建设某高速公路，采用了单独选址转用的方式进行审批，共批地10000亩，全部为基本农田，其中，高速公路用地8000亩，两侧边沟1000亩，管理用房占地1000亩。该公司为建设需要，2020年10用申请临时用地10亩，用于堆放材料，该土地为基本农田，用地期限1年，至2022年4月已复垦。自然资源部门在对该工程进行后续管理时发现，除临时用地外，该公司另占用10亩森林沼泽作为施工作业场地，尚在使用。建设本地一高铁站，占用普通耕地1000亩，其中，站内轨道占地100亩，站前广场花园占地100亩，火车站建筑占地800亩。占用乔木林1000亩，用于木材检疫的设施。当地耕占税适用税额为30元/平方米，占用园地、林地、草地、农田水利用地、养殖水面、渔业水域滩涂以及其他农用地建设建筑物、构筑物或者从事非农业建设的，单位税额为20元/平方米。

要求：根据上述资料，回答下列问题。

（1）建设高速公路总计应缴纳耕地占用税（　　）元。

A. 42000210　　　　　　　　B. 13333400

C. 200001000　　　　　　　D. 300001500

【参考答案】A

【答案解析】根据《耕地占用税法》第六条规定，占用基本农田的，应当按照该法第四条第二款或者第五条确定的当地适用税额，加按150%征收。第七条第二款规定，铁路线路、公路线路、飞机场跑道、停机坪、港口、航道、水利工程占用耕地，减按每平方米2元的税额征收耕地占用税。根据《耕地占用税法实施办法》第十一条规定，减税的公路线路，具体范围限于经批准建设的国道、省道、县道、乡道和属于农村公路的村道的主体工程以及两侧边沟或者截水沟。因此，高速公路用地及两侧边沟属于减税范围，管理用房不属于减税范围。应缴纳耕地占用税 =（8000 + 1000）× 666.67 × 2 + 1000 × 666.67 × 30 × 150% = 42000210（元）。选项A当选。

（2）临时用地实际应缴纳耕地占用税（　　）元。

A. 0　　　　　　　　　　　B. 200001

C. 300001. 5　　　　　　　D. 13333. 4

【参考答案】A

【答案解析】根据《耕地占用税法》第十一条规定，纳税人因建设项目施工或者地质勘查临时占用耕地，应当依照规定缴纳耕地占用税。纳税人在批准临时占用耕地期满之日起1年内依法复垦，恢复种植条件的，全额退还已经缴纳的耕地占用税。因此，实际应缴纳0元。选项A当选。

（3）未批先占实际应缴纳耕地占用税（　　）元。

A. 0　　　　　　　　　　　B. 133334

C. 200001　　　　　　　　D. 13333. 4

【参考答案】B

【答案解析】根据《耕地占用税法实施办法》第二条规定，未经批准占用耕地的，纳税人为实际用地人。第三条规定，实际占用的耕地面积，包括经批准占用的耕地面积和未经批准占用的耕地面积。因此，未批先占实际应缴纳耕地占用税 = 10 × 666.67 × 20 = 133334（元）。选项B当选。

（4）建设高铁站应缴纳耕地占用税（　　）元。

A. 1333340　　　　　　　　B. 20000100

C. 18133424　　　　　　　D. 30000150

【参考答案】C

【答案解析】根据《耕地占用税法》第七条第二款规定，铁路线路、公路线路、飞机场跑道、停机坪、港口、航道、水利工程占用耕地，减按每平方米2元的税额征收耕地占用税。因此，轨道占地符合减征条件。建设高铁站应缴纳耕地占用税 = 100 × 666.67 × 2 + 900 × 666.67 × 30 = 18133424（元）。选项 C 当选。

（5）占用乔木林应缴纳耕地占用税（　　）元。

  A. 0　　　　　　　　　　　　B. 133334

  C. 66667　　　　　　　　　　　D. 200001

【参考答案】A

【答案解析】根据《耕地占用税法》规定，占用园地、林地、草地、农田水利用地、养殖水面、渔业水域滩涂以及其他农用地建设建筑物、构筑物或者从事非农业建设的，依照规定缴纳耕地占用税。占用上述规定的农用地建设直接为农业生产服务的生产设施的，不缴纳耕地占用税。根据《耕地占用税法实施办法》规定，林地，包括乔木林地、竹林地、红树林地、森林沼泽、灌木林地、灌丛沼泽、其他林地，不包括城镇村庄范围内的绿化林木用地，铁路、公路征地范围内的林木用地，以及河流、沟渠的护堤林用地。因此，占用乔木林建设木材检疫设施，不缴纳耕地占用税。选项 A 当选。

7. 某县私营养殖企业，登记为增值税一般纳税人，占用土地建设奶牛养殖场，建设期间自 2021 年 3—10 月。

资料一：2021 年 3 月，建设养殖场占地情况：占用耕地 2000 平方米（其中：基本农田 600 平方米，非基本农田 1400 平方米），人工牧草地 2000 平方米。

资料二：2021 年 3 月，经批准占用人工牧草地 300 平方米建造房屋，其中，养殖管理必需的仓库 200 平方米，产品展示厅 100 平方米。

资料三：2021 年 3 月，经批准建设期间临时占用耕地（非基本农田）200 平方米，2022 年 5 月，经相关部门联合验收，建设期临时占用耕地已经恢复，达到可种植条件。

已知：该地区耕地占用税适用税额为 32 元/平方米，草地适用税额为 26 元/平方米。

要求：根据上述资料，请依次回答下列问题。

（1）该企业 2021 年 3 月占用基本农田应缴纳的耕地占用税为（　　）元。

  A. 9600　　　　　　　　　　　B. 19200

  C. 28800　　　　　　　　　　D. 38400

【参考答案】C

【答案解析】根据《耕地占用税法》第六条规定，占用基本农田的，应当按照该法第四条第二款或者第五条确定的当地适用税额，加按 150% 征收。占用基本农田应缴纳耕地占用税 = 600 × 32 × 150% = 28800（元）。选项 C 当选。

（2）该企业 2021 年 3 月占用非基本农田应缴纳的耕地占用税为（　　）元。

    A. 6400   B. 44800

    C. 51200   D. 76800

【参考答案】C

【答案解析】根据《耕地占用税法》第十一条规定，纳税人因建设项目施工或者地质勘查临时占用耕地，应当依照《耕地占用税法》的规定缴纳耕地占用税。占用非基本农田应缴纳耕地占用税 = 1400 × 32 + 200 × 32 = 51200（元）。选项 C 当选。

（3）该企业 2021 年 3 月占用人工牧草地应缴纳的耕地占用税为（   ）元。

    A. 2600   B. 7800

    C. 11700   D. 59800

【参考答案】A

【答案解析】根据《耕地占用税法》第十二条规定，占用园地、林地、草地、农田水利用地、养殖水面、渔业水域滩涂以及其他农用地，建设直接为农业生产服务的生产设施占用上述规定的农用地的，不缴纳耕地占用税。根据《耕地占用税法实施办法》第二十六条规定，直接为农业生产服务的生产设施，是指直接为农业生产服务而建设的建筑物和构筑物。具体包括：储存农用机具和种子、苗木、木材等农业产品的仓储设施；培育、生产种子、种苗的设施；畜禽养殖设施；木材集材道、运材道；农业科研、试验、示范基地；野生动植物保护、护林、森林病虫害防治、森林防火、木材检疫的设施；专为农业生产服务的灌溉排水、供水、供电、供热、供气、通信基础设施；农业生产者从事农业生产必需的食宿和管理设施；其他直接为农业生产服务的生产设施。因此，占用人工牧草地建设畜禽养殖设施和必需的仓库，不缴纳耕地占用税。产品展示厅应缴纳耕地占用税 = 100 × 26 = 2600（元）。选项 A 当选。

（4）该企业 2022 年 5 月可申请退还的耕地占用税为（   ）元。

    A. 0   B. 3200

    C. 5200   D. 6400

【参考答案】D

【答案解析】根据《耕地占用税法》第十一条规定，纳税人在批准临时占用耕地期满之日起 1 年内依法复垦，恢复种植条件的，全额退还已经缴纳的耕地占用税。该企业建设期经批准临时占用耕地，占用期满（2021 年 10 月）至依法复垦时间（2022 年 5 月）不超过 1 年，可以全额退还耕地占用税 = 200 × 32 = 6400（元）。选项 D 当选。

第三节　相关法律法规文件

中华人民共和国耕地占用税法

2018 年 12 月 29 日第十三届全国人民代表大会常务委员会第七次会议通过

第一条　为了合理利用土地资源，加强土地管理，保护耕地，制定本法。

第二条　在中华人民共和国境内占用耕地建设建筑物、构筑物或者从事非农业建设的单位和个人，为耕地占用税的纳税人，应当依照本法规定缴纳耕地占用税。

占用耕地建设农田水利设施的，不缴纳耕地占用税。

本法所称耕地，是指用于种植农作物的土地。

第三条　耕地占用税以纳税人实际占用的耕地面积为计税依据，按照规定的适用税额一次性征收，应纳税额为纳税人实际占用的耕地面积（平方米）乘以适用税额。

第四条　耕地占用税的税额如下：

（一）人均耕地不超过一亩的地区（以县、自治县、不设区的市、市辖区为单位，下同），每平方米为十元至五十元；

（二）人均耕地超过一亩但不超过二亩的地区，每平方米为八元至四十元；

（三）人均耕地超过二亩但不超过三亩的地区，每平方米为六元至三十元；

（四）人均耕地超过三亩的地区，每平方米为五元至二十五元。

各地区耕地占用税的适用税额，由省、自治区、直辖市人民政府根据人均耕地面积和经济发展等情况，在前款规定的税额幅度内提出，报同级人民代表大会常务委员会决定，并报全国人民代表大会常务委员会和国务院备案。各省、自治区、直辖市耕地占用税适用税额的平均水平，不得低于本法所附《各省、自治区、直辖市耕地占用税平均税额表》规定的平均税额。

第五条　在人均耕地低于零点五亩的地区，省、自治区、直辖市可以根据当地经济发展情况，适当提高耕地占用税的适用税额，但提高的部分不得超过本法第四条第二款确定的适用税额的百分之五十。具体适用税额按照本法第四条第二款规定的程序确定。

第六条　占用基本农田的，应当按照本法第四条第二款或者第五条确定的当地适用税额，加按百分之一百五十征收。

第七条　军事设施、学校、幼儿园、社会福利机构、医疗机构占用耕地，免征耕地占用税。

铁路线路、公路线路、飞机场跑道、停机坪、港口、航道、水利工程占用耕地，减按每平方米二元的税额征收耕地占用税。

农村居民在规定用地标准以内占用耕地新建自用住宅，按照当地适用税额减半征收耕地占用税；其中农村居民经批准搬迁，新建自用住宅占用耕地不超过原宅基地面积的部分，免征耕地占用税。

农村烈士遗属、因公牺牲军人遗属、残疾军人以及符合农村最低生活保障条件的农村居民，在规定用地标准以内新建自用住宅，免征耕地占用税。

根据国民经济和社会发展的需要，国务院可以规定免征或者减征耕地占用税的其他情形，报全国人民代表大会常务委员会备案。

第八条　依照本法第七条第一款、第二款规定免征或者减征耕地占用税后，纳税人改变原占地用途，不再属于免征或者减征耕地占用税情形的，应当按照当地适用税额补缴耕地占用税。

第九条　耕地占用税由税务机关负责征收。

第十条　耕地占用税的纳税义务发生时间为纳税人收到自然资源主管部门办理占用耕地手续的书面通知的当日。纳税人应当自纳税义务发生之日起三十日内申报缴纳耕地占用税。

自然资源主管部门凭耕地占用税完税凭证或者免税凭证和其他有关文件发放建设用地批准书。

第十一条　纳税人因建设项目施工或者地质勘查临时占用耕地，应当依照本法的规定缴纳耕地占用税。纳税人在批准临时占用耕地期满之日起一年内依法复垦，恢复种植条件的，全额退还已经缴纳的耕地占用税。

第十二条　占用园地、林地、草地、农田水利用地、养殖水面、渔业水域滩涂以及其他农用地建设建筑物、构筑物或者从事非农业建设的，依照本法的规定缴纳耕地占用税。

占用前款规定的农用地的，适用税额可以适当低于本地区按照本法第四条第二款确定的适用税额，但降低的部分不得超过百分之五十。具体适用税额由省、自治区、直辖市人民政府提出，报同级人民代表大会常务委员会决定，并报全国人民代表大会常务委员会和国务院备案。

占用本条第一款规定的农用地建设直接为农业生产服务的生产设施的，不缴纳耕地占用税。

第十三条　税务机关应当与相关部门建立耕地占用税涉税信息共享机制和工作配合机制。县级以上地方人民政府自然资源、农业农村、水利等相关部门应当定期向税务机关提供农用地转用、临时占地等信息，协助税务机关加强耕地占用税征收管理。

税务机关发现纳税人的纳税申报数据资料异常或者纳税人未按照规定期限申报纳税的，可以提请相关部门进行复核，相关部门应当自收到税务机关复核申请之日起三十日内向税务机关出具复核意见。

第十四条 耕地占用税的征收管理，依照本法和《中华人民共和国税收征收管理法》的规定执行。

第十五条 纳税人、税务机关及其工作人员违反本法规定的，依照《中华人民共和国税收征收管理法》和有关法律法规的规定追究法律责任。

第十六条 本法自 2019 年 9 月 1 日起施行。2007 年 12 月 1 日国务院公布的《中华人民共和国耕地占用税暂行条例》同时废止。

附

各省、自治区、直辖市耕地占用税平均税额表

省、自治区、直辖市	平均税额（元/平方米）
上海	45
北京	40
天津	35
江苏、浙江、福建、广东	30
辽宁、湖北、湖南	25
河北、安徽、江西、山东、河南、重庆、四川	22.5
广西、海南、贵州、云南、陕西	20
山西、吉林、黑龙江	17.5
内蒙古、西藏、甘肃、青海、宁夏、新疆	12.5

黑龙江省人民代表大会常务委员会
关于黑龙江省耕地占用税适用税额的决定

2019 年 8 月 16 日黑龙江省第十三届人民代表大会
常务委员会第十三次会议通过

为了合理利用土地资源，加强土地管理，保护耕地，根据《中华人民共和国耕地占用税法》规定，统筹考虑我省人均耕地面积和经济发展情况，确定了我省耕地占用

税适用税额，现就具体征收标准和相关事宜作如下决定：

一、我省各地区耕地占用税适用税额

按30元/平方米执行地区：哈尔滨市道里区、南岗区、道外区、平房区、松北区、香坊区。

按25元/平方米执行地区：齐齐哈尔市龙沙区、建华区、铁锋区、富拉尔基区，牡丹江市东安区、爱民区、西安区，佳木斯市向阳区、前进区、东风区，大庆市萨尔图区、龙凤区、让胡路区、红岗区，鸡西市鸡冠区、恒山区、滴道区、梨树区、城子河区，双鸭山市尖山区、岭东区，七台河市桃山区，鹤岗市向阳区、工农区、南山区、兴安区、兴山区。

按20元/平方米执行地区：哈尔滨市阿城区、尚志市、五常市、方正县，齐齐哈尔市昂昂溪区、梅里斯达斡尔族，牡丹江市阳明区、海林市，佳木斯市郊区，大庆市大同区，鸡西市麻山区，双鸭山市四方台区、宝山区，伊春市铁力市，七台河市新兴区、茄子河区，鹤岗市东山区。

按17元/平方米执行地区：哈尔滨市双城区、呼兰区、依兰县、宾县、巴彦县、木兰县、通河县、延寿县，齐齐哈尔市碾子山区、龙江县、依安县、泰来县、甘南县、富裕县、克山县、克东县、拜泉县、讷河市，牡丹江市林口县、宁安市，佳木斯市桦川县、汤原县、富锦市，大庆市肇源县、肇州县、林甸县、杜尔伯特蒙古族自治县，双鸭山市集贤县，伊春市原所辖区，七台河市勃利县，黑河市嫩江市、北安市、五大连池市，绥化市北林区、望奎县、兰西县、青冈县、庆安县、明水县、绥棱县、安达市、肇东市、海伦市。

按15元/平方米执行地区：牡丹江市东宁市、绥芬河市、穆棱市，佳木斯市抚远市、同江市、桦南县，鸡西市鸡东县、虎林市、密山市，双鸭山市友谊县、饶河县、宝清县，伊春市嘉荫县，鹤岗市萝北县、绥滨县，黑河市爱辉区、逊克县、孙吴县，大兴安岭地区加格达奇区、松岭区、新林区、呼中区、呼玛县、塔河县、漠河市。

二、不提高人均耕地面积低于0.5亩的地区耕地占用税适用税额。

三、占用园地、林地、草地、农田水利用地、养殖水面、渔业水域滩涂以及其他农用地建设建筑物、构筑物或者从事非农业建设的，适用税额按占用耕地适用税额的80%执行。

四、伊春市按照国务院批复全面完成行政区划调整后，伊美区、乌翠区、友好区、金林区、汤旺县、丰林县、大箐山县、南岔县耕地占用税适用税额按17元/平方米执行。

五、本决定自2019年9月1日起施行。2008年11月3日省政府发布的《黑龙江省耕地占用税实施办法》（黑政发〔2008〕88号）同时废止。

财政部　税务总局　自然资源部
农业农村部　生态环境部关于发布
《中华人民共和国耕地占用税法实施办法》的公告

2019 年 8 月 29 日　财政部公告 2019 年第 81 号

为贯彻落实《中华人民共和国耕地占用税法》，财政部、税务总局、自然资源部、农业农村部、生态环境部制定了《中华人民共和国耕地占用税法实施办法》，现予以发布，自 2019 年 9 月 1 日起施行。

特此公告。

附件：中华人民共和国耕地占用税法实施办法

附件

中华人民共和国耕地占用税法实施办法

第一条　为了贯彻实施《中华人民共和国耕地占用税法》（以下简称税法），制定本办法。

第二条　经批准占用耕地的，纳税人为农用地转用审批文件中标明的建设用地人；农用地转用审批文件中未标明建设用地人的，纳税人为用地申请人，其中用地申请人为各级人民政府的，由同级土地储备中心、自然资源主管部门或政府委托的其他部门、单位履行耕地占用税申报纳税义务。

未经批准占用耕地的，纳税人为实际用地人。

第三条　实际占用的耕地面积，包括经批准占用的耕地面积和未经批准占用的耕地面积。

第四条　基本农田，是指依据《基本农田保护条例》划定的基本农田保护区范围内的耕地。

第五条　免税的军事设施，具体范围为《中华人民共和国军事设施保护法》规定的军事设施。

第六条　免税的学校，具体范围包括县级以上人民政府教育行政部门批准成立的大学、中学、小学，学历性职业教育学校和特殊教育学校，以及经省级人民政府或其人力资源社会保障行政部门批准成立的技工院校。

学校内经营性场所和教职工住房占用耕地的，按照当地适用税额缴纳耕地占用税。

第七条 免税的幼儿园，具体范围限于县级以上人民政府教育行政部门批准成立的幼儿园内专门用于幼儿保育、教育的场所。

第八条 免税的社会福利机构，具体范围限于依法登记的养老服务机构、残疾人服务机构、儿童福利机构、救助管理机构、未成年人救助保护机构内，专门为老年人、残疾人、未成年人、生活无着的流浪乞讨人员提供养护、康复、托管等服务的场所。

第九条 免税的医疗机构，具体范围限于县级以上人民政府卫生健康行政部门批准设立的医疗机构内专门从事疾病诊断、治疗活动的场所及其配套设施。

医疗机构内职工住房占用耕地的，按照当地适用税额缴纳耕地占用税。

第十条 减税的铁路线路，具体范围限于铁路路基、桥梁、涵洞、隧道及其按照规定两侧留地、防火隔离带。

专用铁路和铁路专用线占用耕地的，按照当地适用税额缴纳耕地占用税。

第十一条 减税的公路线路，具体范围限于经批准建设的国道、省道、县道、乡道和属于农村公路的村道的主体工程以及两侧边沟或者截水沟。

专用公路和城区内机动车道占用耕地的，按照当地适用税额缴纳耕地占用税。

第十二条 减税的飞机场跑道、停机坪，具体范围限于经批准建设的民用机场专门用于民用航空器起降、滑行、停放的场所。

第十三条 减税的港口，具体范围限于经批准建设的港口内供船舶进出、停靠以及旅客上下、货物装卸的场所。

第十四条 减税的航道，具体范围限于在江、河、湖泊、港湾等水域内供船舶安全航行的通道。

第十五条 减税的水利工程，具体范围限于经县级以上人民政府水行政主管部门批准建设的防洪、排涝、灌溉、引（供）水、滩涂治理、水土保持、水资源保护等各类工程及其配套和附属工程的建筑物、构筑物占压地和经批准的管理范围用地。

第十六条 纳税人符合税法第七条规定情形，享受免征或者减征耕地占用税的，应当留存相关证明资料备查。

第十七条 根据税法第八条的规定，纳税人改变原占地用途，不再属于免征或减征情形的，应自改变用途之日起 30 日内申报补缴税款，补缴税款按改变用途的实际占用耕地面积和改变用途时当地适用税额计算。

第十八条 临时占用耕地，是指经自然资源主管部门批准，在一般不超过 2 年内临时使用耕地并且没有修建永久性建筑物的行为。

依法复垦应由自然资源主管部门会同有关行业管理部门认定并出具验收合格确认书。

第十九条　因挖损、采矿塌陷、压占、污染等损毁耕地属于税法所称的非农业建设，应依照税法规定缴纳耕地占用税；自自然资源、农业农村等相关部门认定损毁耕地之日起 3 年内依法复垦或修复，恢复种植条件的，比照税法第十一条规定办理退税。

第二十条　园地，包括果园、茶园、橡胶园、其他园地。

前款的其他园地包括种植桑树、可可、咖啡、油棕、胡椒、药材等其他多年生作物的园地。

第二十一条　林地，包括乔木林地、竹林地、红树林地、森林沼泽、灌木林地、灌丛沼泽、其他林地，不包括城镇村庄范围内的绿化林木用地，铁路、公路征地范围内的林木用地，以及河流、沟渠的护堤林用地。

前款的其他林地包括疏林地、未成林地、迹地、苗圃等林地。

第二十二条　草地，包括天然牧草地、沼泽草地、人工牧草地，以及用于农业生产并已由相关行政主管部门发放使用权证的草地。

第二十三条　农田水利用地，包括农田排灌沟渠及相应附属设施用地。

第二十四条　养殖水面，包括人工开挖或者天然形成的用于水产养殖的河流水面、湖泊水面、水库水面、坑塘水面及相应附属设施用地。

第二十五条　渔业水域滩涂，包括专门用于种植或者养殖水生动植物的海水潮浸地带和滩地，以及用于种植芦苇并定期进行人工养护管理的苇田。

第二十六条　直接为农业生产服务的生产设施，是指直接为农业生产服务而建设的建筑物和构筑物。具体包括：储存农用机具和种子、苗木、木材等农业产品的仓储设施；培育、生产种子、种苗的设施；畜禽养殖设施；木材集材道、运材道；农业科研、试验、示范基地；野生动植物保护、护林、森林病虫害防治、森林防火、木材检疫的设施；专为农业生产服务的灌溉排水、供水、供电、供热、供气、通讯基础设施；农业生产者从事农业生产必需的食宿和管理设施；其他直接为农业生产服务的生产设施。

第二十七条　未经批准占用耕地的，耕地占用税纳税义务发生时间为自然资源主管部门认定的纳税人实际占用耕地的当日。

因挖损、采矿塌陷、压占、污染等损毁耕地的纳税义务发生时间为自然资源、农业农村等相关部门认定损毁耕地的当日。

第二十八条　纳税人占用耕地，应当在耕地所在地申报纳税。

第二十九条　在农用地转用环节，用地申请人能证明建设用地人符合税法第七条第一款规定的免税情形的，免征用地申请人的耕地占用税；在供地环节，建设用地人使用耕地用途符合税法第七条第一款规定的免税情形的，由用地申请人和建设用地人共同申请，按退税管理的规定退还用地申请人已经缴纳的耕地占用税。

第三十条　县级以上地方人民政府自然资源、农业农村、水利、生态环境等相关部门向税务机关提供的农用地转用、临时占地等信息，包括农用地转用信息、城市和村庄集镇按批次建设用地转而未供信息、经批准临时占地信息、改变原占地用途信息、未批先占农用地查处信息、土地损毁信息、土壤污染信息、土地复垦信息、草场使用和渔业养殖权证发放信息等。

各省、自治区、直辖市人民政府应当建立健全本地区跨部门耕地占用税部门协作和信息交换工作机制。

第三十一条 纳税人占地类型、占地面积和占地时间等纳税申报数据材料以自然资源等相关部门提供的相关材料为准；未提供相关材料或者材料信息不完整的，经主管税务机关提出申请，由自然资源等相关部门自收到申请之日起 30 日内出具认定意见。

第三十二条 纳税人的纳税申报数据资料异常或者纳税人未按照规定期限申报纳税的，包括下列情形：

（一）纳税人改变原占地用途，不再属于免征或者减征耕地占用税情形，未按照规定进行申报的；

（二）纳税人已申请用地但尚未获得批准先行占地开工，未按照规定进行申报的；

（三）纳税人实际占用耕地面积大于批准占用耕地面积，未按照规定进行申报的；

（四）纳税人未履行报批程序擅自占用耕地，未按照规定进行申报的；

（五）其他应提请相关部门复核的情形。

第三十三条 本办法自 2019 年 9 月 1 日起施行。

国家税务总局关于耕地占用税
征收管理有关事项的公告

2019 年 8 月 30 日　国家税务总局公告 2019 年第 30 号

为落实《中华人民共和国耕地占用税法》（以下简称《耕地占用税法》）及《中华人民共和国耕地占用税法实施办法》（以下简称《实施办法》），规范耕地占用税征收管理，现就有关事项公告如下：

一、耕地占用税以纳税人实际占用的属于耕地占用税征税范围的土地（以下简称"应税土地"）面积为计税依据，按应税土地当地适用税额计征，实行一次性征收。

耕地占用税计算公式为：应纳税额＝应税土地面积×适用税额。

应税土地面积包括经批准占用面积和未经批准占用面积，以平方米为单位。

当地适用税额是指省、自治区、直辖市人民代表大会常务委员会决定的应税土地所在地县级行政区的现行适用税额。

二、按照《耕地占用税法》第六条规定，加按百分之一百五十征收耕地占用税的计算公式为：应纳税额＝应税土地面积×适用税额×百分之一百五十。

三、按照《耕地占用税法》及《实施办法》的规定，免征、减征耕地占用税的部分项目按以下口径执行：

（一）免税的军事设施，是指《中华人民共和国军事设施保护法》第二条所列建筑物、场地和设备。具体包括：指挥机关，地面和地下的指挥工程、作战工程；军用机场、港口、码头；营区、训练场、试验场；军用洞库、仓库；军用通信、侦察、导航、观测台站，测量、导航、助航标志；军用公路、铁路专用线，军用通信、输电线路，军用输油、输水管道；边防、海防管控设施；国务院和中央军事委员会规定的其他军事设施。

（二）免税的社会福利机构，是指依法登记的养老服务机构、残疾人服务机构、儿童福利机构及救助管理机构、未成年人救助保护机构内专门为老年人、残疾人、未成年人及生活无着的流浪乞讨人员提供养护、康复、托管等服务的场所。

养老服务机构，是指为老年人提供养护、康复、托管等服务的老年人社会福利机构。具体包括老年社会福利院、养老院（或老人院）、老年公寓、护老院、护养院、敬老院、托老所、老年人服务中心等。

残疾人服务机构，是指为残疾人提供养护、康复、托管等服务的社会福利机构。具体包括为肢体、智力、视力、听力、语言、精神方面有残疾的人员提供康复和功能补偿的辅助器具，进行康复治疗、康复训练，承担教育、养护和托管服务的社会福利机构。

儿童福利机构，是指为孤、弃、残儿童提供养护、康复、医疗、教育、托管等服务的儿童社会福利服务机构。具体包括儿童福利院、社会福利院、SOS儿童村、孤儿学校、残疾儿童康复中心、社区特教班等。

社会救助机构，是指为生活无着的流浪乞讨人员提供寻亲、医疗、未成年人教育、离站等服务的救助管理机构。具体包括县级以上人民政府设立的救助管理站、未成年人救助保护中心等专门机构。

（三）免税的医疗机构，是指县级以上人民政府卫生健康行政部门批准设立的医疗机构内专门从事疾病诊断、治疗活动的场所及其配套设施。

（四）减税的公路线路，是指经批准建设的国道、省道、县道、乡道和属于农村公路的村道的主体工程以及两侧边沟或者截水沟。具体包括高速公路、一级公路、二级公路、三级公路、四级公路和等外公路的主体工程及两侧边沟或者截水沟。

四、根据《耕地占用税法》第八条的规定，纳税人改变原占地用途，需要补缴耕地占用税的，其纳税义务发生时间为改变用途当日，具体为：经批准改变用途的，纳税义务发生时间为纳税人收到批准文件的当日；未经批准改变用途的，纳税义务发生时间为自然资源主管部门认定纳税人改变原占地用途的当日。

五、未经批准占用应税土地的纳税人，其纳税义务发生时间为自然资源主管部门认定其实际占地的当日。

六、耕地占用税实行全国统一的纳税申报表（见附件）。

七、耕地占用税纳税人依法纳税申报时，应填报《耕地占用税纳税申报表》，同时依占用应税土地的不同情形分别提交下列材料：

（一）农用地转用审批文件复印件；

（二）临时占用耕地批准文件复印件；

（三）未经批准占用应税土地的，应提供实际占地的相关证明材料复印件。

其中第（一）项和第（二）项，纳税人提交的批准文书信息能够通过政府信息共享获取的，纳税人只需要提供上述材料的名称、文号、编码等信息供查询验证，不再提交材料复印件。

八、主管税务机关接收纳税人申报资料后，应审核资料是否齐全、是否符合法定形式、填写内容是否完整、项目间逻辑关系是否相符。审核无误的即时受理；审核发现问题的当场一次性告知应补正资料或不予受理原因。

九、耕地占用税减免优惠实行"自行判别、申报享受、有关资料留存备查"办理方式。纳税人根据政策规定自行判断是否符合优惠条件，符合条件的，纳税人申报享受税收优惠，并将有关资料留存备查。纳税人对留存材料的真实性和合法性承担法律责任。

符合耕地占用税减免条件的纳税人，应留存下列材料：

（一）军事设施占用应税土地的证明材料；

（二）学校、幼儿园、社会福利机构、医疗机构占用应税土地的证明材料；

（三）铁路线路、公路线路、飞机场跑道、停机坪、港口、航道、水利工程占用应税土地的证明材料；

（四）农村居民建房占用土地及其他相关证明材料；

（五）其他减免耕地占用税情形的证明材料。

十、纳税人符合《耕地占用税法》第十一条、《实施办法》第十九条的规定申请退税的，纳税人应提供身份证明查验，并提交以下材料复印件：

（一）税收缴款书、税收完税证明；

（二）复垦验收合格确认书。

十一、纳税人、建设用地人符合《实施办法》第二十九条规定共同申请退税的，纳税人、建设用地人应提供身份证明查验，并提交以下材料复印件：

（一）纳税人应提交税收缴款书、税收完税证明；

（二）建设用地人应提交使用耕地用途符合免税规定的证明材料。

十二、本公告自 2019 年 9 月 1 日起施行。《国家税务总局关于农业税、牧业税、耕地占用税、契税征收管理暂参照〈中华人民共和国税收征收管理法〉执行的通知》（国税发〔2001〕110 号）、《国家税务总局关于耕地占用税征收管理有关问题的通知》（国税发〔2007〕129 号）、《国家税务总局关于发布〈耕地占用税管理规程（试行）〉的公告》（国家税务总局公告 2016 年第 2 号发布，国家税务总局公告 2018 年第 31 号修改）同时废止。

特此公告。

附件：耕地占用税纳税申报表①（略）

关于《国家税务总局关于耕地占用税 征收管理有关事项的公告》的解读

一、制定《公告》背景

为落实《中华人民共和国耕地占用税法》（以下简称《耕地占用税法》）及《中华人民共和国耕地占用税法实施办法》（以下简称《实施办法》），按照党中央、国务院关于深化"放管服"改革、优化税收营商环境的部署，税务总局起草了《关于耕地占用税征收管理有关事项的公告》（以下简称《公告》），以明确耕地占用税若干征管事项，便于基层税务机关和纳税人操作，确保耕地占用税法顺利实施。

二、制定《公告》的指导思想

以便利纳税人理解、便于基层执行为出发点和落脚点，以准确理解掌握相关政策为要求，以规范征收管理、优化办税流程、加强信息管税为路径，细化明确征收管理措施，简化办税资料，提升纳税服务水平，在耕地占用税申报征收、减免退税管理方面为纳税人和基层税务人员提供更加明确的政策依据与操作指引。

三、《公告》主要内容

公告共十二条，内容包括耕地占用税计税公式、减免税具体内容、税收减免退补税办理、纳税申报表及申报资料提交、减免税后续管理和拟废止的规范性文件等。

（一）明确计税公式，便利纳税人申报计税。

（二）细化减免税具体内容，便利纳税人理解、便于基层执行。依据《耕地占用税法》及《实施办法》的规定，进一步明确减免税具体包括内容，纳税人可以对照占地

---

① 《耕地占用税纳税申报表》已废止。参见《国家税务总局关于简并税费申报有关事项的公告》（国家税务总局公告 2021 年第 9 号）。

项目与占地用途，办理申报减免，提高申报减免税准确性，减少误判。

（三）优化纳税申报表，缩短办税时间。优化申报数据项，一张申报表解决了过去需要填报多张申报表的问题，节约办税时间。

（四）简化办税资料，优化办税流程。精简办税资料，明确减免退税办税路径，明确减免税采取"自行判别、申报享受、有关资料留存备查"的办理方式。

四、施行时间

《公告》自 2019 年 9 月 1 日起施行。

基本农田保护条例

1998 年 12 月 27 日中华人民共和国国务院令第 257 号发布，

根据 2011 年 1 月 8 日《国务院关于废止和修改部分行政法规的决定》修订

第一章 总 则

第一条 为了对基本农田实行特殊保护，促进农业生产和社会经济的可持续发展，根据《中华人民共和国农业法》和《中华人民共和国土地管理法》，制定本条例。

第二条 国家实行基本农田保护制度。

本条例所称基本农田，是指按照一定时期人口和社会经济发展对农产品的需求，依据土地利用总体规划确定的不得占用的耕地。

本条例所称基本农田保护区，是指为对基本农田实行特殊保护而依据土地利用总体规划和依照法定程序确定的特定保护区域。

第三条 基本农田保护实行全面规划、合理利用、用养结合、严格保护的方针。

第四条 县级以上地方各级人民政府应当将基本农田保护工作纳入国民经济和社会发展计划，作为政府领导任期目标责任制的一项内容，并由上一级人民政府监督实施。

第五条 任何单位和个人都有保护基本农田的义务，并有权检举、控告侵占、破坏基本农田和其他违反本条例的行为。

第六条 国务院土地行政主管部门和农业行政主管部门按照国务院规定的职责分工，依照本条例负责全国的基本农田保护管理工作。

县级以上地方各级人民政府土地行政主管部门和农业行政主管部门按照本级人民政府规定的职责分工，依照本条例负责本行政区域内的基本农田保护管理工作。

乡（镇）人民政府负责本行政区域内的基本农田保护管理工作。

第七条 国家对在基本农田保护工作中取得显著成绩的单位和个人，给予奖励。

第二章 划 定

第八条 各级人民政府在编制土地利用总体规划时，应当将基本农田保护作为规划的一项内容，明确基本农田保护的布局安排、数量指标和质量要求。

县级和乡（镇）土地利用总体规划应当确定基本农田保护区。

第九条 省、自治区、直辖市划定的基本农田应当占本行政区域内耕地总面积的80％以上，具体数量指标根据全国土地利用总体规划逐级分解下达。

第十条 下列耕地应当划入基本农田保护区，严格管理：

（一）经国务院有关主管部门或者县级以上地方人民政府批准确定的粮、棉、油生产基地内的耕地；

（二）有良好的水利与水土保持设施的耕地，正在实施改造计划以及可以改造的中、低产田；

（三）蔬菜生产基地；

（四）农业科研、教学试验田。

根据土地利用总体规划，铁路、公路等交通沿线，城市和村庄、集镇建设用地区周边的耕地，应当优先划入基本农田保护区；需要退耕还林、还牧、还湖的耕地，不应当划入基本农田保护区。

第十一条 基本农田保护区以乡（镇）为单位划区定界，由县级人民政府土地行政主管部门会同同级农业行政主管部门组织实施。

划定的基本农田保护区，由县级人民政府设立保护标志，予以公告，由县级人民政府土地行政主管部门建立档案，并抄送同级农业行政主管部门。任何单位和个人不得破坏或者擅自改变基本农田保护区的保护标志。

基本农田划区定界后，由省、自治区、直辖市人民政府组织土地行政主管部门和农业行政主管部门验收确认，或者由省、自治区人民政府授权设区的市、自治州人民政府组织土地行政主管部门和农业行政主管部门验收确认。

第十二条 划定基本农田保护区时，不得改变土地承包者的承包经营权。

第十三条 划定基本农田保护区的技术规程，由国务院土地行政主管部门会同国务院农业行政主管部门制定。

第三章 保 护

第十四条 地方各级人民政府应当采取措施，确保土地利用总体规划确定的本行政区域内基本农田的数量不减少。

第十五条 基本农田保护区经依法划定后，任何单位和个人不得改变或者占用。

国家能源、交通、水利、军事设施等重点建设项目选址确实无法避开基本农田保护区，需要占用基本农田，涉及农用地转用或者征收土地的，必须经国务院批准。

第十六条 经国务院批准占用基本农田的，当地人民政府应当按照国务院的批准文件修改土地利用总体规划，并补充划入数量和质量相当的基本农田。占用单位应当按照占多少、垦多少的原则，负责开垦与所占基本农田的数量与质量相当的耕地；没有条件开垦或者开垦的耕地不符合要求的，应当按照省、自治区、直辖市的规定缴纳耕地开垦费，专款用于开垦新的耕地。

占用基本农田的单位应当按照县级以上地方人民政府的要求，将所占用基本农田耕作层的土壤用于新开垦耕地、劣质地或者其他耕地的土壤改良。

第十七条 禁止任何单位和个人在基本农田保护区内建窑、建房、建坟、挖砂、采石、采矿、取土、堆放固体废弃物或者进行其他破坏基本农田的活动。

禁止任何单位和个人占用基本农田发展林果业和挖塘养鱼。

第十八条 禁止任何单位和个人闲置、荒芜基本农田。经国务院批准的重点建设项目占用基本农田的，满 1 年不使用而又可以耕种并收获的，应当由原耕种该幅基本农田的集体或者个人恢复耕种，也可以由用地单位组织耕种；1 年以上未动工建设的，应当按照省、自治区、直辖市的规定缴纳闲置费；连续 2 年未使用的，经国务院批准，由县级以上人民政府无偿收回用地单位的土地使用权；该幅土地原为农民集体所有的，应当交由原农村集体经济组织恢复耕种，重新划入基本农田保护区。

承包经营基本农田的单位或者个人连续 2 年弃耕抛荒的，原发包单位应当终止承包合同，收回发包的基本农田。

第十九条 国家提倡和鼓励农业生产者对其经营的基本农田施用有机肥料，合理施用化肥和农药。利用基本农田从事农业生产的单位和个人应当保持和培肥地力。

第二十条 县级人民政府应当根据当地实际情况制定基本农田地力分等定级办法，由农业行政主管部门会同土地行政主管部门组织实施，对基本农田地力分等定级，并建立档案。

第二十一条 农村集体经济组织或者村民委员会应当定期评定基本农田地力等级。

第二十二条 县级以上地方各级人民政府农业行政主管部门应当逐步建立基本农田地力与施肥效益长期定位监测网点，定期向本级人民政府提出基本农田地力变化状况报告以及相应的地力保护措施，并为农业生产者提供施肥指导服务。

第二十三条 县级以上人民政府农业行政主管部门应当会同同级环境保护行政主管部门对基本农田环境污染进行监测和评价，并定期向本级人民政府提出环境质量与发展趋势的报告。

第二十四条 经国务院批准占用基本农田兴建国家重点建设项目的，必须遵守国家有关建设项目环境保护管理的规定。在建设项目环境影响报告书中，应当有基本农田环境保护方案。

第二十五条 向基本农田保护区提供肥料和作为肥料的城市垃圾、污泥的，应当符合国家有关标准。

第二十六条 因发生事故或者其他突然性事件，造成或者可能造成基本农田环境污染事故的，当事人必须立即采取措施处理，并向当地环境保护行政主管部门和农业行政主管部门报告，接受调查处理。

第四章 监督管理

第二十七条 在建立基本农田保护区的地方，县级以上地方人民政府应当与下一级人民政府签订基本农田保护责任书；乡（镇）人民政府应当根据与县级人民政府签订的基本农田保护责任书的要求，与农村集体经济组织或者村民委员会签订基本农田保护责任书。

基本农田保护责任书应当包括下列内容：

（一）基本农田的范围、面积、地块；

（二）基本农田的地力等级；

（三）保护措施；

（四）当事人的权利与义务；

（五）奖励与处罚。

第二十八条 县级以上地方人民政府应当建立基本农田保护监督检查制度，定期组织土地行政主管部门、农业行政主管部门以及其他有关部门对基本农田保护情况进行检查，将检查情况书面报告上一级人民政府。被检查的单位和个人应当如实提供有关情况和资料，不得拒绝。

第二十九条 县级以上地方人民政府土地行政主管部门、农业行政主管部门对本行政区域内发生的破坏基本农田的行为，有权责令纠正。

第五章 法律责任

第三十条 违反本条例规定，有下列行为之一的，依照《中华人民共和国土地管理法》和《中华人民共和国土地管理法实施条例》的有关规定，从重给予处罚：

（一）未经批准或者采取欺骗手段骗取批准，非法占用基本农田的；

（二）超过批准数量，非法占用基本农田的；

（三）非法批准占用基本农田的；

（四）买卖或者以其他形式非法转让基本农田的。

第三十一条 违反本条例规定，应当将耕地划入基本农田保护区而不划入的，由上一级人民政府责令限期改正；拒不改正的，对直接负责的主管人员和其他直接责任人员依法给予行政处分或者纪律处分。

第三十二条 违反本条例规定，破坏或者擅自改变基本农田保护区标志的，由县级以上地方人民政府土地行政主管部门或者农业行政主管部门责令恢复原状，可以处1000元以下罚款。

第三十三条 违反本条例规定，占用基本农田建窑、建房、建坟、挖砂、采石、采矿、取土、堆放固体废弃物或者从事其他活动破坏基本农田，毁坏种植条件的，由县级以上人民政府土地行政主管部门责令改正或者治理，恢复原种植条件，处占用基本农田的耕地开垦费1倍以上2倍以下的罚款；构成犯罪的，依法追究刑事责任。

第三十四条 侵占、挪用基本农田的耕地开垦费，构成犯罪的，依法追究刑事责任；尚不构成犯罪的，依法给予行政处分或者纪律处分。

第六章 附 则

第三十五条 省、自治区、直辖市人民政府可以根据当地实际情况，将其他农业生产用地划为保护区。保护区内的其他农业生产用地的保护和管理，可以参照本条例执行。

第三十六条 本条例自1999年1月1日起施行。1994年8月18日国务院发布的《基本农田保护条例》同时废止。

中华人民共和国土地管理法

1986年6月25日第六届全国人民代表大会常务委员会第十六次会议通过 根据1988年12月29日第七届全国人民代表大会常务委员会第五次会议《关于修改〈中华人民共和国土地管理法〉的决定》第一次修正 1998年8月29日第九届全国人民代表大会常务委员会第四次会议修订 根据2004年8月28日第十届全国人民代表大会常务委员会第十一次会议《关于修改〈中华人民共和国土地管理法〉的决定》第二次修正 根据2019年8月26日第十三届全国人民代表大会常务委员会第十二次会议《关于修改〈中华人民共和国土地管理法〉、〈中华人民共和国城市房地产管理法〉的决定》第三次修正

目 录

第一章 总则

第一章　总　　则

第一条　为了加强土地管理，维护土地的社会主义公有制，保护、开发土地资源，合理利用土地，切实保护耕地，促进社会经济的可持续发展，根据宪法，制定本法。

第二条　中华人民共和国实行土地的社会主义公有制，即全民所有制和劳动群众集体所有制。

全民所有，即国家所有土地的所有权由国务院代表国家行使。

任何单位和个人不得侵占、买卖或者以其他形式非法转让土地。土地使用权可以依法转让。

国家为了公共利益的需要，可以依法对土地实行征收或者征用并给予补偿。

国家依法实行国有土地有偿使用制度。但是，国家在法律规定的范围内划拨国有土地使用权的除外。

第三条　十分珍惜、合理利用土地和切实保护耕地是我国的基本国策。各级人民政府应当采取措施，全面规划，严格管理，保护、开发土地资源，制止非法占用土地的行为。

第四条　国家实行土地用途管制制度。

国家编制土地利用总体规划，规定土地用途，将土地分为农用地、建设用地和未利用地。严格限制农用地转为建设用地，控制建设用地总量，对耕地实行特殊保护。

前款所称农用地是指直接用于农业生产的土地，包括耕地、林地、草地、农田水利用地、养殖水面等；建设用地是指建造建筑物、构筑物的土地，包括城乡住宅和公共设施用地、工矿用地、交通水利设施用地、旅游用地、军事设施用地等；未利用地是指农用地和建设用地以外的土地。

使用土地的单位和个人必须严格按照土地利用总体规划确定的用途使用土地。

第五条　国务院自然资源主管部门统一负责全国土地的管理和监督工作。

县级以上地方人民政府自然资源主管部门的设置及其职责，由省、自治区、直辖市人民政府根据国务院有关规定确定。

第六条　国务院授权的机构对省、自治区、直辖市人民政府以及国务院确定的城市人民政府土地利用和土地管理情况进行督察。

第七条 任何单位和个人都有遵守土地管理法律、法规的义务，并有权对违反土地管理法律、法规的行为提出检举和控告。

第八条 在保护和开发土地资源、合理利用土地以及进行有关的科学研究等方面成绩显著的单位和个人，由人民政府给予奖励。

第二章 土地的所有权和使用权

第九条 城市市区的土地属于国家所有。

农村和城市郊区的土地，除由法律规定属于国家所有的以外，属于农民集体所有；宅基地和自留地、自留山，属于农民集体所有。

第十条 国有土地和农民集体所有的土地，可以依法确定给单位或者个人使用。使用土地的单位和个人，有保护、管理和合理利用土地的义务。

第十一条 农民集体所有的土地依法属于村农民集体所有的，由村集体经济组织或者村民委员会经营、管理；已经分别属于村内两个以上农村集体经济组织的农民集体所有的，由村内各该农村集体经济组织或者村民小组经营、管理；已经属于乡（镇）农民集体所有的，由乡（镇）农村集体经济组织经营、管理。

第十二条 土地的所有权和使用权的登记，依照有关不动产登记的法律、行政法规执行。

依法登记的土地的所有权和使用权受法律保护，任何单位和个人不得侵犯。

第十三条 农民集体所有和国家所有依法由农民集体使用的耕地、林地、草地，以及其他依法用于农业的土地，采取农村集体经济组织内部的家庭承包方式承包，不宜采取家庭承包方式的荒山、荒沟、荒丘、荒滩等，可以采取招标、拍卖、公开协商等方式承包，从事种植业、林业、畜牧业、渔业生产。家庭承包的耕地的承包期为三十年，草地的承包期为三十年至五十年，林地的承包期为三十年至七十年；耕地承包期届满后再延长三十年，草地、林地承包期届满后依法相应延长。

国家所有依法用于农业的土地可以由单位或者个人承包经营，从事种植业、林业、畜牧业、渔业生产。

发包方和承包方应当依法订立承包合同，约定双方的权利和义务。承包经营土地的单位和个人，有保护和按照承包合同约定的用途合理利用土地的义务。

第十四条 土地所有权和使用权争议，由当事人协商解决；协商不成的，由人民政府处理。

单位之间的争议，由县级以上人民政府处理；个人之间、个人与单位之间的争议，由乡级人民政府或者县级以上人民政府处理。

当事人对有关人民政府的处理决定不服的，可以自接到处理决定通知之日起三十日内，向人民法院起诉。

在土地所有权和使用权争议解决前，任何一方不得改变土地利用现状。

第三章 土地利用总体规划

第十五条 各级人民政府应当依据国民经济和社会发展规划、国土整治和资源环境保护的要求、土地供给能力以及各项建设对土地的需求，组织编制土地利用总体规划。

土地利用总体规划的规划期限由国务院规定。

第十六条 下级土地利用总体规划应当依据上一级土地利用总体规划编制。

地方各级人民政府编制的土地利用总体规划中的建设用地总量不得超过上一级土地利用总体规划确定的控制指标，耕地保有量不得低于上一级土地利用总体规划确定的控制指标。

省、自治区、直辖市人民政府编制的土地利用总体规划，应当确保本行政区域内耕地总量不减少。

第十七条 土地利用总体规划按照下列原则编制：

（一）落实国土空间开发保护要求，严格土地用途管制；

（二）严格保护永久基本农田，严格控制非农业建设占用农用地；

（三）提高土地节约集约利用水平；

（四）统筹安排城乡生产、生活、生态用地，满足乡村产业和基础设施用地合理需求，促进城乡融合发展；

（五）保护和改善生态环境，保障土地的可持续利用；

（六）占用耕地与开发复垦耕地数量平衡、质量相当。

第十八条 国家建立国土空间规划体系。编制国土空间规划应当坚持生态优先，绿色、可持续发展，科学有序统筹安排生态、农业、城镇等功能空间，优化国土空间结构和布局，提升国土空间开发、保护的质量和效率。

经依法批准的国土空间规划是各类开发、保护、建设活动的基本依据。已经编制国土空间规划的，不再编制土地利用总体规划和城乡规划。

第十九条 县级土地利用总体规划应当划分土地利用区，明确土地用途。

乡（镇）土地利用总体规划应当划分土地利用区，根据土地使用条件，确定每一块土地的用途，并予以公告。

第二十条 土地利用总体规划实行分级审批。

省、自治区、直辖市的土地利用总体规划，报国务院批准。

省、自治区人民政府所在地的市、人口在一百万以上的城市以及国务院指定的城市的土地利用总体规划，经省、自治区人民政府审查同意后，报国务院批准。

本条第二款、第三款规定以外的土地利用总体规划，逐级上报省、自治区、直辖市人民政府批准；其中，乡（镇）土地利用总体规划可以由省级人民政府授权的设区的市、自治州人民政府批准。

土地利用总体规划一经批准，必须严格执行。

第二十一条 城市建设用地规模应当符合国家规定的标准，充分利用现有建设用地，不占或者尽量少占农用地。

城市总体规划、村庄和集镇规划，应当与土地利用总体规划相衔接，城市总体规划、村庄和集镇规划中建设用地规模不得超过土地利用总体规划确定的城市和村庄、集镇建设用地规模。

在城市规划区内、村庄和集镇规划区内，城市和村庄、集镇建设用地应当符合城市规划、村庄和集镇规划。

第二十二条 江河、湖泊综合治理和开发利用规划，应当与土地利用总体规划相衔接。在江河、湖泊、水库的管理和保护范围以及蓄洪滞洪区内，土地利用应当符合江河、湖泊综合治理和开发利用规划，符合河道、湖泊行洪、蓄洪和输水的要求。

第二十三条 各级人民政府应当加强土地利用计划管理，实行建设用地总量控制。

土地利用年度计划，根据国民经济和社会发展计划、国家产业政策、土地利用总体规划以及建设用地和土地利用的实际状况编制。土地利用年度计划应当对本法第六十三条规定的集体经营性建设用地作出合理安排。土地利用年度计划的编制审批程序与土地利用总体规划的编制审批程序相同，一经审批下达，必须严格执行。

第二十四条 省、自治区、直辖市人民政府应当将土地利用年度计划的执行情况列为国民经济和社会发展计划执行情况的内容，向同级人民代表大会报告。

第二十五条 经批准的土地利用总体规划的修改，须经原批准机关批准；未经批准，不得改变土地利用总体规划确定的土地用途。

经国务院批准的大型能源、交通、水利等基础设施建设用地，需要改变土地利用总体规划的，根据国务院的批准文件修改土地利用总体规划。

经省、自治区、直辖市人民政府批准的能源、交通、水利等基础设施建设用地，需要改变土地利用总体规划的，属于省级人民政府土地利用总体规划批准权限内的，根据省级人民政府的批准文件修改土地利用总体规划。

第二十六条 国家建立土地调查制度。

县级以上人民政府自然资源主管部门会同同级有关部门进行土地调查。土地所有者或者使用者应当配合调查，并提供有关资料。

第二十七条 县级以上人民政府自然资源主管部门会同同级有关部门根据土地调查成果、规划土地用途和国家制定的统一标准，评定土地等级。

第二十八条 国家建立土地统计制度。

县级以上人民政府统计机构和自然资源主管部门依法进行土地统计调查，定期发布土地统计资料。土地所有者或者使用者应当提供有关资料，不得拒报、迟报，不得提供不真实、不完整的资料。

统计机构和自然资源主管部门共同发布的土地面积统计资料是各级人民政府编制土地利用总体规划的依据。

第二十九条 国家建立全国土地管理信息系统，对土地利用状况进行动态监测。

第四章 耕地保护

第三十条 国家保护耕地，严格控制耕地转为非耕地。

国家实行占用耕地补偿制度。非农业建设经批准占用耕地的，按照"占多少，垦多少"的原则，由占用耕地的单位负责开垦与所占用耕地的数量和质量相当的耕地；没有条件开垦或者开垦的耕地不符合要求的，应当按照省、自治区、直辖市的规定缴纳耕地开垦费，专款用于开垦新的耕地。

省、自治区、直辖市人民政府应当制定开垦耕地计划，监督占用耕地的单位按照计划开垦耕地或者按照计划组织开垦耕地，并进行验收。

第三十一条 县级以上地方人民政府可以要求占用耕地的单位将所占用耕地耕作层的土壤用于新开垦耕地、劣质地或者其他耕地的土壤改良。

第三十二条 省、自治区、直辖市人民政府应当严格执行土地利用总体规划和土地利用年度计划，采取措施，确保本行政区域内耕地总量不减少、质量不降低。耕地总量减少的，由国务院责令在规定期限内组织开垦与所减少耕地的数量与质量相当的耕地；耕地质量降低的，由国务院责令在规定期限内组织整治。新开垦和整治的耕地由国务院自然资源主管部门会同农业农村主管部门验收。

个别省、直辖市确因土地后备资源匮乏，新增建设用地后，新开垦耕地的数量不足以补偿所占用耕地的数量的，必须报经国务院批准减免本行政区域内开垦耕地的数量，易地开垦数量和质量相当的耕地。

第三十三条 国家实行永久基本农田保护制度。下列耕地应当根据土地利用总体规划划为永久基本农田，实行严格保护：

（一）经国务院农业农村主管部门或者县级以上地方人民政府批准确定的粮、棉、油、糖等重要农产品生产基地内的耕地；

（二）有良好的水利与水土保持设施的耕地，正在实施改造计划以及可以改造的中、低产田和已建成的高标准农田；

（三）蔬菜生产基地；

（四）农业科研、教学试验田；

（五）国务院规定应当划为永久基本农田的其他耕地。

各省、自治区、直辖市划定的永久基本农田一般应当占本行政区域内耕地的百分之八十以上，具体比例由国务院根据各省、自治区、直辖市耕地实际情况规定。

第三十四条 永久基本农田划定以乡（镇）为单位进行，由县级人民政府自然资源主管部门会同同级农业农村主管部门组织实施。永久基本农田应当落实到地块，纳入国家永久基本农田数据库严格管理。

乡（镇）人民政府应当将永久基本农田的位置、范围向社会公告，并设立保护标志。

第三十五条 永久基本农田经依法划定后，任何单位和个人不得擅自占用或者改变其用途。国家能源、交通、水利、军事设施等重点建设项目选址确实难以避让永久基本农田，涉及农用地转用或者土地征收的，必须经国务院批准。

禁止通过擅自调整县级土地利用总体规划、乡（镇）土地利用总体规划等方式规避永久基本农田农用地转用或者土地征收的审批。

第三十六条 各级人民政府应当采取措施，引导因地制宜轮作休耕，改良土壤，提高地力，维护排灌工程设施，防止土地荒漠化、盐渍化、水土流失和土壤污染。

第三十七条 非农业建设必须节约使用土地，可以利用荒地的，不得占用耕地；可以利用劣地的，不得占用好地。

禁止占用耕地建窑、建坟或者擅自在耕地上建房、挖砂、采石、采矿、取土等。

禁止占用永久基本农田发展林果业和挖塘养鱼。

第三十八条 禁止任何单位和个人闲置、荒芜耕地。已经办理审批手续的非农业建设占用耕地，一年内不用而又可以耕种并收获的，应当由原耕种该幅耕地的集体或者个人恢复耕种，也可以由用地单位组织耕种；一年以上未动工建设的，应当按照省、自治区、直辖市的规定缴纳闲置费；连续二年未使用的，经原批准机关批准，由县级以上人民政府无偿收回用地单位的土地使用权；该幅土地原为农民集体所有的，应当交由原农村集体经济组织恢复耕种。

在城市规划区范围内，以出让方式取得土地使用权进行房地产开发的闲置土地，依照《中华人民共和国城市房地产管理法》的有关规定办理。

第三十九条 国家鼓励单位和个人按照土地利用总体规划，在保护和改善生态环境、防止水土流失和土地荒漠化的前提下，开发未利用的土地；适宜开发为农用地的，应当优先开发成农用地。

国家依法保护开发者的合法权益。

第四十条 开垦未利用的土地，必须经过科学论证和评估，在土地利用总体规划划定的可开垦的区域内，经依法批准后进行。禁止毁坏森林、草原开垦耕地，禁止围湖造田和侵占江河滩地。

根据土地利用总体规划，对破坏生态环境开垦、围垦的土地，有计划有步骤地退耕还林、还牧、还湖。

第四十一条　开发未确定使用权的国有荒山、荒地、荒滩从事种植业、林业、畜牧业、渔业生产的，经县级以上人民政府依法批准，可以确定给开发单位或者个人长期使用。

第四十二条　国家鼓励土地整理。县、乡（镇）人民政府应当组织农村集体经济组织，按照土地利用总体规划，对田、水、路、林、村综合整治，提高耕地质量，增加有效耕地面积，改善农业生产条件和生态环境。

地方各级人民政府应当采取措施，改造中、低产田，整治闲散地和废弃地。

第四十三条　因挖损、塌陷、压占等造成土地破坏，用地单位和个人应当按照国家有关规定负责复垦；没有条件复垦或者复垦不符合要求的，应当缴纳土地复垦费，专项用于土地复垦。复垦的土地应当优先用于农业。

第五章　建设用地

第四十四条　建设占用土地，涉及农用地转为建设用地的，应当办理农用地转用审批手续。

永久基本农田转为建设用地的，由国务院批准。

在土地利用总体规划确定的城市和村庄、集镇建设用地规模范围内，为实施该规划而将永久基本农田以外的农用地转为建设用地的，按土地利用年度计划分批次按照国务院规定由原批准土地利用总体规划的机关或者其授权的机关批准。在已批准的农用地转用范围内，具体建设项目用地可以由市、县人民政府批准。

在土地利用总体规划确定的城市和村庄、集镇建设用地规模范围外，将永久基本农田以外的农用地转为建设用地的，由国务院或者国务院授权的省、自治区、直辖市人民政府批准。

第四十五条　为了公共利益的需要，有下列情形之一，确需征收农民集体所有的土地的，可以依法实施征收：

（一）军事和外交需要用地的；

（二）由政府组织实施的能源、交通、水利、通信、邮政等基础设施建设需要用地的；

（三）由政府组织实施的科技、教育、文化、卫生、体育、生态环境和资源保护、防灾减灾、文物保护、社区综合服务、社会福利、市政公用、优抚安置、英烈保护等公共事业需要用地的；

（四）由政府组织实施的扶贫搬迁、保障性安居工程建设需要用地的；

（五）在土地利用总体规划确定的城镇建设用地范围内，经省级以上人民政府批准由县级以上地方人民政府组织实施的成片开发建设需要用地的；

（六）法律规定为公共利益需要可以征收农民集体所有的土地的其他情形。

前款规定的建设活动，应当符合国民经济和社会发展规划、土地利用总体规划、城乡规划和专项规划；第（四）项、第（五）项规定的建设活动，还应当纳入国民经济和社会发展年度计划；第（五）项规定的成片开发并应当符合国务院自然资源主管部门规定的标准。

第四十六条 征收下列土地的，由国务院批准：

（一）永久基本农田；

（二）永久基本农田以外的耕地超过三十五公顷的；

（三）其他土地超过七十公顷的。

征收前款规定以外的土地的，由省、自治区、直辖市人民政府批准。

征收农用地的，应当依照本法第四十四条的规定先行办理农用地转用审批。其中，经国务院批准农用地转用的，同时办理征地审批手续，不再另行办理征地审批；经省、自治区、直辖市人民政府在征地批准权限内批准农用地转用的，同时办理征地审批手续，不再另行办理征地审批，超过征地批准权限的，应当依照本条第一款的规定另行办理征地审批。

第四十七条 国家征收土地的，依照法定程序批准后，由县级以上地方人民政府予以公告并组织实施。

县级以上地方人民政府拟申请征收土地的，应当开展拟征收土地现状调查和社会稳定风险评估，并将征收范围、土地现状、征收目的、补偿标准、安置方式和社会保障等在拟征收土地所在的乡（镇）和村、村民小组范围内公告至少三十日，听取被征地的农村集体经济组织及其成员、村民委员会和其他利害关系人的意见。

多数被征地的农村集体经济组织成员认为征地补偿安置方案不符合法律、法规规定的，县级以上地方人民政府应当组织召开听证会，并根据法律、法规的规定和听证会情况修改方案。

拟征收土地的所有权人、使用权人应当在公告规定期限内，持不动产权属证明材料办理补偿登记。县级以上地方人民政府应当组织有关部门测算并落实有关费用，保证足额到位，与拟征收土地的所有权人、使用权人就补偿、安置等签订协议；个别确实难以达成协议的，应当在申请征收土地时如实说明。

相关前期工作完成后，县级以上地方人民政府方可申请征收土地。

第四十八条 征收土地应当给予公平、合理的补偿，保障被征地农民原有生活水平不降低、长远生计有保障。

征收土地应当依法及时足额支付土地补偿费、安置补助费以及农村村民住宅、其他地上附着物和青苗等的补偿费用，并安排被征地农民的社会保障费用。

征收农用地的土地补偿费、安置补助费标准由省、自治区、直辖市通过制定公布区片综合地价确定。制定区片综合地价应当综合考虑土地原用途、土地资源条件、土地产值、土地区位、土地供求关系、人口以及经济社会发展水平等因素，并至少每三年调整或者重新公布一次。

征收农用地以外的其他土地、地上附着物和青苗等的补偿标准，由省、自治区、直辖市制定。对其中的农村村民住宅，应当按照先补偿后搬迁、居住条件有改善的原则，尊重农村村民意愿，采取重新安排宅基地建房、提供安置房或者货币补偿等方式给予公平、合理的补偿，并对因征收造成的搬迁、临时安置等费用予以补偿，保障农村村民居住的权利和合法的住房财产权益。

县级以上地方人民政府应当将被征地农民纳入相应的养老等社会保障体系。被征地农民的社会保障费用主要用于符合条件的被征地农民的养老保险等社会保险缴费补贴。被征地农民社会保障费用的筹集、管理和使用办法，由省、自治区、直辖市制定。

第四十九条 被征地的农村集体经济组织应当将征收土地的补偿费用的收支状况向本集体经济组织的成员公布，接受监督。

禁止侵占、挪用被征收土地单位的征地补偿费用和其他有关费用。

第五十条 地方各级人民政府应当支持被征地的农村集体经济组织和农民从事开发经营，兴办企业。

第五十一条 大中型水利、水电工程建设征收土地的补偿费标准和移民安置办法，由国务院另行规定。

第五十二条 建设项目可行性研究论证时，自然资源主管部门可以根据土地利用总体规划、土地利用年度计划和建设用地标准，对建设用地有关事项进行审查，并提出意见。

第五十三条 经批准的建设项目需要使用国有建设用地的，建设单位应当持法律、行政法规规定的有关文件，向有批准权的县级以上人民政府自然资源主管部门提出建设用地申请，经自然资源主管部门审查，报本级人民政府批准。

第五十四条 建设单位使用国有土地，应当以出让等有偿使用方式取得；但是，下列建设用地，经县级以上人民政府依法批准，可以以划拨方式取得：

（一）国家机关用地和军事用地；

（二）城市基础设施用地和公益事业用地；

（三）国家重点扶持的能源、交通、水利等基础设施用地；

（四）法律、行政法规规定的其他用地。

第五十五条 以出让等有偿使用方式取得国有土地使用权的建设单位，按照国务院规定的标准和办法，缴纳土地使用权出让金等土地有偿使用费和其他费用后，方可使用土地。

自本法施行之日起，新增建设用地的土地有偿使用费，百分之三十上缴中央财政，百分之七十留给有关地方人民政府。具体使用管理办法由国务院财政部门会同有关部门制定，并报国务院批准。

第五十六条 建设单位使用国有土地的，应当按照土地使用权出让等有偿使用合同的约定或者土地使用权划拨批准文件的规定使用土地；确需改变该幅土地建设用途的，应当经有关人民政府自然资源主管部门同意，报原批准用地的人民政府批准。其中，在城市规划区内改变土地用途的，在报批前，应当先经有关城市规划行政主管部门同意。

第五十七条 建设项目施工和地质勘查需要临时使用国有土地或者农民集体所有的土地的，由县级以上人民政府自然资源主管部门批准。其中，在城市规划区内的临时用地，在报批前，应当先经有关城市规划行政主管部门同意。土地使用者应当根据土地权属，与有关自然资源主管部门或者农村集体经济组织、村民委员会签订临时使用土地合同，并按照合同的约定支付临时使用土地补偿费。

临时使用土地的使用者应当按照临时使用土地合同约定的用途使用土地，并不得修建永久性建筑物。

临时使用土地期限一般不超过二年。

第五十八条 有下列情形之一的，由有关人民政府自然资源主管部门报经原批准用地的人民政府或者有批准权的人民政府批准，可以收回国有土地使用权：

（一）为实施城市规划进行旧城区改建以及其他公共利益需要，确需使用土地的；

（二）土地出让等有偿使用合同约定的使用期限届满，土地使用者未申请续期或者申请续期未获批准的；

（三）因单位撤销、迁移等原因，停止使用原划拨的国有土地的；

（四）公路、铁路、机场、矿场等经核准报废的。

依照前款第（一）项的规定收回国有土地使用权的，对土地使用权人应当给予适当补偿。

第五十九条 乡镇企业、乡（镇）村公共设施、公益事业、农村村民住宅等乡（镇）村建设，应当按照村庄和集镇规划，合理布局，综合开发，配套建设；建设用地，应当符合乡（镇）土地利用总体规划和土地利用年度计划，并依照本法第四十四条、第六十条、第六十一条、第六十二条的规定办理审批手续。

第六十条 农村集体经济组织使用乡（镇）土地利用总体规划确定的建设用地兴办企业或者与其他单位、个人以土地使用权入股、联营等形式共同举办企业的，应当持有关批准文件，向县级以上地方人民政府自然资源主管部门提出申请，按照省、自治区、直辖市规定的批准权限，由县级以上地方人民政府批准；其中，涉及占用农用地的，依照本法第四十四条的规定办理审批手续。

按照前款规定兴办企业的建设用地，必须严格控制。省、自治区、直辖市可以按照乡镇企业的不同行业和经营规模，分别规定用地标准。

第六十一条 乡（镇）村公共设施、公益事业建设，需要使用土地的，经乡（镇）人民政府审核，向县级以上地方人民政府自然资源主管部门提出申请，按照省、自治区、直辖市规定的批准权限，由县级以上地方人民政府批准；其中，涉及占用农用地的，依照本法第四十四条的规定办理审批手续。

第六十二条 农村村民一户只能拥有一处宅基地，其宅基地的面积不得超过省、自治区、直辖市规定的标准。

人均土地少、不能保障一户拥有一处宅基地的地区，县级人民政府在充分尊重农村村民意愿的基础上，可以采取措施，按照省、自治区、直辖市规定的标准保障农村村民实现户有所居。

农村村民建住宅，应当符合乡（镇）土地利用总体规划、村庄规划，不得占用永久基本农田，并尽量使用原有的宅基地和村内空闲地。编制乡（镇）土地利用总体规划、村庄规划应当统筹并合理安排宅基地用地，改善农村村民居住环境和条件。

农村村民住宅用地，由乡（镇）人民政府审核批准；其中，涉及占用农用地的，依照本法第四十四条的规定办理审批手续。

农村村民出卖、出租、赠与住宅后，再申请宅基地的，不予批准。

国家允许进城落户的农村村民依法自愿有偿退出宅基地，鼓励农村集体经济组织及其成员盘活利用闲置宅基地和闲置住宅。

国务院农业农村主管部门负责全国农村宅基地改革和管理有关工作。

第六十三条 土地利用总体规划、城乡规划确定为工业、商业等经营性用途，并经依法登记的集体经营性建设用地，土地所有权人可以通过出让、出租等方式交由单位或者个人使用，并应当签订书面合同，载明土地界址、面积、动工期限、使用期限、土地用途、规划条件和双方其他权利义务。

前款规定的集体经营性建设用地出让、出租等，应当经本集体经济组织成员的村民会议三分之二以上成员或者三分之二以上村民代表的同意。

通过出让等方式取得的集体经营性建设用地使用权可以转让、互换、出资、赠与或者抵押，但法律、行政法规另有规定或者土地所有权人、土地使用权人签订的书面合同另有约定的除外。

集体经营性建设用地的出租，集体建设用地使用权的出让及其最高年限、转让、互换、出资、赠与、抵押等，参照同类用途的国有建设用地执行。具体办法由国务院制定。

第六十四条 集体建设用地的使用者应当严格按照土地利用总体规划、城乡规划确定的用途使用土地。

第六十五条 在土地利用总体规划制定前已建的不符合土地利用总体规划确定的

用途的建筑物、构筑物，不得重建、扩建。

第六十六条 有下列情形之一的，农村集体经济组织报经原批准用地的人民政府批准，可以收回土地使用权：

（一）为乡（镇）村公共设施和公益事业建设，需要使用土地的；

（二）不按照批准的用途使用土地的；

（三）因撤销、迁移等原因而停止使用土地的。

依照前款第（一）项规定收回农民集体所有的土地的，对土地使用权人应当给予适当补偿。

收回集体经营性建设用地使用权，依照双方签订的书面合同办理，法律、行政法规另有规定的除外。

第六章 监督检查

第六十七条 县级以上人民政府自然资源主管部门对违反土地管理法律、法规的行为进行监督检查。

县级以上人民政府农业农村主管部门对违反农村宅基地管理法律、法规的行为进行监督检查的，适用本法关于自然资源主管部门监督检查的规定。

土地管理监督检查人员应当熟悉土地管理法律、法规，忠于职守、秉公执法。

第六十八条 县级以上人民政府自然资源主管部门履行监督检查职责时，有权采取下列措施：

（一）要求被检查的单位或者个人提供有关土地权利的文件和资料，进行查阅或者予以复制；

（二）要求被检查的单位或者个人就有关土地权利的问题作出说明；

（三）进入被检查单位或者个人非法占用的土地现场进行勘测；

（四）责令非法占用土地的单位或者个人停止违反土地管理法律、法规的行为。

第六十九条 土地管理监督检查人员履行职责，需要进入现场进行勘测、要求有关单位或者个人提供文件、资料和作出说明的，应当出示土地管理监督检查证件。

第七十条 有关单位和个人对县级以上人民政府自然资源主管部门就土地违法行为进行的监督检查应当支持与配合，并提供工作方便，不得拒绝与阻碍土地管理监督检查人员依法执行职务。

第七十一条 县级以上人民政府自然资源主管部门在监督检查工作中发现国家工作人员的违法行为，依法应当给予处分的，应当依法予以处理；自己无权处理的，应当依法移送监察机关或者有关机关处理。

第七十二条 县级以上人民政府自然资源主管部门在监督检查工作中发现土地违法行为构成犯罪的，应当将案件移送有关机关，依法追究刑事责任；尚不构成犯罪的，应当依法给予行政处罚。

第七十三条　依照本法规定应当给予行政处罚，而有关自然资源主管部门不给予行政处罚的，上级人民政府自然资源主管部门有权责令有关自然资源主管部门作出行政处罚决定或者直接给予行政处罚，并给予有关自然资源主管部门的负责人处分。

第七章　法律责任

第七十四条　买卖或者以其他形式非法转让土地的，由县级以上人民政府自然资源主管部门没收违法所得；对违反土地利用总体规划擅自将农用地改为建设用地的，限期拆除在非法转让的土地上新建的建筑物和其他设施，恢复土地原状，对符合土地利用总体规划的，没收在非法转让的土地上新建的建筑物和其他设施；可以并处罚款；对直接负责的主管人员和其他直接责任人员，依法给予处分；构成犯罪的，依法追究刑事责任。

第七十五条　违反本法规定，占用耕地建窑、建坟或者擅自在耕地上建房、挖砂、采石、采矿、取土等，破坏种植条件的，或者因开发土地造成土地荒漠化、盐渍化的，由县级以上人民政府自然资源主管部门、农业农村主管部门等按照职责责令限期改正或者治理，可以并处罚款；构成犯罪的，依法追究刑事责任。

第七十六条　违反本法规定，拒不履行土地复垦义务的，由县级以上人民政府自然资源主管部门责令限期改正；逾期不改正的，责令缴纳复垦费，专项用于土地复垦，可以处以罚款。

第七十七条　未经批准或者采取欺骗手段骗取批准，非法占用土地的，由县级以上人民政府自然资源主管部门责令退还非法占用的土地，对违反土地利用总体规划擅自将农用地改为建设用地的，限期拆除在非法占用的土地上新建的建筑物和其他设施，恢复土地原状，对符合土地利用总体规划的，没收在非法占用的土地上新建的建筑物和其他设施，可以并处罚款；对非法占用土地单位的直接负责的主管人员和其他直接责任人员，依法给予处分；构成犯罪的，依法追究刑事责任。

超过批准的数量占用土地，多占的土地以非法占用土地论处。

第七十八条　农村村民未经批准或者采取欺骗手段骗取批准，非法占用土地建住宅的，由县级以上人民政府农业农村主管部门责令退还非法占用的土地，限期拆除在非法占用的土地上新建的房屋。

超过省、自治区、直辖市规定的标准，多占的土地以非法占用土地论处。

第七十九条　无权批准征收、使用土地的单位或者个人非法批准占用土地的，超越批准权限非法批准占用土地的，不按照土地利用总体规划确定的用途批准用地的，或者违反法律规定的程序批准占用、征收土地的，其批准文件无效，对非法批准征收、使用土地的直接负责的主管人员和其他直接责任人员，依法给予处分；构成犯罪的，依法追究刑事责任。非法批准、使用的土地应当收回，有关当事人拒不归还的，以非法占用土地论处。

非法批准征收、使用土地，对当事人造成损失的，依法应当承担赔偿责任。

第八十条 侵占、挪用被征收土地单位的征地补偿费用和其他有关费用，构成犯罪的，依法追究刑事责任；尚不构成犯罪的，依法给予处分。

第八十一条 依法收回国有土地使用权当事人拒不交出土地的，临时使用土地期满拒不归还的，或者不按照批准的用途使用国有土地的，由县级以上人民政府自然资源主管部门责令交还土地，处以罚款。

第八十二条 擅自将农民集体所有的土地通过出让、转让使用权或者出租等方式用于非农业建设，或者违反本法规定，将集体经营性建设用地通过出让、出租等方式交由单位或者个人使用的，由县级以上人民政府自然资源主管部门责令限期改正，没收违法所得，并处罚款。

第八十三条 依照本法规定，责令限期拆除在非法占用的土地上新建的建筑物和其他设施的，建设单位或者个人必须立即停止施工，自行拆除；对继续施工的，作出处罚决定的机关有权制止。建设单位或者个人对责令限期拆除的行政处罚决定不服的，可以在接到责令限期拆除决定之日起十五日内，向人民法院起诉；期满不起诉又不自行拆除的，由作出处罚决定的机关依法申请人民法院强制执行，费用由违法者承担。

第八十四条 自然资源主管部门、农业农村主管部门的工作人员玩忽职守、滥用职权、徇私舞弊，构成犯罪的，依法追究刑事责任；尚不构成犯罪的，依法给予处分。

第八章 附 则

第八十五条 外商投资企业使用土地的，适用本法；法律另有规定的，从其规定。

第八十六条 在根据本法第十八条的规定编制国土空间规划前，经依法批准的土地利用总体规划和城乡规划继续执行。

第八十七条 本法自 1999 年 1 月 1 日起施行。

第三章　环境保护税

第一节　知识点梳理

一、纳税义务人

基本规定[①]

在中华人民共和国领域和中华人民共和国管辖的其他海域，直接向环境排放应税污染物的企业事业单位和其他生产经营者为环境保护税的纳税人，应当依照《中华人民共和国环境保护税法》（以下简称《环境保护税法》）规定缴纳环境保护税。

◆ **政策解析**

环境保护税的纳税主体是企事业单位和其他生产经营者，家庭和个人即使有排放污染物的行为，也不属于环境保护税的纳税人。

中华人民共和国领域是指我国行使国家主权的空间，包括领陆、领水、领空。中华人民共和国管辖的其他海域是指我国法律规定的领海毗连区和领海以外 200 海里的专属海洋经济区等。

[①]　本章"基本规定"均源自《中华人民共和国环境保护税法》（2016 年 12 月 25 日第十二届全国人民代表大会常务委员会第二十五次会议通过，同日中华人民共和国主席令第六十一号公布；2018 年 10 月 26 日第十三届全国人民代表大会常务委员会第六次会议修改，同日中华人民共和国主席令第十六号公布）。

二、征税对象

📖 基本规定

《环境保护税法》所称的应税污染物，是指该法所附《环境保护税税目税额表》《应税污染物和当量值表》规定的大气污染物、水污染物、固体废物和噪声。

❖ 政策解析

环境保护税的征税对象即应税污染物，目前包括大气污染物、水污染物、固体废物和噪声。

1. 应税大气污染物：税法所附污染当量值的大气污染物共44项，重点污染物为二氧化硫、氮氧化物、烟尘等。

2. 应税水污染物：《环境保护税法》所附污染当量值的第一类水污染物10项；第二类水污染物和 pH 值、色度、大肠菌群数、余氯量水污染物55项。重点污染物为氨氮、化学需氧量、重金属等。

3. 应税固体废物：指税法附表《环境保护税税目税额表》列举品目，包括煤矸石、尾矿、危险废物、冶炼渣、粉煤灰、炉渣和其他固体废物。其他固体废物的具体范围，《中华人民共和国环境保护税法实施条例》（以下简称《环境保护税法实施条例》）第二条授权各省、自治区、直辖市人民政府提出，报请同级人民代表大会常务委员会决定，并报全国人民代表大会常务委员会和国务院备案。

4. 应税噪声：仅指工业噪声。不包括建筑噪声、交通噪声和生活噪声。

燃烧产生废气中的颗粒物，按照烟尘征收环境保护税。排放的扬尘、工业粉尘等颗粒物，除可以确定为烟尘、石棉尘、玻璃棉尘、炭黑尘的外，按照一般性粉尘征收环境保护税。〔《财政部 税务总局 生态环境部关于明确环境保护税应税污染物适用等有关问题的通知》（财税〔2018〕117号）第一条〕

📖 基本规定

有下列情形之一的，不属于直接向环境排放污染物，不缴纳相应污染物的环境保护税：

（1）企业事业单位和其他生产经营者向依法设立的污水集中处理、生活垃圾集中处理场所排放应税污染物的；

（2）企业事业单位和其他生产经营者在符合国家和地方环境保护标准的设施、场所贮存或者处置固体废物的。

❖ 政策解析

只有发生了直接排放这个既定行为，才需要缴纳环境保护税。除以上两条《环境

保护税法》规定的不属于直接排放的情形外,《环境保护税法实施条例》规定了第三种不属于直接向环境排放污染物的情形:

达到省级人民政府确定的规模标准并且有污染物排放口的畜禽养殖场,应当依法缴纳环境保护税;依法对畜禽养殖废弃物进行综合利用和无害化处理的,不属于直接向环境排放污染物,不缴纳环境保护税。(《环境保护税法实施条例》第四条)

基本规定

依法设立的城乡污水集中处理、生活垃圾集中处理场所超过国家和地方规定的排放标准向环境排放应税污染物的,应当缴纳环境保护税。

企业事业单位和其他生产经营者贮存或者处置固体废物不符合国家和地方环境保护标准的,应当缴纳环境保护税。

❖ **政策解析**

城乡污水集中处理场所,是指为社会公众提供生活污水处理服务的场所,不包括为工业园区、开发区等工业聚集区域内的企业事业单位和其他生产经营者提供污水处理服务的场所,以及企业事业单位和其他生产经营者自建自用的污水处理场所。(《环境保护税法实施条例》第三条)

依法设立的生活垃圾焚烧发电厂、生活垃圾填埋场、生活垃圾堆肥厂,属于生活垃圾集中处理场所,其排放应税污染物不超过国家和地方规定的排放标准的,依法予以免征环境保护税。[《财政部 税务总局 生态环境部关于明确环境保护税应税污染物适用等有关问题的通知》(财税〔2018〕117号)第二条]

三、税率

基本规定

应税大气污染物和水污染物的具体适用税额的确定和调整,由省、自治区、直辖市人民政府统筹考虑本地区环境承载能力、污染物排放现状和经济社会生态发展目标要求,在《环境保护税法》所附《环境保护税税目税额表》规定的税额幅度内提出,报同级人民代表大会常务委员会决定,并报全国人民代表大会常务委员会和国务院备案。

环境保护税采用定额税率的形式,各项目税率见表3-1。

表 3 − 1　　　　　　　　　　环境保护税税目税额表

税目		计税单位	税额	备注
大气污染物		每污染当量	1.2 ~ 12 元	
水污染物		每污染当量	1.4 ~ 14 元	
固体废物	煤矸石	每吨	5 元	
	尾矿	每吨	15 元	
	危险废物	每吨	1000 元	
	冶炼渣、粉煤灰、炉渣、其他固体废物（含半固态、液态废物）	每吨	25 元	
噪声	工业噪声	超标 1 ~ 3 分贝	每月 350 元	1. 一个单位边界上有多处噪声超标，根据最高一处超标声级计算应纳税额；当沿边界长度超过 100 米有两处以上噪声超标，按照两个单位计算应纳税额。 2. 一个单位有不同地点作业场所的，应当分别计算应纳税额，合并计征。 3. 昼、夜均超标的环境噪声，昼、夜分别计算应纳税额，累计计征。 4. 声源一个月内超标不足 15 天的，减半计算应纳税额。 5. 夜间频繁突发和夜间偶然突发厂界超标噪声，按等效声级和峰值噪声两种指标中超标分贝值高的一项计算应纳税额
		超标 4 ~ 6 分贝	每月 700 元	
		超标 7 ~ 9 分贝	每月 1400 元	
		超标 10 ~ 12 分贝	每月 2800 元	
		超标 13 ~ 15 分贝	每月 5600 元	
		超标 16 分贝以上	每月 11200 元	

黑龙江省规定：

为了贯彻实施《环境保护税法》，黑龙江省第十二届人民代表大会常务委员会第三十七次会议审议了省人民政府提请的环境保护税黑龙江省应税大气污染物、水污染物适用税额和同一排放口应税污染物项目数的议案。会议同意省人民政府提出的议案和省人民代表大会财政经济委员会的审议意见，决定：

一、环境保护税黑龙江省应税大气污染物适用税额为每污染当量 1.2 元，应税水污染物适用税额为每污染当量 1.4 元。

二、同一排放口应税污染物项目数不作增加。（《黑龙江省人民代表大会常务委员会关于环境保护税黑龙江省应税大气污染物水污染物适用税额和同一排放口应税污染物项目数的决定》）

黑龙江省环境保护税税目税额表见表 3 − 2。

表 3 – 2　　　　　　　　　　黑龙江省环境保护税税目税额表

税目		计税单位	税额
大气污染物		每污染当量	1.2 元
水污染物		每污染当量	1.4 元
固体废物	煤矸石	每吨	5 元
	尾矿	每吨	15 元
	危险废物	每吨	1000 元
	冶炼渣、粉煤灰、炉渣、其他固体废物（含半固态、液态废物）	每吨	25 元
噪声	工业噪声	超标 1 ~ 3 分贝	每月 350 元
		超标 4 ~ 6 分贝	每月 700 元
		超标 7 ~ 9 分贝	每月 1400 元
		超标 10 ~ 12 分贝	每月 2800 元
		超标 13 ~ 15 分贝	每月 5600 元
		超标 16 分贝以上	每月 11200 元

四、计税依据

🈺 基本规定

应税污染物的计税依据，按照下列方法确定：

（1）应税大气污染物按照污染物排放量折合的污染当量数确定；

（2）应税水污染物按照污染物排放量折合的污染当量数确定；

（3）应税固体废物按照固体废物的排放量确定；

（4）应税噪声按照超过国家规定标准的分贝数确定。

❖ 政策解析

1. 应税大气污染物、水污染物的污染当量数，以该污染物的排放量除以该污染物的污染当量值计算。每种应税大气污染物、水污染物的具体污染当量值，依照《环境保护税法》所附《应税污染物和当量值表》执行。

应税水污染物的污染当量数，以该污染物的排放量除以该污染物的污染当量值计算。其中，色度的污染当量数，以污水排放量乘以色度超标倍数再除以适用的污染当量值计算。畜禽养殖业水污染物的污染当量数，以该畜禽养殖场的月均存栏量除以适用的污染当量值计算。畜禽养殖场的月均存栏量按照月初存栏量和月末存栏量的平均数计算。[《财政部　税务总局　生态环境部关于环境保护税有关问题的通知》（财税

〔2018〕23 号）第二条〕

$$污染当量数 = 污染物排放量 ÷ 污染当量值$$
$$水污染物中色度的污染当量数 = 污水排放量 × 色度超标倍数 ÷ 适用的污染当量值$$
$$畜禽养殖业水污染物的污染当量数 = （月初存栏量 +$$
$$月末存栏量）÷2÷适用的污染当量值$$

2. 应税固体废物的计税依据，按照固体废物的排放量确定。固体废物的排放量为当期应税固体废物的产生量减去当期应税固体废物的贮存量、处置量、综合利用量的余额。

前款规定的固体废物的贮存量、处置量，是指在符合国家和地方环境保护标准的设施、场所贮存或者处置的固体废物数量；固体废物的综合利用量，是指按照国务院发展改革、工业和信息化主管部门关于资源综合利用要求以及国家和地方环境保护标准进行综合利用的固体废物数量。（《环境保护税法实施条例》第五条）

$$固体废物的排放量 = 当期固体废物的产生量 - 当期固体废物的综合利用量 - 当期$$
$$固体废物的贮存量 - 当期固体废物的处置量$$

3. 应税噪声按照超过国家规定标准的分贝数确定。

应税噪声的应纳税额为超过国家规定标准分贝数对应的具体适用税额。噪声超标分贝数不是整数值的，按四舍五入取整。一个单位的同一监测点当月有多个监测数据超标的，以最高一次超标声级计算应纳税额。声源一个月内累计昼间超标不足 15 昼或者累计夜间超标不足 15 夜的，分别减半计算应纳税额。[《财政部 税务总局 生态环境部关于环境保护税有关问题的通知》（财税〔2018〕23 号）第四条]

一个单位边界上有多处噪声超标，根据最高一处超标声级计算应纳税额；当沿边界长度超过 100 米有两处以上噪声超标，按照两个单位计算应纳税额；一个单位有不同地点作业场所的，应当分别计算应纳税额，合并计征；昼、夜均超标的环境噪声，昼、夜分别计算应纳税额，累积计征；声源一个月内超标不足 15 天的，减半计算应纳税额；夜间频繁突发和夜间偶然突发厂界超标噪声，按等效声级和噪声峰值噪声两种指标中超标分贝值高的一项计算应纳税额。

五、应纳税额计算

基本规定

每一排放口或者没有排放口的应税大气污染物，按照污染当量数从大到小排序，对前三项污染物征收环境保护税。

每一排放口的应税水污染物，按照《环境保护税法》所附《应税污染物和当量值表》，区分第一类水污染物和其他类水污染物，按照污染当量数从大到小排序，对第一类水污染物按照前五项征收环境保护税，对其他类水污染物按照前三项征收环境保护税。

省、自治区、直辖市人民政府根据本地区污染物减排的特殊需要，可以增加同一排放口征收环境保护税的应税污染物项目数，报同级人民代表大会常务委员会决定，并报全国人民代表大会常务委员会和国务院备案。

❖ **政策解析**

对其他类水污染物按照前三项征收环境保护税的排序，应当对第二类水污染物和pH值、色度、大肠菌群数、余氯量等污染物，按照污染当量数从大到小排序确定。其中，大肠菌群数和余氯量只征收一项；同一排放口的化学需氧量（COD）、生化需氧量（BOD_5）和总有机碳（TOC），只征收一项；同一排放口同时存在六价铬和总铬两种污染物时，仅按污染当量数大的一项征收。

从两个以上排放口排放应税污染物的，对每一排放口排放的应税污染物分别计算征收环境保护税；纳税人持有排污许可证的，其污染物排放口按照排污许可证载明的污染物排放口确定。（《环境保护税法实施条例》第八条）

📖 **基本规定**

应税大气污染物、水污染物、固体废物的排放量和噪声的分贝数，按照下列方法和顺序计算：

（1）纳税人安装使用符合国家规定和监测规范的污染物自动监测设备的，按照污染物自动监测数据计算；

（2）纳税人未安装使用污染物自动监测设备的，按照监测机构出具的符合国家有关规定和监测规范的监测数据计算；

（3）因排放污染物种类多等原因不具备监测条件的，按照国务院生态环境主管部门规定的排污系数、物料衡算方法计算；

（4）不能按照上述第（1）项至第（3）项规定的方法计算的，按照省、自治区、直辖市人民政府生态环境主管部门规定的抽样测算的方法核定计算。

❖ **政策解析**

应税大气污染物、水污染物、固体废物的排放量和噪声的分贝数应严格按照"基本规定"第（1）项至第（4）项的顺序进行计算。

纳税人有下列情形之一的，以其当期应税固体废物的产生量作为固体废物的排放量：

（1）非法倾倒应税固体废物；

（2）进行虚假纳税申报。

纳税人有下列情形之一的，以其当期应税大气污染物、水污染物的产生量作为污染物的排放量：

（1）未依法安装使用污染物自动监测设备或者未将污染物自动监测设备与生态环境主管部门的监控设备联网；

（2）损毁或者擅自移动、改变污染物自动监测设备；

（3）篡改、伪造污染物监测数据；

（4）通过暗管、渗井、渗坑、灌注或者稀释排放以及不正常运行防治污染设施等方式违法排放应税污染物；

（5）进行虚假纳税申报。

纳税人采用委托监测方式，在规定监测时限内当月无监测数据的，可以沿用最近一次的监测数据计算应税污染物排放量，但不得跨季度沿用监测数据。纳税人采用监测机构出具的监测数据申报减免环境保护税的，应当取得申报当月的监测数据；当月无监测数据的，不予减免环境保护税。有关污染物监测浓度值低于生态环境主管部门规定的污染物检出限的，除有特殊管理要求外，视同该污染物排放量为零。生态环境主管部门、计量主管部门发现委托监测数据失真或者弄虚作假的，税务机关应当按照同一纳税期内的监督性监测数据或者排污系数、物料衡算方法计算应税污染物排放量。

［《财政部 税务总局 生态环境部关于明确环境保护税应税污染物适用等有关问题的通知》（财税〔2018〕117 号）］

📖 基本规定

环境保护税应纳税额按照下列方法计算：

（1）应税大气污染物的应纳税额为污染当量数乘以具体适用税额；

（2）应税水污染物的应纳税额为污染当量数乘以具体适用税额；

（3）应税固体废物的应纳税额为固体废物排放量乘以具体适用税额；

（4）应税噪声的应纳税额为超过国家规定标准的分贝数对应的具体适用税额。

六、税收优惠

📖 基本规定

下列情形，暂予免征环境保护税：

（1）农业生产（不包括规模化养殖）排放应税污染物的；

（2）机动车、铁路机车、非道路移动机械、船舶和航空器等流动污染源排放应税污染物的；

（3）依法设立的城乡污水集中处理、生活垃圾集中处理场所排放相应应税污染物，不超过国家和地方规定的排放标准的；

（4）纳税人综合利用的固体废物，符合国家和地方环境保护标准的；

（5）国务院批准免税的其他情形。

上述第（5）项免税规定，由国务院报全国人民代表大会常务委员会备案。

纳税人排放应税大气污染物或者水污染物的浓度值低于国家和地方规定的污染物排放标准30%的，减按75%征收环境保护税。纳税人排放应税大气污染物或者水污染物的浓度值低于国家和地方规定的污染物排放标准50%的，减按50%征收环境保护税。

❖ 政策解析

《环境保护税法》第十三条所称应税大气污染物或者水污染物的浓度值，是指纳税人安装使用的污染物自动监测设备当月自动监测的应税大气污染物浓度值的小时平均值再平均所得数值或者应税水污染物浓度值的日平均值再平均所得数值，或者监测机构当月监测的应税大气污染物、水污染物浓度值的平均值。

依照《环境保护税法》第十三条的规定减征环境保护税的，上述规定的应税大气污染物浓度值的小时平均值或者应税水污染物浓度值的日平均值，以及监测机构当月每次监测的应税大气污染物、水污染物的浓度值，均不得超过国家和地方规定的污染物排放标准。（《环境保护税法实施条例》第十条）

纳税人任何一个排放口排放应税大气污染物、水污染物的浓度值，以及没有排放口排放应税大气污染物的浓度值，超过国家和地方规定的污染物排放标准的，依法不予减征环境保护税。减征环境保护税的，应当对每一排放口排放的不同应税污染物分别计算。[《财政部 税务总局 生态环境部关于明确环境保护税应税污染物适用等有关问题的通知》（财税〔2018〕117号）、《环境保护税法实施条例》第十一条]

七、征收管理

📖 基本规定

生态环境主管部门和税务机关应当建立涉税信息共享平台和工作配合机制。

生态环境主管部门应当将排污单位的排污许可、污染物排放数据、环境违法和受行政处罚情况等环境保护相关信息，定期交送税务机关。

税务机关应当将纳税人的纳税申报、税款入库、减免税额、欠缴税款以及风险疑点等环境保护税涉税信息，定期交送生态环境主管部门。

❖ 政策解析

环境保护主管部门应当通过涉税信息共享平台向税务机关交送在环境保护监督管理中获取的下列信息：

（1）排污单位的名称、统一社会信用代码以及污染物排放口、排放污染物种类等基本信息；

（2）排污单位的污染物排放数据（包括污染物排放量以及大气污染物、水污染物的浓度值等数据）；

（3）排污单位环境违法和受行政处罚情况；

（4）对税务机关提请复核的纳税人的纳税申报数据资料异常或者纳税人未按照规定期限办理纳税申报的复核意见；

（5）与税务机关商定交送的其他信息。（《环境保护税法实施条例》第十五条）

税务机关应当通过涉税信息共享平台向环境保护主管部门交送下列环境保护税涉税信息：

（1）纳税人基本信息；

（2）纳税申报信息；

（3）税款入库、减免税额、欠缴税款以及风险疑点等信息；

（4）纳税人涉税违法和受行政处罚情况；

（5）纳税人的纳税申报数据资料异常或者纳税人未按照规定期限办理纳税申报的信息；

（6）与环境保护主管部门商定交送的其他信息。（《环境保护税法实施条例》第十六条）

📖 基本规定

税务机关应当将纳税人的纳税申报数据资料与生态环境主管部门交送的相关数据资料进行比对。

税务机关发现纳税人的纳税申报数据资料异常或者纳税人未按照规定期限办理纳税申报的，可以提请生态环境主管部门进行复核，生态环境主管部门应当自收到税务机关的数据资料之日起15日内向税务机关出具复核意见。税务机关应当按照生态环境主管部门复核的数据资料调整纳税人的应纳税额。

❖ 政策解析

《环境保护税法》第二十条第二款所称纳税人的纳税申报数据资料异常，包括但不限于下列情形：

（1）纳税人当期申报的应税污染物排放量与上一年同期相比明显偏低，且无正当理由；

（2）纳税人单位产品污染物排放量与同类型纳税人相比明显偏低，且无正当理由。（《环境保护税法实施条例》第二十二条）

基本规定

纳税义务发生时间为纳税人排放应税污染物的当日。

环境保护税按月计算，按季申报缴纳。不能按固定期限计算缴纳的，可以按次申报缴纳。

纳税人申报缴纳时，应当向税务机关报送所排放应税污染物的种类、数量，大气污染物、水污染物的浓度值，以及税务机关根据实际需要要求纳税人报送的其他纳税资料。

纳税人按季申报缴纳的，应当自季度终了之日起 15 日内，向税务机关办理纳税申报并缴纳税款。纳税人按次申报缴纳的，应当自纳税义务发生之日起 15 日内，向税务机关办理纳税申报并缴纳税款。

纳税人应当向应税污染物排放地的税务机关申报缴纳环境保护税。

❖ **政策解析**

环境保护税采用"企业申报、税务征收、环保监测、信息共享"的征管方式。

《环境保护税法》第十七条所称应税污染物排放地是指：

（1）应税大气污染物、水污染物排放口所在地；

（2）应税固体废物产生地；

（3）应税噪声产生地。

纳税人跨区域排放应税污染物，税务机关对税收征收管辖有争议的，由争议各方按照有利于征收管理的原则协商解决；不能协商一致的，报请共同的上级税务机关决定。

第二节　习题演练

一、单选题

1. 下列（　　）属于应当缴纳环境保护税的主体。

　　A. 直接向环境排放应税污染物的事业单位

　　B. 直接向环境排放应税污染物的自然人

　　C. 间接向环境排放应税污染物的企业

　　D. 直接向环境排放非应税污染物的企业

【参考答案】A

【答案解析】根据《环境保护税法》第二条规定，在中华人民共和国领域和中华人民共和国管辖的其他海域，直接向环境排放应税污染物的企业事业单位和其他生产经营者为环境保护税的纳税人，应当依照规定缴纳环境保护税。无生产经营行为的行政机关和自然人、间接向环境排放应税污染物的企业，以及仅直接向环境排放非应税污染物的企业，均不属于环境保护税的纳税人。

2. 根据《环境保护税法》规定，环境保护税采用的税率形式是（　　）。

　　A. 比例税率

　　B. 定额税率

　　C. 超额累进税率

　　D. 超率累进税率

【参考答案】B

【答案解析】根据《环境保护税税目税额表》规定，环境保护税采用定额税率形式。应税污染物的适用税率有两种，一是全国统一的定额税率，二是浮动定额税率。

3. 根据环境保护税法规定，下列不需要缴纳环境保护税的是（　　）。

　　A. 自然人李某直接向环境排放生活污水

　　B. 甲化工厂直接向环境排放应税大气污染物

　　C. 乙事业单位直接向环境排放应税水污染物

　　D. 丙个体经营者直接向环境排放应税水污染物

【参考答案】A

【答案解析】根据《环境保护税法》第二条规定，在中华人民共和国领域和中华人民共和国管辖的其他海域，直接向环境排放应税污染物的企业事业单位和其他生产经营者为环境保护税的纳税人，应当依照规定缴纳环境保护税。自然人不属于环境保护税的纳税人。

4. 下列关于环境保护税的说法，不正确的是（　　）。

    A. 环境保护税是对在我国领域以及管辖的其他海域直接向环境排放应税污染物的企事业单位和其他生产经营者征收的一种税

    B. 直接向环境排放应税污染物的企业事业单位和其他生产经营者，除依照《环境保护税法》规定缴纳环境保护税外，应当对所造成的损害依法承担责任

    C. 达到省级人民政府确定的规模标准并且有污染物排放口的畜禽养殖场，应当依法缴纳环境保护税

    D. 依法设立的城乡污水集中处理、生活垃圾集中处理场所超过国家和地方规定的排放标准向环境排放应税污染物的，不缴纳环境保护税

【参考答案】D

【答案解析】根据《环境保护税法》第五条规定，依法设立的城乡污水集中处理、生活垃圾集中处理场所超过国家和地方规定的排放标准向环境排放应税污染物的，应当缴纳环境保护税。

5. 《环境保护税法》授权可提出应税大气污染物和水污染物具体适用税额调整的是（　　）。

    A. 省、自治区、直辖市人民代表大会常务委员会

    B. 省、自治区、直辖市生态环境部门

    C. 省、自治区、直辖市财政与税务部门

    D. 省、自治区、直辖市人民政府

【参考答案】D

【答案解析】根据《环境保护税法》第六条规定，应税大气污染物和水污染物的具体适用税额的确定和调整，由省、自治区、直辖市人民政府统筹考虑本地区环境承载能力、污染物排放现状和经济社会生态发展目标要求，在《环境保护税税目税额表》规定的税额幅度内提出，报同级人民代表大会常务委员会决定，并报全国人民代表大会常务委员会和国务院备案。

6. 生活垃圾集中处理场所排放应税污染物不超过国家和地方规定的排放标准的，可以享受环境保护税的优惠政策。下列不属于生活垃圾集中处理场所的是（　　）。

    A. 生活垃圾焚烧发电厂

    B. 生活垃圾填埋场

    C. 生活垃圾堆肥厂

    D. 生活垃圾回收厂

【参考答案】D

【答案解析】根据《财政部　税务总局　生态环境部关于明确环境保护税应税污染

物适用等有关问题的通知》（财税〔2018〕117号）第二条规定，依法设立的生活垃圾焚烧发电厂、生活垃圾填埋场、生活垃圾堆肥厂，属于生活垃圾集中处理场所，其排放应税污染物不超过国家和地方规定的排放标准的，依法予以免征环境保护税。

7. 某焦化企业向大气排放四种应税污染物，分别是二氧化硫、氮氧化物、烟尘、甲苯，各污染物浓度依次为10毫克/立方米、20毫克/立方米、30毫克/立方米、40毫克/立方米，国家和地方规定的四种应税污染物的排放标准依次为50毫克/立方米、30毫克/立方米、40毫克/立方米、50毫克/立方米，该企业可享受减征环境保护税50%的污染物是（　　）。

    A. 二氧化硫　　　　　　　B. 氮氧化物
    C. 烟尘　　　　　　　　　D. 甲苯

【参考答案】A

【答案解析】根据《环境保护税法》第十三条规定，纳税人排放应税大气污染物或者水污染物的浓度值低于国家和地方规定的污染物排放标准50%的，减按50%征收环境保护税。该企业向水体排放四类污染物的浓度值低于国家和地方标准分别为：二氧化硫 $=10 \div 50 \times 100\% = 20\%$，氮氧化物 $=20 \div 30 \times 100\% = 66.7\%$，烟尘 $=30 \div 40 \times 100\% = 75\%$，甲苯 $=40 \div 50 \times 100\% = 80\%$，二氧化硫低于50%，可享受减征50%，氮氧化物低于70%，可享受减征25%，烟尘和甲苯均高于70%，不享受减征。

8. A企业2022年5月产生煤矸石1000吨，其中综合利用的煤矸石250吨（符合国家相关规定标准），在符合国家和地方环境保护标准的设施贮存150吨，依照相关环保法规将50吨转移至其他单位进行贮存。煤矸石环境保护税适用税额为每吨5元，A企业当月就煤矸石应缴纳环境保护税（　　）元。

    A. 1950　　　　　　　　　B. 2250
    C. 2550　　　　　　　　　D. 2750

【参考答案】D

【答案解析】根据《财政部 税务总局 生态环境部关于环境保护税有关问题的通知》（财税〔2018〕23号）规定，应税固体废物的排放量为当期应税固体废物的产生量减去当期应税固体废物贮存量、处置量、综合利用量的余额。纳税人应当准确计量应税固体废物的贮存量、处置量和综合利用量，未准确计量的，不得从其应税固体废物的产生量中减去。纳税人依法将应税固体废物转移至其他单位和个人进行贮存、处置或者综合利用的，固体废物的转移量相应计入其当期应税固体废物的贮存量、处置量或者综合利用量；纳税人接收的应税固体废物转移量，不计入其当期应税固体废物的产生量。纳税人对应税固体废物进行综合利用的，应当符合工业和信息化部制定的工业固体废物综合利用评价管理规范。

A企业2022年5月煤矸石排放量 $=1000 - 250 - 150 - 50 = 550$（吨）

环境保护税应纳税额 = 550 × 5 = 2750（元）

9. 某工业企业昼间噪声标准限值为65分贝，夜间噪声标准限值为55分贝。经监测，其2022年8月噪声超标天数为11天，昼间最高分为71.6，夜间最高分贝为58.3。该企业2022年8月噪声污染应缴纳的环境保护税为（　　）元。（超标1~3分贝，税额每月350元；超标4~6分贝，税额每月700元；超标7~9分贝，税额每月1400元）

    A. 525　　　　　　　　　　B. 1050

    C. 875　　　　　　　　　　D. 1750

【参考答案】C

【答案解析】根据《财政部　税务总局　生态环境部关于环境保护税有关问题的通知》（财税〔2018〕23号）规定，应税噪声的应纳税额为超过国家规定标准分贝数对应的具体适用税额。噪声超标分贝数不是整数值的，按四舍五入取整。一个单位的同一监测点当月有多个监测数据超标的，以最高一次超标声级计算应纳税额。声源一个月内累计昼间超标不足15昼或者累计夜间超标不足15夜的，分别减半计算应纳税额。

    该企业昼间超标值 = 71.6 – 65 = 6.6，取7分贝；夜间超标值 = 58.3 – 55 = 3.3，取3分贝；2022年8月噪声超标天数为11天不足15天，减半计算；该企业8月应申报缴纳噪声环境保护税 = 1400 × 50% + 350 × 50% = 875（元）。

10. 某养鸡场无法适用实际监测和物料衡算方法计算环境保护税。2022年5月初，该养鸡场养鸡3600羽，5月末养鸡5900羽。已知鸡等家禽适用的污染当量值为30羽，水污染物每污染当量适用税额为3元。该养鸡场2022年5月应缴纳环境保护税的金额为（　　）元。

    A. 0　　　　　　　　　　　B. 300

    C. 475　　　　　　　　　　D. 650

【参考答案】A

【答案解析】根据《财政部　税务总局　生态环境部关于环境保护税有关问题的通知》（财税〔2018〕23号）规定，畜禽养殖业水污染物的污染当量数，以该畜禽养殖场的月均存栏量除以适用的污染当量值计算。畜禽养殖场的月均存栏量按照月初存栏量和月末存栏量的平均数计算。根据《环境保护税法》所附《应税污染物和当量值表》规定，仅对存栏规模大于5000羽鸡鸭等的畜禽养殖场征收环境保护税。

    该养鸡场月均存栏量 = （3600 + 5900）÷ 2 = 4750（羽），小于5000羽，不征收环境保护税。

11. 某企业为环境保护税的纳税人，该企业只有一个污水排放口，2022年8月排放总铅500千克，污染当量值0.025千克，当地水污染物适用税额为2.1元/污染当量。该企业当月应缴纳的环境保护税税额为（　　）元。

    A. 26.25　　　　　　　　　B. 26250

C. 42000   D. 4200

【参考答案】C

【答案解析】根据《环境保护税法》第十一条第二款规定，应税水污染物的应纳税额为污染当量数乘以具体适用税额，其中，应税水污染物的污染当量数，以该污染物的排放量除以该污染物的污染当量值计算。该企业当月应纳环境保护税 = 500 ÷ 0.025 × 2.1 = 42000（元）。

12. 某钢铁生产企业 2022 年 10 月在冶炼钢铁过程中，产生冶炼渣 600 吨，其中，按照国家和地方环境保护标准综合利用 420 吨。已知冶炼渣的税额为每吨 25 元，则该钢铁企业 2022 年 10 月应缴纳的环境保护税为（   ）元。

A. 4500   B. 7500

C. 10500   D. 15000

【参考答案】A

【答案解析】根据《环境保护税法实施条例》规定，固体废物的排放量为当期应税固体废物的产生量减去当期应税固体废物的贮存量、处置量、综合利用量的余额。应缴纳环境保护税 = （600 − 420）× 25 = 4500（元）。

13. 某市砖窑厂生产加工红砖，当月产生煤矸石 300 吨，依法处置 50 吨，150 吨在厂内依法贮存，其余的不做处理。但是，当月末由于厂区存在安全隐患引发失火，导致办公区内所有生产销售、固体废物台账等资料烧毁，办理纳税申报时无法提供相关资料。已知煤矸石适用的税额为每吨 5 元，则上述业务该砖窑厂需要缴纳的环境保护税金额为（   ）元。

A. 500   B. 250

C. 1000   D. 1500

【参考答案】D

【答案解析】根据《财政部　税务总局　生态环境部关于环境保护税有关问题的通知》（财税〔2018〕23 号）第三条规定，应税固体废物的排放量为当期应税固体废物的产生量减去当期应税固体废物贮存量、处置量、综合利用量的余额。纳税人应当准确计量应税固体废物的贮存量、处置量和综合利用量，未准确计量的，不得从其应税固体废物的产生量中减去。因此，该砖窑厂需要缴纳的环境保护税金额 = 300 × 5 = 1500（元）。

14. 下列关于环境保护税特点的表述，错误的是（   ）。

A. 环境保护税税收收入归中央和地方共享

B. 环境保护税的征税环节不是生产销售环节，也不是消费使用环节，而是直接向环境排放应税污染物的排放环节

C. 目前环境保护税额实行统一定额税和浮动定额税相结合的方法

D. 环境保护税的纳税人主要是企事业单位和其他经营者

【参考答案】A

【答案解析】根据《国务院关于环境保护税收入归属问题的通知》（国发〔2017〕56号）规定，为促进各地保护和改善环境、增加环境保护投入，国务院决定，环境保护税全部作为地方收入。

15. 根据环境保护税法的规定，国家依照法律规定应实行的基础性环境制度是（　　）。

A. 环境保护管理制度

B. 环境保护责任制度

C. 排污许可管理制度

D. 排污许可责任制度

【参考答案】C

【答案解析】根据《中华人民共和国环境保护法》第四十五条规定，国家依照法律规定实行排污许可管理制度。实行排污许可管理的企业事业单位和其他生产经营者应当按照排污许可证的要求排放污染物；未取得排污许可证的，不得排放污染物。

16. 某工业企业常年向环境排放一氧化碳，2022年9月直接向环境排放的一氧化碳经自动检测设备检测的排放量为45000千克，浓度值为规定的污染物排放标准的45%。已知一氧化碳污染当量值为16.7千克，当地大气污染物税额标准为5元/污染当量。该工业企业当月应缴纳环境保护税（　　）元。

A. 6062.87　　　　　　　　B. 6736.53

C. 10104.79　　　　　　　　D. 13473.05

【参考答案】B

【答案解析】根据《环境保护税法》第八条和第十三条规定，该工业企业排放应税大气污染物的浓度值低于国家和地方规定的污染物排放标准50%，应减按50%征收环境保护税。

应税大气污染物的污染当量数 = 污染物排放量 ÷ 污染当量值 = 45000 ÷ 16.7 = 2694.61

应缴纳环境保护税税额 = 2694.61 × 5 × 50% = 6736.53（元）

17. 某生产企业2022年一季度产生冶炼渣25000吨，合法贮存11000吨，销售给符合条件的甲资源综合利用企业4000吨用于生产环保建材产品，以每吨25元的价格将剩余废钢渣承包给乙企业进行处置，后生态环境部门发现有4000吨废钢渣倒入荒沟造成环境污染。已知冶炼渣的税额为每吨25元，则该企业一季度应缴纳的环境保护税税额为（　　）元。

A. 100000　　　　　　　　B. 250000

C. 625000   D. 350000

【参考答案】C

【答案解析】根据《环境保护税法实施条例》第六条规定，纳税人非法倾倒应税固体废物的，以其当期应税固体废物的产生量作为固体废物的排放量。该企业处置废钢渣不当，发生非法倾倒行为，应以当期实际产生量计算缴纳环境保护税，应缴纳环境保护税 $=25000 \times 25 = 625000$（元）。

18. 某养殖企业 2022 年 8 月养牛月初存栏量为 160 头，月末存栏量为 40 头，污染当量值为 0.1 头。已知当地水污染物适用税额为每污染当量 2.1 元，当月应纳环境保护税税额为（　　）元。

    A. 210   B. 2100

    C. 840   D. 0

【参考答案】B

【答案解析】根据《财政部　税务总局　生态环境部关于环境保护税有关问题的通知》（财税〔2018〕23号）规定，畜禽养殖业水污染物的污染当量数，以该畜禽养殖场的月均存栏量除以适用的污染当量值计算。畜禽养殖场的月均存栏量按照月初存栏量和月末存栏量的平均数计算。该企业养牛月均存栏量 $=（160+40）\div 2 = 100$（头），水污染物当量数 $=100 \div 0.1 = 1000$，应纳税额 $=1000 \times 2.1 = 2100$（元）。

19. 某地餐饮企业通过生态环境部门安装的计量设施测得 2022 年 6 月排放污水量为 60 吨，已知饮食娱乐服务业污染当量值为 0.5 吨污水，当地水污染物适用税额为每污染当量 2.1 元。当月应纳环境保护税税额为（　　）元。

    A. 0   B. 63

    C. 252   D. 756

【参考答案】C

【答案解析】水污染物当量数 $=$ 月污水排放量 $\div$ 污染当量值 $=60 \div 0.5 = 120$，应纳税额 $=120 \times 2.1 = 252$（元）。

20. A 印染厂色度排放标准为 80 倍，该厂 2022 年 4 月排放污水 30 吨，实际色度排放监测值为 240 倍，色度的污染当量值为 5 吨水·倍，当地水污染物适用税额为每污染当量 2 元，当月色度的污染当量数为（　　）。

    A. 25.2   B. 12

    C. 37.8   D. 18

【参考答案】B

【答案解析】色度超标倍数 $=（240-80）\div 80 = 2$，色度的污染当量数 $=$ 污水排放量 $\times$ 色度超标倍数 $\div$ 污染当量值 $=30 \times 2 \div 5 = 12$。

21. 某制造业企业有一个污水排放口，委托监测机构出具符合国家有关规定和监测规范的水污染物监测数据。2022 年 8 月，监测机构监测该排放口排放污水 350 吨，监测数据中监测的 pH 值分别为 13.5、13、12.2、11.6。已知 pH 值为 11—12，污染当量值为 0.25 吨污水；pH 值为 12—13，污染当量值为 0.125 吨污水；pH 值为 13—14，污染当量值为 0.06 吨污水；水污染物适用税额为每污染当量 1.4 元。当月该制造业企业需要缴纳的环境保护税税额为（　　）元。

    A. 1960　　　　　　　　　　B. 3920

    C. 8166.67　　　　　　　　D. 16006.66

【参考答案】C

【答案解析】由于不同超标范围 pH 值对应不同的污染当量值，采用监测机构监测方法，当月监测的 pH 值有多个数据超标时，应当分别核算不同超标范围 pH 值的污染当量数后按当月超标 pH 值总的污染当量数计算；无法分别核算的，按照超标污水排放量除以超标范围对应的最小污染当量值计算。题目中，该制造业企业只有一个排放口排放污水的数据，无法分别核算不同超标范围 pH 值对应的不同污染当量值。因此，该制造业企业需要缴纳的环境保护税税额 = $350 \div 0.06 \times 1.4 = 8166.67$（元）。

22. 某白酒生产企业有一个废气排放口，委托监测机构出具符合国家有关规定和监测规范的大气污染物监测数据。2022 年 5 月该排放口当月共排放大气 612.6 小时。委托监测数据中有 A、B、C 三组数据，A 组数据中排放的氮氧化物浓度为 20.1 克/升，烟气量为 167.5 升/小时；B 组数据中排放的氮氧化物浓度为 19.6 克/升，烟气量为 162.9 升/小时；C 组数据中排放的氮氧化物浓度为 17.2 克/升，烟气量为 184.4 升/小时。已知氮氧化物的污染当量值为 0.95 千克，大气污染物适用税额为每污染当量 2.4 元。针对以上监测数据，该白酒生产企业需要缴纳的环境保护税税额为（　　）元。

    A. 1987.13　　　　　　　　B. 1994.17

    C. 4769.11　　　　　　　　D. 5020.12

【参考答案】D

【答案解析】根据《财政部　税务总局　生态环境部关于环境保护税有关问题的通知》（财税〔2018〕23 号）第一条规定，纳税人委托监测机构对应税大气污染物和水污染物排放量进行监测时，其当月同一个排放口排放的同一种污染物有多个监测数据的，应税大气污染物按照监测数据的平均值计算应税污染物的排放量。因此，氮氧化物的排放量 = $(612.6 \times 167.5 \times 20.1 + 612.6 \times 162.9 \times 19.6 + 612.6 \times 184.4 \times 17.2) \div 3 \div 1000 = 1987.13$（千克）。该白酒生产企业需要缴纳的环境保护税税额 = $1987.13 \div 0.95 \times 2.4 = 5020.12$（元）。

23. 某工业企业 2022 年 5 月共排放尾矿 200 吨，其中，非法倾倒尾矿 30 吨。已知该企业当期依法贮存尾矿 30 吨、处置尾矿 25 吨、综合利用尾矿 120 吨，尾矿的适用税额为每吨 15 元。则该工业企业 2022 年 5 月需要缴纳的环境保护税税额为（　　）元。

A. 2550　　　　　　　　B. 3000

C. 5625　　　　　　　　D. 6075

【参考答案】C

【答案解析】根据《环境保护税法实施条例》第五条规定，应税固体废物的计税依据，按照固体废物的排放量确定。固体废物的排放量为当期应税固体废物的产生量减去当期应税固体废物的贮存量、处置量、综合利用量的余额。第六条规定，纳税人有下列情形之一的，以其当期应税固体废物的产生量作为固体废物的排放量：①非法倾倒应税固体废物；②进行虚假纳税申报。该企业应税尾矿的产生量 = 200 + 30 + 25 + 120 = 375（吨），2022 年 4 月需要缴纳的环境保护税税额 = 375×15 = 5625（元）。

24. 某服装制造厂2022年5月排放污水300吨，经监测机构监测，该厂排放的污水色度较标准倍数高240。已知当地色度标准倍数为80倍，色度污染当量值为5吨水·倍，当地应税水污染物每污染当量适用税额为1.4元。该厂当月需要缴纳的环境保护税税额为（　　）元。

A. 168　　　　　　　　B. 252

C. 336　　　　　　　　D. 420

【参考答案】B

【答案解析】根据《财政部　税务总局　生态环境部关于环境保护税有关问题的通知》（财税〔2018〕23号）第二条规定，应税水污染物的污染当量数，以该污染物的排放量除以该污染物的污染当量值计算。其中，色度的污染当量数，以污水排放量乘以色度超标倍数再除以适用的污染当量值计算。该企业排放的污水色度超标倍数 = 240÷80 = 3。因此，该企业当月需要缴纳的环境保护税税额 = 300×3÷5×1.4 = 252（元）。

25. 某金属冶炼企业有大气排放口一个，采取安装自动监测设备监测方法监测大气污染物。2022年4月，该排放口大气污染物二氧化硫、氮氧化物、硫化氢、氟化物和硫酸雾的排放量分别为10.8千克、7.5千克、15.2千克、12.4千克、7.7千克。已知上述污染物的污染当量值分别为0.95千克、0.95千克、0.29千克、0.87千克、0.6千克；上述污染浓度分别为国家和地方标准的浓度的21.2%、8%、35%、102.3%、56.4%；大气污染物每污染当量适用税额为1.2元。该企业当月需要缴纳的环境保护税税额为（　　）元。

A. 60.09　　　　　　　　B. 71.65

C. 93.64　　　　　　　　D. 95.39

【参考答案】D

【答案解析】第一步，计算各污染物的污染当量数。

二氧化硫：10.8÷0.95 = 11.37；氮氧化物：7.5÷0.95 = 7.89；硫化氢：15.2÷

0.29＝52.41；氟化物：12.4÷0.87＝14.25；硫酸雾：7.7÷0.6＝12.83。

第二步，将各污染物按照污染当量从大到小排序：硫化氢＞氟化物＞硫酸雾＞二氧化硫＞氮氧化物。因此，该企业对硫化氢、氟化物、硫酸雾征收环境保护税。

根据《环境保护税法》第十三条规定，纳税人排放应税大气污染物或者水污染物的浓度值低于国家和地方规定的污染物排放标准30%的，减按75%征收环境保护税。纳税人排放应税大气污染物或者水污染物的浓度值低于国家和地方规定的污染物排放标准50%的，减按50%征收环境保护税。根据《财政部　税务总局　生态环境部关于明确环境保护税应税污染物适用等有关问题的通知》（财税〔2018〕117号）第二条规定，纳税人任何一个排放口排放应税大气污染物、水污染物的浓度值，以及没有排放口排放应税大气污染物的浓度值，超过国家和地方规定的污染物排放标准的，依法不予减征环境保护税。该企业大气污染物氟化物超标，不予减征。

第三步，该企业当月需要缴纳的环境保护税税额＝（52.41＋14.25＋12.83）×1.2＝95.39（元）

26. 某工业企业已安装符合规定标准的噪声自动监测设备。监测数据显示，该企业2022年8月昼间生产25天，夜间生产11天。昼间产生噪声的最高分贝数为65.8分贝，夜间产生噪声的最高分贝数为53.2分贝。已知该企业边界长度超过100米有两处噪声超标，该企业所在地噪声标准分贝数为昼间55分贝、夜间50分贝。噪声超标1—3分贝，适用税额每月350元；噪声超标4—6分贝，适用税额每月700元，噪声超标10—12分贝，适用税额每月2800元。该企业应缴纳的环境保护税税额为（　　）元。

A. 3150　　　　　　　　B. 3525

C. 5950　　　　　　　　D. 6300

【参考答案】C

【答案解析】根据《财政部　税务总局　生态环境部关于环境保护税有关问题的通知》（财税〔2018〕23号）第四条规定，应税噪声的应纳税额为超过国家规定标准分贝数对应的具体适用税额。噪声超标分贝数不是整数值的，按四舍五入取整。声源一个月内累计昼间超标不足15昼或者累计夜间超标不足15夜的，分别减半计算应纳税额。该工业企业夜间生产11天，不足15夜，减半计算应纳税额。根据《环境保护税法》所附《环境保护税税目税率表》规定，当沿边界长度超过100米有两处以上噪声超标，按两个单位计算应纳税额。该企业昼间超标值＝65.8－55＝10.8，取11分贝；夜间超标值＝53.2－50＝3.2，取3分贝。因此，该企业应缴纳的环境保护税税额＝（2800＋350×50%）×2＝5950（元）。选项C当选。

27. 根据现行环境保护税政策规定，下列应当缴纳环境保护税的是（　　）。

A. 2022年5月，某建筑有限公司在工程施工中产生的建筑施工噪声

B. 2021年8月，某中药厂向依法设立的污水集中处理厂排放应税水污染物

    C. 2017 年 10 月，某矿业有限公司将在生产过程中产生的 10 吨尾矿贮存在不符合国家和地方环境保护标准的尾矿库中

    D. 2019 年 1 月，某热力公司通过安装在线监测设备的排放口向环境排放氮氧化物、一氧化碳和二氧化硫

【参考答案】D

【答案解析】根据《环境保护税法》第三条规定，该法所称应税污染物，是指该法所附《环境保护税税目税额表》《应税污染物和当量值表》规定的大气污染物、水污染物、固体废物和噪声。《环境保护税税目税额表》规定的噪声的税目为工业噪声，不包括建筑噪声。选项 A 不当选。根据《环境保护税法》第四条第一款规定，有下列情形之一的，不属于直接向环境排放污染物，不缴纳相应污染物的环境保护税：企业事业单位和其他生产经营者向依法设立的污水集中处理、生活垃圾集中处理场所排放应税污染物的。选项 B 不当选。《环境保护税法》于 2018 年 1 月 1 日施行，2017 年 10 月未开征环境保护税。选项 C 不当选。氮氧化物、一氧化碳和二氧化硫是环境保护税法规定的应税大气污染物中的污染因子。选项 D 当选。

28. 根据环境保护税法相关规定，下列说法错误的是（   ）。

    A. "其他类水污染物"包括总汞和 pH 值、色度、大肠杆菌群数、余氯量

    B. 纳税人因环境违法行为受到行政处罚的，应当依据相关法律法规和处罚信息计算违法行为所属期的应税污染物排放量

    C. 一个单位边界上有多处噪声超标，根据最高一处超标声级计算应纳税额；当沿边界长度超过 100 米有两处以上超标的，按照两个单位计算应纳税额

    D. 海洋工程环境保护税应税污染物包括大气污染物、水污染物、生活垃圾

【参考答案】A

【答案解析】根据《环境保护税法》附表2，"其他类水污染物"包括 pH 值、色度、大肠杆菌群数、余氯量，总汞属于"第一类水污染物"。

29. 根据现行税收政策，下列关于环境保护税的说法错误的是（   ）。

    A. 某经营性医院排放的废水中，同时涉及超标大肠菌群数和余氯量两项应税污染物，纳税人应分别计算应纳税额，合并计征环境保护税

    B. 纳税人申报的污染物排放数据与环境保护主管部门交送的相关数据不一致的，按照环境保护主管部门交送的数据确定应税污染物的计税依据

    C. 环境保护税实行"企业申报、税务征收、环保监测、信息共享"的征管模式

    D. 对向海洋水体排放钻井泥浆、生产污水、机舱污水和钻屑及生活污水的，按照应税污染物排放量折合的污染当量数计征

【参考答案】A

【答案解析】根据《应税污染物和当量值表》规定，对大肠菌群数和总余氯只征收其中一项。选项 A 当选。

30. 下列关于环境保护税中应税污染物的计税依据的说法，正确的是（　　）。

    A. 应税水污染物按照污染物排放量折合的污染当量数确定

    B. 应税建筑噪声按照超过国家规定标准的分贝数确定

    C. 应税大气污染物按照污染物排放量折合的污染当量确定

    D. 应税固体废物排放量按照固体废物的产生量确定

【参考答案】A

【答案解析】根据《环境保护税法》第七条规定，应税污染物的计税依据，按照下列方法确定：①应税大气污染物按照污染物排放量折合的污染当量数确定；②应税水污染物按照污染物排放量折合的污染当量数确定；③应税固体废物按照固体废物的排放量确定；④应税噪声按照超过国家规定标准的分贝数确定。选项 A 当选。建筑噪声不是环境保护税税目，选项 B 不当选。应税大气污染物按照污染物排放量折合的污染当量数确定，选项 C 不当选。根据《财政部　税务总局　生态环境部关于环境保护税有关问题的通知》（财税〔2018〕23 号）第三条"关于应税固体废物排放量计算和纳税申报问题"规定，应税固体废物排放量按照固体废物的产生量减去当期应税固体废物贮存量、处置量、综合利用量的余额确定，选项 D 不当选。

31. 下列关于环境保护税法中应税污染物排放地的说法，错误的是（　　）。

    A. 应税大气污染物排放口所在地

    B. 应税水污染物排放口所在地

    C. 应税固体废物贮存地

    D. 应税噪声产生地

【参考答案】C

【答案解析】根据《环境保护税法实施条例》第十七条规定，《环境保护税法》第十七条所称应税污染物排放地是指：①应税大气污染物、水污染物排放口所在地；②应税固体废物产生地；③应税噪声产生地。选项 C 当选。

32. 甲公司有一个污水排放口，2022 年 9 月，污水排放口排放污水中包含总汞（浓度值低于排放标准 40%）、总铜（浓度值超过规定标准 3%），则下列说法正确的是（　　）。

    A. 总汞减按 50% 征收环境保护税

    B. 总汞减按 75% 征收环境保护税

    C. 总汞享受减按 75% 征收环境保护税的优惠政策，总铜不享受环境保护税优惠政策

    D. 总汞和总铜都不能享受环境保护税优惠政策

【参考答案】D

【答案解析】根据《财政部 税务总局 生态环境部关于明确环境保护税应税污染物适用等有关问题的通知》（财税〔2018〕117号）第二条规定，纳税人任何一个排放口排放应税大气污染物、水污染物的浓度值，以及没有排放口排放应税大气污染物的浓度值，超过国家和地方规定的污染物排放标准的，依法不予减征环境保护税。

33. 根据环境保护税政策规定，下列说法正确的是（　　）。

   A. 纳税人有非法倾倒应税固体废物或进行虚假纳税申报情形之一的，以其当期应税固体废物的排放量作为固体废物的产生量

   B. 纳税人损毁或者擅自移动、改变污染物自动监测设备的，或者篡改、伪造污染物监测数据的，以其当期应税大气污染物、水污染物的排放量作为污染物的产生量

   C. 纳税人跨区域排放应税污染物，税务机关对征收管辖有争议的，由争议方按照有利于征收管理的原则协商解决；不能协商一致的，报请上级税务机关和生态环境部门共同商议决定

   D. 进行虚假纳税申报的，以其当期应税大气污染物、水污染物的产生量作为污染物的排放量

【参考答案】D

【答案解析】根据《环境保护税法实施条例》第六条规定，纳税人非法倾倒应税固体废物、进行虚假纳税申报情形之一的，以其当期应税固体废物的产生量作为固体废物的排放量。选项A错误。根据《环境保护税法实施条例》第七条规定，纳税人有下列情形之一的，以其当期应税大气污染物、水污染物的产生量作为污染物的排放量：①未依法安装使用污染物自动监测设备或者未将污染物自动监测设备与环境保护主管部门的监控设备联网；②损毁或者擅自移动、改变污染物自动监测设备；③篡改、伪造污染物监测数据；④通过暗管、渗井、渗坑、灌注或者稀释排放以及不正常运行防治污染设施等方式违法排放应税污染物；⑤进行虚假纳税申报。选项B错误。根据《环境保护税法实施条例》第十八条规定，纳税人跨区域排放应税污染物，税务机关对税收征收管辖有争议的，由争议各方按照有利于征收管理的原则协商解决；不能协商一致的，报请共同的上级税务机关决定，选项C错误。

34. 某工业企业位于工业区，当地的噪声标准为：昼间噪声标准限值为65分贝，夜间噪声标准限值为55分贝。厂界长度超过100米，有两处以上噪声源。经监测，其2022年4月噪声超标天数为11天，昼间最高分贝为76分贝，夜间最高分贝为61分贝。假设两个噪声源情况完全一致，该企业2022年4月噪声污染物应缴纳的环境保护税为（　　）元。（税额标准：超标1—3分贝，每月350元；超标4—6分贝，每月700元；超标7—9分贝，每月1400元；超标10—12分贝，每月2800元；超标13—15

分贝，每月 5600 元；超标 16 分贝以上，每月 11200 元)

A. 3500   B. 3000

C. 2550   D. 1750

【参考答案】A

【答案解析】根据《环境保护税法》规定，应税噪声的应纳税额为超过国家规定标准的分贝数对应的具体适用税额。当沿边界长度超过 100 米有两处以上噪声超标，按照两个单位计算应纳税额。声源一个月内超标不足 15 天的，减半计算应纳税额。该企业 2022 年 4 月噪声超标 11 天，小于 15 天，应减半计算应纳税额。昼间超标值 = 76 − 65 = 11（分贝），夜间超标值 = 61 − 55 = 6（分贝）。则该企业 2022 年 4 月应缴纳环境保护税 = （2800 + 700）×50% ×2 = 3500（元）。

35. 下列信息中，不属于环境保护主管部门向税务机关交送的是（   ）。

A. 排污单位的名称

B. 排污单位排放污染物种类

C. 排污单位的统一社会信用代码

D. 排污单位接受行政处罚和奖励情况

【参考答案】D

【答案解析】根据《环境保护税法实施条例》第十五条规定，环境保护主管部门应当通过涉税信息共享平台向税务机关交送在环境保护监督管理中获取的下列信息：①排污单位的名称、统一社会信用代码以及污染物排放口、排放污染物种类等基本信息；②排污单位的污染物排放数据（包括污染物排放量以及大气污染物、水污染物的浓度值等数据）；③排污单位环境违法和受行政处罚情况；④对税务机关提请复核的纳税人的纳税申报数据资料异常或者纳税人未按照规定期限办理纳税申报的复核意见。

36. 下列应缴纳环境保护税的是（   ）。

A. 船舶行驶中排放的应税污染物

B. 家庭养鸡 2000 只排放的应税污染物

C. 存栏 500 头奶牛的养牛场排放的应税污染物

D. 企业向依法设立的垃圾处理中心运送的污染物

【参考答案】C

【答案解析】根据《环境保护税法》第十二条，下列情形，暂予免征环境保护税：农业生产（不包括规模化养殖）排放应税污染物的。根据《环境保护税法》附表 2《应税污染物和当量值表》，禽畜养殖业仅对规模大于 50 头牛、500 头猪、5000 羽鸡鸭等的禽畜养殖场征收。

37. 纳税人从两个以上排放口排放应税污染物的，关于环境保护税的计算，下列表述正确的是（   ）。

A. 对每一排放口排放的应税污染物分别计算环境保护税

B. 将两个排放口排放的污染物合并计算环境保护税

C. 按照排放量较大的排放口计算环境保护税

D. 任取一排放口的排放量计算环境保护税

【参考答案】A

【答案解析】根据《环境保护税法实施条例》第八条规定，从两个以上排放口排放应税污染物的，对每一排放口排放的应税污染物分别计算征收环境保护税。

38. 关于海洋工程环境保护税应纳税额的计算方法，下列表述不正确的是（　　）。

A. 应税水污染物的应纳税额为污染当量数乘以具体适用税额

B. 应税大气污染物的应纳税额为污染当量数乘以具体适用税额

C. 应税固体废物的应纳税额为固体废物排放量乘以具体适用税额

D. 应税噪声按照超过国家规定标准的分贝数确定

【参考答案】D

【答案解析】根据《国家税务总局　国家海洋局关于发布〈海洋工程环境保护税申报征收办法〉的公告》（国家税务总局公告2017年第50号）第三条规定，所称应税污染物，是指大气污染物、水污染物和固体废物。因此，海洋工程环境保护税应税污染物不包括噪声。选项D当选。第五条规定，海洋工程环境保护税应纳税额按照下列方法计算：①应税大气污染物的应纳税额为污染当量数乘以具体适用税额。②应税水污染物的应纳税额为污染当量数乘以具体适用税额。③应税固体废物的应纳税额为固体废物排放量乘以具体适用税额。

39. 2022年9月，某工业企业向水体直接排放总汞、总砷、总铅、总银、总镉、总铬各10千克，已知各类水污染物的污染当量值分别为：总汞：0.0005，总砷：0.02，总铅：0.025，总银：0.02，总镉：0.005，总铬：0.04，该企业所在地区水污染物的税额标准为2.4元/污染当量。该企业当月排放水污染物应缴纳的环境保护税税额为（　　）元。

A. 23400　　　　　　　　B. 54000

C. 56160　　　　　　　　D. 56760

【参考答案】C

【答案解析】该企业排放的水污染物属于第一类水污染物，各污染物当量分别为总汞 $=10\div0.0005=20000$，总砷 $=10\div0.02=500$，总铅 $=10\div0.025=400$，总银 $=10\div0.02=500$，总镉 $=10\div0.005=2000$，总铬 $=10\div0.04=250$，按当量排序选取前5项污染物计算应纳税额，应纳环境保护税 $=(20000+2000+500+500+400)\times2.4=56160$（元）。

40. 某医院有病床 400 张，已全部按卫生防疫标准进行消毒，污水直接外排，未安装自动监测设备，无法进行实际监测。已知该医院所在省份规定，无法采取实际监测或排污系数和物料衡算方法进行计算的小型企业，适用核定征收，医院消毒的污染当量值为 0.14 床，当地水污染物适用税额为每污染当量 2.1 元。该医院每月应缴纳的环境保护税税额为（   ）元。

  A. 117.6   B. 840

  C. 4200   D. 6000

【参考答案】D

【答案解析】根据《环境保护税法》附表 2《应税污染物和当量值表》，"四、禽畜养殖业、小型企业和第三产业水污染物污染当量值"计算。该医院每月应纳税额＝医院床位数÷污染当量值×适用税额＝400÷0.14×2.1＝6000（元）。选项 D 当选。

41. 某工业企业常年向环境排放氯气，2022 年 5 月直接向环境排放的氯气经自动监测设备检测的排放量为 68 千克，浓度值为规定的污染物排放标准的 40%，已知氯气污染当量值为 0.34 千克，当地大气污染物税额标准为 3 元/污染当量。该企业当月应缴纳的环境保护税税额为（   ）元。

  A. 180   B. 300

  C. 420   D. 600

【参考答案】B

【答案解析】根据《环境保护税法》第十三条规定，纳税人排放应税大气污染物或者水污染物的浓度值低于国家和地方规定的污染物排放标准 30% 的，减按 75% 征收环境保护税。纳税人排放应税大气污染物或者水污染物的浓度值低于国家和地方规定的污染物排放标准 50% 的，减按 50% 征收环境保护税。该企业 2022 年 5 月应缴纳的环境保护税额＝68÷0.34×3×50%＝300（元）。选项 B 当选。

42. 某工业企业有一个生产场所，昼夜生产，边界长度 150 米，共有三处噪声源，该区域昼间排放限值为 60 分贝、夜间排放限值为 50 分贝，2022 年 3 月三处超标天数均为昼间 10 天，夜间 25 夜。假定在该企业超标天数（昼间或夜间）里，三处噪声源产生的噪声均为 65 分贝。该企业 2022 年 4 月应缴纳环境保护税（   ）元。（噪声环境保护税单位税额为超标 4—6 分贝，每月 700 元；超标 13—15 分贝，每月 5600 元）

  A. 5950   B. 11900

  C. 12600   D. 17850

【参考答案】B

【答案解析】根据《环境保护税法》所附《环境保护税税目税额表》规定，声源一个月内累计昼间超标不足 15 昼或者累计夜间超标不足 15 夜的，分别减半计算应纳税额；昼夜均超标的，分别计算，累计计征；当沿边界长度超过 100 米有两处以上噪声超标，按照两个单位计算缴纳环境保护税。该企业昼间超标值 = 65 − 60 = 5 （分贝），夜间超标值 = 65 − 50 = 15 （分贝）。

该企业 2022 年 4 月应纳环境保护税 = （700 × 50% + 5600） × 2 = 11900 （元）

43. 关于环境保护税税收优惠政策，下列表述不正确的是（   ）。

    A. 规模化养殖排放应税污染物的，免征环境保护税

    B. 纳税人综合利用固体废物，符合国家和地方环境保护标准的，免征环境保护税

    C. 机动车、铁路机车等流动污染源排放应税污染物的，免征环境保护税

    D. 纳税人排放应税大气污染物的浓度值低于国家和地方规定的污染物排放标准 50% 的，减按 50% 征收环境保护税

【参考答案】A

【答案解析】根据《环境保护税法》第十二条规定，下列情形，暂予免征环境保护税：①农业生产（不包括规模化养殖）排放应税污染物的；②机动车、铁路机车、非道路移动机械、船舶和航空器等流动污染源排放应税污染物的；③依法设立的城乡污水集中处理、生活垃圾集中处理场所排放相应应税污染物，不超过国家和地方规定的排放标准的；④纳税人综合利用的固体废物，符合国家和地方环境保护标准的。第十三条规定，纳税人排放应税大气污染物或者水污染物的浓度值低于国家和地方规定的污染物排放标准 30% 的，减按 75% 征收环境保护税。纳税人排放应税大气污染物或者水污染物的浓度值低于国家和地方规定的污染物排放标准 50% 的，减按 50% 征收环境保护税。

44. 2022 年 10 月，甲企业产生炉渣 600 吨，其中，符合国家和地方环境保护标准的处置量为 400 吨，综合利用量为 100 吨，甲企业应税固体废物的计税依据为（   ）吨。

    A. 100   B. 200

    C. 500   D. 600

【参考答案】A

【答案解析】根据《环境保护税法实施条例》（中华人民共和国国务院令第 693 号）第五条规定，应税固体废物的计税依据，按照固体废物的排放量确定。固体废物的排放量为当期应税固体废物的产生量减去当期应税固体废物的贮存量、处置量、综合利用量的余额。计税依据 = 600 − 400 − 100 = 100 （吨）。

45. 下列各项污染物中，不属于固体废物的是（   ）。

    A. 炉渣

    B. 粉煤灰

    C. 冶炼渣

D. 一般性粉尘

【参考答案】D

【答案解析】根据《环境保护税法》第三条规定，该法所称应税污染物，是指该法所附《环境保护税税目税额表》《应税污染物和当量值表》规定的大气污染物、水污染物、固体废物和噪声。选项 D 属于大气污染物，不属于固体废物。

46. 海洋工程环境保护税中，生产污水和机舱污水环境保护税征收的污染物是（　　）。

A. 总镉

B. 总汞

C. 石油类

D. 化学需氧量

【参考答案】C

【答案解析】根据《国家税务总局　国家海洋局关于发布〈海洋工程环境保护税申报征收办法〉的公告》（国家税务总局公告 2017 年第 50 号）第三条规定，生产污水和机舱污水，按照生产污水和机舱污水中石油类污染物排放量折合的污染当量数计征。

47. 《环境保护税法》第十三条所称应税大气污染物或者水污染物的浓度值，是指纳税人安装使用的污染物自动监测设备当月自动监测的应税大气污染物浓度值的（　　）或者应税水污染物浓度值的（　　），或者监测机构当月监测的应税大气污染物、水污染物浓度值的（　　）。

A. 小时平均再平均所得数值；日平均值再平均所得数值；平均值

B. 小时平均值；日平均值；平均值

C. 小时加权平均值；日加权平均值；加权平均值

D. 日平均值；小时平均值；平均值

【参考答案】A

【答案解析】根据《环境保护税法实施条例》第十条规定，《环境保护税法》第十三条所称应税大气污染物或者水污染物的浓度值，是指纳税人安装使用的污染物自动监测设备当月自动监测的应税大气污染物浓度值的小时平均值再平均所得数值或者应税水污染物浓度值的日平均值再平均所得数值，或者监测机构当月监测的应税大气污染物、水污染物浓度值的平均值。

48. 某铜矿冶炼厂有一个污水排放口，未安装自动监测设备，采取委托监测的方式对排放的水污染物进行监测。2022 年 5 月，该污水排放口当月共排放污水 700 小时，总铜的浓度为 5.5 克/升。委托监测数据中有 1、2、3 三组数据。数据 1 中污水流量为 310 升/小时，对应权数为 0.75；数据 2 中污水流量为 330 升/小时，对应权数为 0.70；数据 3 中污水流量为 300 升/小时，对应权数为 0.65。则该污水排放口总铜排放量是

（　　）千克。

　　A. 845. 08 　　　　　　　　　　B. 1206. 33

　　C. 1207. 24 　　　　　　　　　　D. 2812. 95

【参考答案】C

【答案解析】根据《财政部　税务总局　生态环境部关于环境保护税有关问题的通知》（财税〔2018〕23 号）第一条规定，纳税人委托监测机构对应税大气污染物和水污染物排放量进行监测时，其当月同一个排放口排放的同一种污染物有多个监测数据的，应税大气污染物按照监测数据的平均值计算应税污染物的排放量；应税水污染物按照监测数据以流量为权的加权平均值计算应税污染物的排放量。污水流量 =（310 ×0. 75 + 330 × 0. 70 + 300 × 0. 65）÷（0. 75 + 0. 7 + 0. 65）= 313. 57 升/小时。因此，该污水排放口排放的总铜排放量 = 5. 5 × 313. 57 × 700 ÷ 1000 = 1207. 24（千克）。

49. 下列关于环境保护税征收管理的规定，表述错误的是（　　）。

　　A. 环境保护税纳税义务发生时间为纳税人排放应税污染物的当日

　　B. 纳税人跨区域排放应税污染物，税务机关对税收征收管辖有争议的，由争议各方按照有利于征收管理的原则协商解决

　　C. 纳税人按季申报缴纳的，应当自季度终了之日起 15 日内，向税务机关办理纳税申报并缴纳税款

　　D. 环境保护税按月计算，按年申报缴纳

【参考答案】D

【答案解析】根据《环境保护税法》第十八条规定，环境保护税按月计算，按季申报缴纳。不能按固定期限计算缴纳的，可以按次申报缴纳。

50. 某企业 2022 年 3 月委托有资质的第三方环境监测机构进行了污染物监测，并根据监测数据计算应税污染物排放量，可以沿用该次监测数据的月份是（　　）。

　　A. 1 月、2 月

　　B. 4 月、5 月

　　C. 4 月、5 月、6 月

　　D. 4—12 月

【参考答案】A

【答案解析】根据《财政部　税务总局　生态环境部关于明确环境保护税应税污染物适用等有关问题的通知》（财税〔2018〕117 号）规定，纳税人采用委托监测方式，在规定监测时限内当月无监测数据的，可以沿用最近一次的监测数据计算应税污染物排放量，但不得跨季度沿用监测数据。该企业在 3 月进行了委托监测，只有本季度 1 月、2 月可以沿用监测数据，选项 A 当选。

51. 下列行为中，应缴纳环境保护税的是（　　）。

A. 某机关单位向路面排放污水

B. 某个人向我国领海排放应税污染物

C. 某个体经营者将产生的污水直接排放到河流中

D. 某企业综合利用产生的固体废物符合国家和地方环境保护标准

【参考答案】C

【答案解析】根据《环境保护税法》第二条规定，在中华人民共和国领域和中华人民共和国管辖的其他海域，直接向环境排放应税污染物的企业事业单位和其他生产经营者为环境保护税的纳税人，应当依照规定缴纳环境保护税。机关单位和居民个人不属于环境保护税征税范围。第十二条规定，纳税人综合利用的固体废物，符合国家和地方环境保护标准的，暂予免征环境保护税。

52. 下列污染物适用税额的确定和调整，是由省、自治区、直辖市人民政府提出，报同级人民代表大会常务委员会决定的是（ ）。

A. 苯　　　　　　　　B. 冶炼渣

C. 二氧化碳　　　　　D. 工业噪声

【参考答案】A

【答案解析】根据《环境保护税法》第六条规定，环境保护税的税目、税额，依照《环境保护税税目税额表》执行。应税大气污染物和水污染物的具体适用税额的确定和调整，由省、自治区、直辖市人民政府统筹考虑本地区环境承载能力、污染物排放现状和经济社会生态发展目标要求，在《环境保护税税目税额表》规定的税额幅度内提出，报同级人民代表大会常务委员会决定，并报全国人民代表大会常务委员会和国务院备案。苯属于第二类水污染物，二氧化碳不属于应税污染物，冶炼渣属于应税固体废物，工业噪声属于噪声。

53. 纳税人排放应税大气污染物或者水污染物的浓度值，低于国家和地方规定的污染物排放标准50%的，减征环境保护税的比例是（ ）。

A. 30%　　　　　　　B. 50%

C. 75%　　　　　　　D. 85%

【参考答案】B

【答案解析】根据《环境保护税法》第十三条规定，纳税人排放应税大气污染物或者水污染物的浓度值低于国家和地方规定的污染物排放标准50%的，减按50%征收环境保护税。

54. 根据现行环境保护税相关规定，征收环境保护税的噪声是指（ ）。

A. 交通噪声

B. 工业噪声

C. 建筑施工噪声

D. 一切超标噪声

【参考答案】B

【答案解析】根据《环境保护税法》第六条规定，环境保护税的税目、税额，依照《环境保护税税目税额表》执行。噪声指工业噪声。

55. 依照环境保护税法浓度减征环境保护税，不需要满足的条件是（　　）。

　　A. 应税水污染物浓度值的小时平均值不超过国家和地方规定的污染物排放标准

　　B. 应税大气污染物浓度值的小时平均值不超过国家和地方规定的污染物排放标准

　　C. 监测机构当月每次监测的应税水污染物浓度值不超过国家和地方规定的污染物排放标准

　　D. 监测机构当月每次监测的应税大气污染物浓度值不超过国家和地方规定的污染物排放标准

【参考答案】A

【答案解析】根据《环境保护税法实施条例》第十条第二款规定，依照《环境保护税法》第十三条的规定减征环境保护税的，第十条第一款规定的应税大气污染物浓度值的小时平均值或者应税水污染物浓度值的日平均值，以及监测机构当月每次监测的应税大气污染物、水污染物的浓度值，均不得超过国家和地方规定的污染物排放标准。

56. 按照现行环境保护税规定，关于排放应税固体废物的纳税地点，下列说法正确的是（　　）。

　　A. 应税固体废物贮存地

　　B. 应税固体废物产生地

　　C. 应税固体废物处置地

　　D. 应税固体废物综合利用地

【参考答案】B

【答案解析】根据《环境保护税法》第十七条规定，纳税人应当向应税污染物排放地的税务机关申报缴纳环境保护税。根据《环境保护税法实施条例》第十七条规定，应税固体废物产生地为其排放地。

57. 某工厂按季申报缴纳环境保护税，2月5日排放应税污染物。甲厂应向税务机关办理纳税申报并缴纳税款的时间是（　　）。

　　A. 2月6日—20日

　　B. 3月1日—15日

　　C. 4月1日—15日

D. 4 月 1 日—30 日

【参考答案】C

【答案解析】根据《环境保护税法》第十九条规定，纳税人按季申报缴纳的，应当自季度终了之日起 15 日内，向税务机关办理纳税申报并缴纳税款。

58. 关于环境保护税计税依据，下列说法正确的是（　　）。

    A. 应税大气污染物以排放量为计税依据

    B. 应税固体废物以固体废物产生量为计税依据

    C. 应税噪声以分贝数为计税依据

    D. 应税水污染物以污染物排放量折合的污染当量数为计税依据

【参考答案】D

【答案解析】根据《环境保护税法》第七条规定，应税污染物的计税依据，按照下列方法确定：①应税大气污染物按照污染物排放量折合的污染当量数确定；②应税水污染物按照污染物排放量折合的污染当量数确定；③应税固体废物按照固体废物的排放量确定；④应税噪声按照超过国家规定标准的分贝数确定。选项 D 当选。

59. 纳税人采用委托监测方式，在规定监测时限内当月无监测数据的，下列可以采用的方法是（　　）。

    A. 可以沿用最近一次的监测数据计算应税污染物排放量，但不得跨季度沿用监测数据

    B. 可以沿用最近一次的监测数据计算应税污染物排放量，允许跨季度沿用监测数据

    C. 可以沿用上月的监测数据计算应税污染物排放量，但不得跨季度沿用监测数据

    D. 可以沿用上月的监测数据计算应税污染物排放量，允许跨季度沿用监测数据

【参考答案】A

【答案解析】根据《财政部　税务总局　生态环境部关于明确环境保护税应税污染物适用等有关问题的通知》（财税〔2018〕117 号）规定，纳税人采用委托监测方式，在规定监测时限内当月无监测数据的，可以沿用最近一次的监测数据计算应税污染物排放量，但不得跨季度沿用监测数据。

60. 下列水污染物中，只有超标排放才征收的污染物是（　　）。

    A. 可吸附有机卤化物

    B. 乐果

    C. 间－二甲苯

    D. 大肠菌群数

【参考答案】D

【答案解析】根据《环境保护税法》附表2《应税污染物和当量值表》规定，大肠菌群数对超标排放征收。

二、多选题

1. 关于环境保护税，下列说法正确的有（　　）。

    A. 环境保护税纳税人不包括家庭和个人

    B. 环境保护税税率为统一定额税率

    C. 环境保护税按月计算，按季申报缴纳

    D. 环境保护税按月计算并申报缴纳

    E. 环境保护税按季计算并申报缴纳

【参考答案】AC

【答案解析】环境保护税税额为定额税和浮动定额税结合，选项B不当选。环境保护税按月计算，按季申报缴纳，不能按固定期限计算缴纳的，可以按次申报缴纳。选项D、E不当选。

2. 下列免征环境保护税的有（　　）。

    A. 某医院向依法设立的污水集中处理场所排放污水

    B. 某供热企业向符合国家规定标准的设施贮存粉煤灰

    C. 某省级规模化养殖企业依法对畜禽养殖废弃物进行综合利用

    D. 某种植茶树的农村专业合作社排放喷洒农药后的污水

    E. 某企业将产生的煤矸石进行综合利用且符合国家和地方环境保护标准

【参考答案】DE

【答案解析】根据《环境保护税法》第四条规定，有下列情形之一的，不属于直接向环境排放污染物，不缴纳相应污染物的环境保护税：①企业事业单位和其他生产经营者向依法设立的污水集中处理、生活垃圾集中处理场所排放应税污染物的；②企业事业单位和其他生产经营者在符合国家和地方环境保护标准的设施、场所贮存或者处置固体废物的。根据《环境保护税法实施条例》第四条规定，依法对畜禽养殖废弃物进行综合利用和无害化处理的，不属于直接向环境排放污染物，不缴纳环境保护税。选项A、B、C不当选。根据《环境保护税法》第十二条规定，农业生产（不包括规模化养殖）排放应税污染物的暂予免征环境保护税；纳税人综合利用的固体废物，符合国家和地方环境保护标准的，暂予免征环境保护税。选项D、E当选。

3. 下列行为应计征环境保护税的有（　　）。

    A. 从事海洋石油、天然气勘探开发生产等作业活动，向海洋水体排放生活垃圾的某工业企业

B. 在建筑施工过程中无组织排放应税大气污染物的

C. 居民排放生活垃圾

D. 航空器排放应税污染物

E. 建筑工地发生超分贝噪声

【参考答案】AB

【答案解析】根据《海洋工程环境保护税申报征收办法》（国家税务总局公告 2017 年第 50 号）第二条规定，该办法适用于在中华人民共和国内水、领海、毗连区、专属经济区、大陆架以及中华人民共和国管辖的其他海域内从事海洋石油、天然气勘探开发生产等作业活动，并向海洋环境排放应税污染物的企事业单位和其他生产经营者。第三条规定，对向海洋水体排放生活垃圾的，按照排放量计征。选项 A 当选。根据《财政部　税务总局　生态环境部关于明确环境保护税应税污染物适用等有关问题的通知》（财税〔2018〕117 号）规定，在建筑施工、货物装卸和堆存过程中无组织排放应税大气污染物的，按照生态环境部规定的排污系数、物料衡算方法计算应税污染物排放量计征环境保护税。居民个人不属于环境保护税纳税人。机动车、铁路机车、非道路移动机械、船舶和航空器等排放应税污染物的暂免征收环境保护税。《环境保护税法》所称的噪声，不包括建筑噪声等其他噪声。选项 B 当选。

4. 环境保护税的税目中，由省、自治区、直辖市人民政府统筹考虑后在规定的幅度内按规定程序确定具体适用税额的项目有（　　）。

　　A. 大气污染物

　　B. 水污染物

　　C. 固体废物

　　D. 液态废物

　　E. 噪声

【参考答案】AB

【答案解析】根据《环境保护税法》第六条规定，应税大气污染物和水污染物的具体适用税额的确定和调整，由省、自治区、直辖市人民政府统筹考虑本地区环境承载能力、污染物排放现状和经济社会生态发展目标要求，在《环境保护税税目税额表》规定的税额幅度内提出，报同级人民代表大会常务委员会决定，并报全国人民代表大会常务委员会和国务院备案。

5. 纳税人应当向应税污染物排放地的税务机关申报缴纳环境保护税。应税污染物排放地是指（　　）。

　　A. 应税大气污染物排放口所在地

　　B. 应税水污染物企业所在地

　　C. 应税固体废物产生地

D. 应税固体废物堆放地

E. 固体废物处理地

【参考答案】AC

【答案解析】根据《环境保护税法实施条例》第十七条规定，应税污染物排放地是指：①应税大气污染物、水污染物排放口所在地；②应税固体废物产生地；③应税噪声产生地。

6. 下列不属于直接向环境排放污染物，不缴纳相应污染物环境保护税的是（   ）。

A. 依法设立的城乡污水集中处理、生活垃圾集中处理场所排放相应应税污染物，不超过国家和地方规定的排放标准的

B. 农业生产（不包括规模化养殖）排放应税污染物的

C. 企事业单位和其他生产经营者向依法设立的污水集中处理、生活垃圾集中处理场所排放应税污染物的

D. 企事业单位和其他生产经营者在符合国家和地方环境保护标准的设施、场所贮存或者处置固体废物的

E. 某企业将产生的尾矿进行综合利用且符合国家和地方环境保护标准的

【参考答案】CD

【答案解析】根据《环境保护税法》第十二条规定，农业生产（不包括规模化养殖）排放应税污染物的暂予免征环境保护税。依法设立的城乡污水集中处理、生活垃圾集中处理场所排放相应应税污染物，不超过国家和地方规定的排放标准的暂予免征环境保护税。纳税人综合利用的固体废物，符合国家和地方环境保护标准的暂予免征环境保护税。选项A、B、E说法错误。根据《环境保护税法》第四条规定，有下列情形之一的，不属于直接向环境排放污染物，不缴纳相应污染物的环境保护税：①企业事业单位和其他生产经营者向依法设立的污水集中处理、生活垃圾集中处理场所排放应税污染物的；②企业事业单位和其他生产经营者在符合国家和地方环境保护标准的设施、场所贮存或者处置固体废物的。选项C、D当选。

7. 从事海洋石油勘探开发生产的纳税人，应当按规定对（   ）的含油量进行检测，并使用化学需氧量（CODcr）自动检测仪对生活污水的化学需氧量（CODcr）进行检测。其检测值作为计算应税污染物排放量的依据。

A. 生活垃圾　　　　　B. 生活污水

C. 生产污水　　　　　D. 机舱污水

E. 排放污水

【参考答案】CD

【答案解析】根据《海洋工程环境保护税申报征收办法》（国家税务总局公告2017

年第 50 号）第十二条规定，从事海洋石油勘探开发生产的纳税人，应当按规定对生产污水和机舱污水的含油量进行检测，并使用化学需氧量（CODcr）自动检测仪对生活污水的化学需氧量（CODcr）进行检测。其检测值作为计算应税污染物排放量的依据。

8. 生态环境主管部门、计量主管部门发现委托监测数据失真或者弄虚作假的，税务机关应当按照（　　）计算应税污染物排放量计征环境保护税。

    A. 同一纳税期内的监督性监测数据

    B. 排污系数

    C. 上一纳税期内的监督性监测数据

    D. 物料衡算方法

    E. 上一纳税期内的实际数据

【参考答案】ABD

【答案解析】根据《财政部　税务总局　生态环境部关于明确环境保护税应税污染物适用等有关问题的通知》（财税〔2018〕117 号）规定，生态环境主管部门、计量主管部门发现委托监测数据失真或者弄虚作假的，税务机关应当按照同一纳税期内的监督性监测数据或者排污系数、物料衡算方法计算应税污染物排放量。

9. 甲企业从事铁矿开采工作，暂时没有取得排污许可证，不属于排污许可管理的排污单位。该企业在开采铁矿的同时，伴生大量的稀土矿，即其采选工艺既包括铁矿又包括其他稀土，下列有关环境保护税征管说法正确的有（　　）。

    A. 甲企业暂时没有取得排污许可证，暂时不用缴纳环境保护税

    B. 甲企业适用生态环境部发布的排污许可证申请与核发技术规范中规定的排（产）污系数、物料衡算方法计算应税污染物排放量缴纳环境保护税

    C. 甲企业应查找生态环境部已发布的排放源统计调查制度排（产）污系数清单，对应的排污系数表确定铁矿采选产排污系数和稀土矿采选产排污系数，并对应计算应税污染物排放量缴纳环境保护税

    D. 无相关计算方法的，由各省、自治区、直辖市生态环境主管部门结合本地实际情况，科学合理制定抽样测算方法

    E. 如果无相关计算方法的，甲企业不用缴纳环境保护税

【参考答案】CD

【答案解析】根据《生态环境部　财政部　税务总局关于发布计算环境保护税应税污染物排放量的排污系数和物料衡算方法的公告》（生态环境部　财政部　税务总局公告 2021 年第 16 号）规定，属于排污许可管理的排污单位，适用生态环境部发布的排污许可证申请与核发技术规范中规定的排（产）污系数、物料衡算方法计算应税污染物排放量；排污许可证申请与核发技术规范未规定相关排（产）污系数的，适用生态环境部发布的排放源统计调查制度规定的排（产）污系数方法计算应税污染物排放量。

不属于排污许可管理的排污单位，适用生态环境部发布的排放源统计调查制度规定的排（产）污系数方法计算应税污染物排放量。上述情形中仍无相关计算方法的，由各省、自治区、直辖市生态环境主管部门结合本地实际情况，科学合理制定抽样测算方法。

10. 税务机关发现纳税人的纳税申报数据异常或者纳税人未按照规定期限办理纳税申报的，可以提请生态环境主管部门进行复核。下列表述属于纳税人的纳税申报数据异常的有（　　）。

    A. 纳税人当期申报的应税污染物排放量与上一期相比明显偏低，且无正当理由

    B. 纳税人当期申报的应税污染物排放量与上一年同期相比明显偏低，且无正当理由

    C. 纳税人当期申报的应税污染物排放量与最近时期相比明显偏低，且无正当理由

    D. 纳税人总污染物排放量与同类型纳税人相比明显偏低，且无正当理由

    E. 纳税人单位产品污染物排放量与同类型纳税人相比明显偏低，且无正当理由

【参考答案】BE

【答案解析】根据《环境保护税法实施条例》第二十二条规定，纳税人的纳税申报数据资料异常，包括但不限于下列情形：①纳税人当期申报的应税污染物排放量与上一年同期相比明显偏低，且无正当理由；②纳税人单位产品污染物排放量与同类型纳税人相比明显偏低，且无正当理由。选项B、E当选。

11. 下列有关环境保护税的税收减免的说法，正确的有（　　）。

    A. 农业生产（不包括规模化养殖）排放应税污染物的免税

    B. 纳税人排放应税大气污染物的浓度值低于国家和地方规定的污染物排放标准30％的，减按70％征收环境保护税

    C. 纳税人排放水污染物的浓度值低于国家和地方规定的污染物排放标准50％的，减按50％征收环境保护税

    D. 纳税人综合利用的固体废物，符合国家和地方环境保护标准的免税

    E. 机动车、铁路机车、非道路移动机械、船舶和航空器等流动污染源排放应税污染物的免税

【参考答案】ACDE

【答案解析】根据《环境保护税法》第十二条规定，下列情形，暂予免征环境保护税：农业生产（不包括规模化养殖）排放应税污染物的；机动车、铁路机车、非道路移动机械、船舶和航空器等流动污染源排放应税污染物的；纳税人综合利用的固体

废物，符合国家和地方环境保护标准的。第十三条规定，纳税人排放应税大气污染物或者水污染物的浓度值低于国家和地方规定的污染物排放标准30%的，减按75%征收环境保护税。纳税人排放应税大气污染物或者水污染物的浓度值低于国家和地方规定的污染物排放标准50%的，减按50%征收环境保护税。

12. 根据环境保护税的规定，应税污染物排放地是指（　　）。

    A. 应税大气污染物排放口所在地

    B. 应税水污染物排放口所在地

    C. 应税固体废物产生地

    D. 应税大气污染物排放单位所在地

    E. 应税噪声产生地

【参考答案】ABCE

【答案解析】根据《环境保护税法实施条例》第十七条规定，应税污染物排放地是指：①应税大气污染物、水污染物排放口所在地；②应税固体废物产生地；③应税噪声产生地。

13. 下列关于环境保护税税目的表述，正确的有（　　）。

    A. 石棉尘属于大气污染物

    B. 建筑施工噪声属于噪声污染

    C. 城市洗车行业排放污水属于水污染物

    D. 煤矸石属于固体废物

    E. 一氧化碳属于大气污染物

【参考答案】ACDE

【答案解析】根据《环境保护税法》所附《环境保护税税目税额表》和《应税污染物和当量值表》规定，大气污染物包括石棉尘、一氧化碳；噪声税目只包括工业噪声，不包括建筑噪声；固体废物包括煤矸石。城市洗车行业排放的污水属于简单过滤就可以再次循环的，本质上不属于水污染。

14. 下列不属于直接向环境排放污染物，不缴纳环境保护税的有（　　）。

    A. 事业单位在符合国家和地方环境保护标准的场所处置固体废物的

    B. 企业向依法设立的生活垃圾集中处理场所排放应税污染物的

    C. 依法设立的城乡污水集中处理场所超过国家和地方规定的排放标准排放应税污染物的

    D. 禽畜养殖场依法对畜禽养殖废弃物进行综合利用和无害化处理的

    E. 生产经营者向依法设立的污水集中处理场所排放应税污染物的

【参考答案】ABDE

【答案解析】根据《环境保护税法》及其实施条例规定，有下列情形之一的，不属于直接向环境排放污染物，不缴纳相应污染物的环境保护税：①企业事业单位和其他生产经营者向依法设立的污水集中处理、生活垃圾集中处理场所排放应税污染物的；②企业事业单位和其他生产经营者在符合国家和地方环境保护标准的设施、场所贮存或者处置固体废物的；③禽畜养殖场依法对畜禽养殖废弃物进行综合利用和无害化处理的。

根据《环境保护税法》第五条规定，依法设立的城乡污水集中处理、生活垃圾集中处理场所超过国家和地方规定的排放标准向环境排放应税污染物的，应当缴纳环境保护税。

15. 下列免征环境保护税的有（   ）。

A. 船舶和航空器等流动污染源排放应税污染物的

B. 纳税人综合利用的固体废物，符合国家和地方环境保护标准的

C. 依法设立的城乡生活垃圾集中处理场所排放相应应税污染物，不超过国家和地方规定的排放标准的

D. 规模化养殖排放应税污染物的

E. 纳税人排放应税大气污染物或者水污染物的浓度值低于国家和地方规定的污染物排放标准50%的

【参考答案】ABC

【答案解析】根据《环境保护税法》第十二条规定，选项 A、B、C 都属于暂予免征环境保护税。选项 D，农业生产（不包括规模化养殖）排放应税污染物的，免征环境保护税；选项 E，纳税人排放应税大气污染物或者水污染物的浓度值低于国家和地方规定的污染物排放标准50%的，减按50%征收环境保护税。

16. 关于环境保护税的相关政策，下列表述不正确的有（   ）。

A. 甲企业从事蔬菜种植向河流中排放总磷需要缴纳环境保护税

B. 乙出租车公司名下的出租车直接向空气中排放一氧化碳免征环境保护税

C. 丙铁路公司燃煤火车运行中直接向空气中排放二氧化硫、氮氧化物等污染物需要缴纳环境保护税

D. 丁生活垃圾焚烧发电厂排放相应应税污染物符合国家和地方规定的排放标准的，免征环境保护税

E. 戊企业综合利用煤矸石制砖，符合国家和地方环境保护标准的免征环境保护税

【参考答案】AC

【答案解析】根据《环境保护税法》第十二条规定，下列情形，暂予免征环境保护税：①农业生产（不包括规模化养殖）排放应税污染物的，故选项 A 不正确，当选。②机动车、铁路机车、非道路移动机械、船舶和航空器等流动污染源排放应税污染物

的，故选项 B 正确，不当选。选项 C 不正确，当选。③依法设立的城乡污水集中处理、生活垃圾集中处理场所排放相应应税污染物，不超过国家和地方规定的排放标准的，故选项 D 正确，不当选。④纳税人综合利用的固体废物，符合国家和地方环境保护标准的，故选项 E 正确，不当选。⑤国务院批准免税的其他情形。

17. 根据环境保护税应税污染物的相关规定，下列选项中属于超标才征收的项目有（　　　）。

    A. 总有机碳

    B. pH 值

    C. 色度

    D. 大肠菌群数

    E. 余氯量

【参考答案】BCDE

【答案解析】根据《环境保护税法》所附《应税污染物和当量值表》第三项 pH 值、色度、大肠菌群数、余氯量污染当量值中明确，pH 值、色度、大肠菌群数、余氯量均为超标才征收的项目。总有机碳属于第二类水污染物，每一排放口的应税污染物按照前三项征收环境保护税。选项 B、C、D、E 当选。

18. 下列属于环境保护税应税污染物的有（　　　）。

    A. 含悬浮物的大气污染物

    B. pH 值 6—7 的水污染物

    C. 水污染物中的色度

    D. 大气污染物中的光气、甲醛

    E. 危险废物、煤矸石、炉渣、粉煤灰

【参考答案】CDE

【答案解析】根据《环境保护税法》附表1《环境保护税税目税额表》和附表2《应税污染物和当量值表》规定，悬浮物是第二类水污染物污染因子，不属于应税大气污染物污染因子，选项 A 不当选；pH 值 6－7 的水污染物不属于应税污染物，选项 B 不当选；"水污染物中的色度""大气污染物中的光气、甲醛""危险废物、煤矸石、炉渣、粉煤灰"属于《环境保护税税目税额表》中的应税污染物，选项 C、D、E 当选。

19. 关于环境保护税的税收征收管理，下列说法正确的有（　　　）。

    A. 噪声超标分贝数不是整数值的，按四舍五入取整。一个单位的同一监测点当月有多个监测数据超标的，以超标声级加权平均值计算应纳税额。声源一个月内累计昼间超标不足 15 昼或者累计夜间超标不足 15 夜的，减半计算应纳税额

B. 纳税人采用委托监测方式，在规定监测时限内当月无监测数据的，可以沿用最近一次的监测数据计算应税污染物排放量，但不得跨季度沿用监测数据。纳税人采用监测机构出具的监测数据申报减免环境保护税的，应当取得申报当月的监测数据；当月无监测数据的，不予减免环境保护税

C. 应税水污染物的污染当量值，以该污染物的排放量除以该污染物的污染当量数计算。其中，色度的污染当量值，以污水排放量乘以色度超标倍数再除以适用的污染当量数计算

D. 环境保护税按月计算，按季申报缴纳。不能按固定期限计算缴纳的，可以按次申报缴纳

E. 税务机关发现纳税人的纳税申报数据资料异常或者纳税人未按照规定期限办理纳税申报的，可以提请环境保护主管部门进行复核，环境保护主管部门应当自收到税务机关的数据资料之日起 10 日内向税务机关出具复核意见

【参考答案】BD

【答案解析】根据《财政部　税务总局　生态环境部关于环境保护税有关问题的通知》（财税〔2018〕23 号）第四条规定，关于应税噪声应纳税额的计算问题。应税噪声的应纳税额为超过国家规定标准分贝数对应的具体适用税额。噪声超标分贝数不是整数值的，按四舍五入取整。一个单位的同一监测点当月有多个监测数据超标的，以最高一次超标声级计算应纳税额。声源一个月内累计昼间超标不足 15 昼或者累计夜间超标不足 15 夜的，分别减半计算应纳税额。选项 A 错误。根据《财政部　税务总局　生态环境部关于明确环境保护税应税污染物适用等有关问题的通知》（财税〔2018〕117 号）第三条"关于应税污染物排放量的监测计算问题"规定，纳税人采用委托监测方式，在规定监测时限内当月无监测数据的，可以沿用最近一次的监测数据计算应税污染物排放量，但不得跨季度沿用监测数据。纳税人采用监测机构出具的监测数据申报减免环境保护税的，应当取得申报当月的监测数据；当月无监测数据的，不予减免环境保护税，选项 B 正确。根据《财政部　税务总局　生态环境部关于环境保护税有关问题的通知》（财税〔2018〕23 号）第二条规定，关于应税水污染物污染当量数的计算问题。应税水污染物的污染当量数，以该污染物的排放量除以该污染物的污染当量值计算。其中，色度的污染当量数，以污水排放量乘以色度超标倍数再除以适用的污染当量值计算。混淆了污染当量数和污染当量值，选项 C 错误。根据《环境保护税法》第十八条规定，环境保护税按月计算，按季申报缴纳。不能按固定期限计算缴纳的，可以按次申报缴纳，选项 D 正确。根据《环境保护税法》第二十条规定，生态环境主管部门应当自收到税务机关的数据资料之日起 15 日内向税务机关出具复核意见，选项 E 错误。

20. 下列符合环境保护税法规定暂予免征的情形包括（　　　）。

A. 机动车、铁路机车、非道路移动机械、船舶和航空器等流动污染源排放应税污染物的

B. 企业事业单位和个体工商户向依法设立的污水集中处理、生活垃圾集中处理场所排放应税污染物的

C. 农业生产排放应税污染物，但不包括规模化养殖

D. 纳税人综合利用的固体废物，符合国家和地方环境保护标准的

E. 企业事业单位和其他生产经营者在符合国家和地方环境保护标准的设施、场所贮存或者处置固体废物的

【参考答案】ACD

【答案解析】根据《环境保护税法》第十二条规定，下列情形，暂予免征环境保护税：①农业生产（不包括规模化养殖）排放应税污染物的；②机动车、铁路机车、非道路移动机械、船舶和航空器等流动污染源排放应税污染物的；③依法设立的城乡污水集中处理、生活垃圾集中处理场所排放相应应税污染物，不超过国家和地方规定的排放标准的；④纳税人综合利用的固体废物，符合国家和地方环境保护标准的；⑤国务院批准免税的其他情形。根据第四条规定，有下列情形之一的，不属于直接向环境排放污染物，不缴纳相应污染物的环境保护税：①企业事业单位和其他生产经营者向依法设立的污水集中处理、生活垃圾集中处理场所排放应税污染物的；②企业事业单位和其他生产经营者在符合国家和地方环境保护标准的设施、场所贮存或者处置固体废物的。选项 B、E 属于不缴纳环境保护税的情形而非暂予免征情形。

21. 根据现行环境保护税政策规定，下列关于环境保护税的说法，正确的有（　　）。

A. 企业事业单位和其他生产经营者向依法设立的污水集中处理、生活垃圾集中处理场所排放应税污染物的，不属于直接向环境排放污染物，不缴纳相应污染物的环境保护税

B. 从两个以上排放口排放应税污染物的，对每一排放口排放的应税污染物分别计算征收环境保护税

C. 纳税人持有排污许可证的，其污染物排放口按照排污许可证载明的污染物排放口确定

D. 每一排放口的应税水污染物，按照《环境保护税法》中《应税污染物和当量值表》，区分第一类水污染物和其他类水污染物，按照污染当量数从大到小排序，对第一类水污染物按照前三项征收环境保护税，对其他类水污染物按照前两项征收环境保护税

E. 依法设立的城乡污水集中处理、生活垃圾集中处理场所按照不超过国家和地方规定的排放标准向环境排放应税污染物的，应当缴纳环境保护税

【参考答案】ABC

【答案解析】根据《环境保护税法》第五条规定，依法设立的城乡污水集中处理、生活垃圾集中处理场所超过国家和地方规定的排放标准向环境排放应税污染物的，应当缴纳环境保护税。选项E错误。根据《环境保护税法》第九条第二款规定，每一排放口的应税水污染物，按照《应税污染物和当量值表》，区分第一类水污染物和其他类水污染物，按照污染当量数从大到小排序，对第一类水污染物按照前五项征收环境保护税，对其他类水污染物按照前三项征收环境保护税。选项D错误。根据《环境保护税法》第四条规定，企业事业单位和其他生产经营者向依法设立的污水集中处理、生活垃圾集中处理场所排放应税污染物的，不属于直接向环境排放污染物，不缴纳相应污染物的环境保护税。根据《环境保护税法实施条例》第八条规定，从两个以上排放口排放应税污染物的，对每一排放口排放的应税污染物分别计算征收环境保护税；纳税人持有排污许可证的，其污染物排放口按照排污许可证载明的污染物排放口确定。

22. 根据《环境保护税法》规定，对环境保护税纳税义务的理解，下列说法错误的有（   ）。

A. 从空间效力上看，中华人民共和国领域是指领陆、领水

B. 从排放方式看，环境保护税以直接向环境排放应税污染物作为应税行为

C. 从身份特征看，环境保护税的纳税人是仅指直接向环境排放应税污染物的企事业单位和其他个体工商户

D. 环境保护税纳税人还包括有应税排污行为的行政机关和自然人

E. 直接向环境排放应税污染物的事业单位、私营企业和国有企业是环境保护税纳税人

【参考答案】ACD

【答案解析】中华人民共和国领域，包括领陆、领水、领空，选项A表述错误；根据《环境保护税法》第二条规定，在中华人民共和国领域和中华人民共和国管辖的其他海域，直接向环境排放应税污染物的企业事业单位和其他生产经营者为环境保护税的纳税人，应当依照规定缴纳环境保护税，选项B、E正确，选项C、D错误。

23. 环境保护主管部门通过涉税信息共享平台向税务机关交送在环境保护监督管理中获取的信息，包括（   ）。

A. 排污单位的名称、统一社会信用代码等基本信息

B. 排污单位环境违法和受行政处罚情况

C. 对税务机关提请复核的纳税人的纳税申报数据资料异常或者纳税人未按照规定期限办理纳税申报的复核意见

D. 排污单位的污染物排放数据，不包括大气污染物、水污染物的浓度值

E. 污染物排放口、排放污染物种类等基本信息

【参考答案】ABCE

【答案解析】根据《环境保护税法实施条例》第十五条规定，环境保护主管部门应当通过涉税信息共享平台向税务机关交送在环境保护监督管理中获取的下列信息：①排污单位的名称、统一社会信用代码以及污染物排放口、排放污染物种类等基本信息；②排污单位的污染物排放数据（包括污染物排放量以及大气污染物、水污染物的浓度值等数据）；③排污单位环境违法和受行政处罚情况；④对税务机关提请复核的纳税人的纳税申报数据资料异常或者纳税人未按照规定期限办理纳税申报的复核意见；⑤与税务机关商定交送的其他信息。选项 D 错误。

24. 根据现行环境保护税相关政策规定，下列表述正确的有（   ）。

    A. 环境保护税由环境保护主管部门负责征收管理

    B. 环境保护税的纳税义务发生时间是季度终了之日起 15 日内

    C. 不能按固定期限计算缴纳的，可以按次申报缴纳环境保护税

    D. 纳税人应当向应税污染物排放地的税务机关申报缴纳环境保护税

    E. 县级以上地方政府应建立税务机关、生态环境主管部门和其他相关单位分工协作工作机制

【参考答案】CDE

【答案解析】根据《环境保护税法》第十四条规定，环境保护税由税务机关依照《税收征收管理法》和《环境保护税法》的有关规定征收管理。县级以上地方人民政府应当建立税务机关、生态环境主管部门和其他相关单位分工协作工作机制，加强环境保护税征收管理，保障税款及时足额入库。第十六条规定，纳税义务发生时间为纳税人排放应税污染物的当日。第十七条规定，纳税人应当向应税污染物排放地的税务机关申报缴纳环境保护税。第十八条规定，环境保护税按月计算，按季申报缴纳。不能按固定期限计算缴纳的，可以按次申报缴纳。

25. 关于环境保护税减免政策，下列表述正确的有（   ）。

    A. 农业种植排放应税污染物暂予免征环境保护税

    B. 规模化养殖排放应税污染物暂予免征环境保护税

    C. 机动车行驶排放应税污染物暂予免征环境保护税

    D. 依法设立的城乡污水集中处理场所排放应税污染物不超过国家和地方规定的排放标准的暂予免征环境保护税

    E. 排放应税大气污染物的浓度值低于国家和地方规定的污染物排放标准30%的，减按 75% 征收环境保护税

【参考答案】ACDE

【答案解析】根据《环境保护税法》第十二条规定，下列情形，暂予免征环境保护税：①农业生产（不包括规模化养殖）排放应税污染物的；②机动车、铁路机车、

非道路移动机械、船舶和航空器等流动污染源排放应税污染物的；③依法设立的城乡污水集中处理、生活垃圾集中处理场所排放相应应税污染物，不超过国家和地方规定的排放标准的。第十三条规定，纳税人排放应税大气污染物或者水污染物的浓度值低于国家和地方规定的污染物排放标准30%的，减按75%征收环境保护税。纳税人排放应税大气污染物或者水污染物的浓度值低于国家和地方规定的污染物排放标准50%的，减按50%征收环境保护税。

26. 关于环境保护税的计税依据，下列说法不正确的有（　　）。

    A. 每一排放口的应税水污染物，区分第一类水污染物和其他类水污染物，按照污染当量数从大到小排序，对其他类水污染物按照前三项征收环境保护税

    B. 每一排放口的应税水污染物，区分第一类水污染物和其他类水污染物，按照污染当量数从大到小排序，对第一类水污染物按照前三项征收环境保护税

    C. 若纳税人安装使用符合规定的自动监测设备的，优先按照污染物自动监测数据计算应税污染物的排放量和噪声的分贝数

    D. 应税大气污染物的污染当量数以该污染物的产生量除以该污染物的污染当量值计算

    E. 应税水污染物的污染当量数以该污染物的排放量除以该污染物的污染当量值计算

【参考答案】BD

【答案解析】根据《环境保护税法》第九条规定，每一排放口或者没有排放口的应税大气污染物，按照污染当量数从大到小排序，对前三项污染物征收环境保护税。每一排放口的应税水污染物，按照《应税污染物和当量值表》，区分第一类水污染物和其他类水污染物，按照污染当量数从大到小排序，对第一类水污染物按照前五项征收环境保护税，对其他类水污染物按照前三项征收环境保护税。第十条规定，应税大气污染物、水污染物、固体废物的排放量和噪声的分贝数，按照下列方法和顺序计算：①纳税人安装使用符合国家规定和监测规范的污染物自动监测设备的，按照污染物自动监测数据计算。②纳税人未安装使用污染物自动监测设备的，按照监测机构出具的符合国家有关规定和监测规范的监测数据计算。③因排放污染物种类多等原因不具备监测条件的，按照国务院生态环境主管部门规定的排污系数、物料衡算方法计算。第八条规定，应税大气污染物、水污染物的污染当量数，以该污染物的排放量除以该污染物的污染当量值计算。

27. 关于环境保护税应税污染物的计税依据，下列表述正确的有（　　）。

    A. 甲企业应税固体废物，按照固体废物的排放量确定

B. 乙企业排放的应税大气污染物，按照污染物的排放量确定

C. 丙企业应税水污染物，按照污染物排放量折合的污染当量数确定

D. 丁企业同一噪声监测点当月有多个监测数据超标的，以超标次数的平均声级计算应纳税额

E. 企业篡改、伪造污染物监测数据的，以其当期应税大气污染物、水污染物的产生量作为污染物的排放量

【参考答案】ACE

【答案解析】根据《环境保护税法》第七条规定，应税污染物的计税依据，按照下列方法确定：①应税大气污染物按照污染物排放量折合的污染当量数确定；②应税水污染物按照污染物排放量折合的污染当量数确定；③应税固体废物按照固体废物的排放量确定；④应税噪声按照超过国家规定标准的分贝数确定。根据《环境保护税法实施条例》规定，纳税人有篡改、伪造污染物监测数据的，以其当期应税大气污染物、水污染物的产生量作为污染物的排放量。

28. 下列关于工业噪声环境保护税政策的说法，正确的有（ ）。

A. 当沿边界长度超过100米有两处以上噪声超标，按照最高一处计算应纳税额

B. 应税噪声的应纳税额为超过国家规定标准分贝数对应的具体适用税额，共分为5档，下一档的税额是上一档的2倍

C. 一个单位的同一监测点当月有多个监测数据超标的，以最高一次超标声级计算应纳税额

D. 声源一个月内累计昼间超标不足15昼或者累计夜间超标不足15夜的，分别减半计算应纳税额

E. 噪声超标分贝数不是整数值的，按四舍五入取整

【参考答案】CDE

【答案解析】根据《财政部 税务总局 生态环境部关于环境保护税有关问题的通知》（财税〔2018〕23号）第四条规定，应税噪声的应纳税额为超过国家规定标准分贝数对应的具体适用税额。噪声超标分贝数不是整数值的，按四舍五入取整。一个单位的同一监测点当月有多个监测数据超标的，以最高一次超标声级计算应纳税额。声源一个月内累计昼间超标不足15昼或者累计夜间超标不足15夜的，分别减半计算应纳税额。《环境保护税税目税额表》规定，当沿边界长度超过100米有两处以上噪声超标，按照两个单位计算应纳税额，选项A错误；应税噪声的具体适用税额共分为6档，下一档的税额是上一档的2倍，选项B错误。

29. 可以享受城乡污水集中处理场所达标排放免征环境保护税优惠的包括（ ）。

A. 开发区内为企业事业单位和其他生产经营者提供污水处理服务的场所

B. 市区内经批准设立的生活污水处理场所，但同时处理少量工业污水

C. 县城和建制镇范围内经批准设立的生活污水处理场所

D. 企业事业单位和其他生产经营者自建自用的污水处理场所

E. 工业园区内为企业事业单位和其他生产经营者提供污水处理服务的场所

【参考答案】BC

【答案解析】根据《环境保护税法实施条例》第三条规定，符合条件的城乡污水集中处理场所，是指为社会公众提供生活污水处理服务的场所，不包括为工业园区、开发区等工业聚集区域内的企业事业单位和其他生产经营者提供污水处理服务的场所，以及企业事业单位和其他生产经营者自建自用的污水处理场所。

30. 下列属于环境保护税应税污染物的有（　　　）。

A. 建筑噪声　　　　　　　　B. 一氧化碳

C. 二氧化碳　　　　　　　　D. 苯并（a）芘

E. 油烟

【参考答案】BD

【答案解析】根据《环境保护税法》所附《应税污染物和当量值表》规定，苯并（a）芘和一氧化碳属于环境保护税应税污染物，二氧化碳、油烟和建筑噪声均不属于环境保护税应税污染物。

31. 以当期应税大气污染物、水污染物的产生量作为污染物排放量计算环境保护税的情形包括（　　　）。

A. 损毁或者擅自移动、改变污染物自动监测设备

B. 经税务机关通知申报拒不申报

C. 未依法安装使用污染物自动监测设备或者未将污染物自动监测设备与环境保护主管部门的监控设备联网

D. 通过暗管、渗井、渗坑、灌注或者稀释排放以及不正常运行防治污染设施等方式违法排放应税污染物

E. 篡改、伪造污染物监测数据

【参考答案】ACDE

【答案解析】根据《环境保护税法实施条例》第七条规定，纳税人有下列情形之一的，以其当期应税大气污染物、水污染物的产生量作为污染物的排放量：①未依法安装使用污染物自动监测设备或者未将污染物自动监测设备与环境保护主管部门的监控设备联网；②损毁或者擅自移动、改变污染物自动监测设备；③篡改、伪造污染物监测数据；④通过暗管、渗井、渗坑、灌注或者稀释排放以及不正常运行防治污染设施等方式违法排放应税污染物；⑤进行虚假纳税申报。选项B错误，其他选项正确。

32. 环境保护部门应当定期交送税务机关的环境保护税涉税信息有（   ）。

    A. 排污单位的排污许可

    B. 环境影响报告书

    C. 抽样测算办法

    D. 污染物排放数据

    E. 环境违法和受行政处罚情况

【参考答案】ADE

【答案解析】根据《环境保护税法》第十五条规定，环境保护主管部门应当将排污单位的排污许可、污染物排放数据、环境违法和受行政处罚情况等环境保护相关信息，定期交送税务机关。

33. 某规模化养猪场未安装自动监测设备，无法进行实际监测，污水直接排放。2022 年 1 月月初存栏规模为 600 头，月末存栏规模为 560 头，猪的污染当量值为 1 头，已知当地水污染物适用税额为每污染当量 2.8 元。关于该养猪场涉及的环境保护税，下列表述正确的有（   ）。

    A. 2022 年 1 月污染当量数 580

    B. 应以月末存栏数计算污染当量数

    C. 2022 年 1 月的月均存栏量为 580 头

    D. 养猪场属于农业生产，不需要缴纳环境保护税

    E. 2022 年 1 月应缴纳的环境保护税为 1680 元

【参考答案】AC

【答案解析】根据《环境保护税法》附表 2 中"四、禽畜养殖业、小型企业和第三产业水污染物污染当量值"可知，对存栏规模大于 500 头猪的禽畜规模化养殖场应征收环境保护税。选项 D 不当选。根据《财政部　税务总局　生态环境部关于环境保护税有关问题的通知》（财税〔2018〕23 号）第二条规定，关于应税水污染物污染当量数的计算问题，畜禽养殖业水污染物的污染当量数，以该畜禽养殖场的月均存栏量除以适用的污染当量值计算。畜禽养殖场的月均存栏量按照月初存栏量和月末存栏量的平均数计算。选项 B 不当选。A 养殖场 2022 年 1 月的月均存栏量 =（600＋560）÷2＝580（头），选项 C 当选。A 养殖场 2022 年 1 月的污染当量数 =580÷1＝580，选项 A 当选。A 养殖场 2022 年 1 月应缴纳的环境保护税 =580×2.8＝1624（元）。选项 E 不当选。

34. A 企业 1 号水排放口向环境直接排放总砷 30 千克，总铜 140 千克，总磷 310 千克，氨氮 1250 千克，化学需氧量 1200 千克。该企业应缴纳环境保护税的水污染物有（   ）。（当量值：总砷 0.02 千克，总铜 0.1 千克，总磷 0.25 千克，氨氮 0.8 千克，化学需氧量 1 千克）

    A. 总砷   B. 总铜

    C. 总磷   D. 氨氮

    E. 化学需氧量

【参考答案】ABCD

【答案解析】根据《环境保护税法》第九条规定，每一排放口的应税水污染物，按照《应税污染物和当量值表》，区分第一类水污染物和其他类水污染物，按照污染当量数从大到小排序，对第一类水污染物按照前五项征收环境保护税，对其他类水污染物按照前三项征收环境保护税。

    总砷当量数 = 30 ÷ 0.02 = 1500

    总铜当量数 = 140 ÷ 0.1 = 1400

    总磷当量数 = 310 ÷ 0.25 = 1240

    氨氮当量数 = 1250 ÷ 0.8 = 1562.5

    化学需氧量 = 1200 ÷ 1 = 1200

    总砷为一类水污染物，总铜、总磷、氨氮、化学需氧量均为二类水污染物，按当量数排序选前三项。因此，该企业应税水污染物有总砷、总铜、总磷、氨氮。

35. 关于工业噪声征收环境保护税，下列表述正确的有（   ）。

    A. 声源一个月内超标不足 15 天的，不予征收环境保护税

    B. 昼、夜均超标的环境噪声，昼、夜分别计算应纳税额，累计计征

    C. 一个单位有不同地点作业场所的，应当分别计算应纳税额，合并计征

    D. 一个单位边界上有多处噪声超标，根据最高一处超标声级计算应纳税额

    E. 当沿边界长度超过 50 米有两处以上噪声超标，按照两个单位计算应纳税额

【参考答案】BCD

【答案解析】根据《环境保护税法》第六条规定，环境保护税的税目、税额，依照《环境保护税税目税额表》执行。一个单位边界上有多处噪声超标，根据最高一处超标声级计算应纳税额；当沿边界长度超过 100 米有两处以上噪声超标，按照两个单位计算应纳税额。一个单位有不同地点作业场所的，应当分别计算应纳税额，合并计征。昼、夜均超标的环境噪声，昼、夜分别计算应纳税额，累计计征。声源一个月内超标不足 15 天的，减半计算应纳税额。夜间频繁突发和夜间偶然突发厂界超标噪声，按等效声级和峰值噪声两种指标中超标分贝值高的一项计算应纳税额。选项 B、C、D 当选。

36. 2022 年 7 月，下列企业发生如下排放行为，其中，免征环境保护税的有（   ）。

    A. 甲市某三甲医院医用消毒排放的污水

    B. 乙市工业污水处理厂超标排放的污水

C. 丙海运公司 20 只机动船舶排放的污水

D. 丁县某规模化养殖肉牛企业排放的污水

E. 戊县某砖厂综合利用煤矸石生产空心砖，符合国家和地方环境保护标准

【参考答案】CE

【答案解析】根据《环境保护税法》第二条规定，在中华人民共和国领域和中华人民共和国管辖的其他海域，直接向环境排放应税污染物的企业事业单位和其他生产经营者为环境保护税的纳税人，应当依照该法规定缴纳环境保护税。选项 A 不当选；第十二条规定，下列情形，暂予免征环境保护税，①农业生产（不包括规模化养殖）排放应税污染物的，选项 D 不当选。②机动车、铁路机车、非道路移动机械、船舶和航空器等流动污染源排放应税污染物的，选项 C 当选。③依法设立的城乡污水集中处理、生活垃圾集中处理场所排放相应应税污染物，不超过国家和地方规定的排放标准的，选项 B 不当选。④纳税人综合利用的固体废物，符合国家和地方环境保护标准的，选项 E 当选。

37. 甲企业是环境保护税纳税人，委托第三方监测机构监测应税污染物排放量。下列表述符合环境保护税法对委托监测规定的有（　　）。

A. 甲企业应当按照有关规定制定监测方案，并将监测数据资料及时报送生态环境主管部门

B. 监测机构出具的监测报告应当包括应税大气污染物种类、浓度值、排放速率和烟气量

C. 监测机构出具的监测报告应当包括执行的污染物排放标准和排放浓度限值等信息

D. 监测机构出具的监测报告应当包括应税水污染物种类、浓度值和污水流量

E. 甲企业对监测数据的真实性负责，监测机构对监测数据的合法性负责

【参考答案】ABCD

【答案解析】根据《财政部　税务总局　生态环境部关于明确环境保护税应税污染物适用等有关问题的通知》（财税〔2018〕117 号）第三条关于应税污染物排放量的监测计算问题第（二）项的规定，纳税人委托监测机构监测应税污染物排放量的，应当按照国家有关规定制定监测方案，并将监测数据资料及时报送生态环境主管部门。监测机构实施的监测项目、方法、时限和频次应当符合国家有关规定和监测规范要求。监测机构出具的监测报告应当包括应税水污染物种类、浓度值和污水流量；应税大气污染物种类、浓度值、排放速率和烟气量；执行的污染物排放标准和排放浓度限值等信息。监测机构对监测数据的真实性、合法性负责，凡发现监测数据弄虚作假的，依照相关法律法规的规定追究法律责任。选项 E 不当选，选项 A、B、C、D 当选。

38. 税务机关在征收环境保护税的过程中，可以提请生态环境主管部门进行复核的

情形包括（　　）。

  A. 纳税人更换法定代表人的

  B. 纳税人变更生产经营范围的

  C. 纳税人变更环境保护税税源明细表的

  D. 纳税人未按照规定期限办理纳税申报的

  E. 税务机关发现纳税人的纳税申报数据资料异常的

【参考答案】DE

【答案解析】根据《环境保护税法》第二十条规定，税务机关发现纳税人的纳税申报数据资料异常或者纳税人未按照规定期限办理纳税申报的，可以提请生态环境主管部门进行复核。选项 D、E 当选。

39. 关于环境保护税的征收管理，下列不正确的有（　　）。

  A. 甲企业排放应税固体废物，应于固体废物排放当日确认环境保护税纳税义务

  B. 乙企业排放应税大气污染物，应向应税大气污染物排放口所在地税务机关进行纳税申报

  C. 丙企业应按季度计算并缴纳环境保护税，如不能按季度申报缴纳，也可以按次申报缴纳

  D. 丁企业办理应税水污染物纳税申报时，不需要自行报送数据，使用生态环境部门信息共享传递至税务机关的数据申报即可

  E. 戊企业按次申报环境保护税，应当自纳税义务发生次月起 15 日内办理申报并缴纳税款

【参考答案】CDE

【答案解析】根据《环境保护税法》第十六条规定，纳税义务发生时间为纳税人排放应税污染物的当日。选项 A 正确，不当选。第十七条规定，纳税人应当向应税污染物排放地的税务机关申报缴纳环境保护税。根据《环境保护税法实施条例》第十七条规定，应税大气污染物、水污染物排放口所在地为其应税污染物排放地；选项 B 正确，不当选。根据《环境保护税法》第十八条规定，环境保护税按月计算，按季申报缴纳。不能按固定期限计算缴纳的，可以按次申报缴纳。纳税人申报缴纳时，应当向税务机关报送所排放应税污染物的种类、数量，大气污染物、水污染物的浓度值，以及税务机关根据实际需要要求纳税人报送的其他纳税资料。选项 C、D 错误，当选。第十九条规定，纳税人按季申报缴纳的，应当自季度终了之日起 15 日内，向税务机关办理纳税申报并缴纳税款。纳税人按次申报缴纳的，应当自纳税义务发生之日起 15 日内，向税务机关办理纳税申报并缴纳税款。选项 E 错误，当选。

40. 生态环境主管部门和税务机关应当建立环境保护税涉税信息共享平台和工作配

合机制。下列属于税务机关应当向环境保护部门交送的信息的有（　　）。

    A. 纳税人基本信息

    B. 纳税人纳税申报信息

    C. 纳税人税款入库、减免税额、欠缴税款以及风险疑点等信息

    D. 纳税人环境违法和受行政处罚情况

    E. 纳税人的纳税申报数据资料异常信息

【参考答案】ABCE

【答案解析】根据《环境保护税法实施条例》第十六条规定，税务机关应当通过涉税信息共享平台向环境保护主管部门交送下列环境保护税涉税信息：①纳税人基本信息，选项 A 正确，当选。②纳税申报信息，选项 B 正确，当选。③税款入库、减免税额、欠缴税款以及风险疑点等信息，选项 C 正确，当选。④纳税人涉税违法和受行政处罚情况，选项 D 错误，不当选。⑤纳税人的纳税申报数据资料异常或者纳税人未按照规定期限办理纳税申报的信息，选项 E 正确，当选。⑥与环境保护主管部门商定交送的其他信息。需要说明的是，排污单位环境违法和受行政处罚情况属于生态环境主管部门应当通过涉税信息共享平台向税务机关交送在环境保护监督管理中获取的信息。

41. 下列属于环境保护主管部门应当通过涉税信息共享平台向税务机关交送在环境保护监督管理中获取的信息的有（　　）。

    A. 排污单位的名称

    B. 统一社会信用代码

    C. 排污单位的污染物排放数据

    D. 涉税违法和受行政处罚情况

    E. 污染物排放口、排放污染物种类

【参考答案】ABCE

【答案解析】根据《环境保护税法实施条例》第十五条规定，环境保护主管部门应当通过涉税信息共享平台向税务机关交送在环境保护监督管理中获取的下列信息：①排污单位的名称、统一社会信用代码以及污染物排放口、排放污染物种类等基本信息；②排污单位的污染物排放数据（包括污染物排放量以及大气污染物、水污染物的浓度值等数据）；③排污单位环境违法和受行政处罚情况；④对税务机关提请复核的纳税人的纳税申报数据资料异常或者纳税人未按照规定期限办理纳税申报的复核意见；⑤与税务机关商定交送的其他信息。需要说明的是，纳税人涉税违法和受行政处罚情况属于税务机关应当通过涉税信息共享平台向生态环境主管部门交送的环境保护税涉税信息。

42. 关于环境保护税应税污染物排放地，下列表述符合环境保护税政策规定的有

（   ）。

  A. 应税噪声以产生地为排放地

  B. 应税固体废物以产生地为排放地

  C. 应税水污染物以排放口所在地为排放地

  D. 应税大气污染物以排放口所在地为排放地

  E. 应税大气污染物以企业机构所在地为排放地

【参考答案】ABCD

【答案解析】根据《环境保护税法实施条例》第十七条规定，《环境保护税法》第十七条所称应税污染物排放地是指：①应税大气污染物、水污染物排放口所在地；②应税固体废物产生地；③应税噪声产生地。

43. 纳税人申报缴纳环境保护税时，应当向税务机关报送所排放应税污染物的相关信息，具体包括（   ）。

  A. 应税污染物的种类

  B. 应税污染物的数量

  C. 水污染物的浓度值

  D. 大气污染物的浓度值

  E. 应税大气污染物企业机构所在地

【参考答案】ABCD

【答案解析】根据《环境保护税法》第十八条规定，纳税人申报缴纳时，应当向税务机关报送所排放应税污染物的种类、数量，大气污染物、水污染物的浓度值，以及税务机关根据实际需要要求纳税人报送的其他纳税资料。

44. 各级税务、生态环境主管部门要加快建设和完善环境保护税涉税信息共享平台，进一步规范涉税信息交换。需要规范的内容有（   ）。

  A. 数据项   B. 交换频率

  C. 数据格式   D. 交换层级

  E. 数据数量

【参考答案】ABC

【答案解析】根据《财政部　税务总局　生态环境部关于明确环境保护税应税污染物适用等有关问题的通知》（财税〔2018〕117号）第四条规定，各级税务、生态环境主管部门要加快建设和完善涉税信息共享平台，进一步规范涉税信息交换的数据项、交换频率和数据格式，并提高涉税信息交换的及时性、准确性，保障环境保护税征管工作运转顺畅。

45. 环境保护税纳税人委托监测机构监测应税大气污染物排放量的，监测机构出具的监测报告应当包括（   ）。

A. 大气污染物种类

B. 大气污染物浓度值

C. 大气污染物烟气量

D. 大气污染物排放量

E. 大气污染物排放速率

【参考答案】ABCE

【答案解析】根据《财政部　税务总局　生态环境部关于明确环境保护税应税污染物适用等有关问题的通知》（财税〔2018〕117号）第三条规定，监测机构出具的监测报告应当包括应税水污染物种类、浓度值和污水流量；应税大气污染物种类、浓度值、排放速率和烟气量；执行的污染物排放标准和排放浓度限值等信息。

46. 环境保护税法中的"物料衡算"法，是指根据物质质量守恒原理进行测算的一种方法。可应用这一方法进行测算的物质包括（　　）。

A. 生产的产品

B. 产生的废物

C. 生产使用的设备

D. 生产过程中使用的原料

E. 生产过程中使用的低值易耗品

【参考答案】ABD

【答案解析】根据《环境保护税法》第二十五条规定，物料衡算，是指根据物质质量守恒原理对生产过程中使用的原料、生产的产品和产生的废物等进行测算的一种方法。

47. 根据环境保护税法相关规定，海洋工程环境保护税应税污染物包括（　　）。

A. 噪声

B. 固体废物

C. 水污染物

D. 大气污染物

E. 石油污染物

【参考答案】BCD

【答案解析】根据《国家税务总局　国家海洋局关于发布〈海洋工程环境保护税申报征收办法〉的公告》（国家税务总局公告2017年第50号）第三条规定，该办法所称应税污染物，是指大气污染物、水污染物和固体废物。

48. 下列情形中，需要进行环境保护税纳税申报的有（　　）。

A. 农户自家养鸡

B. 企业将污水排入城市管网

C. 工厂生产时产生的超标噪声

D. 企业锅炉烧煤产生的煤矸石

E. 依法设立的城乡污水集中处理场所排放应税污染物不超过国家和地方排放标准的

【参考答案】CDE

【答案解析】根据《环境保护税法》所附《环境保护税税目税额表》属于应缴纳环境保护税的范围，应申报缴纳环境保护税。根据《环境保护税法》第十二条规定，依法设立的城乡污水集中处理、生活垃圾集中处理场所排放相应应税污染物，不超过国家和地方规定的排放标准的，暂予免征环境保护税。依法设立的城乡污水集中处理场所排放应税污染物不超过国家和地方排放标准的属于环境保护税免税项目，也应进行纳税申报。

49. 按照现行环境保护税相关规定，与第二类水污染物一起按照当量数排序，按照"其他类水污染物"确定前三项申报纳税的水污染物有（　　）。

A. pH 值　　　　　　　　B. 色度

C. 余氯量　　　　　　　　D. 六价铬

E. 大肠菌群数

【参考答案】ABCE

【答案解析】根据《环境保护税法》所附《环境保护税税目税额表》，六价铬是第一类水污染物。

50. 下列关于环境保护税征收管理的表述，正确的有（　　）。

A. 环境保护税纳税义务发生时间为纳税人排放应税污染物的当日

B. 纳税人应当向应税水污染物产生地的税务机关申报缴纳环境保护税

C. 环境保护税按月计算，按季申报缴纳。不能按固定期限计算缴纳的，可以按次申报缴纳

D. 纳税人按季申报缴纳的，应当自季度终了之日起 15 日内，向税务机关办理纳税申报并缴纳税款

E. 纳税人按次申报缴纳的，应当自纳税义务发生之日起 15 日内，向税务机关办理纳税申报并缴纳税款

【参考答案】ACDE

【答案解析】根据《中华人民共和国环境保护法实施条例》规定，纳税人应当向应税污染物排放地的税务机关申报缴纳环境保护税，应税污染物排放地是指：①应税大气污染物、水污染物排放口所在地；②应税固体废物产生地；③应税噪声产生地。根据《环境保护税法》第十八条规定，环境保护税按月计算，按季申报缴纳。不能按固定期限计算缴纳的，可以按次申报缴纳。第十九条规定，纳税人按季申报缴纳的，

应当自季度终了之日起 15 日内，向税务机关办理纳税申报并缴纳税款。纳税人按次申报缴纳的，应当自纳税义务发生之日起 15 日内，向税务机关办理纳税申报并缴纳税款。

三、判断题

1. 海洋工程环境保护税由纳税人同属两个海洋石油税务（收）管理分局管理的，由国家税务总局确定征收机关。（　　）

【参考答案】正确

【答案解析】根据《海洋工程环境保护税申报征收办法》（国家税务总局公告 2017 年第 50 号）第六条规定，海洋工程环境保护税由纳税人所属海洋石油税务（收）管理分局负责征收。纳税人同属两个海洋石油税务（收）管理分局管理的，由国家税务总局确定征收机关。

2. 海洋工程环境保护税纳税人运回陆域处理的海洋工程应税污染物，应当就近向海洋石油税务（收）管理分局申报缴纳环境保护税。（　　）

【参考答案】错误

【答案解析】根据《国家税务总局　国家海洋局关于发布〈海洋工程环境保护税申报征收办法〉的公告》（国家税务总局公告 2017 年第 50 号）第十四条规定，纳税人运回陆域处理的海洋工程应税污染物，应当按照《环境保护税法》及其相关规定，向污染物排放地税务机关申报缴纳环境保护税。

3. 某工业企业经安装的监测设备自动监测昼间产生工业噪声超标分贝数为 3.8，则在计算环境保护税时，应当按照超标 4 分贝确定对应税额。（　　）

【参考答案】正确

【答案解析】根据《财政部　税务总局　生态环境部关于环境保护税有关问题的通知》（财税〔2018〕23 号）第四条关于应税噪声应纳税额的计算问题的相关规定，应税噪声的应纳税额为超过国家规定标准分贝数对应的具体适用税额。噪声超标分贝数不是整数值的，按四舍五入取整。

4. 《环境保护税税源明细表》中"按次申报"栏次，勾选后无须填写税源基础信息，直接进行申报计算。（　　）

【参考答案】正确

【答案解析】根据《环境保护税税源明细表》填表说明规定，"按次申报"栏次勾选后无须填写税源基础信息，直接进行申报计算。

5. 海洋工程环境保护税纳税人应当留取钻井泥浆和钻屑的排放样品，按规定定期进行污染物含量检测，将其检测值作为计算应税污染物排放量的依据。（　　）

【参考答案】正确

【答案解析】根据《国家税务总局 国家海洋局关于发布〈海洋工程环境保护税申报征收办法〉的公告》（国家税务总局公告 2017 年第 50 号）第十三条规定，纳税人应当留取钻井泥浆和钻屑的排放样品，按规定定期进行污染物含量检测，其检测值作为计算应税污染物排放量的依据。

6. 某畜禽养殖场达到省级人民政府规定的规模标准且有污染物排放口，该养殖场将产生的动物粪便无害化处理，不需要缴纳环境保护税。（　　）

【参考答案】正确

【答案解析】根据《环境保护税法实施条例》第四条规定，达到省级人民政府确定的规模标准并且有污染物排放口的畜禽养殖场，应当依法缴纳环境保护税；依法对畜禽养殖废弃物进行综合利用和无害化处理的，不属于直接向环境排放污染物，不缴纳环境保护税。

7. 纳税人当期因环境违法行为受到行政处罚的，应当依据纳税人应税污染物的实际排放量确认当期的应税污染物排放量。（　　）

【参考答案】错误

【答案解析】根据《财政部 税务总局 生态环境部关于明确环境保护税应税污染物适用等有关问题的通知》（财税〔2018〕117 号）第三条规定，纳税人因环境违法行为受到行政处罚的，应当依据相关法律法规和处罚信息计算违法行为所属期的应税污染物排放量。

8. 排放应税大气污染物的纳税人安装使用符合国家规定和监测规范的污染物自动监测设备的，按照污染物自动监测数据计算应税大气污染物的排放量。上述情形中纳税人安装自动监测设备，既包括纳税人属于排污许可规定范围内必须安装设备的情况，也包括纳税人主动安装符合相关规定的设备的情况。（　　）

【参考答案】正确

【答案解析】根据《环境保护税法》第十条规定，纳税人安装使用符合国家规定和监测规范的污染物自动监测设备的，按照污染物自动监测数据计算；根据《财政部 税务总局 生态环境部关于明确环境保护税应税污染物适用等有关问题的通知》（财税〔2018〕117 号）第三条规定，纳税人主动安装使用符合国家规定和监测规范的污染物自动监测设备，但未与生态环境主管部门联网的，可以按照自动监测数据计算应税污染物排放量。

9. 燃烧产生废气中的颗粒物，除可以确定为烟尘、石棉尘、玻璃棉尘、炭黑尘的外，按照一般性粉尘征收环境保护税。（　　）

【参考答案】错误

【答案解析】根据《财政部 税务总局 生态环境部关于明确环境保护税应税污染物适用等有关问题的通知》（财税〔2018〕117 号）第一条规定，燃烧产生废气中的颗粒物，按照烟尘征收环境保护税。排放的扬尘、工业粉尘等颗粒物，除可以确定为烟尘、石棉尘、玻璃棉尘、炭黑尘的外，按照一般性粉尘征收环境保护税。

10. 纳税人按照规定须安装污染物自动监测设备并与生态环境主管部门联网的，当自动监测设备发生故障、设备维护、启停炉、停运等状态时，应当按照排污系数、物料衡算方法计算应税污染物排放量。（　　）

【参考答案】错误

【答案解析】根据《财政部　税务总局　生态环境部关于明确环境保护税应税污染物适用等有关问题的通知》（财税〔2018〕117 号）第三条规定，纳税人按照规定须安装污染物自动监测设备并与生态环境主管部门联网的，当自动监测设备发生故障、设备维护、启停炉、停运等状态时，应当按照相关法律法规和《固定污染源烟气（SO_2、NO_x、颗粒物）排放连续监测技术规范》（HJ 75—2017）、《水污染源在线监测系统数据有效性判别技术规范》（HJ/T 356—2007）等规定，对数据状态进行标记，以及对数据缺失、无效时段的污染物排放量进行修约和替代处理，并按标记、处理后的自动监测数据计算应税污染物排放量。相关纳税人当月不能提供符合国家规定和监测规范的自动监测数据的，应当按照排污系数、物料衡算方法计算应税污染物排放量。

11. 纳税人采用监测机构出具的监测数据申报免征环境保护税的，应当取得申报当月的监测数据；当月无监测数据的，不予免征环境保护税，可以减征环境保护税。（　　）

【参考答案】错误

【答案解析】根据《财政部　税务总局　生态环境部关于明确环境保护税应税污染物适用等有关问题的通知》（财税〔2018〕117 号）第三条规定，纳税人采用监测机构出具的监测数据申报减免环境保护税的，应当取得申报当月的监测数据；当月无监测数据的，不予减免环境保护税。

12. 根据环保税法规定，需核定计算纳税人污染物排放量的，应由税务机关根据纳税人排放口等情况，据实核定污染物排放种类、数量和应纳税额。（　　）

【参考答案】错误

【答案解析】根据《环境保护税法》第二十一条规定，依照该法第十条第四项的规定核定计算污染物排放量的，由税务机关会同生态环境主管部门核定污染物排放种类、数量和应纳税额。

13.《环境保护税法》规定了四种应税污染物排放量计算方法，依序分别是自动监测数据法、排污系数和物料衡算法、监测机构监测数据法、抽样测算核定法。（　　）

【参考答案】错误

【答案解析】根据《环境保护税法》第十条规定，应税大气污染物、水污染物、固体废物的排放量和噪声的分贝数，按照下列方法和顺序计算：①纳税人安装使用符合国家规定和监测规范的污染物自动监测设备的，按照污染物自动监测数据计算；②纳税人未安装使用污染物自动监测设备的，按照监测机构出具的符合国家有关规定和监测规范的监测数据计算；③因排放污染物种类多等原因不具备监测条件的，按照国务院生态环境主管部门规定的排污系数、物料衡算方法计算；④不能按照本条第①项至第③项规定的方法计算的，按照省、自治区、直辖市人民政府生态环境主管部门规定的抽样测算的方法核定计算。

14. 环境保护税纳税人委托监测机构对应税大气污染物和水污染物排放量进行监测时，其当月同一个排放口排放的同一种污染物有多个监测数据的，应税大气污染物按照监测数据的平均值计算应税污染物的排放量；应税水污染物按照监测数据以流量为权的加权平均值计算应税污染物的排放量。（　　　）

【参考答案】正确

【答案解析】根据《财政部　税务总局　生态环境部关于环境保护税有关问题的通知》（财税〔2018〕23号）第一条规定，纳税人委托监测机构对应税大气污染物和水污染物排放量进行监测时，其当月同一个排放口排放的同一种污染物有多个监测数据的，应税大气污染物按照监测数据的平均值计算应税污染物的排放量；应税水污染物按照监测数据以流量为权的加权平均值计算应税污染物的排放量。

15. 环境保护税纳税人可以向应税污染物排放地、生产经营所在地或机构所在地的税务机关申报缴纳环境保护税。（　　　）

【参考答案】错误

【答案解析】根据《环境保护税法》第十七条规定，纳税人应当向应税污染物排放地的税务机关申报缴纳环境保护税。

16. 环境保护税的计税单位有每污染当量、每吨、超标分贝。（　　　）

【参考答案】正确

【答案解析】根据《环境保护税法》规定，环境保护税的计税单位有每污染当量、每吨、超标分贝。

17. 市人民政府根据本地区污染物减排的特殊需要，可以增加同一排放口征收环境保护税的应税污染物项目数，报省级人民代表大会常务委员会决定，并报全国人民代表大会常务委员会和国务院备案。（　　　）

【参考答案】错误

【答案解析】根据《环境保护税法》第九条第三款规定，省、自治区、直辖市人民政府根据本地区污染物减排的特殊需要，可以增加同一排放口征收环境保护税的应税污染物项目数，报同级人民代表大会常务委员会决定，并报全国人民代表大会常务委员会和国务院备案。

18. 省级税务、生态环境主管部门负责制定环境保护税涉税信息共享平台技术标准

以及数据采集、存储、传输、查询和使用规范。（　　）

【参考答案】错误

【答案解析】根据《环境保护税法实施条例》第十四条规定，国务院税务、生态环境主管部门制定涉税信息共享平台技术标准以及数据采集、存储、传输、查询和使用规范。

19. 应税大气污染物的浓度值，是指纳税人安装使用的污染物自动监测设备当月自动监测的应税大气污染物浓度值的小时平均值再平均所得数值。（　　）

【参考答案】正确

【答案解析】根据《环境保护税法实施条例》第十条规定，《环境保护税法》第十三条所称应税大气污染物或者水污染物的浓度值，是指纳税人安装使用的污染物自动监测设备当月自动监测的应税大气污染物浓度值的小时平均值再平均所得数值或者应税水污染物浓度值的日平均值再平均所得数值。

20. 依法设立的生活垃圾填埋场，排放应税污染物不超过国家和地方规定的排放标准的，可免征环境保护税。（　　）

【参考答案】正确

【答案解析】根据《财政部　税务总局　生态环境部关于明确环境保护税应税污染物适用等有关问题的通知》（财税〔2018〕117号）第二条规定，依法设立的生活垃圾焚烧发电厂、生活垃圾填埋场、生活垃圾堆肥厂，属于生活垃圾集中处理场所，其排放应税污染物不超过国家和地方规定的排放标准的，依法予以免征环境保护税。

21. 没有排放口的应税大气污染物，先按照污染当量数从大到小排序，再对前三项污染物征收环境保护税。（　　）

【参考答案】正确

【答案解析】根据《环境保护税法》第九条规定，每一排放口或者没有排放口的应税大气污染物，按照污染当量数从大到小排序，对前三项污染物征收环境保护税。

22. 应税噪声的计税依据按照产生工业噪声的分贝数确定。（　　）

【参考答案】错误

【答案解析】根据《环境保护税法》第七条规定，应税污染物的计税依据，按照下列方法确定：应税噪声按照超过国家规定标准的分贝数确定。

23. 应税大气污染物和水污染物的具体适用税额由省、自治区、直辖市人民政府在《环境保护税税目税额表》规定的税额幅度内确定，一经确定不得调整。（　　）

【参考答案】错误

【答案解析】根据《环境保护税法》第六条规定，应税大气污染物和水污染物的具体适用税额的确定和调整，由省、自治区、直辖市人民政府在《环境保护税税目税额表》规定的税额幅度内提出。

24. 纳税人排放应税大气污染物或者水污染物的浓度值低于国家和地方规定的污染物排放标准25％的，减按75％征收环境保护税，低于50％的，减按50％征收环境保护税。（　　）

【参考答案】错误

【答案解析】根据《环境保护税法》第十三条规定，纳税人排放应税大气污染物或者水污染物的浓度值低于国家和地方规定的污染物排放标准30％的，减按75％征收环境保护税。纳税人排放应税大气污染物或者水污染物的浓度值低于国家和地方规定的污染物排放标准50％的，减按50％征收环境保护税。

25. 甲企业2022年2月各排放口排放的所有应税大气污染物浓度值的日平均值，均低于国家和地方规定的污染物排放标准30％以上，但1号烟囱2月20日17—20时自动监测数据显示二氧化硫的小时平均值高于地方规定标准，则甲企业本月不得减征大气和水污染物环境保护税。（　　）

【参考答案】正确

【答案解析】根据《环境保护税法实施条例》第十条规定，依照《环境保护税法》第十三条的规定减征环境保护税的，应税大气污染物浓度值的小时平均值或者应税水污染物浓度值的日平均值，以及监测机构当月每次监测的应税大气污染物、水污染物的浓度值，均不得超过国家和地方规定的污染物排放标准。本题中由于纳税人出现小时平均值超标排放情形，不得享受减征环境保护税优惠。

26. 从两个以上排放口排放应税污染物的，对每一排放口排放的应税污染物分别计算征收环境保护税，减征环境保护税的，也应当对每一排放口排放的不同应税污染物分别计算。（　　）

【参考答案】正确

【答案解析】根据《环境保护税法实施条例》第八条、第十一条规定，从两个以上排放口排放应税污染物的，对每一排放口排放的应税污染物分别计算征收环境保护税，依照《环境保护税法》第十三条的规定减征环境保护税的，应当对每一排放口排放的不同应税污染物分别计算。

27. 某工业企业在生产过程中向环境排放噪声，其生产场所一个单位边界上有两处噪声超标，边界长度为60米，监测数据显示，2022年4月昼间，监测点最高超标声级7分贝，最低超标声级1分贝，该企业应以平均超标声级4分贝计算应税噪声的应纳税额。（　　）

【参考答案】错误

【答案解析】根据《财政部　税务总局　生态环境部关于环境保护税有关问题的通知》（财税〔2018〕23号）第四条关于应税噪声应纳税额的计算问题的相关规定，应税噪声的应纳税额为超过国家规定标准分贝数对应的具体适用税额。噪声超标分贝数不是整数值的，按四舍五入取整。一个单位的同一监测点当月有多个监测数据超标的，以最高一次超标声级计算应纳税额。声源一个月内累计昼间超标不足15昼或者累计夜间超标不足15夜的，分别减半计算应纳税额。

28. 某煤矿开采企业是环境保护税纳税人，2022年4月20日产生煤矸石10吨，4月23日向资源综合利用的空心砖厂出售8吨，剩余全部向环境排放，该企业环境保护税纳税义务发生时间应为2022年4月23日。（　　）

【参考答案】正确

【答案解析】根据《环境保护税法》第十六条规定，纳税义务发生时间为纳税人排放应税污染物的当日。

29. 某公司为工业园区设立的为园区企业提供污水集中处理服务，在规定标准内排放应税污染物可享受环境保护税免税政策，无须缴纳环境保护税。（　　）

【参考答案】错误

【答案解析】根据《环境保护税法》第十二条规定，依法设立的城乡污水集中处理、生活垃圾集中处理场所排放相应应税污染物，不超过国家和地方规定的排放标准的，暂予免征环境保护税。根据《环境保护税法实施条例》第三条规定，城乡污水集中处理场所，是指为社会公众提供生活污水处理服务的场所，不包括为工业园区、开发区等工业聚集区域内的企业事业单位和其他生产经营者提供污水处理服务的场所，以及企业事业单位和其他生产经营者自建自用的污水处理场所。

30. 纳税人采用委托监测方式，有关污染物监测浓度值低于生态环境主管部门规定的污染物检出限的，视同该污染物排放量为零。（　　）

【参考答案】错误

【答案解析】根据《财政部　税务总局　生态环境部关于明确环境保护税应税污染物适用等有关问题的通知》（财税〔2018〕117号）规定，有关污染物监测浓度值低于生态环境主管部门规定的污染物检出限的，除有特殊管理要求外，视同该污染物排放量为零。

31. 环境保护税纳税人委托监测机构监测的，在环境保护主管部门规定的监测时限内当月无监测数据的，可以跨月沿用最近一次的监测数据计算应税污染物排放量。（　　）

【参考答案】正确

【答案解析】根据《财政部　税务总局　生态环境部关于环境保护税有关问题的通知》（财税〔2018〕23号）第一条规定，在环境保护主管部门规定的监测时限内当月无监测数据的，可以跨月沿用最近一次的监测数据计算应税污染物排放量。

32. 征收环境保护税的其他固体废物包含半固态、液态废物。（　　）

【参考答案】正确

【答案解析】根据《环境保护税法》所附《环境保护税税目税额表》中固体废物税目的描述，固体废物包含半固态、液态废物。

33. 工业污水集中处理场所排放的污水，符合国家和地方标准的，不能免征环境保护税。（   ）

【参考答案】正确

【答案解析】根据《环境保护税法》第十二条规定，依法设立的城乡污水集中处理、生活垃圾集中处理场所排放相应应税污染物，不超过国家和地方规定的排放标准的，依法暂予免征环境保护税。工业污水集中处理场所不属于城乡污水集中处理场所，不能免征环境保护税。

34. 纳税人因环境违法行为受到行政处罚的，应当依据相关法律法规和处罚信息计算违法行为所属期的应税污染物排放量。（   ）

【参考答案】正确

【答案解析】根据《财政部 税务总局 生态环境部关于明确环境保护税应税污染物适用等有关问题的通知》（财税〔2018〕117号）第三条第（四）项规定，纳税人因环境违法行为受到行政处罚的，应当依据相关法律法规和处罚信息计算违法行为所属期的应税污染物排放量。

35. 纳税人排放应税大气污染物或者水污染物的浓度值低于国家和地方规定的污染物排放标准30%的，减征75%的环境保护税。（   ）

【参考答案】错误

【答案解析】根据《环境保护税法》第十三条规定，纳税人排放应税大气污染物或者水污染物的浓度值低于国家和地方规定的污染物排放标准30%的，减按75%征收环境保护税。

36. 应税水污染物的污染当量数，以该污染物的排放量除以该污染物的污染当量值计算。（   ）

【参考答案】正确

【答案解析】根据《环境保护税法》第八条规定，应税大气污染物、水污染物的污染当量数，以该污染物的排放量除以该污染物的污染当量值计算。

37. 在建筑施工过程中无组织排放应税大气污染物的，按照生态环境部规定的排污系数、物料衡算方法计算应税污染物排放量。（   ）

【参考答案】正确

【答案解析】根据《财政部 税务总局 生态环境部关于明确环境保护税应税污染物适用等有关问题的通知》（财税〔2018〕117号）第三条第（三）项规定，在建筑施工、货物装卸和堆存过程中无组织排放应税大气污染物的，按照生态环境部规定的排污系数、物料衡算方法计算应税污染物排放量。

38. 排放的扬尘、工业粉尘等颗粒物，均按照一般性粉尘征收环境保护税。
（ ）

【参考答案】错误

【答案解析】根据《财政部 税务总局 生态环境部关于明确环境保护税应税污染物适用等有关问题的通知》（财税〔2018〕117号）第一条规定，排放的扬尘、工业粉尘等颗粒物，除可以确定为烟尘、石棉尘、玻璃棉尘、炭黑尘的外，按照一般性粉尘征收环境保护税。

39. 按照现行环境保护税的相关规定，对超标排放的应税污染物加倍征收环境保护税。（ ）

【参考答案】错误

【答案解析】环境保护税法没有对超标排放应税污染物加倍征收环境保护税的规定。

40. 无论是按期申报还是按次申报，纳税人均需先填写税源基础信息，再进行申报计算。（ ）

【参考答案】错误

【答案解析】根据《国家税务总局关于简并税费申报有关事项的公告》（国家税务总局公告2021年第9号）附件2《财产和行为税税源明细表》中《环境保护税税源明细表》填表说明的规定"按次申报"的勾选后无需填写税源基础信息，直接进行申报计算。

四、案例分析题

1. 某企业2022年3月向大气直接排放二氧化硫、氟化物各300千克，一氧化碳600千克，氯化氢240千克，假设当地大气污染物每污染当量税额1.4元，该企业只有一个排气口。已知二氧化硫的污染当量值为0.95千克，氟化物的污染当量值为0.87千克，一氧化碳的污染当量值为16.7千克，氯化氢的污染当量值为10.75千克。

要求：请根据上述资料，依次回答下列问题。

（1）该企业2022年3月排放的以下污染物中不需要缴纳环境保护税的是（ ）。

    A. 二氧化硫   B. 氟化物

    C. 一氧化碳   D. 氯化氢

【参考答案】D

【答案解析】根据《环境保护税法》第九条规定，每一排放口或者没有排放口的应税大气污染物，按照污染当量数从大到小排序，对前三项污染物征收环境保护税。

二氧化硫污染当量数 = 300 ÷ 0.95 = 315.79

氟化物污染当量数 = 300 ÷ 0.87 = 344.83

一氧化碳污染当量数 = 600 ÷ 16.7 = 35.93

氯化氢污染当量数 = 240 ÷ 10.75 = 22.33

按污染当量数排名前三项的为氟化物、二氧化硫、一氧化碳。

（2）该企业 2022 年 3 月应缴纳的环境保护税税额为（　　）元。

    A. 696.55　　　　　　　　B. 718.88

    C. 975.17　　　　　　　　D. 1006.43

【参考答案】C

【答案解析】应纳税额 =（344.83 + 315.79 + 35.93）× 1.4 = 975.17（元）

2. 某化工厂只有一个污水排放口且直接向河流排放污水。2022 年 8 月，该工厂自动监测仪器读数显示，当月排放硫化物、氟化物各 200 千克，甲醛、总铜各 100 千克，总锌 300 千克，总锰 120 千克。已知硫化物、甲醛污染当量值为 0.125，氟化物污染当量值为 0.5，总铜污染当量值为 0.1，总锌、总锰污染当量值为 0.2（当地水污染物的具体适用税额为 2.1 元/污染当量。）

要求：请根据上述资料，依次回答下列问题。

（1）【多选题】该化工厂排放水污染物污染当量数，下列计算正确的有（　　）。

    A. 硫化物 1600 千克

    B. 氟化物 400 克

    C. 甲醛 800 千克

    D. 总铜 100 千克

    E. 总锌 150 千克

    F. 总铜 600 千克

【参考答案】ACF

【答案解析】计算各污染物的污染当量数：

（1）硫化物污染当量数 = 200 ÷ 0.125 = 1600 千克

（2）氟化物污染当量数 = 200 ÷ 0.5 = 400 千克

（3）甲醛污染当量数 = 100 ÷ 0.125 = 800 千克

（4）总铜污染当量数 = 100 ÷ 0.1 = 1000 千克

（5）总锌污染当量数 = 300 ÷ 0.2 = 1500 千克

（6）总锰污染当量数 = 120 ÷ 0.2 = 600 千克

（2）【多选题】该化工厂排放水污染物应征收环境保护税的有（　　）。

    A. 硫化物　　　　　　　　B. 氟化物

    C. 甲醛　　　　　　　　　D. 总铜

    E. 总锌

【参考答案】ADE

【答案解析】该化工厂排放水污染物按污染当量数排序，硫化物污染当量数（1600）＞总锌污染当量数（1500）＞总铜污染当量数（1000）＞甲醛污染当量数（800）＞总锰污染当量数（600）＞氟化物污染当量数（400）。

每一排放口的应税水污染物，按照应税污染物和当量值表，区分第一类水污染物和其他类水污染物，按照污染当量数从大到小排序，对第一类水污染物按照前五项征收环境保护税，对其他类水污染物按照前三项征收环境保护税。本题中的水污染物属于第二类水污染物。

（3）该化工厂2022年8月应缴纳的环境保护税税额为（　　）元。

    A. 4100　　　　　　　　　　B. 5900

    C. 8610　　　　　　　　　　D. 11550

【参考答案】C

【答案解析】该化工厂2022年8月应缴纳的环境保护税税额＝（1600＋1500＋1000）×2.1＝8610（元）

3. 资料一：M公司为生产洗涤用品的化工厂，2022年1月办理工商注册登记。M公司的注册机构地在A市甲区，生产厂房在A市乙县。M公司2022年度为增值税一般纳税人。

资料二：M公司的生产车间未安装环保减排设备，直接向外排放大气污染物。M公司只有一个废气排放口，排放时间每天12小时。

资料三：经主管机关监测的大气污染物排放情况如下：2022年11月排放量3200立方米/小时。其中：二氧化硫浓度120毫克/立方米；氮氧化物浓度160毫克/立方米；一氧化碳浓度198毫克/立方米；硫化氢浓度50毫克/立方米。

已知：二氧化硫、氮氧化物、一氧化碳和硫化氢的污染当量值分别为0.95、0.95、16.7和0.29，当地应税大气污染物的单位税额为每污染当量2.5元。

要求：请根据上述资料，依次回答下列问题。

（1）关于M公司的大气排放量的计算，下列表述正确的是（　　）。

    A. 二氧化硫138.24千克

    B. 氮氧化物184.32克

    C. 一氧化碳228100千克

    D. 硫化氢576千克

【参考答案】A

【答案解析】二氧化硫排放量＝3200×120×30×12÷1000000＝138.24（千克）

氮氧化物排放量＝3200×160×30×12÷1000000＝184.32（千克）

一氧化碳排放量 $=3200 \times 198 \times 30 \times 12 \div 1000000 = 228.10$（千克）

硫化氢排放量 $=3200 \times 50 \times 30 \times 12 \div 1000000 = 57.6$（千克）

（2）关于 M 公司大气污染物的污染当量数计算，下列表述正确的是（   ）。

    A. 二氧化硫 1455.2

    B. 氮氧化物 194.02

    C. 一氧化碳 136.6

    D. 硫化氢 19.86

【参考答案】B

【答案解析】二氧化硫的污染当量数 $=138.24 \div 0.95 = 145.52$

氮氧化物的污染当量数 $=184.32 \div 0.95 = 194.02$

一氧化碳的污染当量数 $=228.10 \div 16.7 = 13.66$

硫化氢的污染当量数 $=57.6 \div 0.29 = 198.62$

（3）下列无须缴纳环境保护税的是（   ）。

    A. 硫化氢　　　　　　B. 二氧化硫

    C. 氮氧化物　　　　　D. 一氧化碳

【参考答案】D

【答案解析】按照污染当量数排序：硫化氢（198.62）＞氮氧化物（194.02）＞二氧化硫（145.52）＞一氧化碳（13.66），每一排放口的应税大气污染物，按照污染当量数从大到小排序，对前三项污染物征收环境保护税。

（4）2022 年 11 月，M 公司应缴纳的环境保护税税额为（   ）元。

    A. 883　　　　　　　　B. 1015.75

    C. 1345.4　　　　　　D. 1435.4

【参考答案】C

【答案解析】应纳环境保护税 $=(198.62 + 194.02 + 145.52) \times 2.5 = 1345.4$（元），选项 C 当选。

（5）M 公司应缴纳环境保护税的纳税地点是（   ）。

    A. 甲区

    B. 乙县

    C. 丙区

    D. 由纳税人自行选择

【参考答案】B

【答案解析】根据《环境保护税法》规定，纳税人应当向应税污染物排放地的税务机关申报缴纳环境保护税。因此，在乙县缴纳环境保护税。选项 B 当选。

4. 某制药公司 2022 年 3 月应税污染物排放情况如下：

（1）向大气直接排放二氧化硫、氟化物各 120 千克，一氧化碳、氯化氢各 100 千克。该公司只有一个排放口。

（2）噪声超标天数为 16 天，昼间最高分贝为 78 分贝，夜间最高分贝为 60 分贝，该公司厂界长度超过 100 米，有两处以上噪声声源。

（3）生产过程中产生医药废物 90 吨，当期在符合国家和地方规定标准的场所存储了 20 吨，处置了 10 吨，综合利用 15 吨（符合国家相关规定）。

（4）将生产过程中产生的水污染物 20 千克排放给依法设立的污水处理厂。

其他相关资料：二氧化硫、氟化物、一氧化碳、氯化氢的污染当量值分别为 0.95 千克、0.87 千克、16.7 千克、10.75 千克，假设当地大气污染物税额标准 3 元/污染当量。昼间噪声标准限值为 65 分贝，夜间噪声标准限值为 55 分贝。超标 4—6 分贝，税额每月 700 元；超标 7—9 分贝，税额每月 1400 元；超标 10—12 分贝，税额每月 2800 元；超标 13—15 分贝，税额每月 5600 元。医药废物属固体废物中的危险废物，税额标准 1000 元/吨。水污染物污染当量值为 0.02 千克，税额标准 5 元/污染当量。

要求：根据上述资料，回答下列问题。

（1）业务一应缴纳的环境保护税税额为（   ）元。

  A. 273.55   B. 279.54

  C. 810.72   D. 820.65

【参考答案】D

【答案解析】二氧化硫污染当量数 $= 120 \div 0.95 = 126.32$（千克）

氟化物污染当量数 $= 120 \div 0.87 = 137.93$（千克）

一氧化碳污染当量数 $= 100 \div 16.7 = 5.99$（千克）

氯化氢污染当量数 $= 100 \div 10.75 = 9.3$（千克）

按污染当量数排序，对大气污染物排序前三项的污染物征收环境保护税，氟化物污染当量（137.93）＞二氧化硫污染当量数（126.32）＞氯化氢污染当量数（9.3）＞一氧化碳污染当量数（5.99），该公司只有一个排放口，排序选取前三项污染物，即氟化物、二氧化硫、氯化氢。

业务一环境保护税应纳税额 $=（137.93 + 126.32 + 9.3）\times 3 = 820.65$（元）

（2）业务二应缴纳的环境保护税税额为（   ）元。

  A. 4200   B. 6300

  C. 7000   D. 12600

【参考答案】D

【答案解析】应税噪声的应纳税额为超过国家规定标准的分贝数对应的具体适用税额。当厂界长度超过 100 米有两处以上噪声超标，按照两个单位计算应纳税额，即：

昼间超标准值 = 78 - 65 = 13（分贝）

夜间超标准值 = 60 - 55 = 5（分贝）

业务二环境保护税应纳税额 =（5600 + 700）× 2 = 12600（元）

（3）业务三应缴纳的环境保护税税额为（　　）元。

    A. 45000　　　　　　　　　B. 60000

    C. 70000　　　　　　　　　D. 90000

【参考答案】A

【答案解析】业务三应缴纳的环境保护税税额 =（90 - 20 - 10 - 15）× 1000 = 45000（元）

（4）业务四应缴纳的环境保护税税额为（　　）元。

    A. 0　　　　　　　　　　　B. 1000

    C. 2000　　　　　　　　　D. 5000

【参考答案】A

【答案解析】业务四该制药公司应缴纳环境保护税为 0 元。

企业事业单位和其他生产经营者向依法设立的污水处理厂排放应税污染物的，不属于向环境直接排放，不缴纳环境保护税。

5. 某工业企业 2022 年 4 月污染物排放情况如下：

（1）该工业企业有两处以上噪声源，噪声源之间的边界长度超过 100 米。经监测，其 4 月噪声超标天数为 10 天，昼间最高分贝为 74.8 分贝，夜间最高分贝为 60 分贝。

（2）该工业企业向大气直接排放二氧化硫、氟化物各 80 千克，一氧化碳 150 千克，氯化氢 60 千克，假设当地大气污染物每污染当量税额 1.2 元，该企业只有一个排放口。

其他相关资料：昼间噪声标准限值为 65 分贝，夜间噪声标准限值为 55 分贝。超标 4 ~ 6 分贝，税额每月 700 元；超标 7 ~ 9 分贝，税额每月 1400 元；超标 10 ~ 12 分贝，税额每月 2800 元；超标 13 ~ 15 分贝，税额每月 5600 元。二氧化硫污染当量值为 0.95 千克，氟化物污染当量值为 0.87 千克，一氧化碳污染当量值为 16.7 千克，氯化氢污染当量值为 10.75 千克。

要求：根据上述资料，回答下列问题。

（1）该企业 2022 年 4 月噪声污染应缴纳的环境保护税为（　　）元。

    A. 1750　　　　　　　　　B. 2100

    C. 3500　　　　　　　　　D. 7000

【参考答案】C

【答案解析】根据《财政部　税务总局　生态环境部关于环境保护税有关问题的通知》（财税〔2018〕23 号）和《环境保护税法》附录《环境保护税税目税额表》规

定。应税噪声的应纳税额为超过国家规定标准分贝数对应的具体适用税额；噪声超标分贝数不是整数值的，按四舍五入取整；当沿边界长度超过 100 米有两处以上噪声超标，按照两个单位计算应纳税额。声源一个月内累计昼间超标不足 15 昼或者累计夜间超标不足 15 夜的，分别减半计算应纳税额。昼间超标值 = 74.8 - 65 = 9.8（分贝），取 10 分贝；夜间超标值 = 60 - 55 = 5（分贝）；2022 年 4 月噪声超标天数为 10 天不足 15 天；该月其应缴噪声环境保护税应纳税额 = 2800 × 2 × 50% + 700 × 2 × 50% = 3500（元）。

（2）该企业 2022 年 4 月排放大气污染物应缴纳的环境保护税为（　　）元。

  A. 118.52   B. 218.09

  C. 222.17   D. 228.86

【参考答案】C

【答案解析】二氧化硫污染当量数 = 80 ÷ 0.95 = 84.21

氟化物污染当量数 = 80 ÷ 0.87 = 91.95

一氧化碳污染当量数 = 150 ÷ 16.7 = 8.98

氯化氢污染当量数 = 60 ÷ 10.75 = 5.58

根据《环境保护税法》第九条规定，每一排放口或者没有排放口的应税大气污染物，按照污染当量数从大到小排序，对前三项污染物征收环境保护税。

该企业只有一个排放口，排序选取计税的前三项污染物为：氟化物、二氧化硫、一氧化碳。

应税大气污染物的环境保护税应纳税额 = 污染当量数 × 具体适用税额 = （91.95 + 84.21 + 8.98）× 1.2 = 222.17（元）

（3）该企业 2022 年 4 月应缴纳的环境保护税为（　　）元。

  A. 3722.17   B. 3718.09

  C. 3728.86   D. 3618.52

【参考答案】A

【答案解析】该企业 4 月应缴纳的环境保护税 = 3500 + 222.17 = 3722.17（元）

6. 资料一：甲厂为工业生产企业，在生产过程中有噪声产生，2022 年 8 月发生与环境保护税的相关情况如下。

（1）经在线监测设备监测，甲厂东、南、西、北侧厂界的噪声最敏感处的昼/夜噪声等效值分别为：75/57 分贝；66/54 分贝；68/51 分贝；63/56 分贝。该厂各噪声源每月白天工作 28 天，夜间工作 10 天。

（2）甲厂厂界南侧为交通干线，其余厂界均处于工业区。当月监测时，甲厂沿厂界 100 米以上有两处以上噪声超标。

资料二：我国工业企业厂界环境噪声排放标准见表 3 - 1。

表 3 - 1　　　　　　　　我国工业企业厂界环境噪声排放标准　　　　　　　单位：分贝

厂界外声环境功能区类别	时段	
	昼间	夜间
0	50	40
1	55	45
2	60	50
3	65	55
4	70	55

注：0 类标准适用于疗养区、高级别墅区、高级宾馆区等特别需要安静的区域；1 类标准适用于以居住、文教机关为主的区域；2 类标准适用于居住、商业、工业混杂区及商业中心区；3 类标准适用于工业区；4 类标准适用于交通干线道路两侧区域。

要求：请根据上述资料，依次回答下列问题。

（1）甲厂适用的噪声标准是（　　　）。

A. 适用 3 类标准

B. 适用 4 类标准

C. 南侧适用 3 类标准，其余适用 4 类标准

D. 南侧适用 4 类标准，其余适用 3 类标准

【参考答案】D

【答案解析】厂界南侧为交通干线，适用 4 类标准，其余厂界均处于工业区，适用 3 类标准。

（2）关于甲厂 2022 年 8 月的噪声超标值，下列表述正确的是（　　　）。

A. 东侧昼间超标 10 分贝

B. 西侧夜间超标 1 分贝

C. 南侧昼间超标 2 分贝

D. 北侧夜间超标 -1 分贝

【参考答案】A

【答案解析】该企业东侧昼间、夜间分别超标 10 分贝（75 - 65）、2 分贝（57 - 55），该企业南侧昼间、夜间分别超标 -4 分贝（66 - 70）、-1 分贝（54 - 55），该企业西侧昼间、夜间分别超标 3 分贝（68 - 65）、-4 分贝（51 - 55），该企业北侧昼间、夜间分别超标 -2 分贝（63 - 65）、1 分贝（56 - 55）。

（3）甲厂 2022 年 8 月应缴纳的昼间噪声环境保护税税额为（　　　）元。

A. 1400　　　　　　　　　　B. 2800

C. 5600　　　　　　　　　　D. 11200

【参考答案】C

【答案解析】昼间最高超标 10 分贝，对应《环境保护税税目税额表》中每月 2800 元，厂界 100 米以上有两处以上噪声超标，按照两个单位计算应纳税额。白天工作 28 天，超过 15 昼，昼间噪声按照一个月计算，昼间噪声应纳环境保护税 = 2800 × 2 = 5600（元）。

（4）甲厂 2022 年 8 月应缴纳的夜间噪声环境保护税税额为（　　）元。

  A. 175   B. 350

  C. 700   D. 1400

【参考答案】B

【答案解析】夜间最高超标 2 分贝，对应《环境保护税税目税额表》中每月 350 元，厂界 100 米以上有两处以上噪声超标，按照两个单位计算应纳税额。夜间工作 10 天，夜间一个月内超标不足 15 天，减半计算应纳税额，夜间噪声应纳环境保护税 = 350 × 2 × 50% = 350（元）。

7. 乙企业为垃圾热电企业，坐落于 A 市 B 区，日常生产经营涉及排放大气污染物、水污染物、固体废物和噪声。乙企业已安装污染物监测设备并取得排污许可证，排污许可证载明有一个大气污染物排放口 X 和两个水污染物排放口 Y、Z，其中，水污染排放口 Z 位于 A 市 C 区。2022 年 2 月，该企业的污染物排放情况如下：

（1）当月 X 大气排放口排放二氧化硫 12 千克，氮氧化物 24000 克，一氧化碳 600 千克，汞及其化合物 2400000 毫克，硫酸雾 120 千克，氟化物 130.5 千克，各污染物浓度均在国家和地方规定排放标准的 80% 至限额范围内。

（2）当月 Y 水污染物排放口排放水污染物情况如下：总银 25 千克、总砷 30 千克、总铅 50 千克、总镍 550 千克、总铍 2.5 千克、总铬 75 千克、总氰化物 25 千克、硫化物 1.25 千克、氨氮 125 千克、氟化物 500 千克，排放浓度日平均值再平均值及最大值均未超过国家和地方规定排放标准。Z 水污染物排放口排放的污水中仅有化学需氧量和氨氮两种水污染物。根据自动监测设备的监测数据计算出化学需氧量和氨氮的排放量分别为 168000 千克和 2400 千克，排放浓度日平均值再平均数值分别为 10.67 毫克/升和 0.22 毫克/升。

（3）乙企业当月共产生炉渣 4000 吨，粉煤灰 400 吨，乙企业将 300 吨粉煤灰处理后与 2000 吨炉渣混合烧制成石膏，该工艺符合国家和地方资源综合利用标准，接收其他企业贮存炉渣 1000 吨。

（4）经监测设备监测数据显示，东侧厂界噪声值为：昼间 67 分贝，夜间 59 分贝；西侧厂界噪声值为：昼间 72 分贝，夜间 65 分贝；南侧厂界噪声值为：昼间 62 分贝，夜间 56 分贝；北侧厂界噪声值为：昼间 63 分贝，夜间 51 分贝。乙企业每月白天工作

22 天，夜间工作 12 天，沿边界长度超过 100 米有两处以上噪声超标。该企业厂界东侧为以居住、文教机关为主的区域，厂界西侧为工业区，南侧和北侧为交通干线。

（5）2022 年 2 月 26 日，乙企业编制会计分录：（该笔营业外支出系当月被举报非法倾倒炉渣，经生态环境主管部门查实后被予以行政处罚所缴纳的罚款）

借：营业外支出——罚款　　　　　　　　　　　　　200000

　　贷：银行存款　　　　　　　　　　　　　　　　　　　　200000

已知：水污染物污染当量值分别为：总银 0.02 千克，总镍 0.025 千克，总砷 0.02 千克，总铅 0.025 千克，总铍 0.01 千克，总铬 0.04 千克，总氰化物 0.05 千克，硫化物 0.125 千克，氨氮 0.8 千克，化学需氧量 1 千克，氟化物 0.5 千克。大气污染物中二氧化硫、氮氧化物、一氧化碳、汞及其化合物、硫酸雾、氟化物对应的污染当量值分别为 0.95 千克、0.95 千克、16.7 千克、0.0001 千克、0.6 千克、0.87 千克。水污染物中化学需氧量和氨氮浓度值国家排放标准分别为 30 毫克/升和 2 毫克/升，大气污染物中二氧化硫和氮氧化物适用税额为每污染当量 2.4 元，其他大气污染物适用税额为每污染当量 1.2 元；水污染物中化学需氧量和氮氧适用税额为每污染当量 2.8 元，其他水污染物适用税额为每污染当量 1.4 元，炉渣以及粉煤灰适用税额为每吨 25 元。噪声排放标准及各类标准适用区域表和噪声环境保护税税目税额表见表 3－2、表 3－3。

表 3－2　　　　　　　　　噪声排放标准及各类标准适用区域表　　　　　　　　　单位：分贝

类别	昼间	夜间	适用区域
0	50	40	适用于疗养区、高级别墅区、高级宾馆区等特别需要安静的区域
1	55	45	适用于以居住、文教机关为主的区域
2	60	50	适用于居住、商业、工业混杂区
3	65	55	适用于工业区
4	70	55	适用于城市中的道路交通干线道路和穿越城区的内河航道两侧区域

表 3－3　　　　　　　　　　　　　　噪声环境保护税税目税额表

税目	计税单位	税额
工业噪声	超标 1～3 分贝	每月 350 元
	超标 4～6 分贝	每月 700 元
	超标 7～9 分贝	每月 1400 元
	超标 10～12 分贝	每月 2800 元
	超标 13～15 分贝	每月 5600 元
	超标 16 分贝以上	每月 11200 元

要求：根据上述资料，回答下列问题。

（1）2022 年 2 月乙企业应税大气污染物应缴纳的环境保护税为（　　）元。

  A. 29173. 43　　　　　　　B. 29293. 43

  C. 29220　　　　　　　　D. 29100

【参考答案】C

【答案解析】X 大气排放口各类污染物的污染当量数：

二氧化硫的污染当量数 = 12÷0.95 = 12.63

氮氧化物的污染当量数 = 24000÷0.95÷1000 = 25.26

一氧化碳的污染当量数 = 600÷16.7 = 35.93

汞及其化合物的污染当量数 = 2400000÷0.0001÷1000000 = 24000

硫酸雾的污染当量数 = 120÷0.6 = 200

氟化物的污染当量数 = 130.5÷0.87 = 150

按污染当量数排序：汞及其化合物（24000）＞硫酸雾（200）＞氟化物（150）＞一氧化碳（35.93）＞氮氧化物（25.26）＞二氧化硫（12.63）。

  每一排放口或者没有排放口的应税大气污染物按照污染当量数从大到小排序对前三项污染物征收环境保护税，故 2022 年 3 月乙企业应税大气污染物应缴纳的环境保护税税额 = （24000 + 200 + 150）×1.2 = 29220（元）。选项 C 当选。

（2）2022 年 2 月，乙企业应向 B 区税务局缴纳的应税水污染物环境保护税为（　　）元。

  A. 38237. 5　　　　　　　B. 74532. 5

  C. 42612. 5　　　　　　　D. 70157. 5

【参考答案】C

【答案解析】Y 水污染物排放口各类污染物的污染当量数：

  第一类水污染物包括：总银、总镍、总砷、总铅、总铍、总铬；其他类水污染物包括总氰化物、硫化物、氨氮、化学需氧量、氟化物。

  第一类应税污染物污染当量数：

总银污染当量数 = 25÷0.02 = 1250

总砷污染当量数 = 30÷0.02 = 1500

总铅污染当量数 = 50÷0.025 = 2000

总镍污染当量数 = 550÷0.025 = 22000

总铍污染当量数 = 2.5÷0.01 = 250

总铬污染当量数 = 75÷0.04 = 1875

  第一类应税污染物按污染当量数排序：总镍＞总铅＞总铬＞总砷＞总银＞总铍。

  其他类应税污染物污染当量数：

总氰化物污染当量数 $= 25 \div 0.05 = 500$

硫化物污染当量数 $= 1.25 \div 0.125 = 10$

氨氮污染当量数 $= 125 \div 0.8 = 156.25$

氟化物污染当量数 $= 500 \div 0.5 = 1000$

其他类应税污染物按污染当量数排序：氟化物＞总氰化物＞氨氮＞硫化物。

乙企业 2022 年 3 月应就第一类应税污染物中的总银、总铬、总砷、总铅、总镍，以及其他类应税污染物中的总氰化物、氟化物、氨氮缴纳环境保护税。

根据《环境保护税法》第十七条规定，纳税人应当向应税污染物排放地的税务机关申报缴纳环境保护税。

乙企业在 B 区仅就 Y 水污染物排放口缴纳环境保护税，应纳环境保护税税额 $=$ $(22000 + 2000 + 1875 + 1500 + 1250) \times 1.4 + (1000 + 500) \times 1.4 + 156.25 \times 2.8 = 42612.5$（元）。选项 C 当选。

（3）2022 年 2 月乙企业应税固体废物应缴纳的环境保护税为（　　）元。

    A. 77500   B. 135000

    C. 52500   D. 110000

【参考答案】D

【答案解析】根据《环境保护税法实施条例》第六条规定，纳税人有下列情形之一的，以其当期应税固体废物的产生量作为固体废物的排放量：①非法倾倒应税固体废物；②进行虚假纳税申报。根据《财政部　税务总局　生态环境部关于环境保护税有关问题的通知》（财税〔2018〕23 号）第三条规定，纳税人接收的应税固体废物转移量，不计入其当期应税固体废物的产生量。则乙企业应按当期应税固体废物产生量缴纳固体废物环境保护税，2022 年 2 月乙企业应税固体废物应缴纳的环境保护税税额 $=$ $(4000 + 400) \times 25 = 110000$（元）。选项 D 当选。

（4）2022 年 2 月乙企业应税噪声应缴纳的环境保护税为（　　）元。

    A. 11200   B. 8400

    C. 16800   D. 14000

【参考答案】A

【答案解析】根据《财政部　税务总局　生态环境部关于环境保护税有关问题的通知》（财税〔2018〕23 号）规定，应税噪声的应纳税额为超过国家规定标准分贝数对应的具体适用税额。噪声超标分贝数不是整数值的，按四舍五入取整。

该企业超标分贝情况如下：

厂界东侧：昼间：$67 - 55 = 12$（分贝）；夜间：$59 - 45 = 14$（分贝）。

厂界西侧：昼间：$72 - 65 = 7$（分贝）；夜间：$65 - 55 = 10$（分贝）。

厂界南侧：昼间：未超标；夜间：$56 - 55 = 1$（分贝）。

厂界北侧：昼间：未超标；夜间：未超标。

昼间最高超标分贝 12 分贝，夜间最高超标分贝 14 分贝，分别对应 2800 元和 5600 元。根据《环境保护税税目税额表》规定，当沿边界长度超过 100 米有两处以上噪声超标，按照两个单位计算应纳税额；根据《财政部 税务总局 生态环境部关于环境保护税有关问题的通知》（财税〔2018〕23 号）规定，应税噪声的应纳税额为超过国家规定标准分贝数对应的具体适用税额。一个单位的同一监测点当月有多个监测数据超标的，以最高一次超标声级计算应纳税额。声源一个月内累计昼间超标不足 15 昼或者累计夜间超标不足 15 夜的，分别减半计算应纳税额。该厂白天工作 22 天，夜间工作 12 天，夜间可减半计算应纳税额。则 2022 年 2 月乙企业应税噪声应缴纳的环境保护税税额 $= 2800 \times 2 + 5600 \times 2 \times 50\% = 11200$（元）。选项 A 当选。

（5）【多选题】根据上述业务以及环境保护税相关规定，下列说法错误的有（   ）。

A. 乙企业排放的应税污染物中，化学需氧量可以享受减征环境保护税的税收优惠

B. 乙企业应于 2022 年 4 月申报 2 月属期的环境保护税

C. 乙企业申报环境保护税时，应提供应税污染物的种类及数量信息

D. 纳税人综合利用的固体废物，符合国家和地方环境保护标准的，不予征收环境保护税

E. 纳税人排放应税大气污染物或者水污染物的浓度值低于国家和地方规定的污染物排放标准的 50% 的，减按 75% 征收环境保护税

【参考答案】DE

【答案解析】根据《财政部 税务总局 生态环境部关于明确环境保护税应税污染物适用等有关问题的通知》（财税〔2018〕117 号）第二条规定，纳税人任何一个排放口排放应税大气污染物、水污染物的浓度值，以及没有排放口排放应税大气污染物的浓度值，超过国家和地方规定的污染物排放标准的，依法不予减征环境保护税。根据《环境保护税法》第十三条规定，纳税人排放应税大气污染物或者水污染物的浓度值低于国家和地方规定的污染物排放标准 50% 的，减按 50% 征收环境保护税。根据自动监测设备的监测数据计算出化学需氧量的排放浓度日平均值再平均数值分别为 10.67 毫克/升，水污染物中化学需氧量浓度值排放标准为 30 毫克/升，该企业排放的应税污染物浓度值均不超标，且化学需氧量浓度值符合减征 50% 的条件。因此，化学需氧量可以享受减征优惠。选项 A 正确，不当选。根据《环境保护税法》第十八条规定，环境保护税按月计算，按季申报缴纳。不能按固定期限计算缴纳的，可以按次申报缴纳。纳税人申报缴纳时，应当向税务机关报送所排放应税污染物的种类、数量，大气污染物、水污染物的浓度值，以及税务机关根据实际需要要求纳税人报送的其他纳税资料。

选项 B、C 正确，不当选。根据第十二条第（四）项规定，纳税人综合利用的固体废物，符合国家和地方环境保护标准的，暂予免征环境保护税。选项 D 错误，当选。根据第十三条规定，纳税人排放应税大气污染物或者水污染物的浓度值低于国家和地方规定的污染物排放标准 30% 的，减按 75% 征收环境保护税。纳税人排放应税大气污染物或者水污染物的浓度值低于国家和地方规定的污染物排放标准 50% 的，减按 50% 征收环境保护税。选项 E 错误，当选。

8. 某企业机构地在甲市 A 区，生产厂房建在甲市 B 县，上级总公司在甲市 C 区。有两个排放口均在甲市 B 县，根据生态环境部门发放的排污许可证，一个大气污染物排放口为 1 号燃气锅炉烟囱入口，有 4 种应税大气污染物；一个水污染物排放口为 2 号排放口，有 10 种应税水污染物。均已安装使用符合国家规定和监测规范的污染物自动监测设备。2022 年 2 月，监测数据显示，1 号排放口共排放大气污染物 1000 万立方米。其中，每立方米大气污染物含二氧化硫 350 毫克、汞及其化合物 0.1 毫克、一般性粉尘 20 毫克、氮氧化物 140 毫克。2 号排放口向水体直接排放第一类水污染物总汞、总镉、总铬、总砷、总铅、总银各 10 千克，排放第二类水污染物悬浮物（SS）、总有机碳（TOC）、挥发酚、氨氮各 10 千克。

其他相关资料：根据应税污染物和当量值表，二氧化硫、汞及其化合物、一般性粉尘、氮氧化物的污染当量值分别为 0.95 千克、0.0001 千克、4 千克、0.95 千克。应税水污染物中第一类水污染物总汞、总镉、总铬、总砷、总铅、总银的污染当量值分别为 0.0005 千克、0.005 千克、0.04 千克、0.02 千克、0.025 千克、0.02 千克；第二类水污染物悬浮物（SS）、总有机碳（TOC）、挥发酚、氨氮的污染当量值分别为 4 千克、0.49 千克、0.08 千克、0.8 千克。所在省的应税大气污染物适用税额为每污染当量 1.2 元，应税水污染适用税额为每污染当量 1.4 元。（计算污染当量数时，小数点保留后两位；计算应纳税额时，小数点保留后三位）

要求：根据上述资料，回答下列问题。

（1）下列对于 1 号排放口中大气污染物当量数计算正确的是（ ）。

　　A. 二氧化硫 3684.21

　　B. 汞及其化合物 100000

　　C. 一般性粉尘 50000

　　D. 氮氧化物 147.37

【参考答案】A

【答案解析】应税大气污染物、水污染物的污染当量数 = 污染物排放量 ÷ 该污染物的污染当量值

计算 1 号排放口应税大气污染物污染当量数，注意单位换算，将毫克换算成千克，

1 千克 = 1000000 毫克。

二氧化硫污染当量数 = 2 月二氧化硫排放量 ÷ 当量值 = 10000000 × 350 ÷ 1000000 ÷ 0.95 = 3684.21

汞及其化合物污染当量数 = 10000000 × 0.1 ÷ 1000000 ÷ 0.0001 = 10000

一般性粉尘污染当量数 = 10000000 × 20 ÷ 1000000 ÷ 4 = 50

氮氧化物污染当量数 = 10000000 × 140 ÷ 1000000 ÷ 0.95 = 1473.68

（2）按大气污染物污染当量数从大到小的顺序，污染当量数最小的是（　　　）。

    A. 二氧化硫

    B. 汞及其化合物

    C. 一般性粉尘

    D. 氮氧化物

【参考答案】C

【答案解析】二氧化硫污染当量数 = 2 月二氧化硫排放量 ÷ 当量值 = 10000000 × 350 ÷ 1000000 ÷ 0.95 = 3684.21

汞及其化合物污染当量数 = 10000000 × 0.1 ÷ 1000000 ÷ 0.0001 = 10000

一般性粉尘污染当量数 = 10000000 × 20 ÷ 1000000 ÷ 4 = 50

氮氧化物污染当量数 = 10000000 × 140 ÷ 1000000 ÷ 0.95 = 1473.68

（3）该企业 2022 年 2 月排放的以下污染物中不需要缴纳环境保护税的是（　　　）。

    A. 二氧化硫

    B. 汞及其化合物

    C. 一般性粉尘

    D. 氮氧化物

【参考答案】C

【答案解析】根据《环境保护税法》第九条规定，每一排放口或者没有排放口的应税大气污染物，按照污染当量数从大到小排序，对前三项污染物征收环境保护税。

（4）2022 年 2 月，1 号燃气锅炉烟囱入口应税污染物排污总当量数为（　　　）。

    A. 15157.89   B. 15207.89

    C. 11523.68   D. 13734.21

【参考答案】A

【答案解析】将应税大气污染物按污染当量数排序，排污总当量数 = ∑由大到小前三项应税污染物污染当量数 = 汞及其化合物当量 + 二氧化硫当量 + 氮氧化物当量 = 10000 + 3684.21 + 1473.68 = 15157.89

（5）2022 年 2 月，1 号燃气锅炉烟囱入口应缴纳的环保税为（　　　）元。

    A. 18249.468   B. 16481.052

C. 13828. 416   D. 18189. 468

【参考答案】D

【答案解析】应税大气污染物的应纳税额 = 污染当量数 × 具体适用税额 = 15157. 89 × 1. 2 = 18189. 468（元）

（6）【多选题】下列对于 2 号排放口中应税水污染物当量数计算错误的有（   ）。

A. 总汞 200000

B. 总镉 2000

C. 总铬 250

D. 悬浮物（SS）250

E. 总有机碳（TOC）20. 41

F. 挥发酚 125

【参考答案】AD

【答案解析】总汞污染当量数 = 10 ÷ 0.0005 = 20000，选项 A 错误。

总镉污染当量数 = 10 ÷ 0.005 = 2000，选项 B 正确。

总铬污染当量数 = 10 ÷ 0.04 = 250，选项 C 正确。

悬浮物（SS）污染当量数 = 10 ÷ 4 = 2.5，选项 D 错误。

总有机碳（TOC）污染当量数 = 10 ÷ 0.49 = 20.41，选项 E 正确。

挥发酚污染当量数 = 10 ÷ 0.08 = 125，选项 F 正确。

（7）【多选题】根据 2022 年 2 月排污数据，该 2 号排放口应征收环境保护税的水污染物不包括（   ）。

A. 总银   B. 总砷

C. 总铬   D. 总铅

E. 悬浮物（SS）   F. 总有机碳（TOC）

G. 氨氮

【参考答案】CE

【答案解析】第一步：对第一类水污染物污染当量数排序，取前五项征收环境保护税。

总汞污染当量数 = 10 ÷ 0.0005 = 20000

总镉污染当量数 = 10 ÷ 0.005 = 2000

总铬污染当量数 = 10 ÷ 0.04 = 250

总砷污染当量数 = 10 ÷ 0.02 = 500

总铅污染当量数 = 10 ÷ 0.025 = 400

总银污染当量数 = 10 ÷ 0.02 = 500

排序依次为：总汞（20000）＞总镉（2000）＞总砷（500）＝总银（500）＞总

铅（400）＞总铬（250）。

总铬不纳入2022年2月环境保护税征收范围，选项C当选。

第二步：对第二类水污染物污染当量数排序，取前三项征收环境保护税。

悬浮物（SS）污染当量数＝10÷4＝2.5

总有机碳（TOC）污染当量数＝10÷0.49＝20.41

挥发酚污染当量数＝10÷0.08＝125

氨氮化物污染当量数＝10÷0.8＝12.5

排序依次为：挥发酚（125）＞总有机碳（20.41）＞氨氮化物（12.5）＞悬浮物（SS）（2.5）。

悬浮物（SS）不纳入2月环境保护税征收范围，选项E当选。

（8）该企业2022年2月共应缴纳的环境保护税为（　　）元。

A. 51230.542　　　　　　B. 51170.542

C. 46588.460　　　　　　D. 48156.052

【参考答案】B

【答案解析】第一类水污染物应纳税额＝（20000＋2000＋500＋500＋400）×1.4＝32760（元）

第二类水污染物应纳税额＝（125＋20.41＋12.5）×1.4＝221.074（元）

2号排放口应税水污染物应纳税额＝32760＋221.074＝32981.074（元）

该企业2022年2月应缴纳的环保税＝18189.468＋32981.074＝51170.542（元）

（9）该企业环境保护税的纳税地点是（　　）。

A. 甲市A区

B. 甲市B县

C. 甲市C区

D. 纳税人根据有利于征管的原则自行选择

【参考答案】B

【答案解析】根据《环境保护税法实施条例》第十七条规定，应税污染物排放地为应税大气污染物和应税水污染物排放口所在地。

（10）该企业按期申报环境保护税，关于该企业2022年2月应纳环境保护税的申报期限，下列说法正确的是（　　）。

A. 2022年2月征期内

B. 2022年3月征期内

C. 2022年4月征期内

D. 2022年12月31日前

【参考答案】C

【答案解析】根据《环境保护税法》第十八条规定，环境保护税按月计算，按季申报缴纳，一季度环境保护税应在 2022 年 4 月征期内缴纳。

9. 资料一：A 钢铁企业，成立于 2015 年，采用平炉炼钢法，熔炼过程分为补炉、装料（包括加热和兑铁水）、熔化、精炼、脱氧和出钢六道工艺，其中熔化、精炼过程中产生废气，主要产生大气污染物为烟尘、二氧化硫、氮氧化物、硫化氢。A 企业有 2 个排放口，分别为 1 号排放口和 2 号排放口，均安装了自动监测设备，有组织向环境排放；生产流程中产生废水不外排；钢铁冶炼过程中产生的固体废物主要是尾矿和冶炼渣，部分综合利用，部分处置、贮存，部分排放，该企业综合利用尾矿和冶炼渣已开展了固体废物综合利用评价。

资料二：2022 年 4 月 2 个排放口大气污染物排放监测数据如下：

1 号排放口：总排放量为 3840 立方米/小时。其中，烟尘浓度为 2.82 毫克/立方米，二氧化硫浓度 144 毫克/立方米，氮氧化物浓度 92 毫克/立方米，硫化氢浓度 4.2 毫克/立方米。

2 号排放口：总排放量为 6000 立方米/小时。其中，烟尘浓度为 5.49 毫克/立方米，二氧化硫浓度 262 毫克/立方米，氮氧化物浓度 166 毫克/立方米，硫化氢浓度 6.7 毫克/立方米。

资料三：2022 年 4 月，固体废物产生、处置、排放情况如下：

尾矿：产生量 2080 吨，综合利用 1360 吨，符合环保标准处置 580 吨，不符合环保标准贮存 42 吨，其他尾矿向环境排放。

冶炼渣：产生量 7383 吨，综合利用 5320 吨，不符合环保标准贮存 1700 吨，其他向环境排放。

已知：（1）A 企业废气排放时间每天 12 小时，监测数据符合国家和地方的环保标准，2 个排放口的大气污染物浓度值的小时平均值均不超过国家和地方规定的污染物排放标准。

（2）A 企业执行《炼钢工业大气污染物排放标准》（GB 28664—2012），该企业 2 个排放口适用炼钢工业各类大气污染物排放浓度限值分别为：烟尘：10 毫克/立方米，二氧化硫：550 毫克/立方米，氮氧化物：240 毫克/立方米，硫化氢：10 毫克/立方米。

（3）大气污染物的污染当量值分别为：烟尘 2.18，二氧化硫 0.95，氮氧化物 0.95，硫化氢 0.29。

（4）当地应税大气污染物的单位税额为每污染当量 2.4 元，尾矿的单位税额为每吨 15 元，冶炼渣的单位税额为每吨 25 元。

要求：根据上述资料，依次回答下列问题。

（1）关于 2022 年 4 月 2 个排放口排放的大气污染物的浓度，下列说法不正确的是

（　　）。

    A. 1号排放口排放烟尘的浓度低于排放限值的50%

    B. 2号排放口排放氮氧化物的浓度低于排放限值的50%

    C. 1号排放口排放的四类污染物的浓度均低于排放限值的50%

    D. 2号排放口排放的四类污染物的浓度均低于排放限值的30%

【参考答案】B

【答案解析】（1）1号排放口排放的各类污染物的浓度与排放限值的50%相比较：

烟尘：$2.82 < 10 \times (1 - 50\%) = 5$

二氧化硫：$144 < 550 \times (1 - 50\%) = 275$

氮氧化物：$92 < 240 \times (1 - 50\%) = 120$

硫化氢：$4.2 < 10 \times (1 - 50\%) = 5$

（2）2号排放口排放的各类污染物的浓度与排放限值70%相比较：

烟尘：$5.49 < 10 \times 70\% = 7$

二氧化硫：$262 < 550 \times 70\% = 385$

氮氧化物：$166 < 240 \times 70\% = 168$

硫化氢：$6.7 < 10 \times 70\% = 7$

（3）2号排放口排放的氮氧化物的浓度与排放限值的50%相比较：

氮氧化物：$166 > 240 \times 50\% = 120$

由此可知，1号排放口排放的四类污染物的浓度均低于排放限值的50%，选项A、C不当选；2号排放口排放的四类污染物的浓度均低于排放限值的30%，选项D不当选；2号排放口氮氧化物的排放浓度值高于排放限值的50%，选项B当选。

（2）按照1号排放口排放的各种大气污染物的污染当量数从大到小排序，下列各项正确的是（　　）。

    A. 二氧化硫 > 氮氧化物 > 硫化氢 > 烟尘

    B. 二氧化硫 > 硫化氢 > 氮氧化物 > 烟尘

    C. 二氧化硫 > 烟尘 > 氮氧化物 > 硫化氢

    D. 二氧化硫 > 硫化氢 > 烟尘 > 氮氧化物

【参考答案】A

【答案解析】（1）污染当量数 = 应税大气污染物排放量 ÷ 污染当量值

烟尘排放量 $= 3840 \times 2.82 \times 30 \times 12 \div 1000000 = 3.90$（千克）

二氧化硫排放量 $= 3840 \times 144 \times 30 \times 12 \div 1000000 = 199.07$（千克）

氮氧化物排放量 $= 3840 \times 92 \times 30 \times 12 \div 1000000 = 127.18$（千克）

硫化氢排放量 $= 3840 \times 4.2 \times 30 \times 12 \div 1000000 = 5.81$（千克）

烟尘的污染当量数 $= 3.9 \div 2.18 = 1.79$

二氧化硫的污染当量数 = 199.07 ÷ 0.95 = 209.55

氮氧化物的污染当量数 = 127.18 ÷ 0.95 = 133.87

硫化氢的污染当量数 = 5.81 ÷ 0.29 = 20.03

（2）按污染当量数排序：二氧化硫（209.55）＞氮氧化物（133.87）＞硫化氢（20.03）＞烟尘（1.79），选项 A 当选。

（3）2022 年 4 月，A 企业 1 号排放口应缴纳的环境保护税税额为（　　）元。

  A. 884.30   B. 663.23

  C. 436.14   D. 414.26

【参考答案】C

【答案解析】根据《环境保护税法》第九条规定，每一排放口或者没有排放口的应税大气污染物，按照污染当量数从大到小排序，对前三项污染物征收环境保护税。第十三条规定，纳税人排放应税大气污染物或者水污染物的浓度值低于国家和地方规定的污染物排放标准 30% 的，减按 75% 征收环境保护税。纳税人排放应税大气污染物或者水污染物的浓度值低于国家和地方规定的污染物排放标准 50% 的，减按 50% 征收环境保护税。

根据《环境保护税法实施条例》第十一条规定，依照《环境保护税法》第十三条的规定减征环境保护税的，应当对每一排放口排放的不同应税污染物分别计算。A 企业 1 号排放口 2022 年 4 月排放的各污染物的浓度均低于排放标准的 50%，应减按 50% 征收环境保护税。

A 企业 2022 年 4 月 1 号排放口应缴纳的环境保护税 =（209.55 + 133.87 + 20.03）× 2.4 × 50% = 436.14（元）

（4）2022 年 4 月，A 企业 2 号排放口排放的四种污染物中，不需要缴纳环境保护税的是（　　）。

  A. 二氧化硫   B. 氮氧化物

  C. 硫化氢   D. 烟尘

【参考答案】D

【答案解析】（1）污染当量数 = 应税大气污染物排放量 ÷ 污染当量值

烟尘排放量 = 6000 × 5.49 × 30 × 12 ÷ 1000000 = 11.86（千克）

二氧化硫排放量 = 6000 × 262 × 30 × 12 ÷ 1000000 = 565.92（千克）

氮氧化物排放量 = 6000 × 166 × 30 × 12 ÷ 1000000 = 358.56（千克）

硫化氢排放量 = 6000 × 6.7 × 30 × 12 ÷ 1000000 = 14.47（千克）

烟尘的污染当量数 = 11.86 ÷ 2.18 = 5.44

二氧化硫的污染当量数 = 565.92 ÷ 0.95 = 595.71

氮氧化物的污染当量数 = 358.56 ÷ 0.95 = 377.43

硫化氢的污染当量数 = 14.47 ÷ 0.29 = 49.90

（2）按污染当量数排序：二氧化硫（595.71）＞氮氧化物（377.43）＞硫化氢（49.90）＞烟尘（5.44）。根据《环境保护税法》第九条规定，每一排放口或者没有排放口的应税大气污染物，按照污染当量数从大到小排序，对前三项污染物征收环境保护税。烟尘不征收环境保护税。

（5）2022年4月，A企业2号排放口应缴纳的环境保护税税额为（　　　）元。

  A. 1227.65   B. 1484.05

  C. 1841.48   D. 2455.30

【参考答案】B

【答案解析】A企业2号排放口2022年4月排放的二氧化硫的浓度低于排放标准的50%，应减按50%征收环境保护税，氮氧化物和硫化氢的浓度低于排放标准的30%，应减按75%征收环境保护税。A企业2022年4月2号排放口应缴纳的环境保护税 = 595.71 × 2.4 × 50% +（377.43 + 49.9）× 2.4 × 75% = 1484.05（元）。选项B当选。

（6）2022年4月，A企业固体废物应缴纳的环境保护税税额为（　　　）元。

  A. 10545   B. 19875

  C. 53045   D. 53675

【参考答案】D

【答案解析】根据《环境保护税法》第十一条规定，应税固体废物的应纳税额为固体废物排放量乘以具体适用税额；根据《财政部　税务总局　生态环境部关于环境保护税有关问题的通知》（财税〔2018〕23号）第三条关于应税固体废物排放量计算和纳税申报问题的规定，应税固体废物的排放量为当期应税固体废物的产生量减去当期应税固体废物贮存量、处置量、综合利用量的余额。A企业2022年4月固体废物应缴纳的环境保护税 =（2080 − 1360 − 580）× 15 +（7383 − 5320）× 25 = 53675（元）。选项D当选。

10. 资料一：位于甲市的N机械有限公司，为2022年2月成立的增值税一般纳税人，主要从事黑色金属铸造，主要生产工艺为高炉铸造生铁、模铸、重熔铸造（含金属熔炼、精炼、浇铸）。按照环评文件及排污许可证要求，金属熔炼、浇铸工段产生的含粉尘及VOCs废气经布袋除尘器和活性炭＋等离子净化装置处理后向大气排放。该公司浇铸工段正在生产，已按要求安装废气治理设施，金属熔炼工段设一排放口，浇铸工段设一排放口。生产废水和生活污水均回收使用，不外排；产生的固体废物全部综合利用或安全处置。

资料二：2022年3月，N公司金属熔炼工段排放口共排放大气污染物2000万立方米，其中，含应税污染物浓度分别为二氧化硫 9 毫克/立方米，氮氧化物 7 毫克/立方米，铅及其化合物 15 毫克/立方米，一般性粉尘 20 毫克/立方米。浇铸共段排放口共排放大气污染物 1000 万立方米，其中，含应税污染物浓度分别为二氧化硫 9 毫克/立方米，苯 10 毫克/立方米，二甲苯 4.5 毫克/立方米，苯并芘 0.002 毫克/立方米。

已知：（1）N 公司当月排放的二氧化硫、氮氧化物、铅及其化合物、一般性粉尘、苯、二甲苯、苯并芘的浓度值分别为国家和地方规定的该行业污染物排放标准的 63%、59%、42%、30%、38%、90%、78%。

（2）各大气污染物的污染当量值（单位：千克）分别为：二氧化硫：0.95；氮氧化物：0.95；铅及其化合物：0.02；一般性粉尘：4；苯：0.05；二甲苯：0.27；苯并芘：0.000002。

（3）N 公司所在省规定，大气污染物适用税额标准为：二氧化硫为每污染当量 6.65 元，氮氧化物为每污染当量 7.6 元，其他大气污染物为每污染当量 2 元。

要求：根据上述资料，依次回答下列问题。

（1）关于 N 公司 2022 年 3 月金属熔炼工段排放口各类污染物的排放量，下列表述不正确的是（　　）。

    A. 二氧化硫的排放量为 180 千克

    B. 氮氧化物的排放量为 140 千克

    C. 一般性粉尘的排放量为 4000 千克

    D. 铅及其化合物的排放量为 300 千克

【参考答案】C

【答案解析】根据《环境保护税税源明细表》中《申报计算及减免信息》第 28 栏公式：大气、水污染物排放量（千克或吨）＝废气（废水）排放量（万标立方米、吨）×实测浓度值（毫克/标立方米、毫克/升）。

2022 年 3 月金属熔炼工段排放口各类污染物的排放量：

（1）二氧化硫 = 2000 × 9 × 10000 ÷ 1000000 = 180 千克；

（2）氮氧化物 = 2000 × 7 × 10000 ÷ 1000000 = 140 千克；

（3）铅及其化合物 = 2000 × 15 × 10000 ÷ 1000000 = 300 千克；

（4）一般性粉尘 = 2000 × 20 × 10000 ÷ 1000000 = 400 千克。

（2）关于 N 公司 2022 年 3 月浇铸工段排放口各污染因子的污染当量数，下列排序正确的是（　　）。

    A. 苯并芘 > 苯 > 二甲苯 > 二氧化硫

    B. 二氧化硫〉苯并芘 > 二甲苯 > 苯

    C. 苯并芘 > 二甲苯 > 苯 > 二氧化硫

    D. 二甲苯 > 苯并芘 > 苯 > 二氧化硫

【参考答案】A

【答案解析】计算浇铸工段排放口各类污染物的排放量：

（1）二氧化硫 $=1000 \times 9 \times 10000 \div 1000000 = 90$（千克）

（2）苯 $=1000 \times 10 \times 10000 \div 1000000 = 100$（千克）

（3）二甲苯 $=1000 \times 4.5 \times 10000 \div 1000000 = 45$（千克）

（4）苯并芘 $=1000 \times 0.002 \times 10000 \div 1000000 = 0.02$（千克）

计算浇铸工段排放口各类污染物的污染当量数：

（1）二氧化硫污染当量数 $=90 \div 0.95 = 94.74$

（2）苯污染当量数 $=100 \div 0.05 = 2000$

（3）二甲苯污染当量数 $=45 \div 0.27 = 166.67$

（4）苯并芘污染当量数 $=0.02 \div 0.000002 = 10000$

对各污染因子的污染当量数进行排序：苯并芘（10000）＞苯（2000）＞二甲苯（166.67）＞二氧化硫（94.74）。

（3）N公司在2022年4月申报环境保护税时，《申报计算及减免信息表》第33栏应填报的本期应纳税额为（　　）元。

　　A. 24333.34　　　　　　　　B. 32379.99

　　C. 36118.33　　　　　　　　D. 56713.33

【参考答案】D

【答案解析】计算2022年3月金属熔炼工段排放口各类污染物的污染当量数及排序。

（1）二氧化硫污染当量数 $=180 \div 0.95 = 189.47$

（2）氮氧化物污染当量数 $=140 \div 0.95 = 147.37$

（3）铅及其化合物污染当量数 $=300 \div 0.02 = 15000$

（4）一般性粉尘污染当量数 $=400 \div 4 = 100$

（5）按污染当量从大到小排序：铅及其化合物（15000）＞二氧化硫（189.47）＞氮氧化物（147.37）＞一般性粉尘（100）。

计算金属熔炼工段排放口污染当量数前三项污染物的应纳税额：

（1）二氧化硫应纳环境保护税 $=189.47 \times 6.65 = 1259.98$（元）

（2）氮氧化物应纳环境保护税 $=147.37 \times 7.6 = 1120.01$（元）

（3）铅及其化合物应纳环境保护税 $=15000 \times 2 = 30000$（元）

（4）金属熔炼工段排放口本期应纳税额 $=1259.98 + 1120.01 + 30000 = 32379.99$（元）

由第（2）题可知，浇铸工段排放口按污染当量数前三项污染物分别为苯并芘、苯、二甲苯，计算各项污染物应纳税额：

（1）苯并芘应纳环境保护税 = 10000 × 2 = 20000（元）

（2）苯应纳环境保护税 = 2000 × 2 = 4000（元）

（3）二甲苯应纳环境保护税 = 166.67 × 2 = 333.34（元）

（4）浇铸工段排放口本期应纳税额 = 20000 + 4000 + 333.34 = 24333.34（元）

N 公司在 2022 年 4 月申报环境保护税时，《申报计算及减免信息表》第 33 栏的本期应纳税额 = 32379.99 + 24333.34 = 56713.33（元）。

（4）N 公司在 2022 年 4 月申报环境保护税时，《申报计算及减免信息表》第 34 栏应填报的本期减免税额为（　　）元。

A. 15595　　　　　　　B. 17595

C. 18190　　　　　　　D. 19595

【参考答案】B

【答案解析】分排放口计算减免税额并计算合计减免额：

（1）金属熔炼工段排放口应减免的税额 = 1259.98 ×（1 – 75%）+ 1120.01 ×（1 – 75%）+ 30000 ×（1 – 50%）= 15595（元）

（2）浇铸工段排放口应减免的税额 = 4000 × 50% = 2000（元）

（3）两个排放口共减免税额 = 15595 + 2000 = 17595（元）

（5）N 公司在 2022 年 4 月申报环境保护税时，《申报计算及减免信息表》应填报的本期应补（退）税额为（　　）元。

A. 56713.33　　　　　　B. 41118.99

C. 39118.33　　　　　　D. 38523.99

【参考答案】C

【答案解析】N 公司 2022 年 4 月应补税额 = 56713.33 – 17595 = 39118.33（元）

五、论述题

制定《环境保护税法》，是落实党的十八届三中全会、四中全会提出的"推动环境保护费改税""用严格的法律制度保护生态环境"要求的重大举措。试述环保费改税的意义。环境保护税法是如何规定税务部门和环保部门在征管实践中的职责和协同配合的？

【参考答案】环境保护税法对原有的排污收费的类型和金额进行了"费改税"的平移，体现了"清费立税"的思路。环境保护税法的出台标志着我国环境保护领域"费改税"以立法形式确认固化，对于保护和改善环境、减少污染物排放、推进生态文明建设具有重要的意义。

与排污费相比，环境保护税的征收，一方面是为了改善环境质量、推进生态文明建设，获得良好的资源节约、环境保护效应。将企业污染环境的外部成本进行内部化，鼓励企业探索和利用节能、环保和低碳技术，促进经济结构调整优化和发展方式转变，实现产业升级转型。另一方面，从环保机关征收环境保护费改为税务机关征收环境保护税，有利于借助税收的强制性增强执法刚性。

《环境保护税法》规定，环境保护税由税务机关依照《税收征收管理法》和该法的有关规定征收管理。

生态环境主管部门依照《环境保护税法》和有关环境保护法律法规的规定负责对污染物的监测管理。

县级以上地方人民政府应当建立税务机关、生态环境主管部门和其他相关单位分工协作工作机制，加强环境保护税征收管理，保障税款及时足额入库。

生态环境主管部门和税务机关应当建立涉税信息共享平台和工作配合机制。

生态环境主管部门应当将排污单位的排污许可、污染物排放数据、环境违法和受行政处罚情况等环境保护相关信息，定期交送税务机关。

税务机关应当将纳税人的纳税申报、税款入库、减免税额、欠缴税款以及风险疑点等环境保护税涉税信息，定期交送生态环境主管部门。

第三节　相关法律法规文件

中华人民共和国环境保护税法

2016 年 12 月 25 日第十二届全国人民代表大会常务委员会第二十五次会议通过，根据 2018 年 10 月 26 日第十三届全国人民代表大会常务委员会第六次会议《关于修改〈中华人民共和国野生动物保护法〉等十五部法律的决定》修正

目　　录

第一章　总　　则

第一条　为了保护和改善环境，减少污染物排放，推进生态文明建设，制定本法。

第二条　在中华人民共和国领域和中华人民共和国管辖的其他海域，直接向环境排放应税污染物的企业事业单位和其他生产经营者为环境保护税的纳税人，应当依照本法规定缴纳环境保护税。

第三条　本法所称应税污染物，是指本法所附《环境保护税税目税额表》《应税污染物和当量值表》规定的大气污染物、水污染物、固体废物和噪声。

第四条　有下列情形之一的，不属于直接向环境排放污染物，不缴纳相应污染物的环境保护税：

（一）企业事业单位和其他生产经营者向依法设立的污水集中处理、生活垃圾集中处理场所排放应税污染物的；

（二）企业事业单位和其他生产经营者在符合国家和地方环境保护标准的设施、场

所贮存或者处置固体废物的。

第五条 依法设立的城乡污水集中处理、生活垃圾集中处理场所超过国家和地方规定的排放标准向环境排放应税污染物的，应当缴纳环境保护税。

企业事业单位和其他生产经营者贮存或者处置固体废物不符合国家和地方环境保护标准的，应当缴纳环境保护税。

第六条 环境保护税的税目、税额，依照本法所附《环境保护税税目税额表》执行。

应税大气污染物和水污染物的具体适用税额的确定和调整，由省、自治区、直辖市人民政府统筹考虑本地区环境承载能力、污染物排放现状和经济社会生态发展目标要求，在本法所附《环境保护税税目税额表》规定的税额幅度内提出，报同级人民代表大会常务委员会决定，并报全国人民代表大会常务委员会和国务院备案。

第二章 计税依据和应纳税额

第七条 应税污染物的计税依据，按照下列方法确定：

（一）应税大气污染物按照污染物排放量折合的污染当量数确定；

（二）应税水污染物按照污染物排放量折合的污染当量数确定；

（三）应税固体废物按照固体废物的排放量确定；

（四）应税噪声按照超过国家规定标准的分贝数确定。

第八条 应税大气污染物、水污染物的污染当量数，以该污染物的排放量除以该污染物的污染当量值计算。每种应税大气污染物、水污染物的具体污染当量值，依照本法所附《应税污染物和当量值表》执行。

第九条 每一排放口或者没有排放口的应税大气污染物，按照污染当量数从大到小排序，对前三项污染物征收环境保护税。

每一排放口的应税水污染物，按照本法所附《应税污染物和当量值表》，区分第一类水污染物和其他类水污染物，按照污染当量数从大到小排序，对第一类水污染物按照前五项征收环境保护税，对其他类水污染物按照前三项征收环境保护税。

省、自治区、直辖市人民政府根据本地区污染物减排的特殊需要，可以增加同一排放口征收环境保护税的应税污染物项目数，报同级人民代表大会常务委员会决定，并报全国人民代表大会常务委员会和国务院备案。

第十条 应税大气污染物、水污染物、固体废物的排放量和噪声的分贝数，按照下列方法和顺序计算：

（一）纳税人安装使用符合国家规定和监测规范的污染物自动监测设备的，按照污染物自动监测数据计算；

（二）纳税人未安装使用污染物自动监测设备的，按照监测机构出具的符合国家有关规定和监测规范的监测数据计算；

（三）因排放污染物种类多等原因不具备监测条件的，按照国务院生态环境主管部门规定的排污系数、物料衡算方法计算；

（四）不能按照本条第一项至第三项规定的方法计算的，按照省、自治区、直辖市人民政府生态环境主管部门规定的抽样测算的方法核定计算。

第十一条 环境保护税应纳税额按照下列方法计算：

（一）应税大气污染物的应纳税额为污染当量数乘以具体适用税额；

（二）应税水污染物的应纳税额为污染当量数乘以具体适用税额；

（三）应税固体废物的应纳税额为固体废物排放量乘以具体适用税额；

（四）应税噪声的应纳税额为超过国家规定标准的分贝数对应的具体适用税额。

第三章　税收减免

第十二条 下列情形，暂予免征环境保护税：

（一）农业生产（不包括规模化养殖）排放应税污染物的；

（二）机动车、铁路机车、非道路移动机械、船舶和航空器等流动污染源排放应税污染物的；

（三）依法设立的城乡污水集中处理、生活垃圾集中处理场所排放相应应税污染物，不超过国家和地方规定的排放标准的；

（四）纳税人综合利用的固体废物，符合国家和地方环境保护标准的；

（五）国务院批准免税的其他情形。

前款第五项免税规定，由国务院报全国人民代表大会常务委员会备案。

第十三条 纳税人排放应税大气污染物或者水污染物的浓度值低于国家和地方规定的污染物排放标准百分之三十的，减按百分之七十五征收环境保护税。纳税人排放应税大气污染物或者水污染物的浓度值低于国家和地方规定的污染物排放标准百分之五十的，减按百分之五十征收环境保护税。

第四章　征收管理

第十四条 环境保护税由税务机关依照《中华人民共和国税收征收管理法》和本法的有关规定征收管理。

生态环境主管部门依照本法和有关环境保护法律法规的规定负责对污染物的监测管理。

县级以上地方人民政府应当建立税务机关、生态环境主管部门和其他相关单位分工协作工作机制，加强环境保护税征收管理，保障税款及时足额入库。

第十五条 生态环境主管部门和税务机关应当建立涉税信息共享平台和工作配合

机制。

生态环境主管部门应当将排污单位的排污许可、污染物排放数据、环境违法和受行政处罚情况等环境保护相关信息，定期交送税务机关。

税务机关应当将纳税人的纳税申报、税款入库、减免税额、欠缴税款以及风险疑点等环境保护税涉税信息，定期交送生态环境主管部门。

第十六条 纳税义务发生时间为纳税人排放应税污染物的当日。

第十七条 纳税人应当向应税污染物排放地的税务机关申报缴纳环境保护税。

第十八条 环境保护税按月计算，按季申报缴纳。不能按固定期限计算缴纳的，可以按次申报缴纳。

纳税人申报缴纳时，应当向税务机关报送所排放应税污染物的种类、数量，大气污染物、水污染物的浓度值，以及税务机关根据实际需要要求纳税人报送的其他纳税资料。

第十九条 纳税人按季申报缴纳的，应当自季度终了之日起十五日内，向税务机关办理纳税申报并缴纳税款。纳税人按次申报缴纳的，应当自纳税义务发生之日起十五日内，向税务机关办理纳税申报并缴纳税款。

纳税人应当依法如实办理纳税申报，对申报的真实性和完整性承担责任。

第二十条 税务机关应当将纳税人的纳税申报数据资料与生态环境主管部门交送的相关数据资料进行比对。

税务机关发现纳税人的纳税申报数据资料异常或者纳税人未按照规定期限办理纳税申报的，可以提请生态环境主管部门进行复核，生态环境主管部门应当自收到税务机关的数据资料之日起十五日内向税务机关出具复核意见。税务机关应当按照生态环境主管部门复核的数据资料调整纳税人的应纳税额。

第二十一条 依照本法第十条第四项的规定核定计算污染物排放量的，由税务机关会同生态环境主管部门核定污染物排放种类、数量和应纳税额。

第二十二条 纳税人从事海洋工程向中华人民共和国管辖海域排放应税大气污染物、水污染物或者固体废物，申报缴纳环境保护税的具体办法，由国务院税务主管部门会同国务院海洋主管部门规定。

第二十三条 纳税人和税务机关、生态环境主管部门及其工作人员违反本法规定的，依照《中华人民共和国税收征收管理法》、《中华人民共和国环境保护法》和有关法律法规的规定追究法律责任。

第二十四条 各级人民政府应当鼓励纳税人加大环境保护建设投入，对纳税人用于污染物自动监测设备的投资予以资金和政策支持。

第五章 附 则

第二十五条 本法下列用语的含义：

（一）污染当量，是指根据污染物或者污染排放活动对环境的有害程度以及处理的技术经济性，衡量不同污染物对环境污染的综合性指标或者计量单位。同一介质相同污染当量的不同污染物，其污染程度基本相当。

（二）排污系数，是指在正常技术经济和管理条件下，生产单位产品所应排放的污染物量的统计平均值。

（三）物料衡算，是指根据物质质量守恒原理对生产过程中使用的原料、生产的产品和产生的废物等进行测算的一种方法。

第二十六条 直接向环境排放应税污染物的企业事业单位和其他生产经营者，除依照本法规定缴纳环境保护税外，应当对所造成的损害依法承担责任。

第二十七条 自本法施行之日起，依照本法规定征收环境保护税，不再征收排污费。

第二十八条 本法自 2018 年 1 月 1 日起施行。

附表 1

环境保护税税目税额表

税目		计税单位	税额	备注
大气污染物		每污染当量	1.2~12 元	
水污染物		每污染当量	1.4~14 元	
固体废物	煤矸石	每吨	5 元	
	尾矿	每吨	15 元	
	危险废物	每吨	1000 元	
	冶炼渣、粉煤灰、炉渣、其他固体废物（含半固态、液态废物）	每吨	25 元	
噪声	工业噪声	超标 1~3 分贝	每月 350 元	1. 一个单位边界上有多处噪声超标，根据最高一处超标声级计算应纳税额；当沿边界长度超过 100 米有两处以上噪声超标，按照两个单位计算应纳税额。 2. 一个单位有不同地点作业场所的，应当分别计算应纳税额，合并计征。 3. 昼、夜均超标的环境噪声，昼、夜分别计算应纳税额，累计计征。 4. 声源一个月内超标不足 15 天的，减半计算应纳税额。 5. 夜间频繁突发和夜间偶然突发厂界超标噪声，按等效声级和峰值噪声两种指标中超标分贝值高的一项计算应纳税额。
		超标 4~6 分贝	每月 700 元	
		超标 7~9 分贝	每月 1400 元	
		超标 10~12 分贝	每月 2800 元	
		超标 13~15 分贝	每月 5600 元	
		超标 16 分贝以上	每月 11200 元	

附表2

应税污染物和当量值表

一、第一类水污染物污染当量值

污染物	污染当量值（千克）
1. 总汞	0.0005
2. 总镉	0.005
3. 总铬	0.04
4. 六价铬	0.02
5. 总砷	0.02
6. 总铅	0.025
7. 总镍	0.025
8. 苯并（a）芘	0.0000003
9. 总铍	0.01
10. 总银	0.02

二、第二类水污染物污染当量值

污染物	污染当量值（千克）	备注
11. 悬浮物（SS）	4	
12. 生化需氧量（BOD_5）	0.5	同一排放口中的化学需氧量、生化需氧量和总有机碳，只征收一项。
13. 化学需氧量（CODcr）	1	
14. 总有机碳（TOC）	0.49	
15. 石油类	0.1	
16. 动植物油	0.16	
17. 挥发酚	0.08	
18. 总氰化物	0.05	
19. 硫化物	0.125	
20. 氨氮	0.8	
21. 氟化物	0.5	
22. 甲醛	0.125	
23. 苯胺类	0.2	
24. 硝基苯类	0.2	
25. 阴离子表面活性剂（LAS）	0.2	
26. 总铜	0.1	
27. 总锌	0.2	
28. 总锰	0.2	

续表

污染物	污染当量值（千克）	备注
29. 彩色显影剂（CD－2）	0.2	
30. 总磷	0.25	
31. 单质磷（以P计）	0.05	
32. 有机磷农药（以P计）	0.05	
33. 乐果	0.05	
34. 甲基对硫磷	0.05	
35. 马拉硫磷	0.05	
36. 对硫磷	0.05	
37. 五氯酚及五氯酚钠（以五氯酚计）	0.25	
38. 三氯甲烷	0.04	
39. 可吸附有机卤化物（AOX）（以Cl计）	0.25	
40. 四氯化碳	0.04	
41. 三氯乙烯	0.04	
42. 四氯乙烯	0.04	
43. 苯	0.02	
44. 甲苯	0.02	
45. 乙苯	0.02	
46. 邻－二甲苯	0.02	
47. 对－二甲苯	0.02	
48. 间－二甲苯	0.02	
49. 氯苯	0.02	
50. 邻二氯苯	0.02	
51. 对二氯苯	0.02	
52. 对硝基氯苯	0.02	
53. 2，4－二硝基氯苯	0.02	
54. 苯酚	0.02	
55. 间－甲酚	0.02	
56. 2，4－二氯酚	0.02	
57. 2，4，6－三氯酚	0.02	
58. 邻苯二甲酸二丁酯	0.02	
59. 邻苯二甲酸二辛酯	0.02	
60. 丙烯腈	0.125	
61. 总硒	0.02	

三、pH 值、色度、大肠菌群数、余氯量水污染物污染当量值

污染物		污染当量值	备注
1. pH 值	1.0 – 1，13 – 14 2.1 – 2，12 – 13 3.2 – 3，11 – 12 4.3 – 4，10 – 11 5.4 – 5，9 – 10 6.5 – 6	0.06 吨污水 0.125 吨污水 0.25 吨污水 0.5 吨污水 1 吨污水 5 吨污水	pH 值 5 – 6 指大于等于 5，小于 6；pH 值 9 – 10 指大于 9，小于等于 10，其余类推。
2. 色度		5 吨水·倍	
3. 大肠菌群数（超标）		3.3 吨污水	大肠菌群数和余氯量只征收一项。
4. 余氯量（用氯消毒的医院废水）		3.3 吨污水	

四、禽畜养殖业、小型企业和第三产业水污染物污染当量值

（本表仅适用于计算无法进行实际监测或者物料衡算的禽畜养殖业、小型企业和第三产业等小型排污者的水污染物污染当量数）

类型		污染当量值	备注
禽畜 养殖场	1. 牛	0.1 头	仅对存栏规模大于 50 头牛、500 头猪、5000 羽鸡鸭等的禽畜养殖场征收。
	2. 猪	1 头	
	3. 鸡、鸭等家禽	30 羽	
4. 小型企业		1.8 吨污水	
5. 饮食娱乐服务业		0.5 吨污水	
6. 医院	消毒	0.14 床	医院病床数大于 20 张的按照本表计算污染当量。
		2.8 吨污水	
	不消毒	0.07 床	
		1.4 吨污水	

五、大气污染物污染当量值

污染物	污染当量值（千克）
1. 二氧化硫	0.95
2. 氮氧化物	0.95
3. 一氧化碳	16.7
4. 氯气	0.34
5. 氯化氢	10.75
6. 氟化物	0.87
7. 氰化氢	0.005
8. 硫酸雾	0.6

续表

污染物	污染当量值（千克）
9. 铬酸雾	0.0007
10. 汞及其化合物	0.0001
11. 一般性粉尘	4
12. 石棉尘	0.53
13. 玻璃棉尘	2.13
14. 碳黑尘	0.59
15. 铅及其化合物	0.02
16. 镉及其化合物	0.03
17. 铍及其化合物	0.0004
18. 镍及其化合物	0.13
19. 锡及其化合物	0.27
20. 烟尘	2.18
21. 苯	0.05
22. 甲苯	0.18
23. 二甲苯	0.27
24. 苯并（a）芘	0.000002
25. 甲醛	0.09
26. 乙醛	0.45
27. 丙烯醛	0.06
28. 甲醇	0.67
29. 酚类	0.35
30. 沥青烟	0.19
31. 苯胺类	0.21
32. 氯苯类	0.72
33. 硝基苯	0.17
34. 丙烯腈	0.22
35. 氯乙烯	0.55
36. 光气	0.04
37. 硫化氢	0.29
38. 氨	9.09
39. 三甲胺	0.32
40. 甲硫醇	0.04
41. 甲硫醚	0.28
42. 二甲二硫	0.28
43. 苯乙烯	25
44. 二硫化碳	20

中华人民共和国环境保护税法实施条例

2017 年 12 月 25 日　中华人民共和国国务院令第 693 号

第一章　总　　则

第一条　根据《中华人民共和国环境保护税法》（以下简称环境保护税法），制定本条例。

第二条　环境保护税法所附《环境保护税税目税额表》所称其他固体废物的具体范围，依照环境保护税法第六条第二款规定的程序确定。

第三条　环境保护税法第五条第一款、第十二条第一款第三项规定的城乡污水集中处理场所，是指为社会公众提供生活污水处理服务的场所，不包括为工业园区、开发区等工业聚集区域内的企业事业单位和其他生产经营者提供污水处理服务的场所，以及企业事业单位和其他生产经营者自建自用的污水处理场所。

第四条　达到省级人民政府确定的规模标准并且有污染物排放口的畜禽养殖场，应当依法缴纳环境保护税；依法对畜禽养殖废弃物进行综合利用和无害化处理的，不属于直接向环境排放污染物，不缴纳环境保护税。

第二章　计税依据

第五条　应税固体废物的计税依据，按照固体废物的排放量确定。固体废物的排放量为当期应税固体废物的产生量减去当期应税固体废物的贮存量、处置量、综合利用量的余额。

前款规定的固体废物的贮存量、处置量，是指在符合国家和地方环境保护标准的设施、场所贮存或者处置的固体废物数量；固体废物的综合利用量，是指按照国务院发展改革、工业和信息化主管部门关于资源综合利用要求以及国家和地方环境保护标准进行综合利用的固体废物数量。

第六条　纳税人有下列情形之一的，以其当期应税固体废物的产生量作为固体废物的排放量：

（一）非法倾倒应税固体废物；

（二）进行虚假纳税申报。

第七条　应税大气污染物、水污染物的计税依据，按照污染物排放量折合的污染当量数确定。

纳税人有下列情形之一的，以其当期应税大气污染物、水污染物的产生量作为污染物的排放量：

（一）未依法安装使用污染物自动监测设备或者未将污染物自动监测设备与环境保护主管部门的监控设备联网；

（二）损毁或者擅自移动、改变污染物自动监测设备；

（三）篡改、伪造污染物监测数据；

（四）通过暗管、渗井、渗坑、灌注或者稀释排放以及不正常运行防治污染设施等方式违法排放应税污染物；

（五）进行虚假纳税申报。

第八条 从两个以上排放口排放应税污染物的，对每一排放口排放的应税污染物分别计算征收环境保护税；纳税人持有排污许可证的，其污染物排放口按照排污许可证载明的污染物排放口确定。

第九条 属于环境保护税法第十条第二项规定情形的纳税人，自行对污染物进行监测所获取的监测数据，符合国家有关规定和监测规范的，视同环境保护税法第十条第二项规定的监测机构出具的监测数据。

第三章 税收减免

第十条 环境保护税法第十三条所称应税大气污染物或者水污染物的浓度值，是指纳税人安装使用的污染物自动监测设备当月自动监测的应税大气污染物浓度值的小时平均值再平均所得数值或者应税水污染物浓度值的日平均值再平均所得数值，或者监测机构当月监测的应税大气污染物、水污染物浓度值的平均值。

依照环境保护税法第十三条的规定减征环境保护税的，前款规定的应税大气污染物浓度值的小时平均值或者应税水污染物浓度值的日平均值，以及监测机构当月每次监测的应税大气污染物、水污染物的浓度值，均不得超过国家和地方规定的污染物排放标准。

第十一条 依照环境保护税法第十三条的规定减征环境保护税的，应当对每一排放口排放的不同应税污染物分别计算。

第四章 征收管理

第十二条 税务机关依法履行环境保护税纳税申报受理、涉税信息比对、组织税款入库等职责。

环境保护主管部门依法负责应税污染物监测管理，制定和完善污染物监测规范。

第十三条 县级以上地方人民政府应当加强对环境保护税征收管理工作的领导，

及时协调、解决环境保护税征收管理工作中的重大问题。

第十四条 国务院税务、环境保护主管部门制定涉税信息共享平台技术标准以及数据采集、存储、传输、查询和使用规范。

第十五条 环境保护主管部门应当通过涉税信息共享平台向税务机关交送在环境保护监督管理中获取的下列信息：

（一）排污单位的名称、统一社会信用代码以及污染物排放口、排放污染物种类等基本信息；

（二）排污单位的污染物排放数据（包括污染物排放量以及大气污染物、水污染物的浓度值等数据）；

（三）排污单位环境违法和受行政处罚情况；

（四）对税务机关提请复核的纳税人的纳税申报数据资料异常或者纳税人未按照规定期限办理纳税申报的复核意见；

（五）与税务机关商定交送的其他信息。

第十六条 税务机关应当通过涉税信息共享平台向生态环境主管部门交送下列环境保护税涉税信息：

（一）纳税人基本信息；

（二）纳税申报信息；

（三）税款入库、减免税额、欠缴税款以及风险疑点等信息；

（四）纳税人涉税违法和受行政处罚情况；

（五）纳税人的纳税申报数据资料异常或者纳税人未按照规定期限办理纳税申报的信息；

（六）与环境保护主管部门商定交送的其他信息。

第十七条 环境保护税法第十七条所称应税污染物排放地是指：

（一）应税大气污染物、水污染物排放口所在地；

（二）应税固体废物产生地；

（三）应税噪声产生地。

第十八条 纳税人跨区域排放应税污染物，税务机关对税收征收管辖有争议的，由争议各方按照有利于征收管理的原则协商解决；不能协商一致的，报请共同的上级税务机关决定。

第十九条 税务机关应当依据生态环境主管部门交送的排污单位信息进行纳税人识别。

在生态环境主管部门交送的排污单位信息中没有对应信息的纳税人，由税务机关在纳税人首次办理环境保护税纳税申报时进行纳税人识别，并将相关信息交送环境保护主管部门。

第二十条 环境保护主管部门发现纳税人申报的应税污染物排放信息或者适用的排污系数、物料衡算方法有误的，应当通知税务机关处理。

第二十一条 纳税人申报的污染物排放数据与环境保护主管部门交送的相关数据不一致的，按照环境保护主管部门交送的数据确定应税污染物的计税依据。

第二十二条 环境保护税法第二十条第二款所称纳税人的纳税申报数据资料异常，包括但不限于下列情形：

（一）纳税人当期申报的应税污染物排放量与上一年同期相比明显偏低，且无正当理由；

（二）纳税人单位产品污染物排放量与同类型纳税人相比明显偏低，且无正当理由。

第二十三条 税务机关、环境保护主管部门应当无偿为纳税人提供与缴纳环境保护税有关的辅导、培训和咨询服务。

第二十四条 税务机关依法实施环境保护税的税务检查，生态环境主管部门予以配合。

第二十五条 纳税人应当按照税收征收管理的有关规定，妥善保管应税污染物监测和管理的有关资料。

第五章 附 则

第二十六条 本条例自 2018 年 1 月 1 日起施行。2003 年 1 月 2 日国务院公布的《排污费征收使用管理条例》同时废止。

黑龙江省人民代表大会常务委员会关于环境保护税黑龙江省应税大气污染物水污染物适用税额和同一排放口应税污染物项目数的决定

为了贯彻实施《中华人民共和国环境保护税法》，黑龙江省第十二届人民代表大会常务委员会第三十七次会议审议了省人民政府提请的环境保护税我省应税大气污染物、水污染物适用税额和同一排放口应税污染物项目数的议案。会议同意省人民政府提出的议案和省人民代表大会财政经济委员会的审议意见，决定：

一、环境保护税我省应税大气污染物适用税额为每污染当量 1.2 元，应税水污染物适用税额为每污染当量 1.4 元。

二、同一排放口应税污染物项目数不作增加。

本决定自 2018 年 1 月 1 日起施行。

海洋工程环境保护税申报征收办法

2017 年 12 月 27 日　国家税务总局公告 2017 年第 50 号

第一条　为规范海洋工程环境保护税征收管理，根据《中华人民共和国环境保护税法》（以下简称《环境保护税法》）、《中华人民共和国税收征收管理法》及《中华人民共和国海洋环境保护法》，制定本办法。

第二条　本办法适用于在中华人民共和国内水、领海、毗连区、专属经济区、大陆架以及中华人民共和国管辖的其他海域内从事海洋石油、天然气勘探开发生产等作业活动，并向海洋环境排放应税污染物的企业事业单位和其他生产经营者（以下简称纳税人）。

第三条　本办法所称应税污染物，是指大气污染物、水污染物和固体废物。纳税人排放应税污染物，按照下列方法计征环境保护税：

（一）大气污染物。对向海洋环境排放大气污染物的，按照每一排放口或者没有排放口的应税污染物排放量折合的污染当量数从大到小排序后的前三项污染物计征。

（二）水污染物。对向海洋水体排放生产污水和机舱污水、钻井泥浆（包括水基泥浆和无毒复合泥浆，下同）和钻屑及生活污水的，按照应税污染物排放量折合的污染当量数计征。其中，生产污水和机舱污水，按照生产污水和机舱污水中石油类污染物排放量折合的污染当量数计征；钻井泥浆和钻屑按照泥浆和钻屑中石油类、总镉、总汞的污染物排放量折合的污染当量数计征；生活污水按照生活污水中化学需氧量（CODcr）排放量折合的污染当量数计征。

（三）固体废物。对向海洋水体排放生活垃圾的，按照排放量计征。

第四条　海洋工程环境保护税的具体适用税额按照负责征收环境保护税的海洋石油税务（收）管理分局所在地适用的税额标准执行。

生活垃圾按照环境保护税法"其他固体废物"税额标准执行。

第五条　海洋工程环境保护税应纳税额按照下列方法计算：

（一）应税大气污染物的应纳税额为污染当量数乘以具体适用税额。

（二）应税水污染物的应纳税额为污染当量数乘以具体适用税额。

（三）应税固体废物的应纳税额为固体废物排放量乘以具体适用税额。

第六条　海洋工程环境保护税由纳税人所属海洋石油税务（收）管理分局负责征收。纳税人同属两个海洋石油税务（收）管理分局管理的，由国家税务总局确定征收机关。

第七条 海洋工程环境保护税实行按月计算，按季申报缴纳。纳税人应当自季度终了之日起15日内，向税务机关办理纳税申报并缴纳税款。

不能按固定期限计算缴纳的，可以按次申报缴纳。纳税人应当自纳税义务发生之日起15日内，向税务机关办理纳税申报并缴纳税款。

第八条 纳税人应根据排污许可有关规定，向税务机关如实填报纳税人及排放应税污染物的基本信息。纳税人基本信息发生变更的，应及时到税务机关办理变更手续。

纳税人应当按照税收征收管理有关规定，妥善保存应税污染物的监测资料以及税务机关要求留存备查的其他涉税资料。

第九条 海洋行政主管部门和税务机关应当建立涉税信息共享和协作机制。

海洋行政主管部门应当将纳税人的基本信息、污染物排放数据、污染物样品检测校验结果、处理处罚等海洋工程环境保护涉税信息，定期交送税务机关。

税务机关应当将纳税人的纳税申报数据、异常申报情况等环境保护税涉税信息，定期交送海洋行政主管部门。

第十条 国家海洋行政主管部门应当建立健全污染物监测规范，加强应税污染物排放的监测管理。

第十一条 纳税人应当使用符合国家环境监测、计量认证规定和技术规范的污染物流量自动监控仪器对大气污染物和水污染物的排放进行计量，其计量数据作为应税污染物排放数量的依据。

纳税人对生活垃圾排放量应当建立台账管理，留存备查。

第十二条 从事海洋石油勘探开发生产的纳税人，应当按规定对生产污水和机舱污水的含油量进行检测，并使用化学需氧量（$CODcr$）自动检测仪对生活污水的化学需氧量（$CODcr$）进行检测。其检测值作为计算应税污染物排放量的依据。

第十三条 纳税人应当留取钻井泥浆和钻屑的排放样品，按规定定期进行污染物含量检测，其检测值作为计算应税污染物排放量的依据。

第十四条 纳税人运回陆域处理的海洋工程应税污染物，应当按照《环境保护税法》及其相关规定，向污染物排放地税务机关申报缴纳环境保护税。

第十五条 本办法自2018年1月1日起施行。《国家海洋局关于印发〈海洋工程排污费征收标准实施办法〉的通知》（国海环字〔2003〕214号）同时废止。

财政部 国家发展改革委 环境保护部 国家海洋局关于停征排污费等 行政事业性收费有关事项的通知

2018 年 1 月 7 日 财税〔2018〕4 号

各省、自治区、直辖市、计划单列市财政厅（局）、发展改革委、物价局、环境保护厅（局）、海洋与渔业厅（局），新疆生产建设兵团财务局：

为做好排污费改税政策衔接工作，根据《中华人民共和国环境保护税法》、《行政事业性收费项目审批管理暂行办法》（财综〔2004〕100 号）、《关于印发〈政府非税收入管理办法〉的通知》（财税〔2016〕33 号）等有关规定，现就停征排污费等行政事业性收费有关事项通知如下：

一、自 2018 年 1 月 1 日起，在全国范围内统一停征排污费和海洋工程污水排污费。其中，排污费包括：污水排污费、废气排污费、固体废物及危险废物排污费、噪声超标排污费和挥发性有机物排污收费；海洋工程污水排污费包括：生产污水与机舱污水排污费、钻井泥浆与钻屑排污费、生活污水排污费和生活垃圾排污费。

二、各执收部门要继续做好 2018 年 1 月 1 日前排污费和海洋工程污水排污费征收工作，抓紧开展相关清算、追缴，确保应收尽收。排污费和海洋工程污水排污费的清欠收入，按照财政部门规定的渠道全额上缴中央和地方国库。

三、各执收部门要按规定到财政部门办理财政票据缴销手续。

四、自停征排污费和海洋工程污水排污费之日起，《财政部 国家发展改革委 国家环境保护总局关于减免及缓缴排污费等有关问题的通知》（财综〔2003〕38 号）、《财政部 国家发展改革委 环境保护部关于印发〈挥发性有机物排污收费试点办法〉的通知》（财税〔2015〕71 号）、《财政部 国家计委关于批准收取海洋工程污水排污费的复函》（财综〔2003〕2 号）等有关文件同时废止。

财政部 税务总局 生态环境部关于
环境保护税有关问题的通知

2018 年 3 月 30 日 财税〔2018〕23 号

各省、自治区、直辖市、计划单列市财政厅（局）、国家税务局、地方税务局、环境保护厅（局）：

根据《中华人民共和国环境保护税法》及其实施条例的规定，现就环境保护税征收有关问题通知如下：

一、关于应税大气污染物和水污染物排放量的监测计算问题

纳税人委托监测机构对应税大气污染物和水污染物排放量进行监测时，其当月同一个排放口排放的同一种污染物有多个监测数据的，应税大气污染物按照监测数据的平均值计算应税污染物的排放量；应税水污染物按照监测数据以流量为权的加权平均值计算应税污染物的排放量。在环境保护主管部门规定的监测时限内当月无监测数据的，可以跨月沿用最近一次的监测数据计算应税污染物排放量。纳入排污许可管理行业的纳税人，其应税污染物排放量的监测计算方法按照排污许可管理要求执行。

因排放污染物种类多等原因不具备监测条件的，纳税人应当按照《关于发布计算污染物排放量的排污系数和物料衡算方法的公告》（原环境保护部公告 2017 第 81 号）的规定计算应税污染物排放量。其中，相关行业适用的排污系数方法中产排污系数为区间值的，纳税人结合实际情况确定具体适用的产排污系数值；纳入排污许可管理行业的纳税人按照排污许可证的规定确定。生态环境部尚未规定适用排污系数、物料衡算方法的，暂由纳税人参照缴纳排污费时依据的排污系数、物料衡算方法及抽样测算方法计算应税污染物的排放量。[①]

二、关于应税水污染物污染当量数的计算问题

应税水污染物的污染当量数，以该污染物的排放量除以该污染物的污染当量值计算。其中，色度的污染当量数，以污水排放量乘以色度超标倍数再除以适用的污染当量值计算。畜禽养殖业水污染物的污染当量数，以该畜禽养殖场的月均存栏量除以适用的污染当量值计算。畜禽养殖场的月均存栏量按照月初存栏量和月末存栏量的平均

---

① 第一条第二款自 2021 年 5 月 1 日起按《生态环境部 财政部 税务总局关于发布计算环境保护税应税污染物排放量的排污系数和物料衡算方法的公告》（生态环境部 财政部 税务总局公告 2021 年第 16 号）规定执行。

数计算。

三、关于应税固体废物排放量计算和纳税申报问题

应税固体废物的排放量为当期应税固体废物的产生量减去当期应税固体废物贮存量、处置量、综合利用量的余额。纳税人应当准确计量应税固体废物的贮存量、处置量和综合利用量，未准确计量的，不得从其应税固体废物的产生量中减去。纳税人依法将应税固体废物转移至其他单位和个人进行贮存、处置或者综合利用的，固体废物的转移量相应计入其当期应税固体废物的贮存量、处置量或者综合利用量；纳税人接收的应税固体废物转移量，不计入其当期应税固体废物的产生量。纳税人对应税固体废物进行综合利用的，应当符合工业和信息化部制定的工业固体废物综合利用评价管理规范。

纳税人申报纳税时，应当向税务机关报送应税固体废物的产生量、贮存量、处置量和综合利用量，同时报送能够证明固体废物流向和数量的纳税资料，包括固体废物处置利用委托合同、受委托方资质证明、固体废物转移联单、危险废物管理台账复印件等。有关纳税资料已在环境保护税基础信息采集表中采集且未发生变化的，纳税人不再报送。纳税人应当参照危险废物台账管理要求，建立其他应税固体废物管理台账，如实记录产生固体废物的种类、数量、流向以及贮存、处置、综合利用、接收转入等信息，并将应税固体废物管理台账和相关资料留存备查。

四、关于应税噪声应纳税额的计算问题

应税噪声的应纳税额为超过国家规定标准分贝数对应的具体适用税额。噪声超标分贝数不是整数值的，按四舍五入取整。一个单位的同一监测点当月有多个监测数据超标的，以最高一次超标声级计算应纳税额。声源一个月内累计昼间超标不足 15 昼或者累计夜间超标不足 15 夜的，分别减半计算应纳税额。

财政部　税务总局　生态环境部关于明确
环境保护税应税污染物适用等有关问题的通知

2018 年 10 月 25 日　财税〔2018〕117 号

各省、自治区、直辖市、计划单列市财政厅（局）、环境保护厅（局），国家税务总局各省、自治区、直辖市、计划单列市税务局，新疆生产建设兵团财政局、环境保护局：

为保障《中华人民共和国环境保护税法》及其实施条例有效实施，现就环境保护税征收有关问题通知如下：

一、关于应税污染物适用问题

燃烧产生废气中的颗粒物，按照烟尘征收环境保护税。排放的扬尘、工业粉尘等颗粒物，除可以确定为烟尘、石棉尘、玻璃棉尘、炭黑尘的外，按照一般性粉尘征收环境保护税。

二、关于税收减免适用问题

依法设立的生活垃圾焚烧发电厂、生活垃圾填埋场、生活垃圾堆肥厂，属于生活垃圾集中处理场所，其排放应税污染物不超过国家和地方规定的排放标准的，依法予以免征环境保护税。纳税人任何一个排放口排放应税大气污染物、水污染物的浓度值，以及没有排放口排放应税大气污染物的浓度值，超过国家和地方规定的污染物排放标准的，依法不予减征环境保护税。

三、关于应税污染物排放量的监测计算问题

（一）纳税人按照规定须安装污染物自动监测设备并与生态环境主管部门联网的，当自动监测设备发生故障、设备维护、启停炉、停运等状态时，应当按照相关法律法规和《固定污染源烟气（SO_2、NO_x、颗粒物）排放连续监测技术规范》（HJ 75—2017）、《水污染源在线监测系统数据有效性判别技术规范》（HJ/T 356—2007）等规定，对数据状态进行标记，以及对数据缺失、无效时段的污染物排放量进行修约和替代处理，并按标记、处理后的自动监测数据计算应税污染物排放量。相关纳税人当月不能提供符合国家规定和监测规范的自动监测数据的，应当按照排污系数、物料衡算方法计算应税污染物排放量。纳入排污许可管理行业的纳税人，其应税污染物排放量的监测计算方法按照排污许可管理要求执行。

纳税人主动安装使用符合国家规定和监测规范的污染物自动监测设备，但未与生态环境主管部门联网的，可以按照自动监测数据计算应税污染物排放量；不能提供符合国家规定和监测规范的自动监测数据的，应当按照监测机构出具的符合监测规范的监测数据或者排污系数、物料衡算方法计算应税污染物排放量。

（二）纳税人委托监测机构监测应税污染物排放量的，应当按照国家有关规定制定监测方案，并将监测数据资料及时报送生态环境主管部门。监测机构实施的监测项目、方法、时限和频次应当符合国家有关规定和监测规范要求。监测机构出具的监测报告应当包括应税水污染物种类、浓度值和污水流量；应税大气污染物种类、浓度值、排放速率和烟气量；执行的污染物排放标准和排放浓度限值等信息。监测机构对监测数据的真实性、合法性负责，凡发现监测数据弄虚作假的，依照相关法律法规的规定追究法律责任。

纳税人采用委托监测方式，在规定监测时限内当月无监测数据的，可以沿用最近一次的监测数据计算应税污染物排放量，但不得跨季度沿用监测数据。纳税人采用监测机构出具的监测数据申报减免环境保护税的，应当取得申报当月的监测数据；当月无监测数据的，不予减免环境保护税。有关污染物监测浓度值低于生态环境主管部门规定的污染物检出限的，除有特殊管理要求外，视同该污染物排放量为零。生态环境主管部门、计量主管部门发现委托监测数据失真或者弄虚作假的，税务机关应当按照同一纳税期内的监督性监测数据或者排污系数、物料衡算方法计算应税污染物排放量。

（三）在建筑施工、货物装卸和堆存过程中无组织排放应税大气污染物的，按照生态环境部规定的排污系数、物料衡算方法计算应税污染物排放量；不能按照生态环境部规定的排污系数、物料衡算方法计算的，按照省、自治区、直辖市生态环境主管部门规定的抽样测算的方法核定计算应税污染物排放量。

（四）纳税人因环境违法行为受到行政处罚的，应当依据相关法律法规和处罚信息计算违法行为所属期的应税污染物排放量。生态环境主管部门发现纳税人申报信息有误的，应当通知税务机关处理。

四、关于环境保护税征管协作配合问题

各级税务、生态环境主管部门要加快建设和完善涉税信息共享平台，进一步规范涉税信息交换的数据项、交换频率和数据格式，并提高涉税信息交换的及时性、准确性，保障环境保护税征管工作运转顺畅。

黑龙江省环境保护税核定征收管理办法（试行）

2019 年 3 月 21 日　国家税务总局黑龙江省税务局
黑龙江省生态环境厅公告 2019 年第 5 号

根据《中华人民共和国环境保护税法》规定，国家税务总局黑龙江省税务局、黑龙江省生态环境厅联合制定了《黑龙江省环境保护税核定征收管理办法（试行）》，现予以发布，自 2019 年 1 月 1 日起施行。《黑龙江省地方税务局黑龙江省环境保护厅关于发布〈黑龙江省环境保护税核定征收管理办法（试行）〉的公告》（2018 年第 4 号）同时废止。

特此公告

黑龙江省环境保护税核定征收管理办法（试行）

第一章 总 则

第一条 为加强环境保护税征收管理，规范环境保护税核定征收工作，根据《中华人民共和国税收征收管理法》及其实施细则、《中华人民共和国环境保护税法》（以下简称《环境保护税法》）及其实施条例规定，制定本办法。

第二条 本办法所称核定征收，是指根据《环境保护税法》第十条第（四）项、第二十一条的规定，对不能通过监测或排污系数、物料衡算方法确定污染物排放量的纳税人，采用核定方法计算环境保护税的征收方式。

第三条 本办法适用于《环境保护税法》中《禽畜养殖业、小型企业和第三产业水污染物污染当量值》（附件 1）和《黑龙江省部分行业排污特征值系数表》（附件 2）以及《黑龙江省施工扬尘产生、削减特征值系数表》（附件 3）涉及的环境保护税纳税人的征收管理。

第二章 核定方法及计算

第四条 小型企业、第三产业水污染物应纳税额，能够提供实际月污水排放量的，按照《禽畜养殖业、小型企业和第三产业水污染物污染当量值》计算；无法提供实际月污水排放量、但是可以准确计量月用水量的，根据月用水量乘以污水排放系数测算污水排放量，按照《禽畜养殖业、小型企业和第三产业水污染物污染当量值》计算；无法提供实际月污水排放量和月用水量的，按照《黑龙江省部分行业排污特征值系数表》计算。

禽畜养殖业和医院水污染物应纳税额，按照《禽畜养殖业、小型企业和第三产业水污染物污染当量值》计算。其中，禽畜养殖业水污染物应纳税额按照实际养殖禽畜数量折合的污染当量数计算。医院水污染物应纳税额，能够提供实际月污水排放量的，按照《禽畜养殖业、小型企业和第三产业水污染物污染当量值》计算；无法提供实际月污水排放量、但是可以准确计量月用水量的，根据月用水量乘以污水排放系数测算污水排放量；无法提供实际月污水排放量和月用水量的，按照床位数计算。

独立燃烧锅炉、第三产业的大气污染物应纳税额，按照《黑龙江省部分行业排污特征值系数表》计算。

建筑工程和市政工程扬尘大气污染物应纳税额，按照《黑龙江省施工扬尘产生、削减特征值系数表》计算。

第五条 月用水量以自来水表数据或水费缴费单数据为依据，污水排放系数取值为 0.7 ~ 0.9。

第六条 核定征收的月应纳税额按照下列方法计算：

（一）小型企业、部分第三产业和医院水污染物应纳税额

1. 能够提供实际月污水排放量的：

应纳税额 = 水污染当量数 × 单位税额

水污染当量数 = 月污水排放量 ÷ 污染当量值

2. 无法提供实际月污水排放量但能提供月用水量的：

应纳税额 = 水污染当量数 × 单位税额

水污染当量数 = 月污水排放量 ÷ 污染当量值

月污水排放量 = 月用水量 × 污水排放系数

3. 无法提供实际月污水排放量和月用水量的：

医院的应纳税额 = 医院床位数 ÷ 污染当量值 × 单位税额

餐饮业的应纳税额 = 水污染物排污特征值系数 × 单位税额

其他第三产业的应纳税额 = 特征指标值 × 水污染物排污特征值系数 × 单位税额

（二）禽畜养殖业水污染物应纳税额

应纳税额 = 污染当量数 × 单位税额

污染当量数 = 实际养殖禽畜数量（头、羽）÷ 污染当量值

（三）餐饮业和独立燃烧锅炉大气污染物应纳税额

应纳税额 = 大气污染物排污特征值系数 × 单位税额

（四）建筑工程和市政工程扬尘大气污染物应纳税额

应纳税额 = 大气污染当量数 × 单位税额

大气污染当量数 =（扬尘产生量系数 − 扬尘削减量系数）× 月建筑面积（施工面积）÷ 一般性粉尘污染当量值

其中，建筑工地按建筑面积计算；市政工地按施工面积计算，施工面积为建设道路红线宽度乘以施工长度，其他为三倍开挖宽度乘以施工长度，市政工地分段施工时按实际施工面积计算。

第三章　核定程序

第七条 环境保护税核定程序：

（一）自行申请。适用核定征收方式的纳税人应在首次办理环境保护税税源登记或实际经营情况发生变化之日起 15 日内，向主管税务机关提出核定申请或重新核定申请，同时填写《环境保护税基础信息采集表》，并附包括是否安装水表设备、营业面

积、床位等经营信息的情况说明，办理核定征收备案，并对申请资料的真实性承担相应的法律责任。

（二）核定受理。主管税务机关受理纳税人申请，纳税人提供的材料齐全且符合规定的，应当场受理；纳税人提供的资料不齐全或不符合规定的，应当场一次性告知纳税人补正；经主管税务机关核实不具备核定征收条件的，应当做出不予核定征收决定。

（三）核定决定。主管税务机关审核纳税人申报材料并传递至生态环境主管部门，确定纳税人适用的行业类别、特征指标、污染排放特征值系数等，生态环境主管部门应在接到申报材料之日起 7 个工作日内向主管税务机关反馈意见，逾期未反馈视为无异议。

（四）核定公示。主管税务机关应将核定的结果进行公示，公示期限为 5 个工作日。

纳税人在公示期内对核定结果有异议的，提供相关证明材料，由主管税务机关会同生态环境主管部门在 5 个工作日内对相关证明材料进行复核并告知复核结果。对需作调整的，主管税务机关在调整后重新进行公示。

（五）核定送达。公示期满且无异议的，主管税务机关向纳税人依法送达《税务事项通知书》。

（六）核定公布。主管税务机关应将核定结果向社会公布，接受社会各界的监督。

第八条 核定征收按纳税年度核定，即公历 1 月 1 日起至 12 月 31 日止，纳税人在一个纳税年度中间开业或终止经营活动而实际经营期不足十二个月的，以其实际经营期为一个纳税年度进行核定计算；核定期满后，根据纳税人经营情况重新核定。

第四章　征收管理

第九条 纳税人按月计算税额，按季申报纳税。

第十条 纳税人应按照本办法规定如实办理纳税申报，填报《环境保护税纳税申报表（B 类）》，并妥善保管有关资料。

第十一条 纳税人通过更新设备、技术改造等，达到《环境保护税法》第十条前三项规定应税污染物计算条件的，应向主管税务机关申请变更征收方式，提供相应佐证材料（如排污许可证或环境影响评估文件等），经主管税务机关认定，纳税人按照变更后的征收方式，自变更之日的次月起进行纳税申报。

第十二条 各级税务机关要充分利用生态环境主管部门传递的监测信息，加强对申报信息、核定程序等方面的监督检查。

第十三条 生态环境主管部门在监测管理过程中发现纳税人不适用核定征收，向主管税务机关提出意见的，税务机关要及时进行相应处理。

第五章 附 则

第十四条 纳税人和税务机关、生态环境主管部门及其工作人员违反本办法规定的,按照《中华人民共和国税收征收管理法》《中华人民共和国环境保护法》等有关规定处理。

第十五条 小型企业标准暂按照《工业和信息化部 国家统计局 国家发展和改革委员会 财政部关于印发中小企业划型标准规定的通知》(工信部联企业〔2011〕300号)中的规定标准执行。

第十六条 本办法由国家税务总局黑龙江省税务局、黑龙江省生态环境厅负责解释。

第十七条 本办法自 2019 年 1 月 1 日起施行。

附件:1. 禽畜养殖业、小型企业和第三产业水污染物污染当量值

      2. 黑龙江省部分行业排污特征值系数表

      3. 黑龙江省施工扬尘产生、削减特征值系数表

附件 1

禽畜养殖业、小型企业和第三产业水污染物污染当量值

类型		污染当量值	备注
禽畜养殖业	1. 牛	0.1 头	仅对存栏规模大于 50 头牛、500 头猪、5000 羽鸡鸭等的禽畜养殖场征收。
	2. 猪	1 头	
	3. 鸡、鸭等家禽	30 羽	
4. 小型企业		1.8 吨污水	
5. 饮食娱乐服务业		0.5 吨污水	
6. 医院	消毒	0.14 床	医院病床数大于 20 张的按照本表计算污染当量。
		2.8 吨污水	
	不消毒	0.07 床	
		1.4 吨污水	

(本表仅适用于无法进行实际监测或者物料衡算的禽畜养殖业、小型企业和第三产业等小型排污者的水污染物污染当量数。)

附件 2

黑龙江省部分行业排污特征值系数表

行业类型	特征指标（单位）		排污特征值系数	
餐饮业	营业面积（平方米）	100 以下（含 100）	水污染物	70/月
			大气污染物	33/月
		100—300（含 300）	水污染物	150/月
			大气污染物	66/月
		300—500（含 500）	水污染物	430/月
			大气污染物	100/月
		500 以上	水污染物	720/月
			大气污染物	250/月
住宿业	床位（床）		水污染物	3/月·床
洗染服务业（衣物类）	干洗机（台）		水污染物	65/月·台
	水洗机（台）		水污染物	37/月·台
美容美发保健业	床位（床）		水污染物	22/月·床
	座位（个）		水污染物	6/月·个
洗浴业（洗脚、洗澡）	床位（床）		水污染物	15/月·床
	座位（个）		水污染物	20/月·个
	衣柜（个）		水污染物	4/月·个
汽车、摩托车维修与保养业	提升机（台）		水污染物	85/月·台
	地沟（条）		水污染物	43/月·条
	水枪（支）		水污染物	36/月·支
摄影扩印服务业	彩扩机（台）		水污染物	70/月·台
独立燃烧锅炉	锅炉（蒸吨）		大气污染物	166/月（≤2 蒸吨）
备注	1. 在餐饮行业中，废气排污特征值系数针对燃煤燃烧废气，不含油烟类污染物和使用独立燃烧锅炉产生的废气。 2. 餐饮业的营业面积可参照《消防意见审核书》的面积计算。			

附件3

黑龙江省施工扬尘产生、削减特征值系数表

工地类型			扬尘产生量系数（千克/平方米·月）		
建筑施工			1.01		
市政（拆迁）施工			1.64		
工地类型	扬尘类型	扬尘污染控制措施	扬尘排放量削减系数（千克/平方米·月）措施达标		
				是	否
建筑工地	一次扬尘	道路硬化措施		0.071	0
		边界围挡		0.047	0
		裸露地面覆盖		0.047	0
		易扬尘物料覆盖		0.025	0
		定期喷洒抑制剂		0.03	0
	二次扬尘	运输车辆机械冲洗装置		0.31	0
		运输车辆简易冲洗装置		0.155	0
市政（拆迁）工地	一次扬尘	道路硬化措施		0.102	0
		边界围挡		0.102	0
		易扬尘物料覆盖		0.066	0
		定期喷洒抑制剂		0.03	0
	二次扬尘	运输车辆机械冲洗装置		0.68	0
		运输车辆简易冲洗装置		0.034	0

注：施工扬尘是指本地区所有进行建筑工程、市政工程、拆迁工程和道桥施工工程等施工活动过程中产生的对大气造成污染的总悬浮颗粒物、可吸入颗粒物和细颗粒物等粉尘的总称。

生态环境部　财政部　税务总局关于发布
计算环境保护税应税污染物排放量的
排污系数和物料衡算方法的公告

2021 年 4 月 28 日　生态环境部　财政部　税务总局公告 2021 年第 16 号

为贯彻落实《中华人民共和国环境保护税法》，进一步规范因排放污染物种类多等原因不具备监测条件的排污单位应税污染物排放量计算方法，现公告如下：

一、属于排污许可管理的排污单位，适用生态环境部发布的排污许可证申请与核发技术规范中规定的排（产）污系数、物料衡算方法计算应税污染物排放量；排污许可证申请与核发技术规范未规定相关排（产）污系数的，适用生态环境部发布的排放源统计调查制度规定的排（产）污系数方法计算应税污染物排放量。

二、不属于排污许可管理的排污单位，适用生态环境部发布的排放源统计调查制度规定的排（产）污系数方法计算应税污染物排放量。

三、上述情形中仍无相关计算方法的，由各省、自治区、直辖市生态环境主管部门结合本地实际情况，科学合理制定抽样测算方法。

四、本公告自 2021 年 5 月 1 日起施行，《关于发布计算污染物排放量的排污系数和物料衡算方法的公告》（环境保护部公告 2017 年第 81 号）同时废止。《财政部 税务总局 生态环境部关于环境保护税有关问题的通知》（财税〔2018〕23 号）第一条第二款同时改按本公告规定执行。

生态环境部将适时对排污许可证申请与核发技术规范、排放源统计调查制度规定的排（产）污系数、物料衡算方法进行制修订，排污单位自制修订后的排（产）污系数、物料衡算方法实施之日的次月起（未明确实施日期的，以发布日期为实施日期），依据新的系数和方法计算应税污染物排放量。

特此公告。

附件：1. 生态环境部已发布的排污许可证申请与核发技术规范清单（略）

2. 生态环境部已发布的排放源统计调查制度排（产）污系数清单（略）

中华人民共和国水污染防治法

1984 年 5 月 11 日第六届全国人民代表大会常务委员会第五次会议通过，根据 1996 年 5 月 15 日第八届全国人民代表大会常务委员会第十九次会议《关于修改〈中华人民共和国水污染防治法〉的决定》修正，2008 年 2 月 28 日第十届全国人民代表大会常务委员会第三十二次会议修订 2017 年 6 月 27 日第十二届全国人民代表大会常务委员会第二十八次会议修正

第一章 总 则

第一条 为了保护和改善环境，防治水污染，保护水生态，保障饮用水安全，维

护公众健康，推进生态文明建设，促进经济社会可持续发展，制定本法。

第二条 本法适用于中华人民共和国领域内的江河、湖泊、运河、渠道、水库等地表水体以及地下水体的污染防治。

海洋污染防治适用《中华人民共和国海洋环境保护法》。

第三条 水污染防治应当坚持预防为主、防治结合、综合治理的原则，优先保护饮用水水源，严格控制工业污染、城镇生活污染，防治农业面源污染，积极推进生态治理工程建设，预防、控制和减少水环境污染和生态破坏。

第四条 县级以上人民政府应当将水环境保护工作纳入国民经济和社会发展规划。

地方各级人民政府对本行政区域的水环境质量负责，应当及时采取措施防治水污染。

第五条 省、市、县、乡建立河长制，分级分段组织领导本行政区域内江河、湖泊的水资源保护、水域岸线管理、水污染防治、水环境治理等工作。

第六条 国家实行水环境保护目标责任制和考核评价制度，将水环境保护目标完成情况作为对地方人民政府及其负责人考核评价的内容。

第七条 国家鼓励、支持水污染防治的科学技术研究和先进适用技术的推广应用，加强水环境保护的宣传教育。

第八条 国家通过财政转移支付等方式，建立健全对位于饮用水水源保护区区域和江河、湖泊、水库上游地区的水环境生态保护补偿机制。

第九条 县级以上人民政府环境保护主管部门对水污染防治实施统一监督管理。

交通主管部门的海事管理机构对船舶污染水域的防治实施监督管理。

县级以上人民政府水行政、国土资源、卫生、建设、农业、渔业等部门以及重要江河、湖泊的流域水资源保护机构，在各自的职责范围内，对有关水污染防治实施监督管理。

第十条 排放水污染物，不得超过国家或者地方规定的水污染物排放标准和重点水污染物排放总量控制指标。

第十一条 任何单位和个人都有义务保护水环境，并有权对污染损害水环境的行为进行检举。

县级以上人民政府及其有关主管部门对在水污染防治工作中做出显著成绩的单位和个人给予表彰和奖励。

第二章　水污染防治的标准和规划

第十二条 国务院环境保护主管部门制定国家水环境质量标准。

省、自治区、直辖市人民政府可以对国家水环境质量标准中未作规定的项目，制定地方标准，并报国务院环境保护主管部门备案。

第十三条 国务院环境保护主管部门会同国务院水行政主管部门和有关省、自治区、直辖市人民政府，可以根据国家确定的重要江河、湖泊流域水体的使用功能以及有关地区的经济、技术条件，确定该重要江河、湖泊流域的省界水体适用的水环境质量标准，报国务院批准后施行。

第十四条 国务院环境保护主管部门根据国家水环境质量标准和国家经济、技术条件，制定国家水污染物排放标准。

省、自治区、直辖市人民政府对国家水污染物排放标准中未作规定的项目，可以制定地方水污染物排放标准；对国家水污染物排放标准中已作规定的项目，可以制定严于国家水污染物排放标准的地方水污染物排放标准。地方水污染物排放标准须报国务院环境保护主管部门备案。

向已有地方水污染物排放标准的水体排放污染物的，应当执行地方水污染物排放标准。

第十五条 国务院环境保护主管部门和省、自治区、直辖市人民政府，应当根据水污染防治的要求和国家或者地方的经济、技术条件，适时修订水环境质量标准和水污染物排放标准。

第十六条 防治水污染应当按流域或者按区域进行统一规划。国家确定的重要江河、湖泊的流域水污染防治规划，由国务院环境保护主管部门会同国务院经济综合宏观调控、水行政等部门和有关省、自治区、直辖市人民政府编制，报国务院批准。

前款规定外的其他跨省、自治区、直辖市江河、湖泊的流域水污染防治规划，根据国家确定的重要江河、湖泊的流域水污染防治规划和本地实际情况，由有关省、自治区、直辖市人民政府环境保护主管部门会同同级水行政等部门和有关市、县人民政府编制，经有关省、自治区、直辖市人民政府审核，报国务院批准。

省、自治区、直辖市内跨县江河、湖泊的流域水污染防治规划，根据国家确定的重要江河、湖泊的流域水污染防治规划和本地实际情况，由省、自治区、直辖市人民政府环境保护主管部门会同同级水行政等部门编制，报省、自治区、直辖市人民政府批准，并报国务院备案。

经批准的水污染防治规划是防治水污染的基本依据，规划的修订须经原批准机关批准。

县级以上地方人民政府应当根据依法批准的江河、湖泊的流域水污染防治规划，组织制定本行政区域的水污染防治规划。

第十七条 有关市、县级人民政府应当按照水污染防治规划确定的水环境质量改善目标的要求，制定限期达标规划，采取措施按期达标。

有关市、县级人民政府应当将限期达标规划报上一级人民政府备案，并向社会公开。

第十八条 市、县级人民政府每年在向本级人民代表大会或者其常务委员会报告环境状况和环境保护目标完成情况时，应当报告水环境质量限期达标规划执行情况，并向社会公开。

第三章 水污染防治的监督管理

第十九条 新建、改建、扩建直接或者间接向水体排放污染物的建设项目和其他水上设施，应当依法进行环境影响评价。

建设单位在江河、湖泊新建、改建、扩建排污口的，应当取得水行政主管部门或者流域管理机构同意；涉及通航、渔业水域的，环境保护主管部门在审批环境影响评价文件时，应当征求交通、渔业主管部门的意见。

建设项目的水污染防治设施，应当与主体工程同时设计、同时施工、同时投入使用。水污染防治设施应当符合经批准或者备案的环境影响评价文件的要求。

第二十条 国家对重点水污染物排放实施总量控制制度。

重点水污染物排放总量控制指标，由国务院环境保护主管部门在征求国务院有关部门和各省、自治区、直辖市人民政府意见后，会同国务院经济综合宏观调控部门报国务院批准并下达实施。

省、自治区、直辖市人民政府应当按照国务院的规定削减和控制本行政区域的重点水污染物排放总量。具体办法由国务院环境保护主管部门会同国务院有关部门规定。

省、自治区、直辖市人民政府可以根据本行政区域水环境质量状况和水污染防治工作的需要，对国家重点水污染物之外的其他水污染物排放实行总量控制。

对超过重点水污染物排放总量控制指标或者未完成水环境质量改善目标的地区，省级以上人民政府环境保护主管部门应当会同有关部门约谈该地区人民政府的主要负责人，并暂停审批新增重点水污染物排放总量的建设项目的环境影响评价文件。约谈情况应当向社会公开。

第二十一条 直接或者间接向水体排放工业废水和医疗污水以及其他按照规定应当取得排污许可证方可排放的废水、污水的企业事业单位和其他生产经营者，应当取得排污许可证；城镇污水集中处理设施的运营单位，也应当取得排污许可证。排污许可证应当明确排放水污染物的种类、浓度、总量和排放去向等要求。排污许可的具体办法由国务院规定。

禁止企业事业单位和其他生产经营者无排污许可证或者违反排污许可证的规定向水体排放前款规定的废水、污水。

第二十二条 向水体排放污染物的企业事业单位和其他生产经营者，应当按照法律、行政法规和国务院环境保护主管部门的规定设置排污口；在江河、湖泊设置排污口的，还应当遵守国务院水行政主管部门的规定。

第二十三条 实行排污许可管理的企业事业单位和其他生产经营者应当按照国家有关规定和监测规范，对所排放的水污染物自行监测，并保存原始监测记录。重点排污单位还应当安装水污染物排放自动监测设备，与环境保护主管部门的监控设备联网，并保证监测设备正常运行。具体办法由国务院环境保护主管部门规定。

应当安装水污染物排放自动监测设备的重点排污单位名录，由设区的市级以上地方人民政府环境保护主管部门根据本行政区域的环境容量、重点水污染物排放总量控制指标的要求以及排污单位排放水污染物的种类、数量和浓度等因素，商同级有关部门确定。

第二十四条 实行排污许可管理的企业事业单位和其他生产经营者应当对监测数据的真实性和准确性负责。

环境保护主管部门发现重点排污单位的水污染物排放自动监测设备传输数据异常，应当及时进行调查。

第二十五条 国家建立水环境质量监测和水污染物排放监测制度。国务院环境保护主管部门负责制定水环境监测规范，统一发布国家水环境状况信息，会同国务院水行政等部门组织监测网络，统一规划国家水环境质量监测站（点）的设置，建立监测数据共享机制，加强对水环境监测的管理。

第二十六条 国家确定的重要江河、湖泊流域的水资源保护工作机构负责监测其所在流域的省界水体的水环境质量状况，并将监测结果及时报国务院环境保护主管部门和国务院水行政主管部门；有经国务院批准成立的流域水资源保护领导机构的，应当将监测结果及时报告流域水资源保护领导机构。

第二十七条 国务院有关部门和县级以上地方人民政府开发、利用和调节、调度水资源时，应当统筹兼顾，维持江河的合理流量和湖泊、水库以及地下水体的合理水位，保障基本生态用水，维护水体的生态功能。

第二十八条 国务院环境保护主管部门应当会同国务院水行政等部门和有关省、自治区、直辖市人民政府，建立重要江河、湖泊的流域水环境保护联合协调机制，实行统一规划、统一标准、统一监测、统一的防治措施。

第二十九条 国务院环境保护主管部门和省、自治区、直辖市人民政府环境保护主管部门应当会同同级有关部门根据流域生态环境功能需要，明确流域生态环境保护要求，组织开展流域环境资源承载能力监测、评价，实施流域环境资源承载能力预警。

县级以上地方人民政府应当根据流域生态环境功能需要，组织开展江河、湖泊、湿地保护与修复，因地制宜建设人工湿地、水源涵养林、沿河沿湖植被缓冲带和隔离带等生态环境治理与保护工程，整治黑臭水体，提高流域环境资源承载能力。

从事开发建设活动，应当采取有效措施，维护流域生态环境功能，严守生态保护红线。

第三十条 环境保护主管部门和其他依照本法规定行使监督管理权的部门，有权对管辖范围内的排污单位进行现场检查，被检查的单位应当如实反映情况，提供必要的资料。检查机关有义务为被检查的单位保守在检查中获取的商业秘密。

第三十一条 跨行政区域的水污染纠纷，由有关地方人民政府协商解决，或者由其共同的上级人民政府协调解决。

第四章　水污染防治措施

第一节　一般规定

第三十二条 国务院环境保护主管部门应当会同国务院卫生主管部门，根据对公众健康和生态环境的危害和影响程度，公布有毒有害水污染物名录，实行风险管理。

排放前款规定名录中所列有毒有害水污染物的企业事业单位和其他生产经营者，应当对排污口和周边环境进行监测，评估环境风险，排查环境安全隐患，并公开有毒有害水污染物信息，采取有效措施防范环境风险。

第三十三条 禁止向水体排放油类、酸液、碱液或者剧毒废液。

禁止在水体清洗装贮过油类或者有毒污染物的车辆和容器。

第三十四条 禁止向水体排放、倾倒放射性固体废物或者含有高放射性和中放射性物质的废水。

向水体排放含低放射性物质的废水，应当符合国家有关放射性污染防治的规定和标准。

第三十五条 向水体排放含热废水，应当采取措施，保证水体的水温符合水环境质量标准。

第三十六条 含病原体的污水应当经过消毒处理；符合国家有关标准后，方可排放。

第三十七条 禁止向水体排放、倾倒工业废渣、城镇垃圾和其他废弃物。

禁止将含有汞、镉、砷、铬、铅、氰化物、黄磷等的可溶性剧毒废渣向水体排放、倾倒或者直接埋入地下。

存放可溶性剧毒废渣的场所，应当采取防水、防渗漏、防流失的措施。

第三十八条 禁止在江河、湖泊、运河、渠道、水库最高水位线以下的滩地和岸坡堆放、存贮固体废弃物和其他污染物。

第三十九条 禁止利用渗井、渗坑、裂隙、溶洞，私设暗管，篡改、伪造监测数据，或者不正常运行水污染防治设施等逃避监管的方式排放水污染物。

第四十条 化学品生产企业以及工业集聚区、矿山开采区、尾矿库、危险废物处置场、垃圾填埋场等的运营、管理单位，应当采取防渗漏等措施，并建设地下水水质监测井进行监测，防止地下水污染。

加油站等的地下油罐应当使用双层罐或者采取建造防渗池等其他有效措施，并进行防渗漏监测，防止地下水污染。

禁止利用无防渗漏措施的沟渠、坑塘等输送或者存贮含有毒污染物的废水、含病原体的污水和其他废弃物。

第四十一条 多层地下水的含水层水质差异大的，应当分层开采；对已受污染的潜水和承压水，不得混合开采。

第四十二条 兴建地下工程设施或者进行地下勘探、采矿等活动，应当采取防护性措施，防止地下水污染。

报废矿井、钻井或者取水井等，应当实施封井或者回填。

第四十三条 人工回灌补给地下水，不得恶化地下水质。

第二节 工业水污染防治

第四十四条 国务院有关部门和县级以上地方人民政府应当合理规划工业布局，要求造成水污染的企业进行技术改造，采取综合防治措施，提高水的重复利用率，减少废水和污染物排放量。

第四十五条 排放工业废水的企业应当采取有效措施，收集和处理产生的全部废水，防止污染环境。含有毒有害水污染物的工业废水应当分类收集和处理，不得稀释排放。

工业集聚区应当配套建设相应的污水集中处理设施，安装自动监测设备，与环境保护主管部门的监控设备联网，并保证监测设备正常运行。

向污水集中处理设施排放工业废水的，应当按照国家有关规定进行预处理，达到集中处理设施处理工艺要求后方可排放。

第四十六条 国家对严重污染水环境的落后工艺和设备实行淘汰制度。

国务院经济综合宏观调控部门会同国务院有关部门，公布限期禁止采用的严重污染水环境的工艺名录和限期禁止生产、销售、进口、使用的严重污染水环境的设备名录。

生产者、销售者、进口者或者使用者应当在规定的期限内停止生产、销售、进口或者使用列入前款规定的设备名录中的设备。工艺的采用者应当在规定的期限内停止采用列入前款规定的工艺名录中的工艺。

依照本条第二款、第三款规定被淘汰的设备，不得转让给他人使用。

第四十七条 国家禁止新建不符合国家产业政策的小型造纸、制革、印染、染料、炼焦、炼硫、炼砷、炼汞、炼油、电镀、农药、石棉、水泥、玻璃、钢铁、火电以及其他严重污染水环境的生产项目。

第四十八条 企业应当采用原材料利用效率高、污染物排放量少的清洁工艺，并加强管理，减少水污染物的产生。

第三节　城镇水污染防治

第四十九条　城镇污水应当集中处理。

县级以上地方人民政府应当通过财政预算和其他渠道筹集资金，统筹安排建设城镇污水集中处理设施及配套管网，提高本行政区域城镇污水的收集率和处理率。

国务院建设主管部门应当会同国务院经济综合宏观调控、环境保护主管部门，根据城乡规划和水污染防治规划，组织编制全国城镇污水处理设施建设规划。县级以上地方人民政府组织建设、经济综合宏观调控、环境保护、水行政等部门编制本行政区域的城镇污水处理设施建设规划。县级以上地方人民政府建设主管部门应当按照城镇污水处理设施建设规划，组织建设城镇污水集中处理设施及配套管网，并加强对城镇污水集中处理设施运营的监督管理。

城镇污水集中处理设施的运营单位按照国家规定向排污者提供污水处理的有偿服务，收取污水处理费用，保证污水集中处理设施的正常运行。收取的污水处理费用应当用于城镇污水集中处理设施的建设运行和污泥处理处置，不得挪作他用。

城镇污水集中处理设施的污水处理收费、管理以及使用的具体办法，由国务院规定。

第五十条　向城镇污水集中处理设施排放水污染物，应当符合国家或者地方规定的水污染物排放标准。

城镇污水集中处理设施的运营单位，应当对城镇污水集中处理设施的出水水质负责。

环境保护主管部门应当对城镇污水集中处理设施的出水水质和水量进行监督检查。

第五十一条　城镇污水集中处理设施的运营单位或者污泥处理处置单位应当安全处理处置污泥，保证处理处置后的污泥符合国家标准，并对污泥的去向等进行记录。

第四节　农业和农村水污染防治

第五十二条　国家支持农村污水、垃圾处理设施的建设，推进农村污水、垃圾集中处理。

地方各级人民政府应当统筹规划建设农村污水、垃圾处理设施，并保障其正常运行。

第五十三条　制定化肥、农药等产品的质量标准和使用标准，应当适应水环境保护要求。

第五十四条　使用农药，应当符合国家有关农药安全使用的规定和标准。

运输、存贮农药和处置过期失效农药，应当加强管理，防止造成水污染。

第五十五条 县级以上地方人民政府农业主管部门和其他有关部门，应当采取措施，指导农业生产者科学、合理地施用化肥和农药，推广测土配方施肥技术和高效低毒低残留农药，控制化肥和农药的过量使用，防止造成水污染。

第五十六条 国家支持畜禽养殖场、养殖小区建设畜禽粪便、废水的综合利用或者无害化处理设施。

畜禽养殖场、养殖小区应当保证其畜禽粪便、废水的综合利用或者无害化处理设施正常运转，保证污水达标排放，防止污染水环境。

畜禽散养密集区所在地县、乡级人民政府应当组织对畜禽粪便污水进行分户收集、集中处理利用。

第五十七条 从事水产养殖应当保护水域生态环境，科学确定养殖密度，合理投饵和使用药物，防止污染水环境。

第五十八条 农田灌溉用水应当符合相应的水质标准，防止污染土壤、地下水和农产品。

禁止向农田灌溉渠道排放工业废水或者医疗污水。向农田灌溉渠道排放城镇污水以及未综合利用的畜禽养殖废水、农产品加工废水的，应当保证其下游最近的灌溉取水点的水质符合农田灌溉水质标准。

第五节　船舶水污染防治

第五十九条 船舶排放含油污水、生活污水，应当符合船舶污染物排放标准。从事海洋航运的船舶进入内河和港口的，应当遵守内河的船舶污染物排放标准。

船舶的残油、废油应当回收，禁止排入水体。

禁止向水体倾倒船舶垃圾。

船舶装载运输油类或者有毒货物，应当采取防止溢流和渗漏的措施，防止货物落水造成水污染。

进入中华人民共和国内河的国际航线船舶排放压载水的，应当采用压载水处理装置或者采取其他等效措施，对压载水进行灭活等处理。禁止排放不符合规定的船舶压载水。

第六十条 船舶应当按照国家有关规定配置相应的防污设备和器材，并持有合法有效的防止水域环境污染的证书与文书。

船舶进行涉及污染物排放的作业，应当严格遵守操作规程，并在相应的记录簿上如实记载。

第六十一条 港口、码头、装卸站和船舶修造厂所在地市、县级人民政府应当统筹规划建设船舶污染物、废弃物的接收、转运及处理处置设施。

港口、码头、装卸站和船舶修造厂应当备有足够的船舶污染物、废弃物的接收设施。从事船舶污染物、废弃物接收作业，或者从事装载油类、污染危害性货物船舱清洗作业的单位，应当具备与其运营规模相适应的接收处理能力。

第六十二条 船舶及有关作业单位从事有污染风险的作业活动，应当按照有关法律法规和标准，采取有效措施，防止造成水污染。海事管理机构、渔业主管部门应当加强对船舶及有关作业活动的监督管理。

船舶进行散装液体污染危害性货物的过驳作业，应当编制作业方案，采取有效的安全和污染防治措施，并报作业地海事管理机构批准。

禁止采取冲滩方式进行船舶拆解作业。

第五章 饮用水水源和其他特殊水体保护

第六十三条 国家建立饮用水水源保护区制度。饮用水水源保护区分为一级保护区和二级保护区；必要时，可以在饮用水水源保护区外围划定一定的区域作为准保护区。

饮用水水源保护区的划定，由有关市、县人民政府提出划定方案，报省、自治区、直辖市人民政府批准；跨市、县饮用水水源保护区的划定，由有关市、县人民政府协商提出划定方案，报省、自治区、直辖市人民政府批准；协商不成的，由省、自治区、直辖市人民政府环境保护主管部门会同同级水行政、国土资源、卫生、建设等部门提出划定方案，征求同级有关部门的意见后，报省、自治区、直辖市人民政府批准。

跨省、自治区、直辖市的饮用水水源保护区，由有关省、自治区、直辖市人民政府商有关流域管理机构划定；协商不成的，由国务院环境保护主管部门会同同级水行政、国土资源、卫生、建设等部门提出划定方案，征求国务院有关部门的意见后，报国务院批准。

国务院和省、自治区、直辖市人民政府可以根据保护饮用水水源的实际需要，调整饮用水水源保护区的范围，确保饮用水安全。有关地方人民政府应当在饮用水水源保护区的边界设立明确的地理界标和明显的警示标志。

第六十四条 在饮用水水源保护区内，禁止设置排污口。

第六十五条 禁止在饮用水水源一级保护区内新建、改建、扩建与供水设施和保护水源无关的建设项目；已建成的与供水设施和保护水源无关的建设项目，由县级以上人民政府责令拆除或者关闭。

禁止在饮用水水源一级保护区内从事网箱养殖、旅游、游泳、垂钓或者其他可能污染饮用水水体的活动。

第六十六条 禁止在饮用水水源二级保护区内新建、改建、扩建排放污染物的建设项目；已建成的排放污染物的建设项目，由县级以上人民政府责令拆除或者关闭。

在饮用水水源二级保护区内从事网箱养殖、旅游等活动的，应当按照规定采取措施，防止污染饮用水水体。

第六十七条 禁止在饮用水水源准保护区内新建、扩建对水体污染严重的建设项目；改建建设项目，不得增加排污量。

第六十八条 县级以上地方人民政府应当根据保护饮用水水源的实际需要，在准保护区内采取工程措施或者建造湿地、水源涵养林等生态保护措施，防止水污染物直接排入饮用水水体，确保饮用水安全。

第六十九条 县级以上地方人民政府应当组织环境保护等部门，对饮用水水源保护区、地下水型饮用水源的补给区及供水单位周边区域的环境状况和污染风险进行调查评估，筛查可能存在的污染风险因素，并采取相应的风险防范措施。

饮用水水源受到污染可能威胁供水安全的，环境保护主管部门应当责令有关企业事业单位和其他生产经营者采取停止排放水污染物等措施，并通报饮用水供水单位和供水、卫生、水行政等部门；跨行政区域的，还应当通报相关地方人民政府。

第七十条 单一水源供水城市的人民政府应当建设应急水源或者备用水源，有条件的地区可以开展区域联网供水。

县级以上地方人民政府应当合理安排、布局农村饮用水水源，有条件的地区可以采取城镇供水管网延伸或者建设跨村、跨乡镇联片集中供水工程等方式，发展规模集中供水。

第七十一条 饮用水供水单位应当做好取水口和出水口的水质检测工作。发现取水口水质不符合饮用水水源水质标准或者出水口水质不符合饮用水卫生标准的，应当及时采取相应措施，并向所在地市、县级人民政府供水主管部门报告。供水主管部门接到报告后，应当通报环境保护、卫生、水行政等部门。

饮用水供水单位应当对供水水质负责，确保供水设施安全可靠运行，保证供水水质符合国家有关标准。

第七十二条 县级以上地方人民政府应当组织有关部门监测、评估本行政区域内饮用水水源、供水单位供水和用户水龙头出水的水质等饮用水安全状况。

县级以上地方人民政府有关部门应当至少每季度向社会公开一次饮用水安全状况信息。

第七十三条 国务院和省、自治区、直辖市人民政府根据水环境保护的需要，可以规定在饮用水水源保护区内，采取禁止或者限制使用含磷洗涤剂、化肥、农药以及限制种植养殖等措施。

第七十四条 县级以上人民政府可以对风景名胜区水体、重要渔业水体和其他具有特殊经济文化价值的水体划定保护区，并采取措施，保证保护区的水质符合规定用途的水环境质量标准。

第七十五条 在风景名胜区水体、重要渔业水体和其他具有特殊经济文化价值的水体的保护区内，不得新建排污口。在保护区附近新建排污口，应当保证保护区水体不受污染。

第六章　水污染事故处置

第七十六条　各级人民政府及其有关部门，可能发生水污染事故的企业事业单位，应当依照《中华人民共和国突发事件应对法》的规定，做好突发水污染事故的应急准备、应急处置和事后恢复等工作。

第七十七条　可能发生水污染事故的企业事业单位，应当制定有关水污染事故的应急方案，做好应急准备，并定期进行演练。

生产、储存危险化学品的企业事业单位，应当采取措施，防止在处理安全生产事故过程中产生的可能严重污染水体的消防废水、废液直接排入水体。

第七十八条　企业事业单位发生事故或者其他突发性事件，造成或者可能造成水污染事故的，应当立即启动本单位的应急方案，采取隔离等应急措施，防止水污染物进入水体，并向事故发生地的县级以上地方人民政府或者环境保护主管部门报告。环境保护主管部门接到报告后，应当及时向本级人民政府报告，并抄送有关部门。

造成渔业污染事故或者渔业船舶造成水污染事故的，应当向事故发生地的渔业主管部门报告，接受调查处理。其他船舶造成水污染事故的，应当向事故发生地的海事管理机构报告，接受调查处理；给渔业造成损害的，海事管理机构应当通知渔业主管部门参与调查处理。

第七十九条　市、县级人民政府应当组织编制饮用水安全突发事件应急预案。

饮用水供水单位应当根据所在地饮用水安全突发事件应急预案，制定相应的突发事件应急方案，报所在地市、县级人民政府备案，并定期进行演练。

饮用水水源发生水污染事故，或者发生其他可能影响饮用水安全的突发性事件，饮用水供水单位应当采取应急处理措施，向所在地市、县级人民政府报告，并向社会公开。有关人民政府应当根据情况及时启动应急预案，采取有效措施，保障供水安全。

第七章　法律责任

第八十条　环境保护主管部门或者其他依照本法规定行使监督管理权的部门，不依法作出行政许可或者办理批准文件的，发现违法行为或者接到对违法行为的举报后不予查处的，或者有其他未依照本法规定履行职责的行为的，对直接负责的主管人员和其他直接责任人员依法给予处分。

第八十一条　以拖延、围堵、滞留执法人员等方式拒绝、阻挠环境保护主管部门或者其他依照本法规定行使监督管理权的部门的监督检查，或者在接受监督检查时弄虚作假的，由县级以上人民政府环境保护主管部门或者其他依照本法规定行使监督管理权的部门责令改正，处二万元以上二十万元以下的罚款。

第八十二条 违反本法规定，有下列行为之一的，由县级以上人民政府环境保护主管部门责令限期改正，处二万元以上二十万元以下的罚款；逾期不改正的，责令停产整治：

（一）未按照规定对所排放的水污染物自行监测，或者未保存原始监测记录的；

（二）未按照规定安装水污染物排放自动监测设备，未按照规定与环境保护主管部门的监控设备联网，或者未保证监测设备正常运行的；

（三）未按照规定对有毒有害水污染物的排污口和周边环境进行监测，或者未公开有毒有害水污染物信息的。

第八十三条 违反本法规定，有下列行为之一的，由县级以上人民政府环境保护主管部门责令改正或者责令限制生产、停产整治，并处十万元以上一百万元以下的罚款；情节严重的，报经有批准权的人民政府批准，责令停业、关闭：

（一）未依法取得排污许可证排放水污染物的；

（二）超过水污染物排放标准或者超过重点水污染物排放总量控制指标排放水污染物的；

（三）利用渗井、渗坑、裂隙、溶洞，私设暗管，篡改、伪造监测数据，或者不正常运行水污染防治设施等逃避监管的方式排放水污染物的；

（四）未按照规定进行预处理，向污水集中处理设施排放不符合处理工艺要求的工业废水的。

第八十四条 在饮用水水源保护区内设置排污口的，由县级以上地方人民政府责令限期拆除，处十万元以上五十万元以下的罚款；逾期不拆除的，强制拆除，所需费用由违法者承担，处五十万元以上一百万元以下的罚款，并可以责令停产整治。

除前款规定外，违反法律、行政法规和国务院环境保护主管部门的规定设置排污口的，由县级以上地方人民政府环境保护主管部门责令限期拆除，处二万元以上十万元以下的罚款；逾期不拆除的，强制拆除，所需费用由违法者承担，处十万元以上五十万元以下的罚款；情节严重的，可以责令停产整治。

未经水行政主管部门或者流域管理机构同意，在江河、湖泊新建、改建、扩建排污口的，由县级以上人民政府水行政主管部门或者流域管理机构依据职权，依照前款规定采取措施、给予处罚。

第八十五条 有下列行为之一的，由县级以上地方人民政府环境保护主管部门责令停止违法行为，限期采取治理措施，消除污染，处以罚款；逾期不采取治理措施的，环境保护主管部门可以指定有治理能力的单位代为治理，所需费用由违法者承担：

（一）向水体排放油类、酸液、碱液的；

（二）向水体排放剧毒废液，或者将含有汞、镉、砷、铬、铅、氰化物、黄磷等的可溶性剧毒废渣向水体排放、倾倒或者直接埋入地下的；

（三）在水体清洗装贮过油类、有毒污染物的车辆或者容器的；

（四）向水体排放、倾倒工业废渣、城镇垃圾或者其他废弃物，或者在江河、湖泊、运河、渠道、水库最高水位线以下的滩地、岸坡堆放、存贮固体废弃物或者其他污染物的；

（五）向水体排放、倾倒放射性固体废物或者含有高放射性、中放射性物质的废水的；

（六）违反国家有关规定或者标准，向水体排放含低放射性物质的废水、热废水或者含病原体的污水的；

（七）未采取防渗漏等措施，或者未建设地下水水质监测井进行监测的；

（八）加油站等的地下油罐未使用双层罐或者采取建造防渗池等其他有效措施，或者未进行防渗漏监测的；

（九）未按照规定采取防护性措施，或者利用无防渗漏措施的沟渠、坑塘等输送或者存贮含有毒污染物的废水、含病原体的污水或者其他废弃物的。

有前款第三项、第四项、第六项、第七项、第八项行为之一的，处二万元以上二十万元以下的罚款。有前款第一项、第二项、第五项、第九项行为之一的，处十万元以上一百万元以下的罚款；情节严重的，报经有批准权的人民政府批准，责令停业、关闭。

第八十六条 违反本法规定，生产、销售、进口或者使用列入禁止生产、销售、进口、使用的严重污染水环境的设备名录中的设备，或者采用列入禁止采用的严重污染水环境的工艺名录中的工艺的，由县级以上人民政府经济综合宏观调控部门责令改正，处五万元以上二十万元以下的罚款；情节严重的，由县级以上人民政府经济综合宏观调控部门提出意见，报请本级人民政府责令停业、关闭。

第八十七条 违反本法规定，建设不符合国家产业政策的小型造纸、制革、印染、染料、炼焦、炼硫、炼砷、炼汞、炼油、电镀、农药、石棉、水泥、玻璃、钢铁、火电以及其他严重污染水环境的生产项目的，由所在地的市、县人民政府责令关闭。

第八十八条 城镇污水集中处理设施的运营单位或者污泥处理处置单位，处理处置后的污泥不符合国家标准，或者对污泥去向等未进行记录的，由城镇排水主管部门责令限期采取治理措施，给予警告；造成严重后果的，处十万元以上二十万元以下的罚款；逾期不采取治理措施的，城镇排水主管部门可以指定有治理能力的单位代为治理，所需费用由违法者承担。

第八十九条 船舶未配置相应的防污染设备和器材，或者未持有合法有效的防止水域环境污染的证书与文书的，由海事管理机构、渔业主管部门按照职责分工责令限期改正，处二千元以上二万元以下的罚款；逾期不改正的，责令船舶临时停航。

船舶进行涉及污染物排放的作业，未遵守操作规程或者未在相应的记录簿上如实记载的，由海事管理机构、渔业主管部门按照职责分工责令改正，处二千元以上二万元以下的罚款。

第九十条 违反本法规定，有下列行为之一的，由海事管理机构、渔业主管部门按照职责分工责令停止违法行为，处一万元以上十万元以下的罚款；造成水污染的，责令限期采取治理措施，消除污染，处二万元以上二十万元以下的罚款；逾期不采取治理措施的，海事管理机构、渔业主管部门按照职责分工可以指定有治理能力的单位代为治理，所需费用由船舶承担：

（一）向水体倾倒船舶垃圾或者排放船舶的残油、废油的；

（二）未经作业地海事管理机构批准，船舶进行散装液体污染危害性货物的过驳作业的；

（三）船舶及有关作业单位从事有污染风险的作业活动，未按照规定采取污染防治措施的；

（四）以冲滩方式进行船舶拆解的；

（五）进入中华人民共和国内河的国际航线船舶，排放不符合规定的船舶压载水的。

第九十一条 有下列行为之一的，由县级以上地方人民政府环境保护主管部门责令停止违法行为，处十万元以上五十万元以下的罚款；并报经有批准权的人民政府批准，责令拆除或者关闭：

（一）在饮用水水源一级保护区内新建、改建、扩建与供水设施和保护水源无关的建设项目的；

（二）在饮用水水源二级保护区内新建、改建、扩建排放污染物的建设项目的；

（三）在饮用水水源准保护区内新建、扩建对水体污染严重的建设项目，或者改建建设项目增加排污量的。

在饮用水水源一级保护区内从事网箱养殖或者组织进行旅游、垂钓或者其他可能污染饮用水水体的活动的，由县级以上地方人民政府环境保护主管部门责令停止违法行为，处二万元以上十万元以下的罚款。个人在饮用水水源一级保护区内游泳、垂钓或者从事其他可能污染饮用水水体的活动的，由县级以上地方人民政府环境保护主管部门责令停止违法行为，可以处五百元以下的罚款。

第九十二条 饮用水供水单位供水水质不符合国家规定标准的，由所在地市、县级人民政府供水主管部门责令改正，处二万元以上二十万元以下的罚款；情节严重的，报经有批准权的人民政府批准，可以责令停业整顿；对直接负责的主管人员和其他直接责任人员依法给予处分。

第九十三条 企业事业单位有下列行为之一的，由县级以上人民政府环境保护主管部门责令改正；情节严重的，处二万元以上十万元以下的罚款：

（一）不按照规定制定水污染事故的应急方案的；

（二）水污染事故发生后，未及时启动水污染事故的应急方案，采取有关应急措施的。

第九十四条 企业事业单位违反本法规定，造成水污染事故的，除依法承担赔偿责任外，由县级以上人民政府环境保护主管部门依照本条第二款的规定处以罚款，责令限期采取治理措施，消除污染；未按照要求采取治理措施或者不具备治理能力的，由环境保护主管部门指定有治理能力的单位代为治理，所需费用由违法者承担；对造成重大或者特大水污染事故的，还可以报经有批准权的人民政府批准，责令关闭；对直接负责的主管人员和其他直接责任人员可以处上一年度从本单位取得的收入百分之五十以下的罚款；有《中华人民共和国环境保护法》第六十三条规定的违法排放水污染物等行为之一，尚不构成犯罪的，由公安机关对直接负责的主管人员和其他直接责任人员处十日以上十五日以下的拘留；情节较轻的，处五日以上十日以下的拘留。

对造成一般或者较大水污染事故的，按照水污染事故造成的直接损失的百分之二十计算罚款；对造成重大或者特大水污染事故的，按照水污染事故造成的直接损失的百分之三十计算罚款。

造成渔业污染事故或者渔业船舶造成水污染事故的，由渔业主管部门进行处罚；其他船舶造成水污染事故的，由海事管理机构进行处罚。

第九十五条 企业事业单位和其他生产经营者违法排放水污染物，受到罚款处罚，被责令改正的，依法作出处罚决定的行政机关应当组织复查，发现其继续违法排放水污染物或者拒绝、阻挠复查的，依照《中华人民共和国环境保护法》的规定按日连续处罚。

第九十六条 因水污染受到损害的当事人，有权要求排污方排除危害和赔偿损失。

由于不可抗力造成水污染损害的，排污方不承担赔偿责任；法律另有规定的除外。

水污染损害是由受害人故意造成的，排污方不承担赔偿责任。水污染损害是由受害人重大过失造成的，可以减轻排污方的赔偿责任。

水污染损害是由第三人造成的，排污方承担赔偿责任后，有权向第三人追偿。

第九十七条 因水污染引起的损害赔偿责任和赔偿金额的纠纷，可以根据当事人的请求，由环境保护主管部门或者海事管理机构、渔业主管部门按照职责分工调解处理；调解不成的，当事人可以向人民法院提起诉讼。当事人也可以直接向人民法院提起诉讼。

第九十八条 因水污染引起的损害赔偿诉讼，由排污方就法律规定的免责事由及其行为与损害结果之间不存在因果关系承担举证责任。

第九十九条 因水污染受到损害的当事人人数众多的，可以依法由当事人推选代表人进行共同诉讼。

环境保护主管部门和有关社会团体可以依法支持因水污染受到损害的当事人向人

民法院提起诉讼。

国家鼓励法律服务机构和律师为水污染损害诉讼中的受害人提供法律援助。

第一百条 因水污染引起的损害赔偿责任和赔偿金额的纠纷，当事人可以委托环境监测机构提供监测数据。环境监测机构应当接受委托，如实提供有关监测数据。

第一百零一条 违反本法规定，构成犯罪的，依法追究刑事责任。

第八章 附 则

第一百零二条 本法中下列用语的含义：

（一）水污染，是指水体因某种物质的介入，而导致其化学、物理、生物或者放射性等方面特性的改变，从而影响水的有效利用，危害人体健康或者破坏生态环境，造成水质恶化的现象。

（二）水污染物，是指直接或者间接向水体排放的，能导致水体污染的物质。

（三）有毒污染物，是指那些直接或者间接被生物摄入体内后，可能导致该生物或者其后代发病、行为反常、遗传异变、生理机能失常、机体变形或者死亡的污染物。

（四）污泥，是指污水处理过程中产生的半固态或者固态物质。

（五）渔业水体，是指划定的鱼虾类的产卵场、索饵场、越冬场、洄游通道和鱼虾贝藻类的养殖场的水体。

第一百零三条 本法自 2008 年 6 月 1 日起施行。

中华人民共和国环境保护法

1989 年 12 月 26 日第七届全国人民代表大会常务委员会第十一次会议通过 2014 年 4 月 24 日第十二届全国人民代表大会常务委员会第八次会议修订

目 录

第六章　法律责任

第七章　附则

第一章　总　　则

第一条　为保护和改善环境，防治污染和其他公害，保障公众健康，推进生态文明建设，促进经济社会可持续发展，制定本法。

第二条　本法所称环境，是指影响人类生存和发展的各种天然的和经过人工改造的自然因素的总体，包括大气、水、海洋、土地、矿藏、森林、草原、湿地、野生生物、自然遗迹、人文遗迹、自然保护区、风景名胜区、城市和乡村等。

第三条　本法适用于中华人民共和国领域和中华人民共和国管辖的其他海域。

第四条　保护环境是国家的基本国策。

国家采取有利于节约和循环利用资源、保护和改善环境、促进人与自然和谐的经济、技术政策和措施，使经济社会发展与环境保护相协调。

第五条　环境保护坚持保护优先、预防为主、综合治理、公众参与、损害担责的原则。

第六条　一切单位和个人都有保护环境的义务。

地方各级人民政府应当对本行政区域的环境质量负责。

企业事业单位和其他生产经营者应当防止、减少环境污染和生态破坏，对所造成的损害依法承担责任。

公民应当增强环境保护意识，采取低碳、节俭的生活方式，自觉履行环境保护义务。

第七条　国家支持环境保护科学技术研究、开发和应用，鼓励环境保护产业发展，促进环境保护信息化建设，提高环境保护科学技术水平。

第八条　各级人民政府应当加大保护和改善环境、防治污染和其他公害的财政投入，提高财政资金的使用效益。

第九条　各级人民政府应当加强环境保护宣传和普及工作，鼓励基层群众性自治组织、社会组织、环境保护志愿者开展环境保护法律法规和环境保护知识的宣传，营造保护环境的良好风气。

教育行政部门、学校应当将环境保护知识纳入学校教育内容，培养学生的环境保护意识。

新闻媒体应当开展环境保护法律法规和环境保护知识的宣传，对环境违法行为进行舆论监督。

第十条　国务院环境保护主管部门，对全国环境保护工作实施统一监督管理；县级以上地方人民政府环境保护主管部门，对本行政区域环境保护工作实施统一监督管理。

县级以上人民政府有关部门和军队环境保护部门，依照有关法律的规定对资源保护和污染防治等环境保护工作实施监督管理。

第十一条 对保护和改善环境有显著成绩的单位和个人，由人民政府给予奖励。

第十二条 每年 6 月 5 日为环境日。

第二章 监督管理

第十三条 县级以上人民政府应当将环境保护工作纳入国民经济和社会发展规划。

国务院环境保护主管部门会同有关部门，根据国民经济和社会发展规划编制国家环境保护规划，报国务院批准并公布实施。

县级以上地方人民政府环境保护主管部门会同有关部门，根据国家环境保护规划的要求，编制本行政区域的环境保护规划，报同级人民政府批准并公布实施。

环境保护规划的内容应当包括生态保护和污染防治的目标、任务、保障措施等，并与主体功能区规划、土地利用总体规划和城乡规划等相衔接。

第十四条 国务院有关部门和省、自治区、直辖市人民政府组织制定经济、技术政策，应当充分考虑对环境的影响，听取有关方面和专家的意见。

第十五条 国务院环境保护主管部门制定国家环境质量标准。

省、自治区、直辖市人民政府对国家环境质量标准中未作规定的项目，可以制定地方环境质量标准；对国家环境质量标准中已作规定的项目，可以制定严于国家环境质量标准的地方环境质量标准。地方环境质量标准应当报国务院环境保护主管部门备案。

国家鼓励开展环境基准研究。

第十六条 国务院环境保护主管部门根据国家环境质量标准和国家经济、技术条件，制定国家污染物排放标准。

省、自治区、直辖市人民政府对国家污染物排放标准中未作规定的项目，可以制定地方污染物排放标准；对国家污染物排放标准中已作规定的项目，可以制定严于国家污染物排放标准的地方污染物排放标准。地方污染物排放标准应当报国务院环境保护主管部门备案。

第十七条 国家建立、健全环境监测制度。国务院环境保护主管部门制定监测规范，会同有关部门组织监测网络，统一规划国家环境质量监测站（点）的设置，建立监测数据共享机制，加强对环境监测的管理。

有关行业、专业等各类环境质量监测站（点）的设置应当符合法律法规规定和监测规范的要求。

监测机构应当使用符合国家标准的监测设备，遵守监测规范。监测机构及其负责人对监测数据的真实性和准确性负责。

第十八条 省级以上人民政府应当组织有关部门或者委托专业机构,对环境状况进行调查、评价,建立环境资源承载能力监测预警机制。

第十九条 编制有关开发利用规划,建设对环境有影响的项目,应当依法进行环境影响评价。

未依法进行环境影响评价的开发利用规划,不得组织实施;未依法进行环境影响评价的建设项目,不得开工建设。

第二十条 国家建立跨行政区域的重点区域、流域环境污染和生态破坏联合防治协调机制,实行统一规划、统一标准、统一监测、统一的防治措施。

前款规定以外的跨行政区域的环境污染和生态破坏的防治,由上级人民政府协调解决,或者由有关地方人民政府协商解决。

第二十一条 国家采取财政、税收、价格、政府采购等方面的政策和措施,鼓励和支持环境保护技术装备、资源综合利用和环境服务等环境保护产业的发展。

第二十二条 企业事业单位和其他生产经营者,在污染物排放符合法定要求的基础上,进一步减少污染物排放的,人民政府应当依法采取财政、税收、价格、政府采购等方面的政策和措施予以鼓励和支持。

第二十三条 企业事业单位和其他生产经营者,为改善环境,依照有关规定转产、搬迁、关闭的,人民政府应当予以支持。

第二十四条 县级以上人民政府环境保护主管部门及其委托的环境监察机构和其他负有环境保护监督管理职责的部门,有权对排放污染物的企业事业单位和其他生产经营者进行现场检查。被检查者应当如实反映情况,提供必要的资料。实施现场检查的部门、机构及其工作人员应当为被检查者保守商业秘密。

第二十五条 企业事业单位和其他生产经营者违反法律法规规定排放污染物,造成或者可能造成严重污染的,县级以上人民政府环境保护主管部门和其他负有环境保护监督管理职责的部门,可以查封、扣押造成污染物排放的设施、设备。

第二十六条 国家实行环境保护目标责任制和考核评价制度。县级以上人民政府应当将环境保护目标完成情况纳入对本级人民政府负有环境保护监督管理职责的部门及其负责人和下级人民政府及其负责人的考核内容,作为对其考核评价的重要依据。考核结果应当向社会公开。

第二十七条 县级以上人民政府应当每年向本级人民代表大会或者人民代表大会常务委员会报告环境状况和环境保护目标完成情况,对发生的重大环境事件应当及时向本级人民代表大会常务委员会报告,依法接受监督。

第三章　保护和改善环境

第二十八条　地方各级人民政府应当根据环境保护目标和治理任务，采取有效措施，改善环境质量。

未达到国家环境质量标准的重点区域、流域的有关地方人民政府，应当制定限期达标规划，并采取措施按期达标。

第二十九条　国家在重点生态功能区、生态环境敏感区和脆弱区等区域划定生态保护红线，实行严格保护。

各级人民政府对具有代表性的各种类型的自然生态系统区域，珍稀、濒危的野生动植物自然分布区域，重要的水源涵养区域，具有重大科学文化价值的地质构造、著名溶洞和化石分布区、冰川、火山、温泉等自然遗迹，以及人文遗迹、古树名木，应当采取措施予以保护，严禁破坏。

第三十条　开发利用自然资源，应当合理开发，保护生物多样性，保障生态安全，依法制定有关生态保护和恢复治理方案并予以实施。

引进外来物种以及研究、开发和利用生物技术，应当采取措施，防止对生物多样性的破坏。

第三十一条　国家建立、健全生态保护补偿制度。

国家加大对生态保护地区的财政转移支付力度。有关地方人民政府应当落实生态保护补偿资金，确保其用于生态保护补偿。

国家指导受益地区和生态保护地区人民政府通过协商或者按照市场规则进行生态保护补偿。

第三十二条　国家加强对大气、水、土壤等的保护，建立和完善相应的调查、监测、评估和修复制度。

第三十三条　各级人民政府应当加强对农业环境的保护，促进农业环境保护新技术的使用，加强对农业污染源的监测预警，统筹有关部门采取措施，防治土壤污染和土地沙化、盐渍化、贫瘠化、石漠化、地面沉降以及防治植被破坏、水土流失、水体富营养化、水源枯竭、种源灭绝等生态失调现象，推广植物病虫害的综合防治。

县级、乡级人民政府应当提高农村环境保护公共服务水平，推动农村环境综合整治。

第三十四条　国务院和沿海地方各级人民政府应当加强对海洋环境的保护。向海洋排放污染物、倾倒废弃物，进行海岸工程和海洋工程建设，应当符合法律法规规定和有关标准，防止和减少对海洋环境的污染损害。

第三十五条　城乡建设应当结合当地自然环境的特点，保护植被、水域和自然景观，加强城市园林、绿地和风景名胜区的建设与管理。

第三十六条 国家鼓励和引导公民、法人和其他组织使用有利于保护环境的产品和再生产品，减少废弃物的产生。

国家机关和使用财政资金的其他组织应当优先采购和使用节能、节水、节材等有利于保护环境的产品、设备和设施。

第三十七条 地方各级人民政府应当采取措施，组织对生活废弃物的分类处置、回收利用。

第三十八条 公民应当遵守环境保护法律法规，配合实施环境保护措施，按照规定对生活废弃物进行分类放置，减少日常生活对环境造成的损害。

第三十九条 国家建立、健全环境与健康监测、调查和风险评估制度；鼓励和组织开展环境质量对公众健康影响的研究，采取措施预防和控制与环境污染有关的疾病。

第四章　防治污染和其他公害

第四十条 国家促进清洁生产和资源循环利用。

国务院有关部门和地方各级人民政府应当采取措施，推广清洁能源的生产和使用。

企业应当优先使用清洁能源，采用资源利用率高、污染物排放量少的工艺、设备以及废弃物综合利用技术和污染物无害化处理技术，减少污染物的产生。

第四十一条 建设项目中防治污染的设施，应当与主体工程同时设计、同时施工、同时投产使用。防治污染的设施应当符合经批准的环境影响评价文件的要求，不得擅自拆除或者闲置。

第四十二条 排放污染物的企业事业单位和其他生产经营者，应当采取措施，防治在生产建设或者其他活动中产生的废气、废水、废渣、医疗废物、粉尘、恶臭气体、放射性物质以及噪声、振动、光辐射、电磁辐射等对环境的污染和危害。

排放污染物的企业事业单位，应当建立环境保护责任制度，明确单位负责人和相关人员的责任。

重点排污单位应当按照国家有关规定和监测规范安装使用监测设备，保证监测设备正常运行，保存原始监测记录。

严禁通过暗管、渗井、渗坑、灌注或者篡改、伪造监测数据，或者不正常运行防治污染设施等逃避监管的方式违法排放污染物。

第四十三条 排放污染物的企业事业单位和其他生产经营者，应当按照国家有关规定缴纳排污费。排污费应当全部专项用于环境污染防治，任何单位和个人不得截留、挤占或者挪作他用。

依照法律规定征收环境保护税的，不再征收排污费。

第四十四条 国家实行重点污染物排放总量控制制度。重点污染物排放总量控制指标由国务院下达，省、自治区、直辖市人民政府分解落实。企业事业单位在执行国家和地方污染物排放标准的同时，应当遵守分解落实到本单位的重点污染物排放总量控制指标。

对超过国家重点污染物排放总量控制指标或者未完成国家确定的环境质量目标的地区，省级以上人民政府环境保护主管部门应当暂停审批其新增重点污染物排放总量的建设项目环境影响评价文件。

第四十五条 国家依照法律规定实行排污许可管理制度。

实行排污许可管理的企业事业单位和其他生产经营者应当按照排污许可证的要求排放污染物；未取得排污许可证的，不得排放污染物。

第四十六条 国家对严重污染环境的工艺、设备和产品实行淘汰制度。任何单位和个人不得生产、销售或者转移、使用严重污染环境的工艺、设备和产品。

禁止引进不符合我国环境保护规定的技术、设备、材料和产品。

第四十七条 各级人民政府及其有关部门和企业事业单位，应当依照《中华人民共和国突发事件应对法》的规定，做好突发环境事件的风险控制、应急准备、应急处置和事后恢复等工作。

县级以上人民政府应当建立环境污染公共监测预警机制，组织制定预警方案；环境受到污染，可能影响公众健康和环境安全时，依法及时公布预警信息，启动应急措施。

企业事业单位应当按照国家有关规定制定突发环境事件应急预案，报环境保护主管部门和有关部门备案。在发生或者可能发生突发环境事件时，企业事业单位应当立即采取措施处理，及时通报可能受到危害的单位和居民，并向环境保护主管部门和有关部门报告。

突发环境事件应急处置工作结束后，有关人民政府应当立即组织评估事件造成的环境影响和损失，并及时将评估结果向社会公布。

第四十八条 生产、储存、运输、销售、使用、处置化学物品和含有放射性物质的物品，应当遵守国家有关规定，防止污染环境。

第四十九条 各级人民政府及其农业等有关部门和机构应当指导农业生产经营者科学种植和养殖，科学合理施用农药、化肥等农业投入品，科学处置农用薄膜、农作物秸秆等农业废弃物，防止农业面源污染。

禁止将不符合农用标准和环境保护标准的固体废物、废水施入农田。施用农药、化肥等农业投入品及进行灌溉，应当采取措施，防止重金属和其他有毒有害物质污染环境。

畜禽养殖场、养殖小区、定点屠宰企业等的选址、建设和管理应当符合有关法律法规规定。从事畜禽养殖和屠宰的单位和个人应当采取措施，对畜禽粪便、尸体和污水等废弃物进行科学处置，防止污染环境。

县级人民政府负责组织农村生活废弃物的处置工作。

第五十条 各级人民政府应当在财政预算中安排资金，支持农村饮用水水源地保护、生活污水和其他废弃物处理、畜禽养殖和屠宰污染防治、土壤污染防治和农村工矿污染治理等环境保护工作。

第五十一条 各级人民政府应当统筹城乡建设污水处理设施及配套管网，固体废物的收集、运输和处置等环境卫生设施，危险废物集中处置设施、场所以及其他环境保护公共设施，并保障其正常运行。

第五十二条 国家鼓励投保环境污染责任保险。

第五章 信息公开和公众参与

第五十三条 公民、法人和其他组织依法享有获取环境信息、参与和监督环境保护的权利。

各级人民政府环境保护主管部门和其他负有环境保护监督管理职责的部门，应当依法公开环境信息、完善公众参与程序，为公民、法人和其他组织参与和监督环境保护提供便利。

第五十四条 国务院环境保护主管部门统一发布国家环境质量、重点污染源监测信息及其他重大环境信息。省级以上人民政府环境保护主管部门定期发布环境状况公报。

县级以上人民政府环境保护主管部门和其他负有环境保护监督管理职责的部门，应当依法公开环境质量、环境监测、突发环境事件以及环境行政许可、行政处罚、排污费的征收和使用情况等信息。

县级以上地方人民政府环境保护主管部门和其他负有环境保护监督管理职责的部门，应当将企业事业单位和其他生产经营者的环境违法信息记入社会诚信档案，及时向社会公布违法者名单。

第五十五条 重点排污单位应当如实向社会公开其主要污染物的名称、排放方式、排放浓度和总量、超标排放情况，以及防治污染设施的建设和运行情况，接受社会监督。

第五十六条 对依法应当编制环境影响报告书的建设项目，建设单位应当在编制时向可能受影响的公众说明情况，充分征求意见。

负责审批建设项目环境影响评价文件的部门在收到建设项目环境影响报告书后，除涉及国家秘密和商业秘密的事项外，应当全文公开；发现建设项目未充分征求公众意见的，应当责成建设单位征求公众意见。

第五十七条 公民、法人和其他组织发现任何单位和个人有污染环境和破坏生态行为的，有权向环境保护主管部门或者其他负有环境保护监督管理职责的部门举报。

公民、法人和其他组织发现地方各级人民政府、县级以上人民政府环境保护主管部门和其他负有环境保护监督管理职责的部门不依法履行职责的，有权向其上级机关或者监察机关举报。

接受举报的机关应当对举报人的相关信息予以保密，保护举报人的合法权益。

第五十八条 对污染环境、破坏生态，损害社会公共利益的行为，符合下列条件的社会组织可以向人民法院提起诉讼：

（一）依法在设区的市级以上人民政府民政部门登记；

（二）专门从事环境保护公益活动连续五年以上且无违法记录。

符合前款规定的社会组织向人民法院提起诉讼，人民法院应当依法受理。

提起诉讼的社会组织不得通过诉讼牟取经济利益。

第六章 法律责任

第五十九条 企业事业单位和其他生产经营者违法排放污染物，受到罚款处罚，被责令改正，拒不改正的，依法作出处罚决定的行政机关可以自责令改正之日的次日起，按照原处罚数额按日连续处罚。

前款规定的罚款处罚，依照有关法律法规按照防治污染设施的运行成本、违法行为造成的直接损失或者违法所得等因素确定的规定执行。

地方性法规可以根据环境保护的实际需要，增加第一款规定的按日连续处罚的违法行为的种类。

第六十条 企业事业单位和其他生产经营者超过污染物排放标准或者超过重点污染物排放总量控制指标排放污染物的，县级以上人民政府环境保护主管部门可以责令其采取限制生产、停产整治等措施；情节严重的，报经有批准权的人民政府批准，责令停业、关闭。

第六十一条 建设单位未依法提交建设项目环境影响评价文件或者环境影响评价文件未经批准，擅自开工建设的，由负有环境保护监督管理职责的部门责令停止建设，处以罚款，并可以责令恢复原状。

第六十二条 违反本法规定，重点排污单位不公开或者不如实公开环境信息的，由县级以上地方人民政府环境保护主管部门责令公开，处以罚款，并予以公告。

第六十三条 企业事业单位和其他生产经营者有下列行为之一，尚不构成犯罪的，除依照有关法律法规规定予以处罚外，由县级以上人民政府环境保护主管部门或者其他有关部门将案件移送公安机关，对其直接负责的主管人员和其他直接责任人员，处十日以上十五日以下拘留；情节较轻的，处五日以上十日以下拘留：

（一）建设项目未依法进行环境影响评价，被责令停止建设，拒不执行的；

（二）违反法律规定，未取得排污许可证排放污染物，被责令停止排污，拒不执行的；

（三）通过暗管、渗井、渗坑、灌注或者篡改、伪造监测数据，或者不正常运行防治污染设施等逃避监管的方式违法排放污染物的；

（四）生产、使用国家明令禁止生产、使用的农药，被责令改正，拒不改正的。

第六十四条 因污染环境和破坏生态造成损害的，应当依照《中华人民共和国侵权责任法》的有关规定承担侵权责任。

第六十五条 环境影响评价机构、环境监测机构以及从事环境监测设备和防治污染设施维护、运营的机构，在有关环境服务活动中弄虚作假，对造成的环境污染和生态破坏负有责任的，除依照有关法律法规规定予以处罚外，还应当与造成环境污染和生态破坏的其他责任者承担连带责任。

第六十六条 提起环境损害赔偿诉讼的时效期间为三年，从当事人知道或者应当知道其受到损害时起计算。

第六十七条 上级人民政府及其环境保护主管部门应当加强对下级人民政府及其有关部门环境保护工作的监督。发现有关工作人员有违法行为，依法应当给予处分的，应当向其任免机关或者监察机关提出处分建议。

依法应当给予行政处罚，而有关环境保护主管部门不给予行政处罚的，上级人民政府环境保护主管部门可以直接作出行政处罚的决定。

第六十八条 地方各级人民政府、县级以上人民政府环境保护主管部门和其他负有环境保护监督管理职责的部门有下列行为之一的，对直接负责的主管人员和其他直接责任人员给予记过、记大过或者降级处分；造成严重后果的，给予撤职或者开除处分，其主要负责人应当引咎辞职：

（一）不符合行政许可条件准予行政许可的；

（二）对环境违法行为进行包庇的；

（三）依法应当作出责令停业、关闭的决定而未作出的；

（四）对超标排放污染物、采用逃避监管的方式排放污染物、造成环境事故以及不落实生态保护措施造成生态破坏等行为，发现或者接到举报未及时查处的；

（五）违反本法规定，查封、扣押企业事业单位和其他生产经营者的设施、设备的；

（六）篡改、伪造或者指使篡改、伪造监测数据的；

（七）应当依法公开环境信息而未公开的；

（八）将征收的排污费截留、挤占或者挪作他用的；

（九）法律法规规定的其他违法行为。

第六十九条 违反本法规定，构成犯罪的，依法追究刑事责任。

第七章 附　则

第七十条 本法自 2015 年 1 月 1 日起施行。

中华人民共和国大气污染防治法

1987 年 9 月 5 日第六届全国人民代表大会常务委员会第二十二次会议通过，根据 1995 年 8 月 29 日第八届全国人民代表大会常务委员会第十五次会议《关于修改〈中华人民共和国大气污染防治法〉的决定》第一次修正，2000 年 4 月 29 日第九届全国人民代表大会常务委员会第十五次会议第一次修订，2015 年 8 月 29 日第十二届全国人民代表大会常务委员会第十六次会议第二次修订，根据 2018 年 10 月 26 日第十三届全国人民代表大会常务委员会第六次会议《关于修改〈中华人民共和国野生动物保护法〉等十五部法律的决定》第二次修正

目　　录

第一章　总　　则

第一条　为保护和改善环境，防治大气污染，保障公众健康，推进生态文明建设，促进经济社会可持续发展，制定本法。

第二条　防治大气污染，应当以改善大气环境质量为目标，坚持源头治理，规划先行，转变经济发展方式，优化产业结构和布局，调整能源结构。

防治大气污染，应当加强对燃煤、工业、机动车船、扬尘、农业等大气污染的综合防治，推行区域大气污染联合防治，对颗粒物、二氧化硫、氮氧化物、挥发性有机物、氨等大气污染物和温室气体实施协同控制。

第三条 县级以上人民政府应当将大气污染防治工作纳入国民经济和社会发展规划，加大对大气污染防治的财政投入。

地方各级人民政府应当对本行政区域的大气环境质量负责，制定规划，采取措施，控制或者逐步削减大气污染物的排放量，使大气环境质量达到规定标准并逐步改善。

第四条 国务院生态环境主管部门会同国务院有关部门，按照国务院的规定，对省、自治区、直辖市大气环境质量改善目标、大气污染防治重点任务完成情况进行考核。省、自治区、直辖市人民政府制定考核办法，对本行政区域内地方大气环境质量改善目标、大气污染防治重点任务完成情况实施考核。考核结果应当向社会公开。

第五条 县级以上人民政府生态环境主管部门对大气污染防治实施统一监督管理。

县级以上人民政府其他有关部门在各自职责范围内对大气污染防治实施监督管理。

第六条 国家鼓励和支持大气污染防治科学技术研究，开展对大气污染来源及其变化趋势的分析，推广先进适用的大气污染防治技术和装备，促进科技成果转化，发挥科学技术在大气污染防治中的支撑作用。

第七条 企业事业单位和其他生产经营者应当采取有效措施，防止、减少大气污染，对所造成的损害依法承担责任。

公民应当增强大气环境保护意识，采取低碳、节俭的生活方式，自觉履行大气环境保护义务。

第二章 大气污染防治标准和限期达标规划

第八条 国务院生态环境主管部门或者省、自治区、直辖市人民政府制定大气环境质量标准，应当以保障公众健康和保护生态环境为宗旨，与经济社会发展相适应，做到科学合理。

第九条 国务院生态环境主管部门或者省、自治区、直辖市人民政府制定大气污染物排放标准，应当以大气环境质量标准和国家经济、技术条件为依据。

第十条 制定大气环境质量标准、大气污染物排放标准，应当组织专家进行审查和论证，并征求有关部门、行业协会、企业事业单位和公众等方面的意见。

第十一条 省级以上人民政府生态环境主管部门应当在其网站上公布大气环境质量标准、大气污染物排放标准，供公众免费查阅、下载。

第十二条 大气环境质量标准、大气污染物排放标准的执行情况应当定期进行评估，根据评估结果对标准适时进行修订。

第十三条 制定燃煤、石油焦、生物质燃料、涂料等含挥发性有机物的产品、烟花爆竹以及锅炉等产品的质量标准，应当明确大气环境保护要求。

制定燃油质量标准，应当符合国家大气污染物控制要求，并与国家机动车船、非道路移动机械大气污染物排放标准相互衔接，同步实施。

前款所称非道路移动机械，是指装配有发动机的移动机械和可运输工业设备。

第十四条 未达到国家大气环境质量标准城市的人民政府应当及时编制大气环境质量限期达标规划，采取措施，按照国务院或者省级人民政府规定的期限达到大气环境质量标准。

编制城市大气环境质量限期达标规划，应当征求有关行业协会、企业事业单位、专家和公众等方面的意见。

第十五条 城市大气环境质量限期达标规划应当向社会公开。直辖市和设区的市的大气环境质量限期达标规划应当报国务院生态环境主管部门备案。

第十六条 城市人民政府每年在向本级人民代表大会或者其常务委员会报告环境状况和环境保护目标完成情况时，应当报告大气环境质量限期达标规划执行情况，并向社会公开。

第十七条 城市大气环境质量限期达标规划应当根据大气污染防治的要求和经济、技术条件适时进行评估、修订。

第三章　大气污染防治的监督管理

第十八条 企业事业单位和其他生产经营者建设对大气环境有影响的项目，应当依法进行环境影响评价、公开环境影响评价文件；向大气排放污染物的，应当符合大气污染物排放标准，遵守重点大气污染物排放总量控制要求。

第十九条 排放工业废气或者本法第七十八条规定名录中所列有毒有害大气污染物的企业事业单位、集中供热设施的燃煤热源生产运营单位以及其他依法实行排污许可管理的单位，应当取得排污许可证。排污许可的具体办法和实施步骤由国务院规定。

第二十条 企业事业单位和其他生产经营者向大气排放污染物的，应当依照法律法规和国务院生态环境主管部门的规定设置大气污染物排放口。

禁止通过偷排、篡改或者伪造监测数据、以逃避现场检查为目的的临时停产、非紧急情况下开启应急排放通道、不正常运行大气污染防治设施等逃避监管的方式排放大气污染物。

第二十一条 国家对重点大气污染物排放实行总量控制。

重点大气污染物排放总量控制目标，由国务院生态环境主管部门在征求国务院有关部门和各省、自治区、直辖市人民政府意见后，会同国务院经济综合主管部门报国务院批准并下达实施。

省、自治区、直辖市人民政府应当按照国务院下达的总量控制目标，控制或者削减本行政区域的重点大气污染物排放总量。

确定总量控制目标和分解总量控制指标的具体办法，由国务院生态环境主管部门会同国务院有关部门规定。省、自治区、直辖市人民政府可以根据本行政区域大气污染防治的需要，对国家重点大气污染物之外的其他大气污染物排放实行总量控制。

国家逐步推行重点大气污染物排污权交易。

第二十二条 对超过国家重点大气污染物排放总量控制指标或者未完成国家下达的大气环境质量改善目标的地区，省级以上人民政府生态环境主管部门应当会同有关部门约谈该地区人民政府的主要负责人，并暂停审批该地区新增重点大气污染物排放总量的建设项目环境影响评价文件。约谈情况应当向社会公开。

第二十三条 国务院生态环境主管部门负责制定大气环境质量和大气污染源的监测和评价规范，组织建设与管理全国大气环境质量和大气污染源监测网，组织开展大气环境质量和大气污染源监测，统一发布全国大气环境质量状况信息。

县级以上地方人民政府生态环境主管部门负责组织建设与管理本行政区域大气环境质量和大气污染源监测网，开展大气环境质量和大气污染源监测，统一发布本行政区域大气环境质量状况信息。

第二十四条 企业事业单位和其他生产经营者应当按照国家有关规定和监测规范，对其排放的工业废气和本法第七十八条规定名录中所列有毒有害大气污染物进行监测，并保存原始监测记录。其中，重点排污单位应当安装、使用大气污染物排放自动监测设备，与生态环境主管部门的监控设备联网，保证监测设备正常运行并依法公开排放信息。监测的具体办法和重点排污单位的条件由国务院生态环境主管部门规定。

重点排污单位名录由设区的市级以上地方人民政府生态环境主管部门按照国务院生态环境主管部门的规定，根据本行政区域的大气环境承载力、重点大气污染物排放总量控制指标的要求以及排污单位排放大气污染物的种类、数量和浓度等因素，商有关部门确定，并向社会公布。

第二十五条 重点排污单位应当对自动监测数据的真实性和准确性负责。生态环境主管部门发现重点排污单位的大气污染物排放自动监测设备传输数据异常，应当及时进行调查。

第二十六条 禁止侵占、损毁或者擅自移动、改变大气环境质量监测设施和大气污染物排放自动监测设备。

第二十七条 国家对严重污染大气环境的工艺、设备和产品实行淘汰制度。

国务院经济综合主管部门会同国务院有关部门确定严重污染大气环境的工艺、设备和产品淘汰期限，并纳入国家综合性产业政策目录。

生产者、进口者、销售者或者使用者应当在规定期限内停止生产、进口、销售或者使用列入前款规定目录中的设备和产品。工艺的采用者应当在规定期限内停止采用列入前款规定目录中的工艺。

被淘汰的设备和产品，不得转让给他人使用。

第二十八条 国务院生态环境主管部门会同有关部门，建立和完善大气污染损害评估制度。

第二十九条 生态环境主管部门及其环境执法机构和其他负有大气环境保护监督管理职责的部门，有权通过现场检查监测、自动监测、遥感监测、远红外摄像等方式，对排放大气污染物的企业事业单位和其他生产经营者进行监督检查。被检查者应当如实反映情况，提供必要的资料。实施检查的部门、机构及其工作人员应当为被检查者保守商业秘密。

第三十条 企业事业单位和其他生产经营者违反法律法规规定排放大气污染物，造成或者可能造成严重大气污染，或者有关证据可能灭失或者被隐匿的，县级以上人民政府生态环境主管部门和其他负有大气环境保护监督管理职责的部门，可以对有关设施、设备、物品采取查封、扣押等行政强制措施。

第三十一条 生态环境主管部门和其他负有大气环境保护监督管理职责的部门应当公布举报电话、电子邮箱等，方便公众举报。

生态环境主管部门和其他负有大气环境保护监督管理职责的部门接到举报的，应当及时处理并对举报人的相关信息予以保密；对实名举报的，应当反馈处理结果等情况，查证属实的，处理结果依法向社会公开，并对举报人给予奖励。

举报人举报所在单位的，该单位不得以解除、变更劳动合同或者其他方式对举报人进行打击报复。

第四章 大气污染防治措施

第一节 燃煤和其他能源污染防治

第三十二条 国务院有关部门和地方各级人民政府应当采取措施，调整能源结构，推广清洁能源的生产和使用；优化煤炭使用方式，推广煤炭清洁高效利用，逐步降低煤炭在一次能源消费中的比重，减少煤炭生产、使用、转化过程中的大气污染物排放。

第三十三条 国家推行煤炭洗选加工，降低煤炭的硫分和灰分，限制高硫分、高灰分煤炭的开采。新建煤矿应当同步建设配套的煤炭洗选设施，使煤炭的硫分、灰分含量达到规定标准；已建成的煤矿除所采煤炭属于低硫分、低灰分或者根据已达标排放的燃煤电厂要求不需要洗选的以外，应当限期建成配套的煤炭洗选设施。

禁止开采含放射性和砷等有毒有害物质超过规定标准的煤炭。

第三十四条 国家采取有利于煤炭清洁高效利用的经济、技术政策和措施，鼓励和支持洁净煤技术的开发和推广。

国家鼓励煤矿企业等采用合理、可行的技术措施，对煤层气进行开采利用，对煤矸石进行综合利用。从事煤层气开采利用的，煤层气排放应当符合有关标准规范。

第三十五条 国家禁止进口、销售和燃用不符合质量标准的煤炭，鼓励燃用优质煤炭。

单位存放煤炭、煤矸石、煤渣、煤灰等物料，应当采取防燃措施，防止大气污染。

第三十六条 地方各级人民政府应当采取措施，加强民用散煤的管理，禁止销售不符合民用散煤质量标准的煤炭，鼓励居民燃用优质煤炭和洁净型煤，推广节能环保型炉灶。

第三十七条 石油炼制企业应当按照燃油质量标准生产燃油。

禁止进口、销售和燃用不符合质量标准的石油焦。

第三十八条 城市人民政府可以划定并公布高污染燃料禁燃区，并根据大气环境质量改善要求，逐步扩大高污染燃料禁燃区范围。高污染燃料的目录由国务院生态环境主管部门确定。

在禁燃区内，禁止销售、燃用高污染燃料；禁止新建、扩建燃用高污染燃料的设施，已建成的，应当在城市人民政府规定的期限内改用天然气、页岩气、液化石油气、电或者其他清洁能源。

第三十九条 城市建设应当统筹规划，在燃煤供热地区，推进热电联产和集中供热。在集中供热管网覆盖地区，禁止新建、扩建分散燃煤供热锅炉；已建成的不能达标排放的燃煤供热锅炉，应当在城市人民政府规定的期限内拆除。

第四十条 县级以上人民政府市场监督管理部门应当会同生态环境主管部门对锅炉生产、进口、销售和使用环节执行环境保护标准或者要求的情况进行监督检查；不符合环境保护标准或者要求的，不得生产、进口、销售和使用。

第四十一条 燃煤电厂和其他燃煤单位应当采用清洁生产工艺，配套建设除尘、脱硫、脱硝等装置，或者采取技术改造等其他控制大气污染物排放的措施。

国家鼓励燃煤单位采用先进的除尘、脱硫、脱硝、脱汞等大气污染物协同控制的技术和装置，减少大气污染物的排放。

第四十二条 电力调度应当优先安排清洁能源发电上网。

第二节 工业污染防治

第四十三条 钢铁、建材、有色金属、石油、化工等企业生产过程中排放粉尘、硫化物和氮氧化物的，应当采用清洁生产工艺，配套建设除尘、脱硫、脱硝等装置，或者采取技术改造等其他控制大气污染物排放的措施。

第四十四条 生产、进口、销售和使用含挥发性有机物的原材料和产品的，其挥发性有机物含量应当符合质量标准或者要求。

国家鼓励生产、进口、销售和使用低毒、低挥发性有机溶剂。

第四十五条 产生含挥发性有机物废气的生产和服务活动，应当在密闭空间或者设备中进行，并按照规定安装、使用污染防治设施；无法密闭的，应当采取措施减少废气排放。

第四十六条 工业涂装企业应当使用低挥发性有机物含量的涂料，并建立台账，记录生产原料、辅料的使用量、废弃量、去向以及挥发性有机物含量。台账保存期限不得少于三年。

第四十七条 石油、化工以及其他生产和使用有机溶剂的企业，应当采取措施对管道、设备进行日常维护、维修，减少物料泄漏，对泄漏的物料应当及时收集处理。

储油储气库、加油加气站、原油成品油码头、原油成品油运输船舶和油罐车、气罐车等，应当按照国家有关规定安装油气回收装置并保持正常使用。

第四十八条 钢铁、建材、有色金属、石油、化工、制药、矿产开采等企业，应当加强精细化管理，采取集中收集处理等措施，严格控制粉尘和气态污染物的排放。

工业生产企业应当采取密闭、围挡、遮盖、清扫、洒水等措施，减少内部物料的堆存、传输、装卸等环节产生的粉尘和气态污染物的排放。

第四十九条 工业生产、垃圾填埋或者其他活动产生的可燃性气体应当回收利用，不具备回收利用条件的，应当进行污染防治处理。

可燃性气体回收利用装置不能正常作业的，应当及时修复或者更新。在回收利用装置不能正常作业期间确需排放可燃性气体的，应当将排放的可燃性气体充分燃烧或者采取其他控制大气污染物排放的措施，并向当地生态环境主管部门报告，按照要求限期修复或者更新。

第三节 机动车船等污染防治

第五十条 国家倡导低碳、环保出行，根据城市规划合理控制燃油机动车保有量，大力发展城市公共交通，提高公共交通出行比例。

国家采取财政、税收、政府采购等措施推广应用节能环保型和新能源机动车船、非道路移动机械，限制高油耗、高排放机动车船、非道路移动机械的发展，减少化石能源的消耗。

省、自治区、直辖市人民政府可以在条件具备的地区，提前执行国家机动车大气污染物排放标准中相应阶段排放限值，并报国务院生态环境主管部门备案。

城市人民政府应当加强并改善城市交通管理，优化道路设置，保障人行道和非机动车道的连续、畅通。

第五十一条 机动车船、非道路移动机械不得超过标准排放大气污染物。

禁止生产、进口或者销售大气污染物排放超过标准的机动车船、非道路移动机械。

第五十二条 机动车、非道路移动机械生产企业应当对新生产的机动车和非道路移动机械进行排放检验。经检验合格的，方可出厂销售。检验信息应当向社会公开。

省级以上人民政府生态环境主管部门可以通过现场检查、抽样检测等方式，加强对新生产、销售机动车和非道路移动机械大气污染物排放状况的监督检查。工业、市场监督管理等有关部门予以配合。

第五十三条 在用机动车应当按照国家或者地方的有关规定，由机动车排放检验机构定期对其进行排放检验。经检验合格的，方可上道路行驶。未经检验合格的，公安机关交通管理部门不得核发安全技术检验合格标志。

县级以上地方人民政府生态环境主管部门可以在机动车集中停放地、维修地对在用机动车的大气污染物排放状况进行监督抽测；在不影响正常通行的情况下，可以通过遥感监测等技术手段对在道路上行驶的机动车的大气污染物排放状况进行监督抽测，公安机关交通管理部门予以配合。

第五十四条 机动车排放检验机构应当依法通过计量认证，使用经依法检定合格的机动车排放检验设备，按照国务院生态环境主管部门制定的规范，对机动车进行排放检验，并与生态环境主管部门联网，实现检验数据实时共享。机动车排放检验机构及其负责人对检验数据的真实性和准确性负责。

生态环境主管部门和认证认可监督管理部门应当对机动车排放检验机构的排放检验情况进行监督检查。

第五十五条 机动车生产、进口企业应当向社会公布其生产、进口机动车车型的排放检验信息、污染控制技术信息和有关维修技术信息。

机动车维修单位应当按照防治大气污染的要求和国家有关技术规范对在用机动车进行维修，使其达到规定的排放标准。交通运输、生态环境主管部门应当依法加强监督管理。

禁止机动车所有人以临时更换机动车污染控制装置等弄虚作假的方式通过机动车排放检验。禁止机动车维修单位提供该类维修服务。禁止破坏机动车车载排放诊断系统。

第五十六条 生态环境主管部门应当会同交通运输、住房城乡建设、农业行政、水行政等有关部门对非道路移动机械的大气污染物排放状况进行监督检查，排放不合格的，不得使用。

第五十七条 国家倡导环保驾驶，鼓励燃油机动车驾驶人在不影响道路通行且需停车三分钟以上的情况下熄灭发动机，减少大气污染物的排放。

第五十八条 国家建立机动车和非道路移动机械环境保护召回制度。

生产、进口企业获知机动车、非道路移动机械排放大气污染物超过标准，属于设计、生产缺陷或者不符合规定的环境保护耐久性要求的，应当召回；未召回的，由国务院市场监督管理部门会同国务院生态环境主管部门责令其召回。

第五十九条 在用重型柴油车、非道路移动机械未安装污染控制装置或者污染控制装置不符合要求，不能达标排放的，应当加装或者更换符合要求的污染控制装置。

第六十条 在用机动车排放大气污染物超过标准的，应当进行维修；经维修或者采用污染控制技术后，大气污染物排放仍不符合国家在用机动车排放标准的，应当强制报废。其所有人应当将机动车交售给报废机动车回收拆解企业，由报废机动车回收拆解企业按照国家有关规定进行登记、拆解、销毁等处理。

国家鼓励和支持高排放机动车船、非道路移动机械提前报废。

第六十一条 城市人民政府可以根据大气环境质量状况，划定并公布禁止使用高排放非道路移动机械的区域。

第六十二条 船舶检验机构对船舶发动机及有关设备进行排放检验。经检验符合国家排放标准的，船舶方可运营。

第六十三条 内河和江海直达船舶应当使用符合标准的普通柴油。远洋船舶靠港后应当使用符合大气污染物控制要求的船舶用燃油。

新建码头应当规划、设计和建设岸基供电设施；已建成的码头应当逐步实施岸基供电设施改造。船舶靠港后应当优先使用岸电。

第六十四条 国务院交通运输主管部门可以在沿海海域划定船舶大气污染物排放控制区，进入排放控制区的船舶应当符合船舶相关排放要求。

第六十五条 禁止生产、进口、销售不符合标准的机动车船、非道路移动机械用燃料；禁止向汽车和摩托车销售普通柴油以及其他非机动车用燃料；禁止向非道路移动机械、内河和江海直达船舶销售渣油和重油。

第六十六条 发动机油、氮氧化物还原剂、燃料和润滑油添加剂以及其他添加剂的有害物质含量和其他大气环境保护指标，应当符合有关标准的要求，不得损害机动车船污染控制装置效果和耐久性，不得增加新的大气污染物排放。

第六十七条 国家积极推进民用航空器的大气污染防治，鼓励在设计、生产、使用过程中采取有效措施减少大气污染物排放。

民用航空器应当符合国家规定的适航标准中的有关发动机排出物要求。

第四节　扬尘污染防治

第六十八条 地方各级人民政府应当加强对建设施工和运输的管理，保持道路清洁，控制料堆和渣土堆放，扩大绿地、水面、湿地和地面铺装面积，防治扬尘污染。

住房城乡建设、市容环境卫生、交通运输、国土资源等有关部门，应当根据本级人民政府确定的职责，做好扬尘污染防治工作。

第六十九条 建设单位应当将防治扬尘污染的费用列入工程造价，并在施工承包合同中明确施工单位扬尘污染防治责任。施工单位应当制定具体的施工扬尘污染防治实施方案。

从事房屋建筑、市政基础设施建设、河道整治以及建筑物拆除等施工单位，应当向负责监督管理扬尘污染防治的主管部门备案。

施工单位应当在施工工地设置硬质围挡，并采取覆盖、分段作业、择时施工、洒水抑尘、冲洗地面和车辆等有效防尘降尘措施。建筑土方、工程渣土、建筑垃圾应当及时清运；在场地内堆存的，应当采用密闭式防尘网遮盖。工程渣土、建筑垃圾应当进行资源化处理。

施工单位应当在施工工地公示扬尘污染防治措施、负责人、扬尘监督管理主管部门等信息。

暂时不能开工的建设用地，建设单位应当对裸露地面进行覆盖；超过三个月的，应当进行绿化、铺装或者遮盖。

第七十条 运输煤炭、垃圾、渣土、砂石、土方、灰浆等散装、流体物料的车辆应当采取密闭或者其他措施防止物料遗撒造成扬尘污染，并按照规定路线行驶。

装卸物料应当采取密闭或者喷淋等方式防治扬尘污染。

城市人民政府应当加强道路、广场、停车场和其他公共场所的清扫保洁管理，推行清洁动力机械化清扫等低尘作业方式，防治扬尘污染。

第七十一条 市政河道以及河道沿线、公共用地的裸露地面以及其他城镇裸露地面，有关部门应当按照规划组织实施绿化或者透水铺装。

第七十二条 贮存煤炭、煤矸石、煤渣、煤灰、水泥、石灰、石膏、砂土等易产生扬尘的物料应当密闭；不能密闭的，应当设置不低于堆放物高度的严密围挡，并采取有效覆盖措施防治扬尘污染。

码头、矿山、填埋场和消纳场应当实施分区作业，并采取有效措施防治扬尘污染。

第五节 农业和其他污染防治

第七十三条 地方各级人民政府应当推动转变农业生产方式，发展农业循环经济，加大对废弃物综合处理的支持力度，加强对农业生产经营活动排放大气污染物的控制。

第七十四条 农业生产经营者应当改进施肥方式，科学合理施用化肥并按照国家有关规定使用农药，减少氨、挥发性有机物等大气污染物的排放。

禁止在人口集中地区对树木、花草喷洒剧毒、高毒农药。

第七十五条 畜禽养殖场、养殖小区应当及时对污水、畜禽粪便和尸体等进行收集、贮存、清运和无害化处理，防止排放恶臭气体。

第七十六条 各级人民政府及其农业行政等有关部门应当鼓励和支持采用先进适用技术，对秸秆、落叶等进行肥料化、饲料化、能源化、工业原料化、食用菌基料化等综合利用，加大对秸秆还田、收集一体化农业机械的财政补贴力度。

县级人民政府应当组织建立秸秆收集、贮存、运输和综合利用服务体系，采用财政补贴等措施支持农村集体经济组织、农民专业合作经济组织、企业等开展秸秆收集、贮存、运输和综合利用服务。

第七十七条 省、自治区、直辖市人民政府应当划定区域，禁止露天焚烧秸秆、落叶等产生烟尘污染的物质。

第七十八条 国务院生态环境主管部门应当会同国务院卫生行政部门，根据大气污染物对公众健康和生态环境的危害和影响程度，公布有毒有害大气污染物名录，实行风险管理。

排放前款规定名录中所列有毒有害大气污染物的企业事业单位，应当按照国家有关规定建设环境风险预警体系，对排放口和周边环境进行定期监测，评估环境风险，排查环境安全隐患，并采取有效措施防范环境风险。

第七十九条 向大气排放持久性有机污染物的企业事业单位和其他生产经营者以及废弃物焚烧设施的运营单位，应当按照国家有关规定，采取有利于减少持久性有机污染物排放的技术方法和工艺，配备有效的净化装置，实现达标排放。

第八十条 企业事业单位和其他生产经营者在生产经营活动中产生恶臭气体的，应当科学选址，设置合理的防护距离，并安装净化装置或者采取其他措施，防止排放恶臭气体。

第八十一条 排放油烟的餐饮服务业经营者应当安装油烟净化设施并保持正常使用，或者采取其他油烟净化措施，使油烟达标排放，并防止对附近居民的正常生活环境造成污染。

禁止在居民住宅楼、未配套设立专用烟道的商住综合楼以及商住综合楼内与居住层相邻的商业楼层内新建、改建、扩建产生油烟、异味、废气的餐饮服务项目。

任何单位和个人不得在当地人民政府禁止的区域内露天烧烤食品或者为露天烧烤食品提供场地。

第八十二条 禁止在人口集中地区和其他依法需要特殊保护的区域内焚烧沥青、油毡、橡胶、塑料、皮革、垃圾以及其他产生有毒有害烟尘和恶臭气体的物质。

禁止生产、销售和燃放不符合质量标准的烟花爆竹。任何单位和个人不得在城市人民政府禁止的时段和区域内燃放烟花爆竹。

第八十三条 国家鼓励和倡导文明、绿色祭祀。

火葬场应当设置除尘等污染防治设施并保持正常使用，防止影响周边环境。

第八十四条 从事服装干洗和机动车维修等服务活动的经营者，应当按照国家有关标准或者要求设置异味和废气处理装置等污染防治设施并保持正常使用，防止影响周边环境。

第八十五条 国家鼓励、支持消耗臭氧层物质替代品的生产和使用，逐步减少直至停止消耗臭氧层物质的生产和使用。

国家对消耗臭氧层物质的生产、使用、进出口实行总量控制和配额管理。具体办法由国务院规定。

第五章　重点区域大气污染联合防治

第八十六条　国家建立重点区域大气污染联防联控机制，统筹协调重点区域内大气污染防治工作。国务院生态环境主管部门根据主体功能区划、区域大气环境质量状况和大气污染传输扩散规律，划定国家大气污染防治重点区域，报国务院批准。

重点区域内有关省、自治区、直辖市人民政府应当确定牵头的地方人民政府，定期召开联席会议，按照统一规划、统一标准、统一监测、统一的防治措施的要求，开展大气污染联合防治，落实大气污染防治目标责任。国务院生态环境主管部门应当加强指导、督促。

省、自治区、直辖市可以参照第一款规定划定本行政区域的大气污染防治重点区域。

第八十七条　国务院生态环境主管部门会同国务院有关部门、国家大气污染防治重点区域内有关省、自治区、直辖市人民政府，根据重点区域经济社会发展和大气环境承载力，制定重点区域大气污染联合防治行动计划，明确控制目标，优化区域经济布局，统筹交通管理，发展清洁能源，提出重点防治任务和措施，促进重点区域大气环境质量改善。

第八十八条　国务院经济综合主管部门会同国务院生态环境主管部门，结合国家大气污染防治重点区域产业发展实际和大气环境质量状况，进一步提高环境保护、能耗、安全、质量等要求。

重点区域内有关省、自治区、直辖市人民政府应当实施更严格的机动车大气污染物排放标准，统一在用机动车检验方法和排放限值，并配套供应合格的车用燃油。

第八十九条　编制可能对国家大气污染防治重点区域的大气环境造成严重污染的有关工业园区、开发区、区域产业和发展等规划，应当依法进行环境影响评价。规划编制机关应当与重点区域内有关省、自治区、直辖市人民政府或者有关部门会商。

重点区域内有关省、自治区、直辖市建设可能对相邻省、自治区、直辖市大气环境质量产生重大影响的项目，应当及时通报有关信息，进行会商。

会商意见及其采纳情况作为环境影响评价文件审查或者审批的重要依据。

第九十条　国家大气污染防治重点区域内新建、改建、扩建用煤项目的，应当实行煤炭的等量或者减量替代。

第九十一条　国务院生态环境主管部门应当组织建立国家大气污染防治重点区域的大气环境质量监测、大气污染源监测等相关信息共享机制，利用监测、模拟以及卫星、航测、遥感等新技术分析重点区域内大气污染来源及其变化趋势，并向社会公开。

第九十二条 国务院生态环境主管部门和国家大气污染防治重点区域内有关省、自治区、直辖市人民政府可以组织有关部门开展联合执法、跨区域执法、交叉执法。

第六章 重污染天气应对

第九十三条 国家建立重污染天气监测预警体系。

国务院生态环境主管部门会同国务院气象主管机构等有关部门、国家大气污染防治重点区域内有关省、自治区、直辖市人民政府，建立重点区域重污染天气监测预警机制，统一预警分级标准。可能发生区域重污染天气的，应当及时向重点区域内有关省、自治区、直辖市人民政府通报。

省、自治区、直辖市、设区的市人民政府生态环境主管部门会同气象主管机构等有关部门建立本行政区域重污染天气监测预警机制。

第九十四条 县级以上地方人民政府应当将重污染天气应对纳入突发事件应急管理体系。

省、自治区、直辖市、设区的市人民政府以及可能发生重污染天气的县级人民政府，应当制定重污染天气应急预案，向上一级人民政府生态环境主管部门备案，并向社会公布。

第九十五条 省、自治区、直辖市、设区的市人民政府生态环境主管部门应当会同气象主管机构建立会商机制，进行大气环境质量预报。可能发生重污染天气的，应当及时向本级人民政府报告。省、自治区、直辖市、设区的市人民政府依据重污染天气预报信息，进行综合研判，确定预警等级并及时发出预警。预警等级根据情况变化及时调整。任何单位和个人不得擅自向社会发布重污染天气预报预警信息。

预警信息发布后，人民政府及其有关部门应当通过电视、广播、网络、短信等途径告知公众采取健康防护措施，指导公众出行和调整其他相关社会活动。

第九十六条 县级以上地方人民政府应当依据重污染天气的预警等级，及时启动应急预案，根据应急需要可以采取责令有关企业停产或者限产、限制部分机动车行驶、禁止燃放烟花爆竹、停止工地土石方作业和建筑物拆除施工、停止露天烧烤、停止幼儿园和学校组织的户外活动、组织开展人工影响天气作业等应急措施。

应急响应结束后，人民政府应当及时开展应急预案实施情况的评估，适时修改完善应急预案。

第九十七条 发生造成大气污染的突发环境事件，人民政府及其有关部门和相关企业事业单位，应当依照《中华人民共和国突发事件应对法》《中华人民共和国环境保护法》的规定，做好应急处置工作。生态环境主管部门应当及时对突发环境事件产生的大气污染物进行监测，并向社会公布监测信息。

第七章 法律责任

第九十八条 违反本法规定，以拒绝进入现场等方式拒不接受生态环境主管部门及其环境执法机构或者其他负有大气环境保护监督管理职责的部门的监督检查，或者在接受监督检查时弄虚作假的，由县级以上人民政府生态环境主管部门或者其他负有大气环境保护监督管理职责的部门责令改正，处二万元以上二十万元以下的罚款；构成违反治安管理行为的，由公安机关依法予以处罚。

第九十九条 违反本法规定，有下列行为之一的，由县级以上人民政府生态环境主管部门责令改正或者限制生产、停产整治，并处十万元以上一百万元以下的罚款；情节严重的，报经有批准权的人民政府批准，责令停业、关闭：

（一）未依法取得排污许可证排放大气污染物的；

（二）超过大气污染物排放标准或者超过重点大气污染物排放总量控制指标排放大气污染物的；

（三）通过逃避监管的方式排放大气污染物的。

第一百条 违反本法规定，有下列行为之一的，由县级以上人民政府生态环境主管部门责令改正，处二万元以上二十万元以下的罚款；拒不改正的，责令停产整治：

（一）侵占、损毁或者擅自移动、改变大气环境质量监测设施或者大气污染物排放自动监测设备的；

（二）未按照规定对所排放的工业废气和有毒有害大气污染物进行监测并保存原始监测记录的；

（三）未按照规定安装、使用大气污染物排放自动监测设备或者未按照规定与生态环境主管部门的监控设备联网，并保证监测设备正常运行的；

（四）重点排污单位不公开或者不如实公开自动监测数据的；

（五）未按照规定设置大气污染物排放口的。

第一百零一条 违反本法规定，生产、进口、销售或者使用国家综合性产业政策目录中禁止的设备和产品，采用国家综合性产业政策目录中禁止的工艺，或者将淘汰的设备和产品转让给他人使用的，由县级以上人民政府经济综合主管部门、海关按照职责责令改正，没收违法所得，并处货值金额一倍以上三倍以下的罚款；拒不改正的，报经有批准权的人民政府批准，责令停业、关闭。进口行为构成走私的，由海关依法予以处罚。

第一百零二条 违反本法规定，煤矿未按照规定建设配套煤炭洗选设施的，由县级以上人民政府能源主管部门责令改正，处十万元以上一百万元以下的罚款；拒不改正的，报经有批准权的人民政府批准，责令停业、关闭。

违反本法规定，开采含放射性和砷等有毒有害物质超过规定标准的煤炭的，由县级以上人民政府按照国务院规定的权限责令停业、关闭。

第一百零三条 违反本法规定，有下列行为之一的，由县级以上地方人民政府市场监督管理部门责令改正，没收原材料、产品和违法所得，并处货值金额一倍以上三倍以下的罚款：

（一）销售不符合质量标准的煤炭、石油焦的；

（二）生产、销售挥发性有机物含量不符合质量标准或者要求的原材料和产品的；

（三）生产、销售不符合标准的机动车船和非道路移动机械用燃料、发动机油、氮氧化物还原剂、燃料和润滑油添加剂以及其他添加剂的；

（四）在禁燃区内销售高污染燃料的。

第一百零四条 违反本法规定，有下列行为之一的，由海关责令改正，没收原材料、产品和违法所得，并处货值金额一倍以上三倍以下的罚款；构成走私的，由海关依法予以处罚：

（一）进口不符合质量标准的煤炭、石油焦的；

（二）进口挥发性有机物含量不符合质量标准或者要求的原材料和产品的；

（三）进口不符合标准的机动车船和非道路移动机械用燃料、发动机油、氮氧化物还原剂、燃料和润滑油添加剂以及其他添加剂的。

第一百零五条 违反本法规定，单位燃用不符合质量标准的煤炭、石油焦的，由县级以上人民政府生态环境主管部门责令改正，处货值金额一倍以上三倍以下的罚款。

第一百零六条 违反本法规定，使用不符合标准或者要求的船舶用燃油的，由海事管理机构、渔业主管部门按照职责处一万元以上十万元以下的罚款。

第一百零七条 违反本法规定，在禁燃区内新建、扩建燃用高污染燃料的设施，或者未按照规定停止燃用高污染燃料，或者在城市集中供热管网覆盖地区新建、扩建分散燃煤供热锅炉，或者未按照规定拆除已建成的不能达标排放的燃煤供热锅炉的，由县级以上地方人民政府生态环境主管部门没收燃用高污染燃料的设施，组织拆除燃煤供热锅炉，并处二万元以上二十万元以下的罚款。

违反本法规定，生产、进口、销售或者使用不符合规定标准或者要求的锅炉，由县级以上人民政府市场监督管理、生态环境主管部门责令改正，没收违法所得，并处二万元以上二十万元以下的罚款。

第一百零八条 违反本法规定，有下列行为之一的，由县级以上人民政府生态环境主管部门责令改正，处二万元以上二十万元以下的罚款；拒不改正的，责令停产整治：

（一）产生含挥发性有机物废气的生产和服务活动，未在密闭空间或者设备中进行，未按照规定安装、使用污染防治设施，或者未采取减少废气排放措施的；

（二）工业涂装企业未使用低挥发性有机物含量涂料或者未建立、保存台账的；

（三）石油、化工以及其他生产和使用有机溶剂的企业，未采取措施对管道、设备进行日常维护、维修，减少物料泄漏或者对泄漏的物料未及时收集处理的；

（四）储油储气库、加油加气站和油罐车、气罐车等，未按照国家有关规定安装并正常使用油气回收装置的；

（五）钢铁、建材、有色金属、石油、化工、制药、矿产开采等企业，未采取集中收集处理、密闭、围挡、遮盖、清扫、洒水等措施，控制、减少粉尘和气态污染物排放的；

（六）工业生产、垃圾填埋或者其他活动中产生的可燃性气体未回收利用，不具备回收利用条件未进行防治污染处理，或者可燃性气体回收利用装置不能正常作业，未及时修复或者更新的。

第一百零九条 违反本法规定，生产超过污染物排放标准的机动车、非道路移动机械的，由省级以上人民政府生态环境主管部门责令改正，没收违法所得，并处货值金额一倍以上三倍以下的罚款，没收销毁无法达到污染物排放标准的机动车、非道路移动机械；拒不改正的，责令停产整治，并由国务院机动车生产主管部门责令停止生产该车型。

违反本法规定，机动车、非道路移动机械生产企业对发动机、污染控制装置弄虚作假、以次充好，冒充排放检验合格产品出厂销售的，由省级以上人民政府生态环境主管部门责令停产整治，没收违法所得，并处货值金额一倍以上三倍以下的罚款，没收销毁无法达到污染物排放标准的机动车、非道路移动机械，并由国务院机动车生产主管部门责令停止生产该车型。

第一百一十条 违反本法规定，进口、销售超过污染物排放标准的机动车、非道路移动机械的，由县级以上人民政府市场监督管理部门、海关按照职责没收违法所得，并处货值金额一倍以上三倍以下的罚款，没收销毁无法达到污染物排放标准的机动车、非道路移动机械；进口行为构成走私的，由海关依法予以处罚。

违反本法规定，销售的机动车、非道路移动机械不符合污染物排放标准的，销售者应当负责修理、更换、退货；给购买者造成损失的，销售者应当赔偿损失。

第一百一十一条 违反本法规定，机动车生产、进口企业未按照规定向社会公布其生产、进口机动车车型的排放检验信息或者污染控制技术信息的，由省级以上人民政府生态环境主管部门责令改正，处五万元以上五十万元以下的罚款。

违反本法规定，机动车生产、进口企业未按照规定向社会公布其生产、进口机动车车型的有关维修技术信息的，由省级以上人民政府交通运输主管部门责令改正，处五万元以上五十万元以下的罚款。

第一百一十二条 违反本法规定，伪造机动车、非道路移动机械排放检验结果或者出具虚假排放检验报告的，由县级以上人民政府生态环境主管部门没收违法所得，并处十万元以上五十万元以下的罚款；情节严重的，由负责资质认定的部门取消其检验资格。

违反本法规定，伪造船舶排放检验结果或者出具虚假排放检验报告的，由海事管理机构依法予以处罚。

违反本法规定，以临时更换机动车污染控制装置等弄虚作假的方式通过机动车排放检验或者破坏机动车车载排放诊断系统的，由县级以上人民政府生态环境主管部门责令改正，对机动车所有人处五千元的罚款；对机动车维修单位处每辆机动车五千元的罚款。

第一百一十三条 违反本法规定，机动车驾驶人驾驶排放检验不合格的机动车上道路行驶的，由公安机关交通管理部门依法予以处罚。

第一百一十四条 违反本法规定，使用排放不合格的非道路移动机械，或者在用重型柴油车、非道路移动机械未按照规定加装、更换污染控制装置的，由县级以上人民政府生态环境等主管部门按照职责责令改正，处五千元的罚款。

违反本法规定，在禁止使用高排放非道路移动机械的区域使用高排放非道路移动机械的，由城市人民政府生态环境等主管部门依法予以处罚。

第一百一十五条 违反本法规定，施工单位有下列行为之一的，由县级以上人民政府住房城乡建设等主管部门按照职责责令改正，处一万元以上十万元以下的罚款；拒不改正的，责令停工整治：

（一）施工工地未设置硬质围挡，或者未采取覆盖、分段作业、择时施工、洒水抑尘、冲洗地面和车辆等有效防尘降尘措施的；

（二）建筑土方、工程渣土、建筑垃圾未及时清运，或者未采用密闭式防尘网遮盖的。

违反本法规定，建设单位未对暂时不能开工的建设用地的裸露地面进行覆盖，或者未对超过三个月不能开工的建设用地的裸露地面进行绿化、铺装或者遮盖的，由县级以上人民政府住房城乡建设等主管部门依照前款规定予以处罚。

第一百一十六条 违反本法规定，运输煤炭、垃圾、渣土、砂石、土方、灰浆等散装、流体物料的车辆，未采取密闭或者其他措施防止物料遗撒的，由县级以上地方人民政府确定的监督管理部门责令改正，处二千元以上二万元以下的罚款；拒不改正的，车辆不得上道路行驶。

第一百一十七条 违反本法规定，有下列行为之一的，由县级以上人民政府生态环境等主管部门按照职责责令改正，处一万元以上十万元以下的罚款；拒不改正的，责令停工整治或者停业整治：

（一）未密闭煤炭、煤矸石、煤渣、煤灰、水泥、石灰、石膏、砂土等易产生扬尘的物料的；

（二）对不能密闭的易产生扬尘的物料，未设置不低于堆放物高度的严密围挡，或者未采取有效覆盖措施防治扬尘污染的；

（三）装卸物料未采取密闭或者喷淋等方式控制扬尘排放的；

（四）存放煤炭、煤矸石、煤渣、煤灰等物料，未采取防燃措施的；

（五）码头、矿山、填埋场和消纳场未采取有效措施防治扬尘污染的；

（六）排放有毒有害大气污染物名录中所列有毒有害大气污染物的企业事业单位，未按照规定建设环境风险预警体系或者对排放口和周边环境进行定期监测、排查环境安全隐患并采取有效措施防范环境风险的；

（七）向大气排放持久性有机污染物的企业事业单位和其他生产经营者以及废弃物焚烧设施的运营单位，未按照国家有关规定采取有利于减少持久性有机污染物排放的技术方法和工艺，配备净化装置的；

（八）未采取措施防止排放恶臭气体的。

第一百一十八条 违反本法规定，排放油烟的餐饮服务业经营者未安装油烟净化设施、不正常使用油烟净化设施或者未采取其他油烟净化措施，超过排放标准排放油烟的，由县级以上地方人民政府确定的监督管理部门责令改正，处五千元以上五万元以下的罚款；拒不改正的，责令停业整治。

违反本法规定，在居民住宅楼、未配套设立专用烟道的商住综合楼、商住综合楼内与居住层相邻的商业楼层内新建、改建、扩建产生油烟、异味、废气的餐饮服务项目的，由县级以上地方人民政府确定的监督管理部门责令改正；拒不改正的，予以关闭，并处一万元以上十万元以下的罚款。

违反本法规定，在当地人民政府禁止的时段和区域内露天烧烤食品或者为露天烧烤食品提供场地的，由县级以上地方人民政府确定的监督管理部门责令改正，没收烧烤工具和违法所得，并处五百元以上二万元以下的罚款。

第一百一十九条 违反本法规定，在人口集中地区对树木、花草喷洒剧毒、高毒农药，或者露天焚烧秸秆、落叶等产生烟尘污染的物质的，由县级以上地方人民政府确定的监督管理部门责令改正，并可以处五百元以上二千元以下的罚款。

违反本法规定，在人口集中地区和其他依法需要特殊保护的区域内，焚烧沥青、油毡、橡胶、塑料、皮革、垃圾以及其他产生有毒有害烟尘和恶臭气体的物质的，由县级人民政府确定的监督管理部门责令改正，对单位处一万元以上十万元以下的罚款，对个人处五百元以上二千元以下的罚款。

违反本法规定，在城市人民政府禁止的时段和区域内燃放烟花爆竹的，由县级以上地方人民政府确定的监督管理部门依法予以处罚。

第一百二十条 违反本法规定，从事服装干洗和机动车维修等服务活动，未设置异味和废气处理装置等污染防治设施并保持正常使用，影响周边环境的，由县级以上地方人民政府生态环境主管部门责令改正，处二千元以上二万元以下的罚款；拒不改正的，责令停业整治。

第一百二十一条 违反本法规定，擅自向社会发布重污染天气预报预警信息，构成违反治安管理行为的,由公安机关依法予以处罚。

违反本法规定,拒不执行停止工地土石方作业或者建筑物拆除施工等重污染天气应急措施的,由县级以上地方人民政府确定的监督管理部门处一万元以上十万元以下的罚款。

第一百二十二条 违反本法规定,造成大气污染事故的,由县级以上人民政府生态环境主管部门依照本条第二款的规定处以罚款;对直接负责的主管人员和其他直接责任人员可以处上一年度从本企业事业单位取得收入百分之五十以下的罚款。

对造成一般或者较大大气污染事故的,按照污染事故造成直接损失的一倍以上三倍以下计算罚款;对造成重大或者特大大气污染事故的,按照污染事故造成的直接损失的三倍以上五倍以下计算罚款。

第一百二十三条 违反本法规定,企业事业单位和其他生产经营者有下列行为之一,受到罚款处罚,被责令改正,拒不改正的,依法作出处罚决定的行政机关可以自责令改正之日的次日起,按照原处罚数额按日连续处罚:

(一)未依法取得排污许可证排放大气污染物的;

(二)超过大气污染物排放标准或者超过重点大气污染物排放总量控制指标排放大气污染物的;

(三)通过逃避监管的方式排放大气污染物的;

(四)建筑施工或者贮存易产生扬尘的物料未采取有效措施防治扬尘污染的。

第一百二十四条 违反本法规定,对举报人以解除、变更劳动合同或者其他方式打击报复的,应当依照有关法律的规定承担责任。

第一百二十五条 排放大气污染物造成损害的,应当依法承担侵权责任。

第一百二十六条 地方各级人民政府、县级以上人民政府生态环境主管部门和其他负有大气环境保护监督管理职责的部门及其工作人员滥用职权、玩忽职守、徇私舞弊、弄虚作假的,依法给予处分。

第一百二十七条 违反本法规定,构成犯罪的,依法追究刑事责任。

第八章 附 则

第一百二十八条 海洋工程的大气污染防治,依照《中华人民共和国海洋环境保护法》的有关规定执行。

第一百二十九条 本法自 2016 年 1 月 1 日起施行。

中华人民共和国固体废物污染环境防治法

1995 年 10 月 30 日第八届全国人民代表大会常务委员会第十六次会议通过，2004 年 12 月 29 日第十届全国人民代表大会常务委员会第十三次会议第一次修订，根据 2013 年 6 月 29 日第十二届全国人民代表大会常务委员会第三次会议《关于修改〈中华人民共和国文物保护法〉等十二部法律的决定》第一次修正，根据 2015 年 4 月 24 日第十二届全国人民代表大会常务委员会第十四次会议《关于修改〈中华人民共和国港口法〉等七部法律的决定》第二次修正，根据 2016 年 11 月 7 日第十二届全国人民代表大会常务委员会第二十四次会议《关于修改〈中华人民共和国对外贸易法〉等十二部法律的决定》第三次修正，2020 年 4 月 29 日第十三届全国人民代表大会常务委员会第十七次会议第二次修订

目　　录

第一章　总　　则

第一条　为了保护和改善生态环境，防治固体废物污染环境，保障公众健康，维护生态安全，推进生态文明建设，促进经济社会可持续发展，制定本法。

第二条　固体废物污染环境的防治适用本法。

固体废物污染海洋环境的防治和放射性固体废物污染环境的防治不适用本法。

第三条　国家推行绿色发展方式，促进清洁生产和循环经济发展。

国家倡导简约适度、绿色低碳的生活方式，引导公众积极参与固体废物污染环境防治。

第四条 固体废物污染环境防治坚持减量化、资源化和无害化的原则。

任何单位和个人都应当采取措施，减少固体废物的产生量，促进固体废物的综合利用，降低固体废物的危害性。

第五条 固体废物污染环境防治坚持污染担责的原则。

产生、收集、贮存、运输、利用、处置固体废物的单位和个人，应当采取措施，防止或者减少固体废物对环境的污染，对所造成的环境污染依法承担责任。

第六条 国家推行生活垃圾分类制度。

生活垃圾分类坚持政府推动、全民参与、城乡统筹、因地制宜、简便易行的原则。

第七条 地方各级人民政府对本行政区域固体废物污染环境防治负责。

国家实行固体废物污染环境防治目标责任制和考核评价制度，将固体废物污染环境防治目标完成情况纳入考核评价的内容。

第八条 各级人民政府应当加强对固体废物污染环境防治工作的领导，组织、协调、督促有关部门依法履行固体废物污染环境防治监督管理职责。

省、自治区、直辖市之间可以协商建立跨行政区域固体废物污染环境的联防联控机制，统筹规划制定、设施建设、固体废物转移等工作。

第九条 国务院生态环境主管部门对全国固体废物污染环境防治工作实施统一监督管理。国务院发展改革、工业和信息化、自然资源、住房城乡建设、交通运输、农业农村、商务、卫生健康、海关等主管部门在各自职责范围内负责固体废物污染环境防治的监督管理工作。

地方人民政府生态环境主管部门对本行政区域固体废物污染环境防治工作实施统一监督管理。地方人民政府发展改革、工业和信息化、自然资源、住房城乡建设、交通运输、农业农村、商务、卫生健康等主管部门在各自职责范围内负责固体废物污染环境防治的监督管理工作。

第十条 国家鼓励、支持固体废物污染环境防治的科学研究、技术开发、先进技术推广和科学普及，加强固体废物污染环境防治科技支撑。

第十一条 国家机关、社会团体、企业事业单位、基层群众性自治组织和新闻媒体应当加强固体废物污染环境防治宣传教育和科学普及，增强公众固体废物污染环境防治意识。

学校应当开展生活垃圾分类以及其他固体废物污染环境防治知识普及和教育。

第十二条 各级人民政府对在固体废物污染环境防治工作以及相关的综合利用活动中做出显著成绩的单位和个人，按照国家有关规定给予表彰、奖励。

第二章 监督管理

第十三条 县级以上人民政府应当将固体废物污染环境防治工作纳入国民经济和社会发展规划、生态环境保护规划，并采取有效措施减少固体废物的产生量、促进固体废物的综合利用、降低固体废物的危害性，最大限度降低固体废物填埋量。

第十四条 国务院生态环境主管部门应当会同国务院有关部门根据国家环境质量标准和国家经济、技术条件，制定固体废物鉴别标准、鉴别程序和国家固体废物污染环境防治技术标准。

第十五条 国务院标准化主管部门应当会同国务院发展改革、工业和信息化、生态环境、农业农村等主管部门，制定固体废物综合利用标准。

综合利用固体废物应当遵守生态环境法律法规，符合固体废物污染环境防治技术标准。使用固体废物综合利用产物应当符合国家规定的用途、标准。

第十六条 国务院生态环境主管部门应当会同国务院有关部门建立全国危险废物等固体废物污染环境防治信息平台，推进固体废物收集、转移、处置等全过程监控和信息化追溯。

第十七条 建设产生、贮存、利用、处置固体废物的项目，应当依法进行环境影响评价，并遵守国家有关建设项目环境保护管理的规定。

第十八条 建设项目的环境影响评价文件确定需要配套建设的固体废物污染环境防治设施，应当与主体工程同时设计、同时施工、同时投入使用。建设项目的初步设计，应当按照环境保护设计规范的要求，将固体废物污染环境防治内容纳入环境影响评价文件，落实防治固体废物污染环境和破坏生态的措施以及固体废物污染环境防治设施投资概算。

建设单位应当依照有关法律法规的规定，对配套建设的固体废物污染环境防治设施进行验收，编制验收报告，并向社会公开。

第十九条 收集、贮存、运输、利用、处置固体废物的单位和其他生产经营者，应当加强对相关设施、设备和场所的管理和维护，保证其正常运行和使用。

第二十条 产生、收集、贮存、运输、利用、处置固体废物的单位和其他生产经营者，应当采取防扬散、防流失、防渗漏或者其他防止污染环境的措施，不得擅自倾倒、堆放、丢弃、遗撒固体废物。

禁止任何单位或者个人向江河、湖泊、运河、渠道、水库及其最高水位线以下的滩地和岸坡以及法律法规规定的其他地点倾倒、堆放、贮存固体废物。

第二十一条 在生态保护红线区域、永久基本农田集中区域和其他需要特别保护的区域内，禁止建设工业固体废物、危险废物集中贮存、利用、处置的设施、场所和生活垃圾填埋场。

第二十二条 转移固体废物出省、自治区、直辖市行政区域贮存、处置的，应当向固体废物移出地的省、自治区、直辖市人民政府生态环境主管部门提出申请。移出地的省、自治区、直辖市人民政府生态环境主管部门应当及时商经接受地的省、自治区、直辖市人民政府生态环境主管部门同意后，在规定期限内批准转移该固体废物出省、自治区、直辖市行政区域。未经批准的，不得转移。

转移固体废物出省、自治区、直辖市行政区域利用的，应当报固体废物移出地的省、自治区、直辖市人民政府生态环境主管部门备案。移出地的省、自治区、直辖市人民政府生态环境主管部门应当将备案信息通报接受地的省、自治区、直辖市人民政府生态环境主管部门。

第二十三条 禁止中华人民共和国境外的固体废物进境倾倒、堆放、处置。

第二十四条 国家逐步实现固体废物零进口，由国务院生态环境主管部门会同国务院商务、发展改革、海关等主管部门组织实施。

第二十五条 海关发现进口货物疑似固体废物的，可以委托专业机构开展属性鉴别，并根据鉴别结论依法管理。

第二十六条 生态环境主管部门及其环境执法机构和其他负有固体废物污染环境防治监督管理职责的部门，在各自职责范围内有权对从事产生、收集、贮存、运输、利用、处置固体废物等活动的单位和其他生产经营者进行现场检查。被检查者应当如实反映情况，并提供必要的资料。

实施现场检查，可以采取现场监测、采集样品、查阅或者复制与固体废物污染环境防治相关的资料等措施。检查人员进行现场检查，应当出示证件。对现场检查中知悉的商业秘密应当保密。

第二十七条 有下列情形之一，生态环境主管部门和其他负有固体废物污染环境防治监督管理职责的部门，可以对违法收集、贮存、运输、利用、处置的固体废物及设施、设备、场所、工具、物品予以查封、扣押：

（一）可能造成证据灭失、被隐匿或者非法转移的；

（二）造成或者可能造成严重环境污染的。

第二十八条 生态环境主管部门应当会同有关部门建立产生、收集、贮存、运输、利用、处置固体废物的单位和其他生产经营者信用记录制度，将相关信用记录纳入全国信用信息共享平台。

第二十九条 设区的市级人民政府生态环境主管部门应当会同住房城乡建设、农业农村、卫生健康等主管部门，定期向社会发布固体废物的种类、产生量、处置能力、利用处置状况等信息。

产生、收集、贮存、运输、利用、处置固体废物的单位，应当依法及时公开固体废物污染环境防治信息，主动接受社会监督。

利用、处置固体废物的单位，应当依法向公众开放设施、场所，提高公众环境保护意识和参与程度。

第三十条 县级以上人民政府应当将工业固体废物、生活垃圾、危险废物等固体废物污染环境防治情况纳入环境状况和环境保护目标完成情况年度报告，向本级人民代表大会或者人民代表大会常务委员会报告。

第三十一条 任何单位和个人都有权对造成固体废物污染环境的单位和个人进行举报。

生态环境主管部门和其他负有固体废物污染环境防治监督管理职责的部门应当将固体废物污染环境防治举报方式向社会公布，方便公众举报。

接到举报的部门应当及时处理并对举报人的相关信息予以保密；对实名举报并查证属实的，给予奖励。

举报人举报所在单位的，该单位不得以解除、变更劳动合同或者其他方式对举报人进行打击报复。

第三章 工业固体废物

第三十二条 国务院生态环境主管部门应当会同国务院发展改革、工业和信息化等主管部门对工业固体废物对公众健康、生态环境的危害和影响程度等作出界定，制定防治工业固体废物污染环境的技术政策，组织推广先进的防治工业固体废物污染环境的生产工艺和设备。

第三十三条 国务院工业和信息化主管部门应当会同国务院有关部门组织研究开发、推广减少工业固体废物产生量和降低工业固体废物危害性的生产工艺和设备，公布限期淘汰产生严重污染环境的工业固体废物的落后生产工艺、设备的名录。

生产者、销售者、进口者、使用者应当在国务院工业和信息化主管部门会同国务院有关部门规定的期限内分别停止生产、销售、进口或者使用列入前款规定名录中的设备。生产工艺的采用者应当在国务院工业和信息化主管部门会同国务院有关部门规定的期限内停止采用列入前款规定名录中的工艺。

列入限期淘汰名录被淘汰的设备，不得转让给他人使用。

第三十四条 国务院工业和信息化主管部门应当会同国务院发展改革、生态环境等主管部门，定期发布工业固体废物综合利用技术、工艺、设备和产品导向目录，组织开展工业固体废物资源综合利用评价，推动工业固体废物综合利用。

第三十五条 县级以上地方人民政府应当制定工业固体废物污染环境防治工作规划，组织建设工业固体废物集中处置等设施，推动工业固体废物污染环境防治工作。

第三十六条 产生工业固体废物的单位应当建立健全工业固体废物产生、收集、贮存、运输、利用、处置全过程的污染环境防治责任制度，建立工业固体废物管理台账，如实记录产生工业固体废物的种类、数量、流向、贮存、利用、处置等信息，实现工业固体废物可追溯、可查询，并采取防治工业固体废物污染环境的措施。

禁止向生活垃圾收集设施中投放工业固体废物。

第三十七条 产生工业固体废物的单位委托他人运输、利用、处置工业固体废物的，应当对受托方的主体资格和技术能力进行核实，依法签订书面合同，在合同中约定污染防治要求。

受托方运输、利用、处置工业固体废物，应当依照有关法律法规的规定和合同约定履行污染防治要求，并将运输、利用、处置情况告知产生工业固体废物的单位。

产生工业固体废物的单位违反本条第一款规定的，除依照有关法律法规的规定予以处罚外，还应当与造成环境污染和生态破坏的受托方承担连带责任。

第三十八条 产生工业固体废物的单位应当依法实施清洁生产审核，合理选择和利用原材料、能源和其他资源，采用先进的生产工艺和设备，减少工业固体废物的产生量，降低工业固体废物的危害性。

第三十九条 产生工业固体废物的单位应当取得排污许可证。排污许可的具体办法和实施步骤由国务院规定。

产生工业固体废物的单位应当向所在地生态环境主管部门提供工业固体废物的种类、数量、流向、贮存、利用、处置等有关资料，以及减少工业固体废物产生、促进综合利用的具体措施，并执行排污许可管理制度的相关规定。

第四十条 产生工业固体废物的单位应当根据经济、技术条件对工业固体废物加以利用；对暂时不利用或者不能利用的，应当按照国务院生态环境等主管部门的规定建设贮存设施、场所，安全分类存放，或者采取无害化处置措施。贮存工业固体废物应当采取符合国家环境保护标准的防护措施。

建设工业固体废物贮存、处置的设施、场所，应当符合国家环境保护标准。

第四十一条 产生工业固体废物的单位终止的，应当在终止前对工业固体废物的贮存、处置的设施、场所采取污染防治措施，并对未处置的工业固体废物作出妥善处置，防止污染环境。

产生工业固体废物的单位发生变更的，变更后的单位应当按照国家有关环境保护的规定对未处置的工业固体废物及其贮存、处置的设施、场所进行安全处置或者采取有效措施保证该设施、场所安全运行。变更前当事人对工业固体废物及其贮存、处置的设施、场所的污染防治责任另有约定的，从其约定；但是，不得免除当事人的污染防治义务。

对 2005 年 4 月 1 日前已经终止的单位未处置的工业固体废物及其贮存、处置的设施、场所进行安全处置的费用，由有关人民政府承担；但是，该单位享有的土地使用权依法转让的，应当由土地使用权受让人承担处置费用。当事人另有约定的，从其约定；但是，不得免除当事人的污染防治义务。

第四十二条 矿山企业应当采取科学的开采方法和选矿工艺，减少尾矿、煤矸石、废石等矿业固体废物的产生量和贮存量。

国家鼓励采取先进工艺对尾矿、煤矸石、废石等矿业固体废物进行综合利用。

尾矿、煤矸石、废石等矿业固体废物贮存设施停止使用后，矿山企业应当按照国家有关环境保护等规定进行封场，防止造成环境污染和生态破坏。

第四章　生活垃圾

第四十三条 县级以上地方人民政府应当加快建立分类投放、分类收集、分类运输、分类处理的生活垃圾管理系统，实现生活垃圾分类制度有效覆盖。

县级以上地方人民政府应当建立生活垃圾分类工作协调机制，加强和统筹生活垃圾分类管理能力建设。

各级人民政府及其有关部门应当组织开展生活垃圾分类宣传，教育引导公众养成生活垃圾分类习惯，督促和指导生活垃圾分类工作。

第四十四条 县级以上地方人民政府应当有计划地改进燃料结构，发展清洁能源，减少燃料废渣等固体废物的产生量。

县级以上地方人民政府有关部门应当加强产品生产和流通过程管理，避免过度包装，组织净菜上市，减少生活垃圾的产生量。

第四十五条 县级以上人民政府应当统筹安排建设城乡生活垃圾收集、运输、处理设施，确定设施厂址，提高生活垃圾的综合利用和无害化处置水平，促进生活垃圾收集、处理的产业化发展，逐步建立和完善生活垃圾污染环境防治的社会服务体系。

县级以上地方人民政府有关部门应当统筹规划，合理安排回收、分拣、打包网点，促进生活垃圾的回收利用工作。

第四十六条 地方各级人民政府应当加强农村生活垃圾污染环境的防治，保护和改善农村人居环境。

国家鼓励农村生活垃圾源头减量。城乡接合部、人口密集的农村地区和其他有条件的地方，应当建立城乡一体的生活垃圾管理系统；其他农村地区应当积极探索生活垃圾管理模式，因地制宜，就近就地利用或者妥善处理生活垃圾。

第四十七条 设区的市级以上人民政府环境卫生主管部门应当制定生活垃圾清扫、收集、贮存、运输和处理设施、场所建设运行规范，发布生活垃圾分类指导目录，加强监督管理。

第四十八条 县级以上地方人民政府环境卫生等主管部门应当组织对城乡生活垃圾进行清扫、收集、运输和处理，可以通过招标等方式选择具备条件的单位从事生活垃圾的清扫、收集、运输和处理。

第四十九条　产生生活垃圾的单位、家庭和个人应当依法履行生活垃圾源头减量和分类投放义务，承担生活垃圾产生者责任。

任何单位和个人都应当依法在指定的地点分类投放生活垃圾。禁止随意倾倒、抛撒、堆放或者焚烧生活垃圾。

机关、事业单位等应当在生活垃圾分类工作中起示范带头作用。

已经分类投放的生活垃圾，应当按照规定分类收集、分类运输、分类处理。

第五十条　清扫、收集、运输、处理城乡生活垃圾，应当遵守国家有关环境保护和环境卫生管理的规定，防止污染环境。

从生活垃圾中分类并集中收集的有害垃圾，属于危险废物的，应当按照危险废物管理。

第五十一条　从事公共交通运输的经营单位，应当及时清扫、收集运输过程中产生的生活垃圾。

第五十二条　农贸市场、农产品批发市场等应当加强环境卫生管理，保持环境卫生清洁，对所产生的垃圾及时清扫、分类收集、妥善处理。

第五十三条　从事城市新区开发、旧区改建和住宅小区开发建设、村镇建设的单位，以及机场、码头、车站、公园、商场、体育场馆等公共设施、场所的经营管理单位，应当按照国家有关环境卫生的规定，配套建设生活垃圾收集设施。

县级以上地方人民政府应当统筹生活垃圾公共转运、处理设施与前款规定的收集设施的有效衔接，并加强生活垃圾分类收运体系和再生资源回收体系在规划、建设、运营等方面的融合。

第五十四条　从生活垃圾中回收的物质应当按照国家规定的用途、标准使用，不得用于生产可能危害人体健康的产品。

第五十五条　建设生活垃圾处理设施、场所，应当符合国务院生态环境主管部门和国务院住房城乡建设主管部门规定的环境保护和环境卫生标准。

鼓励相邻地区统筹生活垃圾处理设施建设，促进生活垃圾处理设施跨行政区域共建共享。

禁止擅自关闭、闲置或者拆除生活垃圾处理设施、场所；确有必要关闭、闲置或者拆除的，应当经所在地的市、县级人民政府环境卫生主管部门商所在地生态环境主管部门同意后核准，并采取防止污染环境的措施。

第五十六条　生活垃圾处理单位应当按照国家有关规定，安装使用监测设备，实时监测污染物的排放情况，将污染排放数据实时公开。监测设备应当与所在地生态环境主管部门的监控设备联网。

第五十七条　县级以上地方人民政府环境卫生主管部门负责组织开展厨余垃圾资源化、无害化处理工作。

产生、收集厨余垃圾的单位和其他生产经营者，应当将厨余垃圾交由具备相应资质条件的单位进行无害化处理。

禁止畜禽养殖场、养殖小区利用未经无害化处理的厨余垃圾饲喂畜禽。

第五十八条 县级以上地方人民政府应当按照产生者付费原则，建立生活垃圾处理收费制度。

县级以上地方人民政府制定生活垃圾处理收费标准，应当根据本地实际，结合生活垃圾分类情况，体现分类计价、计量收费等差别化管理，并充分征求公众意见。生活垃圾处理收费标准应当向社会公布。

生活垃圾处理费应当专项用于生活垃圾的收集、运输和处理等，不得挪作他用。

第五十九条 省、自治区、直辖市和设区的市、自治州可以结合实际，制定本地方生活垃圾具体管理办法。

第五章 建筑垃圾、农业固体废物等

第六十条 县级以上地方人民政府应当加强建筑垃圾污染环境的防治，建立建筑垃圾分类处理制度。

县级以上地方人民政府应当制定包括源头减量、分类处理、消纳设施和场所布局及建设等在内的建筑垃圾污染环境防治工作规划。

第六十一条 国家鼓励采用先进技术、工艺、设备和管理措施，推进建筑垃圾源头减量，建立建筑垃圾回收利用体系。

县级以上地方人民政府应当推动建筑垃圾综合利用产品应用。

第六十二条 县级以上地方人民政府环境卫生主管部门负责建筑垃圾污染环境防治工作，建立建筑垃圾全过程管理制度，规范建筑垃圾产生、收集、贮存、运输、利用、处置行为，推进综合利用，加强建筑垃圾处置设施、场所建设，保障处置安全，防止污染环境。

第六十三条 工程施工单位应当编制建筑垃圾处理方案，采取污染防治措施，并报县级以上地方人民政府环境卫生主管部门备案。

工程施工单位应当及时清运工程施工过程中产生的建筑垃圾等固体废物，并按照环境卫生主管部门的规定进行利用或者处置。

工程施工单位不得擅自倾倒、抛撒或者堆放工程施工过程中产生的建筑垃圾。

第六十四条 县级以上人民政府农业农村主管部门负责指导农业固体废物回收利用体系建设，鼓励和引导有关单位和其他生产经营者依法收集、贮存、运输、利用、处置农业固体废物，加强监督管理，防止污染环境。

第六十五条 产生秸秆、废弃农用薄膜、农药包装废弃物等农业固体废物的单位和其他生产经营者，应当采取回收利用和其他防止污染环境的措施。

从事畜禽规模养殖应当及时收集、贮存、利用或者处置养殖过程中产生的畜禽粪污等固体废物，避免造成环境污染。

禁止在人口集中地区、机场周围、交通干线附近以及当地人民政府划定的其他区域露天焚烧秸秆。

国家鼓励研究开发、生产、销售、使用在环境中可降解且无害的农用薄膜。

第六十六条 国家建立电器电子、铅蓄电池、车用动力电池等产品的生产者责任延伸制度。

电器电子、铅蓄电池、车用动力电池等产品的生产者应当按照规定以自建或者委托等方式建立与产品销售量相匹配的废旧产品回收体系，并向社会公开，实现有效回收和利用。

国家鼓励产品的生产者开展生态设计，促进资源回收利用。

第六十七条 国家对废弃电器电子产品等实行多渠道回收和集中处理制度。

禁止将废弃机动车船等交由不符合规定条件的企业或者个人回收、拆解。

拆解、利用、处置废弃电器电子产品、废弃机动车船等，应当遵守有关法律法规的规定，采取防止污染环境的措施。

第六十八条 产品和包装物的设计、制造，应当遵守国家有关清洁生产的规定。国务院标准化主管部门应当根据国家经济和技术条件、固体废物污染环境防治状况以及产品的技术要求，组织制定有关标准，防止过度包装造成环境污染。

生产经营者应当遵守限制商品过度包装的强制性标准，避免过度包装。县级以上地方人民政府市场监督管理部门和有关部门应当按照各自职责，加强对过度包装的监督管理。

生产、销售、进口依法被列入强制回收目录的产品和包装物的企业，应当按照国家有关规定对该产品和包装物进行回收。

电子商务、快递、外卖等行业应当优先采用可重复使用、易回收利用的包装物，优化物品包装，减少包装物的使用，并积极回收利用包装物。县级以上地方人民政府商务、邮政等主管部门应当加强监督管理。

国家鼓励和引导消费者使用绿色包装和减量包装。

第六十九条 国家依法禁止、限制生产、销售和使用不可降解塑料袋等一次性塑料制品。

商品零售场所开办单位、电子商务平台企业和快递企业、外卖企业应当按照国家有关规定向商务、邮政等主管部门报告塑料袋等一次性塑料制品的使用、回收情况。

国家鼓励和引导减少使用、积极回收塑料袋等一次性塑料制品，推广应用可循环、易回收、可降解的替代产品。

第七十条 旅游、住宿等行业应当按照国家有关规定推行不主动提供一次性用品。

机关、企业事业单位等的办公场所应当使用有利于保护环境的产品、设备和设施，减少使用一次性办公用品。

第七十一条 城镇污水处理设施维护运营单位或者污泥处理单位应当安全处理污泥，保证处理后的污泥符合国家有关标准，对污泥的流向、用途、用量等进行跟踪、记录，并报告城镇排水主管部门、生态环境主管部门。

县级以上人民政府城镇排水主管部门应当将污泥处理设施纳入城镇排水与污水处理规划，推动同步建设污泥处理设施与污水处理设施，鼓励协同处理，污水处理费征收标准和补偿范围应当覆盖污泥处理成本和污水处理设施正常运营成本。

第七十二条 禁止擅自倾倒、堆放、丢弃、遗撒城镇污水处理设施产生的污泥和处理后的污泥。

禁止重金属或者其他有毒有害物质含量超标的污泥进入农用地。

从事水体清淤疏浚应当按照国家有关规定处理清淤疏浚过程中产生的底泥，防止污染环境。

第七十三条 各级各类实验室及其设立单位应当加强对实验室产生的固体废物的管理，依法收集、贮存、运输、利用、处置实验室固体废物。实验室固体废物属于危险废物的，应当按照危险废物管理。

第六章　危险废物

第七十四条 危险废物污染环境的防治，适用本章规定；本章未作规定的，适用本法其他有关规定。

第七十五条 国务院生态环境主管部门应当会同国务院有关部门制定国家危险废物名录，规定统一的危险废物鉴别标准、鉴别方法、识别标志和鉴别单位管理要求。国家危险废物名录应当动态调整。

国务院生态环境主管部门根据危险废物的危害特性和产生数量，科学评估其环境风险，实施分级分类管理，建立信息化监管体系，并通过信息化手段管理、共享危险废物转移数据和信息。

第七十六条 省、自治区、直辖市人民政府应当组织有关部门编制危险废物集中处置设施、场所的建设规划，科学评估危险废物处置需求，合理布局危险废物集中处置设施、场所，确保本行政区域的危险废物得到妥善处置。

编制危险废物集中处置设施、场所的建设规划，应当征求有关行业协会、企业事业单位、专家和公众等方面的意见。

相邻省、自治区、直辖市之间可以开展区域合作，统筹建设区域性危险废物集中处置设施、场所。

第七十七条 对危险废物的容器和包装物以及收集、贮存、运输、利用、处置危险废物的设施、场所，应当按照规定设置危险废物识别标志。

第七十八条 产生危险废物的单位，应当按照国家有关规定制定危险废物管理计划；建立危险废物管理台账，如实记录有关信息，并通过国家危险废物信息管理系统向所在地生态环境主管部门申报危险废物的种类、产生量、流向、贮存、处置等有关资料。

前款所称危险废物管理计划应当包括减少危险废物产生量和降低危险废物危害性的措施以及危险废物贮存、利用、处置措施。危险废物管理计划应当报产生危险废物的单位所在地生态环境主管部门备案。

产生危险废物的单位已经取得排污许可证的，执行排污许可管理制度的规定。

第七十九条 产生危险废物的单位，应当按照国家有关规定和环境保护标准要求贮存、利用、处置危险废物，不得擅自倾倒、堆放。

第八十条 从事收集、贮存、利用、处置危险废物经营活动的单位，应当按照国家有关规定申请取得许可证。许可证的具体管理办法由国务院制定。

禁止无许可证或者未按照许可证规定从事危险废物收集、贮存、利用、处置的经营活动。

禁止将危险废物提供或者委托给无许可证的单位或者其他生产经营者从事收集、贮存、利用、处置活动。

第八十一条 收集、贮存危险废物，应当按照危险废物特性分类进行。禁止混合收集、贮存、运输、处置性质不相容而未经安全性处置的危险废物。

贮存危险废物应当采取符合国家环境保护标准的防护措施。禁止将危险废物混入非危险废物中贮存。

从事收集、贮存、利用、处置危险废物经营活动的单位，贮存危险废物不得超过一年；确需延长期限的，应当报经颁发许可证的生态环境主管部门批准；法律、行政法规另有规定的除外。

第八十二条 转移危险废物的，应当按照国家有关规定填写、运行危险废物电子或者纸质转移联单。

跨省、自治区、直辖市转移危险废物的，应当向危险废物移出地省、自治区、直辖市人民政府生态环境主管部门申请。移出地省、自治区、直辖市人民政府生态环境主管部门应当及时商经接受地省、自治区、直辖市人民政府生态环境主管部门同意后，在规定期限内批准转移该危险废物，并将批准信息通报相关省、自治区、直辖市人民政府生态环境主管部门和交通运输主管部门。未经批准的，不得转移。

危险废物转移管理应当全程管控、提高效率，具体办法由国务院生态环境主管部门会同国务院交通运输主管部门和公安部门制定。

第八十三条 运输危险废物，应当采取防止污染环境的措施，并遵守国家有关危险货物运输管理的规定。

禁止将危险废物与旅客在同一运输工具上载运。

第八十四条 收集、贮存、运输、利用、处置危险废物的场所、设施、设备和容器、包装物及其他物品转作他用时，应当按照国家有关规定经过消除污染处理，方可使用。

第八十五条 产生、收集、贮存、运输、利用、处置危险废物的单位，应当依法制定意外事故的防范措施和应急预案，并向所在地生态环境主管部门和其他负有固体废物污染环境防治监督管理职责的部门备案；生态环境主管部门和其他负有固体废物污染环境防治监督管理职责的部门应当进行检查。

第八十六条 因发生事故或者其他突发性事件，造成危险废物严重污染环境的单位，应当立即采取有效措施消除或者减轻对环境的污染危害，及时通报可能受到污染危害的单位和居民，并向所在地生态环境主管部门和有关部门报告，接受调查处理。

第八十七条 在发生或者有证据证明可能发生危险废物严重污染环境、威胁居民生命财产安全时，生态环境主管部门或者其他负有固体废物污染环境防治监督管理职责的部门应当立即向本级人民政府和上一级人民政府有关部门报告，由人民政府采取防止或者减轻危害的有效措施。有关人民政府可以根据需要责令停止导致或者可能导致环境污染事故的作业。

第八十八条 重点危险废物集中处置设施、场所退役前，运营单位应当按照国家有关规定对设施、场所采取污染防治措施。退役的费用应当预提，列入投资概算或者生产成本，专门用于重点危险废物集中处置设施、场所的退役。具体提取和管理办法，由国务院财政部门、价格主管部门会同国务院生态环境主管部门规定。

第八十九条 禁止经中华人民共和国过境转移危险废物。

第九十条 医疗废物按照国家危险废物名录管理。县级以上地方人民政府应当加强医疗废物集中处置能力建设。

县级以上人民政府卫生健康、生态环境等主管部门应当在各自职责范围内加强对医疗废物收集、贮存、运输、处置的监督管理，防止危害公众健康、污染环境。

医疗卫生机构应当依法分类收集本单位产生的医疗废物，交由医疗废物集中处置单位处置。医疗废物集中处置单位应当及时收集、运输和处置医疗废物。

医疗卫生机构和医疗废物集中处置单位，应当采取有效措施，防止医疗废物流失、泄漏、渗漏、扩散。

第九十一条 重大传染病疫情等突发事件发生时，县级以上人民政府应当统筹协调医疗废物等危险废物收集、贮存、运输、处置等工作，保障所需的车辆、场地、处置设施和防护物资。卫生健康、生态环境、环境卫生、交通运输等主管部门应当协同配合，依法履行应急处置职责。

第七章　保障措施

第九十二条　国务院有关部门、县级以上地方人民政府及其有关部门在编制国土空间规划和相关专项规划时，应当统筹生活垃圾、建筑垃圾、危险废物等固体废物转运、集中处置等设施建设需求，保障转运、集中处置等设施用地。

第九十三条　国家采取有利于固体废物污染环境防治的经济、技术政策和措施，鼓励、支持有关方面采取有利于固体废物污染环境防治的措施，加强对从事固体废物污染环境防治工作人员的培训和指导，促进固体废物污染环境防治产业专业化、规模化发展。

第九十四条　国家鼓励和支持科研单位、固体废物产生单位、固体废物利用单位、固体废物处置单位等联合攻关，研究开发固体废物综合利用、集中处置等的新技术，推动固体废物污染环境防治技术进步。

第九十五条　各级人民政府应当加强固体废物污染环境的防治，按照事权划分的原则安排必要的资金用于下列事项：

（一）固体废物污染环境防治的科学研究、技术开发；

（二）生活垃圾分类；

（三）固体废物集中处置设施建设；

（四）重大传染病疫情等突发事件产生的医疗废物等危险废物应急处置；

（五）涉及固体废物污染环境防治的其他事项。

使用资金应当加强绩效管理和审计监督，确保资金使用效益。

第九十六条　国家鼓励和支持社会力量参与固体废物污染环境防治工作，并按照国家有关规定给予政策扶持。

第九十七条　国家发展绿色金融，鼓励金融机构加大对固体废物污染环境防治项目的信贷投放。

第九十八条　从事固体废物综合利用等固体废物污染环境防治工作的，依照法律、行政法规的规定，享受税收优惠。

国家鼓励并提倡社会各界为防治固体废物污染环境捐赠财产，并依照法律、行政法规的规定，给予税收优惠。

第九十九条　收集、贮存、运输、利用、处置危险废物的单位，应当按照国家有关规定，投保环境污染责任保险。

第一百条　国家鼓励单位和个人购买、使用综合利用产品和可重复使用产品。

县级以上人民政府及其有关部门在政府采购过程中，应当优先采购综合利用产品和可重复使用产品。

第八章　法律责任

第一百零一条　生态环境主管部门或者其他负有固体废物污染环境防治监督管理职责的部门违反本法规定，有下列行为之一，由本级人民政府或者上级人民政府有关部门责令改正，对直接负责的主管人员和其他直接责任人员依法给予处分：

（一）未依法作出行政许可或者办理批准文件的；

（二）对违法行为进行包庇的；

（三）未依法查封、扣押的；

（四）发现违法行为或者接到对违法行为的举报后未予查处的；

（五）有其他滥用职权、玩忽职守、徇私舞弊等违法行为的。

依照本法规定应当作出行政处罚决定而未作出的，上级主管部门可以直接作出行政处罚决定。

第一百零二条　违反本法规定，有下列行为之一，由生态环境主管部门责令改正，处以罚款，没收违法所得；情节严重的，报经有批准权的人民政府批准，可以责令停业或者关闭：

（一）产生、收集、贮存、运输、利用、处置固体废物的单位未依法及时公开固体废物污染环境防治信息的；

（二）生活垃圾处理单位未按照国家有关规定安装使用监测设备、实时监测污染物的排放情况并公开污染排放数据的；

（三）将列入限期淘汰名录被淘汰的设备转让给他人使用的；

（四）在生态保护红线区域、永久基本农田集中区域和其他需要特别保护的区域内，建设工业固体废物、危险废物集中贮存、利用、处置的设施、场所和生活垃圾填埋场的；

（五）转移固体废物出省、自治区、直辖市行政区域贮存、处置未经批准的；

（六）转移固体废物出省、自治区、直辖市行政区域利用未报备案的；

（七）擅自倾倒、堆放、丢弃、遗撒工业固体废物，或者未采取相应防范措施，造成工业固体废物扬散、流失、渗漏或者其他环境污染的；

（八）产生工业固体废物的单位未建立固体废物管理台账并如实记录的；

（九）产生工业固体废物的单位违反本法规定委托他人运输、利用、处置工业固体废物的；

（十）贮存工业固体废物未采取符合国家环境保护标准的防护措施的；

（十一）单位和其他生产经营者违反固体废物管理其他要求，污染环境、破坏生态的。

有前款第一项、第八项行为之一，处五万元以上二十万元以下的罚款；有前款第二项、第三项、第四项、第五项、第六项、第九项、第十项、第十一项行为之一，处十万元以上一百万元以下的罚款；有前款第七项行为，处所需处置费用一倍以上三倍以下的罚款，所需处置费用不足十万元的，按十万元计算。对前款第十一项行为的处罚，有关法律、行政法规另有规定的，适用其规定。

第一百零三条 违反本法规定，以拖延、围堵、滞留执法人员等方式拒绝、阻挠监督检查，或者在接受监督检查时弄虚作假的，由生态环境主管部门或者其他负有固体废物污染环境防治监督管理职责的部门责令改正，处五万元以上二十万元以下的罚款；对直接负责的主管人员和其他直接责任人员，处二万元以上十万元以下的罚款。

第一百零四条 违反本法规定，未依法取得排污许可证产生工业固体废物的，由生态环境主管部门责令改正或者限制生产、停产整治，处十万元以上一百万元以下的罚款；情节严重的，报经有批准权的人民政府批准，责令停业或者关闭。

第一百零五条 违反本法规定，生产经营者未遵守限制商品过度包装的强制性标准的，由县级以上地方人民政府市场监督管理部门或者有关部门责令改正；拒不改正的，处二千元以上二万元以下的罚款；情节严重的，处二万元以上十万元以下的罚款。

第一百零六条 违反本法规定，未遵守国家有关禁止、限制使用不可降解塑料袋等一次性塑料制品的规定，或者未按照国家有关规定报告塑料袋等一次性塑料制品的使用情况的，由县级以上地方人民政府商务、邮政等主管部门责令改正，处一万元以上十万元以下的罚款。

第一百零七条 从事畜禽规模养殖未及时收集、贮存、利用或者处置养殖过程中产生的畜禽粪污等固体废物的，由生态环境主管部门责令改正，可以处十万元以下的罚款；情节严重的，报经有批准权的人民政府批准，责令停业或者关闭。

第一百零八条 违反本法规定，城镇污水处理设施维护运营单位或者污泥处理单位对污泥流向、用途、用量等未进行跟踪、记录，或者处理后的污泥不符合国家有关标准的，由城镇排水主管部门责令改正，给予警告；造成严重后果的，处十万元以上二十万元以下的罚款；拒不改正的，城镇排水主管部门可以指定有治理能力的单位代为治理，所需费用由违法者承担。

违反本法规定，擅自倾倒、堆放、丢弃、遗撒城镇污水处理设施产生的污泥和处理后的污泥的，由城镇排水主管部门责令改正，处二十万元以上二百万元以下的罚款，对直接负责的主管人员和其他直接责任人员处二万元以上十万元以下的罚款；造成严重后果的，处二百万元以上五百万元以下的罚款，对直接负责的主管人员和其他直接责任人员处五万元以上五十万元以下的罚款；拒不改正的，城镇排水主管部门可以指定有治理能力的单位代为治理，所需费用由违法者承担。

第一百零九条 违反本法规定，生产、销售、进口或者使用淘汰的设备，或者采用淘汰的生产工艺的，由县级以上地方人民政府指定的部门责令改正，处十万元以上一百万元以下的罚款，没收违法所得；情节严重的，由县级以上地方人民政府指定的部门提出意见，报经有批准权的人民政府批准，责令停业或者关闭。

第一百一十条 尾矿、煤矸石、废石等矿业固体废物贮存设施停止使用后，未按照国家有关环境保护规定进行封场的，由生态环境主管部门责令改正，处二十万元以上一百万元以下的罚款。

第一百一十一条 违反本法规定，有下列行为之一，由县级以上地方人民政府环境卫生主管部门责令改正，处以罚款，没收违法所得：

（一）随意倾倒、抛撒、堆放或者焚烧生活垃圾的；

（二）擅自关闭、闲置或者拆除生活垃圾处理设施、场所的；

（三）工程施工单位未编制建筑垃圾处理方案报备案，或者未及时清运施工过程中产生的固体废物的；

（四）工程施工单位擅自倾倒、抛撒或者堆放工程施工过程中产生的建筑垃圾，或者未按照规定对施工过程中产生的固体废物进行利用或者处置的；

（五）产生、收集厨余垃圾的单位和其他生产经营者未将厨余垃圾交由具备相应资质条件的单位进行无害化处理的；

（六）畜禽养殖场、养殖小区利用未经无害化处理的厨余垃圾饲喂畜禽的；

（七）在运输过程中沿途丢弃、遗撒生活垃圾的。

单位有前款第一项、第七项行为之一，处五万元以上五十万元以下的罚款；单位有前款第二项、第三项、第四项、第五项、第六项行为之一，处十万元以上一百万元以下的罚款；个人有前款第一项、第五项、第七项行为之一，处一百元以上五百元以下的罚款。

违反本法规定，未在指定的地点分类投放生活垃圾的，由县级以上地方人民政府环境卫生主管部门责令改正；情节严重的，对单位处五万元以上五十万元以下的罚款，对个人依法处以罚款。

第一百一十二条 违反本法规定，有下列行为之一，由生态环境主管部门责令改正，处以罚款，没收违法所得；情节严重的，报经有批准权的人民政府批准，可以责令停业或者关闭：

（一）未按照规定设置危险废物识别标志的；

（二）未按照国家有关规定制定危险废物管理计划或者申报危险废物有关资料的；

（三）擅自倾倒、堆放危险废物的；

（四）将危险废物提供或者委托给无许可证的单位或者其他生产经营者从事经营活动的；

（五）未按照国家有关规定填写、运行危险废物转移联单或者未经批准擅自转移危险废物的；

（六）未按照国家环境保护标准贮存、利用、处置危险废物或者将危险废物混入非危险废物中贮存的；

（七）未经安全性处置，混合收集、贮存、运输、处置具有不相容性质的危险废物的；

（八）将危险废物与旅客在同一运输工具上载运的；

（九）未经消除污染处理，将收集、贮存、运输、处置危险废物的场所、设施、设备和容器、包装物及其他物品转作他用的；

（十）未采取相应防范措施，造成危险废物扬散、流失、渗漏或者其他环境污染的；

（十一）在运输过程中沿途丢弃、遗撒危险废物的；

（十二）未制定危险废物意外事故防范措施和应急预案的；

（十三）未按照国家有关规定建立危险废物管理台账并如实记录的。

有前款第一项、第二项、第五项、第六项、第七项、第八项、第九项、第十二项、第十三项行为之一，处十万元以上一百万元以下的罚款；有前款第三项、第四项、第十项、第十一项行为之一，处所需处置费用三倍以上五倍以下的罚款，所需处置费用不足二十万元的，按二十万元计算。

第一百一十三条 违反本法规定，危险废物产生者未按照规定处置其产生的危险废物被责令改正后拒不改正的，由生态环境主管部门组织代为处置，处置费用由危险废物产生者承担；拒不承担代为处置费用的，处代为处置费用一倍以上三倍以下的罚款。

第一百一十四条 无许可证从事收集、贮存、利用、处置危险废物经营活动的，由生态环境主管部门责令改正，处一百万元以上五百万元以下的罚款，并报经有批准权的人民政府批准，责令停业或者关闭；对法定代表人、主要负责人、直接负责的主管人员和其他责任人员，处十万元以上一百万元以下的罚款。

未按照许可证规定从事收集、贮存、利用、处置危险废物经营活动的，由生态环境主管部门责令改正，限制生产、停产整治，处五十万元以上二百万元以下的罚款；对法定代表人、主要负责人、直接负责的主管人员和其他责任人员，处五万元以上五十万元以下的罚款；情节严重的，报经有批准权的人民政府批准，责令停业或者关闭，还可以由发证机关吊销许可证。

第一百一十五条 违反本法规定，将中华人民共和国境外的固体废物输入境内的，由海关责令退运该固体废物，处五十万元以上五百万元以下的罚款。

承运人对前款规定的固体废物的退运、处置，与进口者承担连带责任。

第一百一十六条 违反本法规定，经中华人民共和国过境转移危险废物的，由海关责令退运该危险废物，处五十万元以上五百万元以下的罚款。

第一百一十七条 对已经非法入境的固体废物，由省级以上人民政府生态环境主管部门依法向海关提出处理意见，海关应当依照本法第一百一十五条的规定作出处罚决定；已经造成环境污染的，由省级以上人民政府生态环境主管部门责令进口者消除污染。

第一百一十八条 违反本法规定，造成固体废物污染环境事故的，除依法承担赔偿责任外，由生态环境主管部门依照本条第二款的规定处以罚款，责令限期采取治理措施；造成重大或者特大固体废物污染环境事故的，还可以报经有批准权的人民政府批准，责令关闭。

造成一般或者较大固体废物污染环境事故的，按照事故造成的直接经济损失的一倍以上三倍以下计算罚款；造成重大或者特大固体废物污染环境事故的，按照事故造成的直接经济损失的三倍以上五倍以下计算罚款，并对法定代表人、主要负责人、直接负责的主管人员和其他责任人员处上一年度从本单位取得的收入百分之五十以下的罚款。

第一百一十九条 单位和其他生产经营者违反本法规定排放固体废物，受到罚款处罚，被责令改正的，依法作出处罚决定的行政机关应当组织复查，发现其继续实施该违法行为的，依照《中华人民共和国环境保护法》的规定按日连续处罚。

第一百二十条 违反本法规定，有下列行为之一，尚不构成犯罪的，由公安机关对法定代表人、主要负责人、直接负责的主管人员和其他责任人员处十日以上十五日以下的拘留；情节较轻的，处五日以上十日以下的拘留：

（一）擅自倾倒、堆放、丢弃、遗撒固体废物，造成严重后果的；

（二）在生态保护红线区域、永久基本农田集中区域和其他需要特别保护的区域内，建设工业固体废物、危险废物集中贮存、利用、处置的设施、场所和生活垃圾填埋场的；

（三）将危险废物提供或者委托给无许可证的单位或者其他生产经营者堆放、利用、处置的；

（四）无许可证或者未按照许可证规定从事收集、贮存、利用、处置危险废物经营活动的；

（五）未经批准擅自转移危险废物的；

（六）未采取防范措施，造成危险废物扬散、流失、渗漏或者其他严重后果的。

第一百二十一条 固体废物污染环境、破坏生态，损害国家利益、社会公共利益的，有关机关和组织可以依照《中华人民共和国环境保护法》《中华人民共和国民事诉讼法》《中华人民共和国行政诉讼法》等法律的规定向人民法院提起诉讼。

第一百二十二条 固体废物污染环境、破坏生态给国家造成重大损失的，由设区的市级以上地方人民政府或者其指定的部门、机构组织与造成环境污染和生态破坏的单位和其他生产经营者进行磋商，要求其承担损害赔偿责任；磋商未达成一致的，可以向人民法院提起诉讼。

对于执法过程中查获的无法确定责任人或者无法退运的固体废物，由所在地县级以上地方人民政府组织处理。

第一百二十三条 违反本法规定，构成违反治安管理行为的，由公安机关依法给予治安管理处罚；构成犯罪的，依法追究刑事责任；造成人身、财产损害的，依法承担民事责任。

第九章 附 则

第一百二十四条 本法下列用语的含义：

（一）固体废物，是指在生产、生活和其他活动中产生的丧失原有利用价值或者虽未丧失利用价值但被抛弃或者放弃的固态、半固态和置于容器中的气态的物品、物质以及法律、行政法规规定纳入固体废物管理的物品、物质。经无害化加工处理，并且符合强制性国家产品质量标准，不会危害公众健康和生态安全，或者根据固体废物鉴别标准和鉴别程序认定为不属于固体废物的除外。

（二）工业固体废物，是指在工业生产活动中产生的固体废物。

（三）生活垃圾，是指在日常生活中或者为日常生活提供服务的活动中产生的固体废物，以及法律、行政法规规定视为生活垃圾的固体废物。

（四）建筑垃圾，是指建设单位、施工单位新建、改建、扩建和拆除各类建筑物、构筑物、管网等，以及居民装饰装修房屋过程中产生的弃土、弃料和其他固体废物。

（五）农业固体废物，是指在农业生产活动中产生的固体废物。

（六）危险废物，是指列入国家危险废物名录或者根据国家规定的危险废物鉴别标准和鉴别方法认定的具有危险特性的固体废物。

（七）贮存，是指将固体废物临时置于特定设施或者场所中的活动。

（八）利用，是指从固体废物中提取物质作为原材料或者燃料的活动。

（九）处置，是指将固体废物焚烧和用其他改变固体废物的物理、化学、生物特性的方法，达到减少已产生的固体废物数量、缩小固体废物体积、减少或者消除其危险成分的活动，或者将固体废物最终置于符合环境保护规定要求的填埋场的活动。

第一百二十五条 液态废物的污染防治，适用本法；但是，排入水体的废水的污染防治适用有关法律，不适用本法。

第一百二十六条 本法自 2020 年 9 月 1 日起施行。

中华人民共和国噪声污染防治法

2021 年 12 月 24 日第十三届全国人民代表大会常务委员会第三十二次会议通过

目　　录

第一章　总　　则

第一条　为了防治噪声污染，保障公众健康，保护和改善生活环境，维护社会和谐，推进生态文明建设，促进经济社会可持续发展，制定本法。

第二条　本法所称噪声，是指在工业生产、建筑施工、交通运输和社会生活中产生的干扰周围生活环境的声音。

本法所称噪声污染，是指超过噪声排放标准或者未依法采取防控措施产生噪声，并干扰他人正常生活、工作和学习的现象。

第三条　噪声污染的防治，适用本法。

因从事本职生产经营工作受到噪声危害的防治，适用劳动保护等其他有关法律的规定。

第四条　噪声污染防治应当坚持统筹规划、源头防控、分类管理、社会共治、损害担责的原则。

第五条　县级以上人民政府应当将噪声污染防治工作纳入国民经济和社会发展规划、生态环境保护规划，将噪声污染防治工作经费纳入本级政府预算。

生态环境保护规划应当明确噪声污染防治目标、任务、保障措施等内容。

第六条 地方各级人民政府对本行政区域声环境质量负责，采取有效措施，改善声环境质量。

国家实行噪声污染防治目标责任制和考核评价制度，将噪声污染防治目标完成情况纳入考核评价内容。

第七条 县级以上地方人民政府应当依照本法和国务院的规定，明确有关部门的噪声污染防治监督管理职责，根据需要建立噪声污染防治工作协调联动机制，加强部门协同配合、信息共享，推进本行政区域噪声污染防治工作。

第八条 国务院生态环境主管部门对全国噪声污染防治实施统一监督管理。

地方人民政府生态环境主管部门对本行政区域噪声污染防治实施统一监督管理。

各级住房和城乡建设、公安、交通运输、铁路监督管理、民用航空、海事等部门，在各自职责范围内，对建筑施工、交通运输和社会生活噪声污染防治实施监督管理。

基层群众性自治组织应当协助地方人民政府及其有关部门做好噪声污染防治工作。

第九条 任何单位和个人都有保护声环境的义务，同时依法享有获取声环境信息、参与和监督噪声污染防治的权利。

排放噪声的单位和个人应当采取有效措施，防止、减轻噪声污染。

第十条 各级人民政府及其有关部门应当加强噪声污染防治法律法规和知识的宣传教育普及工作，增强公众噪声污染防治意识，引导公众依法参与噪声污染防治工作。

新闻媒体应当开展噪声污染防治法律法规和知识的公益宣传，对违反噪声污染防治法律法规的行为进行舆论监督。

国家鼓励基层群众性自治组织、社会组织、公共场所管理者、业主委员会、物业服务人、志愿者等开展噪声污染防治法律法规和知识的宣传。

第十一条 国家鼓励、支持噪声污染防治科学技术研究开发、成果转化和推广应用，加强噪声污染防治专业技术人才培养，促进噪声污染防治科学技术进步和产业发展。

第十二条 对在噪声污染防治工作中做出显著成绩的单位和个人，按照国家规定给予表彰、奖励。

第二章 噪声污染防治标准和规划

第十三条 国家推进噪声污染防治标准体系建设。

国务院生态环境主管部门和国务院其他有关部门，在各自职责范围内，制定和完善噪声污染防治相关标准，加强标准之间的衔接协调。

第十四条 国务院生态环境主管部门制定国家声环境质量标准。

县级以上地方人民政府根据国家声环境质量标准和国土空间规划以及用地现状，划定本行政区域各类声环境质量标准的适用区域；将以用于居住、科学研究、医疗卫生、文化教育、机关团体办公、社会福利等的建筑物为主的区域，划定为噪声敏感建筑物集中区域，加强噪声污染防治。

声环境质量标准适用区域范围和噪声敏感建筑物集中区域范围应当向社会公布。

第十五条 国务院生态环境主管部门根据国家声环境质量标准和国家经济、技术条件，制定国家噪声排放标准以及相关的环境振动控制标准。

省、自治区、直辖市人民政府对尚未制定国家噪声排放标准的，可以制定地方噪声排放标准；对已经制定国家噪声排放标准的，可以制定严于国家噪声排放标准的地方噪声排放标准。地方噪声排放标准应当报国务院生态环境主管部门备案。

第十六条 国务院标准化主管部门会同国务院发展改革、生态环境、工业和信息化、住房和城乡建设、交通运输、铁路监督管理、民用航空、海事等部门，对可能产生噪声污染的工业设备、施工机械、机动车、铁路机车车辆、城市轨道交通车辆、民用航空器、机动船舶、电气电子产品、建筑附属设备等产品，根据声环境保护的要求和国家经济、技术条件，在其技术规范或者产品质量标准中规定噪声限值。

前款规定的产品使用时产生噪声的限值，应当在有关技术文件中注明。禁止生产、进口或者销售不符合噪声限值的产品。

县级以上人民政府市场监督管理等部门对生产、销售的有噪声限值的产品进行监督抽查，对电梯等特种设备使用时发出的噪声进行监督抽测，生态环境主管部门予以配合。

第十七条 声环境质量标准、噪声排放标准和其他噪声污染防治相关标准应当定期评估，并根据评估结果适时修订。

第十八条 各级人民政府及其有关部门制定、修改国土空间规划和相关规划，应当依法进行环境影响评价，充分考虑城乡区域开发、改造和建设项目产生的噪声对周围生活环境的影响，统筹规划，合理安排土地用途和建设布局，防止、减轻噪声污染。有关环境影响篇章、说明或者报告书中应当包括噪声污染防治内容。

第十九条 确定建设布局，应当根据国家声环境质量标准和民用建筑隔声设计相关标准，合理划定建筑物与交通干线等的防噪声距离，并提出相应的规划设计要求。

第二十条 未达到国家声环境质量标准的区域所在的设区的市、县级人民政府，应当及时编制声环境质量改善规划及其实施方案，采取有效措施，改善声环境质量。

声环境质量改善规划及其实施方案应当向社会公开。

第二十一条 编制声环境质量改善规划及其实施方案，制定、修订噪声污染防治相关标准，应当征求有关行业协会、企业事业单位、专家和公众等的意见。

第三章 噪声污染防治的监督管理

第二十二条 排放噪声、产生振动，应当符合噪声排放标准以及相关的环境振动控制标准和有关法律、法规、规章的要求。

排放噪声的单位和公共场所管理者，应当建立噪声污染防治责任制度，明确负责人和相关人员的责任。

第二十三条 国务院生态环境主管部门负责制定噪声监测和评价规范，会同国务院有关部门组织声环境质量监测网络，规划国家声环境质量监测站（点）的设置，组织开展全国声环境质量监测，推进监测自动化，统一发布全国声环境质量状况信息。

地方人民政府生态环境主管部门会同有关部门按照规定设置本行政区域声环境质量监测站（点），组织开展本行政区域声环境质量监测，定期向社会公布声环境质量状况信息。

地方人民政府生态环境等部门应当加强对噪声敏感建筑物周边等重点区域噪声排放情况的调查、监测。

第二十四条 新建、改建、扩建可能产生噪声污染的建设项目，应当依法进行环境影响评价。

第二十五条 建设项目的噪声污染防治设施应当与主体工程同时设计、同时施工、同时投产使用。

建设项目在投入生产或者使用之前，建设单位应当依照有关法律法规的规定，对配套建设的噪声污染防治设施进行验收，编制验收报告，并向社会公开。未经验收或者验收不合格的，该建设项目不得投入生产或者使用。

第二十六条 建设噪声敏感建筑物，应当符合民用建筑隔声设计相关标准要求，不符合标准要求的，不得通过验收、交付使用；在交通干线两侧、工业企业周边等地方建设噪声敏感建筑物，还应当按照规定间隔一定距离，并采取减少振动、降低噪声的措施。

第二十七条 国家鼓励、支持低噪声工艺和设备的研究开发和推广应用，实行噪声污染严重的落后工艺和设备淘汰制度。

国务院发展改革部门会同国务院有关部门确定噪声污染严重的工艺和设备淘汰期限，并纳入国家综合性产业政策目录。

生产者、进口者、销售者或者使用者应当在规定期限内停止生产、进口、销售或者使用列入前款规定目录的设备。工艺的采用者应当在规定期限内停止采用列入前款规定目录的工艺。

第二十八条 对未完成声环境质量改善规划设定目标的地区以及噪声污染问题突出、群众反映强烈的地区，省级以上人民政府生态环境主管部门会同其他负有噪声污染防治监督管理职责的部门约谈该地区人民政府及其有关部门的主要负责人，要求其采取有效措施及时整改。约谈和整改情况应当向社会公开。

第二十九条 生态环境主管部门和其他负有噪声污染防治监督管理职责的部门，

有权对排放噪声的单位或者场所进行现场检查。被检查者应当如实反映情况，提供必要的资料，不得拒绝或者阻挠。实施检查的部门、人员对现场检查中知悉的商业秘密应当保密。

检查人员进行现场检查，不得少于两人，并应当主动出示执法证件。

第三十条　排放噪声造成严重污染，被责令改正拒不改正的，生态环境主管部门或者其他负有噪声污染防治监督管理职责的部门，可以查封、扣押排放噪声的场所、设施、设备、工具和物品。

第三十一条　任何单位和个人都有权向生态环境主管部门或者其他负有噪声污染防治监督管理职责的部门举报造成噪声污染的行为。

生态环境主管部门和其他负有噪声污染防治监督管理职责的部门应当公布举报电话、电子邮箱等，方便公众举报。

接到举报的部门应当及时处理并对举报人的相关信息保密。举报事项属于其他部门职责的，接到举报的部门应当及时移送相关部门并告知举报人。举报人要求答复并提供有效联系方式的，处理举报事项的部门应当反馈处理结果等情况。

第三十二条　国家鼓励开展宁静小区、静音车厢等宁静区域创建活动，共同维护生活环境和谐安宁。

第三十三条　在举行中等学校招生考试、高等学校招生统一考试等特殊活动期间，地方人民政府或者其指定的部门可以对可能产生噪声影响的活动，作出时间和区域的限制性规定，并提前向社会公告。

第四章　工业噪声污染防治

第三十四条　本法所称工业噪声，是指在工业生产活动中产生的干扰周围生活环境的声音。

第三十五条　工业企业选址应当符合国土空间规划以及相关规划要求，县级以上地方人民政府应当按照规划要求优化工业企业布局，防止工业噪声污染。

在噪声敏感建筑物集中区域，禁止新建排放噪声的工业企业，改建、扩建工业企业的，应当采取有效措施防止工业噪声污染。

第三十六条　排放工业噪声的企业事业单位和其他生产经营者，应当采取有效措施，减少振动、降低噪声，依法取得排污许可证或者填报排污登记表。

实行排污许可管理的单位，不得无排污许可证排放工业噪声，并应当按照排污许可证的要求进行噪声污染防治。

第三十七条　设区的市级以上地方人民政府生态环境主管部门应当按照国务院生态环境主管部门的规定，根据噪声排放、声环境质量改善要求等情况，制定本行政区域噪声重点排污单位名录，向社会公开并适时更新。

第三十八条 实行排污许可管理的单位应当按照规定，对工业噪声开展自行监测，保存原始监测记录，向社会公开监测结果，对监测数据的真实性和准确性负责。

噪声重点排污单位应当按照国家规定，安装、使用、维护噪声自动监测设备，与生态环境主管部门的监控设备联网。

第五章　建筑施工噪声污染防治

第三十九条 本法所称建筑施工噪声，是指在建筑施工过程中产生的干扰周围生活环境的声音。

第四十条 建设单位应当按照规定将噪声污染防治费用列入工程造价，在施工合同中明确施工单位的噪声污染防治责任。

施工单位应当按照规定制定噪声污染防治实施方案，采取有效措施，减少振动、降低噪声。建设单位应当监督施工单位落实噪声污染防治实施方案。

第四十一条 在噪声敏感建筑物集中区域施工作业，应当优先使用低噪声施工工艺和设备。

国务院工业和信息化主管部门会同国务院生态环境、住房和城乡建设、市场监督管理等部门，公布低噪声施工设备指导名录并适时更新。

第四十二条 在噪声敏感建筑物集中区域施工作业，建设单位应当按照国家规定，设置噪声自动监测系统，与监督管理部门联网，保存原始监测记录，对监测数据的真实性和准确性负责。

第四十三条 在噪声敏感建筑物集中区域，禁止夜间进行产生噪声的建筑施工作业，但抢修、抢险施工作业，因生产工艺要求或者其他特殊需要必须连续施工作业的除外。

因特殊需要必须连续施工作业的，应当取得地方人民政府住房和城乡建设、生态环境主管部门或者地方人民政府指定的部门的证明，并在施工现场显著位置公示或者以其他方式公告附近居民。

第六章　交通运输噪声污染防治

第四十四条 本法所称交通运输噪声，是指机动车、铁路机车车辆、城市轨道交通车辆、机动船舶、航空器等交通运输工具在运行时产生的干扰周围生活环境的声音。

第四十五条 各级人民政府及其有关部门制定、修改国土空间规划和交通运输等相关规划，应当综合考虑公路、城市道路、铁路、城市轨道交通线路、水路、港口和民用机场及其起降航线对周围声环境的影响。

新建公路、铁路线路选线设计，应当尽量避开噪声敏感建筑物集中区域。

新建民用机场选址与噪声敏感建筑物集中区域的距离应当符合标准要求。

第四十六条 制定交通基础设施工程技术规范，应当明确噪声污染防治要求。

新建、改建、扩建经过噪声敏感建筑物集中区域的高速公路、城市高架、铁路和城市轨道交通线路等的，建设单位应当在可能造成噪声污染的重点路段设置声屏障或者采取其他减少振动、降低噪声的措施，符合有关交通基础设施工程技术规范以及标准要求。

建设单位违反前款规定的，由县级以上人民政府指定的部门责令制定、实施治理方案。

第四十七条 机动车的消声器和喇叭应当符合国家规定。禁止驾驶拆除或者损坏消声器、加装排气管等擅自改装的机动车以轰鸣、疾驶等方式造成噪声污染。

使用机动车音响器材，应当控制音量，防止噪声污染。

机动车应当加强维修和保养，保持性能良好，防止噪声污染。

第四十八条 机动车、铁路机车车辆、城市轨道交通车辆、机动船舶等交通运输工具运行时，应当按照规定使用喇叭等声响装置。

警车、消防救援车、工程救险车、救护车等机动车安装、使用警报器，应当符合国务院公安等部门的规定；非执行紧急任务，不得使用警报器。

第四十九条 地方人民政府生态环境主管部门会同公安机关根据声环境保护的需要，可以划定禁止机动车行驶和使用喇叭等声响装置的路段和时间，向社会公告，并由公安机关交通管理部门依法设置相关标志、标线。

第五十条 在车站、铁路站场、港口等地指挥作业时使用广播喇叭的，应当控制音量，减轻噪声污染。

第五十一条 公路养护管理单位、城市道路养护维修单位应当加强对公路、城市道路的维护和保养，保持减少振动、降低噪声设施正常运行。

城市轨道交通运营单位、铁路运输企业应当加强对城市轨道交通线路和城市轨道交通车辆、铁路线路和铁路机车车辆的维护和保养，保持减少振动、降低噪声设施正常运行，并按照国家规定进行监测，保存原始监测记录，对监测数据的真实性和准确性负责。

第五十二条 民用机场所在地人民政府，应当根据环境影响评价以及监测结果确定的民用航空器噪声对机场周围生活环境产生影响的范围和程度，划定噪声敏感建筑物禁止建设区域和限制建设区域，并实施控制。

在禁止建设区域禁止新建与航空无关的噪声敏感建筑物。

在限制建设区域确需建设噪声敏感建筑物的，建设单位应当对噪声敏感建筑物进行建筑隔声设计，符合民用建筑隔声设计相关标准要求。

第五十三条 民用航空器应当符合国务院民用航空主管部门规定的适航标准中的有关噪声要求。

第五十四条 民用机场管理机构负责机场起降航空器噪声的管理，会同航空运输企业、通用航空企业、空中交通管理部门等单位，采取低噪声飞行程序、起降跑道优化、运行架次和时段控制、高噪声航空器运行限制或者周围噪声敏感建筑物隔声降噪等措施，防止、减轻民用航空器噪声污染。

民用机场管理机构应当按照国家规定，对机场周围民用航空器噪声进行监测，保存原始监测记录，对监测数据的真实性和准确性负责，监测结果定期向民用航空、生态环境主管部门报送。

第五十五条 因公路、城市道路和城市轨道交通运行排放噪声造成严重污染的，设区的市、县级人民政府应当组织有关部门和其他有关单位对噪声污染情况进行调查评估和责任认定，制定噪声污染综合治理方案。

噪声污染责任单位应当按照噪声污染综合治理方案的要求采取管理或者工程措施，减轻噪声污染。

第五十六条 因铁路运行排放噪声造成严重污染的，铁路运输企业和设区的市、县级人民政府应当对噪声污染情况进行调查，制定噪声污染综合治理方案。

铁路运输企业和设区的市、县级人民政府有关部门和其他有关单位应当按照噪声污染综合治理方案的要求采取有效措施，减轻噪声污染。

第五十七条 因民用航空器起降排放噪声造成严重污染的，民用机场所在地人民政府应当组织有关部门和其他有关单位对噪声污染情况进行调查，综合考虑经济、技术和管理措施，制定噪声污染综合治理方案。

民用机场管理机构、地方各级人民政府和其他有关单位应当按照噪声污染综合治理方案的要求采取有效措施，减轻噪声污染。

第五十八条 制定噪声污染综合治理方案，应当征求有关专家和公众等的意见。

第七章 社会生活噪声污染防治

第五十九条 本法所称社会生活噪声，是指人为活动产生的除工业噪声、建筑施工噪声和交通运输噪声之外的干扰周围生活环境的声音。

第六十条 全社会应当增强噪声污染防治意识，自觉减少社会生活噪声排放，积极开展噪声污染防治活动，形成人人有责、人人参与、人人受益的良好噪声污染防治氛围，共同维护生活环境和谐安宁。

第六十一条 文化娱乐、体育、餐饮等场所的经营管理者应当采取有效措施，防止、减轻噪声污染。

第六十二条 使用空调器、冷却塔、水泵、油烟净化器、风机、发电机、变压器、锅炉、装卸设备等可能产生社会生活噪声污染的设备、设施的企业事业单位和其他经营管理者等，应当采取优化布局、集中排放等措施，防止、减轻噪声污染。

第六十三条 禁止在商业经营活动中使用高音广播喇叭或者采用其他持续反复发出高噪声的方法进行广告宣传。

对商业经营活动中产生的其他噪声，经营者应当采取有效措施，防止噪声污染。

第六十四条 禁止在噪声敏感建筑物集中区域使用高音广播喇叭，但紧急情况以及地方人民政府规定的特殊情形除外。

在街道、广场、公园等公共场所组织或者开展娱乐、健身等活动，应当遵守公共场所管理者有关活动区域、时段、音量等规定，采取有效措施，防止噪声污染；不得违反规定使用音响器材产生过大音量。

公共场所管理者应当合理规定娱乐、健身等活动的区域、时段、音量，可以采取设置噪声自动监测和显示设施等措施加强管理。

第六十五条 家庭及其成员应当培养形成减少噪声产生的良好习惯，乘坐公共交通工具、饲养宠物和其他日常活动尽量避免产生噪声对周围人员造成干扰，互谅互让解决噪声纠纷，共同维护声环境质量。

使用家用电器、乐器或者进行其他家庭场所活动，应当控制音量或者采取其他有效措施，防止噪声污染。

第六十六条 对已竣工交付使用的住宅楼、商铺、办公楼等建筑物进行室内装修活动，应当按照规定限定作业时间，采取有效措施，防止、减轻噪声污染。

第六十七条 新建居民住房的房地产开发经营者应当在销售场所公示住房可能受到噪声影响的情况以及采取或者拟采取的防治措施，并纳入买卖合同。

新建居民住房的房地产开发经营者应当在买卖合同中明确住房的共用设施设备位置和建筑隔声情况。

第六十八条 居民住宅区安装电梯、水泵、变压器等共用设施设备的，建设单位应当合理设置，采取减少振动、降低噪声的措施，符合民用建筑隔声设计相关标准要求。

已建成使用的居民住宅区电梯、水泵、变压器等共用设施设备由专业运营单位负责维护管理，符合民用建筑隔声设计相关标准要求。

第六十九条 基层群众性自治组织指导业主委员会、物业服务人、业主通过制定管理规约或者其他形式，约定本物业管理区域噪声污染防治要求，由业主共同遵守。

第七十条 对噪声敏感建筑物集中区域的社会生活噪声扰民行为，基层群众性自治组织、业主委员会、物业服务人应当及时劝阻、调解；劝阻、调解无效的，可以向负有社会生活噪声污染防治监督管理职责的部门或者地方人民政府指定的部门报告或者投诉，接到报告或者投诉的部门应当依法处理。

第八章 法律责任

第七十一条 违反本法规定，拒绝、阻挠监督检查，或者在接受监督检查时弄虚作假的，由生态环境主管部门或者其他负有噪声污染防治监督管理职责的部门责令改正，处二万元以上二十万元以下的罚款。

第七十二条 违反本法规定，生产、进口、销售超过噪声限值的产品的，由县级以上人民政府市场监督管理部门、海关按照职责责令改正，没收违法所得，并处货值金额一倍以上三倍以下的罚款；情节严重的，报经有批准权的人民政府批准，责令停业、关闭。

违反本法规定，生产、进口、销售、使用淘汰的设备，或者采用淘汰的工艺的，由县级以上人民政府指定的部门责令改正，没收违法所得，并处货值金额一倍以上三倍以下的罚款；情节严重的，报经有批准权的人民政府批准，责令停业、关闭。

第七十三条 违反本法规定，建设单位建设噪声敏感建筑物不符合民用建筑隔声设计相关标准要求的，由县级以上地方人民政府住房和城乡建设主管部门责令改正，处建设工程合同价款百分之二以上百分之四以下的罚款。

违反本法规定，建设单位在噪声敏感建筑物禁止建设区域新建与航空无关的噪声敏感建筑物的，由地方人民政府指定的部门责令停止违法行为，处建设工程合同价款百分之二以上百分之十以下的罚款，并报经有批准权的人民政府批准，责令拆除。

第七十四条 违反本法规定，在噪声敏感建筑物集中区域新建排放噪声的工业企业的，由生态环境主管部门责令停止违法行为，处十万元以上五十万元以下的罚款，并报经有批准权的人民政府批准，责令关闭。

违反本法规定，在噪声敏感建筑物集中区域改建、扩建工业企业，未采取有效措施防止工业噪声污染的，由生态环境主管部门责令改正，处十万元以上五十万元以下的罚款；拒不改正的，报经有批准权的人民政府批准，责令关闭。

第七十五条 违反本法规定，无排污许可证或者超过噪声排放标准排放工业噪声的，由生态环境主管部门责令改正或者限制生产、停产整治，并处二万元以上二十万元以下的罚款；情节严重的，报经有批准权的人民政府批准，责令停业、关闭。

第七十六条 违反本法规定，有下列行为之一，由生态环境主管部门责令改正，处二万元以上二十万元以下的罚款；拒不改正的，责令限制生产、停产整治：

（一）实行排污许可管理的单位未按照规定对工业噪声开展自行监测，未保存原始监测记录，或者未向社会公开监测结果的；

（二）噪声重点排污单位未按照国家规定安装、使用、维护噪声自动监测设备，或者未与生态环境主管部门的监控设备联网的。

第七十七条 违反本法规定，建设单位、施工单位有下列行为之一，由工程所在地人民政府指定的部门责令改正，处一万元以上十万元以下的罚款；拒不改正的，可以责令暂停施工：

（一）超过噪声排放标准排放建筑施工噪声的；

（二）未按照规定取得证明，在噪声敏感建筑物集中区域夜间进行产生噪声的建筑施工作业的。

第七十八条 违反本法规定，有下列行为之一，由工程所在地人民政府指定的部门责令改正，处五千元以上五万元以下的罚款；拒不改正的，处五万元以上二十万元以下的罚款：

（一）建设单位未按照规定将噪声污染防治费用列入工程造价的；

（二）施工单位未按照规定制定噪声污染防治实施方案，或者未采取有效措施减少振动、降低噪声的；

（三）在噪声敏感建筑物集中区域施工作业的建设单位未按照国家规定设置噪声自动监测系统，未与监督管理部门联网，或者未保存原始监测记录的；

（四）因特殊需要必须连续施工作业，建设单位未按照规定公告附近居民的。

第七十九条 违反本法规定，驾驶拆除或者损坏消声器、加装排气管等擅自改装的机动车轰鸣、疾驶，机动车运行时未按照规定使用声响装置，或者违反禁止机动车行驶和使用声响装置的路段和时间规定的，由县级以上地方人民政府公安机关交通管理部门依照有关道路交通安全的法律法规处罚。

违反本法规定，铁路机车车辆、城市轨道交通车辆、机动船舶等交通运输工具运行时未按照规定使用声响装置的，由交通运输、铁路监督管理、海事等部门或者地方人民政府指定的城市轨道交通有关部门按照职责责令改正，处五千元以上一万元以下的罚款。

第八十条 违反本法规定，有下列行为之一，由交通运输、铁路监督管理、民用航空等部门或者地方人民政府指定的城市道路、城市轨道交通有关部门，按照职责责令改正，处五千元以上五万元以下的罚款；拒不改正的，处五万元以上二十万元以下的罚款：

（一）公路养护管理单位、城市道路养护维修单位、城市轨道交通运营单位、铁路运输企业未履行维护和保养义务，未保持减少振动、降低噪声设施正常运行的；

（二）城市轨道交通运营单位、铁路运输企业未按照国家规定进行监测，或者未保存原始监测记录的；

（三）民用机场管理机构、航空运输企业、通用航空企业未采取措施防止、减轻民用航空器噪声污染的；

（四）民用机场管理机构未按照国家规定对机场周围民用航空器噪声进行监测，未保存原始监测记录，或者监测结果未定期报送的。

第八十一条 违反本法规定，有下列行为之一，由地方人民政府指定的部门责令改正，处五千元以上五万元以下的罚款；拒不改正的，处五万元以上二十万元以下的罚款，并可以报经有批准权的人民政府批准，责令停业：

（一）超过噪声排放标准排放社会生活噪声的；

（二）在商业经营活动中使用高音广播喇叭或者采用其他持续反复发出高噪声的方法进行广告宣传的；

（三）未对商业经营活动中产生的其他噪声采取有效措施造成噪声污染的。

第八十二条 违反本法规定，有下列行为之一，由地方人民政府指定的部门说服教育，责令改正；拒不改正的，给予警告，对个人可以处二百元以上一千元以下的罚款，对单位可以处二千元以上二万元以下的罚款：

（一）在噪声敏感建筑物集中区域使用高音广播喇叭的；

（二）在公共场所组织或者开展娱乐、健身等活动，未遵守公共场所管理者有关活动区域、时段、音量等规定，未采取有效措施造成噪声污染，或者违反规定使用音响器材产生过大音量的；

（三）对已竣工交付使用的建筑物进行室内装修活动，未按照规定在限定的作业时间内进行，或者未采取有效措施造成噪声污染的；

（四）其他违反法律规定造成社会生活噪声污染的。

第八十三条 违反本法规定，有下列行为之一，由县级以上地方人民政府房产管理部门责令改正，处一万元以上五万元以下的罚款；拒不改正的，责令暂停销售：

（一）新建居民住房的房地产开发经营者未在销售场所公示住房可能受到噪声影响的情况以及采取或者拟采取的防治措施，或者未纳入买卖合同的；

（二）新建居民住房的房地产开发经营者未在买卖合同中明确住房的共用设施设备位置或者建筑隔声情况的。

第八十四条 违反本法规定，有下列行为之一，由地方人民政府指定的部门责令改正，处五千元以上五万元以下的罚款；拒不改正的，处五万元以上二十万元以下的罚款：

（一）居民住宅区安装共用设施设备，设置不合理或者未采取减少振动、降低噪声的措施，不符合民用建筑隔声设计相关标准要求的；

（二）对已建成使用的居民住宅区共用设施设备，专业运营单位未进行维护管理，不符合民用建筑隔声设计相关标准要求的。

第八十五条 噪声污染防治监督管理人员滥用职权、玩忽职守、徇私舞弊的，由监察机关或者任免机关、单位依法给予处分。

第八十六条 受到噪声侵害的单位和个人，有权要求侵权人依法承担民事责任。

对赔偿责任和赔偿金额纠纷，可以根据当事人的请求，由相应的负有噪声污染防治监督管理职责的部门、人民调解委员会调解处理。

国家鼓励排放噪声的单位、个人和公共场所管理者与受到噪声侵害的单位和个人友好协商，通过调整生产经营时间、施工作业时间，采取减少振动、降低噪声措施，支付补偿金、异地安置等方式，妥善解决噪声纠纷。

第八十七条 违反本法规定，产生社会生活噪声，经劝阻、调解和处理未能制止，持续干扰他人正常生活、工作和学习，或者有其他扰乱公共秩序、妨害社会管理等违反治安管理行为的，由公安机关依法给予治安管理处罚。

违反本法规定，构成犯罪的，依法追究刑事责任。

第九章 附　　则

第八十八条 本法中下列用语的含义：

（一）噪声排放，是指噪声源向周围生活环境辐射噪声；

（二）夜间，是指晚上十点至次日早晨六点之间的期间，设区的市级以上人民政府可以另行规定本行政区域夜间的起止时间，夜间时段长度为八小时；

（三）噪声敏感建筑物，是指用于居住、科学研究、医疗卫生、文化教育、机关团体办公、社会福利等需要保持安静的建筑物；

（四）交通干线，是指铁路、高速公路、一级公路、二级公路、城市快速路、城市主干路、城市次干路、城市轨道交通线路、内河高等级航道。

第八十九条 省、自治区、直辖市或者设区的市、自治州根据实际情况，制定本地方噪声污染防治具体办法。

第九十条 本法自 2022 年 6 月 5 日起施行。《中华人民共和国环境噪声污染防治法》同时废止。

第四章 车船税

第一节 知识点梳理

一、纳税义务人与扣缴义务人

📖 **基本规定** [1]

车船税的纳税人，是指在我国境内属于《中华人民共和国车船税法》（以下简称《车船税法》）所附《车船税税目税额表》规定的车辆、船舶（以下简称车船）的所有人或者管理人，为车船税的纳税人，应当依照《车船税法》缴纳车船税。

❖ **政策解析**

车船的所有人或者管理人是车船税的纳税义务人。其中，所有人是指在我国境内拥有车船的单位和个人；管理人是指对车船具有管理权或者使用权，不具有所有权的单位。上述单位，包括在中国境内成立的行政机关、企业、事业单位、社会团体以及其他组织；上述个人，包括个体工商户以及其他个人。[《国家税务总局关于印发〈中华人民共和国车船税法宣传提纲〉的通知》（国税函〔2011〕712号）第四条]

📖 **基本规定**

从事机动车第三者责任强制保险业务的保险机构为机动车车船税的扣缴义务人，应当在收取保险费时依法代收车船税，并出具代收税款凭证。

---

① 本章"基本规定"除特殊注明外，均源自《中华人民共和国车船税法》（2011年2月25日第十一届全国人民代表大会常务委员会第十九次会议通过，同日中华人民共和国主席令第四十三号公布；2019年4月23日第十三届全国人民代表大会常务委员会第十次会议修正，同日中华人民共和国主席令第二十九号公布）。

❖ **政策解析**

本条是关于车船税扣缴义务人的规定。虽然《车船税法》使用的是扣缴义务人的说法，但保险机构实际履行的是代收代缴义务。

机动车车船税扣缴义务人在代收车船税时，应当在机动车交通事故责任强制保险的保险单以及保费发票上注明已收税款的信息，作为代收税款凭证。已完税或者依法减免税的车辆，纳税人应当向扣缴义务人提供登记地的主管税务机关出具的完税凭证或者减免税证明。[《中华人民共和国车船税法实施条例》（以下简称《车船税法实施条例》）第十二条、第十三条]

自 2016 年 5 月 1 日起，保险机构作为车船税扣缴义务人，在代收车船税并开具增值税发票时，应在增值税发票备注栏中注明代收车船税税款信息。具体包括：保险单号、税款所属期（详细至月）、代收车船税金额、滞纳金金额、金额合计等。该增值税发票可作为纳税人缴纳车船税及滞纳金的会计核算原始凭证。[《国家税务总局关于保险机构代收车船税开具增值税发票问题的公告》（国家税务总局公告 2016 年第 51 号）]

纳税人没有按照规定期限缴纳车船税的，扣缴义务人在代收代缴税款时，可以一并代收代缴欠缴税款的滞纳金。（《车船税法实施条例》第十四条）

扣缴义务人应当及时解缴代收代缴的税款和滞纳金，并向主管税务机关申报。扣缴义务人向税务机关解缴税款和滞纳金时，应当同时报送明细的税款和滞纳金扣缴报告。扣缴义务人解缴税款和滞纳金的具体期限，由省、自治区、直辖市税务机关依照法律、行政法规的规定确定。（《车船税法实施条例》第十八条）

车船税扣缴义务人代收代缴欠缴税款的滞纳金，从各省、自治区、直辖市人民政府规定的申报纳税期限截止日期的次日起计算。[《国家税务总局关于车船税征管若干问题的公告》（国家税务总局公告 2013 年第 42 号）第六条]

二、征税范围

📖 基本规定

车船税的征税范围是指在我国境内属于车船税法所附《车船税税目税额表》规定的车辆、船舶。

❖ **政策解析**

车辆、船舶，是指：①依法应当在车船登记管理部门登记的机动车辆和船舶；②依法不需要在车船登记管理部门登记的在单位内部场所行驶或者作业的机动车辆和船舶。（《车船税法实施条例》第二条）

机动车辆包括乘用车、商用车（包括客车、货车）、挂车、专用作业车、轮式专用机械车、摩托车。拖拉机、纯电动乘用车和燃料电池乘用车不属于车船税征税范围，对其不征车船税。

临时入境的外国车船和香港特别行政区、澳门特别行政区、台湾地区的车船，不征收车船税。（《车船税法实施条例》第二十四条）

境内单位和个人租入外国籍船舶的，不征收车船税。境内单位和个人将船舶出租到境外的，应依法征收车船税。[《国家税务总局关于车船税征管若干问题的公告》（国家税务总局公告2013年第42号）第七条]

三、税率

基本规定

车船税采用定额税率征收，适用税额依照《车船税法》所附《车船税税目税额表》执行。

车辆的具体适用税额由省、自治区、直辖市人民政府依照《车船税法》所附《车船税税目税额表》规定的税额幅度和国务院的规定确定。

船舶的具体适用税额由国务院在《车船税法》所附《车船税税目税额表》（见表4－1）规定的税额幅度内确定。

❖ 政策解析

表4－1　　　　　　　　　　车船税税目税额表

税 目		计税单位	年基准税额	备注
乘用车［按发动机汽缸容量（排气量）分档］	1.0升（含）以下的	每辆	60元至360元	核定载客人数9人（含）以下
	1.0升以上至1.6升（含）的		300元至540元	
	1.6升以上至2.0升（含）的		360元至660元	
	2.0升以上至2.5升（含）的		660元至1200元	
	2.5升以上至3.0升（含）的		1200元至2400元	
	3.0升以上至4.0升（含）的		2400元至3600元	
	4.0升以上的		3600元至5400元	
商用车	客车	每辆	480元至1440元	核定载客人数9人以上，包括电车
	货车	整备质量每吨	16元至120元	包括半挂牵引车、三轮汽车和低速载货汽车等

税　目		计税单位	年基准税额	备注
挂车		整备质量每吨	按照货车税额的50%计算	
其他车辆	专用作业车	整备质量每吨	16元至120元	不包括拖拉机
	轮式专用机械车		16元至120元	
摩托车		每辆	36元至180元	
船舶	机动船舶	净吨位每吨	3元至6元	拖船、非机动驳船分别按照机动船舶税额的50%计算
	游艇	艇身长度每米	600元至2000元	

《车船税税目税额表》中车辆、船舶的含义如下：

乘用车，是指在设计和技术特性上主要用于载运乘客及随身行李，核定载客人数包括驾驶员在内不超过9人的汽车。

商用车，是指除乘用车外，在设计和技术特性上用于载运乘客、货物的汽车，划分为客车和货车。

半挂牵引车，是指装备有特殊装置用于牵引半挂车的商用车。

三轮汽车，是指最高设计车速不超过每小时50公里，具有三个车轮的货车。

低速载货汽车，是指以柴油机为动力，最高设计车速不超过每小时70公里，具有四个车轮的货车。

挂车，是指就其设计和技术特性需由汽车或者拖拉机牵引，才能正常使用的一种无动力的道路车辆。

专用作业车，是指在其设计和技术特性上用于特殊工作的车辆。

轮式专用机械车，是指有特殊结构和专门功能，装有橡胶车轮可以自行行驶，最高设计车速大于每小时20公里的轮式工程机械车。

摩托车，是指无论采用何种驱动方式，最高设计车速大于每小时50公里，或者使用内燃机，其排量大于50毫升的两轮或者三轮车辆。

船舶，是指各类机动、非机动船舶以及其他水上移动装置，但是船舶上装备的救生艇筏和长度小于5米的艇筏除外。其中，机动船舶是指用机器推进的船舶；拖船是指专门用于拖（推）动运输船舶的专业作业船舶；非机动驳船，是指在船舶登记管理部门登记为驳船的非机动船舶；游艇是指具备内置机械推进动力装置，长度在90米以下，主要用于游览观光、休闲娱乐、水上体育运动等活动，并应当具有船舶检验证书和适航证书的船舶。

对于在设计和技术特性上用于特殊工作，并装置有专用设备或器具的汽车，应认定为专用作业车，如汽车起重机、消防车、混凝土泵车、清障车、高空作业车、洒水车、扫路车等。以载运人员或货物为主要目的的专用汽车，如救护车，不属于专用作业车。[《国家税务总局关于车船税征管若干问题的公告》（国家税务总局公告2013年第42号）第一条]

客货两用车，又称多用途车，是指在设计和结构上主要用于载运货物，但在驾驶员座椅后带有固定或折叠式座椅，可运载3人以上乘客的货车。客货两用车依照货车的计税单位和年基准税额计征车船税。[《国家税务总局关于车船税征管若干问题的公告》（国家税务总局公告2013年第42号）第一条]

省、自治区、直辖市人民政府根据车船税法所附《车船税税目税额表》确定车辆具体适用税额，应当遵循以下原则：

（1）乘用车依排气量从小到大递增税额；

（2）客车按照核定载客人数20人以下和20人（含）以上两档划分，递增税额。

省、自治区、直辖市人民政府确定的车辆具体适用税额，应当报国务院备案。（《车船税法实施条例》第三条）

黑龙江省车船税税目税额表见表4-2。

表4-2　　　　　　　　　黑龙江省车船税税目税额表

税　目		计税单位	年适用税额	备注
乘用车［按发动机汽缸容量（排气量）分档］	1.0升（含）以下的	每辆	240元	核定载客人数9人（含）以下
	1.0升以上至1.6升（含）的		420元	
	1.6升以上至2.0升（含）的		480元	
	2.0升以上至2.5升（含）的		900元	
	2.5升以上至3.0升（含）的		1800元	
	3.0升以上至4.0升（含）的		3000元	
	4.0升以上的		4500元	
商用车	客车 中型	每辆	900元	核定载客人数9人以上20人以下，包括电车
	大型		1020元	核定载客人数20人（含）以上的，包括电车
	货车	整备质量每吨	96元	包括半挂牵引车、三轮汽车和低速载货汽车等
挂车		整备质量每吨	48元	按照货车税额的50%计算
其他车辆	专用作业车、轮式专用机械车	整备质量每吨	96元	不包括拖拉机
摩托车		每辆	36元	

船舶的适用税额是由国务院规定的，省、自治区、直辖市人民政府没有决定权。国务院在《车船税法实施条例》第四条、第五条中对船舶的具体适用税额进行了规定。

机动船舶具体适用税额为：

（1）净吨位不超过 200 吨的，每吨 3 元；

（2）净吨位超过 200 吨但不超过 2000 吨的，每吨 4 元；

（3）净吨位超过 2000 吨但不超过 10000 吨的，每吨 5 元；

（4）净吨位超过 10000 吨的，每吨 6 元。

拖船按照发动机功率每 1 千瓦折合净吨位 0.67 吨计算征收车船税。

游艇具体适用税额为：

（1）艇身长度不超过 10 米的，每米 600 元；

（2）艇身长度超过 10 米但不超过 18 米的，每米 900 元；

（3）艇身长度超过 18 米但不超过 30 米的，每米 1300 元；

（4）艇身长度超过 30 米的，每米 2000 元；

（5）辅助动力帆艇，每米 600 元。

四、计税依据

基本规定

车船税的计税依据，按车船的种类和性能，分别确定为辆、整备质量、净吨位和艇身长度四种。

（1）乘用车、客车、摩托车，以"辆"为计税依据。其中乘用车同时按排气量划分不同税额区间征税。

（2）货车和其他车辆，以"整备质量"为计税依据。

（3）机动船舶，以"净吨位"为计税依据。

（4）游艇，以"艇身长度"为计税依据。

❖ **政策解析**

《车船税法》及其实施条例所涉及的排气量、整备质量、核定载客人数、净吨位、千瓦、艇身长度，以车船登记管理部门核发的车船登记证书或者行驶证所载数据为准。

依法不需要办理登记的车船和依法应当登记而未办理登记或者不能提供车船登记证书、行驶证的车船，以车船出厂合格证明或者进口凭证标注的技术参数、数据为准；不能提供车船出厂合格证明或者进口凭证的，由主管税务机关参照国家相关标准核定，没有国家相关标准的参照同类车船核定。（《车船税法实施条例》第六条）

五、应纳税额的计算

基本规定

车船税按年申报，分月计算，一次性缴纳。纳税年度为公历 1 月 1 日至 12 月 31 日。（《车船税法实施条例》第二十三条）

❖ **政策解析**

购置的新车船，购置当年的应纳税额自纳税义务发生的当月起按月计算。应纳税额为年应纳税额除以 12 再乘以应纳税月份数。

在一个纳税年度内，已完税的车船被盗抢、报废、灭失的，纳税人可以凭有关管理机关出具的证明和完税凭证，向纳税所在地的主管税务机关申请退还自被盗抢、报废、灭失月份起至该纳税年度终了期间的税款。

已办理退税的被盗抢车船失而复得的，纳税人应当从公安机关出具相关证明的当月起计算缴纳车船税。（《车船税法实施条例》第十九条）

已缴纳车船税的车船在同一纳税年度内办理转让过户的，不另纳税，也不退税。（《车船税法实施条例》第二十条）

已经缴纳车船税的车船，因质量原因，车船被退回生产企业或者经销商的，纳税人可以向纳税所在地的主管税务机关申请退还自退货月份起至该纳税年度终了期间的税款。退货月份以退货发票所载日期的当月为准。[《国家税务总局关于车船税征管若干问题的公告》（国家税务总局公告 2013 年第 42 号）第四条]

$$应纳税额 = 计税单位 \times 年基准税额$$

购置的新车船，购置当年应纳税额的计算公式为：

$$应纳税额 = 年应纳税额 \div 12 \times 应纳税月份数$$

$$年应纳税额 = 计税单位 \times 年基准税额$$

$$应纳税月份数 = 12 - 纳税义务发生时间（取月份）+ 1$$

《车船税法》及其实施条例涉及的整备质量、净吨位、艇身长度等计税单位，有尾数的一律按照含尾数的计税单位据实计算车船税应纳税额。计算得出的应纳税额小数点后超过两位的可四舍五入保留两位小数。乘用车以车辆登记管理部门核发的机动车登记证书或者行驶证书所载的排气量毫升数确定税额区间。[《国家税务总局关于车船税征管若干问题的公告》（国家税务总局公告 2013 年第 42 号）第三条]

六、税收优惠

📖 基本规定

下列车船免征车船税：

（1）捕捞、养殖渔船；

（2）军队、武装警察部队专用的车船；

（3）警用车船；

（4）悬挂应急救援专用号牌的国家综合性消防救援车辆和国家综合性消防救援专用船舶；

（5）依照法律规定应当予以免税的外国驻华使领馆、国际组织驻华代表机构及其有关人员的车船。

❖ 政策解析

本条是关于《车船税法》规定的法定减免税事项。其中捕捞、养殖渔船，是指在渔业船舶登记管理部门登记为捕捞船或者养殖船的船舶。军队、武装警察部队专用的车船，是指按照规定在军队、武装警察部队车船登记管理部门登记，并领取军队、武警牌照的车船。警用车船，是指公安机关、国家安全机关、监狱、劳动教养管理机关和人民法院、人民检察院领取警用牌照的车辆和执行警务的专用船舶。（《车船税法实施条例》第七条、第八条、第九条）

国家综合性消防救援车辆中符合执行和保障应急救援任务规定的悬挂专用号牌，主要包括灭火消防车、举高消防车、专勤消防车、战勤保障消防车、消防摩托车、应急救援指挥车、救援运输车、消防宣传车、火场勘察车等。应急部为专用号牌及配套行驶证件的核发主管单位。[《国务院办公厅关于国家综合性消防救援车辆悬挂应急救援专用号牌有关事项的通知》（国办发〔2018〕114号）第一条]

📖 基本规定

对节约能源、使用新能源的车船可以减征或者免征车船税；对受严重自然灾害影响纳税困难以及有其他特殊原因确需减税、免税的，可以减征或者免征车船税。具体办法由国务院规定，并报全国人民代表大会常务委员会备案。

❖ 政策解析

本条规定的是由国务院规定并报全国人民代表大会常务委员会备案的可以减征或者免征事项。节约能源、使用新能源的车船可以免征或者减半征收车船税。免征或者减半征收车船税的车船的范围，由国务院财政、税务主管部门商国务院有关部门制订，报国务院批准。对受地震、洪涝等严重自然灾害影响纳税困难以及其他特殊原因确需减免税的车船，可以在一定期限内减征或者免征车船税。具体减免期限和数额由省、自治区、直辖市人民政府确定，报国务院备案。（《车船税法实施条例》第十条）

《黑龙江省人民政府办公厅关于进一步加强校车安全管理工作的实施意见》（黑政办规〔2021〕41 号）规定，经省政府同意，自 2022 年 1 月 1 日起，对依照《校车安全管理条例》规定取得校车使用许可的校车，暂免征收车船税。

《财政部　税务总局　工业和信息化部　交通运输部关于节能　新能源车船享受车船税优惠政策的通知》（财税〔2018〕74 号）规定，经国务院批准，节约能源、使用新能源车船的车船税优惠政策如下：

1. 对节能汽车，减半征收车船税。

（1）减半征收车船税的节能乘用车应同时符合以下标准：

①获得许可在中国境内销售的排量为 1.6 升以下（含 1.6 升）的燃用汽油、柴油的乘用车（含非插电式混合动力、双燃料和两用燃料乘用车）；

②综合工况燃料消耗量应符合标准，具体要求见附件 1。

（2）减半征收车船税的节能商用车应同时符合以下标准：

①获得许可在中国境内销售的燃用天然气、汽油、柴油的轻型和重型商用车（含非插电式混合动力、双燃料和两用燃料轻型和重型商用车）；

②燃用汽油、柴油的轻型和重型商用车综合工况燃料消耗量应符合标准，具体标准见附件 2、附件 3。

2. 对新能源车船，免征车船税。

（1）免征车船税的新能源汽车是指纯电动商用车、插电式（含增程式）混合动力汽车、燃料电池商用车。纯电动乘用车和燃料电池乘用车不属于车船税征税范围，对其不征车船税。

（2）免征车船税的新能源汽车应同时符合以下标准：

①获得许可在中国境内销售的纯电动商用车、插电式（含增程式）混合动力汽车、燃料电池商用车；

②符合新能源汽车产品技术标准，具体标准见附件 4；

③通过新能源汽车专项检测，符合新能源汽车标准，具体标准见附件 5；

④新能源汽车生产企业或进口新能源汽车经销商在产品质量保证、产品一致性、售后服务、安全监测、动力电池回收利用等方面符合相关要求，具体要求见附件 6。

（3）免征车船税的新能源船舶应符合以下标准：

船舶的主推进动力装置为纯天然气发动机。发动机采用微量柴油引燃方式且引燃油热值占全部燃料总热值的比例不超过 5% 的，视同纯天然气发动机。

🏛 基本规定

省、自治区、直辖市人民政府根据当地实际情况，可以对公共交通车船，农村居民拥有并主要在农村地区使用的摩托车、三轮汽车和低速载货汽车定期减征或者免征车船税。

❖ **政策解析**

《车船税法》第五条是关于由省、自治区、直辖市人民政府确定的车船税减征或者免征的事项。

《黑龙江省车船税实施办法》（黑政发〔2011〕100号）第十条规定，黑龙江省的公共交通车船，农村居民拥有并主要在农村地区使用的摩托车、三轮汽车和低速载货汽车，暂免征收车船税。何时恢复征税，由省政府确定。

七、征收管理

🏛 基本规定

车船税纳税义务发生时间为取得车船所有权或者管理权的当月。

❖ **政策解析**

本条是关于纳税义务发生时间的规定。取得车船所有权或者管理权的当月，应当以购买车船的发票或者其他证明文件所载日期的当月为准。（《车船税法实施条例》第二十一条）

已办理退税的被盗抢车船失而复得的，纳税人应当从公安机关出具相关证明的当月起计算缴纳车船税。（《车船税法实施条例》第十九条）

🏛 基本规定

车船税按年申报缴纳。具体申报纳税期限由省、自治区、直辖市人民政府定。

❖ **政策解析**

《黑龙江省车船税实施办法》（黑政发〔2011〕100号）第二十条规定，车船税按年申报，分月计算，一次性缴纳。纳税年度为公历1月1日至12月31日。纳税人在购买交强险时一次性缴纳车船税；对于不需要购买和未按规定购买交强险的车辆，由纳税人在纳税年度内自行申报缴纳（其中新购置车辆应自纳税义务发生之日起30日内申报纳税）；船舶在每年6月1日至6月30日之间申报纳税。未在规定纳税期限内缴纳税款的，按规定加收滞纳金。

📖 基本规定

车船税的纳税地点为车船的登记地或者车船税扣缴义务人所在地。依法不需要办理登记的车船，车船税的纳税地点为车船的所有人或者管理人所在地。

❖ **政策解析**

《黑龙江省车船税实施办法》（黑政发〔2011〕100号）第十八条规定，车船税的纳税地点为车船的登记地或者车船税扣缴义务人所在地。其中，由纳税人自行申报缴纳车船税的，纳税地点为车船登记地的主管地方税务机关所在地；由扣缴义务人代收代缴车船税的，纳税地点为扣缴义务人所在地。

依法不需要办理登记的车船，纳税地点为车船所有人或者管理人主管地方税务机关所在地。

📖 基本规定

公安、交通运输、农业、渔业等车船登记管理部门、船舶检验机构和车船税扣缴义务人的行业主管部门应当在提供车船有关信息等方面，协助税务机关加强车船税的征收管理。

车辆所有人或者管理人在申请办理车辆相关登记、定期检验手续时，应当向公安机关交通管理部门提交依法纳税或者免税证明。公安机关交通管理部门核查后办理相关手续。

❖ **政策解析**

《车船税法》第十条主要是多部门配合加强车船税管理的规定。税务机关可以在车船登记管理部门、车船检验机构的办公场所集中办理车船税征收事宜。公安机关交通管理部门在办理车辆相关登记和定期检验手续时，经核查，对没有提供依法纳税或者免税证明的，不予办理相关手续。（《车船税法实施条例》第二十二条）

📖 基本规定

船舶车船税委托代征，是指税务机关根据有利于税收管理和方便纳税的原则，委托交通运输部门海事管理机构代为征收船舶车船税税款。[《船舶车船税委托代征办法》（国家税务总局 交通运输部公告2013年第1号印发）]

❖ **政策解析**

在交通运输部直属海事管理机构（以下简称海事管理机构）登记的应税船舶，其车船税由船籍港所在地的税务机关委托当地海事管理机构代征。[《国家税务总局 交通运输部关于发布〈船舶车船税委托代征管理办法〉的公告》（国家税务总局 交通运

输部公告 2013 年第 1 号）第四条]

　　税务机关与海事管理机构应签订委托代征协议书，明确代征税种、代征范围、完税凭证领用要求、代征税款的解缴要求、代征手续费比例和支付方式、纳税人拒绝纳税时的处理措施等事项，并向海事管理机构发放委托代征证书。[《国家税务总局　交通运输部关于发布〈船舶车船税委托代征管理办法〉的公告》（国家税务总局　交通运输部公告 2013 年第 1 号）第五条]

第二节 习题演练

一、单选题

1. 下列纳税主体中，不属于车船税纳税人的是（   ）。

   A. 在中国境内拥有并使用船舶的国有企业

   B. 在中国境内拥有车辆但停用期间的中国公民

   C. 在中国境外拥有并使用车辆的中国公民

   D. 在中国境内拥有并使用车辆的外籍人员

【参考答案】C

【答案解析】根据《车船税法》第一条规定，在中华人民共和国境内属于《车船税税目税额表》规定的车辆、船舶（以下简称车船）的所有人或者管理人，为车船税的纳税人，应当缴纳车船税。

2. 下列车船中，应征收车船税的是（   ）。

   A. 经批准临时入境的外国车船

   B. 低速载货汽车

   C. 捕捞、养殖渔船

   D. 纯电动乘用车

【参考答案】B

【答案解析】根据《车船税法实施条例》第二十四条规定，临时入境的外国车船和香港特别行政区、澳门特别行政区、台湾地区的车船，不征收车船税。根据《车船税法》第三条规定，捕捞、养殖渔船免征车船税。纯电动乘用车不属于车船税征税范围，对其不征车船税。

3. 根据车船税的相关规定，下列车辆不属于专用作业车的是（   ）。

   A. 救护车

   B. 消防车

   C. 混凝土泵车

   D. 洒水车

【参考答案】A

【答案解析】根据《国家税务总局关于车船税征管若干问题的公告》（国家税务总局公告2013年第42号）规定，对于在设计和技术特性上用于特殊工作，并装置有专用设备或器具的汽车，应认定为专用作业车，如汽车起重机、消防车、混凝土泵车、清障车、高空作业车、洒水车、扫路车等。以载运人员或货物为主要目的的专用汽车，如救护车，不属于专用作业车。

4. 某小型运输公司 2022 年初拥有并使用以下车辆：整备质量为 5 吨的载货卡车 12 辆；整备质量为 6 吨的汽车挂车 6 辆；当年 5 月购入整备质量为 6 吨的载货卡车 2 辆。当地政府规定，载货汽车的税额为 80 元/吨。该公司当年应纳车船税为（   ）元。

    A. 5440　　　　　　　　　　B. 5760

    C. 6880　　　　　　　　　　D. 8320

【参考答案】C

【答案解析】根据《车船税法实施条例》第十九条规定，购置的新车船，购置当年的应纳税额自纳税义务发生的当月起按月计算。应纳税额为年应纳税额除以 12 再乘以应纳税月份数。挂车按照货车税额的 50% 计算。因此，该公司当年应纳车船税 =（5 × 12 + 6 × 6 × 50% + 6 × 2 × 8/12）× 80 = 6880（元）。

5. 某拖船的发动机功率为 1500 千瓦，机动船舶净吨位超过 200 吨但不超过 2000 吨的车船税税额标准为净吨位每吨 4 元，这艘拖船每年应缴纳的车船税税额为（   ）元。

    A. 4020　　　　　　　　　　B. 3000

    C. 2000　　　　　　　　　　D. 2010

【参考答案】D

【答案解析】根据《车船税法实施条例》第四条规定。拖船按照发动机功率每 1 千瓦折合净吨位 0.67 吨计算征收车船税。拖船、非机动驳船分别按照机动船舶税额的 50% 计算。

    应缴纳的车船税 = 1500 × 0.67 × 4 × 50% = 2010（元）

6. 免征车船税的新能源船舶，应符合的标准是（   ）。

    A. 船舶的主推进动力装置为混合动力发动机

    B. 船舶的主推进动力装置为纯电力发动机

    C. 船舶的主推进动力装置为燃料电池装置

    D. 船舶的主推进动力装置为纯天然气发动机

【参考答案】D

【答案解析】根据《财政部　税务总局　工业和信息化部　交通运输部关于节能新能源车船享受车船税优惠政策的通知》（财税〔2018〕74 号）第二条第（三）款规定，免征车船税的新能源船舶应符合以下标准：船舶的主推进动力装置为纯天然气发动机。发动机采用微量柴油引燃方式且引燃油热值占全部燃料总热值的比例不超过 5% 的，视同纯天然气发动机。

7. 有关车船税的计税依据，下列表述正确的是（   ）。

A. 境内单位和个人租入外国籍船舶的，按规定征收车船税

B. 拖船、非机动驳船分别按照机动船舶税额的70%计算车船税

C. 挂车按照货车税额的50%计算车船税

D. 拖船按照发动机功率每1千瓦折合净吨位0.5吨计算征收车船税

【参考答案】C

【答案解析】根据《车船税税目税额表》，拖船、非机动驳船分别按照机动船舶税额的50%计算车船税；挂车按照货车税额的50%计算车船税。根据《车船税法实施条例》第二十四条规定，临时入境的外国车船和香港特别行政区、澳门特别行政区、台湾地区的车船，不征收车船税。境内单位和个人租入境外国籍船舶的，不征收车船税。根据《车船税法实施条例》第四条规定，拖船按照发动机功率每1千瓦折合净吨位0.67吨计算征收车船税。选项C当选。

8. 下列车船不享受免征车船税优惠的是（ ）。

A. 养殖渔船

B. 武装警察部队专用的车辆

C. 符合规定标准的插电式混合动力汽车

D. 非机动驳船

【参考答案】D

【答案解析】根据《车船税法》第三条规定，下列车船免征车船税：①捕捞、养殖渔船；②军队、武装警察部队专用的车船。根据《财政部 税务总局 工业和信息化部 交通运输部关于节能 新能源车船享受车船税优惠政策的通知》（财税〔2018〕74号）第二条第一款规定，免征车船税的新能源汽车是指纯电动商用车、插电式（含增程式）混合动力汽车、燃料电池商用车。非机动驳船按机动船舶税额的50%计算车船税，不享受免征车船税优惠。

9. 某船运公司拥有旧机动船20艘，每艘净吨位750吨，非机动驳船2艘，每艘净吨位150吨；2022年8月新购置机动船6艘，每艘净吨位1500吨，当月取得购买机动船的发票。已知船舶净吨位小于或者等于200吨的，每吨3元；净吨位201吨至2000吨的，每吨4元。该公司2022年度应缴纳的车船税为（ ）元。

A. 61000　　　　　　　　B. 76000

C. 75450　　　　　　　　D. 75900

【参考答案】C

【答案解析】根据《车船税税目税额表》规定，拖船、非机动驳船分别按照机动船舶税额的50%计算车船税；挂车按照货车税额的50%计算车船税。根据《车船税法》第八条规定，车船税纳税义务发生时间为取得车船所有权或者管理权的当月，即为购买车船的发票或者其他证明文件所载日期的当月。

该船运公司应缴纳的车船税 $= 20 \times 750 \times 4 + 2 \times 150 \times 3 \times 50\% + 6 \times 1500 \times 4 \times 5 \div 12 = 75450$ （元）

10. 下列关于车船税计税单位的说法，错误的是（   ）。

A. 三轮汽车以"整备质量每吨"为计税单位

B. 客车以"整备质量每吨"为计税单位

C. 机动船舶以"净吨位每吨"为计税单位

D. 游艇以"艇身长度每米"为计税单位

【参考答案】B

【答案解析】根据《车船税法》第二条规定，客车以"每辆"为计税单位；游艇以"艇身长度每米"为计税单位；机动船舶以"净吨位每吨"为计税单位；摩托车以"每辆"为计税单位。

11. 某船舶公司 2022 年拥有机动货船 3 艘，拖船 1 艘。3 艘机动货船的净吨位都是 3000 吨，拖船发动机动率 10000 千瓦。已知机动船舶净吨位 2001—10000 吨之间的税额为 5 元/吨。该公司当年应缴纳车船税（   ）元。

A. 61750 B. 50320

C. 58800 D. 59920

【参考答案】A

【答案解析】根据《车船税税目税额表》规定，拖船、非机动驳船分别按照机动船舶税额的 50% 计算车船税；挂车按照货车税额的 50% 计算车船税。根据《车船税法实施条例》第四条规定，拖船按照发动机功率每 1 千瓦折合净吨位 0.67 吨计算征收车船税。

该公司应纳车船税 $= 3000 \times 3 \times 5 + 10000 \times 1 \times 0.67 \times 5 \times 50\% = 61750$ （元）

12. 2022 年某运输公司拥有并使用以下车辆：拖拉机 7 辆，整备质量为 2 吨；整备质量为 6 吨的载货卡车 20 辆；整备质量为 4.5 吨的汽车挂车 6 辆；中型载客汽车 10 辆，核定载客人数均为 9 人以上。当地政府规定，货车的税额为 60 元/吨，客车的税额为 500 元/辆。该公司当年应缴纳车船税税额为（   ）元。

A. 13550 B. 13010

C. 11450 D. 9450

【参考答案】B

【答案解析】根据《车船税税目税额表》规定，拖拉机不缴纳车船税，卡车应纳税额 $= 6 \times 20 \times 60 = 7200$ （元）；挂车按照货车税额的 50% 计算车船税，应纳税额 $= 6 \times 4.5 \times 60 \times 50\% = 810$ （元）；客车应纳税额 $= 10 \times 500 = 5000$ （元）；应纳车船税合计 $= 7200 + 810 + 5000 = 13010$ （元）。

13. 根据车船税的相关规定，下列说法错误的是（   ）。

  A. 依法应当在车船管理部门登记的机动车辆和船舶属于车船税的征收范围

  B. 依法不需要在车船管理部门登记的机动车辆和船舶不属于车船税的征收范围

  C. 在单位内部场所行驶的机动车辆和船舶属于车船税的征收范围

  D. 在单位内部场所作业的机动车辆和船舶属于车船税的征收范围

【参考答案】B

【答案解析】根据《车船税法实施条例》第二条规定，车船税法第一条所称车辆、船舶，是指：①依法应当在车船登记管理部门登记的机动车辆和船舶；②依法不需要在车船登记管理部门登记的在单位内部场所行驶或者作业的机动车辆和船舶。

14. 下列车船中，可由省、自治区、直辖市人民政府决定减征或者免征车船税的是（ ）。

  A. 燃料电池商用车

  B. 双燃料乘用车

  C. 养殖渔船

  D. 公交车

【参考答案】D

【答案解析】根据《车船税法》第三条规定，捕捞、养殖渔船免征车船税。选项C不当选。第四条规定，对节约能源、使用新能源的车船可以减征或者免征车船税；对受严重自然灾害影响纳税困难以及有其他特殊原因确需减税、免税的，可以减征或者免征车船税。具体办法由国务院规定，并报全国人民代表大会常务委员会备案。燃料电池商用车属于新能源车船，双燃料乘用车属于节能汽车，选项A、B不当选；第五条规定，省、自治区、直辖市人民政府根据当地实际情况，可以对公共交通车船，农村居民拥有并主要在农村地区使用的摩托车、三轮汽车和低速载货汽车定期减征或者免征车船税，选项D当选。

15. 某运输公司于2022年5月成立，成立当月新购进整备质量为20吨的货车8辆；整备质量为8吨的半挂牵引车6辆；综合工况燃料消耗量符合标准的排量为1.6升的双燃料小轿车8辆，均于购进当月缴纳车船税；7月，两辆半挂牵引车因出现质量问题退回经销商，退货发票所载日期为8月2日；当地政府规定货车的税额为整备质量每吨96元；轿车1.0升以上至1.6升（含）的税额为每辆420元。则该公司2022年实际缴纳车船税为（ ）元。

  A. 12672   B. 13792

  C. 16256   D. 21008

【参考答案】B

【答案解析】根据《财政部 税务总局 工业和信息化部 交通运输部关于节能

新能源车船享受车船税优惠政策的通知》（财税〔2018〕74号）第一条规定，对节能汽车，减半征收车船税。减半征收车船税的节能乘用车应同时符合以下标准：①获得许可在中国境内销售的排量为1.6升以下（含1.6升）的燃用汽油、柴油的乘用车（含非插电式混合动力、双燃料和两用燃料乘用车）；②综合工况燃料消耗量应符合标准。根据《车船税法》所附《车船税税目税额表》规定，货车包括半挂牵引车。根据《国家税务总局关于车船税征管若干问题的公告》（国家税务总局公告2013年第42号）第四条规定，已经缴纳车船税的车船，因质量原因，车船被退回生产企业或者经销商的，纳税人可以向纳税所在地的主管税务机关申请退还自退货月份起至该纳税年度终了期间的税款。退货月份以退货发票所载日期的当月为准。

根据《车船税法实施条例》第十九条规定，购置的新车船，购置当年的应纳税额自纳税义务发生的当月起按月计算。应纳税额为年应纳税额除以12再乘以应纳税月份数。因此，该公司2022年实际缴纳车船税 = $(8 \times 20 \times 96 + 6 \times 8 \times 96) \div 12 \times 8 + 8 \times 420 \div 12 \times 8 \times 50\% - 2 \times 8 \times 96 \div 12 \times 5 = 13792$（元），选项B当选。

16. 甲船运公司2022年初共拥有净吨位为80吨的捕捞渔船5艘；净吨位为300吨的机动船舶6艘，净吨位为50吨的非机动驳船5艘，发动机功率为3000千瓦的拖船8艘；以上车船均于1月缴纳车船税。已知当机动船舶净吨位不超过200吨的，每吨3元；净吨位超过200吨但不超过2000吨的，每吨4元；净吨位超过2000吨但不超过10000吨的，每吨5元。则该公司1月缴纳的车船税为（　　）元。

    A. 38935　　　　　　　　B. 47400

    C. 47775　　　　　　　　D. 48975

【参考答案】C

【答案解析】根据《车船税法实施条例》第四条规定，拖船按照发动机功率每1千瓦折合净吨位0.67吨计算征收车船税。拖船、非机动驳船分别按照机动船舶税额的50%计算。根据《车船税法》第三条规定，捕捞、养殖渔船免征车船税。因此，甲公司2022年1月缴纳车船税 = $6 \times 300 \times 4 + 5 \times 50 \times 3 \times 50\% + 8 \times 3000 \times 0.67 \times 5 \times 50\% = 7200 + 375 + 40200 = 47775$（元）。选项C当选。

17. 根据现行车船税政策规定，下列表述正确的是（　　）。

    A. 车辆整备质量尾数在0.5吨以下的免征车船税

    B. 专用作业车按照货车税额的50%计算车船税

    C. 非机动驳船按照机动船舶税额的50%计算车船税

    D. 拖船按照发动机功率每1千瓦折合净吨位0.5吨计算征收车船税

【参考答案】C

【答案解析】根据《国家税务总局关于车船税征管若干问题的公告》（国家税务总局公告2013年第42号）第三条规定，《车船税法》及其实施条例涉及的整备质量、净吨位、艇身长度等计税单位，有尾数的一律按照含尾数的计税单位据实计算车船税应纳税额；挂车按照货车税额的 50% 计算车船税；拖船、非机动驳船分别按照机动船舶税额的 50% 计算车船税；拖船按照发动机功率每 1 千瓦折合净吨位 0.67 吨计算征收车船税。

18. 关于车船税的表述，下列说法不正确的是（　　）。

A. 车船税按年缴纳，分月计算，一次性缴纳

B. 新车的纳税义务发生时间为取得车船所有权或者管理权的当月

C. 对新能源车船减半征收车船税

D. 车船税扣缴义务人代收代缴欠缴税款的滞纳金，从各省、自治区、直辖市人民政府规定的申报纳税期限截止日期的次日起计算

【参考答案】C

【答案解析】根据《车船税法实施条例》第二十三条规定，车船税按年申报，分月计算，一次性缴纳。纳税年度为公历 1 月 1 日至 12 月 31 日。根据《财政部　税务总局　工业和信息化部　交通运输部关于节能　新能源车船享受车船税优惠政策的通知》（财税〔2018〕74 号）规定，对节能汽车，减半征收车船税，对新能源汽车，免征车船税。根据《车船税法》第八条规定，车船税纳税义务发生时间为取得车船所有权或者管理权的当月。根据《国家税务总局关于车船税征管若干问题的公告》（国家税务总局公告 2013 年第 42 号）第六条规定，车船税扣缴义务人代收代缴欠缴税款的滞纳金，从各省、自治区、直辖市人民政府规定的申报纳税期限截止日期的次日起计算。

19. 下列关于车船税的说法，正确的是（　　）。

A. A 省的某企业在 B 省自用一辆小轿车，纳税地点为 B 省

B. 境内单位和个人将船舶出租到境外的，不征收车船税

C. 捕捞、养殖渔船免征车船税

D. 某企业在 2021 年 9 月出售一辆 2021 年 4 月购买并已完税小轿车，税务机关应为该企业办理退税

【参考答案】C

【答案解析】根据《车船税法》第七条规定，车船税的纳税地点为车船的登记地或者车船税扣缴义务人所在地；第一条规定，在中华人民共和国境内属于《车船税税目税额表》规定的车辆、船舶的所有人或者管理人，为车船税的纳税人，应当依法缴纳车船税。境内单位和个人将船舶出租到境外的，征收车船税。根据《车船税法实施条例》第二十条规定，已缴纳车船税的车船在同一纳税年度内办理转让过户的，不另纳税，也不退税。选项 C 当选。

20. 某物流公司 2022 年拥有以下车辆：大货车 6 辆，每辆整备质量为 10 吨，小货车 1 辆，整备质量为 2.5 吨，仅在公司院内卸货使用，未上牌上路，8 月购入挂车 2

辆，每辆整备质量为 15 吨。当地政府规定，载货汽车的税额为：90 元/整备质量每吨。2022 年该公司应缴纳的车船税为（　　）元。

    A. 5940   B. 6012.5

    C. 6187.5   D. 6075

【参考答案】C

【答案解析】根据《车船税法》附件《车船税法税目税率表》规定挂车按照货车税额的 50% 计算车船税，2022 年该公司应缴纳车船税 = （6×10+2.5）×90+2×15×90×50%×5/12 = 6187.5（元）。

21. 某市旅游公司 2022 年拥有符合规定标准的纯电动商用车 7 辆，符合规定标准的插电式混合动力汽车 4 辆，符合规定标准的节能汽车 4 辆，汽车核定载客人数均为 8 人；该公司同时拥有机动船 20 艘，每艘净吨位 2 吨，游艇 1 艘艇身长度 15 米。当地省人民政府规定，8 人载客汽车年税额为 500 元/辆，机动船舶净吨位小于或者等于 200 吨的，每吨 3 元，游艇 900 元/米。当年该公司应缴纳车船税（　　）元。

    A. 19700   B. 14620

    C. 17200   D. 15620

【参考答案】B

【答案解析】根据《财政部　税务总局　工业和信息化部　交通运输部关于节能新能源车船享受车船税优惠政策的通知》（财税〔2018〕74 号），符合规定标准的纯电动商用车、插电式混合动力汽车，免征车船税；符合规定标准的节能汽车，减半征收车船税。应纳车船税 = 4×500×50%+20×2×3+15×900 = 14620（元）。

22. 根据相关规定，车辆的计税单位分为每辆和整备质量每吨。下列不以"整备质量每吨"为计税单位的是（　　）。

    A. 拖拉机

    B. 三轮汽车

    C. 半挂牵引车

    D. 低速载货汽车

【参考答案】A

【答案解析】根据《车船税法》附件《车船税税目税额表》，以"整备质量每吨"为计税单位的车辆有：商用车中的货车（包括半挂牵引车、三轮汽车和低速载货汽车）、挂车、其他车辆中的专用作业车、轮式专用机械车，不包括拖拉机。拖拉机不需要缴纳车船税。

23. 下列人员中，不属于车船税纳税义务人的是（　　）。

    A. 应税车辆的所有人赵先生

    B. 应税车辆的管理人钱先生

C. 应税船舶的所有人李先生

D. 应税船舶的承租人孙先生

【参考答案】D

【答案解析】根据《车船税法》第一条规定，在中华人民共和国境内属于《车船税税目税额表》规定的车辆、船舶的所有人或者管理人，为车船税的纳税人，应当依法缴纳车船税。

24. 下列车船应征收车船税的是（   ）。

A. 机场内部场所使用的车辆

B. 捕捞、养殖渔船

C. 新能源汽车

D. 电车

【参考答案】A

【答案解析】根据《车船税法》第三条规定，捕捞、养殖渔船免征车船税。第四条规定，对节约能源、使用新能源的车船可以减征或者免征车船税；对受严重自然灾害影响纳税困难以及有其他特殊原因确需减税、免税的，可以减征或者免征车船税。具体办法由国务院规定，并报全国人民代表大会常务委员会备案。

25. 车辆适用的车船税税率形式为（   ）。

A. 定额幅度税率

B. 超额累进税率

C. 超率累进税率

D. 比例税率

【参考答案】A

【答案解析】根据《车船税法》第二条规定，车辆的具体适用税额由省、自治区、直辖市人民政府依照《车船税税目税额表》规定的税额幅度和国务院的规定确定。根据《车船税税目税额表》可知，车船税的税率形式为定额幅度税率。

26. 下列属于车船税扣缴义务人的是（   ）。

A. 车船的管理人

B. 车船的所有人

C. 办理交强险业务的保险机构

D. 机动车的生产厂家

【参考答案】C

【答案解析】根据《车船税法》第六条规定，从事机动车第三者责任强制保险业务的保险机构为机动车车船税的扣缴义务人，应当在收取保险费时依法代收车船税，并出具代收税款凭证。

27. 某公司 2022 年 1 月缴纳了 7 辆客车车船税，其中一辆 4 月被盗，已办理了车船税退税手续，7 月公安机关找回并出具证明，该公司补缴了车船税。假定客车年车船税税额为 500 元。该公司 2022 年实缴车船税共计（　　）元。

  A. 3000　　　　　　　　　　B. 3375

  C. 3417　　　　　　　　　　D. 3500

【参考答案】B

【答案解析】根据《车船税法实施条例》第十九条规定，在一个纳税年度内，已完税的车船被盗抢、报废、灭失的，纳税人可以凭有关管理机关出具的证明和完税凭证，向纳税所在地的主管税务机关申请退还自被盗抢、报废、灭失月份起至该纳税年度终了期间的税款。已办理退税的被盗抢车船失而复得的，纳税人应当从公安机关出具相关证明的当月起计算缴纳车船税。该企业 2022 年实缴车船税 = 500 × 7 − 500 × 3/12 = 3375（元）。

28. 下列关于车船税应纳税额的说法，错误的是（　　）。

  A. 救护车按照专用作业车缴纳车船税

  B. 货车包括半挂牵引车、三轮汽车和低速载货汽车

  C. 非机动驳船按照机动船舶税额的 50% 计税

  D. 拖船的净吨位按照发动机功率每 1 千瓦折合 0.67 吨计算

【参考答案】A

【答案解析】根据《国家税务总局关于车船税征管若干问题的公告》（国家税务总局公告 2013 年第 42 号）第一条规定，对于在设计和技术特性上用于特殊工作，并装置有专用设备或器具的汽车，应认定为专用作业车，如汽车起重机、消防车、混凝土泵车、清障车、高空作业车、洒水车、扫路车等。以载运人员或货物为主要目的的专用汽车，如救护车，不属于专用作业车。

29. 下列关于车船税的表述，正确的是（　　）。

  A. 境内单位将船舶出租到境外的，应依法征收车船税

  B. 境内单位租入外国籍船舶的，应依法征收车船税

  C. 客货两用车，按照货车税额减半征收车船税

  D. 洒水车免征车船税

【参考答案】A

【答案解析】根据《国家税务总局关于车船税征管若干问题的公告》（国家税务总局公告 2013 年第 42 号）第七条规定，境内单位和个人租入外国籍船舶的，不征收车船税。境内单位和个人将船舶出租到境外的，应依法征收车船税。

30. 依法需要办理登记的应税车辆，纳税人自行申报缴纳车船税的地点是（　　）。

A. 车辆登记地

B. 车辆购置地

C. 车辆使用地

D. 车辆所有人所在地

【参考答案】A

【答案解析】根据《车船税法》第七条规定，车船税的纳税地点为车船的登记地或者车船税扣缴义务人所在地。依法不需要办理登记的车船，车船税的纳税地点为车船的所有人或者管理人所在地。

31. 下列关于车船税税收优惠的说法，错误的是（　　　）。

A. 燃料电池商用车免征车船税

B. 经批准临时入境的香港籍车船不征收车船税

C. 省级税务机关可根据当地情况，对公共交通车船定期减征或免征车船税

D. 依法不需要在车船登记管理部门登记的机场、港口、铁路站场内部行驶或者作业的车船，自《车船税法》实施之日起5年内免征车船税

【参考答案】C

【答案解析】根据《财政部　税务总局　工业和信息化部　交通运输部关于节能新能源车船享受车船税优惠政策的通知》（财税〔2018〕74号）第二条规定，对新能源车船，免征车船税。免征车船税的新能源汽车是指纯电动商用车、插电式（含增程式）混合动力汽车、燃料电池商用车。纯电动乘用车和燃料电池乘用车不属于车船税征税范围，对其不征车船税。根据《车船税法实施条例》第二十四条规定，临时入境的外国车船和香港特别行政区、澳门特别行政区、台湾地区的车船，不征收车船税。根据《车船税法》第五条规定，省、自治区、直辖市人民政府根据当地情况，可对公共交通车船定期减征或免征车船税。根据《车船税法实施条例》第二十五条规定，按照规定缴纳船舶吨税的机动船舶，自《车船税法》实施之日起5年内免征车船税。依法不需要在车船登记管理部门登记的机场、港口、铁路站场内部行驶或者作业的车船，自《车船税法》实施之日起5年内免征车船税。选项C当选。

32. 下列关于车船税申报缴纳的说法，错误的是（　　　）。

A. 扣缴义务人代收代缴车船税时纳税人不得拒绝

B. 纳税人对扣缴义务人代收代缴税款有异议未缴纳的，可以直接向税务机关提出申诉

C. 纳税人没有按照规定期限缴纳车船税的，保险机构在代收代缴车船税时，可以一并代收代缴欠缴税款的滞纳金

D. 从事机动车交通事故责任强制保险业务的保险机构为机动车车船税的扣缴义务人，应当依法代收代缴车船税

【参考答案】B

【答案解析】根据《车船税管理规程（试行）》（国家税务总局公告 2015 年第 83 号）第十一条规定，纳税人对保险机构代收代缴税款数额有异议的，可以直接向税务机关申报缴纳，也可以在保险机构代收代缴税款后向税务机关提出申诉，税务机关应在接到纳税人申诉后按照本地区代收代缴管理办法规定的受理程序和期限进行处理。

33. 关于保险公司对不代收代缴车船税车辆的认定，下列表述不正确的是（　　）。

A. 甲农民以农业机械部门出具的登记证明作为证据

B. 乙武警支队提供了武警车船管理部门核发的武警号牌作为证据

C. 丙警队提供了最后一位登记编号为红色"警"字的警用号牌作为证据

D. 丁国机动车临时入境以中国海关出具的准许机动车入境的凭证作为证据

【参考答案】A

【答案解析】根据《国家税务总局　中国保险监督管理委员会关于机动车车船税代收代缴有关事项的公告》（国家税务总局　中国保险监督管理委员会公告 2011 年第 75 号）规定，对军队和武警专用车辆、警用车辆、拖拉机、临时入境的外国机动车和香港特别行政区、澳门特别行政区、台湾地区的机动车，保险机构在销售交强险时不代收代缴车船税。其中，军队、武警专用车辆以军队、武警车船管理部门核发的军车号牌和武警号牌作为认定依据；警用车辆以公安机关核发的警车号牌（最后一位登记编号为红色的"警"字）作为认定依据；拖拉机以在农业（农业机械）部门登记、并拥有拖拉机登记证书或拖拉机行驶证书作为认定依据；临时入境的外国机动车以中国海关等部门出具的准许机动车入境的凭证作为认定依据；香港特别行政区、澳门特别行政区、台湾地区的机动车根据公安交通管理部门核发的批准文书作为认定依据，具体操作办法由进入内地或大陆口岸所在地税务机关制定。选项 A 当选。

34. 某船舶公司拥有机动船 4 艘，每艘净吨位 2000 吨，拖船 2 艘，发动机功率为 1600 千瓦。该船舶公司当年应缴纳车船税（　　）元。（船舶税额净吨位为 201 吨至 2000 吨的，每吨 4 元）

A. 18144　　　　　　　B. 26688

C. 36288　　　　　　　D. 53376

【参考答案】C

【答案解析】根据《车船税法》税目税额表规定，拖船、非机动驳船按照船舶税税额 50% 计算车船税。根据《车船税法实施条例》规定，拖船按照发动机功率每 1 千瓦折合净吨位 0.67 吨计算征收车船税。

应缴纳车船税 $= 4 \times 2000 \times 4 + 2 \times 1600 \times 0.67 \times 4 \times 50\% = 36288$（元），选项 C 当选。

35. 某水运公司拥有净吨位 100 吨的机动船 3 艘（每艘船配备 2 艇 3 米长 1.5 千瓦救生艇），净吨位 300 吨的非机动驳船 1 艘，接待用 8 米游艇 1 艘（机动船舶净吨位不超过 200 吨的，每吨 3 元；净吨位超过 200 吨但不超过 2000 吨的，每吨 4 元；游艇艇身长度不超过 10 米的，每米 600 元）。该公司年车船税应纳税额为（　　）元。

    A. 6138　　　　　　　　B. 6300

    C. 6918　　　　　　　　D. 17118

【参考答案】B

【答案解析】根据《车船税税目税额表》，拖船、非机动驳船分别按照机动船舶税额的 50% 计算。根据《车船税法实施条例》第二十六条规定，船舶，是指各类机动、非机动船舶以及其他水上移动装置，但是船舶上装备的救生艇筏和长度小于 5 米的艇筏除外。该水运公司应缴车船使用税 = 100 × 3 × 3 + 300 × 4 × 50% + 8 × 600 = 6300（元），选项 B 当选。

36. 甲公司 2022 年 2 月 1 日购入一辆载货商用车，当月办理机动车辆权属证书，车辆整备质量为 10 吨。该车于 6 月被盗，8 月由公安机关找回，均取得相关证明。该公司 2022 年实际应缴纳车船税（　　）元。（载货汽车车船税年税额 16 元/吨）

    A. 53.33　　　　　　　　B. 80

    C. 120　　　　　　　　D. 160

【参考答案】C

【答案解析】根据《车船税法实施条例》第十九条规定，购置的新车船，购置当年的应纳税额自纳税义务发生的当月起按月计算。应纳税额为年应纳税额除以 12 再乘以应纳税月份数。在一个纳税年度内，已完税的车辆被盗抢、报废、灭失的，纳税人可以凭有关管理机关出具的证明和完税凭证，向纳税所在地的主管税务机关申请退还自被盗抢、报废、灭失月份起至该纳税年度终了期间的税款。已办理退税的被盗抢车船失而复得的，纳税人应当从公安机关出具相关证明的当月起计算缴纳车船税。该公司就该车 2022 年实际应缴纳的车船税的期间为 2—5 月和 8—12 月。

    2022 年实际应缴纳的车船税 = 10 × 16 × (4 + 5) ÷ 12 = 120（元）

37. 某旅游公司 2022 年 1 月购买插电式混合动力汽车 4 辆，节能商用客车 6 辆（均在《享受车船税减免优惠的节约能源使用新能源汽车车型目录》中），插电式混合动力汽车核定载客人数 10 人，商用客车核定载客人数 18 人。2022 年该旅游公司应缴纳车船税（　　）元。（中型商用客车年税额为 900 元/辆，大型商用客车年税额为 1020 元/辆）

    A. 2700　　　　　　　　B. 3180

    C. 5400　　　　　　　　D. 6360

【参考答案】A

【答案解析】根据《财政部 税务总局 工业和信息化部 交通运输部关于节能新能源车船享受车船税优惠政策的通知》（财税〔2018〕74号）规定，在《享受车船税减免优惠的节约能源使用新能源汽车车型目录》中的插电式（含增程式）混合动力汽车免征车船税，节能商用客车减半征收车船税。根据《黑龙江省车船税实施办法》规定，中型商用客车标准：核定载客人数9人以上20人以下，包括电车；大型商用客车标准：核定载客人数20人（含）以上，包括电车。因此，18座商用客车应适用中型商用客车税率，即年税额为900元/辆。

2022年该旅游公司应缴纳车船税 $= 6 \times 900/2 = 2700$（元）

38. 专用作业车是指在设计和技术特性上用于特殊工作的汽车。下列车辆不属于专用作业车的是（　　）。

    A. 消防车

    B. 救护转运车

    C. 汽车起重车

    D. 混凝土泵车

【参考答案】B

【答案解析】根据《国家税务总局关于车船税征管若干问题的公告》（国家税务总局公告2013年第42号）第一条关于专用作业车的认定的相关规定，对于在设计和技术特性上用于特殊工作，并装置有专用设备或器具的汽车，应认定为专用作业车，如汽车起重机、消防车、混凝土泵车、清障车、高空作业车、洒水车、扫路车等。以载运人员或货物为主要目的的专用汽车，如救护车，不属于专用作业车。选项B当选。

39. 下列不属于税务机关开展车船税风险管理工作主要方式的是（　　）。

    A. 将保险机构、代征单位申报解缴税款与实际入库税款进行比对，防范少征、漏征风险

    B. 将备案减免税车船与实际减免税车船数量、涉及税款进行比对，防范减免税优惠政策落实不到位风险

    C. 将车船税联网征收系统车辆完税信息与本地区车辆完税信息进行比对，防范少征、漏征、重复征税风险等

    D. 将申报已缴纳车船税车船的排量、整备质量、载客人数、吨位、艇身长度等信息与税源数据库中对应的信息进行比对，防范少征、错征税款风险

【参考答案】B

【答案解析】根据《国家税务总局关于发布〈车船税管理规程（试行）〉的公告》（国家税务总局公告2015年第83号）第二十三条规定，税务机关重点可以通过以下方式加强车船税风险管理：①将申报已缴纳车船税车船的排量、整备质量、载客人数、吨位、艇身长度等信息与税源数据库中对应的信息进行比对，防范少征、错征税款风

险；②将保险机构、代征单位申报解缴税款与实际入库税款进行比对，防范少征、漏征风险；③将备案减免税车船与实际减免税车船数量、涉及税款进行比对，防范减免税优惠政策落实不到位风险；④将车船税联网征收系统车辆完税信息与本地区车辆完税信息进行比对，防范少征、漏征、重复征税风险等。根据《国家税务总局关于城镇土地使用税等"六税一费"优惠事项资料留存备查的公告》（国家税务总局公告 2019 年第 21 号）规定，自 2019 年 5 月 28 日起，对城镇土地使用税、房产税、耕地占用税、车船税、印花税、城市维护建设税、教育费附加享受优惠有关资料实行留存备查管理方式。《车船税管理规程（试行）》（国家税务总局公告 2015 年第 83 号发布，国家税务总局公告 2018 年第 31 号修改）第二十三条第三项"将备案减免税车船与实际减免税车船数量、涉及税款进行对比，防范减免税优惠政策落实不到位风险"相应废止。选项 B 当选。

40. 关于车船税计税单位，下列说法不正确的是（ ）。

    A. 客车以每辆为计税单位

    B. 游艇以艇身长度每米为计税单位

    C. 摩托车以整备质量每吨为计税单位

    D. 机动船舶以净吨位每吨为计税单位

【参考答案】C

【答案解析】根据《车船税法》第二条规定，车船的适用税额依照《车船税税目税额表》执行。客车以"每辆"为计税单位；游艇以"艇身长度每米"为计税单位；机动船舶以"净吨位每吨"为计税单位；摩托车以"每辆"为计税单位。

41. 下列表述不符合车船税法规定的是（ ）。

    A. 车船税纳税义务发生时间为取得车船所有权或者管理权的次月

    B. 车船税具体申报纳税期限由省、自治区、直辖市人民政府规定

    C. 没有扣缴义务人的，纳税人应当向主管税务机关自行申报缴纳车船税

    D. 车船税按年申报，分月计算，一次性缴纳，纳税年度为公历 1 月 1 日至 12 月 31 日

【参考答案】A

【答案解析】根据《车船税法》第八条规定，车船税纳税义务发生时间为取得车船所有权或者管理权的当月。第九条规定，车船税按年申报缴纳。具体申报纳税期限由省、自治区、直辖市人民政府规定。根据《车船税法实施条例》第十五条第二款规定，没有扣缴义务人的，纳税人应当向主管税务机关自行申报缴纳车船税。第二十三条规定，车船税按年申报，分月计算，一次性缴纳。纳税年度为公历 1 月 1 日至 12 月 31 日。

42. 某建筑公司 2022 年初拥有并使用以下车辆：整备质量为 3.5 吨的拖拉机 4 辆，

整备质量为 6 吨的载货卡车 10 辆；整备质量为 4.5 吨的汽车挂车 8 辆。该公司所在省份规定，货车和其他车辆车船税的年基准税额均为 96 元，该公司 2022 年应缴纳的车船税税额为（   ）元。

  A. 4608   B. 7488

  C. 9216   D. 9608

【参考答案】B

【答案解析】根据《车船税法》所附《车船税税目税额表》规定，挂车按照货车税额的 50% 计算，其他车辆不包括拖拉机。该公司 2022 年应缴纳的车船税税额 = 6 × 10 × 96 + 4.5 × 8 × 96 × 50% = 7488（元）。

43. 下列某企业拥有的车辆，需按规定缴纳车船税的是（   ）。

  A. 提供给管理人员使用的纯电动车

  B. 用于接送职工上下班的燃料电池客车

  C. 专门用于接送客户的插电式混合动力汽车

  D. 依法不需要登记的在单位内部场所作业的专项作业车

【参考答案】D

【答案解析】根据《财政部　税务总局　工业和信息化部　交通运输部关于节能新能源车船享受车船税优惠政策的通知》（财税〔2018〕74 号）第二条规定，对使用新能源车船，免征车船税。免征车船税的使用新能源汽车是指纯电动商用车、插电式（含增程式）混合动力汽车、燃料电池商用车。纯电动乘用车和燃料电池乘用车不属于车船税征税范围，对其不征车船税。根据《车船税法实施条例》第二条规定，《车船税法》第一条所称车辆、船舶，是指：①依法应当在车船登记管理部门登记的机动车辆和船舶；②依法不需要在车船登记管理部门登记的在单位内部场所行驶或者作业的机动车辆和船舶。

二、多选题

1. 免征车船税的新能源汽车是指（   ）。

  A. 燃料电池商用车

  B. 纯电动商用车

  C. 纯电动乘用车

  D. 燃料电池乘用车

  E. 醇基燃料汽车

【参考答案】AB

【答案解析】根据《财政部　税务总局　工业和信息化部　交通运输部关于节能新能源车船享受车船税优惠政策的通知》（财税〔2018〕74 号）规定，免征车船税的新能源汽车是指纯电动商用车、插电式（含增程式）混合动力汽车、燃料电池商用车。纯电动乘用车和燃料电池乘用车不属于车船税征税范围，对其不征车船税。

2. 关于免征车船税的新能源汽车的插电式（含增程式）混合动力汽车，下列说法正确的是（　　）。

  A. 插电式混合动力（含增程式）乘用车电量保持模式试验的燃料消耗量（不含电能转化的燃料消耗量）与《乘用车燃料消耗量限值》（GB 19578—2021）中车型对应的燃料消耗量限值相比应当小于70%

  B. 插电式混合动力（含增程式）乘用车纯电动续驶里程应满足有条件的等效全电里程不低于43公里

  C. 插电式混合动力（含增程式）乘用车电量消耗模式试验的电能消耗量应小于电能消耗量目标值的135%

  D. 工况纯电续驶里程低于80千米的插电式混合动力（含增程式）乘用车B状态燃料消耗量（不含电能转化的燃料消耗量）与现行的常规燃料消耗量国家标准中对应限值相比大于70%

  E. 工况纯电续驶里程低于80千米的插电式混合动力（含增程式）乘用车B状态燃料消耗量（不含电能转化的燃料消耗量）与现行的常规燃料消耗量国家标准中对应限值相比小于70%

【参考答案】ABCE

【答案解析】根据《工业和信息化部　财政部　税务总局关于调整享受车船税优惠的节能　新能源汽车产品技术要求的公告》（工业和信息化部　财政部　税务总局公告2022年第2号）规定，对《财政部　税务总局　工业和信息化部　交通运输部关于节能　新能源车船享受车船税优惠政策的通知》（财税〔2018〕74号）中插电式混合动力（含增程式）乘用车有关技术要求调整如下：插电式混合动力（含增程式）乘用车纯电动续驶里程应满足有条件的等效全电里程不低于43公里。插电式混合动力（含增程式）乘用车电量保持模式试验的燃料消耗量（不含电能转化的燃料消耗量）与《乘用车燃料消耗量限值》（GB 19578—2021）中车型对应的燃料消耗量限值相比应当小于70%；电量消耗模式试验的电能消耗量应小于电能消耗量目标值的135%。享受车船税优惠节能、新能源汽车产品的其他技术要求继续按照财税〔2018〕74号文件有关规定执行。

3. 根据《车船税法》的规定，下列属于免征车船税的车船有（　　）。

  A. 养殖渔船

  B. 警用车船

  C. 医院救护车

  D. 军队、武警专用的车船

E. 捕捞渔船

【参考答案】ABDE

【答案解析】根据《车船税法》第三条规定，下列车船免征车船税：①捕捞、养殖渔船；②军队、武装警察部队专用的车船；③警用车船；④依照法律规定应当予以免税的外国驻华使领馆、国际组织驻华代表机构及其有关人员的车船。

4. 某企业 2022 年 5 月新购置燃料电池商用车 2 辆，选择自行申报缴纳车船税，下列关于该车车船税税源信息采集的说法，正确的有（　　　）。

A. 车辆识别代码（车架号）为必填项

B. 车辆品牌为必填项

C. 核定载客人数为必填项

D. 车辆型号为必填项

E. 整备质量为必填项

【参考答案】ABD

【答案解析】根据《国家税务总局关于简并税费申报有关事项的公告》（国家税务总局公告 2021 年第 9 号）附表 2《财产和行为税税源明细表》车船税填报说明规定，①车辆号码：在车辆登记管理部门登记的车辆，必填。②车辆识别代码（车架号）：必填。③车辆类型：必填。④车辆品牌：节约能源、使用新能源车辆，必填。⑤车辆型号：节约能源、使用新能源车辆，必填。⑥车辆发票日期或注册登记日期：必填。⑦排（气）量：乘用车，必填。⑧核定载客：客车，必填。⑨整备质量：货车、挂车、专用作业车、轮式专用机械车，必填。⑩减免性质代码和项目名称：有减免税情况的，必填。⑪纳税义务终止时间：发生盗抢、报废、灭失等情况的，必填。该企业购买车辆为新能源汽车，故车辆识别代码（车架号）、车辆品牌、车辆型号为必填项，选项 A、B、D 当选。

5. 下列关于《车船税法》所附《车船税税目税额表》中车辆、船舶的定义，错误的有（　　　）。

A. 三轮汽车，是指最高设计车速不超过每小时 70 公里，具有三个车轮的货车

B. 低速载货汽车，是指以柴油机为动力，最高设计车速不超过每小时 50 公里，具有四个车轮的货车

C. 游艇是指具备内置机械推进动力装置，长度 100 米以下，主要用于游览观光、休闲娱乐、水上体育运动等活动，并应当具有船舶检验证书和适航证书的船舶

D. 轮式专用机械车，是指有特殊结构和专门功能，装有橡胶车轮可以自行行驶，最高设计车速大于每小时 20 公里的轮式工程机械车

E. 摩托车，是指无论采用何种驱动方式，最高设计车速大于每小时 50 公里，

或者使用内燃机，其排量大于 150 毫升的两轮或者三轮车辆

【参考答案】ABCE

【答案解析】根据《车船税法实施条例》第二十六条规定，《车船税税目税额表》中车辆、船舶的含义如下：三轮汽车，是指最高设计车速不超过每小时 50 公里，具有三个车轮的货车。低速载货汽车，是指以柴油机为动力，最高设计车速不超过每小时 70 公里，具有四个车轮的货车。轮式专用机械车，是指有特殊结构和专门功能，装有橡胶车轮可以自行行驶，最高设计车速大于每小时 20 公里的轮式工程机械车。摩托车，是指无论采用何种驱动方式，最高设计车速大于每小时 50 公里，或者使用内燃机，其排量大于 50 毫升的两轮或者三轮车辆。船舶，是指各类机动、非机动船舶以及其他水上移动装置，但是船舶上装备的救生艇筏和长度小于 5 米的艇筏除外。其中，机动船舶是指用机器推进的船舶；拖船是指专门用于拖（推）动运输船舶的专业作业船舶；非机动驳船，是指在船舶登记管理部门登记为驳船的非机动船舶；游艇是指具备内置机械推进动力装置，长度在 90 米以下，主要用于游览观光、休闲娱乐、水上体育运动等活动，并应当具有船舶检验证书和适航证书的船舶。选项 A、B、D、E 当选。

6. 下列关于代收代缴车船税的说法，正确的有（　　　）。

  A. 对军队和武警专用车辆、警用车辆，保险机构在销售交强险时不代收代缴车船税

  B. 在财政部、国家税务总局会同汽车行业主管部门公布了享受车船税优惠政策的节约能源、使用新能源的车型目录后，对纳入车型目录的机动车，保险机构销售交强险时不代收代缴车船税

  C. 保险机构在代收代缴机动车车船税时，应向投保人开具注明已收税款信息的交强险保单，作为代收税款凭证

  D. 保险机构在代收代缴机动车车船税时，纳税人需要另外开具完税凭证的，保险机构应告知纳税人凭交强险保单到保险机构所在地的税务机关开具

  E. 海事管理机构在代征税款时，应向纳税人开具税务机关提供的完税凭证

【参考答案】ADE

【答案解析】根据《国家税务总局　中国保险监督管理委员会关于机动车车船税代收代缴有关事项的公告》（国家税务总局　中国保险监督管理委员会公告 2011 年第 75 号）第二条第（二）款规定，对军队和武警专用车辆、警用车辆、拖拉机、临时入境的外国机动车和香港特别行政区、澳门特别行政区、台湾地区的机动车，保险机构在销售交强险时不代收代缴车船税。选项 A 正确。第（三）款规定，在财政部、国家税务总局会同汽车行业主管部门公布了享受车船税优惠政策的节约能源、使用新能源的车型目录后，对纳入车型目录的机动车，保险机构销售交强险时，根据车型目录的规定免征或减征车船税。选项 B 错误。第（十一）款规定，保险机构在代收代缴机动车

车船税时，应向投保人开具注明已收税款信息的交强险保险单和保费发票，作为代收税款凭证。纳税人需要另外开具完税凭证的，保险机构应告知纳税人凭交强险保单到保险机构所在地的税务机关开具。选项 C 错误，D 正确。根据《国家税务总局 交通运输部关于发布〈船舶车船税委托代征管理办法〉的公告》（国家税务总局 交通运输部公告 2013 年第 1 号）第十二条规定，海事管理机构在代征税款时，应向纳税人开具税务机关提供的完税凭证。选项 E 正确。

7. 下列关于车船税的税务处理方法，符合车船税法规定的有（　　）。

    A. 医院救护车免征车船税

    B. 境内单位租入外国籍船舶的，免征车船税

    C. 客货两用车依照货车的计税单位和年基准税额计征车船税

    D. 依法不需要办理登记的车船，车船税的纳税地点为车船的所有人或管理人所在地

    E. 纯电动乘用车免征车船税

【参考答案】CD

【答案解析】根据《国家税务总局关于印发〈中华人民共和国车船税法宣传提纲〉的通知》（国税函〔2011〕712 号）规定，对纯电动乘用车、燃料电池乘用车、非机动车船（不包括非机动驳船）、临时入境的外国车船和香港特别行政区、澳门特别行政区、台湾地区的车船，不征收车船税。境内单位租入外国籍船舶的，不征收车船税。根据车船税法规定，医院救护车没有免征车船税的优惠。

8. 根据车船税税收优惠相关规定，下列说法正确的有（　　）。

    A. 机场、港口内部行驶或作业车船，自《车船税法》实施之日起 3 年内免征车船税

    B. 符合规定标准的燃料电池商用车免征车船税

    C. 按规定缴纳船舶吨税的机动船舶，自《车船税法》实施之日起 5 年内免征车船税

    D. 省、自治区、直辖市人民政府可根据当地情况，对公共交通车船定期减征或免征车船税

    E. 经批准临时入境的台湾籍车船不征收车船税

【正确答案】BCDE

【答案解析】根据《车船税法实施条例》第二十五条规定，依法不需要在车船登记管理部门登记的机场、港口、铁路站场内部行驶或者作业的车船，自该法实施之日起 5 年内免征车船税。

9. 下列说法符合车船税法规定的有（　　）。

    A. 境内单位将船舶出租到境外的，应依法征收车船税

B. 经批准临时入境的港澳台地区的车船应征收车船税

C. 境内单位和个人租入外国籍船舶的，不征收车船税

D. 已缴纳车船税的车船在同一纳税年度内办理转让过户的，不另纳税，也不退税

E. 车船税采用定额幅度税率

【参考答案】ACDE

【答案解析】根据《车船税法实施条例》第二十四条规定，临时入境的外国车船和香港特别行政区、澳门特别行政区、台湾地区的车船，不征收车船税。

10. 根据车船税法的规定，人民政府可根据当地实际情况，给予定期减征或免征的车船有（　　）。

A. 捕捞渔船

B. 公共交通车船

C. 农村居民拥有的摩托车

D. 机场、港口内部行驶或作业的车船

E. 农村居民拥有并主要在农村使用的三轮汽车

【参考答案】BE

【答案解析】根据《车船税法》第五条规定，省、自治区、直辖市人民政府根据当地实际情况，可以对公共交通车船，农村居民拥有并主要在农村地区使用的摩托车、三轮汽车和低速载货汽车定期减征或者免征车船税。

11. 下列不属于专用作业车的有（　　）。

A. 轮式专用机械车

B. 消防车

C. 救护车

D. 汽车起重机

E. 低速载货汽车

【参考答案】ACE

【答案解析】根据《国家税务总局关于车船税征管若干问题的公告》（国家税务总局公告2013年第42号）第一条规定，对于在设计和技术特性上用于特殊工作，并装置有专用设备或器具的汽车，应认定为专用作业车，如汽车起重机、消防车、混凝土泵车、清障车、高空作业车、洒水车、扫路车等。以载运人员或货物为主要目的的专用汽车，如救护车，不属于专用作业车。因此，选项B、D不当选，选项C当选；根据《车船税税目税额表》规定，轮式专用机械车、低速载货汽车不属于专用作业车。选项A、E当选。

12. 根据《车船税法》及相关文件规定，下列说法错误的有（　　）。

A. 车船税按照《车船税税目税额表》规定的适用税额一次性征收

B. 临时入境的外国车船不征收车船税

C. 澳门特别行政区的车船免征车船税

D. 按照规定缴纳船舶吨税的机动船舶，自《车船税法》实施之日起 3 年内免征车船税

E. 依法不需要在车船登记管理部门登记的机场、港口、铁路站场内部行驶或者作业的车船不征收车船税

【参考答案】ACDE

【答案解析】根据《车船税法》第九条规定，车船税按年申报缴纳。具体申报纳税期限由省、自治区、直辖市人民政府规定，选项 A 错误，当选；根据《车船税法实施条例》第二十四条规定，临时入境的外国车船和香港特别行政区、澳门特别行政区、台湾地区的车船，不征收车船税，选项 B 不当选，选项 C 当选。第二十五条规定，按照规定缴纳船舶吨税的机动船舶，自《车船税法》实施之日起 5 年内免征车船税。依法不需要在车船登记管理部门登记的机场、港口、铁路站场内部行驶或者作业的车船，自《车船税法》实施之日起 5 年内免征车船税，选项 D、E 当选。

13. 下列车船中，计税单位是"净吨位每吨"的有（   ）。

A. 低速载货汽车

B. 半挂牵引车

C. 拖船

D. 游艇

E. 非机动驳船

【参考答案】CE

【答案解析】根据《车船税税目税额表》规定，低速载货汽车和半挂牵引车以整备质量每吨作为计税单位，选项 A、B 不当选；游艇以艇身长度每米作为计税单位，选项 D 不当选；拖船和非机动驳船以净吨位每吨作为计税单位，选项 C、E 当选。

14. 下列选项中，2022 年应缴纳车船税的有（   ）。

A. 张某 2022 年 3 月购进一辆二手已缴车船税的小轿车

B. 赵某 2022 年 2 月将自己的机动船舶出租到境外

C. 某公司 2022 年 6 月租入一艘外国籍船舶

D. 孙某 2022 年 7 月新购进 10 辆扫路车

E. 李某 2022 年 1 月新购进一台拖拉机

【参考答案】BD

【答案解析】根据《国家税务总局关于车船税征管若干问题的公告》（国家税务总局公告 2013 年第 42 号）第七条规定，境内单位和个人租入外国籍船舶的，不征收车

船税。境内单位和个人将船舶出租到境外的，应依法征收车船税，选项 B 当选，选项 C 不当选。根据《车船税税目税额表》规定，车船税的征税范围不包括拖拉机，选项 E 不当选。根据《车船税法》第一条规定，在中华人民共和国境内属于该法所附《车船税税目税额表》规定的车辆、船舶的所有人或者管理人，为车船税的纳税人，应当依照该法缴纳车船税，扫路车属于专用作业车，选项 D 当选。根据《车船税法实施条例》第二十条规定，已缴纳车船税的车船在同一纳税年度内办理转让过户的，不另纳税，也不退税，选项 A 不当选。

15. 依照车船税现行政策规定，下列免征车船税的包括（ ）。

    A. 捕捞渔船

    B. 纯电动商用车

    C. 增程式混合动力车

    D. 燃料电池商用车

    E. 纯电动乘用车

【参考答案】ABCD

【答案解析】根据《车船税法》第三条规定，下列车船免征车船税：捕捞、养殖渔船；警用车船。根据《财政部 税务总局 工业和信息化部 交通运输部关于节能新能源车船享受车船税优惠政策的通知》（财税〔2018〕74 号）第二条规定，对新能源车船，免征车船税。免征车船税的新能源汽车是指纯电动商用车、插电式（含增程式）混合动力汽车、燃料电池商用车。其中，纯电动乘用车和燃料电池乘用车不属于车船税的征税范围，对其不征车船税，不属于免征车船税范畴。

16. 根据车船税法的规定，下列说法不正确的有（ ）。

    A. 乘用车按排气量作为计税单位

    B. 客车以整备质量每吨为计税单位

    C. 机动船舶以净吨位每吨为计税单位

    D. 游艇以艇身长度每米为计税单位

    E. 拖拉机按整备质量每吨作为计税单位

【参考答案】ABE

【答案解析】根据《车船税税目税率表》的规定，乘用车按"每辆"为计税单位；客车以"每辆"为计税单位；机动船舶以净吨位每吨为计税单位；游艇按"艇身长度每米"为计税单位；拖拉机不属于车船税的征税范围。

17. 下列车船按照现行税收政策规定，不需要缴纳车船税的有（ ）。

    A. 残疾人专用三轮汽车

    B. 汽车厂进口后改装在境内销售的小轿车（排气量 1.6 升）

    C. 在工厂内部场所行驶用于运送材料的挂车

  D. 工地使用的履带式专业机械车

  E. 汽车零售商店里待售的乘用车

【参考答案】DE

【答案解析】根据车船税法规定,残疾人专用三轮汽车没有免征车船税的政策规定,应缴纳车船税;根据《车船税税目税额表》规定,履带式专业机械车不属于专用作业车或轮式专用机械车,不在车船税征税范围,不需要缴纳车船税;根据《车船税法实施条例》第二条规定,车船税的征税范围包括:依法应当在车船登记管理部门登记的机动车辆和船舶;依法不需要在车辆登记管理部门登记、在单位内部场所行驶或者作业的机动车辆和船舶;汽车零售商店里待售的乘用车属于商品,不属于征税范围。

18. 根据现行车船税法的相关规定,法定授权省、自治区、直辖市人民政府规定的减免税项目包括( )。

  A. 公共交通车船

  B. 农村居民购买的新能源汽车

  C. 农村居民在城里跑运输的三轮汽车

  D. 专门用于收购农产品的低速载货汽车

  E. 对受地震、洪涝等严重自然灾害影响纳税困难的车船

【参考答案】AE

【答案解析】根据《车船税法》第五条规定,省、自治区、直辖市人民政府根据当地实际情况,可以对公共交通车船,村农居民拥有并主要在农村地区使用的摩托车、三轮汽车和低速载货汽车定期减征或者免征车船税;根据《车船税法实施条例》第十条第二款规定,对受地震、洪涝等严重自然灾害影响纳税困难以及其他特殊原因确需减免税的车船,可以在一定期限内减征或者免征车船税。具体减免期限和数额由省、自治区、直辖市人民政府确定,报国务院备案。

19. 甲市某大型运输企业共拥有车船15辆,需要缴纳车船税的有( )。

  A. 用于运输货物的5辆节能汽车

  B. 用于厂区巡查的3辆纯电动乘用车

  C. 用于接送职工通勤的2辆大型客车

  D. 用于向日本海运公司出租使用的3艘船舶

  E. 企业厂区内部使用的不需要办理登记的2辆三轮汽车

【参考答案】ACDE

【答案解析】根据《财政部 税务总局 工业和信息化部 交通运输部关于节能新能源车船享受车船税优惠政策的通知》(财税〔2018〕74号)第一条规定,对节能汽车,减半征收车船税;第二条规定,对使用新能源车船,免征车船税。纯电动乘用车和燃料电池乘用车不属于车船税征税范围,对其不征车船税。根据《国家税务总局

关于车船税征管若干问题的公告》（国家税务总局公告 2013 年第 42 号）第七条规定，境内单位和个人租入外国籍船舶的，不征收车船税。境内单位和个人将船舶出租到境外的，应依法征收车船税。根据《车船税法实施条例》第二条规定，《车船税法》第一条所称车辆、船舶，是指：①依法应当在车船登记管理部门登记的机动车辆和船舶；②依法不需要在车船登记管理部门登记的在单位内部场所行驶或者作业的机动车辆和船舶。

20. 关于车船税的税目含义，下列表述正确的有（　　）。

　　A. 半挂牵引车，是指装备有特殊装置用于牵引半挂车的商用车

　　B. 专用作业车，是指在其设计和技术特性上用于特殊工作的车辆

　　C. 三轮汽车，是指最高设计车速不超过每小时 50 公里的客车或货车

　　D. 挂车，是指需由汽车或者拖拉机牵引，才能正常使用的无动力的道路车辆

　　E. 低速载货汽车，是以柴油机为动力，最高设计时速不超过 80 公里的有四个车轮的货车

【参考答案】ABD

【答案解析】根据《车船税法实施条例》第二十六条规定，半挂牵引车，是指装备有特殊装置用于牵引半挂车的商用车。三轮汽车，是指最高设计车速不超过每小时 50 公里，具有三个车轮的货车。低速载货汽车，是指以柴油机为动力，最高设计车速不超过每小时 70 公里，具有四个车轮的货车。挂车，是指就其设计和技术特性需由汽车或者拖拉机牵引，才能正常使用的一种无动力的道路车辆。专用作业车，是指在其设计和技术特性上用于特殊工作的车辆。

21. 下列按车船应纳税额全额计征车船税的有（　　）。

　　A. 客货两用车

　　B. 高空作业车

　　C. 拖船

　　D. 游艇

　　E. 轮式专用机械车

【参考答案】ABDE

【答案解析】根据《国家税务总局关于车船税征管若干问题的公告》（国家税务总局公告 2013 年第 42 号）规定，客货两用车依照货车的计税单位和年基准税额计征车船税。根据《车船税税目税额表》规定，高空作业车属于专用作业车，专业作业车和轮式专用机械车属于车船税税目中的其他车辆，要正常计算缴纳车船税。拖船按照机动船舶税额的 50% 计算缴纳车船税。选项 A、B、D、E 当选。

22. 根据车船税法规定，下列属于车船税征税范围的有（　　）。

　　A. 临时入境的外国车船

B. 依法应当在车船管理部门登记的车船

C. 香港特别行政区的车船

D. 依法不需要在车船登记管理部门登记的车船在单位内部场所行驶或者作业的机动车辆和船舶

【参考答案】BD

【答案解析】根据《车船税法实施条例》第二条规定，《车船税法》第一条所称车辆、船舶，是指：①依法应当在车船登记管理部门登记的机动车辆和船舶；②依法不需要在车船登记管理部门登记的在单位内部场所行驶或者作业的机动车辆和船舶。

23. 下列车船免征车船税的有（　　　）。

    A. 纯电动商用车

    B. 警用车辆

    C. 捕捞、养殖渔船

    D. 救护车

【参考答案】ABC

【答案解析】根据《车船税法》第三条规定，下列车船免征车船税：①捕捞、养殖渔船；②军队、武装警察部队专用的车船；③警用车船；④悬挂应急救援专用号牌的国家综合性消防救援车辆和国家综合性消防救援专用船舶；⑤依照法律规定应当予以免税的外国驻华使领馆、国际组织驻华代表机构及其有关人员的车船。救护车不属于免征车船税范围。

24. 下列关于保险机构代收代缴车船税的规定，表述正确的有（　　　）。

    A. 从事机动车第三者责任强制保险业务的保险机构为机动车车船税的扣缴义务人，应当在收取保险费时依法代收车船税，并出具代收税款凭证

    B. 保险机构在代收车船税时，应当在"交强险"的保险单以及保费发票上注明已收税款的信息和减免税信息，作为代收税款凭证

    C. 增值税发票不可以作为纳税人缴纳车船税及滞纳金的会计核算原始凭证

    D. 购置的新车船，购置当年的应纳税额自纳税义务发生的当月起按月计算

【参考答案】ABD

【答案解析】根据《国家税务总局关于保险机构代收车船税开具增值税发票问题的公告》（国家税务总局公告2016年第51号）规定，保险机构作为车船税扣缴义务人，在代收车船税并开具增值税发票时，应在增值税发票备注栏中注明代收车船税税款信息。具体包括：保险单号、税款所属期（详细至月）、代收车船税金额、滞纳金金额、金额合计等。该增值税发票可作为纳税人缴纳车船税及滞纳金的会计核算原始凭证。

25. 下列关于车船的排量、整备质量、载客人数、吨位、艇身长度等数据信息的表述，符合相关规定的有（　　　）。

A. 由技术监督部门参照国家相关标准核定

B. 以车船进口凭证标注的技术参数、数据为准

C. 以车船登记管理部门核发的行驶证所载数据为准

D. 以车船出厂合格证明标注的技术参数、数据为准

E. 以车船登记管理部门核发的车船登记证书所载数据为准

【参考答案】BCDE

【答案解析】根据《车船税法实施条例》第六条规定，《车船税法》和该条例所涉及的排气量、整备质量、核定载客人数、净吨位、千瓦、艇身长度，以车船登记管理部门核发的车船登记证书或者行驶证所载数据为准。依法不需要办理登记的车船和依法应当登记而未办理登记或者不能提供车船登记证书、行驶证的车船，以车船出厂合格证明或者进口凭证标注的技术参数、数据为准；不能提供车船出厂合格证明或者进口凭证的，由主管税务机关参照国家相关标准核定，没有国家相关标准的参照同类车船核定。选项A不当选；选项B、C、D、E当选。

26. 下列关于车辆、船舶的含义的表述，正确的有（　　　）。

A. 拖船是指专门用于拖（推）动运输船舶的专业作业船舶

B. 三轮汽车是指最高设计车速不超过每小时50公里，具有三个车轮的货车

C. 低速载货汽车是指以柴油机为动力，最高设计车速不超过每小时50公里，具有四个车轮的货车

D. 船舶是指各类机动、非机动船舶以及其他水上移动装置，但是船舶上装备的救生艇筏和长度小于8米的艇筏除外

E. 轮式专用机械车是指有特殊结构和专门功能，装有橡胶车轮可以自行行驶，最高设计车速大于每小时20公里的轮式工程机械车

【参考答案】ABE

【答案解析】根据《车船税法实施条例》第二十六条规定，低速载货汽车，是指以柴油机为动力，最高设计车速不超过每小时70公里，具有四个车轮的货车。船舶，是指各类机动、非机动船舶以及其他水上移动装置，但是船舶上装备的救生艇筏和长度小于5米的艇筏除外。

27. 保险机构作为车船税扣缴义务人，在代收车船税并开具增值税发票时，应在增值税发票备注栏中注明的代收车船税税款信息有（　　　）。

A. 保险单号

B. 金额合计

C. 滞纳金金额

D. 代收车船税金额

E. 税款所属期（详细至年）

【参考答案】ABCD

【答案解析】根据《国家税务总局关于保险机构代收车船税开具增值税发票问题的公告》（国家税务总局公告 2016 年第 51 号）规定，保险机构作为车船税扣缴义务人，在代收车船税并开具增值税发票时，应在增值税发票备注栏中注明代收车船税税款信息。具体包括：保险单号、税款所属期（详细至月）、代收车船税金额、滞纳金金额、金额合计等。该增值税发票可作为纳税人缴纳车船税及滞纳金的会计核算原始凭证。

28. 下列属于法定免税的车船有（　　）。

　　A. 捕捞渔船

　　B. 警用车船

　　C. 纯电动乘用车

　　D. 燃料电池乘用车

　　E. 国际组织驻华代表机构车辆

【参考答案】ABE

【答案解析】根据《车船税法》第三条规定，下列车船免征车船税：①捕捞、养殖渔船；②军队、武装警察部队专用的车船；③警用车船；④依照法律规定应当予以免税的外国驻华使领馆、国际组织驻华代表机构及其有关人员的车船。纯电动乘用车和燃料电池乘用车属于不征税范围。

29. 2022 年 6 月，甲市税务机关在车船税管理过程中遇到的如下事项中，需要按照《车船税管理规程（试行）》办理的有（　　）。

　　A. 税务登记　　　　　　　　B. 税源管理

　　C. 税款征收　　　　　　　　D. 税收票证

　　E. 风险管理

【参考答案】BCE

【答案解析】根据《国家税务总局关于发布〈车船税管理规程（试行）〉的公告》（国家税务总局公告 2015 年第 83 号）第三条规定，本规程适用于车船税管理中所涉及的税源管理、税款征收、减免税和退税管理、风险管理等事项。税务登记、税收票证、税收计划、税收会计、税收统计、档案资料等其他有关管理事项按照相关规定执行。

30. 从事机动车交强险业务的保险机构为机动车车船税的扣缴义务人，其在销售交强险时不需要代收代缴车船税的车船有（　　）。

　　A. 某村农业生产者的拖拉机

　　B. 某建筑公司的职工通勤车

　　C. 某市税务机关的执法车辆

　　D. 某市公交公司的办公车辆

　　E. 临时入境的外国机动车辆

【参考答案】AE

【答案解析】根据《国家税务总局 中国保险监督管理委员会关于机动车车船税代收代缴有关事项的公告》（国家税务总局 中国保险监督管理委员会公告2011年第75号）第二条第一款第（二）项规定，对军队和武警专用车辆、警用车辆、拖拉机、临时入境的外国机动车和香港特别行政区、澳门特别行政区、台湾地区的机动车，保险机构在销售交强险时不代收代缴车船税。

31. 关于免征车船税车船的范围界定，下列表述正确的有（   ）。

   A. 养殖渔船，专指在渔业船舶登记管理部门登记为捕捞船的船舶

   B. 军队专用的车船，是指按照规定在军队车船登记管理部门登记，并领取军队牌照的车船

   C. 警用车船，专指公安机关、人民法院、人民检察院领取警用牌照的车辆和执行警务的专用船舶

   D. 警用车船，可以是国家安全机关、监狱、劳动教养管理机关领取警用牌照的车辆和执行警务的专用船舶

   E. 武装警察部队专用的车船，是指按照规定在武装警察部队车船登记管理部门登记，并领取武警牌照的车船

【参考答案】BDE

【答案解析】根据《车船税法实施条例》第七条规定，《车船税法》第三条第一项所称的捕捞、养殖渔船，是指在渔业船舶登记管理部门登记为捕捞船或者养殖船的船舶。第八条规定，《车船税法》第三条第二项所称的军队、武装警察部队专用的车船，是指按照规定在军队、武装警察部队车船登记管理部门登记，并领取军队、武警牌照的车船。第九条规定，《车船税法》第三条第三项所称的警用车船，是指公安机关、国家安全机关、监狱、劳动教养管理机关和人民法院、人民检察院领取警用牌照的车辆和执行警务的专用船舶。

32. 下列车辆不属于车船税征税范围的有（   ）。

   A. 赵先生拥有的纯电动商用车

   B. 钱先生拥有的纯电动乘用车

   C. 孙先生拥有的燃料电池乘用车

   D. 李先生拥有的增程式混合动力汽车

   E. 周先生拥有的插电式混合动力汽车

【参考答案】BC

【答案解析】根据《财政部 税务总局 工业和信息化部 交通运输部关于节能新能源车船享受车船税优惠政策的通知》（财税〔2018〕74号）第二条规定，对使用新能源车船，免征车船税。免征车船税的使用新能源汽车是指纯电动商用车、插电式

（含增程式）混合动力汽车、燃料电池商用车。纯电动乘用车和燃料电池乘用车不属于车船税征税范围，对其不征车船税。

33. 船舶，是指各类机动、非机动船舶以及其他水上移动装置。按"船舶"税目征收车船税的有（   ）。

    A. 拖船   B. 游艇

    C. 机动船舶   D. 救生艇筏

    E. 非机动驳船

【参考答案】ABCE

【答案解析】根据《车船税法实施条例》第二十六条规定，车船税法所附《车船税税目税额表》中车辆、船舶的含义如下：船舶，是指各类机动、非机动船舶以及其他水上移动装置，但是船舶上装备的救生艇筏和长度小于5米的艇筏除外。其中，机动船舶是指用机器推进的船舶；拖船是指专门用于拖（推）动运输船舶的专业作业船舶；非机动驳船，是指在船舶登记管理部门登记为驳船的非机动船舶；游艇是指具备内置机械推进动力装置，长度在90米以下，主要用于游览观光、休闲娱乐、水上体育运动等活动，并应当具有船舶检验证书和适航证书的船舶。

34. 关于车船税的减征免征政策规定，下列表述正确的有（   ）。

    A. 对节约能源、使用新能源的车船可以减征或者免征车船税

    B. 省级人民政府可以对公共交通车船定期减征或免征车船税

    C. 县级人民政府可以对农村居民拥有的三轮汽车和摩托车减征或免征车船税

    D. 受严重自然灾害影响纳税困难确需减税、免税的，可以减征或者免征车船税

    E. 地市级人民政府可以对农村居民拥有的主要在农村地区使用的三轮汽车免征车船税

【参考答案】ABD

【答案解析】根据《车船税法》第四条规定，对节约能源、使用新能源的车船可以减征或者免征车船税；对受严重自然灾害影响纳税困难以及有其他特殊原因确需减税、免税的，可以减征或者免征车船税。具体办法由国务院规定，并报全国人民代表大会常务委员会备案。第五条规定，省、自治区、直辖市人民政府根据当地实际情况，可以对公共交通车船，农村居民拥有并主要在农村地区使用的摩托车、三轮汽车和低速载货汽车定期减征或者免征车船税。

35. 下列关于车船税法的说法，错误的有（   ）。

    A. 拖船按发动机功率每1千瓦折合净吨位0.67吨计算征收车船税

    B. 车船税法所涉及的排气量、整备质量、核定载客人数、净吨位、千瓦、艇身长度、发动机功率以车船登记管理部门核发的车船登记证或者行驶证所

载数据为准

C. 对受地震、洪涝等严重自然灾害影响纳税困难以及其他特殊原因确需减免税的车船，省、自治区、直辖市人民政府确定具体的减免期限

D. 纳税人缴纳车船税时，在以前年度已经提供了排气量、整备质量、核定载客人数、净吨位、千瓦、艇身长度等与纳税相关信息的相应凭证以及税务机关根据实际需要要求提供的其他资料，可以不再提供

E. 车船税减免税证明是一车（船）一证，不得转借

【参考答案】BC

【答案解析】根据《车船税法实施条例》第六条规定，《车船税法》和该条例所涉及的排气量、整备质量、核定载客人数、净吨位、千瓦、艇身长度，以车船登记管理部门核发的车船登记证书或者行驶证所载数据为准；第十条规定，对受地震、洪涝等严重自然灾害影响纳税困难以及其他特殊原因确需减免税的车船，可以在一定期限内减征或者免征车船税。具体减免期限和数额由省、自治区、直辖市人民政府确定，报国务院备案。

三、判断题

1. 车船税法所称客货两用车，是指在设计和结构上主要用于载运货物，但在驾驶员座椅后带有固定或折叠式座椅，可运载 5 人以上乘客的货车。（   ）

【参考答案】错误

【答案解析】根据《国家税务总局关于车船税征管若干问题的公告》（国家税务总局公告 2013 年第 42 号）第二条规定，客货两用车，又称多用途货车，是指在设计和结构上主要用于载运货物，但在驾驶员座椅后带有固定或折叠式座椅，可运载 3 人以上乘客的货车。

2. 《车船税法》及其实施条例涉及的整备质量、净吨位、艇身长度等计税单位，有尾数的一律按照含尾数的计税单位据实计算车船税应纳税额。计算得出的应纳税额小数点后的可四舍五入保留到整数位。（   ）

【参考答案】错误

【答案解析】根据《国家税务总局关于车船税征管若干问题的公告》（国家税务总局公告 2013 年第 42 号）第三条规定，《车船税法》及其实施条例涉及的整备质量、净吨位、艇身长度等计税单位，有尾数的一律按照含尾数的计税单位据实计算车船税应纳税额。计算得出的应纳税额小数点后超过两位的可四舍五入保留两位小数。

3. 纳税人凭标注"纯天然气动力船舶"字段的船舶检验证书享受车船税免税优惠。（   ）

【参考答案】正确

【答案解析】根据《财政部　税务总局　工业和信息化部　交通运输部关于节能新能源车船享受车船税优惠政策的通知》（财税〔2018〕74号）第五条第三款规定，纳税人凭标注"纯天然气动力船舶"字段的船舶检验证书享受车船税免税优惠。

4. 车船税扣缴义务人代收代缴欠缴税款的滞纳金，应从各省税务机关规定的申报纳税期限截止日期的次日起计算。（　　）

【参考答案】错误

【答案解析】根据《国家税务总局关于车船税征管若干问题的公告》（国家税务总局公告2013年第42号）第六条规定，车船税扣缴义务人代收代缴欠缴税款的滞纳金，从各省、自治区、直辖市人民政府规定的申报纳税期限截止日期的次日起计算。

5. 《车船税法》及其实施条例涉及的整备质量、净吨位、艇身长度等计税单位，有尾数的按照四舍五入保留两位小数后计算车船税应纳税额。（　　）

【参考答案】错误

【答案解析】根据《国家税务总局关于车船税征管若干问题的公告》（国家税务总局公告2013年第42号）第三条规定，《车船税法》及其实施条例涉及的整备质量、净吨位、艇身长度等计税单位，有尾数的一律按照含尾数的计税单位据实计算车船税应纳税额。计算得出的应纳税额小数点后超过两位的可四舍五入保留两位小数。

6. 省、自治区、直辖市人民政府根据当地实际情况，可以对公共交通车船，农村居民拥有并主要在农村地区使用的摩托车、三轮汽车和低速载货汽车定期减征或者免征车船税。（　　）

【参考答案】正确

【答案解析】根据《车船税法》第五条规定，省、自治区、直辖市人民政府根据当地实际情况，可以对公共交通车船，农村居民拥有并主要在农村地区使用的摩托车、三轮汽车和低速载货汽车定期减征或者免征车船税。

7. 客货两用车依照客车的计税单位和年基准税额计征车船税。（　　）

【参考答案】错误

【答案解析】根据《国家税务总局关于车船税征管若干问题的公告》（国家税务总局公告2013年第42号）第二条规定，客货两用车依照货车的计税单位和年基准税额计征车船税。

8. 车船税按车船的种类和性能，分为辆、整备质量、净吨位三种计税依据。（　　）

【参考答案】错误

【答案解析】根据《车船税税目税额表》规定，车船税计税依据为每辆、整备质量每吨、净吨位每吨和艇身长度每米。

9. 依法不需要在车船登记管理部门登记的，只在机场内部行驶，负责运送旅客登

机的客车不属于车船税的征税范围，不征收车船税。（　　）

【参考答案】错误

【答案解析】根据《车船税法实施条例》第二条规定，车船税的征税范围包括：①依法应当在车船登记管理部门登记的机动车辆和船舶；②依法不需要在车船登记管理部门登记的在单位内部场所行驶或者作业的机动车辆和船舶。

10. 购置的新车船，购置当年车船税的应纳税额自纳税义务发生的次月起按月计算。（　　）

【参考答案】错误

【答案解析】根据《车船税法实施条例》第十九条规定，购置的新车船，购置当年的应纳税额自纳税义务发生的当月起按月计算。

11. 政府部门的公务用车，属于车船税的征税范围，不免征车船税。（　　）

【参考答案】正确

【答案解析】根据《车船税法》第三条规定，军队、武警部队专用的车船以及警用车船免征车船税。政府部门公务用车不免征。

12. 纳税人自行申报缴纳车船税的，纳税地点为车船登记地的主管税务机关所在地。（　　）

【参考答案】正确

【答案解析】根据《车船税法实施条例》规定，纳税人自行申报缴纳车船税的，纳税地点为车船登记地的主管税务机关所在地。

13. 从事机动车第三者责任强制保险业务的保险机构为机动车车船税的扣缴义务人，保险机构代收代缴车船税的，应在保险机构所在地缴纳车船税。（　　）

【参考答案】正确

【答案解析】根据《车船税法》第六条规定，从事机动车第三者责任强制保险业务的保险机构为机动车车船税的扣缴义务人，应当在收取保险费时依法代收车船税，并出具代收税款凭证。根据《国家税务总局关于印发〈中华人民共和国车船税法宣传提纲〉的通知》（国税函〔2011〕712号）第十一条规定，依法应当在车船登记部门登记的车船，纳税人自行申报缴纳的，应在车船的登记地缴纳车船税；保险机构代收代缴车船税的，应在保险机构所在地缴纳车船税。已由保险机构代收代缴车船税的，纳税人不再向税务机关申报缴纳车船税。

14. 某市人民检察院领取警用牌照的车辆和执行警务的专用船舶免收车船税。（　　）

【参考答案】正确

【答案解析】根据《车船税法实施条例》第九条规定，《车船税法》第三条第三项所称的警用车船，是指公安机关、国家安全机关、监狱、劳动教养管理机关和人民法院、人民检察院领取警用牌照的车辆和执行警务的专用船舶。

15. 车船税法规定的征税范围包括乘用车、商用车、挂车、专用作业车、拖拉机、摩托车。（　　）

【参考答案】错误

【答案解析】根据《车船税税目税额表》规定，乘用车、商用车（包括客车、货车）、挂车、专用作业车、轮式专用机械车、摩托车属于征税范围。拖拉机不需要缴纳车船税。

16. 免征车船税的新能源汽车是指纯电动乘用车、纯电动商用车、插电式（含增程式）混合动力汽车、燃料电池乘用车、燃料电池商用车。（　　）

【参考答案】错误

【答案解析】根据《财政部　税务总局　工业和信息化部　交通运输部关于节能新能源车船享受车船税优惠政策的通知》（财税〔2018〕74号）第二条第（一）项规定，免征车船税的新能源汽车是指纯电动商用车、插电式（含增程式）混合动力汽车、燃料电池商用车。纯电动乘用车和燃料电池乘用车不属于车船税征税范围，对其不征车船税。

17. 从事机动车保险业务的保险机构为机动车车船税的扣缴义务人，应当在收取保险费时依法代收车船税，并出具代收税款凭证。（　　）

【参考答案】错误

【答案解析】根据《车船税法》第六条规定，从事机动车第三者责任强制保险业务的保险机构为机动车车船税的扣缴义务人，应当在收取保险费时依法代收车船税，并出具代收税款凭证。

18. 在单位内部场所行驶的机动车辆，不属于车船税征税范围。（　　）

【参考答案】错误

【答案解析】根据《车船税法实施条例》第二条规定，依法不需要在车船登记管理部门登记的在单位内部场所行驶或者作业的机动车辆和船舶属于车船税征税范围。

19. 已由海事管理机构代征车船税的船舶被盗抢、报废、灭失而申请车船税退税的，由海事管理机构按照有关规定办理。（　　）

【参考答案】错误

【答案解析】根据《国家税务总局　交通运输部关于发布〈船舶车船税委托代征管理办法〉的公告》（国家税务总局　交通运输部公告2013年第1号）第十七条规定，完税船舶被盗抢、报废、灭失而申请车船税退税的，由税务机关按照有关规定办理。

20. 纳税人需要开具车船税完税凭证的，持海事管理机构在代征车船税税款时向纳税人开具的代扣代缴凭证到税务机关办理。（　　）

【参考答案】错误

【答案解析】根据《国家税务总局 交通运输部关于发布〈船舶车船税委托代征管理办法〉的公告》（国家税务总局 交通运输部公告2013年第1号）第十二条规定，海事管理机构在代征税款时，应向纳税人开具税务机关提供的完税凭证。完税凭证的管理应当遵守税务机关的相关规定。

21. 已经缴纳车船税的车船，因质量原因，车船被退回生产企业或者经销商的，纳税人可以向销售交强险的保险机构申请退还自退货月份起至该纳税年度终了期间的税款，退货月份以退货发票所载日期的当月为准。（ ）

【参考答案】错误

【答案解析】根据《国家税务总局关于发布〈车船税管理规程（试行）〉的公告》（国家税务总局公告2015年第83号）第十九条规定，已经缴纳车船税的车船，因质量原因，车船被退回生产企业或者经销商的，纳税人可以向纳税所在地的主管税务机关申请退还自退货月份起至该纳税年度终了期间的税款，退货月份以退货发票所载日期的当月为准。

22. 纳税人对保险机构代收代缴车船税款数额有异议的，可以直接向税务机关申报缴纳，也可以在保险机构代收代缴税款后向税务机关提出复议，税务机关应在接到纳税人复议后按照《税务行政复议规则》的受理程序和期限进行处理。（ ）

【参考答案】错误

【答案解析】根据《国家税务总局关于发布〈车船税管理规程（试行）〉的公告》（国家税务总局公告2015年第83号）第十一条第三款规定，纳税人对保险机构代收代缴税款数额有异议的，可以直接向税务机关申报缴纳，也可以在保险机构代收代缴税款后向税务机关提出申诉，税务机关应在接到纳税人申诉后按照所在地区代收代缴管理办法规定的受理程序和期限进行处理。

23. 纳税人享受公共交通车辆免征车船税优惠时，应在享受优惠政策之前向主管税务机关办理备案手续。（ ）

【参考答案】错误

【答案解析】根据《国家税务总局关于城镇土地使用税等"六税一费"优惠事项资料留存备查的公告》（国家税务总局公告2019年第21号）规定，纳税人享受车船税优惠实行"自行判别、申报享受、有关资料留存备查"办理方式，申报时无须再向税务机关提供有关资料。

24. 插电式混合动力（含增程式）乘用车纯电动续驶里程应满足有条件的等效全电里程不低于43公里。（ ）

【参考答案】正确

【答案解析】根据《工业和信息化部 财政部 税务总局关于调整享受车船税优惠的节能 新能源汽车产品技术要求的公告》（工业和信息化部 财政部 税务总局公告

2022 年第 2 号）第二条第一款规定，插电式混合动力（含增程式）乘用车纯电动续驶里程应满足有条件的等效全电里程不低于 43 公里。

25. 税务机关可以根据有利于税收管理和方便纳税的原则，委托交通运输部门海事管理机构代为征收船舶车船税税款。（　　）

【参考答案】正确

【答案解析】根据《船舶车船税委托代征管理办法》（国家税务总局　交通运输部公告 2013 年第 1 号）第二条规定，该办法所称船舶车船税委托代征，是指税务机关根据有利于税收管理和方便纳税的原则，委托交通运输部门海事管理机构代为征收船舶车船税税款的行为。

26. 2022 年 1 月 31 日，李先生在某汽车销售公司购买一辆越野车，并办理登记手续。此业务中车船税的纳税义务发生时间为 2022 年 1 月。（　　）

【参考答案】正确

【答案解析】根据《车船税法》第八条规定，车船税纳税义务发生时间为取得车船所有权或者管理权的当月。

27. 车船的所有人或管理人是车船税的纳税义务人。管理人是指对车船具有管理权或者使用权，不具有所有权的单位。（　　）

【参考答案】正确

【答案解析】根据《国家税务总局关于印发〈中华人民共和国车船税法宣传提纲〉的通知》（国税函〔2011〕712 号）第四条规定，车船的所有人或者管理人是车船税的纳税义务人。其中，所有人是指在我国境内拥有车船的单位和个人；管理人是指对车船具有管理权或者使用权，不具有所有权的单位。

28. 国家安全机关、监狱、劳动教养管理机关领取警用牌照的车辆和执行警务的专用船舶免收车船税。（　　）

【参考答案】正确

【答案解析】根据《车船税法实施条例》第九条规定，《车船税法》第三条第三项所称的警用车船，是指公安机关、国家安全机关、监狱、劳动教养管理机关和人民法院、人民检察院领取警用牌照的车辆和执行警务的专用船舶。

29. 根据车船税法相关规定，香港特别行政区、澳门特别行政区、台湾地区的车船，不征收车船税，临时入境的外国车船免征车船税。（　　）

【参考答案】错误

【答案解析】根据《车船税法实施条例》第二十四条规定，临时入境的外国车船和香港特别行政区、澳门特别行政区、台湾地区的车船，不征收车船税。

30. 已缴纳车船税的车船在同一纳税年度内办理转让过户的，不另纳税，也不退税。（　　）

【参考答案】正确

【答案解析】根据《车船税法实施条例》第二十条规定，已缴纳车船税的车船在同一纳税年度内办理转让过户的，不另纳税，也不退税。

四、案例分析题

1. 2022年初，某企业拥有整备质量5吨货车8辆，其中3辆为2021年末新购买的货车，购买时已办理注册登记但尚未投入使用；拥有整备质量8吨的挂车6辆。此外，拥有净吨位500吨的机动船5艘；拖船1艘，净吨位1.8吨。该企业2022年发生如下业务：

（1）1月，该企业拓展水路项目，购入机动货船3艘，当月办理船舶所有权登记，其中一艘出现质量问题，于4月退还经销商，经销商当月开具退货发票。3艘货船净吨位均为1500吨。

（2）6月1日购置4.8吨客货两用车2辆，合同载明金额10万元，当月办理机动车辆权属证书。（注：货车整备质量每吨税额为40元。船舶净吨位不超过200吨的，每吨税额为3元；净吨位超过200吨但不超过2000吨的，每吨税额为4元。）

要求：根据上述资料，依次回答下列问题。

（1）该企业2022年车辆应缴纳的车船税为（　　）元。

    A. 2784   B. 2944

    C. 3744   D. 3904

【参考答案】A

【答案解析】根据《车船税税目税额表》规定，挂车按照货车税额的50%计算车船税。根据《车船税法》及其实施条例规定，购置的新车船，购置当年的应纳税额自纳税义务发生的当月起按月计算。车船税纳税义务发生时间为取得车船所有权或者管理权的当月，即为购买车船的发票或者其他证明文件所载日期的当月。根据《国家税务总局关于车船税征管若干问题的公告》（国家税务总局公告2013年第42号）规定，客货两用车依照货车的计税单位和年基准税额计征车船税。因此，2022年车辆应缴车船税 $= 5 \times 8 \times 40 + 6 \times 8 \times 40 \times 50\% + 4.8 \times 2 \times 40 \times 7/12 = 2784$（元）。

（2）该公司因质量问题退货的机动货船退回的车船税为（　　）元。

    A. 3500   B. 4000

    C. 4500   D. 5000

【参考答案】C

【答案解析】根据《国家税务总局关于车船税征管若干问题的公告》（国家税务总局公告2013年第42号）规定，已经缴纳车船税的车船，因质量原因，车船被退回生产企业或者经销商的，纳税人可以向纳税所在地的主管税务机关申请退还自退货月份起至该纳税年度终了期间的税款。退货月份以退货发票所载日期的当月为准。

应退回的车船税 = 1500 × 4 × 9/12 = 4500（元）

（3）该公司 2022 年船舶应缴纳的车船税为（　　）元。

A. 10002.7　　　　　　　　B. 23502.7

C. 24002.7　　　　　　　　D. 28002.7

【参考答案】B

【答案解析】根据《车船税税目税额表》规定，拖船按照机动船舶税额的 50% 计算。根据《车船税法实施条例》规定，购置的新车船，购置当年的应纳税额自纳税义务发生的当月起按月计算。因此，2022 年船舶应缴车船税 =（500 × 5 × 4）+ 1.8 × 3 × 50% + 3 × 1500 × 4 - 1500 × 4 × 9/12 = 23502.7（元）。

（4）该公司 2022 年应缴纳车船税合计为（　　）元。

A. 25326.7　　　　　　　　B. 26286.7

C. 26289.4　　　　　　　　D. 27246.7

【参考答案】B

【答案解析】综上，2022 年该企业应纳车船税 = 2784 + 23502.7 = 26286.7（元）。

2. 资料一：某沿海城市 A 远洋运输公司为增值税一般纳税人，2021 年 1 月初共拥有各类汽车 15 辆、各类船舶 4 艘。包括：排气量为 1.4 升的小轿车 8 辆；货车 5 辆（每辆货车整备质量 1.72 吨）；挂车 2 辆（每辆挂车整备质量 1.2 吨）；机动船 2 艘（每艘净吨位为 4000 吨）、拖船 2 艘（发动机功率为 1800 千瓦）。A 公司于 2021 年 2 月一次性申报缴纳全年车船税。

资料二：2022 年 3 月，A 公司购买 1 辆排气量为 2.0 升的越野汽车。2022 年 4 月，因发生火灾意外，排气量为 1.4 升的 4 辆小轿车报废，A 公司已取得公安机关出具的证明。2022 年 5 月，A 公司将自用的 2 辆货车出售。

已知：排气量为 1.6 升的乘用车，车船税的年基准税额为 480 元；排气量为 2.5 升的乘用车，车船税的年基准税额为 960 元。货车，车船税的年基准税额为 96 元/吨。机动船舶，车船税年基准税额为：净吨位不超过 200 吨的，每吨 3 元；净吨位超过 200 吨但不超过 2000 吨的，每吨 4 元；净吨位超过 2000 吨但不超过 10000 吨的，每吨 5 元；净吨位超过 10000 吨的，每吨 6 元。

要求：请根据上述资料，依次回答下列问题。

（1）2021 年 2 月，A 远洋运输公司的各类车辆应申报缴纳的车船税税额为（　　）元。

A. 2403.90　　　　　　　　B. 4381.50

C. 4780.80　　　　　　　　D. 4923.00

【参考答案】C

【答案解析】根据《车船税税目税额表》规定，挂车以整备质量每吨为计税单位，年基准税额按货车的50%计算。A远洋运输公司2021年2月各类车辆应申报缴纳的车船税税额＝8×480＋5×1.72×96＋2×1.2×96×50%＝4780.80（元）。选项C当选。

（2）2021年2月，A公司的各类船舶应申报缴纳的车船税税额为（　　）元。

    A. 36828   B. 44824

    C. 49648   D. 54400

【参考答案】B

【答案解析】根据《车船税法实施条例》第四条规定，拖船按照发动机功率每1千瓦折合净吨位0.67吨计算征收车船税。根据《车船税税目税额表》规定，拖船、非机动驳船分别按照机动船舶税额的50%计算。A远洋运输公司2021年2月各类船舶应申报缴纳的车船税税额＝2×4000×5＋2×1800×0.67×4×50%＝44824（元）。选项B当选。

（3）2022年3月，A公司购入越野车需要缴纳的车船税税额为（　　）元。

    A. 480   B. 720

    C. 800   D. 960

【参考答案】C

【答案解析】根据《车船税法实施条例》第十九条规定，购置的新车船，购置当年的应纳税额自纳税义务发生的当月起按月计算。A远洋运输公司2022年3月购入越野车需要缴纳的车船税税额＝960÷12×10＝800（元）。选项C当选。

（4）2022年4月，A远洋运输公司报废小轿车时可向税务机关申请退还的车船税税额为（　　）元

    A. 0   B. 800

    C. 960   D. 1440

【参考答案】D

【答案解析】根据《车船税法实施条例》第十九条规定，在一个纳税年度内，已完税的车船被盗抢、报废、灭失的，纳税人可以凭有关管理机关出具的证明和完税证明，向纳税所在地的主管税务机关申请退还自被盗抢、报废、灭失月份起至该纳税年度终了期间的税款。A远洋运输公司2022年4月报废小汽车，可以向税务机关申请退回的车船税税额＝4×480÷12×9＝1440（元）。选项D当选。

（5）2022年5月，A公司出售货车时可向税务机关申请退还的车船税税额为（　　）元。

    A. 0   B. 165.12

    C. 220.16   D. 330.24

【参考答案】A

【答案解析】根据《车船税法实施条例》第二十条规定，已缴纳车船税的车船在同一纳税年度内办理转让过户的，不另纳税，也不退税。

3. 资料一：A 水运公司 2022 年初拥有净吨位 500 吨货轮 10 艘，其中：柴油驱动 8 艘，纯天然气驱动 2 艘。拥有整备质量为 20 吨的柴油货车 5 辆，整备质量为 8 吨的柴油装载机 5 辆。

资料二：2022 年 7 月，为提高公司绿色发展的形象，购入整备质量为 20 吨的节能型天然气货车 3 辆，购入整备质量为 20 吨的纯电货车 2 辆。

资料三：2022 年 10 月，为提高公司消防应急能力，从市消防应急指挥公司购进 2 辆整备质量为 12.5 吨的消防车，购入后到交通管理部门将悬挂为消防应急救援牌照注销。因其在场内使用，未办理新号牌。

已知：排气量为 2.0 升的乘用车，车船税的年基准税额为 960 元；货车，车船税的年基准税额为 96 元/吨。其他车辆，车船税的年基准税额为 96 元/吨。机动船舶，车船税年基准税额为：净吨位不超过 200 吨的，每吨 3 元；净吨位超过 200 吨但不超过 2000 吨的，每吨 4 元；净吨位超过 2000 吨但不超过 10000 吨的，每吨 5 元；净吨位超过 10000 吨的，每吨 6 元。

要求：请根据上述资料，依次回答下列问题。

（1）2022 年初，A 公司拥有的各类车船应缴纳的车船税税额为（　　）元。

  A. 22720   B. 27520

  C. 29440   D. 33440

【参考答案】C

【答案解析】根据《财政部　税务总局　工业和信息化部　交通运输部关于节能新能源车船享受车船税优惠政策的通知》（财税〔2018〕74 号）第二条第（三）项规定，免征车船税的新能源船舶应符合以下标准：船舶的主推进动力装置为纯天然气发动机。发动机采用微量柴油引燃方式且引燃油热值占全部燃料总热值的比例不超过 5% 的，视同纯天然气发动机。A 水运公司 2022 年初应缴纳的车船税税额 = 500 × 4 × 8 + 20 × 96 × 5 + 8 × 96 × 5 = 29440（元）。选项 C 当选。

（2）2022 年 7 月，A 公司新购入的车辆应缴纳的车船税税额为（　　）元。

  A. 0   B. 1440

  C. 2880   D. 4800

【参考答案】B

【答案解析】根据《财政部　国家税务总局　工业和信息化部关于节约能源　使用新能源车辆减免车船税的车型目录（第一批）的公告》（财政部　国家税务总局　工业和信息化部公告 2012 年第 7 号）规定，自 2012 年 1 月 1 日起，对节约能源的车辆，减半征收车船税；对使用新能源的车辆，免征车船税。根据《财政部　税务总局　工业和信息化部　交通运输部关于节能　新能源车船享受车船税优惠政策的通知》（财税〔2018〕74 号）第二条第（一）项规定，免征车船税的新能源汽车是指纯电动商用车、插电式（含增程式）混合动力汽车、燃料电池商用车。2022 年 7 月 A 水运公司新购入的车辆应缴纳的车船税税 = 20×96×3×50%×6÷12 = 1440（元）。选项 B 当选。

（3）2022 年 10 月，A 公司新购入的车辆应缴纳的车船税税额为（　　）元。

A. 0　　　　　　　　　　B. 240

C. 600　　　　　　　　　D. 840

【参考答案】C

【答案解析】根据《车船税法实施条例》第二十条规定，已缴纳车船税的车船在同一纳税年度内办理转让过户的，不另纳税，也不退税。悬挂消防号牌车辆免税，公司购买后不再符合免税条件，应按《车船税法》计算缴纳车船税。2022 年 10 月 A 水运公司购入的消防车应缴纳的车船税 = 12.5×96×2×3÷12 = 600（元）。选项 C 当选。

（4）A 水运公司 2022 年全年应缴纳的车船税税额为（　　）元。

A. 27760　　　　　　　　B. 30880

C. 31480　　　　　　　　D. 31840

【参考答案】C

【答案解析】综上，2022 年 A 水运公司应缴纳的车船税 = 29440 + 1440 + 600 = 31480（元）。选项 C 当选。

4. 资料一：甲建筑安装工程有限公司为成立于 2010 年 4 月 15 日的增值税一般纳税人，主要经营建筑施工、园林绿化工程施工、水利水电工程施工、市政工程施工、公路工程、土石方工程等。甲公司 2020 年期初"固定资产——机器设备"科目及凭证中记载装载机 4 台，分别是：整备质量为 12 吨的三菱装载机 1 台、整备质量为 16.6 吨的厦工推土机 1 台、整备质量为 17.2 吨的临工装载机 1 台、整备质量为 8 吨的装载机 1 台，上述车辆均为厂区内作业，不需要办理车辆登记；"固定资产——交通工具"科目及凭证中记载排气量为 1.6 升的小轿车 2 辆、排气量为 2.5 升的越野车 2 辆，上述车辆均已办理车辆登记。

资料二：2020 年 4 月，甲公司购买排气量为 1.6 升的小轿车 1 辆；2020 年 6 月，购买纯电动小汽车 1 辆，于同月办理车辆登记并缴纳交强险；2020 年 8 月，购买整备质量为 12 吨的三菱装载机 1 台，用于厂区内作业，不需要办理车辆登记。

资料三：2021 年 6 月，甲公司购买整备质量为 3.5 吨的山工 926 型装载机 1 辆，整备质量为 3.1 吨的拖拉机 3 辆，上述车辆均用于公司厂区内作业，不需要办理车辆登记。

资料四：2021 年 9 月，以自有越野车 1 辆与关系单位置换 1 辆排量为 1.6 升的小汽车，双方均已缴纳车船税。

已知：甲公司所在省份规定，排气量为1.6升的乘用车，车船税的年基准税额为480元/辆；排气为2.5升的乘用车，车船税的年基准税额为960元/辆；其他车辆，车船税的年基准税额均为96元/吨。甲公司需要办理车辆登记的新购入车辆均于当月办理车辆登记手续，办理车辆登记的车辆每年在购买交强险时一并缴纳车船税。

要求：请根据上述资料，依次回答下列问题。

（1）甲公司2020年在购买交强险时应缴纳的车船税税额为（　　　）元。

    A. 2880　　　　　　　　　　B. 3240

    C. 3360　　　　　　　　　　D. 3840

【参考答案】B

【答案解析】根据《车船税法实施条例》规定，纯电动小汽车不属于车船税征税范围；车船税按年申报，分月计算，一次性缴纳；购置的新车船，购置当年的应纳税额自取得车船所有权或管理权的当月起按月计算，应纳税额为年应纳税额除以12再乘以应纳税月份数。

甲公司2020年在购买交强险时应缴纳的车船税额 = 2×480 + 2×960 + 480×9/12 = 3240（元）

（2）甲公司2020年厂区内专项作业车辆应缴纳的车船税税额为（　　　）元。

    A. 3518.4　　　　　　　　　B. 5587.2

    C. 5644.8　　　　　　　　　D. 6512.8

【参考答案】C

【答案解析】根据《车船税法实施条例》规定，厂区内行驶或作业的车辆要依法缴纳车船税，车船税按年申报，分月计算，一次性缴纳。购置的新车船，购置当年的应纳税额自取得车船所有权或管理权的当月起按月计算，应纳税额为年应纳税额除以12再乘以应纳税月份数。根据《国家税务总局关于印发〈中华人民共和国车船税法宣传提纲〉的通知》（国税函〔2011〕712号）第六条规定，拖拉机不需要缴纳车船税。

甲公司2020年厂区内专项作业车辆应缴纳的车船税税额 = （12 + 16.6 + 17.2 + 8）× 96 + 12×96×5/12 = 5644.8（元）

（3）甲公司2021年在购买交强险时应缴纳的车船税税额为（　　　）元。

    A. 2880　　　　　　　　　　B. 3240

    C. 3360　　　　　　　　　　D. 3840

【参考答案】C

【答案解析】根据《车船税法实施条例》规定，车船税按年申报，分月计算，一次性缴纳。在同一纳税年度内，已缴纳车船税的车船办理转让过户的，不另纳税，也不退税。

甲公司 2021 年在购买交强险时应缴纳的车船税税额 = 3×480 + 2×960 = 3360（元）

（4）甲公司 2021 年厂区内专项作业车辆应缴纳的车船税税额为（　　）元。

    A. 5587.2　　　　　　　　　B. 5644.8

    C. 6316.8　　　　　　　　　D. 6512.8

【参考答案】D

【答案解析】根据《车船税法实施条例》规定，厂区内行驶或作业的车辆要依法缴纳车船税，车船税按年申报，分月计算，一次性缴纳。购置的新车船，购置当年的应纳税额自取得车船所有权或管理权的当月起按月计算，应纳税额为年应纳税额除以 12 再乘以应纳税月份数。根据《国家税务总局关于印发〈中华人民共和国车船税法宣传提纲〉的通知》（国税函〔2011〕712 号）第六条规定，拖拉机不需要缴纳车船税。

甲公司 2021 年厂区内专项作业车辆应缴纳的车船税税额 =（12 + 16.6 + 17.2 + 8 + 12）×96 + 3.5×96×7/12 = 6512.8（元）

5. 资料一：甲市 A 公司为增值税小规模纳税人，2022 年初拥有排气量为 1.6 升的小轿车 3 辆，排气量为 2.5 升的越野车 2 辆；核定载客人数为 16 人的客车 1 辆，整备质量为 2.62 吨的轻型货车 15 辆；厂区内作业未办理车辆登记的整备质量为 7.806 吨的装载机 12 辆。A 公司于每年 1 月一次性申报缴纳全年车船税。

资料二：2022 年 3 月，购买纯电动小轿车 2 辆，用于日常办公，购买载客人数为 42 人的大客车 2 辆，用于职工通勤，当月办理车辆登记手续并缴纳车船税。购买整备质量为 4.305 吨的装载机 2 辆，取得增值税专用发票，限厂区内使用。

资料三：2022 年 5 月，因发生意外火灾，排气量为 1.6 升的 1 辆小轿车报废，A 公司已取得公安机关出具的证明。2022 年 6 月，A 公司向税务机关申请退税。

资料四：2022 年 7 月，购买整备质量为 3.58 吨的拖拉机 3 辆，整备质量为 12.9 吨的挂车 6 辆，整备质量为 7.82 吨的半挂牵引车 2 辆，当月办理车辆登记手续并缴纳车船税。

已知：排气量为 1.6 升的乘用车，车船税的年基准税额为 540 元；排气量为 2.5 升的乘用车，车船税的年基准税额为 1200 元；载客人数为 9—20 人的客车，车船税的年基准税额为 840 元，核定载客人为 20 人以上的客车，车船税的年基准税额为 1170 元；货车，车船税的年基准税额为 96 元/吨；其他车辆，车船税的年基准税额为 108 元/吨。

要求：请根据上述资料，依次回答下列问题。

（1）A 公司 2022 年 1 月一次申报年初自有车辆的车船税为（　　）元。

    A. 8632.8　　　　　　　　　B. 17625.31

    C. 18749.38　　　　　　　　D. 19029.38

【参考答案】C

【答案解析】根据《车船税法》及其实施条例规定：

（1）排气量为 1.6 升的小轿车应缴纳车船税 = 3 × 540 = 1620（元）

（2）排气量为 2.5 升的越野车应缴纳车船税 = 2 × 1200 = 2400（元）

（3）核定载客人数为 16 人的客车应缴纳车船税 = 840（元）

（4）轻型货车应缴纳车船税 = 2.62 × 15 × 96 = 3772.80（元）

（5）装载机应缴纳车船税 = 7.806 × 12 × 108 = 10116.58（元）

（6）A 公司 2022 年 1 月一次申报年初自有车辆的车船税 = 1620 + 2400 + 840 + 3772.80 + 10116.58 = 18749.38（元）

（2）A 公司 2022 年 3 月新购入车辆应缴纳的车船税为（　　）元。

    A. 2474.9   B. 2638.8

    C. 2724.9   D. 3269.88

【参考答案】C

【答案解析】（1）纯电动小轿车：0 元。

（2）大客车应缴纳的车船税 = 2 × 1170 ÷ 12 × 10 = 1950（元）

（3）装载机应缴纳的车船税 = 4.305 × 2 × 108 ÷ 12 × 10 = 774.90（元）

（4）A 公司 2022 年 3 月应缴纳的车船税 = 0 + 1950 + 774.90 = 2724.90（元）

（3）A 公司因火灾报废小轿车可以申请退回的车船税为（　　）元。

    A. 315   B. 360

    C. 405   D. 450

【参考答案】B

【答案解析】A 公司因火灾报废小轿车可以申请退回的车船税 = 540 × 8 ÷ 12 = 360（元）

（4）A 公司 2022 年 7 月，购买拖拉机、挂车和半挂牵引车应缴纳的车船税共计（　　）元。

    A. 750.72   B. 1857.6

    C. 2173.6   D. 2608.32

【参考答案】D

【答案解析】（1）拖拉机：0 元。

（2）挂车应缴纳的车船税 = 12.9 × 6 × 96 × 50% ÷ 12 × 6 = 1857.60（元）

（3）半挂牵引车应缴纳的车船税 = 7.82 × 2 × 96 ÷ 12 × 6 = 750.72（元）

（4）A 公司 2022 年 7 月应缴纳的车船税 = 1857.60 + 750.72 = 2608.32（元）

（5）A 公司 2023 年 1 月自有车辆应缴纳的车船税为（　　）元。

    A. 22140.7   B. 22980.7

    C. 25194.46   D. 26695.9

【参考答案】D

【答案解析】（1）排气量为 1.6 升的小轿车应缴纳的车船税 $= 2 \times 540 = 1080$（元）

（2）排气量为 2.5 升的越野车应缴纳的车船税 $= 2 \times 1200 = 2400$（元）

（3）核定载客人数为 16 人的客车：840 元；

（4）轻型货车应缴纳的车船税 $= 2.62 \times 15 \times 96 = 3772.8$（元）

（5）装载机应缴纳的车船税 $= 7.806 \times 12 \times 108 + 4.305 \times 2 \times 108 = 11046.46$（元）

（6）大客车应缴纳的车船税 $= 2 \times 1170 = 2340$（元）

（7）挂车应缴纳的车船税 $= 12.9 \times 6 \times 96 \times 50\% = 3715.2$（元）

（8）半挂牵引车应缴纳的车船税 $= 7.82 \times 2 \times 96 = 1501.44$（元）

（9）A 公司 2023 年 1 月应缴纳的车船税 $= 1080 + 2400 + 840 + 3772.80 + 11046.46 + 2340 + 3715.2 + 1501.44 = 26695.9$（元）

6. 资料一：某货物运输公司成立于 2015 年 9 月，主要从事货物运输业务，其名下拥有码头一座，主要用于货物装卸、堆存和船舶停泊。该公司名下拥有以下车辆和船舶：

（1）小轿车 5 辆。其中，特斯拉小轿车 2 辆，主要供公司管理高层使用；奥迪 A4 小轿车 3 辆，排量均为 2.2 升，主要供公司管理中层使用。

（2）20 座客车 1 辆，主要用于接送公司员工上下班使用，实行固定时间、固定站点接送客，并执行统一票价（1 元/人次）。

（3）货车 10 辆，总质量均为 100 吨，整备质量均为 50 吨。

（4）挂车 5 辆，总质量均为 80 吨，整备质量均为 30 吨。

（5）专用作业车 2 辆、轮式专用机械车 2 辆，总质量均为 80 吨，整备质量均为 30 吨，主要用于在码头场区内装卸货物，不出入场区。

（6）货船 10 艘，净吨位为 1000 吨，发动机功率为 5000 千瓦。

（7）拖船 1 艘，发动机功率为 1000 千瓦。

（8）游艇 1 艘，净吨位为 30 吨，发动机功率为 300 千瓦，艇长 25 米。

（9）无动力帆船 2 艘，船长均为 5 米。

资料二：2022 年 2 月 28 日，该公司实际新购置了 5 辆小轿车，其中，2 辆奥迪 A4 小轿车（排气量均为 2.2 升），3 辆节约能源小轿车（排气量均为 1.4 升），当天就将 5 辆小轿车开回单位投入使用。2022 年 3 月 15 日，该公司才取得汽车 4S 店开具的机动车销售发票，发票开具日期为 2022 年 3 月 2 日。

已知：（1）排气量为 1.0—1.6 升的乘用车，车船税的年基准税额为 360 元；排气量为 2.0—2.5 升的乘用车，车船税的年基准税额为 1500 元；核定载客人为 20 人以上的客车，车船税的年基准税额为 540 元；货车，车船税的年基准税额为 16 元/吨；其他车辆，车船税的年基准税额为 16 元/吨。

（2）船舶净吨位不超过 200 吨的，每吨 3 元；净吨位超过 200 吨但不超过 2000 吨的，每吨 4 元；净吨位超过 2000 吨但不超过 10000 吨的，每吨 5 元。

（3）游艇艇身长度超过 18 米但不超过 30 米的，每米 1300 元。

要求：请根据上述资料，依次回答下列问题。

（1）2021 年该公司所有的车辆应缴纳的车船税为（　　）元。

    A. 13040   B. 14240

    C. 14960   D. 16160

【参考答案】D

【答案解析】2021 年该公司所有的车辆应缴纳车船税 $= 1500 \times 3 + 540 + 50 \times 16 \times 10 + 30 \times 16 \times 50\% \times 5 + 30 \times 16 \times 4 = 16160$（元）。

（2）2021 年该公司所有的船舶应缴纳的车船税为（　　）元。

    A. 33840   B. 36500

    C. 73840   D. 76500

【参考答案】C

【答案解析】无动力帆船不属于车船税的征税范围，不缴纳车船税。

2021 年该公司所有的船舶应缴纳车船税 $= 1000 \times 4 \times 10 + 1000 \times 0.67 \times 4 \times 50\% + 25 \times 1300 = 73840$（元）

（3）该公司 2022 年新购置的小轿车应缴纳的车船税为（　　）元。

    A. 2655   B. 2950

    C. 3245   D. 3540

【参考答案】B

【答案解析】根据《车船税法》第八条规定，车船税纳税义务发生时间为取得车船所有权或者管理权的当月。根据《车船税法实施条例》规定，节约能源汽车减半征收车船税。

该公司 2022 年新购置的小轿车应缴纳车船税 $= （1500 \times 2 + 360 \times 3 \times 50\%） \times 10 \div 12 = 2950$（元）

（4）2022 年该公司所有的车辆应缴纳的车船税为（　　）元。

    A. 18815   B. 19110

    C. 19405   D. 19700

【参考答案】B

【答案解析】2021 年该公司所有缴纳车船税的车辆在 2022 年仍然需要缴纳车船税，且税额相同，为 16160 元。综上，2022 年该公司所有的车辆应缴纳车船税 $= 2950 + 16160 = 19110$（元）。选项 B 当选。

第三节　相关法律法规文件

中华人民共和国车船税法

2011 年 2 月 25 日第十一届全国人民代表大会常务委员会第十九次会议通过，根据 2019 年 4 月 23 日第十三届全国人民代表大会常务委员会第十次会议《关于修改〈中华人民共和国建筑法〉等八部法律的决定》修正

第一条　在中华人民共和国境内属于本法所附《车船税税目税额表》规定的车辆、船舶（以下简称车船）的所有人或者管理人，为车船税的纳税人，应当依照本法缴纳车船税。

第二条　车船的适用税额依照本法所附《车船税税目税额表》执行。

车辆的具体适用税额由省、自治区、直辖市人民政府依照本法所附《车船税税目税额表》规定的税额幅度和国务院的规定确定。

船舶的具体适用税额由国务院在本法所附《车船税税目税额表》规定的税额幅度内确定。

第三条　下列车船免征车船税：

（一）捕捞、养殖渔船；

（二）军队、武装警察部队专用的车船；

（三）警用车船；

（四）悬挂应急救援专用号牌的国家综合性消防救援车辆和国家综合性消防救援专用船舶；

（五）依照法律规定应当予以免税的外国驻华使领馆、国际组织驻华代表机构及其有关人员的车船。

第四条　对节约能源、使用新能源的车船可以减征或者免征车船税；对受严重自然灾害影响纳税困难以及有其他特殊原因确需减税、免税的，可以减征或者免征车船税。具体办法由国务院规定，并报全国人民代表大会常务委员会备案。

第五条　省、自治区、直辖市人民政府根据当地实际情况，可以对公共交通车船，

农村居民拥有并主要在农村地区使用的摩托车、三轮汽车和低速载货汽车定期减征或者免征车船税。

第六条 从事机动车第三者责任强制保险业务的保险机构为机动车车船税的扣缴义务人，应当在收取保险费时依法代收车船税，并出具代收税款凭证。

第七条 车船税的纳税地点为车船的登记地或者车船税扣缴义务人所在地。依法不需要办理登记的车船，车船税的纳税地点为车船的所有人或者管理人所在地。

第八条 车船税纳税义务发生时间为取得车船所有权或者管理权的当月。

第九条 车船税按年申报缴纳。具体申报纳税期限由省、自治区、直辖市人民政府规定。

第十条 公安、交通运输、农业、渔业等车船登记管理部门、船舶检验机构和车船税扣缴义务人的行业主管部门应当在提供车船有关信息等方面，协助税务机关加强车船税的征收管理。

车辆所有人或者管理人在申请办理车辆相关登记、定期检验手续时，应当向公安机关交通管理部门提交依法纳税或者免税证明。公安机关交通管理部门核查后办理相关手续。

第十一条 车船税的征收管理，依照本法和《中华人民共和国税收征收管理法》的规定执行。

第十二条 国务院根据本法制定实施条例。

第十三条 本法自 2012 年 1 月 1 日起施行。2006 年 12 月 29 日国务院公布的《中华人民共和国车船税暂行条例》同时废止。

附

车船税税目税额表

税　目		计税单位	年基准税额	备注
乘用车〔按发动机汽缸容量（排气量）分档〕	1.0 升（含）以下的	每辆	60 元至 360 元	核定载客人数 9 人（含）以下
	1.0 升以上至 1.6 升（含）的		300 元至 540 元	
	1.6 升以上至 2.0 升（含）的		360 元至 660 元	
	2.0 升以上至 2.5 升（含）的		660 元至 1200 元	
	2.5 升以上至 3.0 升（含）的		1200 元至 2400 元	
	3.0 升以上至 4.0 升（含）的		2400 元至 3600 元	
	4.0 升以上的		3600 元至 5400 元	

续表

税 目		计税单位	年基准税额	备注
商用车	客车	每辆	480 元至 1440 元	核定载客人数 9 人以上，包括电车
	货车	整备质量每吨	16 元至 120 元	包括半挂牵引车、三轮汽车和低速载货汽车等
挂车		整备质量每吨	按照货车税额的 50% 计算	
其他车辆	专用作业车	整备质量每吨	16 元至 120 元	不包括拖拉机
	轮式专用机械车		16 元至 120 元	
摩托车		每辆	36 元至 180 元	
船舶	机动船舶	净吨位每吨	3 元至 6 元	拖船、非机动驳船分别按照机动船舶税额的 50% 计算
	游艇	艇身长度每米	600 元至 2000 元	

中华人民共和国车船税法实施条例

2011 年 11 月 23 日国务院第 182 次常务会议通过，2011 年 12 月 5 日国务院令第 611 号发布，2012 年 1 月 1 日施行 2019 年 3 月 2 日国务院令第 709 号《国务院关于修改部分行政法规的决定》修订

第一条 根据《中华人民共和国车船税法》（以下简称车船税法）的规定，制定本条例。

第二条 车船税法第一条所称车辆、船舶，是指：

（一）依法应当在车船登记管理部门登记的机动车辆和船舶；

（二）依法不需要在车船登记管理部门登记的在单位内部场所行驶或者作业的机动车辆和船舶。

第三条 省、自治区、直辖市人民政府根据车船税法所附《车船税税目税额表》确定车辆具体适用税额，应当遵循以下原则：

（一）乘用车依排气量从小到大递增税额；

（二）客车按照核定载客人数 20 人以下和 20 人（含）以上两档划分，递增税额。

省、自治区、直辖市人民政府确定的车辆具体适用税额，应当报国务院备案。

第四条 机动船舶具体适用税额为：

（一）净吨位不超过 200 吨的，每吨 3 元；

（二）净吨位超过 200 吨但不超过 2000 吨的，每吨 4 元；

（三）净吨位超过 2000 吨但不超过 10000 吨的，每吨 5 元；

（四）净吨位超过 10000 吨的，每吨 6 元。

拖船按照发动机功率每 1 千瓦折合净吨位 0.67 吨计算征收车船税。

第五条 游艇具体适用税额为：

（一）艇身长度不超过 10 米的，每米 600 元；

（二）艇身长度超过 10 米但不超过 18 米的，每米 900 元；

（三）艇身长度超过 18 米但不超过 30 米的，每米 1300 元；

（四）艇身长度超过 30 米的，每米 2000 元；

（五）辅助动力帆艇，每米 600 元。

第六条 车船税法和本条例所涉及的排气量、整备质量、核定载客人数、净吨位、千瓦、艇身长度，以车船登记管理部门核发的车船登记证书或者行驶证所载数据为准。

依法不需要办理登记的车船和依法应当登记而未办理登记或者不能提供车船登记证书、行驶证的车船，以车船出厂合格证明或者进口凭证标注的技术参数、数据为准；不能提供车船出厂合格证明或者进口凭证的，由主管税务机关参照国家相关标准核定，没有国家相关标准的参照同类车船核定。

第七条 车船税法第三条第一项所称的捕捞、养殖渔船，是指在渔业船舶登记管理部门登记为捕捞船或者养殖船的船舶。

第八条 车船税法第三条第二项所称的军队、武装警察部队专用的车船，是指按照规定在军队、武装警察部队车船登记管理部门登记，并领取军队、武警牌照的车船。

第九条 车船税法第三条第三项所称的警用车船，是指公安机关、国家安全机关、监狱、劳动教养管理机关和人民法院、人民检察院领取警用牌照的车辆和执行警务的专用船舶。

第十条 节约能源、使用新能源的车船可以免征或者减半征收车船税。免征或者减半征收车船税的车船的范围，由国务院财政、税务主管部门商国务院有关部门制订，报国务院批准。

对受地震、洪涝等严重自然灾害影响纳税困难以及其他特殊原因确需减免税的车船，可以在一定期限内减征或者免征车船税。具体减免期限和数额由省、自治区、直辖市人民政府确定，报国务院备案。

第十一条 车船税由税务机关负责征收。

第十二条 机动车车船税扣缴义务人在代收车船税时，应当在机动车交通事故责任强制保险的保险单以及保费发票上注明已收税款的信息，作为代收税款凭证。

第十三条 已完税或者依法减免税的车辆，纳税人应当向扣缴义务人提供登记地的主管税务机关出具的完税凭证或者减免税证明。

第十四条　纳税人没有按照规定期限缴纳车船税的，扣缴义务人在代收代缴税款时，可以一并代收代缴欠缴税款的滞纳金。

第十五条　扣缴义务人已代收代缴车船税的，纳税人不再向车辆登记地的主管税务机关申报缴纳车船税。

没有扣缴义务人的，纳税人应当向主管税务机关自行申报缴纳车船税。

第十六条　纳税人缴纳车船税时，应当提供反映排气量、整备质量、核定载客人数、净吨位、千瓦、艇身长度等与纳税相关信息的相应凭证以及税务机关根据实际需要要求提供的其他资料。

纳税人以前年度已经提供前款所列资料信息的，可以不再提供。

第十七条　车辆车船税的纳税人按照纳税地点所在的省、自治区、直辖市人民政府确定的具体适用税额缴纳车船税。

第十八条　扣缴义务人应当及时解缴代收代缴的税款和滞纳金，并向主管税务机关申报。扣缴义务人向税务机关解缴税款和滞纳金时，应当同时报送明细的税款和滞纳金扣缴报告。扣缴义务人解缴税款和滞纳金的具体期限，由省、自治区、直辖市税务机关依照法律、行政法规的规定确定。

第十九条　购置的新车船，购置当年的应纳税额自纳税义务发生的当月起按月计算。应纳税额为年应纳税额除以 12 再乘以应纳税月份数。

在一个纳税年度内，已完税的车船被盗抢、报废、灭失的，纳税人可以凭有关管理机关出具的证明和完税凭证，向纳税所在地的主管税务机关申请退还自被盗抢、报废、灭失月份起至该纳税年度终了期间的税款。

已办理退税的被盗抢车船失而复得的，纳税人应当从公安机关出具相关证明的当月起计算缴纳车船税。

第二十条　已缴纳车船税的车船在同一纳税年度内办理转让过户的，不另纳税，也不退税。

第二十一条　车船税法第八条所称取得车船所有权或者管理权的当月，应当以购买车船的发票或者其他证明文件所载日期的当月为准。

第二十二条　税务机关可以在车船登记管理部门、车船检验机构的办公场所集中办理车船税征收事宜。

公安机关交通管理部门在办理车辆相关登记和定期检验手续时，经核查，对没有提供依法纳税或者免税证明的，不予办理相关手续。

第二十三条　车船税按年申报，分月计算，一次性缴纳。纳税年度为公历 1 月 1 日至 12 月 31 日。

第二十四条　临时入境的外国车船和香港特别行政区、澳门特别行政区、台湾地区的车船，不征收车船税。

第二十五条 按照规定缴纳船舶吨税的机动船舶，自车船税法实施之日起 5 年内免征车船税。

依法不需要在车船登记管理部门登记的机场、港口、铁路站场内部行驶或者作业的车船，自车船税法实施之日起 5 年内免征车船税。

第二十六条 车船税法所附《车船税税目税额表》中车辆、船舶的含义如下：

乘用车，是指在设计和技术特性上主要用于载运乘客及随身行李，核定载客人数包括驾驶员在内不超过 9 人的汽车。

商用车，是指除乘用车外，在设计和技术特性上用于载运乘客、货物的汽车，划分为客车和货车。

半挂牵引车，是指装备有特殊装置用于牵引半挂车的商用车。

三轮汽车，是指最高设计车速不超过每小时 50 公里，具有三个车轮的货车。

低速载货汽车，是指以柴油机为动力，最高设计车速不超过每小时 70 公里，具有四个车轮的货车。

挂车，是指就其设计和技术特性需由汽车或者拖拉机牵引，才能正常使用的一种无动力的道路车辆。

专用作业车，是指在其设计和技术特性上用于特殊工作的车辆。

轮式专用机械车，是指有特殊结构和专门功能，装有橡胶车轮可以自行行驶，最高设计车速大于每小时 20 公里的轮式工程机械车。

摩托车，是指无论采用何种驱动方式，最高设计车速大于每小时 50 公里，或者使用内燃机，其排量大于 50 毫升的两轮或者三轮车辆。

船舶，是指各类机动、非机动船舶以及其他水上移动装置，但是船舶上装备的救生艇筏和长度小于 5 米的艇筏除外。其中，机动船舶是指用机器推进的船舶；拖船是指专门用于拖（推）动运输船舶的专业作业船舶；非机动驳船，是指在船舶登记管理部门登记为驳船的非机动船舶；游艇是指具备内置机械推进动力装置，长度在 90 米以下，主要用于游览观光、休闲娱乐、水上体育运动等活动，并应当具有船舶检验证书和适航证书的船舶。

第二十七条 本条例自 2012 年 1 月 1 日起施行。

国家税务总局关于印发
《中华人民共和国车船税法宣传提纲》的通知

2011 年 12 月 19 日　国税函〔2011〕712 号

各省、自治区、直辖市和计划单列市地方税务局，西藏、宁夏自治区国家税务局：

现将《中华人民共和国车船税法宣传提纲》印发给你们，请结合实际，采取多种形式，做好向广大纳税人的宣传工作。

中华人民共和国车船税法宣传提纲

2011 年 2 月 25 日，全国人民代表大会常务委员会通过《中华人民共和国车船税法》（以下简称车船税法）。2011 年 12 月 5 日，国务院颁布《中华人民共和国车船税法实施条例》（以下简称实施条例）。车船税法及其实施条例自 2012 年 1 月 1 日起施行。为做好贯彻落实工作，方便广大纳税人了解和掌握新税法的有关内容，特编写本宣传提纲。

一、什么是车船税？

车船税是依照法律规定、对在我国境内的车辆、船舶，按照规定的税目、计税单位和年税额标准计算征收的一种税。

二、车船税是新开征的税种吗？

车船税不是新开征的税种，在我国已经征收多年。新中国成立后，1951 年原政务院就颁布了《车船使用牌照税暂行条例》，在全国范围内征收车船使用牌照税；1986 年国务院颁布了《中华人民共和国车船使用税暂行条例》，开征车船使用税，但对外商投资企业、外国企业及外籍个人仍征收车船使用牌照税；2006 年 12 月，国务院制定了《中华人民共和国车船税暂行条例》（以下简称暂行条例），对包括外资企业和外籍个人在内的各类纳税人统一征收车船税。2011 年 2 月 25 日，第十一届全国人大常委会第十九次会议通过车船税法，自 2012 年 1 月 1 日起施行，原暂行条例同时废止。

车船税立法是为适应形势变化的要求，以科学发展观为指导，对暂行条例进行改革完善并提升税收法律级次，以引导车辆、船舶的生产和消费，体现国家在促进节能减排、保护环境等方面的政策导向。

三、车船税法与暂行条例相比，有哪些变化？

与暂行条例相比，车船税法主要在以下 5 个方面进行了调整：

（一）扩大征税范围。暂行条例规定，车船税的征税范围是依法应当在车船管理部门登记的车船，不需登记的单位内部作业车船不征税。车船税法除对依法应当在车船登记管理部门登记的车船继续征税外，将在机场、港口以及其他企业内部场所行驶或者作业且依法不需在车船登记管理部门登记的车船也纳入征收范围。

（二）改革乘用车计税依据。暂行条例对乘用车（微型、小型客车）按辆征收。车船税法采用与车辆在价值上存在着正相关关系的"排气量"作为计税依据，对乘用车按"排气量"划分为 7 个档次征收。

（三）调整税负结构和税率。一是为更好地发挥车船税的调节功能，体现引导汽车消费和促进节能减排的政策导向，车船税法对占汽车总量 72% 左右的乘用车税负，按发动机排气量大小分别作了降低、不变和提高的结构性调整。其中，对占现有乘用车总量 87% 左右、排气量在 2.0 升及以下的乘用车，税额幅度适当降低或维持不变；对占现有乘用车总量 10% 左右、排气量为 2.0 升以上至 2.5 升（含）的中等排量乘用车，税额幅度适当调高；对占现有乘用车总量 3% 左右、排气量为 2.5 升以上的较大和大排量乘用车，税额幅度有较大提高。二是为支持交通运输业发展，车船税法对占汽车总量 28% 左右的货车、摩托车以及船舶（游艇除外）仍维持原税额幅度不变；对载客 9 人以上的客车，税额幅度略作提高；对挂车由原来与货车适用相同税额改为减按货车税额的 50% 征收。三是将船舶中的游艇单列出来，按长度征税，并将税额幅度确定为每米 600 元至 2000 元。

（四）完善税收优惠。车船税法及实施条例除了保留省、自治区、直辖市人民政府可以对公共交通车船给予定期减免税优惠外，还增加了对节约能源和使用新能源的车船、对受严重自然灾害影响纳税困难以及有其他特殊原因确需减免税的车船，可以减征或者免征车船税等税收优惠。

（五）强化部门配合。由于机动车数量庞大、税源分散，仅靠税务机关征管难度较大，需要与车船管理部门建立征收管理的协作机制，以提高征收绩效，防止税源流失。为此，车船税法规定，公安、交通运输、农业、渔业等车船登记管理部门、船舶检验机构和车船税扣缴义务人的行业主管部门应当在提供车船有关信息等方面，协助税务机关加强车船税的征收管理。同时，实施条例规定公安机关交通管理部门在办理车辆相关登记和定期检验手续时，经核查，对没有提供依法纳税或者免税证明的，不予办理相关手续。

四、谁是车船税的纳税义务人？

车船的所有人或者管理人是车船税的纳税义务人。其中，所有人是指在我国境内拥有车船的单位和个人；管理人是指对车船具有管理权或者使用权，不具有所有权的单位。上述单位，包括在中国境内成立的行政机关、企业、事业单位、社会团体以及其他组织；上述个人，包括个体工商户以及其他个人。

五、谁是车船税的扣缴义务人？

从事机动车交通事故责任强制保险（以下简称交强险）业务的保险机构为机动车车船税的扣缴义务人，应当在收取保险费时按照规定的税目税额代收车船税，并在机动车交强险的保险单以及保费发票上注明已收税款的信息，作为代收税款凭证。

由保险机构在办理机动车交强险业务时代收代缴机动车的车船税，可以方便纳税人缴纳车船税，节约征纳双方的成本，实现车辆车船税的源泉控管。

六、哪些车船需要缴纳车船税？

车船税法规定的征税范围是税法所附《车船税税目税额表》所列的车辆、船舶，包括依法应当在车船登记管理部门登记的机动车辆和船舶，也包括依法不需要在车船登记管理部门登记的在单位内部场所行驶或者作业的机动车辆和船舶。

上述机动车辆包括乘用车、商用车（包括客车、货车）、挂车、专用作业车、轮式专用机械车、摩托车。拖拉机不需要缴纳车船税。

船舶，是指各类机动、非机动船舶以及其他水上移动装置，但是船舶上装备的救生艇筏和长度小于 5 米的艇筏除外。其中，机动船舶是指用机器推进的船舶；拖船是指专门用于拖（推）动运输船舶的专业作业船舶；非机动驳船，是指在船舶登记管理部门登记为驳船的非机动船舶；游艇是指具备内置机械推进动力装置，长度在 90 米以下，主要用于游览观光、休闲娱乐、水上体育运动等活动，并应当具有船舶检验证书和适航证书的船舶。

七、车辆的税额是如何规定的？

车船税法《车船税税目税额表》规定的车辆税额幅度为：

（一）乘用车

按照排气量区间划分为 7 个档次，每辆每年税额为：

1. 1.0 升（含）以下的，税额为 60 元至 360 元；

2. 1.0 升以上至 1.6 升（含）的，税额为 300 元至 540 元；

3. 1.6 升以上至 2.0 升（含）的，税额为 360 元至 660 元；

4. 2.0 升以上至 2.5 升（含）的，税额为 660 元至 1200 元；

5. 2.5 升以上至 3.0 升（含）的，税额为 1200 元至 2400 元；

6. 3.0 升以上至 4.0 升（含）的，税额为 2400 元至 3600 元；

7. 4.0 升以上的，税额为 3600 元至 5400 元。

（二）商用车

划分为客车和货车。其中，客车（核定载客人数 9 人以上，包括电车）每辆每年税额为 480 元至 1440 元；货车（包括半挂牵引车、三轮汽车和低速载货汽车等）按整备质量每吨每年税额为 16 元至 120 元。

（三）挂车

按相同整备质量的货车税额的 50% 计算应纳税额。

（四）其他车辆

包括专用作业车和轮式专用机械车，按整备质量每吨每年税额为 16 元至 120 元。

（五）摩托车

每辆每年税额为 36 元至 180 元。

车辆的具体适用税额由省、自治区、直辖市人民政府依照《车船税税目税额表》规定的税额幅度和国务院的规定确定。

八、船舶的税额是如何规定的？

（一）机动船舶具体适用税额为：

1. 净吨位不超过 200 吨的，每吨 3 元；

2. 净吨位超过 200 吨但不超过 2000 吨的，每吨 4 元；

3. 净吨位超过 2000 吨但不超过 10000 吨的，每吨 5 元；

4. 净吨位超过 10000 吨的，每吨 6 元。

拖船按照发动机功率每 1 千瓦折合净吨位 0.67 吨计算征收车船税。拖船、非机动驳船分别按照机动船舶税额的 50% 计算。

（二）游艇具体适用税额为：

1. 艇身长度不超过 10 米的，每米 600 元；

2. 艇身长度超过 10 米但不超过 18 米的，每米 900 元；

3. 艇身长度超过 18 米但不超过 30 米的，每米 1300 元；

4. 艇身长度超过 30 米的，每米 2000 元；

5. 辅助动力帆艇，每米 600 元。

九、车船税有哪些税收优惠政策？

（一）车船税法规定的法定免税车船如下：

1. 捕捞、养殖渔船：是指在渔业船舶登记管理部门登记为捕捞船或者养殖船的船舶；

2. 军队、武装警察部队专用的车船：是指按照规定在军队、武装警察部队车船登记管理部门登记，并领取军队、武警牌照的车船；

3. 警用车船：是指公安机关、国家安全机关、监狱、劳动教养管理机关和人民法院、人民检察院领取警用牌照的车辆和执行警务的专用船舶；

4. 依照法律规定应当予以免税的外国驻华使领馆、国际组织驻华代表机构及其有关人员的车船。

（二）实施条例规定的减免税项目如下：

1. 节约能源、使用新能源的车船可以免征或者减半征收车船税；

2. 按照规定缴纳船舶吨税的机动船舶，自车船税法实施之日起 5 年内免征车船税；

3. 依法不需要在车船登记管理部门登记的机场、港口、铁路站场内部行驶或者作业的车船，自车船税法实施之日起 5 年内免征车船税。

（三）授权省、自治区、直辖市人民政府规定的减免税项目如下：

1. 省、自治区、直辖市人民政府根据当地实际情况，可以对公共交通车船，农村居民拥有并主要在农村地区使用的摩托车、三轮汽车和低速载货汽车定期减征或者免征车船税；

2. 对受地震、洪涝等严重自然灾害影响纳税困难以及其他特殊原因确需减免税的车船，可以在一定期限内减征或者免征车船税。

另外，对纯电动乘用车、燃料电池乘用车、非机动车船（不包括非机动驳船）、临时入境的外国车船和香港特别行政区、澳门特别行政区、台湾地区的车船，不征收车船税。

十、车船税由哪个部门负责征收？

车船税由地方税务机关负责征收。

十一、如何申报缴纳车船税？

依法应当在车船登记部门登记的车船，纳税人自行申报缴纳的，应在车船的登记地缴纳车船税；保险机构代收代缴车船税的，应在保险机构所在地缴纳车船税。已由保险机构代收代缴车船税的，纳税人不再向税务机关申报缴纳车船税。

依法不需要办理登记的车船，应在车船的所有人或者管理人所在地缴纳车船税。

十二、车船税纳税义务从什么时候开始？

车船税纳税义务发生时间为取得车船所有权或者管理权的当月，应当以购买车船的发票或者其他证明文件所载日期的当月为准。

十三、购置的新车船，购置当年的车船税税额如何计算？

车船税按年申报，分月计算，一次性缴纳。购置的新车船，购置当年的应纳税额自取得车船所有权或管理权的当月起按月计算，应纳税额为年应纳税额除以 12 再乘以应纳税月份数。

十四、已完税的车船发生盗抢、报废、灭失的，如何处理？

在一个纳税年度内，已完税的车船被盗抢、报废、灭失的，纳税人可以凭有关管理机关出具的证明和完税证明，向纳税所在地的主管税务机关申请退还自被盗抢、报废、灭失月份起至该纳税年度终了期间的税款。

已办理退税的被盗抢车船失而复得的，纳税人应当从公安机关出具相关证明的当月起计算缴纳车船税。

十五、在同一纳税年度内，已缴纳车船税的车船办理转让过户的，如何处理？

在同一纳税年度内，已缴纳车船税的车船办理转让过户的，不另纳税，也不退税。

十六、车船税的纳税期限是如何规定的？

车船税按年申报缴纳。具体申报纳税期限由省、自治区、直辖市人民政府规定。由保险机构代收代缴机动车车船税的，纳税人应当在购买机动车交强险的同时缴纳车船税。

十七、如何确定车船税的计税标准？

车船税法及实施条例所涉及的排气量、整备质量、核定载客人数、净吨位、千瓦、艇身长度，以车船登记管理部门核发的车船登记证书或者行驶证所载数据为准。

依法不需要办理登记的车船和依法应当登记而未办理登记或者不能提供车船登记证书、行驶证的车船，以车船出厂合格证明或者进口凭证标注的技术参数、数据为准；不能提供车船出厂合格证明或者进口凭证的，由主管税务机关参照国家相关标准核定，没有国家相关标准的参照同类车船核定。

十八、保险机构如何代收代缴车船税？

除按规定不需要出具减免税证明的减税或者免税车辆外，纳税人无法提供税务机关出具的完税凭证或减免税证明的，保险机构在销售机动车交强险时一律按照保险机构所在地的车船税税额标准代收代缴车船税。保险机构在代收车船税时，应当在机动车交强险的保险单以及保费发票上注明已收税款的信息，作为代收税款凭证。纳税人不能提供完税凭证或者减免税证明，且拒绝扣缴义务人代收代缴车船税的，扣缴义务人应及时报告税务机关处理。

十九、为什么在申请办理车辆相关手续时，应当向公安机关交通管理部门提交依法纳税或者免税证明？

车船税法及实施条例规定，车辆所有人或者管理人在申请办理车辆相关登记、定期检验手续时，应当向公安机关交通管理部门提交依法纳税或者免税证明。公安机关交通管理部门在办理车辆相关登记和定期检验手续时，经核查，没有依法纳税或者免税证明的，不予办理相关手续。由公安机关交通管理部门协助税务机关加强车船税的征收管理，有利于进一步强化车船税的管理，健全部门协作的征管机制，堵塞征管漏洞。

黑龙江省人民政府关于印发
黑龙江省车船税实施办法的通知

2011 年 12 月 22 日　黑政发〔2011〕100 号

各市（地）、县（市）人民政府（行署），省政府各直属单位：

现将《黑龙江省车船税实施办法》印发给你们，请认真贯彻执行。

黑龙江省车船税实施办法

第一条　为加强车船税的征收管理，根据《中华人民共和国车船税法》（中华人民共和国主席令第 43 号，以下简称车船税法）及《中华人民共和国车船税法实施条例》，（国务院令第 611 号，以下简称条例）规定，结合我省实际，制定本办法。

第二条　在本省行政区域内，属于车船税法所附《车船税税目税额表》规定的车辆、船舶（以下简称车船）的所有人或者管理人，为车船税的纳税人，应当依照本办法缴纳车船税。

第三条　车船的适用税额依照《黑龙江省车船税税目税额表》（附后）执行。

第四条　车船税的计税标准与方法。

（一）车船税法、条例和本办法所涉及的排气量、整备质量、核定载客人数、净吨位、千瓦、艇身长度，以车船登记管理部门核发的车船登记证书或者行驶证所载数据为准。

依法不需要办理登记的车船和依法应当登记而未办理登记或者不能提供车船登记证书、行驶证的车船，以车船出厂合格证明或者进口凭证标注的技术参数、数据为准；不能提供车船出厂合格证明或者进口凭证的，由主管税务机关参照国家相关标准核定，没有国家相关标准的参照同类车船核定。

（二）拖船按照发动机功率每 1 千瓦折合净吨位 0.67 吨计算征收车船税。拖船和非机动驳船分别按船舶税额的 50% 计算。

（三）客货两用汽车按照载货汽车的计税单位和税额标准计算征收。

第五条　下列车船免征车船税：

（一）在渔业船舶登记管理部门登记为捕捞船或者养殖船的船舶。

（二）按照规定在军队、武装警察部队车船登记管理部门登记，并领取军队、武警牌照的车船。

（三）公安机关、国家安全机关、监狱、劳动教养管理机关和人民法院、人民检察院领取警用牌照的车辆和执行警务的专用船舶。

（四）依照法律规定应当予以免税的外国驻华使领馆、国际组织驻华代表机构及其有关人员的车船。

第六条 按照规定缴纳船舶吨税的机动船舶，和依法不需要在车船登记管理部门登记的机场、港口、铁路站场内部行驶或者作业的车船，自车船税法实施之日起5年内免征车船税。

第七条 临时入境的外国车船和香港特别行政区、澳门特别行政区、台湾地区的车船，不征收车船税。

第八条 对受地震、洪涝等严重自然灾害影响纳税困难以及其他特殊原因确需减免税的车船，可以在一定期限内减征或者免征车船税。具体减免期限和数额由省政府确定，报国务院备案。

第九条 节约能源、使用新能源的车船可以免征或者减半征收车船税。具体免征或者减半征收的范围按国家相关规定执行。

第十条 我省的公共交通车船，农村居民拥有并主要在农村地区使用的摩托车、三轮汽车和低速载货汽车，暂免征收车船税。何时恢复征税，由省政府确定。

第十一条 符合本办法第五条第（一）款、第六条和第十条规定条件的车船，需要办理减免税事项。纳税人应当向主管地方税务机关提出申请，并提交本机构或者个人身份的证明文件、车船所有权证明文件以及主管地方税务机关要求的其他材料。主管税务机关核实后开具减免税证明。具体申报材料和流程，由省财政厅、省地方税务根据国家有关规定局另行制定。

第十二条 车船税由纳税人所在地主管地方税务机关负责征收。

第十三条 机动车车船税扣缴义务人在代收车船税时，应当在机动车交通事故责任强制保险（以下简称交强险）的保险单以及保费发票上注明已收税款的信息，作为代收税款凭证。

第十四条 已完税或者依法减免税的车辆，纳税人应当向扣缴义务人提供登记地的主管税务机关出具的完税凭证或者减免税证明。

第十五条 纳税人没有按照规定期限缴纳车船税的，扣缴义务人在代收代缴税款时，可以一并代收代缴欠缴税款的滞纳金。

第十六条 扣缴义务人已代收代缴车船税的，纳税人不再向车辆登记地的主管税务机关申报缴纳车船税。

没有扣缴义务人的，纳税人应当向主管税务机关自行申报缴纳车船税。

第十七条 纳税人缴纳车船税时，应当提供反映排气量、整备质量、核定载客人数、净吨位、千瓦、艇身长度等与纳税相关信息的相应凭证以及税务机关根据实际需要要求提供的其他资料。

第十八条 车船税的纳税地点为车船的登记地或者车船税扣缴义务人所在地。其中，由纳税人自行申报缴纳车船税的，纳税地点为车船登记地的主管地方税务机关所在地；由扣缴义务人代收代缴车船税的，纳税地点为扣缴义务人所在地。

依法不需办理登记的车船，纳税地点为车船所有人或者管理人主管地方税务机关所在地。

第十九条 车船税纳税义务发生时间为取得车船所有权或者管理权的当月，具体应当以购买车船的发票或者其他证明文件所载日期的当月为准。

第二十条 车船税按年申报，分月计算，一次性缴纳。纳税年度为公历 1 月 1 日至 12 月 31 日。纳税人在购买交强险时一次性缴纳车船税；对于不需购买和未按规定购买交强险的车辆，由纳税人在纳税年度内自行申报缴纳（其中新购置车辆应自纳税义务发生之日起 30 日内申报纳税）；船舶在每年 6 月 1 日至 6 月 30 日之间申报纳税。未在规定纳税期限内缴纳税款的，按规定加收滞纳金。

第二十一条 纳税人购置的新车船，购置当年的应纳税额自纳税义务发生的当月起按月计算。计算公式为：应纳税额 =（年应纳税额 ÷12）×应纳税月份数。

第二十二条 扣缴义务人每月所代收的税款和滞纳金，应当在次月 15 日内解缴入库，同时向主管地方税务机关报送明细的税款和滞纳金扣缴报告，以及地方税务机关要求报送的其他有关资料。

第二十三条 在一个纳税年度内，已完税的车船被盗抢、报废、灭失的，纳税人可以凭有关管理机关出具的证明和完税证明，向纳税所在地的主管税务机关申请退还自被盗抢、报废、灭失月份起至该纳税年度终了期间的税款。

已办理退税的被盗抢车船，失而复得的，纳税人应当从公安机关出具相关证明的当月起计算缴纳车船税。

第二十四条 已缴纳车船税的车船在同一纳税年度内办理转让过户的，不另纳税，也不退税。

第二十五条 税务机关可以在车船登记管理部门、车船检验机构的办公场所集中办理车船税征收事宜。

公安机关交通管理部门在办理车辆相关登记和定期检验手续时，经核查，对没有提供依法纳税或者免税证明的，不予办理相关手续。

第二十六条 车船税的征收管理，依照《中华人民共和国税收征收管理法》《车船税法》及《条例》的规定执行。

第二十七条 本办法自 2012 年 1 月 1 日起实施。2007 年 7 月 27 日省政府公布的

《黑龙江省车船税实施办法》（黑政发〔2007〕62 号）同时废止。

表 4 – 3 　　　　　　　　　　黑龙江省车船税税目税额表

税　目			计税单位	年适用税额	备注
乘用车〔按发动机汽缸容量（排气量）分档〕	1.0 升（含）以下的		每辆	240 元	核定载客人数 9 人（含）以下
	1.0 升以上至 1.6 升（含）的			420 元	
	1.6 升以上至 2.0 升（含）的			480 元	
	2.0 升以上至 2.5 升（含）的			900 元	
	2.5 升以上至 3.0 升（含）的			1800 元	
	3.0 升以上至 4.0 升（含）的			3000 元	
	4.0 升以上的			4500 元	
商用车	客车	中型	每辆	900 元	核定载客人数 9 人以上 20 人以下，包括电车
		大型		1020 元	核定载客人数 20 人（含）以上，包括电车
	货车		整备质量每吨	96 元	包括半挂牵引车、三轮汽车和低速载货汽车等
挂车			整备质量每吨	48 元	按照货车税额的 50% 计算
其他车辆	专用作业车、轮式专用机械车		整备质量每吨	96 元	不包括拖拉机
摩托车			每辆	36 元	
船舶	机动船舶		净吨位每吨	3 元	不超过 200 吨
			净吨位每吨	4 元	超过 200 吨但不超过 2000 吨
			净吨位每吨	5 元	超过 2000 吨但不超过 10000 吨
			净吨位每吨	6 元	超过 10000 吨
	游艇		艇身长度每米	600 元	不超过 10 米
			艇身长度每米	900 元	超过 10 米但不超过 18 米
			艇身长度每米	1300 元	超过 18 米但不超过 30 米
			艇身长度每米	2000 元	超过 30 米
			艇身长度每米	600 元	辅助动力帆艇

注：船舶适用税额依据《中华人民共和国车船税法实施条例》第四条、第五条规定列示。

国家税务总局　中国保险监督管理委员会
关于机动车车船税代收代缴有关事项的公告

2011 年 12 月 19 日

国家税务总局　中国保险监督管理委员会公告 2011 年第 75 号

《中华人民共和国车船税法》（以下简称车船税法）及其实施条例将于 2012 年 1 月 1 日起施行。根据车船税法及其实施条例规定，从事机动车交通事故责任强制保险（以下简称交强险）业务的保险机构（以下简称保险机构）为机动车车船税的扣缴义务人，应当在收取交强险保险费时依法代收车船税。为了贯彻落实车船税法及其实施条例，做好机动车车船税代收代缴工作，现将有关事项公告如下：

一、扎实做好贯彻落实车船税法及其实施条例的准备工作

各级税务机关要在深入领会和准确把握车船税法及其实施条例政策精神的基础上，通过多种途径，做好对扣缴义务人的宣传与政策解释工作，使扣缴义务人熟悉车船税法及其实施条例和本地区实施办法的政策规定，知晓不依法履行扣缴义务应承担的法律责任，提高扣缴义务人代收代缴车船税的业务水平。

各省、自治区、直辖市和计划单列市税务机关要总结本地区代收代缴工作经验，认真分析工作中存在问题，结合车船税法及其实施条例的相关规定，在征求当地保险监管部门和在当地从事交强险业务的保险机构意见的基础上，进一步完善本地区代收代缴管理办法，规范代收代缴车船税的工作流程。在代收代缴管理办法中，要进一步明确扣缴义务人申报、结报税款的具体方式和期限，代收代缴手续费支付办法，双方信息交换的内容、方式和期限，纳税人对保险机构代收代缴税款数额有异议时的受理程序和期限等事项。

各保险机构要在税务机关协助下做好对保险从业人员的培训工作，使他们熟练掌握车船税法及其实施条例的有关政策和相关征管规定，掌握代收代缴税款的操作程序和应纳税额的计算方法，以便顺利开展机动车车船税代收代缴工作。各保险机构要根据车船税法律法规的变化及当地省、自治区、直辖市人民政府确定的具体适用税额，及时修改交强险业务和财务系统。

有条件的地区，保险监管部门、保险机构与税务机关要积极探索车险信息共享平台与税务机关相关信息系统的联网工作，提高数据交换、业务处理的质量和效率。

二、认真履行代收代缴义务，严格执行代收代缴规定

各保险机构要严格按照车船税的有关政策和相关征管规定，认真履行代收代缴机动车车船税的法定义务，确保税款及时、足额解缴国库。

（一）各保险机构要协助税务机关做好车船税的宣传工作，在营业场所张贴或摆放有关车船税的宣传材料，着重宣传车船税法及其实施条例与原来车船税政策的区别，公布纳税人在购买交强险时缴纳车船税的办理流程，认真回答纳税人有关车船税的问题，提高纳税人依法纳税的自觉性。

（二）对军队和武警专用车辆、警用车辆、拖拉机、临时入境的外国机动车和香港特别行政区、澳门特别行政区、台湾地区的机动车，保险机构在销售交强险时不代收代缴车船税。其中，军队、武警专用车辆以军队、武警车船管理部门核发的军车号牌和武警号牌作为认定依据；警用车辆以公安机关核发的警车号牌（最后一位登记编号为红色的"警"字）作为认定依据；拖拉机以在农业（农业机械）部门登记、并拥有拖拉机登记证书或拖拉机行驶证书作为认定依据；临时入境的外国机动车以中国海关等部门出具的准许机动车入境的凭证作为认定依据；香港特别行政区、澳门特别行政区、台湾地区的机动车根据公安交通管理部门核发的批准文书作为认定依据，具体操作办法由进入内地或大陆口岸所在地税务机关制定。

（三）在财政部、国家税务总局会同汽车行业主管部门公布了享受车船税优惠政策的节约能源、使用新能源的车型目录后，对纳入车型目录的机动车，保险机构销售交强险时，根据车型目录的规定免征或减征车船税。

（四）对于拥有公安交通管理部门核发的外国使馆、领事馆专用号牌的机动车，保险机构销售交强险时，不代收代缴车船税。

（五）对已经向主管税务机关申报缴纳车船税的纳税人，保险机构在销售交强险时，不再代收代缴车船税，但应根据纳税人出示的完税凭证原件，将上述车辆的完税凭证号和出具该凭证的税务机关名称录入交强险业务系统。

（六）对税务机关出具减免税证明的车辆，保险机构在销售交强险时，对免税车辆不代收代缴车船税；对减税车辆根据减税证明的规定处理。保险机构应将减免税证明号和出具该证明的税务机关名称录入交强险业务系统。

（七）除上述（二）、（三）、（四）、（五）、（六）项中规定的不代收代缴车船税的情形外，保险机构在销售交强险时一律按照保险机构所在地的车船税税额标准和所在地税务机关的具体规定代收代缴车船税；投保人无法立即足额缴纳车船税的，保险机构不得将保单、保险标志和保费发票等票据交给投保人，直至投保人缴纳车船税或提供税务机关出具的完税证明或免税证明。纳税人对保险机构代收代缴税款数额有异议的，根据本地区代收代缴管理办法规定的受理程序和期限进行处理。

（八）保险机构在计算机动车应纳税额时，机动车的相关技术信息以车辆登记证书

或行驶证书所载相应数据为准。

对于纳税人无法提供车辆登记证书的乘用车，保险机构可以参照税务机关提供的汽车管理部门发布的车辆生产企业及产品公告确定乘用车的排气量。在车辆生产企业及产品公告中未纳入的老旧车辆，纳税人应提请保险机构所在地的税务机关核定排气量。

购置的新机动车，相关技术信息以机动车整车出厂合格证或进口车辆的车辆一致性证书所载相应数据为准。

（九）购置的新机动车，购置当年的应纳税款从购买日期的当月起至该年度终了按月计算。对于在国内购买的机动车，购买日期以《机动车销售统一发票》所载日期为准；对于进口机动车，购买日期以《海关关税专用缴款书》所载日期为准。

（十）保险机构在销售交强险时，要严格按照有关规定代收代缴车船税，并将相关信息据实录入交强险业务系统中。不得擅自多收、少收或不收机动车车船税，不得以任何形式擅自减免、赠送机动车车船税，不得遗漏应录入的信息或录入虚假信息。各保险机构不得将代收代缴的机动车车船税计入交强险保费收入，不得向保险中介机构支付代收车船税的手续费。

（十一）保险机构在代收代缴机动车车船税时，应向投保人开具注明已收税款信息的交强险保险单和保费发票，作为代收税款凭证。纳税人需要另外开具完税凭证的，保险机构应告知纳税人凭交强险保单到保险机构所在地的税务机关开具。

（十二）各保险机构应按照本地区代收代缴管理办法规定的期限和方式，及时向保险机构所在地的税务机关办理申报、结报手续，报送代收代缴报告表，报告投保、缴税机动车的明细信息。有条件的地区，要积极探索保险机构向地（市）或省税务机关申报、结报的模式。对保险机构和税务机关已实现信息联网的地区，税务机关可根据当地实际自行确定保险机构报送代收代缴报告表的方式。

（十三）各保险机构要做好机动车投保、缴税信息以及其他相关信息的档案保存、整理工作，并接受税务机关和保险监管部门的检查。对于税务机关提供的信息，保险机构应予保密，除办理涉税事项外，不得用于其他目的。

（十四）保险机构委托保险中介机构销售交强险的，应加强对中介机构的培训，并要求中介机构根据本公告的要求在销售交强险时代收车船税，录入相关信息，保存相关涉税凭证的复印件。保险中介机构应自觉接受税务机关和保险监管部门的检查。

三、加强指导和监督，确保代收代缴工作依法有序开展

各级税务机关要与当地保险监管部门密切配合，加强对保险机构的指导，支持保险机构做好代收代缴工作。同时，要按照车船税相关政策和《中华人民共和国税收征收管理法》的规定，加强对扣缴义务人的管理和监督。

（一）税务机关要为保险机构向纳税人宣传车船税政策提供支持，应免费向保险机

构提供车船税宣传资料。

（二）对于纳税人直接向税务机关申报缴纳车船税的，税务机关应向纳税人开具含有车辆号牌号码等机动车信息的完税凭证。纳税人一次缴纳多辆机动车车船税的，可合并开具一张完税凭证，分行填列每辆机动车的完税情况；也可合并开具一张完税凭证，同时附缴税车辆的明细表，列明每辆缴税机动车的完税情况，并加盖征税专用章。税务机关应将相关纳税信息及时传递给保险机构。

（三）对于外国驻华使馆、领事馆和国际组织驻华机构及其有关人员的车辆，因保险机构通过车辆号牌难以判别是否属于免税范围，税务机关应审查纳税人提供的本机构或个人身份的证明文件和车辆所有权证明文件，以及国际组织驻华机构及其有关人员提供的相关国际条约或协定。对符合免税规定的，税务机关应向纳税人开具免税证明，并将免税证明的相关信息传递给保险机构。

（四）对于自车船税法实施之日起 5 年内免征车船税的机场、港口、铁路站场内部行驶或者作业的机动车，需要购买交强险的，税务机关应向纳税人开具免税证明，并将免税证明的相关信息传递给保险机构。

（五）对于按照省级人民政府根据车船税法及其实施条例的规定予以减免车船税的机动车，由各省、自治区、直辖市税务机关规定保险机构销售交强险时的具体操作方法。

（六）纳税人对保险机构代收代缴税款数额有异议的，可以直接向税务机关申报缴纳，也可以在保险机构代收代缴税款后向税务机关提出申诉，税务机关应在接到纳税人申诉后按照本地区代收代缴管理办法规定的程序和期限受理。

（七）保险机构向税务机关办理申报、结报手续后，完税车辆被盗抢、报废、灭失而申请车船税退税的，由保险机构所在地的税务机关按照有关规定办理。

（八）对纳税人通过保险机构代收代缴方式缴纳车船税后需要另外开具完税凭证的，由保险机构所在地的税务机关办理。在办理完税凭证时，税务机关应根据纳税人所持注明已收税款信息的保险单，开具《税收转账专用完税证》，并在保险单上注明"完税凭证已开具"字样。《税收转账专用完税证》的第一联（存根）和保险单复印件由税务机关留存备查，第二联（收据）由纳税人收执，作为纳税人缴纳车船税的完税凭证。

（九）各级税务机关要严格审查保险机构报送的车船税代收代缴信息。有条件的地区，要探索利用信息化的手段对代收代缴信息进行审核。

（十）税务机关应按照规定向各保险机构及时足额支付手续费。

（十一）对于保险监管部门和保险机构提供的信息，各级税务机关应予保密，除办理涉税事项外，不得用于其他目的。

（十二）各级税务机关要与当地保险监管部门协调配合，建立工作协调机制和信息交换机制，联合对保险机构代收代缴情况进行监督和检查。对于违反车船税政策和相关征管规定的保险机构，税务机关要按照《中华人民共和国税收征收管理法》的有关规定进行处理，并将处理情况以书面形式及时通报当地保险监管部门。

（十三）各级税务机关要主动征求当地保险监管部门、保险行业协会和各保险机构的意见和建议，及时改进工作方法，不断完善代收代缴管理办法。

四、积极协调，严格监督，共同做好代收代缴的管理工作

各地保险监管部门要与当地税务机关和各保险机构积极沟通，协助税务机关做好代收代缴车船税的监督管理工作。

（一）各地保险监管部门要督促各保险机构做好贯彻落实车船税法及其实施条例的各项准备工作，并会同税务机关对各保险机构的准备情况进行检查。

（二）各地保险监管部门要加大对保险机构交强险业务和机动车代收代缴车船税工作的监管力度，保障机动车车船税按时入库。对于以任何形式诱导、怂恿投保人不缴、少缴或缓缴车船税进行恶性竞争、扰乱保险市场秩序的，保险监管部门应依据相关规定对该机构及其责任人进行严肃处理。

（三）各地保险监管部门要加强与税务机关的联系，及时配合税务机关向保险机构传达车船税的有关政策精神，并向税务机关如实反映保险机构的意见和要求，使代收代缴工作顺利开展。

保险机构在销售交强险时代收代缴机动车车船税，加强了车船税税源控管力度，提高了车船税征管的科学化、精细化水平，方便了纳税人。各级税务机关、各地保险监管部门和各保险机构要充分认识代收代缴机动车车船税的重要意义，高度重视该项工作，要指定人员负责代收代缴车船税的相关工作，并相互通报人员的确定和变更情况。对于代收代缴工作中出现的问题，要加强沟通和协调，积极予以解决；无法解决的，要及时向各自的上级机关报告。

本公告自 2012 年 1 月 1 日起施行。《国家税务总局 中国保险监督管理委员会关于做好车船税代收代缴工作的通知》（国税发〔2007〕55 号）、《国家税务总局 中国保险监督管理委员会关于保险机构代收代缴车船税有关问题的通知》（国税发〔2007〕98 号）、《国家税务总局 中国保险监督管理委员会关于进一步做好车船税代收代缴工作的通知》（国税发〔2008〕74 号）同时废止。

特此公告。

国家税务总局　交通运输部关于进一步
做好船舶车船税征收管理工作的通知

2012 年 1 月 20 日　国税发〔2012〕8 号

各省、自治区、直辖市和计划单列市地方税务局、交通厅（局、委），西藏、宁夏自治区国家税务局，天津、上海市交通运输和港口管理局，新疆生产建设兵团交通局，各直属海事局、地方海事局：

《中华人民共和国车船税法》（以下简称车船税法）及其实施条例自 2012 年 1 月 1 日起施行。为切实做好船舶车船税的征收管理工作，全面贯彻落实车船税法及其实施条例的各项规定，在税务系统和交通运输部门原来已建立的船舶车船税征收管理工作机制基础上，根据《中华人民共和国税收征收管理法》的相关规定，经国家税务总局和交通运输部研究，现就进一步做好船舶车船税征收管理工作的有关要求通知如下：

一、提高认识，积极配合，做好船舶车船税征收管理工作

对船舶征收车船税，有利于加强船舶管理，促进水上运输和相关行业的公平竞争和健康发展。我国船舶数量多、分布面广、流动性大，船舶车船税征管较为困难。税务机关和交通运输部门海事管理机构要提高认识、加强配合，共同做好船舶车船税征收管理工作。

地市级以上税务机关应主动争取当地海事管理机构的支持；海事管理机构要发挥船舶监督管理优势，通过向税务机关提供船舶信息、接受委托代征和协助把关等方式，积极支持和配合税务机关做好船舶车船税的征收管理工作。尤其是对此次车船税法新单列税目的游艇，应根据其计税依据和税额标准的变化，及时掌握相关信息资料，扎实做好征管基础工作。

二、创造条件，健全机制，开展好船舶车船税代征工作

为方便纳税人缴纳税款，提高船舶车船税的征管质量和效率，降低税收征管成本，凡在交通运输部直属海事管理机构登记管理的应税船舶，其车船税由船籍港所在地的地市级以上税务机关委托当地的交通运输部直属海事管理机构代征。税务机关要主动沟通联系，与海事管理机构协商船舶车船税委托代征的具体事宜；交通运输部直属海事管理机构应积极配合当地税务机关，共同做好船舶车船税的委托代征工作。

对于在各省、自治区、直辖市地方海事管理机构登记管理的船舶，原则上也应实行委托代征。委托代征确有困难的地区，可先采取协助把关的方式，并创造条件尽快

实行委托代征。

税务机关应主动和当地海事管理机构协商，共同推进船舶车船税委托代征的实施工作，切实做好车船税税收政策服务和征管业务指导工作，积极创新征管模式，建立有效的控管机制。实行船舶车船税委托代征的地区要建立健全委托代征工作管理机制。税务机关应当与海事管理机构签订委托代征协议，明确代征单位的代征范围和内容、代征税款的解缴方式和具体期限、代征手续费的支付比例和支付方式、船舶信息交换和协作配合方式等方面的内容，明确各方职责，规范代征行为。

海事管理机构应当在船舶监管过程中，加强对船舶车船税缴纳情况的查验，并及时将有关情况通报税务机关。

三、依托信息手段，搭建畅通渠道，实现部门间信息共享

税务机关应充分依托信息技术手段，与海事管理机构建立沟通协调机制，搭建畅通的信息交流渠道，实现部门间信息共享。实行船舶车船税委托代征的地区要定期交换船舶的登记信息和纳税信息，建立船舶车船税的税源数据库，加强船舶车船税的源泉控管，堵塞征管漏洞，确保船舶车船税委托代征工作顺利进行。

四、船舶车船税委托代征的具体管理办法由国家税务总局财产和行为税司与交通运输部海事局另行制定。

国家税务总局　交通运输部关于发布《船舶车船税委托代征管理办法》的公告

2013 年 1 月 5 日　国家税务总局　交通运输部公告 2013 年第 1 号

为了贯彻落实车船税法及其实施条例，方便纳税人缴纳车船税，提高船舶车船税的征管质量和效率，现将国家税务总局、交通运输部联合制定的《船舶车船税委托代征管理办法》予以发布，自 2013 年 2 月 1 日起施行。

各地对执行中遇到的情况和问题，请及时报告国家税务总局、交通运输部。

特此公告。

船舶车船税委托代征管理办法

第一条　为加强船舶车船税征收管理，做好船舶车船税委托代征工作，方便纳税

人履行纳税义务，根据《中华人民共和国税收征收管理法》及其实施细则、《中华人民共和国车船税法》及其实施条例、《国家税务总局 交通运输部关于进一步做好船舶车船税征收管理工作的通知》（国税发〔2012〕8号）、《财政部 国家税务总局 中国人民银行关于进一步加强代扣代收代征税款手续费管理的通知》（财行〔2005〕365号）等有关规定，制定本办法。

第二条 本办法所称船舶车船税委托代征，是指税务机关根据有利于税收管理和方便纳税的原则，委托交通运输部门海事管理机构代为征收船舶车船税税款的行为。

第三条 本办法适用于船舶车船税的委托征收、解缴和监督。

第四条 在交通运输部直属海事管理机构（以下简称海事管理机构）登记的应税船舶，其车船税由船籍港所在地的税务机关委托当地海事管理机构代征。

第五条 税务机关与海事管理机构应签订委托代征协议书，明确代征税种、代征范围、完税凭证领用要求、代征税款的解缴要求、代征手续费比例和支付方式、纳税人拒绝纳税时的处理措施等事项，并向海事管理机构发放委托代征证书。

第六条 海事管理机构受税务机关委托，在办理船舶登记手续或受理年度船舶登记信息报告时代征船舶车船税。

第七条 海事管理机构应根据车船税法律、行政法规和相关政策规定代征车船税，不得违反规定多征或少征。

第八条 海事管理机构代征船舶车船税的计算方法：

（一）船舶按一个年度计算车船税。计算公式为：

年应纳税额＝计税单位×年基准税额

其中：机动船舶、非机动驳船、拖船的计税单位为净吨位每吨；游艇的计税单位为艇身长度每米；年基准税额按照车船税法及其实施条例的相关规定执行。

（二）购置的新船舶，购置当年的应纳税额自纳税义务发生时间起至该年度终了按月计算。计算公式为：

应纳税额＝年应纳税额×应纳税月份数÷12

应纳税月份数＝12－纳税义务发生时间（取月份）＋1

其中，纳税义务发生时间为纳税人取得船舶所有权或管理权的当月，以购买船舶的发票或者其他证明文件所载日期的当月为准。

第九条 海事管理机构在计算船舶应纳税额时，船舶的相关技术信息以船舶登记证书所载相应数据为准。

第十条 税务机关出具减免税证明和完税凭证的船舶，海事管理机构对免税和完税船舶不代征车船税，对减税船舶根据减免税证明规定的实际年应纳税额代征车船税。海事管理机构应记录上述凭证的凭证号和出具该凭证的单位名称，并将上述凭证的复印件存档备查。

第十一条 对于以前年度未依照车船税法及其实施条例的规定缴纳船舶车船税的，海事管理机构应代征欠缴税款，并按规定代加收滞纳金。

第十二条 海事管理机构在代征税款时，应向纳税人开具税务机关提供的完税凭证。完税凭证的管理应当遵守税务机关的相关规定。

第十三条 海事管理机构依法履行委托代征税款职责时，纳税人不得拒绝。纳税人拒绝的，海事管理机构应当及时报告税务机关。

第十四条 海事管理机构应将代征的车船税单独核算、管理。

第十五条 海事管理机构应根据委托代征协议约定的方式、期限及时将代征税款解缴入库，并向税务机关提供代征船舶名称、代征金额及税款所属期等情况，不得占压、挪用、截留船舶车船税。

第十六条 已经缴纳船舶车船税的船舶在同一纳税年度内办理转让过户的，在原登记地不予退税，在新登记地凭完税凭证不再纳税，新登记地海事管理机构应记录上述船舶的完税凭证号和出具该凭证的税务机关或海事管理机构名称，并将完税凭证的复印件存档备查。

第十七条 完税船舶被盗抢、报废、灭失而申请车船税退税的，由税务机关按照有关规定办理。

第十八条 税务机关查询统计船舶登记的有关信息，海事管理机构应予以配合。

第十九条 税务机关应按委托代征协议的规定及时、足额向海事管理机构支付代征税款手续费。海事管理机构取得的手续费收入纳入预算管理，专项用于委托代征船舶车船税的管理支出，也可以适当奖励相关工作人员。

第二十条 各级税务机关应主动与海事管理机构协调配合，协助海事管理部门做好船舶车船税委托代征工作。税务机关要及时向海事管理机构通报车船税政策变化情况，传递直接征收车船税和批准减免车船税的船舶信息。

第二十一条 税务机关和海事管理机构应对对方提供的涉税信息予以保密，除办理涉税事项外，不得用于其他目的。

第二十二条 地方海事管理机构开展船舶车船税代征工作的，适用本办法。

第二十三条 本办法由国家税务总局、交通运输部负责解释。

第二十四条 本办法自 2013 年 2 月 1 日起施行。

国家税务总局关于车船税征管若干问题的公告

2013 年 7 月 26 日　　国家税务总局公告 2013 年第 42 号

为规范车船税征管，维护纳税人合法权益，根据《中华人民共和国车船税法》（以下简称车船税法）及其实施条例，现将车船税有关征管问题明确如下：

一、关于专用作业车的认定

对于在设计和技术特性上用于特殊工作，并装置有专用设备或器具的汽车，应认定为专用作业车，如汽车起重机、消防车、混凝土泵车、清障车、高空作业车、洒水车、扫路车等。以载运人员或货物为主要目的的专用汽车，如救护车，不属于专用作业车。

二、关于税务机关核定客货两用车的征税问题

客货两用车，又称多用途货车，是指在设计和结构上主要用于载运货物，但在驾驶员座椅后带有固定或折叠式座椅，可运载 3 人以上乘客的货车。客货两用车依照货车的计税单位和年基准税额计征车船税。

三、关于车船税应纳税额的计算

车船税法及其实施条例涉及的整备质量、净吨位、艇身长度等计税单位，有尾数的一律按照含尾数的计税单位据实计算车船税应纳税额。计算得出的应纳税额小数点后超过两位的可四舍五入保留两位小数。

乘用车以车辆登记管理部门核发的机动车登记证书或者行驶证书所载的排气量毫升数确定税额区间。

四、关于车船因质量问题发生退货时的退税

已经缴纳车船税的车船，因质量原因，车船被退回生产企业或者经销商的，纳税人可以向纳税所在地的主管税务机关申请退还自退货月份起至该纳税年度终了期间的税款。退货月份以退货发票所载日期的当月为准。

五、关于扣缴义务人代收代缴后车辆登记地主管税务机关不再征收车船税

纳税人在购买"交强险"时，由扣缴义务人代收代缴车船税的，凭注明已收税款信息的"交强险"保险单，车辆登记地的主管税务机关不再征收该纳税年度的车船税。再次征收的，车辆登记地主管税务机关应予退还。

六、关于扣缴义务人代收代缴欠缴税款滞纳金的起算时间

车船税扣缴义务人代收代缴欠缴税款的滞纳金，从各省、自治区、直辖市人民政

府规定的申报纳税期限截止日期的次日起计算。

七、关于境内外租赁船舶征收车船税的问题

境内单位和个人租入外国籍船舶的，不征收车船税。境内单位和个人将船舶出租到境外的，应依法征收车船税。

本公告自 2013 年 9 月 1 日起施行。《国家税务总局关于车船税征管若干问题的通知》（国税发〔2008〕48 号）同时废止。

特此公告。

国家税务总局关于发布
《车船税管理规程（试行）》的公告

2015 年 11 月 26 日　　国家税务总局公告 2015 年第 83 号

为进一步规范车船税管理，促进税务机关同其他部门协作，提高车船税管理水平，国家税务总局制定了《车船税管理规程（试行）》，现予发布，自 2016 年 1 月 1 日起施行。

特此公告。

车船税管理规程（试行）

第一章　总　　则

第一条　为进一步规范车船税管理，提高车船税管理水平，促进税务机关同其他部门协作，根据《中华人民共和国车船税法》（以下简称车船税法）及其实施条例以及相关法律、法规，制定本规程。

第二条　车船税管理应当坚持依法治税原则，按照法定权限与程序，严格执行相关法律法规和税收政策，坚决维护税法的权威性和严肃性，切实保护纳税人合法权益。

税务机关应当根据车船税法和相关法律法规要求，提高税收征管质效，减轻纳税人办税负担，优化纳税服务，加强部门协作，实现信息管税。

第三条　本规程适用于车船税管理中所涉及的税源管理、税款征收、减免税和退税管理、风险管理等事项。税务登记、税收票证、税收计划、税收会计、税收统计、档案资料等其他有关管理事项按照相关规定执行。

第二章　税源管理

第四条　税务机关应当按照车船税统一申报表数据指标建立车船税税源数据库。

第五条　税务机关、保险机构和代征单位应当在受理纳税人申报或者代收代征车船税时，根据相关法律法规及委托代征协议要求，整理《车船税纳税申报表》《车船税代收代缴报告表》的涉税信息，并及时共享。

税务机关应当将自行征收车船税信息和获取的车船税第三方信息充实到车船税税源数据库中。同时要定期进行税源数据库数据的更新、校验、清洗等工作，保障车船税税源数据库的完整性和准确性。

第六条　税务机关应当积极同相关部门建立联席会议、合作框架等制度，采集以下第三方信息：

（一）保险机构代收车船税车辆的涉税信息；

（二）公安交通管理部门车辆登记信息；

（三）海事部门船舶登记信息；

（四）公共交通管理部门车辆登记信息；

（五）渔业船舶登记管理部门船舶登记信息；

（六）其他相关部门车船涉税信息。

第三章　税款征收

第七条　纳税人向税务机关申报车船税，税务机关应当受理，并向纳税人开具含有车船信息的完税凭证。

第八条　税务机关按第七条征收车船税的，应当严格依据车船登记地确定征管范围。依法不需要办理登记的车船，应当依据车船的所有人或管理人所在地确定征管范围。车船登记地或车船所有人或管理人所在地以外的车船税，税务机关不应征收。

第九条　保险机构应当在收取机动车第三者责任强制保险费时依法代收车船税，并将注明已收税款信息的机动车第三者责任强制保险单及保费发票作为代收税款凭证。

第十条　保险机构应当按照本地区车船税代收代缴管理办法规定的期限和方式，及时向保险机构所在地的税务机关办理申报、结报手续，报送代收代缴税款报告表和投保机动车缴税的明细信息。

第十一条　对已经向主管税务机关申报缴纳车船税的纳税人，保险机构在销售机动车第三者责任强制保险时，不再代收车船税，但应当根据纳税人的完税凭证原件，将车辆的完税凭证号和出具该凭证的税务机关名称录入交强险业务系统。

对出具税务机关减免税证明的车辆，保险机构在销售机动车第三者责任强制保险时，不代收车船税，保险机构应当将减免税证明号和出具该证明的税务机关名称录入交强险业务系统。

纳税人对保险机构代收代缴税款数额有异议的，可以直接向税务机关申报缴纳，也可以在保险机构代收代缴税款后向税务机关提出申诉，税务机关应在接到纳税人申诉后按照本地区代收代缴管理办法规定的受理程序和期限进行处理。

第十二条 车船税联网征收系统已上线地区税务机关应当及时将征收信息、减免税信息、保险机构和代征单位汇总解缴信息等传递至车船税联网征收系统，与税源数据库历史信息进行比对核验，实现税源数据库数据的实时更新、校验、清洗，以确保车船税足额收缴。

第十三条 税务机关可以根据有利于税收管理和方便纳税的原则，委托交通运输部门的海事管理机构等单位在办理车船登记手续或受理车船年度检验信息报告时代征车船税，同时向纳税人出具代征税款凭证。

第十四条 代征单位应当根据委托代征协议约定的方式、期限及时将代征税款解缴入库，并向税务机关提供代征车船明细信息。

第十五条 代征单位对出具税务机关减免税证明或完税凭证的车船，不再代征车船税。代征单位应当记录上述凭证的凭证号和出具该凭证的税务机关名称，并将上述凭证的复印件存档备查。

代征单位依法履行委托代征税款职责时，纳税人不得拒绝。纳税人拒绝的，代征单位应当及时报告税务机关。

第四章　减免税退税管理

第十六条 税务机关应当依法减免车船税。保险机构、代征单位对已经办理减免税手续的车船不再代收代征车船税。

税务机关、保险机构、代征单位应当严格执行财政部、国家税务总局、工业和信息化部公布的节约能源、使用新能源车船减免税政策。对不属于车船税征税范围的纯电动乘用车和燃料电池乘用车，应当积极获取车辆的相关信息予以判断，对其征收了车船税的应当及时予以退税。

第十七条 税务机关应当将本地区车船税减免涉及的具体车船明细信息和相关减免税额存档备查。

第十八条 车船税退税管理应当按照税款缴库退库有关规定执行。

第十九条 已经缴纳车船税的车船，因质量原因，车船被退回生产企业或者经销商的，纳税人可以向纳税所在地的主管税务机关申请退还自退货月份起至该纳税年度终了期间的税款，退货月份以退货发票所载日期的当月为准。

地方税务机关与国家税务机关应当积极协作，落实国地税合作规范，在纳税人因质量原因发生车辆退货时，国家税务机关应当向地方税务机关提供车辆退货发票信息，减轻纳税人办税负担。【自 2018 年 6 月 15 日起删除本条款】

第二十条 已完税车辆被盗抢、报废、灭失而申请车船税退税的，由纳税人纳税所在地的主管税务机关按照有关规定办理。

第二十一条 纳税人在车辆登记地之外购买机动车第三者责任强制保险，由保险机构代收代缴车船税的，凭注明已收税款信息的机动车第三者责任强制保险单或保费发票，车辆登记地的主管税务机关不再征收该纳税年度的车船税，已经征收的应予退还。

第五章　风险管理

第二十二条 税务机关应当加强车船税风险管理，构建车船税风险管理指标体系，依托现代化信息技术，对车船税管理的风险点进行识别、监控、预警，做好风险应对处置工作。

税务机关应当根据国家税务总局关于财产行为税风险管理工作的要求开展车船税风险管理工作。

第二十三条 税务机关重点可以通过以下方式加强车船税风险管理：

（一）将申报已缴纳车船税车船的排量、整备质量、载客人数、吨位、艇身长度等信息与税源数据库中对应的信息进行比对，防范少征、错征税款风险；

（二）将保险机构、代征单位申报解缴税款与实际入库税款进行比对，防范少征、漏征风险；

（三）将备案减免税车船与实际减免税车船数量、涉及税款进行比对，防范减免税优惠政策落实不到位风险；【自 2019 年 5 月 28 日起废止】

（四）将车船税联网征收系统车辆完税信息与本地区车辆完税信息进行比对，防范少征、漏征、重复征税风险等。

税务机关应当根据本地区车船税征管实际情况，设计适应本地区征管实际的车船税风险指标。

第六章　附　　则

第二十四条 各省、自治区、直辖市地方税务机关可根据本规程制定具体实施意见。

第二十五条 本规程自 2016 年 1 月 1 日起施行。

国家税务总局关于保险机构代收车船税
开具增值税发票问题的公告

2016 年 8 月 7 日　国家税务总局公告 2016 年第 51 号

现对保险机构代收车船税开具增值税发票问题公告如下：

保险机构作为车船税扣缴义务人，在代收车船税并开具增值税发票时，应在增值税发票备注栏中注明代收车船税税款信息。具体包括：保险单号、税款所属期（详细至月）、代收车船税金额、滞纳金金额、金额合计等。该增值税发票可作为纳税人缴纳车船税及滞纳金的会计核算原始凭证。

本公告自 2016 年 5 月 1 日起施行。

特此公告。

国家税务总局办公厅关于做好
开具车船税完税证明相关工作的通知

2016 年 8 月 24 日　税总办函〔2016〕820 号

各省、自治区、直辖市和计划单列市地方税务局，西藏、宁夏自治区国家税务局：

《国家税务总局关于保险机构代收车船税开具增值税发票问题的公告》（国家税务总局公告 2016 年第 51 号，以下简称《公告》）明确了保险机构代收车船税应在开具的增值税发票备注栏中注明相关信息，该发票可作为纳税人缴纳车船税及滞纳金的会计核算原始凭证。为把这项措施落实到位，方便车船税纳税人办理涉税事项，切实减轻纳税人负担，各级地方税务机关要做好以下工作：

一、加大《公告》的宣传力度，通过多种渠道，向纳税人宣传介绍《公告》内容。要求保险机构在其经营场所的显著位置张贴《公告》，方便纳税人及时了解《公告》的内容。

二、为满足纳税人开具车船税完税凭证的需要，税务机关应制作开具车船税完税凭证的告知书，列明换开车船税完税凭证的时间、地点、需要提供的资料和具体办理流程等内容，在保险机构经营场所的显著位置张贴，或将告知书交给要求开具车船税完税凭证的纳税人。

三、进一步抓好首问责任的落实，向纳税人履行一次性告知义务，精准解答纳税人疑问，避免纳税人多头跑、多次跑。

四、加大对税务干部和保险机构相关人员的业务培训，使其熟知保险机构代收车船税业务，对纳税人进行正确有效指引。

财政部　税务总局　工业和信息化部
交通运输部关于节能　新能源车船
享受车船税优惠政策的通知

2018 年 7 月 10 日　财税〔2018〕74 号

各省、自治区、直辖市、计划单列市财政厅（局）、工业和信息化主管部门、交通运输厅（局），国家税务总局各省、自治区、直辖市、计划单列市税务局，新疆生产建设兵团财政局、工业和信息化委员会：

为促进节约能源，鼓励使用新能源，根据《中华人民共和国车船税法》及其实施条例有关规定，经国务院批准，现将节约能源、使用新能源（以下简称节能、新能源）车船的车船税优惠政策通知如下：

一、对节能汽车，减半征收车船税。

（一）减半征收车船税的节能乘用车应同时符合以下标准：

1. 获得许可在中国境内销售的排量为 1.6 升以下（含 1.6 升）的燃用汽油、柴油的乘用车（含非插电式混合动力、双燃料和两用燃料乘用车）；

2. 综合工况燃料消耗量应符合标准，具体要求见附件 1。

（二）减半征收车船税的节能商用车应同时符合以下标准：

1. 获得许可在中国境内销售的燃用天然气、汽油、柴油的轻型和重型商用车（含非插电式混合动力、双燃料和两用燃料轻型和重型商用车）；

2. 燃用汽油、柴油的轻型和重型商用车综合工况燃料消耗量应符合标准，具体标准见附件 2、附件 3。

二、对新能源车船，免征车船税。

（一）免征车船税的新能源汽车是指纯电动商用车、插电式（含增程式）混合动力汽车、燃料电池商用车。纯电动乘用车和燃料电池乘用车不属于车船税征税范围，对其不征车船税。

（二）免征车船税的新能源汽车应同时符合以下标准：

1. 获得许可在中国境内销售的纯电动商用车、插电式（含增程式）混合动力汽车、燃料电池商用车；

2. 符合新能源汽车产品技术标准，具体标准见附件4；

3. 通过新能源汽车专项检测，符合新能源汽车标准，具体标准见附件5；

4. 新能源汽车生产企业或进口新能源汽车经销商在产品质量保证、产品一致性、售后服务、安全监测、动力电池回收利用等方面符合相关要求，具体要求见附件6。

（三）免征车船税的新能源船舶应符合以下标准：

船舶的主推进动力装置为纯天然气发动机。发动机采用微量柴油引燃方式且引燃油热值占全部燃料总热值的比例不超过5%的，视同纯天然气发动机。

三、符合上述标准的节能、新能源汽车，由工业和信息化部、税务总局不定期联合发布《享受车船税减免优惠的节约能源使用新能源汽车车型目录》（以下简称《目录》）予以公告。

四、汽车生产企业或进口汽车经销商（以下简称汽车企业）可通过工业和信息化部节能与新能源汽车财税优惠目录申报管理系统，自愿提交节能车型报告、新能源车型报告（报告样本见附件7、附件8），申请将其产品列入《目录》，并对申报资料的真实性负责。

工业和信息化部、税务总局委托工业和信息化部装备工业发展中心负责《目录》组织申报、宣传培训及具体技术审查、监督检查工作。工业和信息化部装备工业发展中心审查结果在工业和信息化部网站公示5个工作日，没有异议的，列入《目录》予以发布。对产品与申报材料不符、产品性能指标未达到标准或者汽车企业提供其他虚假信息，以及列入《目录》后12个月内无产量或进口量的车型，在工业和信息化部网站公示5个工作日，没有异议的，从《目录》中予以撤销。

五、船舶检验机构在核定检验船舶主推进动力装置时，对满足本通知新能源船舶标准的，在其船用产品证书上标注"纯天然气发动机"字段；在船舶建造检验时，对船舶主推进动力装置船用产品证书上标注有"纯天然气发动机"字段的，在其检验证书服务簿中标注"纯天然气动力船舶"字段。

对使用未标记"纯天然气发动机"字段主推进动力装置的船舶，船舶所有人或者管理人认为符合本通知新能源船舶标准的，在船舶年度检验时一并向船舶检验机构提出认定申请，同时提交支撑材料，并对提供信息的真实性负责。船舶检验机构通过审核材料和现场检验予以确认，符合本通知新能源船舶标准的，在船舶检验证书服务簿中标注"纯天然气动力船舶"字段。

纳税人凭标注"纯天然气动力船舶"字段的船舶检验证书享受车船税免税优惠。

六、财政部、税务总局、工业和信息化部、交通运输部根据汽车和船舶技术进步、产业发展等因素适时调整节能、新能源车船的认定标准。在开展享受车船税减免优惠的节能、新能源车船审查和认定等相关管理工作过程中，相关部门及其工作人员存在玩忽职守、滥用职权、徇私舞弊等违法行为的，按照《公务员法》《监察法》《财政违法行为处罚处分条例》等有关国家规定追究相应责任；涉嫌犯罪的，移送司法机关处理。

对提供虚假信息骗取列入《目录》资格的汽车企业，以及提供虚假资料的船舶所有人或者管理人，应依照相关法律法规予以处理。

七、本通知发布后，列入新公告的各批次《目录》（以下简称新《目录》）的节能、新能源汽车，自新《目录》公告之日起，按新《目录》和本通知相关规定享受车船税减免优惠政策。新《目录》公告后，第一批、第二批、第三批车船税优惠车型目录同时废止；新《目录》公告前已取得的列入第一批、第二批、第三批车船税优惠车型目录的节能、新能源汽车，不论是否转让，可继续享受车船税减免优惠政策。

八、本通知自发布之日起执行。《财政部　国家税务总局　工业和信息化部关于节约能源使用新能源车船车船税优惠政策的通知》（财税〔2015〕51 号）以及财政部办公厅、税务总局办公厅、工业和信息化部办公厅《关于加强〈享受车船税减免优惠的节约能源　使用新能源汽车车型目录〉管理工作的通知》（财办税〔2017〕63 号）同时废止。

附件：1. 节能乘用车综合工况燃料消耗量限值标准（略）

2. 节能轻型商用车综合工况燃料消耗量限值标准（略）

3. 节能重型商用车综合工况燃料消耗量限值标准（略）

4. 新能源汽车产品技术标准（略）

5. 新能源汽车产品专项检验标准目录（略）

6. 新能源汽车企业要求（略）

7. 节能车型报告（略）

8. 新能源车型报告（略）

财政部　税务总局关于国家综合性
消防救援车辆车船税政策的通知

2019 年 2 月 13 日　财税〔2019〕18 号

各省、自治区、直辖市、计划单列市财政厅（局），新疆生产建设兵团财政局，国家税务总局各省、自治区、直辖市、计划单列市税务局：

根据《国务院办公厅关于国家综合性消防救援车辆悬挂应急救援专用号牌有关事项的通知》（国办发〔2018〕114 号）规定，国家综合性消防救援车辆由部队号牌改挂应急救援专用号牌的，一次性免征改挂当年车船税。

工业和信息化部　财政部　税务总局关于
调整享受车船税优惠的节能　新能源
汽车产品技术要求的公告

2022 年 1 月 20 日　工业和信息化部　财政部　税务总局公告 2022 年第 2 号

为适应节能与新能源汽车产业发展和技术进步需要，结合《插电式混合动力电动乘用车技术条件》（GB/T 32694—2021）等标准发布实施，现就《财政部　税务总局　工业和信息化部　交通运输部关于节能　新能源车船享受车船税优惠政策的通知》（财税〔2018〕74 号）中享受车船税优惠的节能、新能源汽车产品技术要求有关事项公告如下：

一、对财税〔2018〕74 号文中节能乘用车、轻型商用车、重型商用车综合工况燃料消耗量限值标准进行更新，具体要求见本公告附件。

二、对财税〔2018〕74 号文中插电式混合动力（含增程式）乘用车有关技术要求调整如下：

（一）插电式混合动力（含增程式）乘用车纯电动续驶里程应满足有条件的等效全电里程不低于 43 公里。

（二）插电式混合动力（含增程式）乘用车电量保持模式试验的燃料消耗量（不

含电能转化的燃料消耗量）与《乘用车燃料消耗量限值》（GB 19578—2021）中车型对应的燃料消耗量限值相比应当小于70%；电量消耗模式试验的电能消耗量应小于电能消耗量目标值的135%。按整备质量（m，kg）不同，百公里电能消耗量目标值（Y）应满足以下要求：m≤1000 时，$Y = 0.0112 \times m + 0.4$；$1000 < m \leq 1600$ 时，$Y = 0.0078 \times m + 3.8$；m > 1600 时，$Y = 0.0048 \times m + 8.60$。

三、享受车船税优惠节能、新能源汽车产品的其他技术要求继续按照财税〔2018〕74 号文有关规定执行。

四、本公告发布后，新申请享受车船税优惠政策的节能、新能源汽车车型，其技术要求按本公告规定执行，符合条件的列入新的《享受车船税减免优惠的节约能源使用新能源汽车车型目录》（以下简称新《目录》）。新《目录》公告发布后，已发布的第四批至第三十四批车船税优惠车型目录同时废止，原目录中符合本公告技术要求的车型将自动转入新《目录》公告；新《目录》公告发布前，已取得的列入第四批至第三十四批车船税优惠车型目录的节能、新能源汽车，不论是否转让，可继续享受车船税减免优惠政策。

附件：1. 节能乘用车综合工况燃料消耗量限值标准（略）
      2. 节能轻型商用车综合工况燃料消耗量限值标准（略）
      3. 节能重型商用车综合工况燃料消耗量限值标准（略）

中华人民共和国道路交通安全法

2003 年 10 月 28 日第十届全国人民代表大会常务委员会第五次会议通过，2007 年 12 月 29 日第十届全国人民代表大会常务委员会第三十一次会议《关于修改〈中华人民共和国道路交通安全法〉的决定》第一次修正，2011 年 4 月 22 日第十一届全国人民代表大会常务委员会第二十次会议《关于修改〈中华人民共和国道路交通安全法〉的决定》第二次修正，2021 年 4 月 29 日第十三届全国人民代表大会常务委员会第二十八次会议《关于修改〈中华人民共和国道路交通安全法〉等八部法律的决定》第三次修正

第一章　总　则

第一条　为了维护道路交通秩序，预防和减少交通事故，保护人身安全，保护公

民、法人和其他组织的财产安全及其他合法权益，提高通行效率，制定本法。

第二条 中华人民共和国境内的车辆驾驶人、行人、乘车人以及与道路交通活动有关的单位和个人，都应当遵守本法。

第三条 道路交通安全工作，应当遵循依法管理、方便群众的原则，保障道路交通有序、安全、畅通。

第四条 各级人民政府应当保障道路交通安全管理工作与经济建设和社会发展相适应。

县级以上地方各级人民政府应当适应道路交通发展的需要，依据道路交通安全法律、法规和国家有关政策，制定道路交通安全管理规划，并组织实施。

第五条 国务院公安部门负责全国道路交通安全管理工作。县级以上地方各级人民政府公安机关交通管理部门负责本行政区域内的道路交通安全管理工作。

县级以上各级人民政府交通、建设管理部门依据各自职责，负责有关的道路交通工作。

第六条 各级人民政府应当经常进行道路交通安全教育，提高公民的道路交通安全意识。

公安机关交通管理部门及其交通警察执行职务时，应当加强道路交通安全法律、法规的宣传，并模范遵守道路交通安全法律、法规。

机关、部队、企业事业单位、社会团体以及其他组织，应当对本单位的人员进行道路交通安全教育。

教育行政部门、学校应当将道路交通安全教育纳入法制教育的内容。

新闻、出版、广播、电视等有关单位，有进行道路交通安全教育的义务。

第七条 对道路交通安全管理工作，应当加强科学研究，推广、使用先进的管理方法、技术、设备。

第二章　车辆和驾驶人

第一节　机动车、非机动车

第八条 国家对机动车实行登记制度。机动车经公安机关交通管理部门登记后，方可上道路行驶。尚未登记的机动车，需要临时上道路行驶的，应当取得临时通行牌证。

第九条 申请机动车登记，应当提交以下证明、凭证：

（一）机动车所有人的身份证明；

（二）机动车来历证明；

（三）机动车整车出厂合格证明或者进口机动车进口凭证；

（四）车辆购置税的完税证明或者免税凭证；

（五）法律、行政法规规定应当在机动车登记时提交的其他证明、凭证。

公安机关交通管理部门应当自受理申请之日起五个工作日内完成机动车登记审查工作，对符合前款规定条件的，应当发放机动车登记证书、号牌和行驶证；对不符合前款规定条件的，应当向申请人说明不予登记的理由。

公安机关交通管理部门以外的任何单位或者个人不得发放机动车号牌或者要求机动车悬挂其他号牌，本法另有规定的除外。

机动车登记证书、号牌、行驶证的式样由国务院公安部门规定并监制。

第十条 准予登记的机动车应当符合机动车国家安全技术标准。申请机动车登记时，应当接受对该机动车的安全技术检验。但是，经国家机动车产品主管部门依据机动车国家安全技术标准认定的企业生产的机动车型，该车型的新车在出厂时经检验符合机动车国家安全技术标准，获得检验合格证的，免予安全技术检验。

第十一条 驾驶机动车上道路行驶，应当悬挂机动车号牌，放置检验合格标志、保险标志，并随车携带机动车行驶证。

机动车号牌应当按照规定悬挂并保持清晰、完整，不得故意遮挡、污损。

任何单位和个人不得收缴、扣留机动车号牌。

第十二条 有下列情形之一的，应当办理相应的登记：

（一）机动车所有权发生转移的；

（二）机动车登记内容变更的；

（三）机动车用作抵押的；

（四）机动车报废的。

第十三条 对登记后上道路行驶的机动车，应当依照法律、行政法规的规定，根据车辆用途、载客载货数量、使用年限等不同情况，定期进行安全技术检验。对提供机动车行驶证和机动车第三者责任强制保险单的，机动车安全技术检验机构应当予以检验，任何单位不得附加其他条件。对符合机动车国家安全技术标准的，公安机关交通管理部门应当发给检验合格标志。

对机动车的安全技术检验实行社会化。具体办法由国务院规定。

机动车安全技术检验实行社会化的地方，任何单位不得要求机动车到指定的场所进行检验。

公安机关交通管理部门、机动车安全技术检验机构不得要求机动车到指定的场所进行维修、保养。

机动车安全技术检验机构对机动车检验收取费用，应当严格执行国务院价格主管部门核定的收费标准。

第十四条 国家实行机动车强制报废制度，根据机动车的安全技术状况和不同用途，规定不同的报废标准。

应当报废的机动车必须及时办理注销登记。

达到报废标准的机动车不得上道路行驶。报废的大型客、货车及其他营运车辆应当在公安机关交通管理部门的监督下解体。

第十五条 警车、消防车、救护车、工程救险车应当按照规定喷涂标志图案，安装警报器、标志灯具。其他机动车不得喷涂、安装、使用上述车辆专用的或者与其相类似的标志图案、警报器或者标志灯具。

警车、消防车、救护车、工程救险车应当严格按照规定的用途和条件使用。

公路监督检查的专用车辆，应当依照公路法的规定，设置统一的标志和示警灯。

第十六条 任何单位或者个人不得有下列行为：

（一）拼装机动车或者擅自改变机动车已登记的结构、构造或者特征；

（二）改变机动车型号、发动机号、车架号或者车辆识别代号；

（三）伪造、变造或者使用伪造、变造的机动车登记证书、号牌、行驶证、检验合格标志、保险标志；

（四）使用其他机动车的登记证书、号牌、行驶证、检验合格标志、保险标志。

第十七条 国家实行机动车第三者责任强制保险制度，设立道路交通事故社会救助基金。具体办法由国务院规定。

第十八条 依法应当登记的非机动车，经公安机关交通管理部门登记后，方可上道路行驶。

依法应当登记的非机动车的种类，由省、自治区、直辖市人民政府根据当地实际情况规定。

非机动车的外形尺寸、质量、制动器、车铃和夜间反光装置，应当符合非机动车安全技术标准。

第二节 机动车驾驶人

第十九条 驾驶机动车，应当依法取得机动车驾驶证。

申请机动车驾驶证，应当符合国务院公安部门规定的驾驶许可条件；经考试合格后，由公安机关交通管理部门发给相应类别的机动车驾驶证。

持有境外机动车驾驶证的人，符合国务院公安部门规定的驾驶许可条件，经公安机关交通管理部门考核合格的，可以发给中国的机动车驾驶证。

驾驶人应当按照驾驶证载明的准驾车型驾驶机动车；驾驶机动车时，应当随身携带机动车驾驶证。

公安机关交通管理部门以外的任何单位或者个人，不得收缴、扣留机动车驾驶证。

第二十条 机动车的驾驶培训实行社会化，由交通运输主管部门对驾驶培训学校、驾驶培训班实行备案管理，并对驾驶培训活动加强监督，其中专门的拖拉机驾驶培训学校、驾驶培训班由农业（农业机械）主管部门实行监督管理。

驾驶培训学校、驾驶培训班应当严格按照国家有关规定，对学员进行道路交通安全法律、法规、驾驶技能的培训，确保培训质量。

任何国家机关以及驾驶培训和考试主管部门不得举办或者参与举办驾驶培训学校、驾驶培训班。

第二十一条 驾驶人驾驶机动车上道路行驶前，应当对机动车的安全技术性能进行认真检查；不得驾驶安全设施不全或者机件不符合技术标准等具有安全隐患的机动车。

第二十二条 机动车驾驶人应当遵守道路交通安全法律、法规的规定，按照操作规范安全驾驶、文明驾驶。

饮酒、服用国家管制的精神药品或者麻醉药品，或者患有妨碍安全驾驶机动车的疾病，或者过度疲劳影响安全驾驶的，不得驾驶机动车。

任何人不得强迫、指使、纵容驾驶人违反道路交通安全法律、法规和机动车安全驾驶要求驾驶机动车。

第二十三条 公安机关交通管理部门依照法律、行政法规的规定，定期对机动车驾驶证实施审验。

第二十四条 公安机关交通管理部门对机动车驾驶人违反道路交通安全法律、法规的行为，除依法给予行政处罚外，实行累积记分制度。公安机关交通管理部门对累积记分达到规定分值的机动车驾驶人，扣留机动车驾驶证，对其进行道路交通安全法律、法规教育，重新考试；考试合格的，发还其机动车驾驶证。

对遵守道路交通安全法律、法规，在一年内无累积记分的机动车驾驶人，可以延长机动车驾驶证的审验期。具体办法由国务院公安部门规定。

第三章 道路通行条件

第二十五条 全国实行统一的道路交通信号。

交通信号包括交通信号灯、交通标志、交通标线和交通警察的指挥。

交通信号灯、交通标志、交通标线的设置应当符合道路交通安全、畅通的要求和国家标准，并保持清晰、醒目、准确、完好。

根据通行需要，应当及时增设、调换、更新道路交通信号。增设、调换、更新限制性的道路交通信号，应当提前向社会公告，广泛进行宣传。

第二十六条 交通信号灯由红灯、绿灯、黄灯组成。红灯表示禁止通行，绿灯表示准许通行，黄灯表示警示。

第二十七条 铁路与道路平面交叉的道口，应当设置警示灯、警示标志或者安全防护设施。无人看守的铁路道口，应当在距道口一定距离处设置警示标志。

第二十八条 任何单位和个人不得擅自设置、移动、占用、损毁交通信号灯、交通标志、交通标线。

道路两侧及隔离带上种植的树木或者其他植物，设置的广告牌、管线等，应当与交通设施保持必要的距离，不得遮挡路灯、交通信号灯、交通标志，不得妨碍安全视距，不得影响通行。

第二十九条 道路、停车场和道路配套设施的规划、设计、建设，应当符合道路交通安全、畅通的要求，并根据交通需求及时调整。

公安机关交通管理部门发现已经投入使用的道路存在交通事故频发路段，或者停车场、道路配套设施存在交通安全严重隐患的，应当及时向当地人民政府报告，并提出防范交通事故、消除隐患的建议，当地人民政府应当及时作出处理决定。

第三十条 道路出现坍塌、坑漕、水毁、隆起等损毁或者交通信号灯、交通标志、交通标线等交通设施损毁、灭失的，道路、交通设施的养护部门或者管理部门应当设置警示标志并及时修复。

公安机关交通管理部门发现前款情形，危及交通安全，尚未设置警示标志的，应当及时采取安全措施，疏导交通，并通知道路、交通设施的养护部门或者管理部门。

第三十一条 未经许可，任何单位和个人不得占用道路从事非交通活动。

第三十二条 因工程建设需要占用、挖掘道路，或者跨越、穿越道路架设、增设管线设施，应当事先征得道路主管部门的同意；影响交通安全的，还应当征得公安机关交通管理部门的同意。

施工作业单位应当在经批准的路段和时间内施工作业，并在距离施工作业地点来车方向安全距离处设置明显的安全警示标志，采取防护措施；施工作业完毕，应当迅速清除道路上的障碍物，消除安全隐患，经道路主管部门和公安机关交通管理部门验收合格，符合通行要求后，方可恢复通行。

对未中断交通的施工作业道路，公安机关交通管理部门应当加强交通安全监督检查，维护道路交通秩序。

第三十三条 新建、改建、扩建的公共建筑、商业街区、居住区、大（中）型建筑等，应当配建、增建停车场；停车泊位不足的，应当及时改建或者扩建；投入使用的停车场不得擅自停止使用或者改作他用。

在城市道路范围内，在不影响行人、车辆通行的情况下，政府有关部门可以施划停车泊位。

第三十四条 学校、幼儿园、医院、养老院门前的道路没有行人过街设施的，应当施划人行横道线，设置提示标志。

城市主要道路的人行道，应当按照规划设置盲道。盲道的设置应当符合国家标准。

第四章　道路通行规定

第一节　一般规定

第三十五条　机动车、非机动车实行右侧通行。

第三十六条　根据道路条件和通行需要，道路划分为机动车道、非机动车道和人行道的，机动车、非机动车、行人实行分道通行。没有划分机动车道、非机动车道和人行道的，机动车在道路中间通行，非机动车和行人在道路两侧通行。

第三十七条　道路划设专用车道的，在专用车道内，只准许规定的车辆通行，其他车辆不得进入专用车道内行驶。

第三十八条　车辆、行人应当按照交通信号通行；遇有交通警察现场指挥时，应当按照交通警察的指挥通行；在没有交通信号的道路上，应当在确保安全、畅通的原则下通行。

第三十九条　公安机关交通管理部门根据道路和交通流量的具体情况，可以对机动车、非机动车、行人采取疏导、限制通行、禁止通行等措施。遇有大型群众性活动、大范围施工等情况，需要采取限制交通的措施，或者作出与公众的道路交通活动直接有关的决定，应当提前向社会公告。

第四十条　遇有自然灾害、恶劣气象条件或者重大交通事故等严重影响交通安全的情形，采取其他措施难以保证交通安全时，公安机关交通管理部门可以实行交通管制。

第四十一条　有关道路通行的其他具体规定，由国务院规定。

第二节　机动车通行规定

第四十二条　机动车上道路行驶，不得超过限速标志标明的最高时速。在没有限速标志的路段，应当保持安全车速。

夜间行驶或者在容易发生危险的路段行驶，以及遇有沙尘、冰雹、雨、雪、雾、结冰等气象条件时，应当降低行驶速度。

第四十三条　同车道行驶的机动车，后车应当与前车保持足以采取紧急制动措施的安全距离。有下列情形之一的，不得超车：

（一）前车正在左转弯、掉头、超车的；

（二）与对面来车有会车可能的；

（三）前车为执行紧急任务的警车、消防车、救护车、工程救险车的；

（四）行经铁路道口、交叉路口、窄桥、弯道、陡坡、隧道、人行横道、市区交通流量大的路段等没有超车条件的。

第四十四条　机动车通过交叉路口，应当按照交通信号灯、交通标志、交通标线或者交通警察的指挥通过；通过没有交通信号灯、交通标志、交通标线或者交通警察指挥的交叉路口时，应当减速慢行，并让行人和优先通行的车辆先行。

第四十五条　机动车遇有前方车辆停车排队等候或者缓慢行驶时，不得借道超车或者占用对面车道，不得穿插等候的车辆。

在车道减少的路段、路口，或者在没有交通信号灯、交通标志、交通标线或者交通警察指挥的交叉路口遇到停车排队等候或者缓慢行驶时，机动车应当依次交替通行。

第四十六条　机动车通过铁路道口时，应当按照交通信号或者管理人员的指挥通行；没有交通信号或者管理人员的，应当减速或者停车，在确认安全后通过。

第四十七条　机动车行经人行横道时，应当减速行驶；遇行人正在通过人行横道，应当停车让行。

机动车行经没有交通信号的道路时，遇行人横过道路，应当避让。

第四十八条　机动车载物应当符合核定的载质量，严禁超载；载物的长、宽、高不得违反装载要求，不得遗洒、飘散载运物。

机动车运载超限的不可解体的物品，影响交通安全的，应当按照公安机关交通管理部门指定的时间、路线、速度行驶，悬挂明显标志。在公路上运载超限的不可解体的物品，并应当依照公路法的规定执行。

机动车载运爆炸物品、易燃易爆化学物品以及剧毒、放射性等危险物品，应当经公安机关批准后，按指定的时间、路线、速度行驶，悬挂警示标志并采取必要的安全措施。

第四十九条　机动车载人不得超过核定的人数，客运机动车不得违反规定载货。

第五十条　禁止货运机动车载客。

货运机动车需要附载作业人员的，应当设置保护作业人员的安全措施。

第五十一条　机动车行驶时，驾驶人、乘坐人员应当按规定使用安全带，摩托车驾驶人及乘坐人员应当按规定戴安全头盔。

第五十二条　机动车在道路上发生故障，需要停车排除故障时，驾驶人应当立即开启危险报警闪光灯，将机动车移至不妨碍交通的地方停放；难以移动的，应当持续开启危险报警闪光灯，并在来车方向设置警告标志等措施扩大示警距离，必要时迅速报警。

第五十三条　警车、消防车、救护车、工程救险车执行紧急任务时，可以使用警报器、标志灯具；在确保安全的前提下，不受行驶路线、行驶方向、行驶速度和信号灯的限制，其他车辆和行人应当让行。

警车、消防车、救护车、工程救险车非执行紧急任务时，不得使用警报器、标志灯具，不享有前款规定的道路优先通行权。

第五十四条 道路养护车辆、工程作业车进行作业时，在不影响过往车辆通行的前提下，其行驶路线和方向不受交通标志、标线限制，过往车辆和人员应当注意避让。

洒水车、清扫车等机动车应当按照安全作业标准作业；在不影响其他车辆通行的情况下，可以不受车辆分道行驶的限制，但是不得逆向行驶。

第五十五条 高速公路、大中城市中心城区内的道路，禁止拖拉机通行。其他禁止拖拉机通行的道路，由省、自治区、直辖市人民政府根据当地实际情况规定。

在允许拖拉机通行的道路上，拖拉机可以从事货运，但是不得用于载人。

第五十六条 机动车应当在规定地点停放。禁止在人行道上停放机动车；但是，依照本法第三十三条规定施划的停车泊位除外。

在道路上临时停车的，不得妨碍其他车辆和行人通行。

第三节 非机动车通行规定

第五十七条 驾驶非机动车在道路上行驶应当遵守有关交通安全的规定。非机动车应当在非机动车道内行驶；在没有非机动车道的道路上，应当靠车行道的右侧行驶。

第五十八条 残疾人机动轮椅车、电动自行车在非机动车道内行驶时，最高时速不得超过十五公里。

第五十九条 非机动车应当在规定地点停放。未设停放地点的，非机动车停放不得妨碍其他车辆和行人通行。

第六十条 驾驭畜力车，应当使用驯服的牲畜；驾驭畜力车横过道路时，驾驭人应当下车牵引牲畜；驾驭人离开车辆时，应当拴系牲畜。

第四节 行人和乘车人通行规定

第六十一条 行人应当在人行道内行走，没有人行道的靠路边行走。

第六十二条 行人通过路口或者横过道路，应当走人行横道或者过街设施；通过有交通信号灯的人行横道，应当按照交通信号灯指示通行；通过没有交通信号灯、人行横道的路口，或者在没有过街设施的路段横过道路，应当在确认安全后通过。

第六十三条 行人不得跨越、倚坐道路隔离设施，不得扒车、强行拦车或者实施妨碍道路交通安全的其他行为。

第六十四条 学龄前儿童以及不能辨认或者不能控制自己行为的精神疾病患者、智力障碍者在道路上通行，应当由其监护人、监护人委托的人或者对其负有管理、保护职责的人带领。

盲人在道路上通行，应当使用盲杖或者采取其他导盲手段，车辆应当避让盲人。

第六十五条 行人通过铁路道口时，应当按照交通信号或者管理人员的指挥通行；没有交通信号和管理人员的，应当在确认无火车驶临后，迅速通过。

第六十六条 乘车人不得携带易燃易爆等危险物品，不得向车外抛洒物品，不得有影响驾驶人安全驾驶的行为。

第五节 高速公路的特别规定

第六十七条 行人、非机动车、拖拉机、轮式专用机械车、铰接式客车、全挂拖斗车以及其他设计最高时速低于七十公里的机动车，不得进入高速公路。高速公路限速标志标明的最高时速不得超过一百二十公里。

第六十八条 机动车在高速公路上发生故障时，应当依照本法第五十二条的有关规定办理；但是，警告标志应当设置在故障车来车方向一百五十米以外，车上人员应当迅速转移到右侧路肩上或者应急车道内，并且迅速报警。

机动车在高速公路上发生故障或者交通事故，无法正常行驶的，应当由救援车、清障车拖曳、牵引。

第六十九条 任何单位、个人不得在高速公路上拦截检查行驶的车辆，公安机关的人民警察依法执行紧急公务除外。

第五章 交通事故处理

第七十条 在道路上发生交通事故，车辆驾驶人应当立即停车，保护现场；造成人身伤亡的，车辆驾驶人应当立即抢救受伤人员，并迅速报告执勤的交通警察或者公安机关交通管理部门。因抢救受伤人员变动现场的，应当标明位置。乘车人、过往车辆驾驶人、过往行人应当予以协助。

在道路上发生交通事故，未造成人身伤亡，当事人对事实及成因无争议的，可以即行撤离现场，恢复交通，自行协商处理损害赔偿事宜；不即行撤离现场的，应当迅速报告执勤的交通警察或者公安机关交通管理部门。

在道路上发生交通事故，仅造成轻微财产损失，并且基本事实清楚的，当事人应当先撤离现场再进行协商处理。

第七十一条 车辆发生交通事故后逃逸的，事故现场目击人员和其他知情人员应当向公安机关交通管理部门或者交通警察举报。举报属实的，公安机关交通管理部门应当给予奖励。

第七十二条 公安机关交通管理部门接到交通事故报警后，应当立即派交通警察赶赴现场，先组织抢救受伤人员，并采取措施，尽快恢复交通。

交通警察应当对交通事故现场进行勘验、检查，收集证据；因收集证据的需要，可以扣留事故车辆，但是应当妥善保管，以备核查。

对当事人的生理、精神状况等专业性较强的检验，公安机关交通管理部门应当委托专门机构进行鉴定。鉴定结论应当由鉴定人签名。

第七十三条 公安机关交通管理部门应当根据交通事故现场勘验、检查、调查情况和有关的检验、鉴定结论，及时制作交通事故认定书，作为处理交通事故的证据。交通事故认定书应当载明交通事故的基本事实、成因和当事人的责任，并送达当事人。

第七十四条 对交通事故损害赔偿的争议，当事人可以请求公安机关交通管理部门调解，也可以直接向人民法院提起民事诉讼。

经公安机关交通管理部门调解，当事人未达成协议或者调解书生效后不履行的，当事人可以向人民法院提起民事诉讼。

第七十五条 医疗机构对交通事故中的受伤人员应当及时抢救，不得因抢救费用未及时支付而拖延救治。肇事车辆参加机动车第三者责任强制保险的，由保险公司在责任限额范围内支付抢救费用；抢救费用超过责任限额的，未参加机动车第三者责任强制保险或者肇事后逃逸的，由道路交通事故社会救助基金先行垫付部分或者全部抢救费用，道路交通事故社会救助基金管理机构有权向交通事故责任人追偿。

第七十六条 机动车发生交通事故造成人身伤亡、财产损失的，由保险公司在机动车第三者责任强制保险责任限额范围内予以赔偿；不足的部分，按照下列规定承担赔偿责任：

（一）机动车之间发生交通事故的，由有过错的一方承担赔偿责任；双方都有过错的，按照各自过错的比例分担责任。

（二）机动车与非机动车驾驶人、行人之间发生交通事故，非机动车驾驶人、行人没有过错的，由机动车一方承担赔偿责任；有证据证明非机动车驾驶人、行人有过错的，根据过错程度适当减轻机动车一方的赔偿责任；机动车一方没有过错的，承担不超过百分之十的赔偿责任。

交通事故的损失是由非机动车驾驶人、行人故意碰撞机动车造成的，机动车一方不承担赔偿责任。

第七十七条 车辆在道路以外通行时发生的事故，公安机关交通管理部门接到报案的，参照本法有关规定办理。

第六章　执法监督

第七十八条 公安机关交通管理部门应当加强对交通警察的管理，提高交通警察的素质和管理道路交通的水平。

公安机关交通管理部门应当对交通警察进行法制和交通安全管理业务培训、考核。交通警察经考核不合格的，不得上岗执行职务。

第七十九条 公安机关交通管理部门及其交通警察实施道路交通安全管理，应当依据法定的职权和程序，简化办事手续，做到公正、严格、文明、高效。

第八十条 交通警察执行职务时，应当按照规定着装，佩戴人民警察标志，持有人民警察证件，保持警容严整，举止端庄，指挥规范。

第八十一条 依照本法发放牌证等收取工本费，应当严格执行国务院价格主管部门核定的收费标准，并全部上缴国库。

第八十二条 公安机关交通管理部门依法实施罚款的行政处罚，应当依照有关法律、行政法规的规定，实施罚款决定与罚款收缴分离；收缴的罚款以及依法没收的违法所得，应当全部上缴国库。

第八十三条 交通警察调查处理道路交通安全违法行为和交通事故，有下列情形之一的，应当回避：

（一）是本案的当事人或者当事人的近亲属；

（二）本人或者其近亲属与本案有利害关系；

（三）与本案当事人有其他关系，可能影响案件的公正处理。

第八十四条 公安机关交通管理部门及其交通警察的行政执法活动，应当接受行政监察机关依法实施的监督。

公安机关督察部门应当对公安机关交通管理部门及其交通警察执行法律、法规和遵守纪律的情况依法进行监督。

上级公安机关交通管理部门应当对下级公安机关交通管理部门的执法活动进行监督。

第八十五条 公安机关交通管理部门及其交通警察执行职务，应当自觉接受社会和公民的监督。

任何单位和个人都有权对公安机关交通管理部门及其交通警察不严格执法以及违法违纪行为进行检举、控告。收到检举、控告的机关，应当依据职责及时查处。

第八十六条 任何单位不得给公安机关交通管理部门下达或者变相下达罚款指标；公安机关交通管理部门不得以罚款数额作为考核交通警察的标准。

公安机关交通管理部门及其交通警察对超越法律、法规规定的指令，有权拒绝执行，并同时向上级机关报告。

第七章 法律责任

第八十七条 公安机关交通管理部门及其交通警察对道路交通安全违法行为，应当及时纠正。

公安机关交通管理部门及其交通警察应当依据事实和本法的有关规定对道路交通安全违法行为予以处罚。对于情节轻微，未影响道路通行的，指出违法行为，给予口头警告后放行。

第八十八条 对道路交通安全违法行为的处罚种类包括：警告、罚款、暂扣或者吊销机动车驾驶证、拘留。

第八十九条 行人、乘车人、非机动车驾驶人违反道路交通安全法律、法规关于道路通行规定的，处警告或者五元以上五十元以下罚款；非机动车驾驶人拒绝接受罚款处罚的，可以扣留其非机动车。

第九十条 机动车驾驶人违反道路交通安全法律、法规关于道路通行规定的，处警告或者二十元以上二百元以下罚款。本法另有规定的，依照规定处罚。

第九十一条 饮酒后驾驶机动车的，处暂扣六个月机动车驾驶证，并处一千元以上二千元以下罚款。因饮酒后驾驶机动车被处罚，再次饮酒后驾驶机动车的，处十日以下拘留，并处一千元以上二千元以下罚款，吊销机动车驾驶证。

醉酒驾驶机动车的，由公安机关交通管理部门约束至酒醒，吊销机动车驾驶证，依法追究刑事责任；五年内不得重新取得机动车驾驶证。

饮酒后驾驶营运机动车的，处十五日拘留，并处五千元罚款，吊销机动车驾驶证，五年内不得重新取得机动车驾驶证。

醉酒驾驶营运机动车的，由公安机关交通管理部门约束至酒醒，吊销机动车驾驶证，依法追究刑事责任；十年内不得重新取得机动车驾驶证，重新取得机动车驾驶证后，不得驾驶营运机动车。

饮酒后或者醉酒驾驶机动车发生重大交通事故，构成犯罪的，依法追究刑事责任，并由公安机关交通管理部门吊销机动车驾驶证，终生不得重新取得机动车驾驶证。

第九十二条 公路客运车辆载客超过额定乘员的，处二百元以上五百元以下罚款；超过额定乘员百分之二十或者违反规定载货的，处五百元以上二千元以下罚款。

货运机动车超过核定载质量的，处二百元以上五百元以下罚款；超过核定载质量百分之三十或者违反规定载客的，处五百元以上二千元以下罚款。

有前两款行为的，由公安机关交通管理部门扣留机动车至违法状态消除。

运输单位的车辆有本条第一款、第二款规定的情形，经处罚不改的，对直接负责的主管人员处二千元以上五千元以下罚款。

第九十三条 对违反道路交通安全法律、法规关于机动车停放、临时停车规定的，可以指出违法行为，并予以口头警告，令其立即驶离。

机动车驾驶人不在现场或者虽在现场但拒绝立即驶离，妨碍其他车辆、行人通行的，处二十元以上二百元以下罚款，并可以将该机动车拖移至不妨碍交通的地点或者公安机关交通管理部门指定的地点停放。公安机关交通管理部门拖车不得向当事人收取费用，并应当及时告知当事人停放地点。

因采取不正确的方法拖车造成机动车损坏的，应当依法承担补偿责任。

第九十四条 机动车安全技术检验机构实施机动车安全技术检验超过国务院价格主管部门核定的收费标准收取费用的，退还多收取的费用，并由价格主管部门依照《中华人民共和国价格法》的有关规定给予处罚。

机动车安全技术检验机构不按照机动车国家安全技术标准进行检验，出具虚假检验结果的，由公安机关交通管理部门处所收检验费用五倍以上十倍以下罚款，并依法撤销其检验资格；构成犯罪的，依法追究刑事责任。

第九十五条　上道路行驶的机动车未悬挂机动车号牌，未放置检验合格标志、保险标志，或者未随车携带行驶证、驾驶证的，公安机关交通管理部门应当扣留机动车，通知当事人提供相应的牌证、标志或者补办相应手续，并可以依照本法第九十条的规定予以处罚。当事人提供相应的牌证、标志或者补办相应手续的，应当及时退还机动车。

故意遮挡、污损或者不按规定安装机动车号牌的，依照本法第九十条的规定予以处罚。

第九十六条　伪造、变造或者使用伪造、变造的机动车登记证书、号牌、行驶证、驾驶证的，由公安机关交通管理部门予以收缴，扣留该机动车，处十五日以下拘留，并处二千元以上五千元以下罚款；构成犯罪的，依法追究刑事责任。

伪造、变造或者使用伪造、变造的检验合格标志、保险标志的，由公安机关交通管理部门予以收缴，扣留该机动车，处十日以下拘留，并处一千元以上三千元以下罚款；构成犯罪的，依法追究刑事责任。

使用其他车辆的机动车登记证书、号牌、行驶证、检验合格标志、保险标志的，由公安机关交通管理部门予以收缴，扣留该机动车，处二千元以上五千元以下罚款。

当事人提供相应的合法证明或者补办相应手续的，应当及时退还机动车。

第九十七条　非法安装警报器、标志灯具的，由公安机关交通管理部门强制拆除，予以收缴，并处二百元以上二千元以下罚款。

第九十八条　机动车所有人、管理人未按照国家规定投保机动车第三者责任强制保险的，由公安机关交通管理部门扣留车辆至依照规定投保后，并处依照规定投保最低责任限额应缴纳的保险费的二倍罚款。

依照前款缴纳的罚款全部纳入道路交通事故社会救助基金。具体办法由国务院规定。

第九十九条　有下列行为之一的，由公安机关交通管理部门处二百元以上二千元以下罚款：

（一）未取得机动车驾驶证、机动车驾驶证被吊销或者机动车驾驶证被暂扣期间驾驶机动车的；

（二）将机动车交由未取得机动车驾驶证或者机动车驾驶证被吊销、暂扣的人驾驶的；

（三）造成交通事故后逃逸，尚不构成犯罪的；

（四）机动车行驶超过规定时速百分之五十的；

（五）强迫机动车驾驶人违反道路交通安全法律、法规和机动车安全驾驶要求驾驶机动车，造成交通事故，尚不构成犯罪的；

（六）违反交通管制的规定强行通行，不听劝阻的；

（七）故意损毁、移动、涂改交通设施，造成危害后果，尚不构成犯罪的；

（八）非法拦截、扣留机动车辆，不听劝阻，造成交通严重阻塞或者较大财产损失的。

行为人有前款第二项、第四项情形之一的，可以并处吊销机动车驾驶证；有第一项、第三项、第五项至第八项情形之一的，可以并处十五日以下拘留。

第一百条 驾驶拼装的机动车或者已达到报废标准的机动车上道路行驶的，公安机关交通管理部门应当予以收缴，强制报废。

对驾驶前款所列机动车上道路行驶的驾驶人，处二百元以上二千元以下罚款，并吊销机动车驾驶证。

出售已达到报废标准的机动车的，没收违法所得，处销售金额等额的罚款，对该机动车依照本条第一款的规定处理。

第一百零一条 违反道路交通安全法律、法规的规定，发生重大交通事故，构成犯罪的，依法追究刑事责任，并由公安机关交通管理部门吊销机动车驾驶证。

造成交通事故后逃逸的，由公安机关交通管理部门吊销机动车驾驶证，且终生不得重新取得机动车驾驶证。

第一百零二条 对六个月内发生二次以上特大交通事故负有主要责任或者全部责任的专业运输单位，由公安机关交通管理部门责令消除安全隐患，未消除安全隐患的机动车，禁止上道路行驶。

第一百零三条 国家机动车产品主管部门未按照机动车国家安全技术标准严格审查，许可不合格机动车型投入生产的，对负有责任的主管人员和其他直接责任人员给予降级或者撤职的行政处分。

机动车生产企业经国家机动车产品主管部门许可生产的机动车型，不执行机动车国家安全技术标准或者不严格进行机动车成品质量检验，致使质量不合格的机动车出厂销售的，由质量技术监督部门依照《中华人民共和国产品质量法》的有关规定给予处罚。

擅自生产、销售未经国家机动车产品主管部门许可生产的机动车型的，没收非法生产、销售的机动车成品及配件，可以并处非法产品价值三倍以上五倍以下罚款；有营业执照的，由工商行政管理部门吊销营业执照，没有营业执照的，予以查封。

生产、销售拼装的机动车或者生产、销售擅自改装的机动车的，依照本条第三款的规定处罚。

有本条第二款、第三款、第四款所列违法行为，生产或者销售不符合机动车国家安全技术标准的机动车，构成犯罪的，依法追究刑事责任。

第一百零四条　未经批准，擅自挖掘道路、占用道路施工或者从事其他影响道路交通安全活动的，由道路主管部门责令停止违法行为，并恢复原状，可以依法给予罚款；致使通行的人员、车辆及其他财产遭受损失的，依法承担赔偿责任。

有前款行为，影响道路交通安全活动的，公安机关交通管理部门可以责令停止违法行为，迅速恢复交通。

第一百零五条　道路施工作业或者道路出现损毁，未及时设置警示标志、未采取防护措施，或者应当设置交通信号灯、交通标志、交通标线而没有设置或者应当及时变更交通信号灯、交通标志、交通标线而没有及时变更，致使通行的人员、车辆及其他财产遭受损失的，负有相关职责的单位应当依法承担赔偿责任。

第一百零六条　在道路两侧及隔离带上种植树木、其他植物或者设置广告牌、管线等，遮挡路灯、交通信号灯、交通标志，妨碍安全视距的，由公安机关交通管理部门责令行为人排除妨碍；拒不执行的，处二百元以上二千元以下罚款，并强制排除妨碍，所需费用由行为人负担。

第一百零七条　对道路交通违法行为人予以警告、二百元以下罚款，交通警察可以当场作出行政处罚决定，并出具行政处罚决定书。

行政处罚决定书应当载明当事人的违法事实、行政处罚的依据、处罚内容、时间、地点以及处罚机关名称，并由执法人员签名或者盖章。

第一百零八条　当事人应当自收到罚款的行政处罚决定书之日起十五日内，到指定的银行缴纳罚款。

对行人、乘车人和非机动车驾驶人的罚款，当事人无异议的，可以当场予以收缴罚款。

罚款应当开具省、自治区、直辖市财政部门统一制发的罚款收据；不出具财政部门统一制发的罚款收据的，当事人有权拒绝缴纳罚款。

第一百零九条　当事人逾期不履行行政处罚决定的，作出行政处罚决定的行政机关可以采取下列措施：

（一）到期不缴纳罚款的，每日按罚款数额的百分之三加处罚款；

（二）申请人民法院强制执行。

第一百一十条　执行职务的交通警察认为应当对道路交通违法行为人给予暂扣或者吊销机动车驾驶证处罚的，可以先予扣留机动车驾驶证，并在二十四小时内将案件移交公安机关交通管理部门处理。

道路交通违法行为人应当在十五日内到公安机关交通管理部门接受处理。无正当理由逾期未接受处理的，吊销机动车驾驶证。

公安机关交通管理部门暂扣或者吊销机动车驾驶证的，应当出具行政处罚决定书。

第一百一十一条 对违反本法规定予以拘留的行政处罚，由县、市公安局、公安分局或者相当于县一级的公安机关裁决。

第一百一十二条 公安机关交通管理部门扣留机动车、非机动车，应当当场出具凭证，并告知当事人在规定期限内到公安机关交通管理部门接受处理。

公安机关交通管理部门对被扣留的车辆应当妥善保管，不得使用。

逾期不来接受处理，并且经公告三个月仍不来接受处理的，对扣留的车辆依法处理。

第一百一十三条 暂扣机动车驾驶证的期限从处罚决定生效之日起计算；处罚决定生效前先予扣留机动车驾驶证的，扣留一日折抵暂扣期限一日。

吊销机动车驾驶证后重新申请领取机动车驾驶证的期限，按照机动车驾驶证管理规定办理。

第一百一十四条 公安机关交通管理部门根据交通技术监控记录资料，可以对违法的机动车所有人或者管理人依法予以处罚。对能够确定驾驶人的，可以依照本法的规定依法予以处罚。

第一百一十五条 交通警察有下列行为之一的，依法给予行政处分：

（一）为不符合法定条件的机动车发放机动车登记证书、号牌、行驶证、检验合格标志的；

（二）批准不符合法定条件的机动车安装、使用警车、消防车、救护车、工程救险车的警报器、标志灯具，喷涂标志图案的；

（三）为不符合驾驶许可条件、未经考试或者考试不合格人员发放机动车驾驶证的；

（四）不执行罚款决定与罚款收缴分离制度或者不按规定将依法收取的费用、收缴的罚款及没收的违法所得全部上缴国库的；

（五）举办或者参与举办驾驶学校或者驾驶培训班、机动车修理厂或者收费停车场等经营活动的；

（六）利用职务上的便利收受他人财物或者谋取其他利益的；

（七）违法扣留车辆、机动车行驶证、驾驶证、车辆号牌的；

（八）使用依法扣留的车辆的；

（九）当场收取罚款不开具罚款收据或者不如实填写罚款额的；

（十）徇私舞弊，不公正处理交通事故的；

（十一）故意刁难，拖延办理机动车牌证的；

（十二）非执行紧急任务时使用警报器、标志灯具的；

（十三）违反规定拦截、检查正常行驶的车辆的；

（十四）非执行紧急公务时拦截搭乘机动车的；

（十五）不履行法定职责的。

公安机关交通管理部门有前款所列行为之一的，对直接负责的主管人员和其他直接责任人员给予相应的行政处分。

第一百一十六条 依照本法第一百一十五条的规定，给予交通警察行政处分的，在作出行政处分决定前，可以停止其执行职务；必要时，可以予以禁闭。

依照本法第一百一十五条的规定，交通警察受到降级或者撤职行政处分的，可以予以辞退。

交通警察受到开除处分或者被辞退的，应当取消警衔；受到撤职以下行政处分的交通警察，应当降低警衔。

第一百一十七条 交通警察利用职权非法占有公共财物，索取、收受贿赂，或者滥用职权、玩忽职守，构成犯罪的，依法追究刑事责任。

第一百一十八条 公安机关交通管理部门及其交通警察有本法第一百一十五条所列行为之一，给当事人造成损失的，应当依法承担赔偿责任。

第八章 附 则

第一百一十九条 本法中下列用语的含义：

（一）"道路"，是指公路、城市道路和虽在单位管辖范围但允许社会机动车通行的地方，包括广场、公共停车场等用于公众通行的场所。

（二）"车辆"，是指机动车和非机动车。

（三）"机动车"，是指以动力装置驱动或者牵引，上道路行驶的供人员乘用或者用于运送物品以及进行工程专项作业的轮式车辆。

（四）"非机动车"，是指以人力或者畜力驱动，上道路行驶的交通工具，以及虽有动力装置驱动但设计最高时速、空车质量、外形尺寸符合有关国家标准的残疾人机动轮椅车、电动自行车等交通工具。

（五）"交通事故"，是指车辆在道路上因过错或者意外造成的人身伤亡或者财产损失的事件。

第一百二十条 中国人民解放军和中国人民武装警察部队在编机动车牌证、在编机动车检验以及机动车驾驶人考核工作，由中国人民解放军、中国人民武装警察部队有关部门负责。

第一百二十一条 对上道路行驶的拖拉机，由农业（农业机械）主管部门行使本法第八条、第九条、第十三条、第十九条、第二十三条规定的公安机关交通管理部门的管理职权。

农业（农业机械）主管部门依照前款规定行使职权，应当遵守本法有关规定，并接受公安机关交通管理部门的监督；对违反规定的，依照本法有关规定追究法律责任。

本法施行前由农业（农业机械）主管部门发放的机动车牌证，在本法施行后继续有效。

第一百二十二条　国家对入境的境外机动车的道路交通安全实施统一管理。

第一百二十三条　省、自治区、直辖市人民代表大会常务委员会可以根据本地区的实际情况，在本法规定的罚款幅度内，规定具体的执行标准。

第一百二十四条　本法自 2004 年 5 月 1 日起施行。

第五章　烟叶税

第一节　知识点梳理

一、纳税人义务人和征税范围

📖 基本规定 [①]

在中华人民共和国境内，依照《中华人民共和国烟草专卖法》（以下简称《烟草专卖法》）的规定收购烟叶的单位为烟叶税的纳税人。

❖ **政策解析**

收购烟叶的单位是指依照《烟草专卖法》的规定有权收购烟叶的烟草公司或者受其委托收购烟叶的单位。烟叶税的纳税人不包括个人。

烟叶税的征税范围仅是指烤烟叶、晾晒烟叶。

二、税款计算

📖 基本规定

烟叶税的计税依据为纳税人收购烟叶实际支付的价款总额。

烟叶税的税率为20%。

烟叶税的应纳税额按照纳税人收购烟叶实际支付的价款总额乘以税率计算。

---

① 本章"基本规定"均源自《中华人民共和国烟叶税法》(2017 年 12 月 27 日第十二届全国人民代表大会常务委员会第三十一次会议通过，同日中华人民共和国主席令第八十四号公布)。

❖ **政策解析**

纳税人收购烟叶实际支付的价款总额包括纳税人支付给烟叶生产销售单位和个人的烟叶收购价款和价外补贴。其中，价外补贴统一按烟叶收购价款的10%计算。[《财政部　税务总局关于明确烟叶税计税依据的通知》（财税〔2018〕75号）]

税款计算公式：

$$实际支付价款 = 收购价款 \times （1 + 10\%）$$
$$应纳税额 = 收购烟叶实际支付的价款 \times 20\%$$

三、征收管理

📖 **基本规定**

纳税人应当向烟叶收购地的主管税务机关申报缴纳烟叶税。

烟叶税的纳税义务发生时间为纳税人收购烟叶的当日。

烟叶税按月计征，纳税人应当于纳税义务发生月终了之日起15日内申报并缴纳税款。

第二节 习题演练

一、单选题

1. 某烟草公司 2022 年 6 月向烟叶生产者收购晾晒烟叶一批，支付收购价款 20000 元，价外补贴 2000 元，同时收购烤烟叶一批，支付收购价款 15000 元，价外补贴 2000 元。已知烟叶税税率为 20%，则下列说法不正确的是（   ）。

  A. 烟草公司收购晾晒烟叶应纳烟叶税 4400 元

  B. 烟草公司收购烤烟叶应纳烟叶税 3300 元

  C. 烟草公司收购烟叶共计应纳烟叶税 7700 元

  D. 烟草公司收购晾晒烟叶应纳烟叶税 7900 元

【参考答案】D

【答案解析】根据《烟叶税法》（以下简称《烟叶税法》）第二条规定，该法所称烟叶，是指烤烟叶、晾晒烟叶。根据《财政部 税务总局关于明确烟叶税计税依据的通知》（财税〔2018〕75 号）规定，纳税人收购烟叶实际支付的价款总额包括纳税人支付给烟叶生产销售单位和个人的烟叶收购价款和价外补贴。其中，价外补贴统一按烟叶收购价款的 10% 计算。该烟草公司收购晾晒烟叶应纳烟叶税 =（20000 + 20000 × 10%）×20% =4400（元）；收购烤烟叶应纳烟叶税 =（15000 + 15000 × 10%）×20% = 3300（元）；烟草公司收购烟叶共计应纳烟叶税 =4400 + 3300 =7700（元）。

2. 甲市乙区 A 烟草公司到丙市丁县收购烟叶。A 公司收购烟叶实际支付的价款总额为 30000 元，根据上述业务，下列表述正确的是（   ）。

  A. A 公司需要向甲市乙区缴纳烟叶税的金额是 6000 元

  B. A 公司需要向甲市乙区缴纳烟叶税的金额是 6600 元

  C. A 公司需要向丙市丁县缴纳烟叶税的金额是 6000 元

  D. A 公司需要向丙市丁县缴纳烟叶税的金额是 6600 元

【参考答案】C

【答案解析】根据《烟叶税法》第五条规定，烟叶税的应纳税额按照纳税人收购烟叶实际支付的价款总额乘以税率计算。第七条规定，纳税人应当向烟叶收购地的主管税务机关申报缴纳烟叶税。根据《财政部 税务总局关于明确烟叶税计税依据的通知》（财税〔2018〕75 号）规定，纳税人收购烟叶实际支付的价款总额包括纳税人支付给烟叶生产销售单位和个人的烟叶收购价款和价外补贴。因此，该烟草公司需要缴纳的烟叶税 =30000 × 20% =6000（元）。选项 C 当选。

3. A 烟草公司到某县收购烟叶，该县农民销售自产的烟叶取得烟草公司支付的烟叶收购价款 15000 元，烟草公司另支付烟叶价外补贴 1850 元。根据上述业务，烟草公司需要缴纳的烟叶税为（　　）元。

A. 2670　　　　　　　　B. 3000

C. 3300　　　　　　　　D. 3370

【参考答案】C

【答案解析】根据《烟叶税法》第五条规定，烟叶税的应纳税额按照纳税人收购烟叶实际支付的价款总额乘以税率计算。根据《财政部　税务总局关于明确烟叶税计税依据的通知》（财税〔2018〕75 号）规定，纳税人收购烟叶实际支付的价款总额包括纳税人支付给烟叶生产销售单位和个人的烟叶收购价款和价外补贴。其中，价外补贴统一按烟叶收购价款的 10% 计算。因此，该烟草公司需要缴纳的烟叶税 = 15000 × （1 + 10%）× 20% = 3300（元）。选项 C 当选。

4. 下列法律、法规中，规定在中华人民共和国境内收购烟叶的单位为烟叶税的纳税人的是（　　）。

A. 《烟叶税法》

B. 《烟草专卖法》

C. 《中华人民共和国烟叶税暂行条例》

D. 《中华人民共和国烟草专卖实施条例》

【参考答案】A

【答案解析】根据《烟叶税法》规定，在中华人民共和国境内，依照《烟草专卖法》的规定收购烟叶的单位为烟叶税的纳税人。选项 A 当选。

5. 2021 年 9 月，某烟厂向农户收购一批晾晒烟叶，收购烟叶实际支付价款总额为 95 万元，则该烟厂应缴纳烟叶税（　　）万元。

A. 20.9　　　　　　　　B. 19

C. 9.5　　　　　　　　D. 10.45

【参考答案】B

【答案解析】根据《烟叶税法》规定，烟叶税的计税依据为纳税人收购烟叶实际支付的价款总额；烟叶税的税率为 20%。

该烟厂应缴纳烟叶税 = 95 × 20% = 19（万元）

6. 根据《烟叶税法》的规定，下列关于烟叶税的说法，错误的是（　　）。

A. 烟叶税的纳税人为收购烟叶的单位

B. 烟叶税的计税依据为纳税人收购烟叶实际支付的价款总额

C. 纳税人应当向烟叶收购地的主管税务机关申报缴纳烟叶税

D. 烟叶税的纳税义务发生时间为纳税人收购烟叶的次月

【参考答案】D

【答案解析】根据《烟叶税法》第八条的规定，烟叶税的纳税义务发生时间为纳税人收购烟叶的当日。

7. 某烟厂 2021 年 1 月 1 日从烟农孙某手中收购一批烟叶，支付收购价款 90 万元，并另外向烟农孙某支付了价外补贴 10 万元，下列纳税事项错误的是（   ）。

    A. 烟农孙某不是烟叶税的纳税人

    B. 纳税义务的发生时间为 2021 年 1 月 1 日

    C. 烟厂应在 2 月 15 日前申报缴纳烟叶税

    D. 烟厂收购烟叶应缴纳的烟叶税为 20 万元

【参考答案】D

【答案解析】根据《烟叶税法》规定，烟叶税的计税依据是收购烟叶实际支付的价款总额。根据《财政部　税务总局关于明确烟叶税计税依据的通知》（财税〔2018〕75 号）规定，实际支付的价款总额，包括纳税人支付给烟叶生产销售单位和个人的烟叶收购价款和价外补贴。按照简化手续、方便征收的原则，对价外补贴统一按烟叶收购价款的 10% 计算。因此，烟厂收购烟叶应缴纳的烟叶税 = 90 ×（1 + 10%）× 20% = 19.8（万元）。

8. 下列属于烟叶税纳税人的是（   ）。

    A. 销售香烟的单位

    B. 生产烟叶的个人

    C. 收购烟叶的单位

    D. 消费香烟的个人

【参考答案】C

【答案解析】根据《烟叶税法》第一条规定，在中华人民共和国境内，依照《烟草专卖法》的规定收购烟叶的单位为烟叶税的纳税人。

9. 纳税人收购烟叶，应当向烟叶收购地的主管税务机关申报纳税。纳税人应当自纳税义务发生之日起（   ）日内申报纳税。

    A. 5   B. 10

    C. 15   D. 30

【参考答案】C

【答案解析】根据《烟叶税法》第九条规定，烟叶税按月计征，纳税人应当于纳税义务发生月终了之日起 15 日内申报并缴纳税款。

10. 某卷烟厂向烟农收购烟叶，按照专卖局规定的价款支付收购价款 40000 元，另支付打包费等 2000 元，其计税金额为（   ）元。

    A. 44000   B. 46200

C. 48000   D. 50400

【参考答案】A

【答案解析】根据《烟叶税法》规定，烟叶税的计税依据是收购烟叶实际支付的价款总额。根据《财政部　税务总局关于明确烟叶税计税依据的通知》（财税〔2018〕75号）规定，实际支付的价款总额，包括纳税人支付给烟叶生产销售单位和个人的烟叶收购价款和价外补贴。因此，打包费2000元不计入收购价款。计税全额 = 40000 × （1 + 10%） = 44000（元）。

11. 下列关于烟叶税的说法，错误的是（　　）。

  A. 烟叶税的征税范围是烤烟叶、晾晒烟叶

  B. 烟叶税的纳税人是在我国境内收购烟叶的单位

  C. 纳税人应当自纳税义务发生之日起30日内申报纳税

  D. 烟叶税的计税依据是纳税人收购烟叶实际支付的价款总额

【参考答案】C

【答案解析】根据《烟叶税法》第一条规定，在中华人民共和国境内，依照《烟草专卖法》的规定收购烟叶的单位为烟叶税的纳税人。纳税人应当依照该法规定缴纳烟叶税。第二条规定，所称烟叶，是指烤烟叶、晾晒烟叶。第五条规定，烟叶税的应纳税额按照纳税人收购烟叶实际支付的价款总额乘以税率计算。第九条规定，烟叶税按月计征，纳税人应当于纳税义务发生月终了之日起15日内申报并缴纳税款。

12. 甲卷烟厂为增值税一般纳税人，2021年5月从某烟叶种植户手中收购烟叶用于生产烟丝（当月全部领用并生产成烟丝），收购凭证上注明收购价款70万元，价外补贴8万元，价外补贴与烟叶收购价格在同一张烟叶收购发票上分别注明。甲卷烟厂当月可抵扣的增值税进项税额为（　　）万元。

  A. 8.32   B. 8.41

  C. 9.24   D. 9.34

【参考答案】D

【答案解析】根据《烟叶税法》规定，烟叶税的计税依据是收购烟叶实际支付的价款总额。甲卷烟厂应缴纳烟叶税 = 70 × （1 + 10%） × 20% = 15.4（万元）；甲卷烟厂当月可抵扣的进项税额 = （70 + 8 + 15.4） × 10% = 9.34（万元）。需要注意的是，计算准予抵扣的进项税额时，价外补贴为实际支付金额，计算烟叶税时，价外补贴是固定的10%，两者不一致。

13. 甲烟草公司收购烟叶支付价款98万元，另向烟农支付了价外补贴9万元，甲公司应缴纳的烟叶税税额为（　　）万元。

  A. 17.16   B. 21.40

  C. 21.56   D. 29.43

【参考答案】C

【答案解析】根据《烟叶税法》第三条规定，烟叶税的计税依据为纳税人收购烟叶实际支付的价款总额；第四条规定，烟叶税的税率为20%；第五条规定，烟叶税的应纳税额按照纳税人收购烟叶实际支付的价款总额乘以税率计算。根据《财政部 税务总局关于明确烟叶税计税依据的通知》（财税〔2018〕75号）规定，纳税人收购烟叶实际支付的价款总额包括纳税人支付给烟叶生产销售单位和个人的烟叶收购价款和价外补贴。其中，价外补贴统一按烟叶收购价款的10%计算。应纳烟叶税税额 = 98 ×（1 + 10%）×20% = 21.56（万元），选项C当选。

14. 为了落实税收法定原则，将《中华人民共和国烟叶税暂行条例》平移上升为《烟叶税法》。该法律实施的时间是（　　）。

　　A. 2018年1月1日

　　B. 2018年7月1日

　　C. 2018年9月1日

　　D. 2019年7月1日

【参考答案】B

【答案解析】根据《烟叶税法》第十条规定，该法自2018年7月1日起施行。

15. 丙市烟草公司为增值税一般纳税人，2021年7月在甲县向农户收购烤烟叶10万公斤，支付价款210万元，并支付13%的价外补贴，已开具烟叶收购发票。丙市烟草公司应缴纳的烟叶税税额为（　　）万元。

　　A. 42　　　　　　　　　　　B. 46.2

　　C. 50.4　　　　　　　　　　D. 52.2

【参考答案】B

【答案解析】根据《财政部 税务总局关于明确烟叶税计税依据的通知》（财税〔2018〕75号）规定，纳税人收购烟叶实际支付的价款总额包括纳税人支付给烟叶生产销售单位和个人的烟叶收购价款和价外补贴。其中，价外补贴统一按烟叶收购价款的10%计算。

　　烟叶收购金额 = 210 ×（1 + 10%）×20% = 46.2（万元）

二、多选题

1. 某烟叶收购单位（一般纳税人）向烟农收购晾晒烟叶用于加工烟丝且于当月领用，收购发票上注明收购价款90万元，同时在发票中注明另外支付价外补贴10万元，下列说法正确的有（　　）。

　　A. 准予抵扣的增值税进项税额 =（收购烟叶实际支付的价款总额 + 烟叶税应纳税额）×扣除率

B. 准予抵扣的增值税进项税额为 11.98 万元

C. 应纳烟叶税 =（90 + 10）×20% = 20（万元）

D. 应纳烟叶税 = 90 ×（1 + 10%）×20% = 19.8（万元）

E. 在计算准予抵扣的增值税进项税额时，用于加工烟丝的烟叶扣除率为9%

【参考答案】ABD

【答案解析】根据《财政部　税务总局关于明确烟叶税计税依据的通知》（财税〔2018〕75号）规定，无论实际支付的价外补贴是多少，都按照收购价款的10%记入价外补贴计算烟叶税，应纳烟叶税 = 90 ×（1 + 10%）×20% = 19.8（万元）；增值税进项税额抵扣中，按照实际支付的价外补贴来记入销售额中计算可以抵扣的进项税额；烟丝增值税税率为13%，为用于生产基本税率货物的农产品综合扣除率为10%，准予抵扣的进项税额 =（收购烟叶实际支付的价款总额 + 烟叶税应纳税额）× 扣除率 =（90 + 10 + 19.8）× 10% = 11.98（万元）。

2. 下列关于烟叶税的说法，正确的有（　　　）。

A. 烟叶税的应纳税额按照纳税人收购烟叶实际支付的价款总额乘以税率计算

B. 烟叶税的应纳税额按照纳税人收购烟叶实际支付的不含增值税价款乘以税率计算

C. 烟叶税的纳税义务发生时间为纳税人收购烟叶的当日

D. 烟叶税按月计征，纳税人应当于纳税义务发生月终了之日起15日内申报并缴纳税款

E. 烟叶税按月计征，纳税人应当于月度终了之日起15日内申报并缴纳税款

【参考答案】ACD

【答案解析】根据《烟叶税法》规定，烟叶税的应纳税额按照纳税人收购烟叶实际支付的价款总额乘以税率计算。烟叶税的纳税义务发生时间为纳税人收购烟叶的当日。烟叶税按月计征，纳税人应当于纳税义务发生月终了之日起15日内申报并缴纳税款。

3. 下列烟叶中，属于烟叶税征收范围的有（　　　）。

A. 烤烟叶　　　　　　　　B. 复烤烟叶

C. 晾烟叶　　　　　　　　D. 晒烟叶

E. 烟丝

【参考答案】ACD

【答案解析】根据《烟叶税法》规定，本法所称烟叶，是指烤烟叶、晾晒烟叶。

4. 下列关于烟叶税的说法，正确的有（　　　）。

A. 纳税人收购烟叶，应当向烟叶收购地的主管税务机关申报纳税

B. 烟叶税的计税依据是收购烟叶实际支付的价款总额

C. 烟叶税的纳税义务发生时间为纳税人收购烟叶的当日

D. 纳税人应当自纳税义务发生之日起 10 日内申报纳税

E. 烟叶税按月计征

【参考答案】ABCE

【答案解析】根据《烟叶税法》第九条规定，烟叶税按月计征，纳税人应当于纳税义务发生月终了之日起 15 日内申报并缴纳税款。

5. 根据烟叶税的有关规定，下列说法正确的有（　　）。

A. 烟叶税的征税范围是晾晒烟叶和烤烟叶

B. 烟叶税的纳税义务发生时间为纳税人收购烟叶的当天

C. 纳税人应当向烟叶收购地的主管税务机关申报缴纳烟叶税

D. 烟叶税实行定额税率

E. 烟叶税的计税依据是烟叶收购价款

【参考答案】ABC

【答案解析】根据《烟叶税法》第四条规定，烟叶税实行比例税率，税率为 20%；第三条规定，烟叶税的计税依据为纳税人收购烟叶实际支付的价款总额。

6. 关于烟叶税的征收管理，下列表述不正确的有（　　）。

A. 烟叶税由税务机关依照《烟叶税法》和《税收征收管理法》的有关规定征收管理

B. 纳税人应当向烟叶生产加工地的主管税务机关申报缴纳烟叶税

C. 烟叶税的纳税义务发生时间为纳税人收购烟叶的当日

D. 烟叶税按月计征，无法按固定期限征收的，可以按次计征

E. 纳税人应当于纳税义务发生之日起 15 日内申报并缴纳税款

【参考答案】BDE

【答案解析】根据《烟叶税法》第六条规定，烟叶税由税务机关依照该法和《税收征收管理法》的有关规定征收管理，选项 A 正确，不当选。第七条规定，纳税人应当向烟叶收购地的主管税务机关申报缴纳烟叶税，选项 B 错误，当选。第八条规定，烟叶税的纳税义务发生时间为纳税人收购烟叶的当日，选项 C 正确，不当选。第九条规定，烟叶税按月计征，纳税人应当于纳税义务发生月终了之日起 15 日内申报并缴纳税款，选项 D、E 错误，当选。

7. 根据现行烟叶税法的规定，下列说法正确的有（　　）。

A. 收购烟叶的单位是烟叶税的纳税人

B. 烟叶税的纳税义务发生时间为纳税人收购烟叶的当日

C. 烟叶税的计税依据为纳税人收购烟叶的收购价款

D. 烟叶税的征税对象仅指烤烟叶

E. 纳税人收购烟叶，应向收购单位所在地的主管税务机关申报纳税

【参考答案】AB

【答案解析】根据《烟叶税法》相关规定，收购烟叶的单位为烟叶税的纳税人；烟叶税的计税依据为纳税人收购烟叶实际支付的价款总额；纳税义务发生时间为纳税人收购烟叶的当日；征税对象是烟叶，包括烤烟叶和晾晒烟叶；纳税人应当向烟叶收购地的主管税务机关申报缴纳烟叶税。

8. 根据《烟叶税法》及相关政策规定，下列说法错误的有（   ）。

A. 烟叶税的计税依据为纳税人收购烟叶实际支付的价款总额加价外补贴

B. 烟叶税的价外补贴统一按烟叶收购价款的20%计算

C. 烟叶税的税率为20%

D. 烟叶税的纳税义务发生时间为纳税人收购烟叶的当月1日

E. 烟叶包括晾晒烟叶、烤烟叶

【参考答案】ABD

【答案解析】根据《烟叶税法》第三条规定，烟叶税的计税依据为纳税人收购烟叶实际支付的价款总额。根据《财政部　税务总局关于明确烟叶税计税依据的通知》（财税〔2018〕75号）规定，纳税人收购烟叶实际支付的价款总额包括纳税人支付给烟叶生产销售单位和个人的烟叶收购价款和价外补贴。其中，价外补贴统一按烟叶收购价款的10%计算。根据《烟叶税法》第四条规定，烟叶税的税率为20%。第八条规定，烟叶税的纳税义务发生时间为纳税人收购烟叶的当日。第二条规定，该法所称烟叶，是指烤烟叶、晾晒烟叶。

9. 下列关于烟叶税的说法，正确的有（   ）。

A. 烟叶税的纳税人是在我国境内收购烟叶的单位

B. 烟叶税的征税范围是烤烟叶、晾晒烟叶

C. 烟叶税的计税依据是纳税人收购烟叶实际支付的价款总额

D. 纳税人应当自纳税义务发生之日起30日内申报纳税

【参考答案】ABC

【答案解析】根据《烟叶税法》第九条规定，烟叶税按月计征，纳税人应当于纳税义务发生月终了之日起15日内申报并缴纳税款。

10. 下列关于烟叶税的说法，正确的有（   ）。

A. 烟叶税的纳税地点是烟叶的收购地

B. 烟叶税按月计征，纳税人应当于纳税义务发生月终了之日起15日内申报并缴纳税款

C. 烟叶税以烟叶收购价款为计税依据征税

D. 烟叶税税率为10%

【参考答案】AB

【答案解析】根据《烟叶税法》第三条规定，烟叶税的计税依据为纳税人收购烟叶实际支付的价款总额；第四条规定，烟叶税税率为20%。根据《财政部 税务总局关于明确烟叶税计税依据的通知》（财税〔2018〕75号）规定，纳税人收购烟叶实际支付的价款总额包括纳税人支付给烟叶生产销售单位和个人的烟叶收购价款和价外补贴。其中，价外补贴统一按烟叶收购价款的10%计算。

11. 根据烟叶税法的相关规定，下列属于烟叶税征税对象的有（   ）。

    A. 烟丝   B. 烤烟叶

    C. 复烤烟叶   D. 名晾晒烟

    E. 其他晾晒烟

【参考答案】BDE

【答案解析】根据《烟叶税法》第二条规定，该法所称烟叶，是指烤烟叶、晾晒烟叶，选项B当选。根据《烟草专卖法》第二条规定，该法所称烟草专卖品是指卷烟、雪茄烟、烟丝、复烤烟叶、烟叶、卷烟纸、滤嘴棒、烟用丝束、烟草专用机械。卷烟、雪茄烟、烟丝、复烤烟叶统称烟草制品，选项A、C不当选。第七条规定，该法所称烟叶是指生产烟草制品所需的烤烟和名晾晒烟，名晾晒烟的名录由国务院烟草专卖行政主管部门规定。未列入名晾晒烟名录的其他晾晒烟可以在集市贸易市场出售。烟叶税所称晾晒烟叶即烟草专卖法所称名晾晒烟和其他晾晒烟，选项D、E当选。

12. 根据《烟叶税法》的相关规定，下列单位和个人属于烟叶税纳税义务人的有（   ）。

    A. 收购烟叶的甲县烟草公司

    B. 销售烟叶的乙农产品合作社

    C. 种植烟叶的农业生产者张先生

    D. 销售香烟的丙门市批发部

    E. 丁县烟草公司委托收购烟叶的单位

【参考答案】AE

【答案解析】根据《烟叶税法》第一条规定，在中华人民共和国境内，依照《烟草专卖法》的规定收购烟叶的单位为烟叶税的纳税人。根据《烟草专卖法》第十条规定，烟叶由烟草公司或者其委托单位按照国家规定的收购标准统一收购，其他单位和个人不得收购。

13. 关于烟叶税法的相关规定，下列表述正确的有（   ）。

    A. 烟叶税的纳税义务人是收购烟叶的单位和个人

    B. 烟叶税的纳税义务发生时间为纳税人收购烟叶的次日

    C. 纳税人收购烟叶，应当向烟叶收购地的主管税务机关申报纳税

D. 烟叶税的应纳税额按照纳税人收购烟叶实际支付的价款总额乘以税率计算

E. 纳税人未按规定期限申报缴纳烟叶税，税务机关可以按《税收征收管理法》进行处理

【参考答案】CDE

【答案解析】根据《烟叶税法》第一条规定，在中华人民共和国境内，依照《烟草专卖法》的规定收购烟叶的单位为烟叶税的纳税人。纳税人应当依照规定缴纳烟叶税。第五条规定，烟叶税的应纳税额按照纳税人收购烟叶实际支付的价款总额乘以税率计算。第六条规定，烟叶税由税务机关依照该法和《税收征收管理法》的有关规定征收管理。第七条规定，纳税人应当向烟叶收购地的主管税务机关申报缴纳烟叶税。第八条规定，烟叶税的纳税义务发生时间为纳税人收购烟叶的当日。

14. 根据烟叶税的有关规定，下列说法正确的有（　　）。

A. 烟叶税实行 20% 的比例税率

B. 烟叶税的纳税义务发生时间为纳税人向烟叶销售者付讫收购烟叶款项或者开具收购烟叶凭据的当天

C. 烟叶税纳税人收购烟叶实际支付的价款总额包括纳税人支付给烟叶生产销售单位（不含个人）的烟叶收购价款和价外补贴

D. 烟叶税计税依据中价外补贴统一按实际发生额确定

E. 纳税人应当自纳税义务发生月终了之日起 15 日内申报纳税

【参考答案】ABE

【答案解析】根据《财政部　税务总局关于明确烟叶税计税依据的通知》（财税〔2018〕75 号）规定，纳税人收购烟叶实际支付的价款总额包括纳税人支付给烟叶生产销售单位和个人的烟叶收购价款和价外补贴，价外补贴统一按烟叶收购价款的 10% 计算。

15. 关于烟叶税的纳税地点，下列说法正确的有（　　）。

A. 甲市烟草公司在 B 县收购烟叶，纳税地点在甲市

B. 甲市烟草公司委托 B 县供销社在 B 县收购烟叶，纳税地点在 B 县

C. 甲市烟草公司在 B 县收购烟叶，纳税地点在 B 县

D. 甲市烟草公司在 B 县收购 C 县烟农种植的烟叶，纳税地点在 C 县

E. 甲市烟草公司在 B 县收购 C 县烟农种植的烟叶，纳税地点在 B 县

【参考答案】BCD

【答案解析】根据《烟叶税法》第七条规定，纳税人应当向烟叶收购地的主管税务机关申报缴纳烟叶税。

三、判断题

1.《烟叶税法》是第十二届全国人大常委会审议通过的第一部单行税法。（　　）

【参考答案】错误

【答案解析】《环境保护税法》是第十二届全国人大常委会审议通过的第一部单行税法。

2. 某烟叶生产公司 2022 年 2 月生产 2 吨烟叶用于销售，取得烟叶销售价款 40 万元，当月该公司需要缴纳烟叶税的金额为 8.8 万元。（　　）

【参考答案】错误

【答案解析】根据《烟叶税法》第一条规定，在中华人民共和国境内，依照《烟草专卖法》的规定收购烟叶的单位为烟叶税的纳税人。纳税人应当依照该法规定缴纳烟叶税。该烟叶生产公司不缴纳烟叶税。

3. 烟叶税按次计征，纳税人应当于纳税义务发生月终了之日起 15 日内申报并缴纳税款。（　　）

【参考答案】错误

【答案解析】根据《烟叶税法》第九条规定，烟叶税按月计征，纳税人应当于纳税义务发生月终了之日起 15 日内申报并缴纳税款。

4. 烟叶税的计税依据是纳税人收购烟叶的收购价款。（　　）

【参考答案】错误

【答案解析】根据《烟叶税法》第三条规定，烟叶税的计税依据是纳税人收购烟叶实际支付的价款总额。价款总额包括纳税人支付给烟叶生产销售单位和个人的烟叶收购价款和价外补贴。

5. 烟叶税的纳税人是销售烟叶的单位。（　　）

【参考答案】错误

【答案解析】根据《烟叶税法》第一条规定，烟叶税的征税对象及纳税人为收购烟叶的单位。

6. 进口烟叶的企业无须缴纳烟叶税。（　　）

【参考答案】正确

【答案解析】根据《烟叶税法》规定，在中华人民共和国境内，依照《烟草专卖法》的规定收购烟叶的单位为烟叶税的纳税人。

7. 烟叶税税率为 10%。（　　）

【参考答案】错误

【答案解析】根据《烟叶税法》第四条规定，烟叶税税率为 20%。

8. 甲省烟草公司到乙省 C 市 K 县收购烟叶，应当向 K 县税务机关申报缴纳烟叶税。（　　）

【参考答案】正确

【答案解析】根据《烟叶税法》第七条规定，纳税人应当向烟叶收购地的主管税务机关申报缴纳烟叶税。

9. 烟叶税的纳税人是指在中华人民共和国境内收购烟叶的单位和个人。（　　）

【参考答案】错误

【答案解析】根据《烟叶税法》第一条规定，在中华人民共和国境内，依照《烟草专卖法》的规定收购烟叶的单位为烟叶税的纳税人。烟叶税的纳税人不包括个人。

10. 根据《烟叶税法》规定，烟叶税的征税范围包括生烟叶、烤烟叶。（　　）

【参考答案】错误

【答案解析】根据《烟叶税法》第二条规定，该法所称烟叶，是指烤烟叶、晾晒烟叶。

11. 烟叶税的征税范围包括晾晒烟叶、烤烟叶和烟丝。（　　）

【参考答案】错误

【答案解析】根据《烟叶税法》规定，烟叶税的征税范围包括晾晒烟叶、烤烟叶，不包括烟丝。

第三节 相关法律法规文件

中华人民共和国烟叶税法

2017 年 12 月 27 日第十二届全国人民代表大会常务委员会
第三十一次会议通过，同日中华人民共和国主席令第八十四号公布

第一条 在中华人民共和国境内，依照《中华人民共和国烟草专卖法》的规定收购烟叶的单位为烟叶税的纳税人。纳税人应当依照本法规定缴纳烟叶税。

第二条 本法所称烟叶，是指烤烟叶、晾晒烟叶。

第三条 烟叶税的计税依据为纳税人收购烟叶实际支付的价款总额。

第四条 烟叶税的税率为百分之二十。

第五条 烟叶税的应纳税额按照纳税人收购烟叶实际支付的价款总额乘以税率计算。

第六条 烟叶税由税务机关依照本法和《中华人民共和国税收征收管理法》的有关规定征收管理。

第七条 纳税人应当向烟叶收购地的主管税务机关申报缴纳烟叶税。

第八条 烟叶税的纳税义务发生时间为纳税人收购烟叶的当日。

第九条 烟叶税按月计征，纳税人应当于纳税义务发生月终了之日起十五日内申报并缴纳税款。

第十条 本法自 2018 年 7 月 1 日起施行。2006 年 4 月 28 日国务院公布的《中华人民共和国烟叶税暂行条例》同时废止。

财政部　税务总局关于
明确烟叶税计税依据的通知

2018 年 6 月 29 日　财税〔2018〕75 号

各省、自治区、直辖市、计划单列市财政厅（局），国家税务总局各省、自治区、直辖市、计划单列市税务局，新疆生产建设兵团财政局：

为保证《中华人民共和国烟叶税法》有效实施，经国务院同意，现就烟叶税计税依据通知如下：

纳税人收购烟叶实际支付的价款总额包括纳税人支付给烟叶生产销售单位和个人的烟叶收购价款和价外补贴。其中，价外补贴统一按烟叶收购价款的 10% 计算。

请遵照执行。